中国历代财政改革研究

叶振鹏　主编

中国财政经济出版社

图书在版编目（CIP）数据

中国历代财政改革研究／叶振鹏主编．—北京：中国财政经济出版社，2013.9

ISBN 978－7－5095－4806－6

Ⅰ.①中…　Ⅱ.①叶…　Ⅲ.①财政改革－研究－中国－古代　Ⅳ.①F812.92

中国版本图书馆CIP数据核字（2013）第216727号

责任编辑：胡　博　　责任校对：徐艳丽
封面设计：孙俪铭　　版式设计：兰　波

中国财政经济出版社出版

URL：http：//www.cfeph.cn

E－mail：cfeph@cfeph.cn

社址：北京市海淀区阜成路甲28号　邮政编码：100142

发行处电话：88190406　财经书店电话：64033436

北京财经印刷厂印刷　各地新华书店经销

787×960毫米　16开　29.75印张　510 000字

2013年12月第1版　2013年12月北京第1次印刷

定价：60.00元

ISBN 978－7－5095－4806－6/F·3888

（图书出现印装问题，本社负责调换）

本社质量投诉电话：010－88190744

反盗版举报热线：88190492　88190446

目　录...

导　论

党的十一届三中全会以来，全国改革开放日益深入。国家财政在改革中肩负着重大的任务，它既要为全国的改革提供财力上的可靠保证，又要积极进行财政体制的改革，以适应社会主义市场经济体制的发展与完善，促进生产力的提高和经济的繁荣。财政改革的重要性和紧迫性给我们财政理论工作者提出了一个严峻的任务，即不仅要认真总结新中国成立以来尤其是改革开放以来财政改革的经验，研究和吸取国外财政改革中的经验教训，而且要很好地探讨中国历史上的财政改革。搞清历史上财政改革是在什么情况下进行的，其成败得失对政治、经济、军事等起了什么作用，它对今天的财政改革有哪些可资借鉴之处。只有这样，才能兼收并蓄，集古今中外之所长，掌握财政改革的发展规律，更好地为今天的财政改革服务。因为历史是现实的一面镜子，历史的发展包含着上层建筑和经济基础、生产关系和生产力这两大社会基本矛盾的发展运动，反映了财政分配与社会生产的相互关系，财政分配与商品交换的相互关系，财政分配与消费的相互关系，财政分配与价格分配的相互关系。历史上的奴隶社会和封建社会与今天的社会主义社会的性质不同，但历史发展和社会变革的基本规律却是相同的。恩格斯强调："现代唯物主义把历史看作人类的发展过程，而它的任务就在于发现这个过程的规律。"[①]斯大林指出："社会生活现象的联系和相互制约也同样不是偶然的事情，而是社会发展的规律。……无产阶级党的实际活动不应该以'卓越人物'的善良愿望为基础，不应该以'理性'、'普遍道德'等等的要求为基础，而应该以社会发展的规律为基础，以研究这些规律为基础。"[②] 我们研究中国历代财政改革就是要探讨这一共同的发展

① 《马克思恩格斯选集》第 3 卷，第 422 页。

② 《列宁主义问题》第 637—640 页。

规律，为当前的财政改革提供坚实可靠的依据。按照马克思主义的要求，认真研究和探讨中国历代财政改革的规律，是我国当前改革开放总趋势的要求，也是财政改革不断深化的要求。

新中国成立以来，史学界对中国财政史的研究取得了丰硕的成果，但从为财政改革提供借鉴的角度来看，还存在着不足之处。以往的财政史研究多是分门别类进行的，诸如财政制度史、赋税制度史、财政思想史、财政人物传记等。这些研究一是把研究的对象仅仅局限在财政制度、财政思想和财政人物上，没有把财政改革作为重点来研究，从中只能看出制度条文，看不到制度的产生、发展和变化。二是在研究方法上大多局限在中国历代财政制度的介绍和说明，抑或解释与考证上，即使是讲沿革也是一种分朝代的介绍，简单的对比而已。没有把这些制度的变化放在政治、经济、军事、财政等整个历史环境中进行研究，没有从经济基础和上层建筑、生产关系和生产力这两对基本矛盾运动的角度去认识，忽略了政治、经济、军事等方面与财政的相互关系。这就不免显得孤单死板和繁琐破碎，尽管对每个朝代的财政制度讲得全而细，却找不出财政改革背后所存在着的深刻的社会原因，总结不出从先秦到晚清数千年来历代财政改革的基本规律。所以，以往的中国财政史研究，以中国历代财政改革为主要研究对象，结合不同历史时期的政治、经济的发展状况来着重探讨国家财政在上层建筑与经济基础相互作用中的历史地位，揭示国家财政作为国家行使职能的一种手段，但在强化国家宏观管理的重要性方面，始终缺乏系统、全面的总结与研究。为了加强以往中国财政史研究的薄弱环节，总结历代财政改革的经验教训和规律，更好地为今天的财政改革服务，我们编写了《中国历代财政改革研究》这一专著。

《中国历代财政改革研究》采取了和以往研究不同的框架结构和理论方法。在总体框架上，不是采取就财政论财政的旧模式，而是采用立体交叉的构架。社会经济、文化、政治、军事等的发展，都是在一定的生产力条件下，以社会可提供的人力、物力、财力为保证的。从奴隶社会到封建社会，国家财政都是国家集中一部分社会人力、物力、财力以保障社会的稳定和发展的基本形式。因而，社会经济、文化、政治、军事发展中的矛盾，也必然会通过人力、物力、财力的供需而集中反映到国家财政上。从这个意义上说，财政是社会矛盾发展的一个焦点。它一方面反映着由社会生产发展水平所决定的，国家可集中的人力、物力、财力的规模，体现了当时社会条件下一国的国力及社会发展所能获得的基本供给程度，它对国家政权的稳定和社会的发展起着至关重要的作用；另一方面反映着国家在集中和分配社会人力、物力、财力过程中与社会各阶级、各阶层居民之间的利益关系，而这种利益关系正是该社会经济关系中的一个重要部分，它反映着该社会的生产资料占有关系，如古代农业社会中国家和私人对基本生产要素——土地、劳动力的占有关系。财政分配既决定于这种基本生产要素的占有关系，同时又通过财政分配反映以这种基本生产要素的占有关系为核心的生产关系与生产力的适应程度，并通过财政改革来调整和促进生产关系的变革，以适应生产力的发展。正因如此，我们把财政的变革并于当时国家的政治、经济、军事这几大支柱之中，不仅要研究财政本身纵向的发展变化，而且还要研究政治、经济、军事方面的纵向变化，然后研究财政与其他几大支柱之间的横向关系。这种立体交叉的研究框架使财政本身发展变化的进程可以清楚地展示出来，政治、经济和军事对财政的作用和财政对它们的反作用的关系一目了然。通过探讨它们之间的必然联系，从中总结出历代财政改革的共同规律，来为我们今天的财政改革所借鉴。所谓"通古而知今"，其含义就在于此，关键在"通"，通就是掌握了解规律，掌握了解财政与政治、经济和军事的相互关系，而不是现象的描述。所以，此书每章的结构都遵照着这一框架而设立，在分析财政改革的原因及背景时，政治、经济、军事、财政齐头并进，分析它们各自的变化和相互作用。在分析财政举措时，同样是多管齐下，分析财政是如何针对政治、经济、军事等方面发展中的矛盾而进行改革的。在分析财政改革的成就时，仍然保持以上的结构，分析财政改革对政治、经济、军事等的作用。如春秋战国时期秦国财政改革之前，政治上，旧领主贵族和新兴的地主阶级的斗争日益激烈，这主要是由利益分配中的矛盾造成的，这一斗争最终集中到财政制度上来。经济方面，土地占有原来是井田制，周天子把土地分封给诸侯、大夫，他们再把分封的土地作为份地分给各户耕种，农民除耕种自己的份地外，还要到公田上劳动，收获归领主所有，实行的是劳役地租。随着铁器的广泛使用，牛耕的普及，这种土地制度越来越阻碍了生产力的发展。为了适应生产力的发展，不得不废除井田制，劳役地租必须改为实物地租。这种经济上的变化，也必然内含着财政制度的变化。军事上势单力薄，需要通过财政改革提高生产力，以达到足食足兵的目的。由此可见，春秋战国时期秦国的财政改革是与当时的政治、经济、军事等有着密切的联系，也就是说它与当时旧领主制日益崩溃而新兴地主阶级政权相继出现有关，又与奴隶社会的土地占有制度日益破坏而地主土地所有制普遍兴起的发展变化有关，还与各国争霸图强的军事变化有关。这种立体交叉的框架结构，可以使我们对当时的政治、经济、军事等整个社会变化有整体的了解，从而对历代的财政改革有了更全面、更深入、更透彻的认识，得出财政改革不是平面静止状态，而是立体的运动状态，不是孤立的偶然现象，而是相互联系着的必然现象这一结论。

在理论方法上，不是把重点局限在历代财政制度本身的解说上，或是对个别问题的考释上，而是把财政改革放在当时社会的矛盾运动中去研究。社会的主要矛盾，可以概括为经济基础和上层建筑的矛盾，生产关系和生产力的矛盾。“任何基础都有它相适应的自己的上层建筑。……如果基础发生变化和被消灭，那么它的上层建筑也就会随着发生变化和被消灭。如果产生新的基础，那就会随着产生同它相适应的上层建筑”①。这就是社会矛盾运动的发展规律。在社会矛盾运动的发展中，财政是社会矛盾的集中反映，因为财政分配既决定于当时的生产力发展水平及生产关系状况，又是经济利益分配关系中占主导地位的分配关系。社会各阶层居民的生产与生活以及国家的政治、军事和宏观经济管理的需要，都会直接或间接地反映在国家对人力、物力、财力的取与予的财政活动中。财政改革就是国家利用政权力量，通过主动调节分配格局来影响社会的经济、政治、军事的发展态势，这也是对上层建筑及生产关系的变革和完善。在本书中，我们就是以上层建筑和经济基础、生产关系和生产力这两个基本矛盾为主要线索，把财政作为矛盾的焦点来进行分析研究的。可以说，中国历代之所以要进行财政改革，就是因为上层建筑和经济基础不相适应，生产关系和生产力不相适应。如政治方面，阶级矛盾不断加剧，民族矛盾日益激化，统治阶级内部矛盾的尖锐；经济方面，土地制度的变革，土地的荒芜，人口的流亡，户籍的混乱等；军事方面，军事制度的变化，战争的频繁等；财政方面，中央财权和地方财权矛盾日益加剧，入不敷出的局面日益严重等。这些矛盾都会通过赋税的征收、力役的负担、国家资源的管理、军费和俸禄的供给，甚至物资的流通和价格等各个方面反映到财政上来，使现行的财政制度不得不进行改变。所以，财政改革是政治、经济、军事、财政等各种社会矛盾发展激化的必然结果，不是帝王将相的个人意志和愿望，不是改不改的问题，而是必须改革，除此别无他路。只有抓住财政这个社会矛盾的焦点和调节社会矛盾的枢纽，通过改革来解决各种矛盾和危机。

财政改革既然是社会矛盾发展的产物，那么财政改革的重点当然就是调节这些促使它进行改革的各种社会矛盾。在研究财政改革的举措时，我们仍然把

① 斯大林：《马克思主义和语言学问题》，1971 年，第 3 页。

它放在如何解决矛盾的高度去分析。通过研究，我们认为历代财政改革的举措都是针对当时的各种矛盾而制定的，如重农抑商的政策措施，是为了稳定农业劳动力，发展农业生产，巩固国家的财政基础；盐铁专卖政策，是为了加强调控，稳定社会经济的发展，充实国家财力；改革赋税制度，是为了调节社会再分配，以缓和阶级矛盾，稳定国家收入；改革货币政策，是为了解决币制混乱问题，促进社会经济的稳定和商品经济的正常发展。财政改革是为了解决矛盾，那么评定改革的成功与否，仍应把矛盾解决的程度作为尺度。如果财政改革明显地调节了生产关系，提高了社会生产力，促进了社会经济的发展和繁荣，改变了国家财政枯竭的状况，缓解了以往日益白热化的阶级矛盾，维护和再度强化了封建中央政权，民族矛盾和统治阶级内部矛盾也趋于缓和，改革就可以说是成功的，如果没有达到解决矛盾的目的就是失败的。总之，要把财政改革的举措视为国家解决社会、政治、经济等矛盾的对策，把矛盾解决的程度视为历代财政改革成败的标准，自始至终把历代财政改革完全放在社会矛盾运动中去研究。

采取这样的框架结构和理论方法，是由历史唯物主义和辩证唯物主义的基本原理和国家财政的性质决定的。马克思指出："我所得到的，并且一经得到就用于指导我的研究工作的总的结果，可以简要地表述如下：人们在自己生活的社会生产中发生一定的、必然的、不以他们的意志为转移的关系，即同他们的物质生产力的一定发展阶段相适应的生产关系。这些生产关系的总和构成社会的经济结构，既有法律的和政治的上层建筑竖立其上并有一定的社会意识形态与之相适应的现实基础。物质生活的生产方式制约着整个社会生活、政治生活和精神生活的过程"。"社会的物质生产力发展到一定阶段，便同它们一直在其中活动的现有生产关系或财产关系发生矛盾。于是这些关系便由生产力的发展形式变成生产力的桎梏，那时社会革命的时代就到来了。随着经济基础的变更，全部庞大的上层建筑也或快或慢地发生变革。"① 所以，"在充分认识了该阶段社会经济状况（而我们那些历史学专家却完全没有这种认识）的条件下，一切历史现象都可以用最简单的方法来说明，而每一历史时期的观念和思想也同样可以极其简单地由这一时期的生活的经济条件以及由这些条件决定的社会关系和政治关系来说明"②。马克思所发现的这一人类历史的发展规律和历史

① 《马克思恩格斯选集》第2卷，第82—83页。

② 《马克思恩格斯选集》第3卷，第41页。

唯物主义的基本原理，是马克思和一切唯物主义者研究社会变革的理论指南，也是我们研究中国历代财政改革的理论方法。这一基本原理要求我们在考察社会变革时，不能就财政论财政，孤立地看待社会现象和事物，必须进行立体交叉式的研究，寻找事物之间的相互联系和相互作用，寻找财政改革与政治、经济、军事等方面的相互联系和相互作用，从中得出结论。

同样，我们把中国历代财政改革放在当时的各种社会矛盾运动中去研究，国家财政的地位和性质要求我们必须这样做。国家财政在社会发展中有着特殊的地位，它不仅是政治、经济、军事等各方面社会矛盾的集中点，而且是调节各种社会矛盾的总枢纽。这是因为国家财政是国家运用它的政治权力和财产权力对社产品进行分配①，它反映着国家在社会产品分配中与各个方面发生的分配关系。也就是说，国家作为社会经济生活的组织者，通过它的财政机构，直接组织进行社会产品分配。财政分配关系不仅是国家为获得其物质需要而对社会产品进行分配，而且还是国家利用财政分配对经济基础的形成和发展施加影响。虽然不同社会制度下的财政有不同的性质和特点，但它们有基本的共性，如财政是国家运用其政治权力和财产权利对社会产品进行的分配；它不仅为实现国家职能提供财力保证，而且是国家通过财政政策措施，调节社会各阶级的经济利益，维护其经济基础和阶级统治，影响社会生产发展和社会稳定状况的强有力的手段；财政状况往往是该历史时期社会经济和政治状况的综合反映，而财政政策及措施的正确与否，又反作用于社会的经济和政治状况，起着积极或消极的作用。中国五千年的历史发展，也充分证明了这一点，不论朝代的盛衰还是更替，无不与财政的因素有关②。可见，国家财政的性质、地位和作用决定了必须把财政改革放在各种社会矛盾中去研究，必须以上层建筑和经济基础、生产关系和生产力这两对基本社会矛盾的对立统一运动为主要线索去分析中国历代财政改革的发生、举措和成效。所以，本书与以往的财政史著作相比具有以下特点：

第一，从社会变革看财政变革。以财政改革为主线，辐射到各个方面，把财政放到社会各种矛盾的发展变化中去研究。因此，在每一章中，我们都花费了很大的精力去研究财政改革的历史背景，用较大的篇幅去论述当时的政治、

---

① 在商品经济不发达的奴隶社会和封建社会，国家财政不仅对社会产品的实物形式和价值形式进行分配，而且还直接对人力进行征调，如历代的各种力役。

② 叶振鹏：《财政理论与实践研究》，中国财政经济出版社，1992 年，第 59 页。

经济、军事各方面的发展变化及其所产生的各种矛盾和危机。从社会大背景的研究出发，所涉及的方面无一不与财政改革密切相关。通过探讨社会各种矛盾的发展变化与财政之间的内在关系，揭示出社会发展变化所引起的矛盾使历代财政改革成为必然。可以说本书的功夫不仅用在财政改革的本身，而且更在于对社会背景的分析，因为它是财政改革中不可分割的有机部分，没有这些矛盾的发展变化，就不会出现财政改革。除了对财政改革的历史背景着力分析外，本书还对财政改革的效果进行了重点研究，从政治、经济、军事等各方面去考察。为此，我们又用了相当篇幅分析了财政改革后生产力为什么会提高和提高的程度，社会经济为何得到恢复和发展以及达到的程度，阐明了财政改革后阶级矛盾、民族矛盾及其他社会矛盾为何能够缓和。另外，本书在研究财政改革的本身时也涉及与当时财政有着密切关系的经济方面，如土地制度的改革、发展农业经济、清丈地亩、整顿户籍。这些内容在以往的财政史专著中很少涉及，常常认为不属于财政的范围，而是属于经济的范畴。但是这些内容与财政有着密不可分的关系，在农业社会如果抛弃这些内容，就会把财政孤立起来，陷入就财政论财政的老套子。总之，以上三个方面，即财政改革的大背景、财政改革的大范围、财政改革的大成效，是以往财政史研究所没有的，或者说是薄弱之处，所以它是此书的一大特色。

第二，以重要的财政制度变革为研究内容。中国古代的财政涉及的内容比较广泛，财政收入包括田租以及历代与田赋有关的其他土地税收和田赋加派等，有工商税、人头税以及户税等，还有财产税、力役税、交通税、公益专卖和财政专卖等。财政支出包括皇室费用、军费、俸禄支出、救济支出、交通运输支出、工程支出、漕运水利支出等。财政管理方面包括度支制度、仓储制度、审计制度、会计制度等。另外，还有一些与财政有关的，如户籍、人口、土地等。对于这些内容，我们不作全面系统的研究，也不像以往的财政史专著那样分为财政支出、财政收入、财政管理三大块，而是采取专题性的研究，在以上范围内选择重要的财政制度。

土地制度。生产资料的占有关系是生产关系中最基本的内涵，而土地所有制形式又是古代农业社会生产资料所有制的根本所在。所以，土地制度严格来说不在财政的范畴，但实际上与财政有着密不可分的关系。这是因为土地所有制是奴隶社会和封建社会经济关系存在的基础，它决定着地租的形态，决定着财政收入和分配，如在奴隶社会井田制下只能实行劳役地租，在封建社会的土地私有制下就必须实行实物地租。关于土地制度与财政收入的关系，古代许多思想家进行了精辟的论述。早在西周时，卿士召虎（穆公）就在治国方略中提出："有山川也，财用于是乎出"，"有其原隰衍沃也，衣食于是乎生"[①]。他所提到的山川原隰即是土地，财用和衣食即是财政收入，后者是以前者为基础的。春秋时期，韩献子进一步提出土地国宝论，指出："山、泽、林、盐、国之宝也"[②]。他之所以把土地视为国宝，就是因为土地是劳动的对象，地能生利，利即财政收入。进入封建社会后，人们对土地与财政的关系更加重视。《大学》指出："有德此有人，有人此有土，有土此有财，有财此有用。"这里明确强调没有土地就没有财政，虽然言之过分，但充分说明了土地与财政关系的重要性。对于土地制度与财政的关系，如果历代思想家只是从感性去认识的话，那么马克思却把它提到了理论的高度。他在论述亚细亚封建国家的特点时指出："是地主同时又是主权者的国家，地租和课税就会合并在一起，或者说不会再有什么同这个地租形式不同的课税。"[③]这里明确指出封建剥削关系是决定于封建土地所有制的，土地收入是封建国家的基本财政收入，土地问题解决了，封建国家的财政收入也就有了保证。难怪中国历代财政改革家都把土地制度作为改革的一项主要内容，如商鞅废除井田，曹魏实行屯田，西晋制定占田，杨炎变均田制为庄园制，北宋实施方田均税法，张居正清丈地亩等。由于土地制度与财政改革有着直接的、密不可分的关系，所以它是财政改革的重要组成部分。

租税制度。租税制度包括田租和其他税收两大部分，租主要来自于农业收入，税除农业方面以外主要包括工商业及其他方面。在中国封建社会，除公田收入（如屯田、营田）和官营工商业收入（如官营盐铁、官营造船等）以外，国家财政主要来自于田租和税收，其中租税收入在国家财政中占主要地位。特别是在夏、商、周三代，租税在国家财政中的地位更加重要，"财富者，邦国大本，而生人之喉命，天下治乱重轻系也"。因此，赋税制度是中国古代社会主要的财政制度，而且随着历史的发展不断发生变革，在财政改革史上具有突出的地位，是值得研究的重要方面。

重农抑商。中国古代经济是以农业为主的自然经济，农业收入在国家财政中占有相当的比重，历代思想家都对农业收入极为重视。先秦时，商鞅提出农

---

① 《国语·周语上》。

② 《左传·成公六年》。

③ 《资本论》第3卷，人民出版社，1966年，第924—925页。

战思想，认为国家要靠农业而富，靠能战而强。韩非提出“富国以农”论，认为农业是国家的根本，农业生产是国家财富的源泉。他说：“田荒则府库虚，府库虚则国贫。”[①]又说：“丈夫尽于耕农，妇人力于织，则入多。”[②]《管子》中也再三强调了农业在国家财政收入中的重要地位，指出：“农事胜，则入粟多；入粟多，则国富”。“粟也者，民之所归也，……财之所归也，地之所还讲归也，粟多，则天下之物尽至矣。”[③] 还讲到“耕农树艺，则财用足”[④]。这些话从不同的角度证明了农业收入在财政中的地位。进入封建社会后，农业收入在国家财政中的地位仍然受到重视。如西汉时陆贾第一个提出重农桑、贵五谷的思想。贾谊也指出重农重粟的观点，说：“夫积贮者，天下之大命也，苟粟多而财有余，何为而不成”[⑤]。之后，晁错又提出“贵粟”论，指出：“粟者，王者大用，政之本务”。东汉王充提出以农富国，强调发展农业，培养赋税来源。为了保护和巩固封建国家的主要财政收入和财政基础，历史上有许多朝代制定了重农抑商政策，防止过多的农业人口因转到工商业方面，而使国家的主要财政收入和财政基础受到损害。但抑商并不是以往人们所理解的打击取缔商业，而是把农业和商业的关系加以合理的配置，在保证农业收入的前提下发展商业。可见，重农抑商政策完全是从稳定社会经济，巩固国家财政基础的角度制定的，它是中国封建国家重要的财政政策之一，我们把它列为历代财政改革的一个重要内容。

盐铁专卖。专卖政策又称禁榷政策，它是指国家凭借对资源的占有权和政权的力量对关系国计民生的一些重要资源的开发、生产、经营实行垄断的一种政策。它既是国家财政的一项重要的收入来源，又是国家的一项重要的经济管理政策，古代专卖的内容有盐、铁、茶、酒、漆等自然资源。我国的盐铁专卖起源于春秋战国时期，管仲首先提出“官山海”的主张，以增加国家财政收入，减轻农民的租税负担。商鞅在财政改革中也提出“专山泽之利，管山林之饶”，即由国家掌握山林川泽，杜绝富商大贾牟取暴利的门路，使利归于国，民归于农。西汉中期，桑弘羊在财政改革中针对当时诸侯王尽据盐铁之利危害中央政权的弊端，提出“塞天财，禁关市”，不仅严厉打击了盐铁商人，而且

---

① 《韩非子·解志》。
② 《韩非子·难二》。
③ 《管子· 治国》。
④ 《管子·王辅》。
⑤ 《论积贮疏》。

铲除了诸侯王割据一方的物质基础。西汉末年，王莽提出，盐、铁等自然资源国家如果不实行专卖，就会使富商大贾操纵国民经济。关于国家必须掌握垄断行业问题，西方经济学直到近代晚期才作出明确说明，而王莽在2000多年前能达到这样的水平，确实是难能可贵的。在唐中叶的财政改革中，理财家刘晏采用了就场专卖制度，既发挥了国家财政宏观调控作用，又鼓励了盐户和商人的积极性，收到了“官获其利而民不乏盐”的良好效果，使中国财政史上的盐铁专卖政策得到了进一步的完善。国家专卖作为历代财政改革的又一重大政策，以增加国家财政收入为目的，不同于单纯的聚敛财富，以打击富商大贾操纵影响国计民生的商品为目的，又不完全排挤商业的作用，无疑是财政改革中不可缺少的部分。

平准政策。平准是指国家调节市场供求以平抑物价的一种财经政策。我国平准思想在战国后期就已产生，如《管子》的作者就专门把着重点放在流通领域的价格调控上，主张把粮食和货币这两种商品从“万物”中单列出来，国家用此来调节其他商品价格的涨落。将此理论付诸实践的是西汉的桑弘羊，他在长安创立平准机构来吞吐重要物资平抑物价，“贵则卖之，贱则买之”，使国家掌握了关系国计民生的主要商品，有力地打击了富商大贾哄抬物价、操纵市场的不法行为，起到了“平万物而便百姓”以及增加财政收入的作用。唐中后期刘晏继续实行这一政策，除建立常平仓外，还在边远地区设置常平盐，使“天下无甚贵贱之忧”。北宋王安石在开封设立市易务，推行市易法，对活跃市场，便利商品供应，限制大商人垄断行为，稳定物价和调节市场需求等起了积极作用。平准政策作为历代财政改革的一项重要措施，与古代西方利用行政、法律手段的限价措施是不同的，它更注重利用经济手段，运用价值规律。平准政策主要反映了财政分配与价格分配的相互关系，而且贯穿整个封建社会，也是必须研究的内容。

财政信用。财政信用即国家信用，是以国家为主体运用信用手段进行财政分配的特殊形式。我国西周时就有专门从事财政信用的官府机构——“泉府”。战国时，《管子》的作者针对当时私人高利贷的猖獗，提出以国家信贷取代私人借贷，建议国家设立一种“环乘之币”，将一部分贷给耕种优等土地的农民，作为预购谷物之用，待农作物收获后，国家以低价收购粮食，抵还贷款。对于贫苦农民，国家则采用实物信贷方法，贷给其种子、器械等，以便他们维持正常生产。比较成功地运用财政信贷政策为生产服务的改革家当属王莽，他规定凡是想贷款从事生产的均应批准，并放长期限，年息不得超过生产者所得利润的10%。如果说王莽是从发展生产的角度来运用财政信用的话，那么北宋王安石则主要是通过摧抑兼并来实施这一政策的。国家每年在青黄不接时由州县拨款贷给农户，随夏秋税归还。信贷政策使广大农民免除了高利贷的盘剥，起了“广蓄积，平物价，使农人有以赴时趋事，而兼并不得乘其急”的效果。不难看出，我国古代的财政信用是国家财政的重要组成部分，对发展社会生产和打击私人高利贷等所起的作用是不可低估的。

货币政策。货币政策在近现代银行制度下是一种与财政政策相适应的经济政策，但是在古代没有银行制度的情况下，货币政策是从属于财政政策的。《管子》中的货币政策具有特殊的地位，它认为货币政策与谷物一样，是影响国计民生的重要因素，必须通过发行货币来直接控制主要商品价格并间接影响一般价格的水平。西汉桑弘羊第一个将此理论付诸实践，他主张币制的统一和铸造权应收归中央，货币的面值和实际重量要一致，而且要适量发行。西汉货币政策的改革，打击了豪强兼并势力和分裂割据势力，促进了封建社会商品经济的正常发展，巩固了中央集权国家的统一。所以，历代财政改革都把货币政策的改革作为一个方面，当然在我们的研究中也是不可缺少的。

总之，本书所选择的内容，在财政史上都具有地位重要、影响深远、历时长久、意义重大的特点。有选择性地进行专题研究是与以往财政史的内容有很大的不同，从而形成了一种新格局。

第三，以历史上颇具影响的重大财政改革为研究对象。本书不是一本财政通史，而是仅从历代财政改革这一侧面进行专题性研究。决定财政改革的各种矛盾都有一个产生、潜伏、发展到激化的发展过程，改革也会随之呈现出复杂而多样的特点。就一般规律而言，中国古代历史上的改革可大致归纳为以下两种类型：一是为一般性的改革，即每当王朝初建伊始，改朝换代后的开国之君，基于“水能载舟，亦能覆舟”的认识，并为求得长治久安，往往在不改变前朝旧有典章制度的基础上，对其进行某些兴利除弊的必要调整，进而使原有的制度得到补充、改进和日趋完善，最终达到巩固政权的目的。尽管这种在原有基础上的调整和修订也属于改革的范畴，但这种改革是在矛盾潜伏期进行的，它所遇到的阻力当然也就相对小得多，改革的程度不大，不具有典型性。二是历史上所谓的“变法”、“改制”，这也是通常人们公认的改革。这种改革一般多发生在历代王朝的中晚期，即当国家机器已不能正常运转，政治、经济、财政等各种危机已严重威胁着王朝生存的严峻时刻，统治阶级中的一些有识之士，在正确分析社会矛盾的基础上，力倡革故鼎新，主张对旧有的制度、政策、法令加以厘正与变通。这种改革是在各种社会矛盾日趋激化的历史条件下进行的，决不是对原有典章制度的修补，而是一次带有部分质变性质且意义较为深远的重大变革，这种改革具有典型性。为了更好地研究中国历史上的财政改革，我们重点选择了这类具有重大影响的、具有典型性的财政改革，对其进行专题性的研究。至于历代王朝初期的一般性改革内容，为了保持历史的连贯性与完整性，不使读者产生断断续续的零乱之感，并从中找出带有某些规律性的东西来，我们多是采取上挂下连的做法。我们在重点研究这类财政改革时，考虑到时代不同、情况各异等因素，因而在改革的一些具体做法上，往往会出现大的差异。我们把这种类型的改革细分为如下三种不同情况：一是新制度彻底代替旧制度，制度的本质发生了变化，如商鞅在秦国的改革。二是改革虽然不是一个阶级否定另一个阶级，但从制度本身来看改革前和改革后完全不同，如唐中叶的改革。三是后代对前代的财政制度改革的力度较大，如曹魏时的改革、隋代的改革等。总而言之，这种类型的财政改革都是程度较深、作用突出、意义重大、影响深远，为古今中外所关注，对后世极有借鉴价值。本书选择的主要对象是第二类的财政改革，有则收之，无则空之，不是每个朝代都有。

第四，总结经验和教训相结合。从中国历代财政改革来看，不论是一个社会的孕育、产生、巩固和发展，还是一个朝代的盛衰和更替，都与财政有着密切的关系，这说明国家正确运用财政这个杠杆对自己的经济基础服务，就会促进经济的发展与繁荣。不尊重客观经济规律，不正确运用和发挥国家财政的积极作用，不利用财政分配扶持经济的发展，财政分配这个杠杆就会起反面作用，阻碍甚至破坏生产力的发展，从而加速政权的灭亡，王莽的财政改革就是一个极好的典型。为此，本书把重点放在成功的改革方面，同时也注意到了失败的财政改革，使正反两个方面紧密地配合起来。需要指出的是，历史上出现的重大财政改革固然对社会的稳定和生产的发展有着不可低估的作用，但在剥削阶级占统治地位的社会里，它的这种进步作用是有限的。奴隶社会和封建社会的财政改革只能救弊于一时，使业已激化的阶级矛盾得到一定程度的缓解，不可能从根本上解决矛盾。从历史的整个发展进程看，如果说封建社会初期（如战国）、前期（如秦、汉）乃至中期（如唐代）的财政改革，对社会的发展还能起到较为重要的推动作用，那么到了封建社会后期（如清代初期），其改革的进步作用已明显削弱了许多。可见，财政改革作用的这种日益减弱的历史规律性，是由以生产资料私有制为基础的阶级对抗社会矛盾发展的阶段性所决定的。

《中国历代财政改革研究》一书，是我们试图运用马克思主义的历史唯物主义和辩证唯物主义的观点和方法，对中国古代财政发展史研究的一种探索。尽管本书在广泛搜集史料和研究的基础上几易其稿，但由于它涉及中国古代社会几千年发展中的政治、经济、军事等广泛的史学领域，加之我们的研究水平和对史料的掌握有限，可能会出现这样或那样的偏颇和失误，敬请学术界的前辈和专家以及广大读者予以批评指教。

第一章

战国中晚期秦国的财政改革

第一节
改革前秦国所面临的社会矛盾

秦人起源于远古的东方氏族，其祖先以游牧、狩猎为生。周平王即位时（公元前 770 年），被封为诸侯，赐予“歧以西之地”，并准许与其他诸侯“通聘享之礼”。从此，秦国成为与齐、晋平等的诸侯国，时值社会大变革的春秋时期。

秦建国后，至穆公时逐渐在西方强大起来，但与同时期步入封建制的齐、晋、楚国相比，还十分落后。进入战国以后，秦国故步自封，与其他诸侯国的距离仍差得很远，中原诸侯皆轻视之，常以“夷狄遇之”，被排斥在中原各国的盟会之外。秦国之所以从奴隶制的顶峰跌落下来，长期处于落后贫穷、势力弱小的国家，主要是其内部政治、经济、财政、军事等方面的矛盾和危机造成的。要使秦国强盛起来，必须对此加以彻底的改革。

一、各种政治矛盾并存的时局

处于春秋战国时期的秦国，政治方面的危机主要来自三个方面，即新兴地主阶级和旧领主贵族的矛盾斗争，秦与东方六国的矛盾斗争和旧领主贵州与奴隶之间的矛盾斗争。

1. 新兴地主阶级与旧领主贵族的矛盾

进入战国以后，秦国的奴隶制度同其他国家一样，也开始分化。一部分奴隶主由此分化为新兴的地主阶级，一些在战争中有功的平民也成为新兴地主阶级的一部分。新旧势力之间在政治和经济上的特权分配不平衡，形成了尖锐的矛盾斗争。当时，秦国的政治和经济大权主要操纵在旧领主贵族手中，旧领主贵族靠着奴隶制时期的世卿世禄制度，在政治上享有很高的权力，而且子孙相袭，把持了仕途和高官贵爵，新兴地主阶级要跻身于贵族集团和参与政治决策是十分困难的。旧领主贵族不仅垄断了政治，而且还享有充足的利禄，即占有大量的土地和奴隶。虽然这些土地在奴隶制下名义上都为周天子所有，但此时的周王室早已名存实亡，土地及土地上的劳动人手、收获物全为旧领主贵族所占有，新兴地主阶级很少得到。有些新兴地主的土地并不是来自周王室，而是在旧贵族土地封疆之外开垦出来的，或者是购买而来的。与旧领主贵族相比，他们所占有的土地是刚开垦出来的荒田，属于贫瘠的劣等土地，而且还是分散的、零星的，不像旧领主贵族的土地那样肥沃和连成一片。即使从奴隶主转化而来的新兴地主，也比不上旧领主贵族那样具有特权。所以，新旧势力的斗争异常尖锐，这在废除奴隶制的问题上就表现得最为突出。

如秦献公和秦孝公在位期间，为了秦国的富强，站在新兴地主阶级方面，开始进行一些零星和局部的改革，却始终遭到旧领主贵族的反对。旧领主贵族出身的大臣甘龙和杜挚坚决反对商鞅改革的主张。甘龙认为，“圣人不易民而教，知者不变法而治。因民而教者，不劳而成功；据法而治者，吏习而民安。今若变法，不循秦国之故，更礼以教民，臣恐天下之议君”。甘龙所言“不易民”、“不变法”，就是不让改变秦国的奴隶主统治。他认为，不遵循秦国旧的奴隶制度，改变一贯实行的儒家礼教，就要遭到天下人的非议。杜挚讲到：“利不百，不变法；功不十，不易器。巨闻法古无过，循礼无邪，君以图之。”[①]他认为，得不到百倍之利，功效达不到十全十美，是不准改变原来的奴隶制度的。不过，这百倍之利和十全十美是站在旧领主贵族的政治和经济利益上来看的，即使对新兴地主阶级和一般百姓有一利，他们也要坚决抵制。因而他始终坚持“法古无过，循礼无邪”的观点。他们为了阻止商鞅的改革，对商鞅进行威胁和诅咒。就是在商鞅为相第十天的时候，赵良还仍然代表旧领主贵族去见商鞅，劝商鞅让位，放弃对旧贵族采取的“骏刑”，并攻击商鞅不得好死，“残伤民以骏刑，是积怨蓄祸也”。可见旧领主贵族对新兴地主阶级的刻骨仇恨。后来，他们又唆使太子带头犯法，以此阻止商鞅改革的进展。但没想到商鞅认

① 《商君书》卷1，《更法第一》。

为“法之不行，自於贵戚。君必欲行法，先於太子。太子不可黥，黥其傅师”①。于是“刑其傅公子虔，黥其师公孙贾”②。因为旧领主贵族受到商鞅的打击，致使“公子虔杜门不出，已八年”之久。可见，改革遭到了旧领主贵族的激烈反对。

由上可知，秦国虽然建国比东方六国晚，但奴隶制度的残余却比其他诸侯国浓厚。这是因为秦国的奴隶制社会发展较短，当别国的奴隶制分崩离析走向衰败时，秦国的奴隶制正处在发展兴盛阶段，封建制姗姗来晚，迟迟不能跨入与别国同步前进的水平线上，新兴地主阶级的力量还很弱小，像晋国三分公室和齐国田氏代齐的社会变革在秦国始终不能出现。这就造成了秦国旧领主贵族的势力长期占据统治地位，新兴地主阶级对旧领主的斗争异常艰难和曲折。正因如此，秦国数十年间，统治阶级内部旧领主贵族和新兴地主阶级的斗争异常复杂激烈，统治阶级内部的消耗战致使秦的国力分散耗竭，由强变弱，夺得的地盘重新丢失。旧领主贵族之所以不惜牺牲国家的得失与新兴地主阶级进行殊死的斗争，焦点就在于要保护他们在经济上的特权，继续维持在奴隶制下财产分配极为不公的局面。而新兴地主阶级对旧领主贵族的斗争，是为了改变这种分配不公的现象，剥夺旧领主贵族的权力，走上统治秦国的政治舞台。所以，政治斗争归根到底是经济斗争，经济斗争又集中在财政制度的分配不公上。

2. 劳动人民与剥削阶级的矛盾

秦国在新兴地主阶级和旧领主贵族的矛盾斗争日益激烈的同时，劳动人民和剥削阶级之间的矛盾也在日渐加剧。秦国的劳动人民包括奴隶和由奴隶转化而来的农民及其他劳动者，他们与剥削阶级之间的矛盾主要是针对占统治地位的旧领主贵族阶层，因为这些人极力维护奴隶制时代落后残酷的剥削方式，占有着广大的奴隶和平民，实行着惨无人道的统治和压迫。而新兴的地主阶级为了同旧领主贵族争夺劳动人手，都注意用减轻剥削和压迫去争取劳动力，相比之下，与劳动人民之间的矛盾不占主要地位。

秦国的奴隶主以及旧领主贵族占有大量的土地、人口和财富，井田上的劳动所获大部分为他们所有。奴隶主靠着剥削和压迫广大的奴隶和平民，过着花天酒地的奢侈生活。他们生前不仅荒淫腐化，死后还修筑豪华的坟墓，随葬大量的铜器珍宝。1974 年陕西户县发掘的春秋早期第 3 号秦墓，主人是一个卿大

① 《史记》卷 5，《秦本纪》。
② 《史记》卷 68，《商君列传》。

夫，随葬的礼器中有五鼎、四段、二壶、一盘、一匜[①]。林剑鸣先生考证，此墓的随葬品与奴隶制社会规定的“礼祭天子九鼎，诸侯七、卿大夫五、元士三”的礼制完全符合。由此可以看出三点：一是秦国的奴隶主和旧领主贵族死后都有豪华的墓葬和相应的随葬品，官爵越高随葬物越多，与劳动人民转死沟壑形成鲜明的对照。二是当时的秦国还在不偏不移地遵循着周礼治国理民，与其他各国开始变法的行动相比确实是一潭死水，奴隶制的残余是其他国家无法比拟的。三是奴隶主和旧领主贵族利用周礼来巩固自己的政治地位和经济地位，以保自己奢侈生活的长存久安。奴隶主阶级和旧领主贵族对劳动人民剥削和压迫的残酷性，尤其表现为用奴隶和平民作为随葬品。《史记》卷5《秦本纪》载，秦武公卒后，“从死者六十六人”。直至秦穆公死时，用人殉葬仍多达170人。陕西凤翔发掘的秦公大墓就证实了这一记载，墓中有随葬的车马坑和殉人坑[②]。殉葬者不仅有奴隶，而且有平民和为国君服役的小奴隶主，以及平时为国君守卫的武将。如殉葬的奄息、仲行、鍼虎，就是“秦之良臣之子舆氏三人”[③]。国君是这样，国君以下的大小奴隶主也同样如此，陕西凤翔八旗屯发掘的秦墓中，仅在一处奴隶殉葬墓坑的1/5地段，就挖出了20具奴隶尸骨。又如陕西户县宋村发掘的秦卿大夫墓中，也有四个奴隶被殉葬。这些考古材料充分证明了秦国统治阶级的荒淫残暴和广大劳动人民的痛苦悲惨。

由于阶级之间的对立，阶级矛盾不断加剧，奴隶和平民纷纷起来与奴隶主贵族展开斗争。斗争的方式主要有逃亡、暴动、民溃、为寇盗等。在秦国，奴隶逃亡十分普遍，奴隶起来为盗贼的斗争也非常之多。《吕氏春秋》中就有不少地方谈寇盗的，如“聚群多之徒，以深山、广泽、林薮，扑击遏夺。又视名丘大墓之厚者，求舍便居以微掘之，日夜不休，必得所利相与分之”[④]。当时以盗贼形式起来同奴隶主贵族进行斗争的事迹在秦国尤为突出，相传战国时奴隶起义的代表人物跖就长期活跃在秦国，活动的时间主要在秦献公统治前后。《汉书·贾谊传》注引李奇解，把跖称为“秦之大盗”，有一些资料还记载跖带领奴隶在秦之临潼大战奴隶主贵族等。商鞅入秦时，也多次讲到盗跖此人，如《商君书》中《画策篇》里云：“赏善之不可也，犹赏不盗。故善治者，使跖可信，而况伯夷乎？不能治者，使伯夷可疑，而况跖乎！势不能为奸，虽跖

① 《文物》1975年第10期，《陕西户县宋村春秋秦墓发掘简报》。

② 《文物通讯》1977年第5期，《凤翔春秋秦公陵墓钻探记》。

③ 《史记》卷5，《秦本纪》。

④ 《吕氏春秋·安死篇》。

可信也。"《禁使篇》又言："其势难匿者，虽跖不为非焉。"《吕氏春秋·异用篇》也曰："仁人之得饴，以养疾待老也；跖与蹻得饴，以开闭取键也。"商鞅与吕不韦都是在秦国生活的人，他们所言跖在很大程度上是可信的，不同于一般的民间传说资料。特别是商鞅，他为了促使秦孝公重用自己改革，必然要谈到当时阶级矛盾的激化和给秦国带来的后果。这些记载都充分说明了秦国境内阶级矛盾的白热化。

阶级斗争的焦点，也同样归结在财产占有和分配上。奴隶主阶级和以后的旧领主贵族是当时社会财富的最大占有者，而广大劳动人民则很少占有社会财富，仅有的只是维持生活和进行简单再生产的物质条件。广大劳动人民起来反抗奴隶主阶级和旧领主贵族的统治，就是用武力砸碎奴隶社会的剥削制度，改变那种在剥削和压迫下的极端不公平的贫苦日子。

3. 秦与六国的矛盾斗争

进入战国以后，韩、赵、魏、齐、楚等国加快改革，日益强大起来，相互攻战，图强争霸。在这种情况下，秦与东方六国的矛盾也日渐加剧，战争不得不提到议事日程上来。秦消灭西陲的戎、狄等少数民族还显示了一定威力，但在东方六国面前却显得软弱无力，秦在与六国之间兼并和反兼并的战争中长期处于被动挨打的地位。

自从进入群雄逐鹿的战国以后，新兴的封建地主阶级的诸侯国相继建立、巩固和强大起来，称主称霸，开始进行对外兼并战争。于是，奴隶制还没有得到多少改变的秦国与东方六国的矛盾日益激化。由于秦国落后弱小，其在强邻面前处处挨打，处于被动的地位。自秦躁公、怀公、灵公、简公、惠公，至出子（公元前443年—公元前385年），六代国君五十余年间，秦国不断受到外部打击，军事上屡遭失败。直至秦献公二十一年（公元前364年），秦国才对东方各国打了第一次胜仗，攻破魏国石门（今山西运城西南）。秦献公二十三年（公元前362年），秦攻魏少渠，擒其将公孙痤。不过，取胜的次数是非常有限的。

秦国在与诸国的矛盾斗争中长期处于劣势的原因是十分明显的。新建立的东方六国，新的生产关系解放和提高了生产力，国家政权不仅有充裕的经济实力，而且具有战斗力很强的军队。而秦国所实行的旧的生产关系，摧残和压制了生产力的发展，加之旧领主贵族对政治权力和经济权力的把持，国君的税源、兵源都受到了很大的限制。经济落后使国家没有财政力量做后盾，生产力的破坏造成人口的急剧减少，国家没有充足的军队和强大的战斗力。所以，军事上的失利，归根到底仍然是经济上的问题，即落后的生产关系所造成的。

二、生产关系与生产力矛盾的加剧

在逐鹿中原的兼并战争中，伴随着秦国政治危机而来的便是其经济危机，经济危机主要是上层建筑和经济基础之间的矛盾，生产关系与生产力之间的矛盾。

1. 封建体制的确立与井田制度的矛盾

从战国六雄的发展来看，凡是能进入诸强之林者，上层建筑和经济基础都是相适应的。如韩、赵、魏于公元前453年形成了三个封建诸侯国，齐国新兴地主阶级田氏代齐后，也成为一个封建的诸侯国家。这些新兴的封建诸侯国都分别确立了封建制度，诸如封建官僚制度，是由原来卿大夫的家臣制改革而来的，官僚以粮食为俸禄，不再有封地。同时，中央集权官僚机构也应运而生，国家权力最高的是国君，国君之下是相，相为百官之长。如春秋时期，齐国就已有了总领百官的冢宰、太宰和相，齐景公时已有了左右相。至春秋晚期，赵国解狐曾推荐其仇人给简子为相，韩国在韩康子时以段规为相。封建制度的确立和完善，不仅增强了国力，而且促进了封建经济的发展，如虎添翼，步入强利。

然而，秦国迟迟不能起步。正当东方六国相继确立封建制的时候，秦国还死守着奴隶制度不放，处于当时社会大变革中的世外桃源。在秦国，国家政权的统治形式仍然是分封制，国家权力由以大庶长为代表的旧领主贵族所分割，国君权力严重分散。国家的官制由卿、大夫组成，官僚仍实行世卿世禄的世袭制。这些旧的奴隶制度与大变革的战国时代格格不入，于是，秦国便远远落后于东方诸国，被时代的列车丢弃。秦国的国君已认识到这样下去国家就会灭亡，所以也想尽快打破旧的奴隶制体系，确定封建的国家政权，变弱为强。秦简公七年（前408年），实行“初租禾”[①]，承认土地私有，按亩征收租税。然而，这一封建制度的确立已经比鲁国的“初税亩”晚了186年。到秦献公时，下令“止从死”[②]，这是对奴隶社会人殉制度的废除，对解放生产力是有重大意义的。这些改革对秦国封建制的建立不能说作用不大，但都是非常有限的、局部的，而且又十分缓慢，是在东方六国都完成了封建化后才进行的，即使改革

① 《史记》卷15，《六国年表》。

② 《史记》卷5，《秦本纪》。

的成效再大，也赶不上六国的发展速度。就改革的效果而言，也远不能与六国相比，封建制度在商鞅改革之前始终没有确立健全起来，国家政权仍然属于奴隶社会性质。

秦国的封建制度为什么迟迟不能建立？关键在于上层建筑与经济基础之间存在着矛盾，也就是说秦国的封建制度不能迅速确立是由其经济基础决定的。秦国的国君想建立封建制度，但其经济基础却是奴隶制性质的，封建性质的上层建筑与奴隶制性质的经济基础之间存在着尖锐的矛盾。早在春秋时，鲁国就实行了“初税亩”，按亩征税。而秦国却在其一百余年之后才实行按亩征税，这期间秦国的经济基础不是新兴地主经济和大批自耕农经济，而是井田制度上的旧领主贵族经济。井田制度是奴隶制存在的经济基础，它的长期存在起到了两个截然不同的作用：一是使秦国的奴隶制度得以长久存在；二是阻止和限制了封建制度的产生及确立。即使有新兴地主阶级的经济成分出现，也因弱小无法形成一个新政权的经济基础，它对秦国旧的奴隶体制起不到摧毁的作用，也对新的封建政权的诞生起不到决定性作用。所以，像晋国三分公室和齐国田氏代齐的这一股新兴地主阶级力量在秦国始终没有形成。也正因为如此，秦国封建政权的完成不是像其他国家一样是由新兴地主阶级担负的，而是由国君通过自己的改革来进行的。由此可知，秦国的上层建筑和经济基础之间存在的矛盾严重阻碍了其发展强盛，秦国要想迎头赶上，就必须解决这一矛盾，对经济基础进行彻底改革。

2. 生产力的发展与奴隶制生产关系的矛盾

生产力是推动历史前进的根本动力，不论是中国古代从奴隶社会发展到封建社会，还是战国时期各诸侯国兴起，都是靠发展生产力来完成的。

正因如此，春秋战国之际的各诸侯国和新兴的地主阶级无不积极地改变旧的生产关系，借此而取得政权和发展生产力。如春秋时期，齐国的田氏为了使新兴地主阶级的政权早日建立，改变剥削方式，采用大斗借小斗进，在自己的辖区内控制物价，使价格不超过产地，因此得到广大平民的拥护和支持，民“爱之如父母，而归之如流水”①，很快取得了政权。建国后，齐桓公任用管仲争取霸业，首先打破井田的限制，实行“相地而衰征”的剥削方式，按土地的好坏征收贡税。与此同时，晋国也废除了周初以来土地定期分配的制度，“作爰田”，让土地的占有者能够长期耕种原来经营的土地，以此提高劳动人民的

① 《左传·昭公三年》。

积极性。后来晋国的新兴地主阶级也同样如此建立了封建政权，魏氏、韩氏、赵氏等六卿各自废除了井田制，建立封建的田亩制和地税制。韩氏、魏氏采用200步为亩，赵氏采用240步为亩，赵氏不征土地税，韩、魏等采取“五税之”，即五分抽一的税制。这些改革使新兴地主和小自耕农经济大为发展，因而三家分晋后，很快成为三个封建诸侯国。楚国也突破了旧的田制和军制的框框，将土地重新测量，根据平原、山地等不同的土地规定不同的产量标准，按照收入的多少征赋，即“量入修赋”。就是一些弱小的国家，要得到巩固，也不能不改变生产关系以发展生产力。如吴国采取节省财政开支的办法，以恤民力（民力是指地主阶级和小自耕农），后来成为与晋争夺盟主的国家。越国推行“舍其愆令，轻其征赋”和“裕其众庶”的财政改革，从而“其民殷众，以多甲兵”[①]，而且“田野开辟，府仓实”[②]。鲁国实行“初税亩”，宣布废除井田制，承认私田的合法性。进入战国以后，新兴地主阶级政权更加重视发展生产力。魏国魏文侯即位后，采取尽地力之教，鼓励耕战。赵国赵烈王时整顿财政。楚国楚悼王推行“损其有余而继其不足”的政策[③]，剥夺旧贵族的“有余”，补充地主阶级的“不足”。韩国韩照侯时，废除旧贵族的世袭特权。齐国齐威王时，鼓励开辟田野，以足民食。这些改革都程度不同地调整了原有的剥削形式和财产占有形式，使生产关系得到了一定的改善，从而发展了生产力，一跃而入霸主地位。而秦国却没有对原有的生产关系进行改革，诸如土地占有，劳动者的生产地位，赋税的分配形式等等都没有大的变化。虽然秦简公七年（前408年）实行“初租禾”，但这只是对新兴地主阶级和自耕农所占有的土地征税的一种办法，并不包括大小旧领主贵族所占有的井田制上的征税。即使“初租禾”是新兴地主阶级和旧领主贵族所占有的一切私有土地的征税办法，这也只是国君与新兴地主阶级和旧领主贵族之间的剥削关系，仍未包括旧领主贵族及其控制下的土地上的农奴和平民的剥削方式。所以，当时的秦国仍然保留着奴隶社会的生产关系，这种生产关系首先表现在生产资料占有的极大不公上，旧领主贵族占有大量的土地和生产工具甚至大批奴隶，而农奴和平民很少拥有土地或根本就没有土地。在剥削方式上，广大农奴在旧领主的控制下依然担负着落后的劳役地租，实物地租并不是普遍实行的。待各诸侯国的生产

① 《国语·吴语》。
② 《国语·越语下》。
③ 《说苑·指武篇》。

关系都先后改革完毕，秦国才无可奈何地召贤改革，重用商鞅改革已是公元前356年了。可知从公元前770年建国至商鞅改革之间，一直是奴隶制时期的生产关系。从公元前475年进入战国至公元前408年“初租禾”之间的67年，沿袭着的始终是奴隶社会的生产关系。“初租禾”至商鞅改革之间的52年，虽有封建生产关系的因素在滋长，但占统治地位的依旧是奴隶社会的生产关系。

秦国所维系的奴隶社会落后的生产关系，极大地束缚和压制了生产力的发展。

首先，旧的土地制度抑制了生产力的发展。在井田上有公田和私田之分，所谓“公田”，是国君所控制的和分封制下奴隶主所控制的用以实现劳役地租的土地，“私田”是指在井田制下奴隶和农奴用来维持自己生活的份地。在公田上劳动当然已不再是“十千维耦”或“千耦其耘”了，但是奴隶们集体耕作是无疑的，仍然是“出入相友，守望相助”的通力合作制。在新兴地主阶级和小自耕农的私有土地出现后，奴隶们在公田上劳动的积极性大为低落。人们在公田上劳动只出工不出力，采取消极应付的态度。当时在许多诸侯国的公田上到处长满了蒿草，或者秋收时公田上的庄稼迟迟收割不完，史载“维莠骄骄”，“田在草间，功成而不收”，就是在公田上劳动者消极反抗的结果。在公田上的劳动者已失去了劳动兴趣，很难使生产效率提高，公田像桎梏一样束缚了生产力的发展。

其次，旧的剥削方式抑制了生产力的发展。秦国的井田制度决定了当时占主要地位的剥削方式是劳役地租形态，劳役地租是沿袭周代的“彻”的方式。对“彻”的解释众说不一。孟子说：“（民）耕百亩者彻取十亩以为赋。……彻，犹人彻取物也。”① 朱熹说：“周时一夫授田百亩，乡遂用贡法，十夫有沟；都鄙用助法，八家同井；耕则通力而作，收则计亩而分，故谓之彻。”② 这种剥削方式属于服劳役是无疑的。劳役地租是最原始也是最落后的一种剥削方式，地租承担者在奴隶主的监视和皮鞭下服劳役，受尽了皮肉之痛和筋骨之苦，与其他诸侯国的实物地租相比确实是对生产力的一种摧残。由于劳役地租更会挫伤人们的劳动热情，所以极易引起劳动者的抵阻情绪和反抗行为，他们或破坏工具，或出走逃亡，甚至自残身肢，造成停工停产。而实物地租是不需要劳动者亲自去服力役的，他们只要肯在自己的土地上出力和精耕细作，提高亩产

① 《孟子·滕文公上》，赵岐注。

② 《孟子·滕文公上》，朱熹注。

量，就可以完成租税额。在这种前提下，人们的劳动劲头发挥得越充足，生产的粮食就越多，就愈能提高劳动热情。这两种剥削方式相比较，就更显出劳役地租对生产力发展的阻碍之大了。秦简公七年（前 408 年）对新兴地主和小自耕农私有土地实行按亩征税政策后，虽然对生产力的发展打开了一个缺口，但从整体来看秦国的生产力基本上还是受着劳役地租的压制，所以社会经济一直得不到提高。

再次，生产资料占有形式限制了生产力的发展。从春秋开始，虽然已不是原来“普天之下，莫非王土；率土之滨，莫非王臣”的时代了，但分封的土地实际上已逐渐成为奴隶主和旧领主贵族的私有土地了，而且连同土地上的劳动人手也成为他们的财产，重要的生产资料几乎全被奴隶主和旧领主贵族所垄断。这样，井田上的劳动者因为缺乏生产资料而无法发展生产，至于扩大再生产就更没有条件了。虽然广大奴隶和农奴有自己的份地，但他们只有使用权，而无所有权和支配权，而且并不能长期耕种，三年一易地迁居。由于土地不属于自己，所以不能像私有土地所有者那样热心于耕种和经营，再加上迁居变动使他们更加不愿意投入过多的劳动，从而使生产力的发挥受到很大的限制。当时，新兴地主和小自耕农虽然有了自己的土地和生产资料，但这部分人在社会上还是少数，私人农业在社会经济中还不占主要成分，因此就秦国整个生产力发展程度来说还是很落后的。

最后，社会生产中劳动者所处的地位也限制着生产力的发展。在井田上从事劳动的奴隶和农奴，丝毫没有人身自由，他们不仅受着奴隶主和旧贵族的奴役驱使，而且可以被随便买卖和处置及殉葬，谈不上人身地位的保护。即使到了战国时期，广大农奴和平民仍然受着旧领主贵族的歧视和敌视，依旧没有人身地位。当时各级奴隶主贵族都居住在都城，统称为“国人”，享有一定的政治和经济权利。受奴役的农奴和平民住在乡村，被视为“野人”或“庶人”，高低贵贱的界线分得非常严格。在生产关系中劳动者处在极不平等的地位，也就不会对劳动生产发生兴趣，生产力自然谈不到发展和提高。

除此之外，劳动成果的分配、耕作经营的不自由等都不同程度地限制了生产力的发展。所以，秦国在经济领域内不仅存在着上层建筑和经济基础之间的矛盾，而且还存在着生产关系和生产力之间的矛盾。

三、国家财政面临的重重危机

政治危机和经济危机的存在与发展，必然带来财政危机的出现。政治危机来源于财政危机，财政危机又是经济危机的集中反映，相互之间有着必然的关系。

1. 财政来源的衰竭

秦国原来是一个游牧部落，农业、工商业经济本来就比较落后。但自春秋时期秦建国（公元前770年）后，由于定居生活，牧畜业退居了次要地位，基础比较落后的农业则成为经济中的主要部门。农业作为主要经济支柱后，比以前有了明显的发展，但这只是和秦以前的农业相比较而言的，至于和其他国家相比还是比较落后。这主要反映在秦国土地大面积的荒芜上：“今秦之地方千里者五，而谷不能处二，田数不满百万”①。由此可知，土地能开辟出来加以利用的不到1/2，包括易田在内的农田不到一百万亩。作为以农业经济为主要部门的国家，秦国大部分的土地都得不到开发和充分利用，说明了农业落后的程度。我们知道，春秋时期秦国出现了铁，而且铁已用于农业生产中，20世纪70年代在陕西凤翔发掘的秦公大墓中，出土有三件铁农具②。但铁农具在农业生产中的应用却远没有达到普遍的程度，它只能代表生产工具发展的一个尖端，而不能标志铁农具的普及。因此，土地依然得不到开发，稀少的铁器并没有使秦国农业摆脱落后的状况。先进的工具只有掌握在有劳动积极性的劳动者手中，才能真正提高生产力的水平，而秦国在旧的生产关系的制约下并没有创造出这样的条件。就以秦国出现铁农具而言，也不是当时生产力的最高水平，因为在别的国家中已经出现了牛耕，如《国语·晋语》云：“宗庙之牺为畎亩之勤”。水利是反映农业经济发展的一面镜子。在秦孝公重用商鞅改革（公元前356年）以前，农田水利在别国已经很普及了。如魏国早在魏文侯时，兴建“引漳水灌邺”工程，开渠多达十二条，使大面积的盐碱地变为良田。《史记·滑稽列传》云：“西门豹即发民凿十二渠，引河水灌民田，田皆溉。”魏惠王十年（公元前361年），又开凿了运河，引黄河水流入圃田以供灌溉。像这么浩大的水利工程仅在魏国魏惠王即位期间就兴建了三处，而在秦国却很难找到。作为国家财政主要基础的农业竟如此落后，必然会引起财政收入的衰竭。

工商业本来也是国家财政来源的一个重要组成部分，但秦国的工商业比起农业经济来又不占主要位置，若与东方的齐国、魏国等相比更显得落后。就秦国的工商业来说，官营工商业比私人工商业基础要好，如青铜的冶炼技术和铸

---

① 《商君书》卷4，《徕民第十五》。

② 《文物通讯》1977年，《凤翔发现春秋秦公的墓葬》。

造水平都较有起色。1978 年在陕西宝鸡县杨家沟镇太公庙村发掘的秦墓中，有大型的铜器共八件[①]，这些铜器的精美程度可与西周、春秋时代著名的铜器相媲美。但官手工业主要是为国君宗室服务的，并不能增加国家的财政税收。私人工商业虽然可以征收赋税，但却没有什么发展，像齐国那样的富商大贾在秦国是寥若晨星。史载秦国境内“薮泽、溪谷、名山、大川之材物货宝，又不尽为用”[②]。所谓“不尽为用”，即得不到开发利用，没有成为国家的重要财源。由此也可知秦国工商业的发展程度。为此，商鞅在改革财政时，权衡利弊，实行“重农抑商”政策，保护和优先发展在国民经济中占主要地位的农业，放松对工商业的发展，以尽快建成国家财政的主要来源和税收基础。

在中国古代社会，由于征收人头税，人口的发展也是国家的一个重要财政来源。但秦国的人口发展速度很慢，和各国相比人口是最少的。这主要是旧的生产关系束缚了生产力的发展，广大奴隶和平民生活水平极低，造成人口生殖率下降。更重要的原因是人口死亡率较高，奴隶们和庶民不仅因为生活没有保障而过早夭折，而且还经常被杀害，甚至大批用来殉葬。因此，秦国出现了地旷人稀的现象，国家常为人力缺乏而发愁。“夫秦之所患者，兴兵而伐，则国家贫；安居而农，则敌得休息”。也就是说，国家征兵打仗，就没有人去从事农业，造成国家财政贫乏；如果都让大家去耕地，则又不能去打仗，使敌国借机养兵蓄锐，深感“人不称土也”[③]。另外，在秦国的所有人口中，直接属于国家控制的很少，大部分人口被控制在奴隶主和旧领主贵族的手里。这些人凭借井田制和分封制以及宗法制度把广大的奴隶或农奴据为私有，国君无法向这些私有人口征税。国家掌握的人口只是少数的新兴地主和小自耕农，由于这些人数量极少，是征不到多少赋税的。因此，人口的稀少也造成秦国财政来源的衰竭。

2．财政实力的虚弱

财政来源的衰竭必然导致财政收入的递减，其中的道理不言自明。除此之外，财政实力的虚弱还与秦国实行的税收政策密切相关。在秦国财政来源衰竭狭小的前提下，就税收政策来说，国家很难征收到足够的费用。先看工商税收的情况。秦国虽然对工商业者采取了征税的政策，如秦穆公时，“使贾人载盐，

---

① 《文物》1978 年第 11 期。

② 《商君书》卷 4，《徕民第十五》。

③ 《商君书》卷 4，《徕民第十五》。

征诸贾人”[①]，同时还有“关市之征”。而且国家也设置了一些商业市场，“富平津西南二十五里。……物无二价，故以直市为名”[②]。但秦国是一个自然经济占主导地位的国家，商品经济只占次要位置，国家在工商税方面征收不到多少收入。再看人头税收的情况。如上所言，秦国是一个人口极少的国家，而且国家的人口大部分被奴隶主和旧领主贵族据为私有，国家无法向他们征税。国家征税主要靠农业来完成，那么，农业税收又是一种什么情况呢？在没有改革前的秦国，农业税收政策基本还沿袭着周代的贡赋法。周代遗留下来的九赋中，与田地有关的为邦中之赋、四郊之赋、邦甸之赋、家削之赋、邦县之赋、邦都之赋。其中邦中之赋规定，以廛里任国中之地者无税，以场里任园地则征收二十分之一。国宅无税，园宅不种者也无税，有收益才有税。四郊之赋规定，宅田、土田、贾田在近郊者，收1/10税；官田、牛田、赏田、牧田在远郊者，其税率为3/20。其余四赋税率最高为2/10。赋之外的“贡”，是诸侯或人民对国王的进贡献纳，属一种义务，又分为邦国之贡和万民之贡。邦国之贡规定：“诸公之地，封疆方五百里，其食者半。诸侯之地，封疆方四百里，其食者叁之一。诸伯之地，封疆方三百里，其食者叁之一。诸子之地，封疆方二百里，其食者四之一。诸男之地，封疆方百里，其食者四之一。”[③] 依贾公彦解释，是说天子封诸侯，公五百里，侯四百里，伯三百里，子二百里，男一百里，他们各在封地取得税收后，公留1/2，侯留2/3，子、男各留3/4，以供就地之用，其余1/2乃至1/4供天子之用。邦国之贡供国君之用，万民之贡以充府库。根据这种税收政策，土地的收获物绝大部分是属于封主的，国家仅能得到很少一部分，供国君宗室私人费用犹嫌不足，供国家富国强兵就更困难了。值得注意的是，进入战国以后，这些制度恐怕是不会像周代那样严格执行了，随着礼崩乐坏，奴隶主很少再有人履行这一义务了。国家能够征收回来的税负与日俱减，土地的绝大部分收入实际上被大小奴隶主所占有。而且，由于战争的频繁，国家的财政越来越困难。秦国受东方六国的轻视，国家财力不足是其中的主要原因之一。

所以，秦国的财政实力总体来说是比较虚弱的。商鞅在改革中多次提到仓储问题，强调储蓄粮食的重要性。如《商君书》中的《去强篇》云：“金、粟

① 《说苑·臣术》。

② 《三辅黄图》。

③ 《周礼·地官司徒上》，“大司徒之职”条。

两死，仓、府两虚，国弱"；"金、粟两生，仓、府两实，国强"。《算地篇》云："兵出，粮给而财有余；兵休，民作而蓄长足。"《商君书》又多次明确指出了秦国的财力危机："今世主有地方数千里，食不足以待役、实仓。"[①]《商君书》还曾说"国贫而务战"[②]，这也是针对秦国的现实来讲贫富的。由此可知，秦国在东方诸强面前财政实力显得非常虚弱。

3．财政分配的不公

秦国财政分配不公，主要反映在土地的占有上。土地是中国古代的经济基础，不论对国家来说还是对个人而言，都是最主要的财产所在。因此，土地的占有是中国古代社会中最主要的财产占有，它反映了当时各阶层在社会经济中最主要的分配关系。

秦国在商鞅改革财政以前，井田制虽然不像周代那样严格了，但仍然沿袭着这种土地制度。在这种土地制度下，大小奴隶主和后来的旧领主贵族占有大量的土地，比较好的土地都由他们所瓜分。随着井田制的破坏，大小奴隶主贵族除占有原来的土地外，又大肆吞食王室的土地，所以秦国宗室原来所占有的王畿和公田常被他们所兼并，公田严重地流失消亡。而新兴地主阶级和小自耕农却很少占有土地，他们占有的土地不仅少，而且质量也差，大都是一些丘陵沟壑没有人去开发的荒山土岭。所以，土地分配极为不公。

除土地分配不公以外，赋税、徭役、兵役的分配也不公。秦国赋税征收是沿袭周代的赋法和贡法，劳动所获完全归大小奴隶主和旧领主贵族所有，但他们上缴国家的赋税却很少，最多1/2，最少竟为1/4。与土地有关的赋税率最高也不过1/5，少者3/20。他们占有的土地最多，缴纳的贡赋却最少，而新兴地主阶级和小自耕农也要负担贡赋，即所谓的万民之贡。他们所缴纳的税率史无记载，但即使比奴隶主和旧领主贵族少，负担也是极不合理的，因为新兴地主和小自耕农经济刚刚产生不久，与奴隶主和旧领主贵族经济是无法相比的。秦穆公时，实行了"初租禾"，国家对他们所开垦的土地正式按亩来征税。而奴隶主和旧领主所占有的土地虽然实际上为他们所私有，但名义上还是国有的，他们的土地仍按原来的贡、赋法征收赋税，而新兴地主和小自耕农却要按实际亩数来纳税，这是极不公平的。原来的军赋规定按亩征收，但井田上的奴隶和农奴却不负担，这样一来，奴隶主和旧领主贵族虽然占有大量土地，却以井田

---

① 《商君书》卷2，《算地第六》。

② 《商君书》卷3，《靳令第十三》。

上的公田数交纳军赋，他们实际占地多而交纳的军赋少。新兴地主和小自耕农却要按照所占有的全部土地交纳军赋，二者之间也极为不公。至于井田上的收获物的分配就更不合理了。大小奴隶主和旧领主贵族把劳动所得全部占有，广大奴隶和农奴均是无偿地劳动，留下的只是维持自身生存的一小部分。徭役和兵役也是中国古代社会人民头上的一种沉重负担，秦国的兵役和徭役主要落在新兴地主和小自耕农的肩上。他们在服役中往往自备工具，父子同行，负担是十分沉重的。《诗经·秦风·无衣》就真实地反映了这种情况："岂曰无衣，与子同袍，王于兴师，修我戈矛，与子同仇。岂曰无衣，与子同泽，王于兴师，修我矛戟，与子偕作。岂曰无衣，与子同裳，王于兴师，修我甲兵，与子偕行。"[①] 可见徭役和兵役对于小自耕农来说确实是一场灾难。秦国赋税、徭役和兵役负担的不公平是十分突出的。另外，在官吏俸禄、奴隶的占有等方面也存在着不公平的现象。这种分配不公的现象直接制约着生产力的发展，也成为秦国财政危机中亟待解决的问题。

四、改革是富国强兵的必由之路

如前所述，春秋战国时期，秦国在各诸侯国中是最弱的一个，不仅受其他六国的轻视，而且被拒于盟会之外。秦国要尽快地摆脱这种局面，必须彻底进行改革，尤其是财政上的改革。因为春秋战国时期是中国古代社会中奴隶制向封建制大变革的时代，只有进行改革才能废除奴隶制和旧残余，使封建制度发展和巩固起来。东方六国由弱变强，无一不是走的这一条道路。

韩、赵、魏三国的国君，最注重改革图强。公元前 445 年，魏文侯任用李悝改革，很快达到了富国强兵的目的。公元前 403 年，赵烈侯以公仲连为相，也进行了一番改革，很快成为东方六强之一。公元前 355 年，韩昭侯起用申不害为相，进行改革，于是韩国也进入了强国之林。位于长江以南的楚国，地理条件和经济基础不如秦国优越，公元前 390 年，楚悼王任吴起为令尹，主持改革，也很快强盛起来，"南收杨越，北并陈蔡"，"却三晋，西伐秦"[②]。位于东海水滨的齐国，起初也不是一个强国，公元前 357 年，齐威王重用邹忌，奖励耕织，使"田野辟，民人给，官无留事，东方以宁"。结果，"齐国大治"，政

---

① 此赋有人解释为秦穆公所作，但从内容来看，是对兵役迫害的一种控诉。据此，可认为是参加兵役的劳动人民所作，而非秦穆公的作品。

② 《史记》卷 65，《吴起列传》。

治上和经济上都有了新气象。

改革图强的历史事实，是谁也不能否认的，秦国也意识到要富国强兵就必须走改革之路，别无他途。所以，秦国的国君在商鞅入秦之前，就开始着手进行改革。由于改革是零散的、局部的，没有从根本上动摇旧领主贵族的政治地位和经济特权，没有从根本上解决社会矛盾，自然也不会产生太大的作用。要实现富国强兵的目的，就必须实行全面、彻底的改革，尤其要进行财政方面的改革。为此，秦孝公不得不向社会上公开招贤令："宾客群臣有能出奇计疆秦者，吾且尊官，与之分土"①。由此不难看出，秦孝公为了强秦，不能不寻求改革这条唯一的出路，同时也反映了他改革图强的急虑和决心。因而，此令收到了很好的效果，商鞅就是"闻是令下"而来到秦国的。商鞅见到秦孝公，讲述了他改革的方案，即"强国之术"，秦孝公大悦，"膝之前于席"，一连谈了数日，听之而忘倦。于是不顾旧领主贵族甘龙、杜挚等人的反对，先后任命商鞅为左庶长和大良造，对秦国的财政进行了彻底的改革。

改革为何从财政入手？由上可知，秦国所存在的政治危机和经济危机，都是由于奴隶制的生产关系不适应生产力发展的需要，具体地说是奴隶制的土地占有关系及奴隶在生产中的人身依附地位阻碍了生产力的发展。而这些矛盾和危机，都会集中反映到财政上。因为在奴隶制的农业自然经济条件下，土地和劳动力都是直接由国家占有，即由王室、诸侯、卿大夫等大大小小的奴隶主所占有，财政作为国家经济的集中体现，事实上直接统管着生产要素的分配和产品的分配。因此，生产关系的改革在很大程度上直接或间接地表现为财政改革。这就是商鞅要改革财政的主要原因。

第二节 秦孝公时财政改革的主要措施

针对秦国在政治、经济、财政方面所存在的诸多矛盾，秦孝公于公元前356年任命商鞅为左庶长，进行了第一次财政改革；又于公元前350年以商鞅为大良造，进行第二次财政改革。在处于农业自然经济条件下，国家财政收入主要来自农业，它与土地制度及劳动人口的管理归属紧密连在一起。在政府的

① 《史记》卷5，《秦本纪》。

管理职责上，也往往将财政与农业集合在一起，不仅统管着农政、田租、户籍、赋税、山海池泽资源开发的收入和王室开支、祭祀、战争支出、俸禄分配等，而且还管理着财粮物的仓储和转运、物价调节等。因此，古代的财政改革所涉及的范围远比现代财政的范围要广泛得多。当时秦国财政改革的内容主要有：改革国家财产占有关系和分配关系，建立健全国家新的赋税制度，制定重农抑商禁末政策，实施盐铁专卖政策，建立仓廪和平准政策等。

一、改革财产分配制度

自然经济条件下，土地占有关系决定着财政收入的来源、形式和收入状况。制度是否适应生产力发展，直接关系到社会的发展、国力的盛衰、政权的稳固。为此，商鞅在财政改革中，不仅首先从改革土地占有关系入手，而且将其作为改革的重点。

1. 废井田，改革土地分配制度

秦国土地占有不公的原因，就在于长期沿袭周代以来已不适应生产力发展的井田制度。为了取消奴隶主和旧领主贵族所占有的土地，将其收为国家所有，重新进行分配，建立君主集权的经济基础，商鞅在改革中首先废除了秦国长期维持的井田制。《战国策·秦策三》言："商君为孝公，……决裂阡陌。"《史记》卷79《蔡泽列传》也云："决裂阡陌，以静生民之业而一其俗。"另外，《汉书·食货志》也载："秦孝公用商君，坏井田。"由此证明，秦国沿用的旧井田制度在财政改革中被彻底废除。

旧的井田制度废除后，国家对土地有了所有权，得以对掌握的土地进行重新分配。改革后的土地占有一部分按军功大小占地的办法进行分配，即"明尊卑爵秩等级"，各以差次名田，能得甲首一者，赏爵一级，益田一顷，益宅九亩[①]。在这种规定下，立功多者可多占有土地，许多出身寒微的人无不求军功而广占田宅，所以在商鞅重农战的政策鼓励下，秦国新产生了一大批军功地主，他们各自都占有不同数量的土地。那些旧领主贵族因无战功，从而降低或失去原来的爵位，被迫将土地部分或全部交给国家。这样一来，旧领主贵族不能过多地占有土地，而土地绝大部分直接归国家所有，国家再根据军功的大小分赐给获有军爵的人，以前土地占有不公的情况就得到了改变。

---

① 《商君书》卷5，《境内第十九》。

对一般的农民，国家则实行“制土分民”[①] 的分配政策。“制土分民”就是把土地按户计口，一份一份地分给农民耕种，农民耕种国家授给的土地，获取了长期的占有权，向封建国家交纳一定的租税和服兵役、劳役。制土分民就是秦律上记载的“授田制”。《秦律·田律》载：“入顷刍藁，以其受田之数，无垦不垦，顷入刍三石，藁二石。”[②] 从《秦律》可知，土地分配关系改革后，秦国每个成年人可分到一百亩土地。商鞅所制的亩数比韩、赵等国都大，规定240方步为一亩，即折算为今亩41.7亩，史称“商鞅田”，又称为“秦田”。土地分配关系改革之后，一种新型的土地占有形态随之而出。在这种土地制度下，以国有土地为主，私有土地为辅，农民所占有的土地虽然归国家所有，但却获得了长久的占有权和支配权，这与井田制度下的占有是有区别的。

《汉书》卷28下的《地理志下》云：“孝公用商君，制辕田，开阡陌，东雄诸侯。”“制辕田”与“授田制”之间的关系是整体与局部的关系，制辕田是解决“授田制”下各家各户土地好坏轮休的调整问题。“辕田”或“爰田”，《国语·晋语三》注云：“为易田之法，赏众以田。”由此可知，“辕田”或“爰田”均为“换田”或“易田”之意。在改革后授田过程中，因土地有好坏、肥瘠之分，为了授田公平，便打乱了原来各家的“疆畔”，重新调整，按上中下三等分配：“上田，夫百亩；中田，夫二百亩；下田，夫三百亩。岁耕种者为不易上田，休一岁者为一易中田，休二岁者为再易下田。三岁更耕之，自爰其处”[③]。授田之后，基本上不再作大的调整，关于土地休耕和轮作皆由各家自己安排，即“自爰其处”。如春秋时晋国“作爰田”，“上田不易，中田一易，下田再易，爰自在其田，不复易居”[④]。但这与原来井田制上的调换不一样，原来土地休耕和轮作由奴隶主调配，随着土地的调整而迁居，即“三年一换土易居”[⑤]。可见“制辕田”是与“授田制”同时实行的，前者是后者具体问题的处理方法，而不是“授田制”之外的另一种土地制度。商鞅在改革土地占有关系中，除扶持军功地主外，同时又扶持起大批自耕农民。从此，除残余的旧领主贵族占有一部分土地外，全国绝大多数的土地归为封建国家所有，封建国家除了占用一部分国有土地作屯田、籍田、苑囿外，将大部分土地授予封

① 《商君书》卷4，《徕民第十五》。

② 《睡虎地秦墓竹简》，第27—28页。

③ 《汉书》卷24，《食货志》。

④ 《国语·晋语》，孟康注。

⑤ 《公羊传》，宣公十五年，何休注。

建地主阶级和自耕农民占有。旧的土地分配关系被彻底废除，新的土地分配关系日益完善和巩固，不仅使秦国土地占有状态得到了彻底改变，而且为新生的封建君主制国家奠定了与之相适应的经济基础。

秦国土地分配关系的改革是商鞅对生产关系改革的一个重要内容。虽然井田制的废除不可能一日完成，旧的残余还会在一定时期内存在，但这次改革的重大意义是不可轻视的。它不失为我国古代土地分配关系的一次划时代的改革，对奴隶社会向封建社会过渡起了重要的作用。从此之后，中国古代的田制为之一变，影响之深远是可想而知的。

2. 废世禄，改革俸禄分配

商鞅财政改革前，秦国仍然沿袭着奴隶制时代与奴隶主占有土地的土地制度相联系的分封制、等级制和世袭制。俸禄制度也是世袭的，诸侯和各级卿、大夫的官爵与相应的土地、赋税等也历代相袭，这就是所谓的世卿世禄制。到春秋末期，由于生产力的发展使社会制度发生了变革，有些卿、大夫代表新兴地主阶级夺得了政权，在一些诸侯国中就出现了以粮为俸禄的官僚。当时的俸禄计算单位各不相同，秦国的俸禄有50石、500石，最多至600石以上[①]。新兴的官吏俸禄与世袭的领主俸禄极不平衡，于是在俸禄分配上形成了尖锐的矛盾。这种旧的世卿世禄制也与新的经济基础不适应，严重阻碍了生产力的发展和新兴地主阶级的壮大巩固，不改革原有的俸禄分配关系，就无法提高新兴地主阶级和广大劳动人民从事农战的积极性，国家也就无法强大起来。

为此，商鞅在改革土地分配关系的同时，对俸禄分配制度也进行了彻底改革。首先，他提出“壹赏”，规定按军功大小制定俸禄的优薄高下，无军功者不得受禄。第一次财政改革明确规定：“宗室非有军功论，不得为属籍。明尊卑爵秩等级，各以差次分田宅，臣妾衣服以家次。有功者显荣，无功者虽富无所芬华。”[②]“属籍”是列入公族的簿籍；“以家次”是随其家爵秩等次。意思是说，宗室凡无军功者，不能再继续列入宗族的簿籍，根据地位的尊卑和爵秩的高下定田多少，按其家爵秩等级来确定其服饰和使用的奴婢数量。所言尊卑爵秩，是指秦国根据军功受爵新起的官僚阶层的高低尊卑，并不是原来旧领主、卿、大夫的尊卑等次，这些人如没有什么功绩是不准受爵和享受俸禄的，即使宗室也同样如此。所以在这种按功受禄的政策下，许多旧领主及其后代就

---

① 《史记》卷6，《秦始皇本纪》。

② 《史记》卷68，《商君列传》。

失去了官爵和俸禄，成为一般的平民。这样就彻底废除了原来俸禄分配极不公平的世卿世禄制度，所以也是商鞅的一大财政改革。

世卿世禄制废除后，官爵利禄一律按军功大小而定，没有军功者不能授官爵及相应的利禄，如“利禄、官爵，抟出于兵，无有异施也”[①]。商鞅在改革俸禄分配中制定了二十等爵制：一公士，二上造，三簪袅，四不更，五大夫，六官大夫，七公大夫，八公乘，九五大夫，十左庶长，十一右庶长，十二左更，十三中更，十四右更，十五少上造，十六大上造，十七驷车庶长，十八大庶长，十九关内侯，二十彻侯[②]。爵位迁升的办法，是在原有的爵位上逐级晋升，原爵为公士者，可升为上造。斩首满数，大将及驾车的军官御，陪同的军官骖乘，均可赏爵三级。客卿若斩首满数，可升为正卿、大庶长，原爵为大庶长者，可升为左更，原爵四更者，可升为大良造[③]。不论什么人，只要在作战中有功，都可以按照以上办法受爵上迁。即使奴隶身份的人也同样如此，“隶臣斩首为公士”[④]。进爵的依据是按照斩敌首多少为标准。“其战也，五人来簿为伍，……能人得一首，则复夫劳爵”，即每人斩敌首一，均可免徭役赐军爵。“其战，百将、屯长不得斩首。得三十三首以上盈论，百将、屯长赐爵一级”，即凡百将、屯长率领的军队，能得三十三敌首，即算满数，均赐爵一级。“能攻城围邑者，斩首八千以上则盈论；野战，斩首二千则盈论，吏自操及校以上大将尽赏。”[⑤] 即攻城围邑能斩敌首八千以上，野战能斩敌首二千皆为满数，自操、徒、校以上大将军都分别得赏。凡因军功获取爵位者，都给予相应的官俸和待遇，若愿意当官，可给五十石之官。即“战斩一首赐爵一级，欲为官者五十石”[⑥]。爵位越高，俸禄和待遇就越优厚，如由吏升为县尉后，可得赏粮5600石[⑦]。至升到五大夫爵，就有“税邑三百家”。由故爵五大夫升为庶长者，除税邑三百家外，还“赐邑三百家”，即赐给三百家的封邑。最高至四更、大良造，可有“税邑六百家”，并且“受客”为自己效劳[⑧]。在这种制度下，那

① 《商君书》卷4，《赏刑第十七》。

② 《史记》卷5，《秦本纪》。

③ 《商君书》卷5，《境内第十九》。

④ 《秦律·军爵律》。

⑤ 《商君书》卷5，《境内第十九》。

⑥ 《史记》卷5，《秦本纪》。

⑦ 此解释不一，有说五千六百石，有说五千六百士兵，还有说五千六百钱，此从第一说，因为当时实物占主要形态，国家赏赐一般情况下粟米为多。

⑧ 《商君书》卷5，《境内第十九》。

些旧领主贵族因为无军功而纷纷失去爵位，就连宗室贵族中也有“毋爵者”，“无功”受禄的现象不复存在了。

商鞅制定的这套因功赐爵、依爵授官、依官受禄的办法，彻底废除了秦国原来的世卿世禄制度，改变了以前分配不公的现象，体现了按军功分配的新原则。这一改革也使分配关系得到了很大的调整，对新的上层建筑起到了很大的促进作用。

其次，实行壹刑，通过对旧领主贵族的治罪判刑来剥夺其所享受的高官厚禄。商鞅在改革俸禄分配中，实行壹赏政策的同时，又实行壹刑政策来夺取旧领主贵族及其后代的优厚待遇。在壹刑制度下，“刑无等级。自卿、将军以至大夫、庶人，有不从王令、犯国禁、乱上制者，罪死不赦。有功于前，有败于后，不为损刑；有善于前，有过于后，不为亏法。忠臣孝子有过，必以其数断。守法守职之吏有不行王法者，罪死不赦，刑及三族”[①]。这一改革对旧贵族的政治特权和经济利益是一个很重的打击。

这套刑法虽然不是专门对付旧领主贵族的，它同时也是压迫和镇压人民的武器，但在当时改革的过程中，刑罚往往过多地落在旧领主贵族及其子弟的头上。因为商鞅的财政改革废除了他们在政治和经济上的特权，反对改革最激烈的是这些人，而军功地主和一般百姓在改革中都程度不同地得到了好处，是不会起来反对改革的。旧领主贵族往往“不从王令，犯国禁，乱上制”，因而被处以刑罚。商鞅还规定，作战中畏缩不前，临阵逃跑，都要处罚。旧领主贵族子弟长期养尊处优，根本不善于打仗，在作战中畏缩逃跑者常常也是这些人。另外，旧领主贵族又是争夺财产和土地的对象，常常因此而发生械斗，为此商鞅规定“为私斗者各以轻重被刑”[②]。在壹刑中，商鞅主张轻罪重罚，甚至还制定了连坐法，“乡治之，行间无所逃，迁徙无所入，行间之治连坐五，辨之以章，束之以令，拙无所处，罢无所生”[③]。“连坐五”是指五家为保，十家连坐。对于犯罪的旧贵族罪重者处死，罪轻者免爵，“高爵訾下爵级，……爵自二级以上，有刑罪则贬；爵自一级以下，有刑罪则已，小夫死”[④]。

旧领主贵族往往因为犯罪，被免官罢职，或处以死刑，因而其占据的优厚待遇如田宅、人口和赋税等都收为国家所有，根据新的俸禄制度重新分配。由

---

① 《商君书》卷4，《赏刑第十七》。
② 《史记》卷68，《商君列传》。
③ 《商君书》卷4，《赏刑第十七》。
④ 《商君书》卷5，《境内第十九》。

此可知，壹赏与壹刑是相辅相成、互相配合的，一个是从正面入手，一个是从反面入手，彻底废除了秦国沿袭多年的世卿世禄制，使官吏的俸禄制度得到了改革。从此，一套新的官俸制度逐渐建立与完善起来。秦代自中央到地方官吏都制定了相应的俸禄，如满万户以上的县令，俸禄600至1000石；不满万户的县令，俸禄为300至500石。县令下属的丞、尉一级官吏，俸禄为200至400石。最低的少吏，俸禄在百石以下。[①] 新的官俸制度充分体现了商鞅“治国之举，贵令贫者富，富者贫。贫者富，富者贫，国强”[②] 的财政分配思想。

3．制定户籍制度，改革税源、役源、兵源分配

在奴隶制时代，奴隶只是会说话的生产工具，奴隶主对奴隶人数的控制也是对社会财富的一种占有。秦代在财政改革以前，由于实行分封制，国家的户口连同井田一起分封给大大小小的旧贵族领主，新诞生的封建国家的编户齐民数额有限，因此面临着兵源、役源缺少的危机。针对这一矛盾，商鞅在财政改革中决定对国家的编户加强整顿，进行重新分配。

商鞅提出：“强国知十三数，竟内仓、口之数，壮男、壮女之数，老、弱之数，官、士之数，以言说取食者之数，利民之数，马、牛、刍藁之数。欲强国，不知国十三数，地虽利，民虽众，国愈弱至削。”[③] 这段话透露了封建君主国家与旧领主贵族的矛盾，作为国家财政来说，必须要清楚地掌握全国的户口情况，即户口总数，包括成丁男女有多少，老幼人口有多少，官吏有多少，游说者有多少，有利于国计民生的生产者有多少。了解这些，就可以掌握税源、兵源和役源，发展农战，以图富强。如果不知道这些情况，地虽利、民虽众也难以富强起来。然而，当时的秦国君主对此是不了解的，原因在于人口大部分为旧领主贵族所占有，国家无法支配和调动。因此，商鞅规定全国的户口都由国家统一管理，进行户口登记。“举民众口数，生者著，死者削”[④]，即所有的民众都要造籍上册，生者登记，死者取消。商鞅在《境内篇》中又一次强调：“四境之内，丈夫女子皆有名于上。”经过整顿，秦国的户籍制度一步步完善，如“令民为什伍”。什伍是当时基层户籍组织，据《秦律·法律答问》所载，编入什伍组织的称“伍人”，伍有“伍老”，什伍之上有“里”，里有“里典”，

① 《汉书》卷19，《百官公卿表》。
② 《商君书》卷2，《说民第五》。
③ 《商君书》卷1，《去强第四》。
④ 《商君书》卷1，《去强第四》。

如同后世的乡、里制度。什伍组织是非常严密的，一人犯罪，“连一伍”①。可知商鞅在改革中制定的户籍制度，五家为最小的单位，五之上以十家为单位。商鞅在户口整顿中不仅限于一般的下民，更重要的是夺取旧领主贵族所占有的户口，商鞅所言“举民众口数”、“四境之内”，就是针对这些人而制定的。四境之内所有的户口都要上籍，当然包括旧领主贵族所占有的人口。《商君书》卷1《垦令第二》有云：“食口众者，……则以其食口之数，……重使之。”“食口”即坐吃而不事生产的人口，而这些人主要是旧领主贵族。“重使之”，就是把他们控制的人口收为国有，由君主集权来支配。

为了配合国家对人口的管理，商鞅在制定完善户籍制度的同时，还实行了县制。县制是由旧领主贵族的乡、邑组织改制而来的。如《史记》卷5《秦本纪》有云，秦孝公十二年（公元前350年），商鞅“变法修刑，……并诸小乡聚，集为大县，县一令，四十一县”。设县的目的，主要是便于户籍与赋税及其他方面的管理，从根本上剥夺旧领主贵族对户口的占有。县制实行后，旧领主贵族从此不仅失去占有人口的凭藉，而且无法隐蔽和藏匿国家编户。同时，他们原来占有的人口成为封建君主国家县制下的编户，在各县的管理下，切断了农民和旧领主贵族的依附关系，保证了国家户口为君主集权所有。关于这一点，《商君书》卷1《垦令第二》讲得颇为清楚：“百县之治一形，则迂者不饰，代者不敢更其制，过而废者不能匿其举”。百县都执行统一的制度，就使下面的人不敢改变国家的法令，无法玩弄花样，不能隐瞒其举动。自然，旧领主贵族也就失去了隐藏人口的条件。

在从制度上禁止旧领主贵族藏匿人口和一般的人逃亡藏匿、附托有威之门外，商鞅还制定了禁作奸、匿奸和鼓励告奸之法，对与君主集权争取劳动人手的旧领主贵族加强监视。《史记》卷68的《商君列传》载，商鞅“令民为什伍，而相牧司连坐，不告奸者腰斩；告奸者与斩敌首同赏；匿奸者与降敌同罪”。所谓“奸”，除了指旧领主贵族藏匿人口外，还包括民间偷盗等违反国家刑律的人，但在“奸”者中间旧领主贵族却是首当其冲。同样，所谓“奸事”，也包括这些人在政治上反对变法和君主集权，在经济上逃避赋役和藏匿人口以为私属。原来旧领主贵族皆为地方霸主，无人敢犯，无法无天，胡作非为，现在将其置于匿奸、告奸法之下，而且犯罪还要连坐四邻，所以就不再是无人敢问津了。告奸与斩敌首立军功一样得到好处，告奸者就大有人在，在众

① 《商君书》卷4，《画策第十八》。

人的监视下，旧领主贵族就难以藏匿私属了。通过以上制度和办法，剥夺了旧领主贵族所占有的人口，使全国所有的人口都成为君主集权的编户齐民。劳动人手的占有得到了彻底改革，随之税源、兵源、役源也得到了重新分配。

由上可知，商鞅通过废井田，废世禄，建立户籍制度与改革税源、兵源和役源，使秦国旧的财产分配关系得到了全面的改革，这对于秦国政治、经济和军事的发展壮大起了重要作用。

二、变徭役地租为实物税制

秦国在商鞅财政改革之前，由于继续沿用着井田制，赋税征收仍然实行"贡"、"助"、"彻"的劳役地租。尽管历史上人们对"贡"、"助"、"彻"解释不尽一致，但皆为劳役地租是毋庸置疑的。这种生产关系与日益发展的生产力极不适应，严重地阻碍了生产力的解放和发展。商鞅在财政改革中顺应当时生产关系日趋变革的历史潮流，对秦国落后陈旧的赋税制度予以废除，开始建立适应生产力发展的实物地租制度。秦孝公十四年（公元前348年），"初为赋"①。"初为赋"，《史记集解》徐广曰："制贡赋之法也"。《史记索隐》谯周认为："初为军赋也。"两种可能都有，因为这两种赋是有联系的，都是由原来改为履亩而征的赋税。从此，秦国的田赋，彻底废除了原来的彻法，实行了履亩税，即按亩征税。封建实物地租在秦国正式建立和实行，并逐步加以完善。

在履亩而税的原则下，商鞅为秦国制定了各种赋税制度。据《商君书》、《秦律·田律》等书所载，主要有以下几种：

田赋——主要交纳粮食。田赋是按照所耕种土地多少而征收，即"任民所耕，不计多少，而随其所占之田制赋"②。征收赋税的标准是按照产量的多少而定，不是按亩数来定。《商君书》卷1《垦令第二》云："訾粟而税，则上壹而民平。""訾粟而税"就是根据谷米收获量纳税。"随其所占之田制赋"是说耕田多者粮多而多纳，少者少纳，并不是说一亩地纳多少。"上壹而民平"是说根据国家统一的政策纳税，按照收获量的多少定额，就可使民众的负担公平合理。因为旧领主贵族占有的土地多，自然收获的也多，收获多者多纳，种地少、收获少者少纳，从而达到"平"。

---

① 《史记》卷5，《秦本纪》。

② 《文献通考》卷1，《田赋考一》。

军赋——主要供应军队的费用。军赋在周代已有，“因井田而制军赋”[①]，商鞅吸收改革而用之。过去军赋是下级领主对上级领主或国家提供军需的贡赋，即“有禄于国，有赋于军”。春秋末，鲁国实行“用田赋”，军赋开始按土地亩数来征。战国时，新兴地主阶级的土地得到承认，军赋就直接向耕种土地的民众及地主来征收。征收时往往根据战争需要的多少来定，无战争而罢，是一种不定期的赋敛。但商鞅制定的军赋是按人来征收的，如杜佑云：“夫夏之贡，殷之助，周之彻，……盖因地而税；秦则不然，舍地税人”[②]。可知秦实行的是定额、定期、按人征收的办法。商鞅这样做用意有二：一是鼓励农民垦荒，如按亩征收势必会挫伤农民扩大垦荒的积极性；二是针对旧领主贵族和地主富室，因为这些人往往是大家族，人繁口众，让他们都负担一份军赋，与小自耕农均平，同时限制他们不敢多养食口。这样，可以使民不增税而收入多，保证了当时所需的大量军费。可知，为供应军需为目的的人头税作为一种正规的税制就发端于商鞅的财政改革。

刍藁税——主要供应国家战马的饲料。周代九赋中四郊之赋与此内容相同。四郊之赋为刍秣之式，即专用于草料刍秣所需。近郊的宅田、土田、贾田税率是1/10，远郊的官田、牛田、赏田、牧田税率是1/20。商鞅在改革中保留了这一税项。《秦律·田律》记载：“八顷刍藁，以其受田之数，无垦不垦，顷入刍三石，藁二石。”[③] 商鞅在改革中之所以保留确立刍藁税，主要是从重农战角度出发的。战士不仅需要粮食，战马同样需要草料，军队要强盛必须二者兼备。因此，商鞅把刍藁列入强国必知的十三数之中。另一个目的是促进垦荒，因为此项税收是根据所受田亩来征收的，不论是熟田还是生地，垦与未垦，都要交纳刍藁税，这样就能使人们积极地把所受田亩开发经营起来。

口赋——按人口征税。口赋属于人头税性质，关于此项税收，周伯棣先生认为是“秦汉时代的新税。秦的税法，实无可考，到汉代则已有具体的记载”[④]。其实，商鞅在改革秦国财政时就已有了口赋之征。改革中，商鞅在废除井田的同时，夺取了旧领主贵族占有的户口，将其收为君主集权国家所有，造籍上册。在整理户口的基础上，实行了口赋制度。规定“以其食口之数，赋而

---

① 《汉书》卷23，《刑法志》。

② 《通典》卷1，《食货典》。

③ 《睡虎地秦墓竹简》，第27—28页。

④ 周伯棣：《中国财政史》，上海人民出版社，1987年，第92页。

重使之"[①]。这是针对领主和地主富户而说的，即根据其不事生产的人数征收赋税。赋其食口之数，说明当时已制定了口税。又规定："民有二男以上不分异者，倍其赋。"[②] 这是对一般百姓所制定的，"倍其赋"就是加倍征收其口赋。由此可证，商鞅在财政改革中已确立了口赋制度。

商鞅确立口赋是与当时财政改革相配合的。自井田制废除后，旧领主贵族所占有的人口收为国有，征收口赋，是对新的编户齐民在法律上的承认，肯定其存在的地位和作用，从而斩断了百姓对旧领主贵族的人身依附关系，确立百姓与君主集权国家的法律关系，使国家的户口得到保证。除此，是为了对旧领主贵族所占有的大量奴婢和众多商贾多征税。向贵族、地主所占的依附人口实行重赋，体现了商鞅使"富者穷，贫者富，国强"的主导思想；加重征收商贾的口赋，是为了减少从商人数，扩大从农的队伍，也体现了其重农的主导思想。同时，加重对不分居的成年男子的口赋，是为了改变人们懒怠、游手好闲的陋习，加快小自耕农的发展速度，使人们积极投入农业生产之中，达到地无遗利、人无余力的目的，从而增加君主集权国家的财政收入。

重关市之赋——关市征税，就是向商贾征收过关税，也即长途贩运税。关市之税始见于周代，据《周礼》所载，周代的九赋之中就有关市之赋，用于周天子宗室的膳服。春秋时有些国家实行，但有些国家不再使用。如《管子》言"关市讥而不征"，"轻关市之征"等。但这项税收正好符合商鞅抑商的宗旨，故将其保留在秦代财政改革后的制度之中。《商君书》卷1的《垦令第二》云："重关市之赋。"从这句话可知，关市之赋在秦国原来就有，这次改革是加重对关市的征税。商鞅在改革中规定这一新政策的目的是十分明确的，他指出："不农之征必多，市利之租必重"，"市利尽归于农"[③]。可见，这一税收政策是重农抑商的产物。

商税——向市场贸易货物征税，有点类似汉代营业税性质的市租，但二者有着很大的区别。汉代市租是对市肆课税，而秦国主要是对货物征税。《商君书》卷1的《垦令第二》中云："贵酒肉之价，重其租。"这里的"酒"不是指酒的专卖，而是指一般货物，故与"肉"连称。其征收办法，据上可知是提高酒肉等物品的价格，然后加重收税。这项财税制度的改革也与商鞅推行重农

① 《商君书》卷1，《垦令第二》。

② 《史记》卷68，《商君列传》。

③ 《商君书》卷5，《外内第二十二》。

抑商的治国方针有关。

为了统一税制，商鞅对秦国的度量衡制又进行了改革。商鞅对度量衡的作用十分重视，他说："先王县权衡，立尺寸，而至今法之，其分明也。夫释权衡而断轻重，废尺寸而意长短，虽察，商贾不用，为其不必也"[①]。在权衡尺寸不统一的情况下，官府即使察看得紧，对商贾也是无用的。因此，秦孝公十八年（公元前343年），商鞅在财政改革中统一了度量衡，规定了标准的尺度重量。现藏于上海博物馆的商鞅方升，升的容积，平均长12.3535厘米，宽6.9194厘米，深2.3332厘米，容量为198.5毫升。同时，制定了十进位制。统一的度量衡制定后，用诏书颁行天下，违制者以法律制裁。这对统一税制以及促进商品贸易起了有利的作用。

通过商鞅改革，秦国的财税制度已初步形成，保证了君主集权国家的财政收入，更重要的是调节了社会矛盾，促进了生产力的发展。

三、制定重农抑商禁末政策

在中国古代社会，重农抑商和禁末带有利益分配与要素分配的财政分配性质，所以重农抑商和禁末也是商鞅在秦国财政改革的重要内容之一。

1. 重农政策及措施

为了促使农业经济的发展，以足食足兵，商鞅对发展农业采取了一系列措施。

（1）大力发展垦荒。秦国人稀土旷，土地荒芜现象特别严重，"秦之地，方千里者五，而谷土不能处二，田数不满百万，其薮泽、溪谷、名山、大川之材物货宝，又不尽用，此人不称土也"[②]。所以，商鞅在改革财政中提出发展农业的首要任务是开辟荒地，"为国之数，务在垦草"。他认为："今世主有地方数千里，食不足以待役、实仓。……夫地大而不垦者，与无地同，民众而不用者，与无民同。"[③] 为此，他详细制定了垦田令。《商君书》共五卷二十九篇，《垦令》放在第一卷的第二篇，第一篇《更法》其实是记载商鞅改革的经过，是全书的一个序幕，真正居全书第一位的应该是《垦令》。这具有唐代杜佑撰《通典》时把《食货典》放在首位的用意，由此不难知道当时秦国垦荒的紧迫

① 《商君书》卷3，《修权第十四》。
② 《商君书》卷4，《徕民第十五》。
③ 《商君书》卷2，《算地第六》。

性和重要性。

为了加快垦荒的速度，商鞅在改革中从各个方面入手提高人们垦荒的积极性。

调整地税。根据谷粟收获量的多少征税，做到国家法令统一，税收合理。他认为，国家法令齐一则能取信于民，能取信于民臣就不敢作弊，百姓就慎重，民慎重就不会轻易改变自己的职业而安心务农。这样，成年壮劳力就会长期积极地从事农业生产，未成年的男子就会积极地跟上学习。壮民从事农业的积极性不变，少年学习农业的积极性不休，“则草必垦矣”。

调节徭役征发。商鞅规定，对于不参与劳动的食口者，“赋而重使之”，即不仅向其征收赋税，而且加重他们的徭役。因为食口者众，必然败农，这样做可使浮游之民无法不劳而食。“民无所于食，则必农，农则草必垦”①。

取消贵族特权。《商君书》卷2的《垦令第二》云：“均出余子之使令，以世使之，又高其解舍，令有甬官、食槩，不可以辟役。而大官未可必得也，则余子不游事人，则必农，农则草必垦。”余子，即古代卿大夫长子以外的儿子，商鞅规定让这些人到使令处登记，按辈分使他们服役，并派专门的官对他们进行管理，不可让其逃役，使其再不能充当游荡懒惰不务正业的人。这样，人人都必然去从事农业，务农的人多了荒田必然得到开垦。

加强行政管理。商鞅规定，官府“无宿治”，即办事不隔夜，不缓慢疲沓。当天事当天办，官吏来不及作弊，上下之情无阻滞。能做到百官之情不壅塞，“则农有余日”，官无时间来作弊，“则农不败”，“农不败而有余日”，荒田必能尽快开发。

严格官吏的任用。商鞅规定，“无以外权爵任与官”，即不要对外来的说客封爵任官。因为这样做可以使民众不看重学问，而且又不轻视农业。民不重视学问则愚，愚则与外不交，不交就能勤勉劳动，不苟且偷懒。“民不贱农则国安不殆，国安不殆，勉农而不偷，则草必垦。”

禁止声服。商鞅规定，“声服不通于百县”，即声色玩好和服饰等物品不能使其随便流通。禁其流通，农民就一心从事农耕而不观看，即使休闲时也不要听这类事情。“休居不听，则气不淫；行作不顾，则意必壹。意壹而气不淫，则草必垦。”简言之，农民不热心于声色淫乐之类事物，就会专心一意地去劳动，把力气用在垦田上，这样当然荒田不愁开垦。

---

① 《商君书》卷1，《垦令第二》。

禁止雇工。商鞅制定“无得取庸”来加快对荒田的开发。其原因在于，人们雇不上佣工，富贵之家就不能大兴土木，爱子不吃懒饭，懒怠之民不窳。庸民无饭吃必然去从农，富贵之家不兴土木就不会伤害农事，爱子惰民不窳，土地也就不会荒芜。“农事不伤，农民益农”，荒地就会变成良田。

禁止迁徙。为了垦荒，商鞅在财政改革中规定“使民无得擅徙”，即不得随便迁徙流动。这条规定可使愚昧无知和扰乱农业的人没有地方去就食，从而专心务农。有愚心躁欲之民能全心全意从事农业，天下农民必然安居生产，取消迁徙流移之欲念。“愚心躁欲之民壹意，则农民必静，农静诛愚，乱农之民欲务农。”

禁止游说煽动。商鞅规定，国中大臣、诸大夫，虽博闻、慧辩，但“游居之事皆无得为”，即不能到处游说煽动民心。禁止这些人游说于各地，农民就听不到不务正业的话，看不到无益于农业的卖弄技艺之事。这样，聪明的农民就不会离开自己所从事的农业，愚昧的农民因无知不好学问，也会加倍农业劳动。愚民疾（疾：积极，加倍）农，知（聪明）农不离开农业，就能加快土地开垦。

减少官吏。商鞅认为，“官属少而民不劳，……征不烦，民不劳则农多日，农多日，征不烦，业不败，则草必垦矣”①，即官吏人数少就不会过多地烦劳民众，农民从事劳动的天数就会多起来，保证农业不受影响。能够做到“农多日，征不烦”，土地的开垦就会加快进度。

保护生产力。商鞅在垦荒中十分重视耕牛马匹，因为牛马是当时最主要的垦荒动力。他规定，“盗马者死，盗牛者加”②。保护牛马主要是为“重本而绝轻疾之资”，即把牛马全部运用到开发土地上。规定盗牛马者判死刑，可知其重视的程度。

总之，为了加快秦国的土地开垦，商鞅在改革财政中提出的办法多达二十余种，从不同的方面达到一个总的目的，即“农则草必垦”。事实证明，这些办法都收到了积极的效果，对秦国农业经济的发展发挥了良好的作用，不失为行之有效的重农举措。

（2）减轻农民负担。为了鼓励农民生产劳动的热情，商鞅在财政改革中特别对农民给予优待，由此引导社会上更多的人重农务农。如商鞅在废除井田制

---

① 《商君书》卷1，《垦令第二》。

② 桓宽：《盐铁论·刑德篇》。

后，“制土分民”，减少税收，从而使秦国农民的负担轻于其他诸侯国的什一之税。又如，在军赋的制定上，他革除了原来军赋“因地而税”的规定，改为“舍地而税人”。这一规定也极大地减轻了开垦土地多的农民的负担，解除了农民扩大耕垦土地面积的后顾之忧，对发展农业经济是十分有益的。不仅如此，商鞅在改革中还规定对积极从事农业生产的人给予奖励和优惠。《史记·商君列传》记载，商鞅第一次财政改革中就曾规定：“大小戮力本业，耕织致粟帛多者，复其身”。“复其身”，《汉书·高帝纪》中颜师古注为“复其身及一户之内皆不徭赋也”，即免其全家租税徭役。在秦国，爵位在五大夫以上的官吏才可免租免役，五大夫以下的官吏也与民众一样服徭役，商鞅把努力本业之人的待遇提高到与五大夫相同的位置，这确实是少有的。农民在财政改革中不仅获得了土地，而且减轻了负担并得到许多优惠，这在很大程度上提高了生产力，为农民扩大再生产创造了条件，从而推动了农业经济的发展。

（3）入粟赐爵。入粟赐爵也是商鞅重农的一项主要措施。他指出：“今民求官爵，皆不以农战，而以巧言虚道，此为劳民。劳民者其国必无力，无力者其国必削。”又言：“今境内之民皆曰农战可避，而官爵可得也，是故豪杰皆可复业，务学诗书，随从外权，上可以得显，下可以求官爵。……具备，国之危也。”① 这说明秦国在商鞅财政改革以前，国家赐爵任官从不以农为重，人们求官的途径主要靠学诗书，以巧言虚道而求取，从而造成大多数人避农就学和随从外权。秦国农业发展不上去这是其中一个很重要的原因。由于不以农战任官，使官吏的任免极为混乱，流弊多端，严重地影响了农业生产。为此，商鞅在财政改革中坚决刹住了秦国原来官出多途的做法，规定凡想受爵为官者，必出农战，别无他途。“凡人主之所以劝民者，官爵也；……善为国者，其教民也，皆作壹（壹指专一职业，即农战）而得官爵，是故不官无爵”②。以农赐爵任官的具体办法，主要根据入粟的多少来定。《商君书》卷1的《去强第四》云：“按兵而农，粟爵粟任。”“粟爵粟任”，有的解释为凭粮食产量酬以官职，但不论如何解释，用粟来求爵谋官是无疑的。从秦汉时期入粟纳官的规定来看，商鞅改革中的粟爵粟任也应是用粮谷捐爵捐官，官爵级别高下自然要按照纳粟多少来定了。这种措施不仅对提高农民生产积极性大有好处，同时也增加了国家财政储备，更重要的是它杜绝了其他人入官求爵的途径，树立了国家从

① 《商君书》卷1，《农战第三》。
② 《商君书》卷1，《农战第三》。

上到下都无不倾心于农业这种社会意识和社会风尚。这里需要指明的一点是，商鞅规定的粟爵粟任和后世汉代入粟任官有许多区别：商鞅用此法是为了让全社会重视发展生产，引导更多的人务农，而汉代是为了解决边地军粮的缺乏问题；商鞅规定入粟任官只限于农民，不包括社会上的商贾及其他成员，而汉代不论什么人只要纳粟多就可赐爵，二者的用意和目的皆不相同。商鞅在财政改革中的这一规定是前所未有的，他在中国历史上首先开创了入粟赐爵，而且为后世长期沿用。

（4）利专于农。秦国在商鞅财政改革之前，利出多孔，“为辩知者贵，游宦者任，文学私名显”，这对发展农业极为不利。商鞅认为，要让全社会都重视农业，必须要做到利出一孔，非农即战，只有这样才会推动农业经济的发展。他指出：“民之所欲万，而利之所出一（指农战），民非一则无以致欲，故作一。作一则力抟（集中），力抟则强，强而用，重强。”[1] 意思是说，民有许多私欲，这是人的本性所致，是自然的，并不奇怪。但国家只要做到百利皆出于农战，民众无其他途径来实现其私欲，就必然会去从事农业，民众把私利全部集中在农业上，国家一定会富强。他强调人君要掌握好名利之柄，明察权势利害，这是非常重要的治国之术，“臣主之术而国之要也”。因为“民生则计利，死则虑名。名利之所出，不可不审也”。只要让利出于农战，国家就没有不富强的，“利出于地，则民尽力；名出于战，则民致死。入使民尽力，则草不荒；……胜敌而草不荒，富强之功可坐而致也”[2]。为了证明利出于农的重要性，商鞅把二者进行了对比：“利出一孔，则国多物，出十孔，则国少物，守一者治，守十者乱。治则强，乱则弱。强则物来，弱则物去。”[3] 因此，在财政改革中规定：“民之所欲万，而利之所出一”，“边利尽归于兵，市利尽归于农”[4]，非农而不能得利。

如何使利尽出于农？商鞅财政改革中制定的方法有两个。一是绝私利。商鞅指出：“私利塞于外，则民务属于农，属于农则朴，朴则畏令；私赏禁于下，则民力抟于敌。”[5] 绝私利还包括杜绝辩知、游宦、文学诸途之利。商鞅规定，

---

① 《商君书》卷2，《说民第五》。
② 《商君书》卷2，《算地第六》。
③ 《商君书》卷5，《弱民第二十》。
④ 《商君书》卷5，《外内第二十二》。
⑤ 《商君书》卷2，《算地第六》。

"淫道必塞，为辩知者不贵，游宦者不任，文学者私名不显"①。二是提高粮食价格，使市利尽归于农。《商君书》卷5的《外内第二十二》载："民之内事，莫苦于农，故轻治不可以使之。奚谓轻治？其农贫而商富，故其食贱者钱重，食贱则农贫，钱重则商富；……故农之用力最苦，而赢利少，不如商贾技巧之人。……故曰：欲农富其国者，境内之食必贵，而不农之征必多，市利之租必重。则民不得无田，无田，不得不易其食。食贵则田者利，田者利则事者众。食贵，籴食不利，而又加重征，则民不得无去其商贾技巧而事地利矣，故民之力尽在于地利矣。"商鞅认为，民众所从事的各种工作，农业为最苦，不能忽略不管其疾苦而役使。民贫则商富，因为粮食贱钱必重，粮贱农民更贫，钱重商人愈富，所以农民最苦而获利最少。人君要富其国，必须提高粮价，使境内食贵，将农业之外的徭役加重，商人所征租税加多。这样，天下之民就不能没有田，无田之人不得不靠买粮过日子。只要粮价一提高，农民就能获得大利，从事农业的人也就会多起来。粮贵会使籴食者获不到利，他们就不会去从事商贾技巧。提高粮价的结果，使天下之人从农而获利，看来商鞅提高粮价不失为重农的一个有效措施。

（5）教民归心务农。商鞅认为，作为君主，治国之要在于号召教育人民从事农业生产，不要爱好技巧善辩之说。他说："今世主皆忧其国之危而兵之弱也，而强听说者。说者成伍，烦言饰辞而无实用，主好其辩，不求其实，说者得意，道路曲辩，辈辈成群。民见其可以取王公大人也，而皆学之。夫人聚党与说议于国，纷纷焉，小民乐之，大人悦之，故其民农者寡，而游食者众，众则农者殆，农者殆则土地荒；学者成俗，则民舍农从事于谈说，高言伪议，舍农游食，而以言相高也，故民离上而不臣者成群；此贫国、弱兵之教也。"②商鞅是战国时期的一位具有法家思想的人物，务实尚法，认为儒学理论是不能治国强兵的，浮游善辩以言辞干上的人为国家之大蠹。如礼乐、诗书、修善、孝悌、诚信、贞廉、仁义、非兵、羞战，被商鞅视为六虱。他指出："国有十二者，上无使农，必贫至削。十二者成群，此谓君之治不胜其臣，官之治不胜其民，此谓六虱胜其政也。"③因此，他指出这些人对国家的危害是不可轻视的。他说："国力抟者强，国好言谈者削。故曰：农战之民千人，而有诗书辩慧者

① 《商君书》卷5，《外内第二十二》。
② 《商君书》卷1，《农战第三》。
③ 《商君书》卷3，《靳令第十三》。

一人焉，千人者皆怠于农战矣；农战之民百人，而有技艺者一人焉，百人者皆怠于农战矣。”可见这些人对农战的影响之大。商鞅又言：“诗、书、礼、乐、善、修、仁、廉、辩、慧，国有十者，上无使守战。国以十者治，敌至必削，不至必贫；国去十者，敌不敢至，虽至必却。”① 商鞅的这些主张虽欠缺一分为二的观点，但对农业生产是有利的。

正因为如此，商鞅在财政改革中一再强调治国之君要想让国家富强，必须要号召教育人民专心于入农，不要引导人们去学诗书礼仪，做到：“善为国者，仓廪虽满，不偷于农；国大民众，不淫于言”。明确“圣人知国之要，故令民归心于农”。“惟圣人之治国，作壹，抟之于农而已矣。”如何能使民专心入农？商鞅指出，除正面教育外，最主要的就是禁游说、善辩和诗、书、礼、义之人。所以他规定，“修政作一，去无用，止浮学事淫之民，壹之农”②。在这一政策下，游说、曲辩和虚罔之人失去了市场，不仅避免了这些人对农民的影响和利诱，使农民可以安心生产，而且务农的人也日益增多起来，巩固了农业队伍和阵地。

（6）徕三晋之民。“徕三晋之民”是商鞅在秦国财政改革中发展农业的重大措施之一。之所以这样做，是因为秦国地广人稀，劳动力缺乏。商鞅认为，凡世主之患者，除用兵者不量力外，就是“治草莱者不度地。”他提出：“地狭而民众者，民胜其地；地广而民少者，地胜其民。民胜其地者，务开；地胜其民者，事徕。”可知，在地广人稀的情况下，要“垦田足以食其民，都邑、道路足以处其民，山林、薮泽、溪谷足以供其利”，就必须招徕他国之民。只有这样做，才能“兵出，粮给而财有余；兵休，民作而蓄长足”③。商鞅认为，攻城占地，打几次胜仗不算大功，而徕其民以动摇其本才是真正的成功。无人从事农业生产，国贫无食，纵然有兵百万也不能持久。所以他提出徕其民，釜底抽薪，春围其农，夏食其食，秋取其刈，冬陈其宝，以大武摇其本，才会永远处于不败之地。

于是，秦国实行了徕三晋之民的政策，规定：“诸侯之士来归义者，今使复之三世，无知军事。秦四竟之内，陵、阪、丘、隰不起十年征，著于律也”，即三晋诸侯来归秦，免其三代徭赋，专使其安心事农，所耕土地十年不征税，

---

① 《商君书》卷1，《农战第三》。
② 《商君书》卷1，《农战第三》。
③ 《商君书》卷2，《算地第六》。

并著于律令，取信于民。秦国之所以用这一办法，是因为三晋之民“爱爵而重复也”，即爱爵位和免除徭役。三晋之民处境如此困难，而秦不能使其西归，并不是他们怕耕地辛苦，而是嫌无爵和不免除徭赋。所以，要使三晋之民尽西归，必须要重爵而且免其徭赋。“今多爵而久复，是释秦之所以强，而为三晋之所以弱也”。因此，商鞅在财政改革中断然实行了“利其田宅而复之三世”的政策，起到了很大的效果，“山东之民，无不西者矣”①。可知徕民政策对秦国农业发展的推动力是不可低估的。

（7）实行分居。商鞅认为，民有百万，不用谓之无民；地有千里，不垦谓之无地。为了在发展农业中提高农民的劳动强度和劳动生产率，他极力提倡一夫一妇式的小自耕农家庭，防止在大家族中因人有余力而产生游手好闲的现象。为此，他不仅规定“民有二男以上不分异者，倍其赋”，令每个成年男子各立门户，垦田种粟，发展农业经济，而且还规定家贫丁多的家庭中男子到有女无男的家庭中当赘婿。如贾谊《新书·时变》中所云：“秦人有子，家富子壮则出分，家贫子壮则出赘。”这便是对商鞅财政改革后秦国实行兄弟分居情况的记载。不仅如此，即使父母和成年的男子也要分居立业，“令民父子兄弟同室内息者为禁”②。这一规定固然有利于改变秦国原来父子同室男女无别的戎狄习俗，但更利于发展一家一户的小农经济。这样一来，劳动力得到了充分的发挥，土地资源得到了充分的利用，从而使农业经济得到更快的发展。

2. 抑商禁末政策及措施

商鞅在财政改革中，为了尽快地发展农业经济，强兵而先富国，在实行重农政策和一系列措施的同时，对商贾末业加以抑制和取缔，用以保证农业经济的正常发展。

在秦国的财政改革中，商鞅从不同方面进行了抑商禁末，主要措施如下：

（1）严格限制从事工商业的人数。商鞅在改革中明确指出：“令商贾技巧之人无繁。”③ 所谓“无繁”，是指严格控制从事工商人员的数量，抑制其队伍的膨胀，使更多的人流入到农业上。为了限制工商人员的数额，商鞅禁止民众迁徙流移，这一规定虽然是为了加快垦荒，但也在一定程度上限制了农民流入城镇从事工商业。与此同时，商鞅又给从事农业的人增加优惠，吸引人们专心

---

① 《商君书》卷2，《算地第六》。

② 《史记》卷68，《商君列传》。

③ 《商君书》卷5，《外内第二十二》。

归农，不去从商，农民看到从事工商得不到什么好处，“不得无去其商贾技巧而事地利矣”。再者就是加强对从商人员的各种限制，在法律上规定“事末利者”，“举以为收孥”，即凡是没有经过许可而从事商业的，要将其全家没为奴隶。

（2）加重工商赋税。商鞅在改革秦国税收制度时，将军赋由从地而征改为按人征收，就是要让工商业者多出钱。同时，又“贵酒肉之价，重其租，令十倍其朴”，即对商品加重收税，收税的标准是在其本钱上增加十倍。再者，提高粮食的价格，致使物重钱轻，使商贾无从获取暴利。这种办法的目的是让市场保持食重钱轻的局面，这样商贾不但无法牟利，而且还被加重了徭役和赋税。另外，又因无田而长年依靠买粮，造成经济上的损失。可见提高粮价这一政策，使商贾在各个方面均受到打击。除此，商鞅在改革中还让商贾在服兵役中自备甲兵，“使视军兴”①。“军兴”是指官吏可征集民间财物以供军用，即让商贾自给甲兵，比照官府征集民财供军的办法去做。加重工商税收及其相关的规定，使商人在经济利益上受到很大的损失。

（3）加重工商徭役。为了达到“农逸而商劳”的目的，商鞅在财政改革中还加重了工商业者的徭役负担。他规定：“以商之口数使商，令之厮徒重者当名”②，即根据商人的人口数摊派徭役，将其家里的厮、舆等奴仆也编入名册，分派徭役，并使其徭役负担不少于一般农民，以保证达到农逸商劳的效果。工商业者在商鞅“不农之征必多，市利之租必重”的政策下，赋税不但重于一般的人，而且徭役也不能避重就轻，从而使“农恶商，商有疑惰之心”，这就有力地抑制了工商业的发展。

（4）限制商人经营的货物和市场。在财政改革中，商鞅将盐、铁等主要商品由过去的私营变为国营，由国家实行盐铁专卖，剥夺了工商业者牟利致富的一大途径。同时，还规定商贾不准经营粮食交易，“使商无得籴，农无得粜”。这样一来，粮食交易由国家来控制，农民不得出卖粮食，就使商人无法买进粮食，商人买不进粮食，即使丰年也不乐观，饥年也得不到厚利。用这种办法致使商人困怯，从而离商返农。商鞅不仅对工商业者经营的商品范围给予限制，还逐步限制工商业者活动的市场。如军市不准售粮，“又使军市无得私输粮者，

① 《商君书》卷1，《垦令第二》。

② 《商君书》卷1，《垦令第二》。

则奸谋无所于伏，盗输粮者不私稽，轻惰之民不游军市，盗粮者无所售”①。由于军市禁止私自运粮入内，轻惰之民禁游军市，即使有盗粮者也卖不出去，可见商鞅对商人经营粮食买卖取缔得很彻底。

（5）限制工商业者的活动范围。在战国中晚期，商贾谋利以长途贩运为最，有些大商贾为了牟取暴利，不顾“关梁之难，盗贼之危”，奔走四方，活动范围很广。鉴于此，商鞅规定“重关市之赋”，用加重征收关口税率来限制商贾的活动。此外，商鞅还规定“废逆旅”，即废除交通道路上的旅馆驿站。他说：“废逆旅，则奸伪、躁心、私交、疑农之民不行。逆旅之民无所于食，则必农。”② 这是给商贾在长途贩运中造成食、住、货物存放等困难，使他们无法继续干下去。

（6）压低商贾的政治地位。商鞅规定，官爵必出于农战，这一政策同样也把商贾排斥在外。商鞅在秦国实行入粟任爵政策，也不包括工商业者，因为这一政策主要是为鼓励农业生产而实行的，不是单一的为了解决国家财政困难。商人吕不韦虽然在秦庄襄王时官至宰相，但他实际上不是秦国的商人。吕不韦是阳翟（今河南省禹县）人，长期在赵国的国都邯郸经商，依靠政治上的投机，结识了秦在赵国作为质子的秦公子异人（即子楚），后来异人回国继承王位时吕不韦也随从入秦，被封为文信侯，一度掌握了秦国大权。他得官是有特殊原因的，而且他得官是在商鞅被宗室和旧领主贵族车裂之后，已经到了秦国的末期。吕不韦执政也是暂时的，不久便被庄襄王的儿子嬴政除掉。所以，不能以此来否定商鞅在改革中压低商贾政治地位、限制商贾受爵任官的政策。

为了保证农业经济的发展，商鞅在抑商的同时，又制定了坚决禁止“末业”的政策。《商君书》卷3的《壹言第八》云：“治国能抟民力而壹民务者，强；能事本而禁末者，富。”这是商鞅明确提出的“禁末”一事。什么是“末业”？从商鞅的言论中可知，末业是指从事制作和经营奢侈品的人，以及游说、卖唱等以一技之长而糊口的人，甚至还包括善辩、游说一类的食客。如《商君书》卷5的《外内第二十二》云：“末事不禁，则技巧之人利，而游食者众。”其中，“技”应是指从事奢侈品工艺制作的人，他们靠自己的技术来经营或贩运供贵族享用的奢侈品。而“巧”则是指在街头卖艺，即卖唱、武打、算命、看相、表演魔术、表演气功等等，这些人在民间被称为巧人或能人，他们游食

① 《商君书》卷1，《垦令第二》。
② 《商君书》卷1，《垦令第二》。

四方，以此度日。因此，商鞅在讲“末业”时，常把这些人并提。如他在《壹言》中讲到：“见上之尊农战之士，而下辩说、技艺之民，而贱游学之人也。”[①] 这里所谓辩说、游学之人，就是指战国时四处游说的食客门人。对于从事末业的人，商鞅主张坚决禁止，不仅国家不重用，而且给予取缔。可见“抑商”和“禁末”是有很大区别的，前者是不让过快过多地发展，而后者完全禁止，不允许其存在。

商鞅之所以完全禁止“末业”，是因为这些人对农业起着破坏作用而丝毫无益于国家。商鞅指出：“技艺之士用，则民剽而易徙。”[②] 技艺之人会造成农民飘浮易动的后果，飘浮易动就不能专心于农业，而容易从事技艺之事。又云：“民之不可用也，见言谈游士事君之可以尊身也，商贾之可以富家也，技艺之足以糊口也。民见此三者之便且利也，则必避农。”不难看出，技艺、游食不亚于商贾对农业的危害。不仅如此，还应该看到末业对社会财富的消耗和对民风的腐蚀。这些技巧之人把社会上的贵金属做成奢侈品，使国家的财富因此而流失耗费，国家无法将其收为国有用于富国强兵。他们所从事的奢侈品又冲击着人们的淳朴之风，滋长起贪图安逸享乐的不良风气，使务实苦干的人们遭受轻视。商鞅提出“抑商”而不禁，是因为商业的发展虽然对农业有不利的一面，但对国家税收还是有利的。而“末业”就与此不同了，它不能增加国家的税收，因为国家对这些人无法征税，除人头税以外，他们不耕种土地，也不像商贾那样具有财富，这些人对国家有害而无益，所以商鞅提出要“禁末”。这一政策在当时的情况下对于国家来说是非常有利的，禁止末业既减少了这些人对社会财富的消耗，又保证了农业经济的稳固发展，所以也是比较合理的。

四、建立国家专卖制度

专卖制度，周代已有，战国时齐国管仲提出“官山海”，使盐铁专卖制度得到进一步的发展。商鞅在秦国改革财政，也制定了盐、铁、粮等专卖政策。

1．盐铁专卖

商鞅在财政改革中制定的“壹山泽”就是盐铁专卖制度。山指铁，泽指盐，“壹”是指统一禁令，即由国家统一控制盐铁买卖。“壹山泽”与管仲提出的“官山海”内容一样。《汉书·食货志》有云，“至秦则不然，用商鞅之

① 《商君书》卷3，《壹言第八》。

② 《商君书》卷2，《算地第六》。

法，改帝王之制，……川泽之利，管山林之饶”，所说的就是秦国在财政改革中的盐铁专卖政策。

秦国盐铁专卖的具体做法后世没有留下明确的记载，但从秦国的一些零散文献来判断，盐铁专卖政策是官营官卖，即从生产到流通领域都由官府来控制。如出土的《秦律》中有“左采铁”、“右采铁”等名称，这便是当时管理矿山开采的官名。除此，还发现有主管冶炼的职官名称，说明当时冶铁煮盐都由国家经营，严禁私铸私煮。盐铁的销售，史无明载。吴慧先生研究认为，盐铁产品集中于官府手中后，统由官府组织流通。铁除了一部分原料供官府手工业作坊作生产消费用，一部分成品留作官府自用以外，其余即供应市场。盐除一部分供官消费并按口供给廪食者以外，其余也作为商品通过官营商业来供应非廪食的平民。私人不能自由运销盐、铁产品，在流通环节上也管了起来①。也就是说，秦国的盐铁专卖，从生产到流通全由官府经营，不许商贾染指。

《盐铁论·非鞅第七》记载：“商鞅相秦也，内立法度，……奸伪无所容。外设百倍之利，收山泽之税。”又言：“赋敛烦数矣，又外禁山泽之原，内设百倍之利。”这两处记载中，一为“禁山泽之原”，一为“收山泽之税”。按前者所述，盐、铁这类物质是不能随便让私人开发的，完全由国家掌握。既然如此，盐铁之利完全收为国有，如何又“收山泽之税”呢？分析这两处记载，当时盐铁专卖可能分两种情况：一种是矿产丰富集中的产区如蜀临邛汶山，河东安邑盐池等等，属于官营官销，也即《盐铁论》中所说的“禁山泽之原”。另一种是盐、铁生产量小的，矿源分布零散的地方，可能由私人来开发经营，即由国家批准登记，按照国家的规定来生产销售，国家收取他们的利税，即《盐铁论》中所说的“收山泽之税”。或者，“收山泽之税”的物品是盐铁之外的山货水产，诸如竹、漆、木材等等。当时秦国官营手工业还不很发达，不可能把一切山泽物产都控制在政府手中由政府去经营，国家抓住主要的盐铁，其他的让给私人商贾去经营，国家坐收重税，这种可能也不会没有。而且，从大的方面来看，尤其是后世盐铁专卖方法的多样化，秦时盐铁之外的矿产和水产品让私人经营国家收税也是专卖的一个内容。所以，商鞅制定的盐铁专卖政策，可以说有两种方法：一是官制官销；二是在国家的统一管理下，私人经营，国家收税。这两种办法是并行的，互相配合，由此对全国山泽之利进行了全面控制。

---

① 吴慧：《中国古代六大改革家》，上海人民出版社，1984 年，第 138—142 页。

商鞅在财政改革中，为什么对盐铁实行官制官销而对其他山货水产实行征税的制度呢？这是因为他吸收了齐国管仲盐铁专卖的思想。因为盐是人民日常生活中离不开的东西，销售量大，财政收入也巨，不可让利于大商贾。铁也同样如此，战国时期随着铁器的日益推广，销售量也随之增加。除此以外，通过盐铁专卖还打击和抑制了富商大贾，对农业带来一定的好处。商鞅吸收了管仲的这一做法，收到良好的效果。“不赋百姓而师赡，故用不竭而民不知，地尽西河而民不苦。盐铁之利，所以佐百姓之急，足军旅之费，务蓄积以备乏绝，所给甚众。有益于国，无害于人。”①

在专卖的具体做法上，商鞅和管仲有所不同。管仲在齐国制定的盐铁专卖政策，规定不许私人开采铁矿，但铁矿的开采却包给民营，国家不去生产，只是在收入上与私人三七分成，君得三而民其七。可知管仲盐铁专卖制度是局部的，以民制为主，官制为辅，民制作官收购，然后官运官销。而商鞅在财政改革中制定的盐铁专卖制度是全部的，官制官销，不让大商贾染指。只是对一些零星分散的盐铁产地或盐铁两大宗之外的一些山货水产，实行民制而国家征税的办法，基本上使盐铁之利全归国家所有，比管仲的盐铁专卖制度要完全彻底，对大商贾的打击也比管仲做得严厉。管仲的盐铁专卖政策国家只获十分之三的利，商贾获十分之七，对国家的好处和对大盐商铁贾的打击都远比不上商鞅的财政专卖制度。这也是两国的情况不同所造成的。齐国是沿海地区，要靠盐商富国，农业是第二位的，故管仲称齐国为“海王之国”。可见，国情不同盐铁专卖政策也有区别，而商鞅的财政专卖政策不是盲目地照搬别国的政策和做法，具有“山泽之国”的特点。

2. 粮食专卖

商鞅在财政改革中对粮食进行专卖，这在中国古代历史上是空前的。商鞅制定粮食专卖政策的用意有三个方面：首先，粮食作为人民生活的必需品，销售量比盐铁更大，因此搞粮食专卖的收利要超过盐铁许多倍，国家可以从中取得更大的收入。其次，抑制和打击商贾，禁止末业和游食之人。商贾不能经营粮食的买卖，就失去了投机倒把的发财门路。最后，那些生产技术低和懒散不想出力的人因粮食供应不足，也会不遗余力地把自己耕种的土地经营好。可见，商鞅制定粮食专卖政策有一定的目的，并非随心所欲，实行专卖以前是先考虑到后果的。

---

① 桓宽：《盐铁论·非鞅第七》。

商鞅制定的粮食专卖政策与盐铁专卖有一定的区别。国家对粮食进行统购统销，与盐铁专卖政策中官运官销是一样的。不同之处在于生产环节上，盐铁由官府来生产，而粮食的生产却靠个体农民来完成。粮食专卖是农民生产，官府收购，官府出售。如规定“使商无得粜”，粮食商不能粜，自然不能收购。同时又规定“农无得籴”，如此商贾也就无法粜。商不得粜，民不得籴，那么粮食买卖全部由官府所控制了。粮食买卖的流通领域被取缔后，官私用粮都要靠国家来供给。国家的军队、官吏、官工商、官奴婢等宫府中的各种人都实行分配制度，国家根据不同级别、身份、工种按月供给不同数量的口粮。不在这些范围的人仰求官营商业来籴得粮食，至于农民则要自给自足，政府不鼓励其籴粮度日。所以，秦国对运送粮食的粮车都有详细的限制。“令送粮无敢僦，无得反庸，车牛舆重设，必当名”①，即送粮车没有运费，因为这是给国家运粮的，回程途中不得私载货物，而是要载运国家的物质。国家在专卖中出售粮食，价格有所提高，在官府各色人物和广大农民不籴粮的情况下，这主要是针对商人和游食者，即通过对商人售粮而国家获利。同盐铁专卖一样，粮食专卖也显示了商鞅重农抑商的特色。

五、实行储备与平准政策

储备，指国家收购积蓄粮食等主要生活物质，以保证国家的用粮。平准，就是由官府来吞吐重要物质以平抑物价，“贵则卖之，贱则买之”，使全国物价平稳，无甚贵甚贱，“一高一下，不得常固”的现象，从而达到安定天下的目的。

商鞅在改革秦国的财政制度时，对国家储备十分重视。他指出：“善为国者，仓廪虽满，不偷于农。”② 此言道出了商鞅储粮越多越好的思想，他这是提醒君主国家存粮是没有限制的，不要因有所积蓄就放松了农业。他认为，国家如没有充裕的积蓄就势必要变弱毁灭，反之则强。“仓、府两虚，国弱，……仓、府两实，国强。”③ 在储备问题上，商鞅主张家藏不如国藏：“故曰王者国不蓄力，家不积粟。国不蓄力，下用也；家不积粟，上藏也”④。“下用”指人民出死力为国君效命，“上藏”指粮食集中藏入国家的仓库。意思是国家不蓄

---

① 《商君书》卷1，《垦令第六》。

② 《商君书》卷1，《农战第三》。

③ 《商君书》卷1，《去强第四》。

④ 《商君书》卷2，《说民第五》。

力，是为了让百姓为国效命，家不积粟，是为了集中于国库。商鞅除主张多积粟外，还提出多积货，“治行则货积”。这里的货主要是钱币。除此，可能还有一些其他货物。

关于商鞅在财政改革中建立起来的仓廪制度，文献中未多记载，但出土的《秦律·仓律》为我们提供了珍贵的资料。《睡虎地秦墓竹简·仓律》载：“入禾仓，万石一积而比黎之为户。县啬夫若丞及仓、乡相杂以印之，而遗仓啬夫及离邑仓佐主禀者各一户以饩，自封印，皆辄出，余之索而更为发户。……禾、刍藁积索出日，上赢不备县廷。出之未索而已备者，言县廷，廷令长吏杂封其廥，与出之，辄上数廷。”由此可知，《仓律》的规定是：储存谷物以一万石为一积（单位，即仓），由县啬夫或丞和仓、乡主管人员共同封缄，而留给仓啬夫和乡的主管禀给的仓佐各一门，以发放粮食，由他们自己封印就可以出仓，发完一仓再给他们另开一仓。一积谷物与刍藁用完时，向县令禀报存余或不足之数，若未出完而数额已足时，要言与县廷，由县令长吏会同管理人员一起将仓再封缄。以后出仓，还要立即上报县廷。可见秦国在商鞅改革后储备制度是十分严格的。商鞅对储备制度的整顿和完善，使其与平准政策的推行紧密配套，成为不可分割的整体。

平准政策在春秋战国时齐国和魏国实行得较早，秦国在财政改革后才逐步推广。

在推行平准政策中，商鞅首先规定，“商无得籴，农无得粜”。这一规定禁止了大商贾囤积粮食的渠道，农民所产的粮食除留给自己生活以外，全部收为国有，储存在国库。为了防止粮食流失，商鞅还详细制定了严厉打击违法买卖粮食的规定。其次，国家根据收成丰歉、粮价高低来作平衡。商鞅认为，“食贱则农贫，钱重则商富”。为了不致农贫，不使商富，他提出“富其国者，境内之食必贵”的方针。商鞅所谓“境内之食必贵”，不仅仅是为了让商人感到“籴食不利”，也是用价格手段平衡粮价的见证。国家把征购粮食和出售粮食的价格都抬高，这种高进高出的政策有利于国家而不利于商贾，高价征购对于国家来说并不受损失，然而对于商人却有害而无利，因商人不是粮食的征收者，只是粮食的购买者。可见，商鞅在财政改革中制定的平准法主要是运用价格手段来平衡物价的。

综上所述，商鞅在改革财产分配关系中，废除井田，改革了土地分配；打破世卿世禄制，改革了俸禄分配；制定户籍制度，改革了税源、役源、兵源的分配。同时，又废除徭役地租，建立了以实物税为主的各项赋税制度；实行重农抑商禁末政策，发展了农业生产；推行专卖政策，使盐铁之利收为国有；建立储备制度，制定平准政策，调整了全国物价，改革是非常全面而且彻底的。秦国虽然是战国时期实行财政改革最落后的一个国家，但改革效率却发挥得最大，效果最显著，这与改革中完全彻底的特点有着密切的关系。

第三节 财政改革的效果与意义

秦国的财政改革，由于从根本上废除了旧领主贵族的政治特权和经济利益，商鞅因此而遭到了这股旧势力的恶毒攻击和强烈反对。秦孝公二十四年(公元前338年)，秦惠文王即位，商鞅被车裂灭家。商鞅虽然被害，但他在改革中所建立的制度和政策却没有被废弃，秦惠文王以后的历代君主仍然贯彻执行。所以，改革对秦国由弱变强、从贫到富发挥了重要的作用，产生了显著的效果。

一、社会生产力明显提高

秦国在财政改革以前生产力的低下，主要是生产关系与生产力不相适应造成的。生产关系中特别是生产资料占有的不公，剥削方式的落后，劳动成果分配的悬殊，劳动者在生产过程中所处的非人地位等，是压制和破坏生产力发展的关键所在。商鞅在改革中对这些问题都进行了革故鼎新，使生产关系的变革适应了生产力的发展，所以财政改革后的秦国生产力比以前有了明显的提高。

标志之一是生产工具的进步。马克思指出："劳动资料不仅是人类劳动力发展的测量器，而且是劳动借以进行的社会关系的指示器。"① 财政改革前秦国虽然出现了铁器，但数量极少，在社会生产中还没有起到改变生产关系的应有作用。但从财政改革以后，随着人们生产积极性的发挥，铁农具开始普遍使用于农业，铁农具种类也日益繁多，有铲、锛、镰、畝、锄、镢、犁等，手工业生产工具有凿、斧、削、锤等。其中，畝又分为一字形、凹字形等多种，锄分为空首布式、凹字形、六角梯形等，至于生活和其他方面的铁器就更多了。铁农具在秦国农业生产中日益排斥木、石农具而占据了主导地位。不仅铁农具达

① 马克思：《资本论》第1卷，人民出版社，1975年，第204页。

到了广泛运用的程度，牛耕也日渐普遍起来，并得到了别国的关注。如原来比较发达的赵国，这时也对秦国生产力的发展感到吃惊。赵豹曾对赵王讲到："秦以牛田，水通粮，其死士列于上地，令严政行，不可与战。"① 这是赵豹对秦国和赵国战斗实力的一个对比，赵豹之所以认为赵国不是秦国的对手，其中重要的一条是因为用牛耕田。他特别指出牛耕田，自然是普遍的现象，个别的牛耕是不会引起注意的。牛耕的普遍使用就是生产力的进一步提高，生产力的提高代表着国家实力的增强，经济的发展。看来，落后的秦国经过改革远远走到了六国的前列，至少赵国已比不上秦国的生产力水平了。另外，从秦国的法律中也可证明牛耕的普遍性。《秦律·厩苑律》中有评比耕牛的条文："以四月、七月、十月、正月肤田牛。"在评比和考核中，养牛好的人国家给予奖励，差者给予处罚，牛如此受重视正是普遍用于农业生产的缘故。仅以这一点来看，秦国生产力的提高是非常之快的，提高的程度相当大。

标志之二是农田亩产量的增加。农田亩产量的增加，也是生产力提高的一种尺度。《吕氏春秋·上农》记载："上田夫食九人，下田夫食五人，可以益，不可以损。一人治之，十人食之，六畜皆在其中矣。此大任地之道也。"也就是说，成年男子一人所耕的田，可以供十个人消费，并且还有剩余供六畜之饲料。一夫如耕下田，可以供五人消费，虽不如上田夫剩余的粮食多，但还是有"益"的，即有所结余。在春秋战国时期，一夫所耕的土地大都是百亩，如《司马法》云："百亩为夫"，《新唐书·突厥传》中杜佑云："亩百给一夫"。一百亩土地可供九至五人食用而有余，这比《汉书·食货志》中魏国李悝所说的五口之家状况要好得多。秦国五人之家的状况所以超过了魏国，主要是亩产量的提高，从李悝所云五口之家的收入来判断，秦国的亩产量应为二石左右。在关中郑国渠浇灌的耕地，史载每亩地可产一钟，即六石四斗，亩产量之高在当时是少有的。

标志之三，是科学技术的发展。科学技术本身就是生产力，中国古代最早的农业科学技术著作是秦人吕不韦所著的《吕氏春秋》中的《上农》、《辨土》、《任地》和《审时》篇。从这四篇农书所载可知，秦国当时已掌握了丰富的农业科学知识和生产经验。《上农》篇中主要讲重视和用好农时，慎守农时，即"数时爱日"。《辨土》篇主要总结了因地制宜的经验，指出耕作要分别土地的不同情况而采取不同的办法，即耕田要分别土地的刚柔干湿，种田要

① 《战国策·赵策》。

分别土地的肥沃贫瘠。《审时》篇中主要总结了如何掌握天时，指出天时和四季变化必须要重视和掌握。这四篇农书除了对以上问题进行了认真研究总结外，还记载了精耕细作、合理施肥、合理种植等方面的经验，充分证明了秦国农业科学技术的显著提高。

总之，秦国生产关系的改革，使生产力极大地得到解放和提高，这一作用是无法否认的。

二、社会经济走向发展繁荣

生产关系的改革提高了生产力，生产力的提高必然促使了社会经济的发展和繁荣。

土地大面积地开发和扩展是秦国农业发展中的一个重要变化。在商鞅财政改革之前，秦国土地大部分处于荒芜状态，开发出的耕地面积只有五分之一。财政改革后，由于“废井田，开阡陌。任其所耕，不限多少”[①]，加之铁农具和牛耕的普遍使用及其劳动队伍的壮大，耕地面积突飞猛进。《吕氏春秋·任地》讲到有关地势高的土地如何治理耕作的经验，由此说明秦国所处的关中地区，不仅平原上的土地得到开发，而且丘陵高山上的土地也得到了利用。《商君书》卷4的《徕民第十五》云：“今以草茅之地，徕三晋之民而使之事本，此其损敌也。与战胜同实，而秦得之以为粟，此反行两登之计也。”招徕三晋之民开垦的是草茅之地，即秦国无人开垦的土地，可知秦国的草茅弃地也由此得到了开发。正如朱熹在评论商鞅开阡陌中所说的那样：“弃地悉为田畴，而不使有尺寸之遗。”[②] 所以，财政改革后，秦国土地基本得到了开垦，并且给予了改良，使原来的荒地变为良田沃野。如《尚书·禹贡》在讲到秦国所属的雍州土质时，评其为“黄壤”，列为“上上”等，居全国第一。《史记·货殖列传》讲到秦国的耕地时有这样的记载：“关中自汧（今陕西陇县南）雍（今陕西凤翔县西）以东，至河华（华山），膏壤沃野千里。”“膏壤沃野”足以证明秦国土地的开发和农业发展的状况。古代的关中，有八百里秦川，自古号称“天府之国”，这一称号似应始于财政改革后的秦国。

大型水利工程的崛起是秦国农业发展的又一个重要变化。在秦国的大型水利工程中，为首的要数位于成都平原的都江堰。秦昭王时，蜀郡守李冰为了彻

① 《文献通考》卷1，引《通典》语。

② 《朱子全集》卷72，《开阡陌辩》。

底治理岷江给四川盆地造成的灾害，在岷江转入平原河槽的灌县修建了这一处规模宏大的水利工程。都江堰在修建中运用了许多科学技术，如鱼嘴的分水建置，在中流作堰建成的堤坝等设施，都是这一工程的科学见证，它使这一伟大工程经历了2200多年的考验仍然有巨大的灌溉效益，保证了成都平原300多万亩土地免除水旱灾害，成为稳产高产田。如《华阳国志》记载，都江堰建成后，“灌溉三郡，开初田，于是蜀沃野千里，……谓之天府”。秦国这一巨大的水利工程的兴建，在战国后期就全国范围来看也是独一无二的，这不仅体现了秦国生产力的提高，也反映了当时秦国科学技术和经济发展的巨大进步。

由此不难看出，秦国在财政改革后，社会经济的发展速度是十分惊人的，不仅与其原来落后的状态形成鲜明的对照，而且赶超其他六国的经济发展水平，成为强国之首。这些显然与秦国生产力的解放、发展和提高有着密切的关系。

三、财政实力得到增强

社会经济的发展繁荣，为秦国创造了牢固的财经基础和相当可观的财政来源，再加上秦国在财政改革中将旧领主贵族的土地、人口统统收为国家所有，旧领主贵族、新兴地主与自耕农同样向国家交纳租税，还有重农抑商、盐铁专卖政策的实行，以及财政制度的健全完善等措施，使秦国的财政实力大为增加。

在改革之后的国民经济中，作为主要经济部门的农业首先得到发展，从原来落后薄弱的状态发展成力量雄厚的主要部门经济，彻底解决了以前农业在国家经济中虽然占主导地位本身却非常落后的这一矛盾，使国家财政有了坚实的基础。农业经济作为国家的财政基础，主要是以租税的形式向封建国家提供粮食。当时，农业由于牛耕的普遍使用和水利灌溉，粮食亩产量大为提高，所以农民生产出了大批的粟、谷等粮食品种。由于剩余的增多，致使成为市场上比较廉价的商品。如《秦律》记载：当时的禾（小米）每石三十钱，菽（大豆）、麦比小米价格还低。粮食价格如此低廉，当然与丰歉不无关系，但其中也反映了社会上粮食的增加和丰富，否则是不会成为廉价物的。因此，国家通过租税和专卖等形式收购回大量的粮食。秦国每年征收回来的粮食数额史书缺载，但从一些方面足能证明秦国政府粮食的充盈。《战国策·楚策一》记载，秦与楚交战，张仪对楚王说：“秦西有巴蜀，方船积粟，起于汶山，循江而下”。张仪在分析秦国军事力量时，特别强调“方船积粟”，说明秦国军事力量的强大主要是由于有充足的粮源，否则楚国是不会示弱的。军队粮食供应的充足，自然说明了国家征收的粮食之多。关于粮食的积蓄丰盈，《盐铁论·非鞅》云："商君相秦也，……国富民强，器械完饰，蓄积有余。"又言："务蓄积以备乏绝，所给甚众。"可见农业提供的粮食确实为国家财政的一大来源。

由于秦国在财政改革中提高了工商税和实行了盐铁专卖，因而工商税也成为国家财政收入的一个重要组成部分。仅盐铁专卖一项的收入就非常可观。《华阳国志》卷3的《蜀志》云，李冰在成都穿盐井陂池，"于是有养生之饶焉"。说明盐的专卖使国家的财政得到了富饶。《盐铁论·非鞅》云："商君相秦也……外设百倍之利，收山泽之税，国富民强。"由此可知手工业税收在国家财政中也占有一定的比例。盐铁的税收颇多也遭到后世董仲舒的批判。《汉书·食货志》载董仲舒言："秦则不然，用商鞅之法，……颛川泽之利，管山林之饶，田租口赋，盐铁之利，二十倍于古。"对董仲舒这一段话，大多数人理解为秦国统治阶级对农民残酷苛重的剥削，但其中也说明了秦国在农业、手工业经济发展繁荣的基础上国家财政收入的增加。国家财政收入的增加虽然与统治阶级的剥削有关，但并非全靠加重剥削而实现的，因为秦国在商鞅财政改革后，田租征收量是少于什一之税的，农业收入的增加主要是农业经济的发展而造成的。盐铁之利二十倍于古，是靠官营专卖而得来的，这是国营手工业的经济效益。可见，秦国工商业方面的税收增长非常之快，已是西周时期的二十倍。

人口作为财政收入的另一个重要基础，在财政改革后也日益增加。其原因是多方面的：一是随着社会经济的发展，因饥荒而死的人口减少；二是人口改为国家所有后，杀害和外逃的人数减少；三是从别国迁入的人口增多，尤其是徕三晋之民；四是随着版图的扩展，新纳入的人数增多；五是人们生活有保证后自然生殖率增高。所以，财政改革后的秦国已不再是地广人稀的状况了。从秦国都咸阳遗址的发掘规模来看，已经是人口众多的大都会。关中、成都当时号称富庶，除了经济发展的含义外，也指人口的众多和稠密。人口的增加，自然促进了国家财政收入的增长，因为国家税收与人口有着密切的关系，尤其是有些税收是按人头计算的，故历代都非常重视人口的增减。宋人叶适讲得最为明白："为国之要，在于得民，民多则田垦而税增，……是故昔者，战国相倾，莫急于致民。"[①] 董仲舒讲到商鞅改革后口赋"二十倍于古"，可知人口这一项

---

① 《水心别集》卷2，《民事中》。

收入也是相当可观的。

随着商业的发展，关市之税的收入也越来越比以前增多。因为商业的发展，使各地的土特产和农产品、手工业品的交流频繁起来，长途贩运与日俱增。如秦国境内的特产玉、琳、盐、铁等要通过贩运销到各地，其他国家的特产也要到秦国来销售。因而，秦国的关市之税比前大为增加了。

在秦国财政基础不断发展巩固，财税来源日益扩大的同时，财政制度也逐渐得到完善，这也对国家的收入起了一定的作用，因为制度的完善可以防止发生赋税流失的现象。秦国财政制度首先是加强对各生产部门的管理，如手工业方面，有“主铁官”负责重要的冶铁作坊，司马迁的第四代祖司马昌就曾在秦国任此职。又如商业市场方面，设立市官负责管理市场。再如在货币铸造流通方面，由中央掌管，严禁民间私铸。在度量衡方面，衡器一斤相差三铢以上主管官要受罚。对于官营手工业作坊和官营商业部门的现金收入，还有一套严格的监督制度，规定经手人收到现金必须当场放入储钱的容器中，并由“介者”在一旁监督，否则要罚一件铠甲。对盗钱者要据所盗数量定罪，公家的钱不能随便私自借贷。如《秦律》云：“府中公金钱，私贷用之，与盗同罚。”在财物保管方面，秦国要求得更严。《秦律·仓律》就有这方面的详细规定。如要求征收的粮、草等必须记在入仓的账簿上，上报内史。由《秦律·金布律》可知，秦国在财政机构上也有明确的建置，在中央分两大机构：一是内史，管理来自于土地的租税；二是少府，主管手工业、商业和人口税。内史下设大内，少府下设少内。内史主要管理的是国家财政，即政府机构的开支等；少府主要负责皇室财政，管理川泽之利以供皇室和宗室的支出。这些财政制度和建置有力地促进了秦国赋税的征收和管理工作，有效地防止了赋税的流失和偷漏，使国家财赋从各个方面都得到了保证。

因此，秦国的财政实力是非常雄厚的。特别是农业所产粮食，不仅保证了本国的食用，而且能满足随着土地扩张而来的众多人口所需。当时秦国的粮食堆积如山，如《战国策·楚策一》记载，秦“积粟如丘山”。《战国策·齐策一》讲到，秦“粟如丘山”。《淮南子·要略》云，秦“蓄积殷富。”《史记》卷 87 的《李斯列传》言，秦国“民以殷盛，国以富强”。这并不全是夸张之词，而是有据可查的。据《秦律·仓律》所载，栎阳的粮仓有“二万石一积”的，咸阳的粮仓有“十万石一积”的，至于“万石一积”的仓库全国到处都有。所以《史记·高祖本纪》讲到秦的富庶程度时指出，“秦富天下十倍”。因而从战国中期开始，秦国就摆脱了原来弱小贫穷的落后面貌，与东方的齐国号称两大强国。而且在诸侯国中的地位很快上升，“秦人富强，天子致胙于孝公，诸侯毕贺”[①]。至战国后期，又远远超过齐国，成为天下唯一的富强之国，号称“战国霸君”。

四、封建国家由弱变强

如果说秦国生产力提高、经济发展繁荣和财政实力增强充分体现了财政改革对社会经济方面所起的作用的话，那么中央集权的建立和巩固，社会矛盾的缓和与军队战斗力的提高等方面则显示了财政改革对秦国政治方面所起的巨大作用。

财政改革后，秦国在政治方面也迅速强大起来，这首先表现在封建国家上层建筑的形成与完善，封建中央集权的确立与巩固。以前的秦国，由于经济基础是奴隶制经济占主导地位，因而国家的上层建筑也基本上是奴隶制性质的，这就使秦国落后的奴隶制政权与其他六国新兴封建政权相比黯然失色。商鞅在财政改革中彻底废除了以井田制为核心的奴隶制经济，加快了封建经济的发展，于是封建的经济基础代替了原来的奴隶制经济基础，这一新的经济基础使秦国新的封建上层建筑日益形成和巩固。这一封建政权不再像以前那样受旧领主贵族的控制，而是属于中央集权的性质。在国家最高统治机构中，国君有至高无上的权力，政令军令都由国君亲自颁发，不受别的势力所牵制。在国君之下建有一套完整的统治体系，最高的官职是宰相。秦国从秦惠王开始就已经设相，武王时分左、右相，从此成为定制，在政权中起着举足轻重的作用。原来的庶长、大良造仅成为爵位而已，不再起什么作用了。宰相之下，各部门还有御史、郎中令、内史、少府、尚书、廷卫、卫府、太仆等官职，分管决策、农业、手工业、财政、法制、官吏各个方面，略同于封建社会的六部，此即六部之滥觞。军队方面设有尉，是最高军事长官，尉之下设将军。在中央机构日益健全的同时，地方上也普遍实行了郡县制，从而形成了完善而严密的封建君主集权体系，这在秦国的政治上是一个巨大的飞跃。

与此同时，封建国家的各项制度也相继建立起来。如官吏任用实行的是选拔制度，世卿制度被彻底抛弃。再如法律制度，从云梦秦简《秦律十八种》可知，有《田律》六条，《厩苑律》三条，《金布律》十五条，《关市律》一条，《仓律》二十六条，《工律》五条，《工人程》四条，《均工》三条，《徭律》

① 《史记》卷68，《商君列传》。

一条，《司空律》十三条，《军爵律》二条，《置吏律》三条，《效律》二十八条，《传食律》三条，《内史案》十条，《尉杂》一条，《行书》二条，《属邦》一条①。秦国的法律已成为维护封建政权的有力武器。与此同时，秦国的军事组织和军队编制也日渐完善。当时的国家军队分正规军（或称长备军）和地方军，地方军由郡县尉统管，但随时要听从中央的调遣，用来警卫或派出作战守边等。秦国各种制度的健全也是政治上强盛的一个重要象征。

秦国政治的强盛还表现于社会矛盾的缓和。自从封建中央集权确立之后，秦国的阶级关系发生了很大变化，原来的奴隶主和旧领主贵族不存在了，代之而起的是完全占据统治地位的大大小小的地主阶级。此外，就是广大的农民阶级和手工业者及商人游民。这时奴隶虽然还存在，但已经不再是一个阶级了，而是封建社会的附庸阶层。由于阶级关系的变化，原来国家与奴隶主以及旧领主贵族的矛盾不在了，新兴地主阶级与他们之间的矛盾也随之消失。在封建政权下，国家的主要矛盾已转为地主阶级和农民阶级的矛盾，这也是封建社会最主要的矛盾。不过，秦国是封建政权确立最晚的一个国家，作为新兴地主阶级来说正处在兴盛时期，统治阶级还比较奋发图强，因而较为重视农民的疾苦，改善与农民阶级的关系以笼络民心。作为被统治阶级的农民，是社会新的生产力的代表，与新建立的封建生产关系是适应的，尤其是他们刚从旧的生产关系中解放出来时，对现实社会还充满着一定的热情。而且，商鞅在改革秦国的财政时，对农民又给予了许多优惠政策。所以，秦国自财政改革后，阶级矛盾是比较缓和的。《史记》卷 68 的《商君列传》云：新的财政制度“行之十年，秦民大悦。道不拾遗，山无盗贼，家给人足，民劳于公战，怯于私斗，乡邑大治”。《战国策·秦策》曰：财政改革“期年之后，道不拾遗，民不妄取”。《盐铁论·非鞅》还说：“商君起布衣，自魏入秦，期年而相之，革法明教，秦人大治，……孝公大悦。……功如丘山，名传后世。”这些词语不免有溢美之嫌，但也不是无根据的夸张。如战国后期，李斯入秦为官，也讲到秦国阶级矛盾缓和。《史记》卷 87 的《李斯列传》记载：秦国“移风易俗，……百姓乐用”，这些都是可信的。秦国封建制确立较晚，矛盾比较容易缓和，比起封建制确立较早的其他六国反而显得更具有优势。

当然，事情都不是绝对的，秦国政治形势安定并不意味着没有矛盾，在阶级社会中矛盾始终存在着，统治阶级中争权夺利的事也不断出现。之所以说秦

---

① 《秦律十八种》。

国的阶级矛盾缓和，是同改革前的形势对比而言，是与同时期其他六国阶级矛盾的激化相比较而得出的结论。相对而言，秦国阶级矛盾的缓和，社会安定，政治统一，确实显示了封建国家的强盛。

军事力量的壮大也是秦国财政改革后国家强盛的一个重要方面。商鞅在财政改革中制定了按军功大小授爵封官的新政策，极大地增强了秦国的军事力量，这首先反映在秦国军队数量的壮大。关于秦国军队的数量无明确记载，据杨宽先生统计，当时秦国有带甲百万，车千乘，骑万匹①。秦国号称百万军队，千乘之国，在诸国中名列前茅，能和秦国并肩的唯有楚国。其次，反映在装备的精良上。如步兵使用的剑，制作上非常考究，其脊、纵、腊的截面随长度由大而小，磨纹平行而又垂直于纵轴线，而且经过铬化处理，非常锋利。弩兵用的箭镞，断面是三角形，三面有平和鼓两种，三角不仅尺寸精密，而且表面光滑，十分锐利，达到了我国古代青铜兵器史上的高峰，不比其他国家的铁兵器逊色。战斗中使用的车，制造也相当精良先进，这在秦兵马俑出土的实物上已得到了充足证明。再次反映在秦国军队具有的强大杀伤力上。如秦昭王四十七年（公元前260年），秦攻赵战于长平，杀赵军士兵竟达45万人之多。林剑鸣先生统计，自孝公起至秦始皇十三年止，秦军在各次战役中斩杀六国的军士人数有史可查的共165.5万人②。由此可见秦国军队杀伤力之强，是其他六国无法与其相比的。还有，秦国在各诸侯国中的军事地位越来越重要，成为合纵连横中举足轻重的一个国家。秦魏雕阳之战以后，魏不得不西面事秦，将其河西之地献给秦国。由于秦国势力威胁致使其他六国都感到命在旦夕，于是纷纷联合以抗强秦。秦惠文王后元七年（公元前318年），秦击败赵、燕、韩、楚、魏五国联军后，韩、赵也向秦求好，送人质，以示屈服。秦昭襄王二十年（公元前287年），秦国再次击败韩、赵、魏、燕、齐五国联合伐秦的阵营，竟成为诸侯兼并战争中求救和拉拢的对象，这些不难说明秦在兼并战中所处的重要地位。正如《战国策》卷3的《秦策三》中蔡泽所云：“兵动而地广，兵休而国富，故秦无敌于天下，立威诸侯。”在《盐铁论·非鞅》中，连反对商鞅的贤良文学也不得不承认商鞅开塞之后，“威震天下，非不强也，诸侯随风而西，非不从也”。

秦国在财政改革后很快平定了六国，建立了中国封建社会中第一个统一集

① 杨宽：《战国史》，上海人民出版社，1980年，第286页。
② 林剑鸣：《秦史稿》，上海人民出版社，1980年，第268页。

权国家。秦昭王五十一年（公元前256年），秦灭掉西周，西周君主将三十六邑三万人口全部献于秦。西周的灭亡，更加快了秦国的统一战争。从秦昭王五十三年（公元前254年）至秦王政二十五年（公元前222年），相继灭掉卫、韩、赵、魏、楚、燕等国。秦国能够完成统一大业，显然是财政改革后国力增强的结果。如《盐铁论·非鞅》云："秦任商君，国以富强。其后卒并六国，而成帝业。"又云："昔商君明于开塞之术，假当世之权，为秦致利成业。是以战胜攻取，并近灭远，乘燕赵，陵齐楚，诸侯敛衽，西面而向风。其后蒙恬征胡，更地千里，踰之河北，若坏朽折腐。何者？商君之遗谋，备饰素循也，故举而有利，动而有功。夫蓄积筹策，国家之所以强也。"

由上可知，秦国财政改革的作用和效果是非常突出的，它不仅在经济方面使社会生产力明显提高，社会经济繁荣发展，财政实力大为增强，而且在政治方面促使秦国封建制迅速确定，政治安定统一，军事力量雄厚，战斗力提高。所以，弱小的秦国通过财政改革走向既富且强，成为各诸侯国无一能比的第一强国，显示了财政改革对国家政治、经济、军事发展兴盛的重要性。

五、财政改革的意义和局限

商鞅在秦国的改革，是集春秋战国时期各国改革之大成，所以秦国进行的财政改革是中国古代第一次最全面、彻底的改革。实践证明，这次改革是必要的、进步的，具有非常重大而深远的意义。

首先，这次财政经济改革促使了中国封建专制主义中央集权的诞生，促使中国由长达541年的诸侯割据、分裂兼并进入封建社会的第一次大统一时代，促使中国历史早日完成了封建化，从奴隶社会正式跨进了封建社会，在中国财政发展史上乃至中国社会发展史上都有着重要的地位。当然。推动历史前进的主力是劳动人民，并不是某个英雄造成的，但发展的进程却与统治阶级的支持或反对有很大的关系。而商鞅的财政改革，正是站在新兴的地主阶级一边，打击和摧毁了旧的奴隶主和旧领主贵族阶级，从而加快了历史的发展。商鞅在秦国的财政改革中，废除井田制和奴隶制的生产关系，打碎了套在劳动人民身上的层层枷锁，极大地解放了生产力，发展了生产力，无疑为加速历史的前进创造了条件。另外，在互相兼并的春秋战国时期，如果没有一个国家首先富强起来，担任统一全国的历史使命，统一就会与人们的期待隔之遥远，延缓的时间越长人民的痛苦就会越重。而商鞅在秦国的财政改革，首先使秦国富强起来，充当了完成统一的重要角色，使封建社会的到来得以实现。所以，秦国财政改革的重大意义之一就在于它促进中国社会从奴隶制向封建制的转变和封建大一统的出现。

其次，秦国的财政改革具有承上启下的重大意义。春秋战国时期，是一个政治、经济和文化大变革的时期，各诸侯国的新兴地主阶级相继改革，不断废除奴隶制的旧体系，确立封建国家的新制度。秦国是最后一个改革的国家，它吸收总结了各国改革的内容和经验，然后建立了一套完整的封建制度和政策，并由统一全国而相传于后世。秦国这次财政改革的另一个意义便是在中国历史上的承前启后。如封建土地制度模式、户籍制度、赋税制度、公私财政的分离、盐铁专卖、重农抑商的确立和发展都与秦国的财政改革有关。

以上是商鞅在秦国财政改革的意义，但同时还要看到，商鞅毕竟出身于统治阶级，他虽然反对奴隶主和旧领主落后势力，但仍然是代表着剥削阶级的利益进行改革的。他所进行的改革有着进步的一面，对后世起着积极的作用和影响，乃至在今天仍有着借鉴的意义，但也存在着不少局限性。

在秦国的财政改革中，商鞅为了发展农业则实行愚民政策是错误的。如他说："民不学则愚，愚则无外交，无外交则勉农而不偷。"他认为，只有实行愚民政策，农民才会安心于农业，他仍然把农民当作会说话的工具来看待，致使农民在生产中无法充分发挥自己的聪明才智，这就难免妨碍了生产力的进一步发展。在发展农业中，商鞅的改革也暴露了只顾一点而不及全面的做法。如为发展农业，他提出"废逆旅"。这样做必然使交通不能畅通，这虽然可以禁止奸伪和不安心农业的人流动，但同时也使社会经济和文化技术难以相互交流被人们吸取运用。所以，"废逆旅"利小弊大，不免是一个失误。

在财政改革中，商鞅为了推行新令所实行的严刑酷法虽有可取的一面，但也有不足的地方。所谓可取之处，如"法令至行，公平无私"①。"法令必行，内不限权宠，外不偏疏远，是以令行而禁止，法出而奸息。""法之不行，自于贵戚"② 等政策，是完全必要的，不如此财政改革就无法进行，新的制度就难以推广。但他坚持轻罪重刑，在改革中制定了不少严刑酷法，如连坐、族连、斩左止、劓刑、车裂、黥面、弃市、腰斩、绞等刑法。由于用刑严厉，致使"大臣苦法而细民恶治"③。《盐铁论·非鞅》讲到："商鞅以重刑峭法为秦国

① 《战国策·秦策一》。
② 《史记》卷5，《秦本纪》。
③ 《韩非子·和氏》。

基，故二世而夺。刑既严峻矣，又作为相坐之法，造诽谤，增肉刑，百姓斋栗，不知所措手足也。”又言：“商鞅弃道而用权，废德而任力，峭法盛刑，以虐戾为俗，欺旧交以为功，刑公族以立威，无恩于百姓，无信于诸侯。人与之为怨，家与之为仇。”贤良文学的话不免有党同伐异的偏见，但也反映了商鞅用严刑推行财政改革新政策的同时也带来了不小负面作用。所以，商鞅在主持秦国财政改革中所存在的局限性是不可否认的，后来者应该吸取其教训，以此为戒。

第二章

西汉武帝时代的财经改革

秦末动乱后重建起来的西汉王朝，面对从天子到百姓皆为残破的社会经济所困扰的严酷现实，认真汲取了秦以暴政亡天下的历史教训，并及时制定了一项以黄老“无为”学说为核心的“与民休息”的财经政策。经汉初几代皇帝六十余年的一贯坚持和大力推行之后，到汉景帝后元三年（前 141 年），亦即西汉王朝的六世之君——汉武帝刘彻即位时，西汉确已发展到它的鼎盛时期。据《史记·平准书》的具体描述：国家府库充实，民则人给家足，社会安定，经济繁荣。然而，就在旧史家所一意粉饰的“文景”太平盛世的表象背后，潜伏已久的社会危机却日益明显地暴露出来：一是不断激化的民族矛盾和阶级矛盾已对西汉王朝的中央集权统治构成了严重的威胁；二是土地兼并与奢侈腐败之风的迅速蔓延，给整个社会带来极大的危害。形势的发展变化已清楚地说明：汉初崇尚的“无为”政治及“与民休息”的政策，虽有稳定政局、促进社会经济发展的一面，但汉初业已存在的社会固有矛盾直到武帝临朝时，不仅仍远未得到解决，反而历史重现，且呈不断加剧之势，这就不能不说是数十年笼罩于西汉政坛的清静无为、因循持重之风所导致的必然结果了。身处武帝盛世的司马迁，尽管对汉初所奉行的“无为”政治和“与民休息”政策推崇备至，但“兼并豪党之徒，以武断于乡曲。宗室有土公卿大夫以下，争于奢侈”的严峻现实，又使他萌生一种时极而转的社会危机感。“物盛而衰，固其变也”[①]，既是司马迁对时局变幻的一种有识预见，同时也是他苦索一生而终悔无奈的真实思想反映。武帝面临的时代留给人们以如下的启示：乱常生于治之

① 《史记》卷 30，《平准书》。

时，危常起于安之日。为政者只有善于审几微之势，居安思危，防微杜渐，才可使国家社稷得以长治久安。而汉武帝则正是这样一位史称“雄才大略”的有为皇帝。面对乱生而危至的复杂形势，汉武帝及其理财大臣桑弘羊，并未满足于一时的消极守成，而是立志厘革旧弊，并在一改汉初“无为”政治，实行强化中央集权“有为”政治举措的同时，又为巩固和发展封建大一统国家的经济实力而果断采取一系列的财经改革措施。历史证明，改革不仅使西汉王朝在政治经济等领域取得了当时居于世界领先地位的辉煌成就，而且他们的一套财经改革新举措亦给后世以深远的影响。

第一节
危机四伏变革方临的武帝时代

一、武帝时代内外交困政局的历史再现

汉初数十年实施的“无为而治”和与民休息政策，给西汉王朝带来了从危乱走向安定、从贫弱转为富强的巨大变化，但是，文景时代以来“商人兼并农人”社会问题的日渐突出，以及由此导致的封建地主阶级与农民阶级这一社会基本矛盾的不断尖锐，致使汉兴之时就已存在的中央集权与地方诸侯割据势力之间的矛盾、西汉王朝同北方匈奴之间的民族矛盾再度明显加剧。因此，如何进一步扭转这一危难局势，以便从政治上不断强化西汉王朝的中央集权统治，进而维护国家的统一和社会的安定，同时亦为继续增强封建国家的经济实力而奠定坚实可靠的基础，这无疑将是汉武帝执政时期必须认真对待和非下大力解决不可的重大政治课题。

1. 进一步消除“其专在下”的分封遗患势在必行

早在秦汉以前，分封制曾是导致西周后期乃至春秋战国社会动乱与分裂割据的一个重要政治原因。及至秦始皇翦灭六国后，分封制遂被废止，代之而起的则是以郡县制为基础的中央集权政治制度。从此，统一便成为中国历史发展的主流，而中央集权制度亦随之成为两千年来历代封建王朝政治体制的主体形式。虽然秦王朝的短命夭亡与“郡县之失，其专在上”[①] 的封建专制统治不无

① 《亭林文集·郡县论》。

一定关系，但由于建之于封建大一统基础上的中央集权制度对于调整中央与地方关系，以及对封建经济的正常发展和维护国家的统一、社会的安定，都具有积极的促进作用，因此，中央集权制度的形成与确立，不失为中国历史上的一大进步。汉兴伊始，汉高祖刘邦迫于巩固新生政权的需要，在继承秦王朝的郡县制并在全国实现封建大一统的中央集权统治的同时，却又在“惩戒亡秦孤立之败”① 的思想指导下，恢复并采用了分封制的做法，认为大封刘氏子弟为同姓王的做法可以达到威震天下的目的。然而，历史恰恰证明，正是汉初形成的这种郡县与封国相并行的政治体制，不仅造成了西汉前期中央与地方关系的严重失衡，而且封国势力的强大专横所导致的威胁中央集权、破坏国家统一的严重后果，亦越来越明显。据载，直到汉武帝即位时，地方封国割据势力虽几经中央的一再严厉打击之后而大为削弱，但有些诸侯王国仍然自霸一方，且具有足以和中央分庭抗礼的雄厚经济实力，它们“或连城数十，地方千里，缓则骄奢易为淫乱，急则阻其强而合从（纵），以逆京师”②。由此可见，进一步消除“封建之失，其专在下”③ 的分封遗患，防止新的地方割据势力的再生，已势在必行。为有助于全面了解汉武帝时代实施一系列财经改革举措的历史背景，现将西汉前期中央集权与地方诸侯割据势力之间的矛盾及斗争情况作一简要分析。

在秦亡之后的四年楚汉战争期间，刘邦因出于与项羽争夺天下的需要，进而达到稳定内部、争取盟军、最终战胜项羽的目的，曾分封了韩信、彭越、黥布等七位部将为“异姓诸侯王”。然而天下初定之后，这些在反秦、反项的争战中立有显赫功绩且仍兵权在握的诸侯王，不但不再满足于作为汉王的刘邦对他们的封赏，甚至竟以“分茅裂土”、“南面称孤”相要挟。因此，刘邦为了巩固西汉中央政权的统治，遂以对他们皆“疑而不信”为借口而重起征战之师，将异姓诸王逐个铲除。但与此同时，却又出于“海内初定，子弟少，激秦孤立无藩辅”④ 的想法，改而大封刘氏子弟为王，自以为同姓诸王乃骨肉至亲，“盘石之宗也”⑤，以此达到“王同姓以镇天下”的目的，甚至以杀白马相盟

① 《汉书》卷 14，《诸侯王表第二》。
② 《汉书》卷 64 上，《主父偃传》。
③ 《亭林文集·郡县论》。
④ 《汉书》卷 38，《高五王传》。
⑤ 《汉书》卷 53，《景十三王传》。

誓："非刘氏王者，天下共击之"[①]。刘邦始封异姓王虽有迫于形势而不得不为之的苦衷，但在铲除异姓王的同时又改而大封同姓诸王，这在汉朝初建并已实现中央集权统治的历史背景下，实为一种错误的做法。因为封国即便是同姓封国，对于中央政权来说，它毕竟也是一种离心力，更何况同姓诸王在其封国内又都拥有相对独立的政治、经济等权力，而且随着他们羽翼的日渐丰满，必然与中央政权产生矛盾。历史亦充分证明：汉初的分封制做法，正是造成中央与地方关系的严重失衡，并形成地方"尾大不掉"之势，直至地方诸侯割据势力一再反叛中央的根源之所在。

首先，诸侯王国拥有十分广大的领地。《史记·汉兴以来诸侯王年表》记载："自雁门、太原以东至辽阳，为燕、代国；常山以南，太行左转，度河、济、阿、甄以东薄海，为齐、赵国；自陈以西，南至九疑，东带江、淮、谷、泗，薄会稽，为梁、楚、淮南、长沙国；皆外接于胡越，而内地北距山以东尽诸侯地"。这就是说，汉初分封的同姓王九国与原独存势力弱小的异姓长沙王国，共有领地达 42 个郡，而西汉政权却只有三河、车郡、颍川、南阳，自江陵以西至蜀，北自云中至陇西，与内史（京兆）凡 15 郡。这种中央与地方在所辖地域上的异常悬殊状况，直接导致了干弱枝强的被动局面，而且这一"尾大不掉"之势一旦形成之后，就很难再把它扭转过来。自文景时代起，西汉中央政权曾为了扭转这种被动局面而采取削弱封国领地的"削藩"政策，虽取得一定成效，但直到武帝即位，有些王国仍自霸一方，"连城数十，地方千里"。由此可见，要进一步巩固西汉王朝的中央集权统治，就必须继续实行"削藩"政策，坚决铲除诸侯王国搞分裂、闹割据的一切外在条件。

其次，诸侯王国还拥有相对独立的政治权力。刘邦鉴于分封异姓王的历史教训，在改封同姓王时，曾对封国之君的最高权力作过种种的限制。如规定封国的丞相须由中央委派，以此形成丞相对诸侯王的制约。此外还规定，王国的军队一律归中央直接调遣，凡没有天子亲授的"虎符"，诸侯王均不得擅自动用军队。上述一些限制性措施，由于是在汉初经济残破、人口稀少以及中央政权实力一时难以通达全国的形势下采取的，加上初封的同姓诸王尚在幼弱未壮之时，一时倒还相安无事。但随着文景时代社会经济的恢复与发展，封国自身的经济实力亦随之大为增强，而同姓诸王此时亦已大都成为加冠后的"血气方刚"的一国之君了。因此，他们的政治权力欲望越来越强烈。当"无为"政治

① 《史记》卷 9，《吕太后本纪》。

所导致的因循持重、姑息求安之风弥漫于西汉社会时，同姓诸王变得日益骄狂专横，擅为法令，不听天子诏，甚至要在纪年、号令、宫卫、乘舆乃至除傅、相以外的公卿以下百官的设置及任免等方面，皆与天子“同制”，出入拟于天子。文帝即位不久相继发生的济北、淮南二王的谋叛中央事件，足以说明：即使是同姓诸王亦未必能够同心，若不尽快从政治上消除诸侯王“掌治其国”之权力，后果将不堪设想。

经济是基础，政治则是经济的集中体现。针对济北、淮南二王的谋叛，汉文帝采纳了贾谊关于“欲天下之治安，莫若众建诸侯而少其力”[①] 的建议，将齐、淮二国领地划小（把齐国削一为六，淮国削一为三），暂时平息了这两次叛乱。但事实证明，这种以削弱实地且未免过于仁弱的谨慎举措，实属一种权宜性的治标办法。景帝时之所以发生更大规模的谋叛中央的吴楚七国之乱，究其原因，皆在于诸侯王国拥有雄厚的经济实力。封国之君从一开始就拥有在其封国内自行征收赋税的经济特权，其所征之口赋与田租两大税项之入，除按规定上缴中央外，所余部分均由王国自行支配。此外，“山川园池市肆租税之入”[②]，按中央规定亦全部作为封国之君的“私奉养”，加上汉初在经济上又实行一种放任政策，结果到文景时代，封国的经济实力大都随着整个社会经济的恢复与发展而日渐增强。汉景帝前元三年（公元前 154 年），发生以吴王刘濞为首的联合反叛中央的吴楚七国之乱，原因即在于此。吴国初封时，其领地共有东阳、鄣、吴三个郡，内含约五十三个县，是同姓王国中的一个大国，其境内除鄣郡盛产铜之外，滨海一带又有丰富的海盐。因此，吴国的铸钱业及煮盐业很快发展起来。吴国经三十年的治理之后，其经济实力已富过天子，以至当时竟有“吴邓（指邓通）钱布天下”[③] 的说法。当西汉朝廷“削藩”的诏书传至吴国时，这位长期托病不朝、伺机谋反的吴王，便以“诛晁错、清君侧”为名，纠集楚、赵等六国，联合起兵，企图推翻西汉中央政权。由于景帝坚决采取“削藩”的主张，加上吴王破坏国家统一的分裂谋乱之举不得人心，西汉王朝仅用了短短三个月的时间就平定了这次叛乱。此后，景帝虽然又相继采取了一系列有关“抑损诸侯，减黜其官”[④] 以及“令诸侯不得复治国”[⑤] 的削弱诸

① 《汉书》卷 48，《贾谊传》。
② 《汉书》卷 24 上，《食货志》。
③ 《汉书》卷 24 下，《食货志》。
④ 《汉书》卷 14，《诸侯王表第二》。
⑤ 《汉书》卷 19 上，《百官公卿表》。

侯王政治权力的严厉措施，并取得明显成效，但武帝即位之初，一些诸侯王国仍具有相当雄厚的实力。这样，它们还会凭借其所占的地盘和所持的财源，继续搞分裂。因此，在未来的日子，如何既从政治上更从经济上进一步巩固西汉的中央集权统治，继续铲除“其专在下”的分封遗患，防止新的分裂割据势力的再生，仍是汉武帝时代的一项有待完成的重要任务。

2. 解决匈奴长期侵掠扰民的北部边陲之患已刻不容缓

匈奴自古以来就是我国北方的一个骁勇善战的游牧民族。古籍记载，殷周之后曾有鬼方、混夷、猃狁、戎、狄等多种称谓，自战国以后改称匈奴。正值战国七雄为谋取霸业而在中原展开激烈角逐之际，以头曼单于为首的匈奴奴隶主贵族统治集团，乘机南下扩张，并很快占领了河套地区。与之毗邻的秦、赵、燕三国人民，为了巩固边防和维护农业生产的正常进行，曾分别于北部边境一带筑起长城，以此作为屏障。秦始皇统一中国后，虽曾派大将军蒙恬率领十万大军击败匈奴，收复了河套失地，并在秦、赵、燕三国修建长城的基础上，连成一道西起临洮、东抵辽东的“万里长城”，从而使匈奴对边郡、内地的侵扰相对有所减弱，但秦王朝亦因此耗费了巨大的人力、物力和财力。然而，“万里长城”并未能阻止住匈奴势力的不断南下扩张。不久，中原大地再度出现秦末动乱与楚汉相争的局面，以冒顿单于（头曼单于之子）为首的匈奴势力，则乘汉族内部陷于纷争而又无暇北顾之机，再度崛起，除经常派骑兵窜入西汉边郡与内地大肆掠夺人口、畜产和财物外，又将秦时收复的河套地区重又夺为己有。与此同时，又通过东征西掠，征服了周边许多部落和民族。总而言之，从秦末至汉初的三四十年间，冒顿单于势力不仅控制了全国的北部、西部、东北部的大部分地区，并成为唯一可以和西汉王朝相匹敌的“北方一霸”，而且其咄咄逼人的扩张势头，已对西汉政权构成了严重的威胁。西汉高祖六年（公元前 201 年），冒顿单于趁刘邦立足未稳之时，亲率铁骑向马邑（今山西朔县）大举进犯，当时驻守在太原前线的异姓王韩王信，因对刘邦改移他的封地深为不满，遂以加强防卫为名，请治马邑，而实为与匈奴暗中勾结。结果马邑很快失陷，随后又引匈奴铁骑连克太原、晋阳两地。韩王信的叛降，令刘邦大为恼火。第二年，刘邦亲率 32 万大军前去讨伐时，竟被埋伏在平城的冒顿单于的 40 万精骑围困了整整七天七夜。刘邦兵败而归后，云中、代郡、雁门一带遂痛遭匈奴的野蛮劫掠。历史表明，冒顿单于势力之所以能够长驱直入并迫使刘邦败走，固然与汉初困于国力不足而一时难以对匈奴的侵扰进行大规模的有效反击有关，但汉初统治集团内部的纷争不已和实力雄厚的地方诸侯割据势力与匈奴入侵势力的相互勾结、里应外合，也是一个十分重要的原因。因此，在内忧外患交困的严峻局势下，西汉王朝只好采取更为灵活的对策，即采纳娄敬的与匈奴“和亲”的政策。所谓“和亲”，指的是以汉室刘氏之女为公主嫁与匈奴单于，同其结为兄弟之国，且每年须赠予匈奴大量的米、酒、食品和丝织品等。据载，自刘邦采取与匈奴“和亲”的政策之后，中经惠、吕、孝、景四朝，均始终恪守未变。

应当承认，与匈奴“和亲”的政策，在一段时期内，对于改善民族关系、避免大规模战事的发生和争取一个相对和平安定的社会环境，以便把握时机休养生息、促进社会经济的恢复与发展，对于扭转北部地区“久废耕织”的生产落后状况、改善人民的生活以及活跃汉族与其他各族人民之间的贸易往来，不失为一种行之有效的政策。但“和亲”政策并不能解决因匈奴的不断侵扰而造成的严重边患问题，反而使这一问题更加恶化。历史证明，自吕后执政起，冒顿单于势力的侵掠扰民活动不但从未停止过，反而更加频繁，且规模亦越来越大。据载，文帝时“匈奴单于十四万骑入朝那、萧关，杀北地都尉卯，虏人民畜产甚多，遂至彭阳。使骑兵入烧回中宫，候骑至雍甘泉”。针对匈奴的不断侵扰，西汉王朝虽曾派兵予以反击，并将入侵者逐出塞外，但匈奴仍年年入边烧杀抢掠，其中受害尤甚者当属云中、辽东两郡，其被杀掠者竟年至万余人。景帝即位后，又有地方诸侯割据势力赵王刘遂暗通匈奴，合谋入边，只因西汉朝廷早有防范，且围破了赵王的邯郸城，才迫使匈奴入侵者就此罢手。吴楚七国之乱平定之后，虽然国内局势日趋稳定，但景帝“复与匈奴‘和亲’，通关市，给遗单于，遣翁主如故约”[①]。终景帝之世，匈奴虽无大规模的入侵，然“小入盗边”的扰民之害仍时有发生。

随着汉兴七十年出现的“天下殷富，财力有余，士马强盛”[②] 的巨大变化，以及朝野上下要求抗敌呼声的日益强烈，一些有识之士已对“和亲”政策以及因循持重、苟且偷安的“无为”政治提出质疑。继贾谊之后，晁错在上文帝书时，纵论当务之急乃绝匈奴不与言和。他不但倡言与匈奴争战，而且还具体分析了双方力量对比上的利弊长短，进而提出打击匈奴的有效之策，即于边境屯田筑城，徙民实边，屯粮塞下，开苑养马的积极防御的办法[③]。到汉武帝即位

① 《汉书》卷 94 上，《匈奴传》。
② 《汉书》卷 96 下，《西域传》。
③ 《汉书》卷 49，《晁错传》。

时，由于国力已十分强大，加上地方诸侯割据势力经中央一再打击后而大为削弱，随着中央集权统治的不断巩固与加强，彻底解决匈奴长期侵掠扰民的边患问题的条件均已成熟。可见，从汉初的一味妥协、退让、“和亲”的消极防御，逐渐地转为积极防御，直至汉武帝即位后的全面主动反击，这是西汉王朝在处理民族矛盾政策上的一个新变化。西汉中期的财经改革，则为全面反击匈奴入侵者、彻底解除西汉王朝的心腹之患，无疑奠定了坚实的物质基础。

二、武帝时代社会经济形势的再度逆转

鉴于战后人口锐减、经济残破、国用匮乏的严峻形势，汉初统治者不得不暂时采取旨在缓和阶级矛盾，促进社会经济恢复发展的“与民休息”政策：一方面，通过一再减免田赋等有关减轻农民负担的措施，调动国家“编户齐民”与中小地主从事农田耕作的积极性，以期达到封建国家粮贮岁增、税入年加的目的；另一方面，采取将山泽工商之利的国有经营权下放让渡给私人工商业者的办法，以便更多地借助私人工商业者的生产与经营能力，促使社会产品的不断增加。同时，为了防止农民的背本逐末、弃农经商，又颁布了旨在政治上贬黜商人社会地位的“贱商令”而加以某种限制。应当承认，汉初的“与民休息”政策，虽然给农业、手工业生产的发展注入了一定的活力，但由于汉初统治者在政治上推崇“将欲取之固先予之”的黄老“无为”至巧之术，因此，随着西汉政权的不断巩固，以及农业、手工业生产的发展和由此带来的商业繁荣，广大自耕农尤其是佃农的经济地位与生活状况，并没有因为经济上的放任和政府颁布的有关减免田赋的规定而得到多少改善，反而由于被迫租种地主的土地而承受着“见税什五”的沉重地租负担。大土地所有者——豪强地主既可以通过减免田赋得到更多的利益且由此而实力大增，又能够利用租地给佃农而坐收高额的地租利润。由此观之，汉初的“轻田赋而重地租”的“与民休息”政策，在当时较为宽松的社会经济环境之下，只对地主经济发展有利。正因为如此，大土地所有者自然会更热衷于对土地的不断投资，因而刺激了土地兼并的迅速发展。景帝末年到武帝即位之初，由于大土地所有者兼并农民的土地以及由此造成农民的日趋贫困化，使得封建社会的基本矛盾——封建国家政权同广大农民之间的矛盾再次尖锐起来。与此同时，一些逐末利的不轨商人，亦在这种宽松“和谐”的社会环境中，通过各种手段盘剥农民而不断加速其商业资本的积累，以至成为役财骄溢的富商巨贾。“以末致财，用本守之”已成为商人的信条，他们热衷于兼并土地，既当商人，又兼地主。因此，富商巨贾在土

地兼并的过程中扮演着尤为重要的角色。而随着商人兼并农人、农人被迫流亡问题的日益严重，则又加深了封建国家同富商巨贾之间的矛盾，因为商人盘剥农民加速资本积累的过程，也就是封建国家经济基础被严重削弱的过程。这正是西汉中期社会经济形势再度逆转的原因之所在。这里仅就西汉中期以前社会基本矛盾以及富商巨贾势力膨胀的变化过程作一简要分析，以便对武帝时代之所以要从事大胆的财经改革实践的历史背景进一步了解。

1. 经济放任与农民的贫困化

众所周知，在以耕织结合的自然经济为主要特征的中国封建社会里，一家一户的个体农民既是中国经济的一个最基本的生产单位，也是封建国家赋税、徭役及兵差的主要承担者。因此，个体农民的社会地位与经济状况的好坏与否，对于封建国家经济实力的强弱与政局的治乱兴衰，无疑是至关重要的。历史已经证明，秦王朝之所以短命夭亡，其主要原因即在于繁重的赋税与过度的徭役负担，致使小自耕农难有一时的喘息休养之机。有鉴于此，西汉政权刚一建立，统治者便在认真汲取秦王朝因破坏小农而自掘坟墓的历史教训的基础上，针对当时战后人口锐减、田野荒芜、经济萧条的严峻形势，不得不首先考虑如何尽快恢复生产、安定人民生活的问题，于是从调整生产关系入手，采取“与民休息”的经济政策，以有效地缓和自秦末以来即已存在的自耕农民与封建国家政权之间的尖锐矛盾。为此，汉初统治者采取了如下措施：（1）移民“就食蜀汉”；（2）减免田赋，改十税一为十五税一；（3）实行“量吏禄、度官用，以赋于民”①的紧缩经济政策，以尽量控制政府开支；（4）明令军队复员，“各归其县，复故爵田宅”，凡因饥饿自卖为奴婢者，“皆免为庶人”②，借以增加劳动人手。上述政策的实施，对于“与民休息”乃至造就宽松和谐的社会环境，以促使农业生产的恢复和重建家园确有一定的推动作用。据载，至孝惠，高后之间，基本上做到了“衣食滋殖”。文帝即位后，又采纳了贾谊、晁错的建议，继续贯彻“与民休息”的重农政策，其配套措施主要有：令民归农，皆著于本；实行“以粟为赏罚”，“入粟县官，得以拜爵，得以除罪”③的“贵粟之道”。汉文帝前元十二年（公元前168年），再次减免田赋之半，景帝继文帝位以后，复收田半租，自此“三十而税一”遂成定制。总之，从刘邦执

① 《汉书》卷24上，《食货志》。
② 《汉书》卷1下，《高帝纪》。
③ 《汉书》卷24上，《食货志》。

政之日起至景帝时代止，“与民休息”政策得到了贯彻。因此，到武帝即位之初，社会面貌的确发生了显著变化：安定代替了动乱，繁荣代替了贫穷，正如《史记·平准书》所描绘的那样：“民则人给家足，都鄙廪庾皆满，而府库余货财。京师之钱累巨万，贯朽而不可校，太仓之粟陈陈相因，充溢露积于外，至腐败不可食。……守闾阎者食粱肉，为吏者长子孙，居官者以为姓号”①。然而，就在农业生产日渐恢复，国家一天天富裕起来的同时，广大自耕农的生活状况却每况愈下。本来社会生产的发展主要是由于劳动人民辛勤努力的结果，但从上述记载中，我们看到的却是国库钱粮十分充裕，为官者的“小康”日子过得也挺自在。可见，有关减免田赋的“与民休息”政策，确实给地主阶级带来了极大的好处，然而广大自耕农不但没能从“轻徭薄赋”中得到好处，甚至遭受着失去土地、朝不保夕乃至卖儿鬻女的痛苦煎熬。如果说“网疏而民富，役财骄溢，或至兼并豪党之徒，以武断于乡曲”的大肆侵吞农民土地的严重状况是武帝即位之时才发生的，那么，在此之前，自耕农的经济状况是否会好些呢？回答是否定的。贾谊曾在上文帝书中对此予以揭露：“汉之为汉凡四十年矣，公私之积犹可哀痛。失时不雨，民且狼顾；岁恶不入，请卖爵子。既闻耳矣，安有为天下阽危者若是而上不惊者”。这说明文帝即位之初，国家粮贮并不宽裕，只要一遇干旱歉收之年，农民卖爵、卖子的事情是经常发生的。十年之后，晁错在上文帝书中对自耕农的贫困生活状况又作了更为具体的描述：“今农夫五口之家，其服役者不下二人，其能耕者不过百亩，百亩之收不过百石。春耕夏耘，秋获冬藏，伐薪樵，治官府，给徭役；春不得避风尘，夏不得避暑热，秋不得避阴雨，冬不得避寒冻，四时之间亡日休息；又私自送往迎来，吊死问疾，养孤长幼在其中。勤苦如此，尚复被水旱之灾，急政暴虐，赋敛不时，朝令而暮改，当具有者半贾（价）而卖，亡者取倍称之息，于是有卖田宅鬻子孙以偿债者矣”②。可见，一个五口之家的“编户齐民”，除为糊口而终岁勤劳之外，其所承受的各种负担确是十分沉重的。

从编户齐民的田赋实际负担看，受田农户一家五口，有耕田百亩，而百亩所收为百石（按正常年景计），以当时汉代大石（每石约合近代的0.33石）计算，每人平均每月需吃小米七斗半，五口之家终年耗粮约45石。剩余的55石，按文帝时的“十五税一”税率计算，需上缴国家田赋6.6石，仍有约49石的

---

① 《史记》卷30，《平准书》。

② 《汉书》卷24上，《食货志》。

余粮。如果当时的农民没有其他负担的话，汉代的田赋负担确实不重，与秦代“男子力耕不足粮饷，女子纺绩不足衣服”① 的状况相比，汉代自耕农的生活自然好得多。然而，实际情况远非如此。一般认为，汉代赋役制度的最大特点是“轻田赋（租）、重人税”，而徭役又远重于租赋。这就是说，汉代农民除承担田赋之外，还须向国家上缴人头税和徭役税（汉代称“更赋”）。现依次分析如下：

（1）人头税，是汉代赋役制度的重要组成部分。依汉制规定：凡年七岁以至十四岁的未成年儿童，每年要向国家交纳 23 钱的人头税，即所谓的口赋（亦称口钱），凡年 15 岁以上至 56 岁的成年人，每年须向国家交纳人头税 120 钱，即算赋。

（2）徭役税，即力役之征。在汉代则实为变相的人头税，它较之于前项的口赋、算赋为重，这是汉代赋役制度的又一特征。汉制规定：凡年满 23 岁以上至 56 岁的成年男子，每人每年须到郡、县内服役一个月，称为“更赋”，不去的需向国家上缴 2000 钱的代役金。除此之外，另须服兵役一年，称为“正卒”，戍边一年，称“戍卒”（汉制为每人每年有三日戍边义务，因路途遥远，实为一去就得一年）。如不戍边者，每年须向国家上缴“更赋”300 钱，以供官府用来支付戍边费用。

上述两项负担，照史学界通用的比例计算，即五口之家，有三人承担算赋，二人需承担口赋，故五口之家的人头税负担总计为 406 钱。此外，再加上二人的“更赋”负担 600 钱，合计为 1000 钱。如果将其折算成实物，按当时一石小米 110 钱的价格折算，五口人家需卖去口粮九石左右，全家最后仅余口粮约 39 石。而其中尚须扣除来年的种子粮约二石五斗，合小米一石二斗半，净余约 38 石。若按五口平均计算，每人每年亦不过只余粮七石左右。尽管在封建社会里农民的生活基本自给，但食盐、农具以及其他副食生活必需品又需仰赖于市场，因此，只有用粮食去交换，如此钱粮反复折算下来，农民确实所剩无多了。

以上只是按一般的年景估计的，如果农民一旦遇上荒年，粮食歉收，再加上地方官吏的各种临时摊派，以及被不法商人所盘剥，农民辛苦一年，仍是终日不得温饱，难免陷入贫困的悲惨境地。由此可见，在“文景之治”盛世的背后正隐藏着广大自耕农的无穷痛苦。

---

① 《汉书》卷 24 上，《食货志》。

自耕农终日不得温饱，迫于生计，只好出卖自己的土地，从此沦为靠租种地主土地为生的佃农。佃农因失去土地，虽不再承担十五税一的田赋，但须向享有土地的地主交纳见税什五的私租（地租），即收获的一半交给地主。此外，即使自耕农沦为佃农，但由于佃农同时具有国家的“编户齐民”身份，因此，仍必须依照国家法令交纳人头税和算赋、口赋、更赋，还须服其他各项徭役，如临时差役等。由此可见，官私的双重负担同时压在农民身上，岂能有稍许的喘息之机呢？汉代的“轻徭薄赋”政策带给广大农民的只有沉重的负担和痛苦的生活，这才是它的实质所在。有的学者认为，汉代农民负担是中国封建社会最轻的时代之一，对这种观点需作具体分析。农民破产以后，除一部分转为佃农外，也有一部分人去给大工商主充当“雇工”，但大部分破产的农民，因别无生计，只好逃亡在外，浪迹天涯。

总之，农民的流亡，是封建社会基本矛盾加深的表现，也是农民反抗封建官府的一种隐蔽的斗争形式。汉代的“与民休息”政策，虽迫于形势需要，一时有利于农业生产的恢复与振兴，但“轻田赋、重地租”的政策也为大土地所有者兼并农民土地创造了条件。因此，随着土地兼并之风的日益猖獗，以及农民的日趋贫困化，封建社会的基本矛盾亦随之日趋尖锐。武帝即位之初，封建地主阶级与农民之间的矛盾再度激化，不能不说是“与民休息”政策实施的客观必然结果。

2．经济放任与富商大贾势力的急剧膨胀

汉兴伊始，天下虽已复归于一统，但战后的西汉社会仍是硝烟未绝，满目疮痍、田野荒芜、民人饥馑的经济残破景象。正如史载，“丈夫从军旅，老弱转粮饷，作业剧而财匮，自天子不能具钧驷，而将相或乘牛车，齐民无藏盖”。当此之时，社会上的一些不轨逐利之奸商，却乘机以其惯用的压价收购、高利盘剥、投机倒把、囤积居奇等欺诈手段，有意扰乱以至操纵市场，致使物资短缺、物价暴涨，“米至石万钱，马一匹则百金”，无数饥民路死于野。奸商贪贾的不轨之举，引起了汉初统治者的极大关注。为此，刘邦于高祖八年（公元前199年）三月诏令天下：“贾人不得衣丝乘车，重租税以困辱之”，商人及其子孙不得“仕宦为吏”[①]，亦不准商人操兵器、乘骑马，凡被商人收买为奴婢的饥民子女，要一律无偿释放[②]。刘邦之所以要颁布这些法令，一方面是因为他在

① 《史记》卷30，《平准书》。

② 《汉书》卷1下，《高帝纪》。

战争中乃至战后的经济困难时期吃尽了商人的苦头，要以贱商的法令对商人进行报复；另一方面是因为社会上业已存在着农苦而商乐、农劳而商逸的贫富不均现象，以及由此产生的农民背本逐末、弃农经商倾向。因此，及时阻止农民向中小商人转化，从政治上贬低商人的社会地位，其用意正是为了重农，即令民归心于农，促其返本，并由此造成一种以农为本、以农为尚的社会风气。

历史经验已经表明，奸商贪贾的乘时射利和小自耕农的弃农经商这种类似现象，大都发生在每一新王朝的初建之时，因此，普遍存在于中国封建社会的这一特有规律现象，亦必然体现于西汉王朝的立国伊始。这样，由秦商鞅首创的抑制中小商人、防止农民弃农经商的旨在政治上贬低商人社会地位的重农抑商政策，亦无疑会被刘邦继承下来。不过，既然刘邦已把“与民休息”的经济政策当作西汉王朝的一项基本国策而确定下来，这说明汉初统治者在对农业实行放宽经营方针的同时，对工商业的生产及经营活动亦需网开一面。可见，汉初所谓的“抑商”，主要还是偏重于从政治上贬低商人的社会地位，而并非要从经济上去限制工商业的正常发展。

需要提及的是，刘邦虽然一方面承袭了秦商鞅的“抑商”政策，但另一方面又把商鞅关于对山泽工商之利实行国家专营的政策，一改而为将铸钱、制盐、冶铁三大利的国有专营权全部下放，并听任富商大贾自由开放经营的放任政策。因此，刘邦的这一重大改变，就使汉初的“抑商”政策带有明显的“抑小不抑大”的特点。也就是说，抑商政策的主要对象是中小商人，而不是富商大贾。刘邦出让铸钱、制盐、冶铁三大利的做法，最初可能是出于政治上的需要，为了收揽人心，即争取原六国靠经营盐铁而发迹的富商大贾势力对其反秦反项斗争的支持。但由于客观形势已发生了重大变化，刘邦已从反秦反项时的一方霸主——汉王，一变而为一统天下的帝王之君。因此，在国家统一、社会相对稳定以及工农业生产均有较快恢复的全新历史条件下，刘邦仍然坚持允许私人经营盐铁之利的固有做法，这就为商业资本的迅速扩大积累大开方便之门，使富商大贾势力急剧膨胀。如此看来，单从政治上贬低商人的社会地位，企图通过一纸条文来限制商人的僭逾无度的奢侈生活与享受，这只不过是一种治标办法。汉初“贱商”法令的出台，说到底，只是治了那些有市籍且出身低贱的中小商人，至于那些身不在市列之内、名不挂市籍之上的富商大贾，仍照旧为所欲为，逍遥法外。史实表明，“贱商”令在实施过程中，收效并不大，加上后来孝惠、高后二朝颇尚黄老的“无为”政治，不久便以“天下初定”为名，“复弛商贾之律”，即取消了诸如商人不准衣丝、乘车、骑马等方面的限制，只是为了维护封建等级制度，才把“市井之子孙不得仕宦为吏”[①] 的规定保留了下来。此后，由于“无为”思想居于统治地位，因而允许盐铁私营的做法，不但仍循而未改，而且无形之中倒成了富商大贾的护身符了。难怪贾谊在文帝前元十二年（公元前168年）的上书里惊叹道：“今法律贱商人，商人已富贵矣；尊农夫，农夫已贫贱矣。”[②]。

概而言之，“无为”政治下的经济放任，虽然对汉初工农业生产的发展以及由此带来的商业一时繁荣，具有一定的历史促进作用，但由于一味地主张放任，其结果不仅导致贫富分化的日趋加剧，而且还造就了一批兼并豪党之徒。历史证明，在“网疏而民富”的兼并势力中，唯独专营山泽工商之利的富商大贾势力增长得最为迅速。他们不仅在盘剥农民的基础上迅速扩大其商业资本的积累，而且还从中分割以至侵夺了封建国家的利税，从而削弱了国家政权的统治基础。不仅如此，他们还交通王侯，私结豪强，横行乡里，抗拒官府。因此，“无为”政治下富商大贾势力的急剧膨胀，必然会受到“有为”皇帝——汉武帝刘彻的严厉打击。

汉初富商大贾势力的急剧膨胀，首先表现为他们具有雄厚的经济实力。由于刘邦取消了秦时的盐铁专卖政策，改而允许私人经营，因此，凡是经营盐铁的商人，几乎都成为虽“无秩禄之俸，爵邑之入”，却富埒王侯的“素封”权贵之家了。如当时著名的大冶铁商——临邛的卓氏，“即铁山鼓铸，运筹策，倾滇蜀之民，富至僮千人。田池射猎之乐，拟于人君”。又如程郑，“亦冶铸，贾椎髻之民”，说明他也是个大冶铁商，并与南越少数民族通商，以至后来成为“富埒卓氏”的富商大贾。再如中原地区也有不少大冶铁商，其中南阳的孔氏即为典型代表，“鼓铸，规陂池，连车骑，游诸侯，因通商贾之利，……家致富数千金”[③]。总之，富埒王侯、拟于人君的富商大贾，在《史记·货殖列传》里可谓俯拾即是。正因为他们在经济上十分富厚，而且刘邦去世后，贱商令不久即废弛，商人们“千里游敖，冠盖相望，乘坚策肥，履丝曳缟”[④]，就更成合法之事了。而随着商人的日渐富厚，他们在生活享乐方面亦随之奢侈起来。据载，自汉文帝中期之后，富商大贾在衣着服饰、家用器皿、乘舆工具、起居饮食、婚丧嫁娶以及纵情声色享乐诸方面，其僭逾无度的“淫侈之俗日日

① 《史记》卷30，《平准书》。

② 《汉书》卷24上，《食货志》。

③ 《史记》卷129，《货殖列传》。

④ 《汉书》卷24上，《食货志》。

长”。相比之下，王室贵族倒显得逊色几分。由于富商大贾的极尽奢侈腐化是以更多地盘剥、压榨农民为基础的，因此，在封建官府和富商大贾的双重挤压下，农民生活日趋贫困化，使本已存在的贫富差距又更加悬殊了。贾谊在上文帝书时曾指出：“百人作之，不能衣一人，……一人耕之，十人聚而食之，欲天下亡饥，不可得也。饥寒切于民之肌肤，欲其亡奸邪，不可得也。国已屈矣，盗贼直须时耳。”富商大贾“淫侈之俗”的日益盛行，不仅会直接引起社会道德观念的日渐沦丧，而且还会造成人们在价值取向上的严重扭曲与逆转。贾谊在《陈政事疏》中曾针对当时社会上普遍存在的唯利是图倾向尖锐地指出：“今世以侈靡相竞，而上亡制度，弃礼谊，捐廉耻，日甚，可谓月异而岁不同矣。……今其甚者杀父兄矣。盗者剟寝户之廉，搴两庙之器，白昼大都之中剽吏而夺之金。……至于俗流失，世坏败，因恬而不知怪，虑不动于耳目，以为是适然耳。”[①] 总之，造成西汉中期社会经济形势再次逆转的原因固然是多方面的，但富商大贾的奢侈之风以及由此导致的严重唯利是图倾向，无疑也是一个重要的方面。

富商大贾势力的急剧膨胀，不单体现在奢侈无度的生活方面，更表现在他们对兼并农民土地的殊求贪欲上。土地兼并问题在汉初并不突出，因为当时生产凋敝，经济残破，农民身上确实榨不出更多的油水来。及至文帝中期以后，随着社会经济的不断恢复与振兴，加上“抑商”政策在实施过程中收效甚微，土地兼并之风便随之日渐抬头，且呈不断加剧之势。由于富商大贾同时兼有地主之身份，因此在诸多兼并势力中，他们扮演着尤为重要的角色。例如南阳孔氏，他一面私营冶铁业，一面又大规模地开发荒陂地，并抢购良田。宣曲任氏是一个专靠囤积粮食而发迹的富商大贾，当时富人淫侈之俗正盛，而唯独他却一门心思地致力于抢买土地的兼并生意。为了抢购良田，任氏从不惜重金，只要是沃土肥田，再昂贵的价格他也肯于买进。何况汉初实行的是十五税一甚至三十税一的“轻田赋”政策，这在客观上就为商业货币资本源源不断地注入地产，即从事兼并土地的活动，提供了十分有利的条件。因此，富商大贾一面通过坐收“见税什五”的高额地租，盘剥农民，一面又私营工商业，“以末致财”，不断加速其资本的积累。总之，役财骄溢的富商大贾就是靠这种“双管齐下”的剥削手段发财致富并大肆侵吞农民土地的。

在富商大贾兼并农民土地的过程中，高利贷资本亦起着推波助澜的作用。

① 《汉书》卷48，《贾谊传》。

汉初口赋、算赋、更赋征收的货币化，固然对商品经济的发展具有某种刺激作用，但由于汉初谷贱钱贵，加之天灾不断、疾病流行等因素，农民为了糊口不得不出卖自己的农产品，一方面要履行完纳国家赋税的义务，另一方面还要向地主交纳地租。每当此时，高利贷者往往乘机放贷于农民，并收取成倍的利息，农民一旦背上了高利贷，大都因无法清偿债息而出卖田宅、鬻其子孙，最终沦落为债务奴隶。而一些富商大贾，尤其是专以经营农产品、粮食贸易为主的大商人，如宣曲任氏，则往往通过贱买贵卖，放高利贷来盘剥农民，垄断农民的生活必需品，或高价出售，或高利赊贷，从中牟取暴利。

综上所述说明，富商大贾的淫侈与兼并所造成的严重社会后果，在武帝即位之初已十分突出，农民因失去土地而破产流亡，一方面直接影响到封建国家的赋税收入以及徭役征派，另一方面又使封建社会的基本矛盾日趋尖锐化。可见，从汉初“无为”政治下的允许兼并，到兼并之害已严重危及国家政权的巩固，这正是汉初放任经济政策所导致的必然结果。

三、武帝时代财政危机的日益加剧

西汉中期武帝时代，既是西汉王朝的繁荣鼎盛时代，同时也是危机四伏变革方临的时代。西汉前期，由于汉初几代先王崇尚“无为”政治，实行“与民休息”的财经政策，坚持“量吏禄，度官用，以赋于民”[①] 的紧缩财政原则，并采取将国家财政与皇室财政分开的财政管理体制，对屡犯汉疆的匈奴亦暂以妥协退让的“和亲”政策相维持，因此，自高祖至景帝的七十余年间，大的战事不多，军费支出自然减省，加之生产发展，经济振兴，国家府库亦日渐充裕起来。正如皇甫谧《帝王世纪》所载：“太仓有不食之粟，都内（即国库）有朽贯之钱。”总之，西汉前期的充裕财政，已为武帝时代的大有作为奠定了雄厚的物质基础。

与此同时，自汉兴之日起就已存在的各种错综复杂的社会矛盾——地主、商人同农民的矛盾，西汉中央朝廷同富商、豪强兼并势力的矛盾，汉族同北方匈奴入侵者的民族矛盾等，不仅日益明显地暴露出来，而且大有不断加剧之势。在汉武帝着手处理和解决与富商、豪强兼并势力之间的矛盾之时，西汉中央朝廷本已十分充裕的财政却因为与北方匈奴入侵者进行长期的民族自卫反击战争而出现了严重的危机。据载，西汉王朝的财政危机，是在武帝即位的最初

① 《汉书》卷24上，《食货志》。

十余年里出现的。武帝元光二年（公元前133年）开始，西汉王朝抗击匈奴的大规模民族自卫战争便一次接一次地展开了。武帝元朔二年（公元前127年），卫青奉命率数万骑兵北伐匈奴，收复了河套以南失地，并建立了朔方郡。元狩二年（公元前121年），西汉政权派霍去病率万余铁骑出陇西，讨伐匈奴，并深入其境内二千余里，最后逼使匈奴浑邪王率人马四万余归汉。元狩四年（公元前119年），卫青、霍去病又奉命率军分道深入漠北，一举击溃了匈奴主力。经西汉王朝不断主动出击，取得了匈奴远遁、边陲无事的明显成效，但伴随而来的却是财力物力的巨大消耗。据载，从武帝元光二年（公元前133年）至元狩四年（公元前119年），西汉王朝用于军械、战马、粮饷、衣甲、将士犒赏、降人给养以及筑城防御、募民实边的各项费用，甚是惊人，"行者赍，居者送，中外骚扰相奉，百姓抚敝以巧法，财赂衰耗而不澹"[①]。如元朔二年（公元前127年），"兴十余万人筑卫朔方，转漕甚远，自山东咸被其劳，费数十百钜万"。元朔五年（公元前124年），为了犒赏连年抗击匈奴的有功将士，西汉朝廷竟赐黄金20万余斤。元狩二年（公元前121年），"浑邪王率数万众来降，于是汉发车三万辆迎之。既至，受赏，赐及有功之士，是岁费凡百余钜万"。与此同时，西汉王朝为了增加战时的粮食给养，又大力兴修水利，从元光六年（公元前129年）至元狩四年（公元前119年），西汉王朝用于水利兴修的费用亦多达"钜万十数"。由于战时的各项巨额支出皆仰给于官府，因此，与匈奴作战才10年就把汉兴70余年的积蓄全部消耗殆尽。元朔五年（公元前124年），据大司农奏陈："藏钱经用，赋税既竭，不足以奉战士"。元狩三年（公元前120年），正值西汉朝廷财政匮乏之际，山东又逢特大水灾，民多饥乏，西汉政府又令各地政府开仓以救济难民，并把70余万贫民迁徙到关西和边郡等地予以安置，衣食费用全部由国家财政负担，其费用以亿计[②]。可见，西汉政府的财政确实已到了山穷水尽的地步了。

针对这种情况，西汉政府曾先后采取过诸如"入物者补官，出货者除罪"、"募民能入奴婢得以终身复，为郎增秩"以及"入羊为郎"、"买武功爵"[③]等增加财政收入的补救措施，但杯水车薪，仍无济于事。农民破产流亡人数的不断增加说明政府不能再增加他们的负担了，而当时的"富商大贾或滞财役贫，

---

① 《汉书》卷24上，《食货志》。

② 《汉书》卷24下，《食货志》。

③ 《汉书》卷24下，《食货志》。

转毂百数，废居居邑（囤积居奇），封君皆低首仰给焉。冶铁煮盐，财或累万金，而不佐国家之急，黎民重困”①。本来，富商大贾盘剥农民，兼并土地，已使封建统治者同农民的矛盾更加激化，加上当时封建国家由于与匈奴进行长期的民族自卫反击战争而出现了财政危机，这些富商大贾不但不解囊相助，反而袖手旁观。所有这一切说明，对匈奴入侵势力发动连续不断的大规模民族自卫反击战争，虽是引起西汉王朝财政危机的直接原因，但“上争王者之利，下锢齐民之业”② 的富商、豪强势力的急剧膨胀，以及由兼并之害而导致农民的大批破产流亡，才是加剧社会动荡和造成封建国家赋税来源枯竭的根源所在。正因为如此，继反割据、反侵扰之后，再集中全力反兼并，无疑将是武帝后三十余年执政时期内的一项有待完成的中心任务。于是，汉武帝从元狩四年（公元前 119 年）起，便开始采取一系列以富商、豪强兼并势力为重点打击对象的财政改革新举措，而改革的实践亦表明，给犯奸成富的兼并豪党之徒以有效的沉重打击，抑制土地兼并的滋生蔓延，稳定封建个体小农经济以培养税源，同时再将富商大贾所长期把持的铸钱、煮盐、冶铁等工商业的经营权重新夺归官府所有，这既是解决西汉政权财政危机、确保抗击匈奴战略方针得以继续贯彻的现实需要，也是借以缓和日益加剧的社会基本矛盾进而从政治、经济等方面巩固和加强中央集权统治的长远有效之举。而作为长期辅佐汉武帝的理财大臣桑弘羊，则从财政上支持了武帝时代“文治武功”的有为统治，他所参与制订的一系列财经改革新举措，尤其是通过大力发展官营工商业以增加财政收入且又不加重农民负担的一些措施与做法，不仅向人们充分展示了他的“农商工师，各得所欲”③ 的本末并举的卓越理财思想，而且为后世提供了值得借鉴的富有开拓性的成功范例。

第二节
武帝时代的财经改革新举措

如前所述，武帝即位之初所面临的严峻形势已充分表明，西汉前期数十年

---

① 《史记》卷 30，《平准书》。
② 《汉书》卷 91，《货殖传》。
③ 桓宽：《盐铁论·本议篇》。

所一贯奉行的黄老“无为”政治及其“与民休息”政策，已显然不能适应武帝对外解决民族矛盾、对内解决统治集团内部矛盾，以及封建统治者同大批破产农民之间的矛盾之需要，因此，从解决当时日益加剧的各种内外矛盾入手，并对汉兴以来旨在维持封建统治秩序的政治、经济、军事、财政等制度进行一次较为全面彻底的调整与变革，无疑将是武帝时代有待完成的一项首要紧迫任务。而雄才大略的汉武帝正是在这样的历史背景下，凭借汉初数十年所奠定的雄厚物质基础，开始其一系列“文治武功”有为统治的。元狩四年（公元前119 年），由长期辅佐汉武帝的理财大臣桑弘羊参与制定、实施的若干财经改革新举措，确切地说，是在武帝执政的前十余年间相继完成了反割据与反侵扰斗争的任务之后而采取的。这固然是为了统一财政，并进一步从经济上巩固西汉朝廷在反割据与反侵扰的斗争中所取得的胜利成果，但更重要的目的是，通过这些革新举措，及时有效地打击以富商、豪强为代表的兼并势力，为解决自汉兴之日起就一直在迅速蔓延的兼并之害，以及由此而导致的日益加剧的社会危机与财政危机寻找出路。武帝时代财经改革新举措的主要内容及其历史作用等问题简述如下。

一、禁绝私铸，集权中央，实行统一货币政策

在中国古代，由于生产力水平十分低下，商品经济又不甚发达，因而价格的、货币的职能手段仍是极不完备、很不成熟的。正因为如此，历代封建统治者通常是以铸造货币作为财政的补充手段，货币政策只是从属于财政政策并直接为之服务的。

汉初，刘邦为了取得过去曾靠山泽工商之利发迹的王侯、宠臣、豪民等地方势力对他政治上的支持，在开放盐铁私营的同时，又以出让国家的铸币发行权作为笼络地方势力的交换条件。这就是说，一方面通过官府改铸发行形如榆荚的三铢“荚钱”[①]，以取代秦时的“半两钱”，另一方面允许私人自由铸钱。所谓的“荚钱”，币面文虽仍袭用“半两”（十二铢）的字样，可它的实际重量仅为三铢。因此，这种以减重的劣币来牟取铸钱厚利的做法，便在放铸政策的纵容之下日益盛行起来。豪强权贵、富商大贾竞相盗铸，掺杂减重，从中非法牟利。很显然，在汉初物资十分缺乏的条件下，由于官、私货币既多又轻，加上商人乘机囤积居奇，贱买贵卖，操纵市场，以致引起币制紊乱，币值大

① 《汉书》卷 24 下的《食货志》记载：“汉兴，以为秦钱重难用，更令民铸荚钱。”

跌，物价飞涨。据载，汉初米价最高时至石万钱，马价每匹涨至百金。文帝时，试图用提高货币重量来增加币值的办法，改变“荚钱”益多而轻、币值低落的混乱状况，但就在官府更铸四铢重的“半两”新钱币的同时，又继续采取“除盗铸钱令，使民放铸”① 的放任政策。结果，各郡官府、王侯宠臣、富商豪民的私铸盗铸之风愈演愈烈。当时不但出现了以铸钱发迹且“富埒天子”的吴王刘濞和“财过王者”的蜀郡宠臣邓通，而且由于受铸钱牟利的诱使，不少农民纷纷释其耒耨，弃捐农事，转而去为豪民奔走服役，冶熔炊炭，采铜铸钱。景帝时虽曾下过禁止私铸之令，但盗铸之风仍禁而不止。

武帝即位之初，由于与匈奴长期作战，加上当时为救济和安置七十万灾民，致使西汉政府出现了严重的财政危机。针对这种情况，政府对于货币的需求自然就更为急迫。于是，决定“即多铜山而铸钱”，以此为筹款之策，但不法豪民亦乘机鼓铸从中非法牟利。总之，官、私劣币的大量充斥，直接引起了“钱益多而轻，物益少而贵”和市场物资短缺的紧张状况。政府为了平抑物价，稳定市场，只好辇载远行，拿出大量货币向各地购买物资。尽管官府为此付出了“用币烦费不省”② 的巨大代价，但却收效甚微，唯不法商民从中大捞了一把。为了有效地打击以富商豪强为代表的地方兼并势力，就必须将铸币发行权重新夺归国家所有。而武帝时代的财经改革新举措，正是从改革币制开始的。正如武帝诏书所云：“日者有司以币轻多奸，农伤而末众，又禁兼并之途，故改币以约之”③。据载，武帝的币制改革，是从元狩三年（公元前 120 年）秋批准御史大夫张汤关于推行白鹿皮币和白金币改革方案而拉开序幕的。自此直至元鼎二年（公元前 115 年）的五年间，武帝又先后推行过更铸三铢钱、郡国五铢钱和赤仄五铢钱等多项改革方案。但改革的实践表明，西汉政权原想借更钱造币以赡国用来实现打击兼并势力的最终目的不但没有达到，反而导致了盗铸的加剧、物价的飞涨、币值的下跌和社会的动荡不安。若结合五年间币制改革的具体方案细加分析，其深刻教训不外乎有以下两点：

其一，在不改变放铸政策的前提下，只提高货币的名义价值而不增加货币的重量，这实际上乃是一种单纯敛财的治标举措。以最先推出的白鹿皮币和白金币改革方案为例，这是西汉政府推出的两种作价奇高的大额新币。所谓白鹿

① 《汉书》卷 24 下，《食货志》。

② 《史记》卷 30，《平准书》。

③ 《汉书》卷 6，《武帝纪》。

皮币，是以方尺白鹿皮为原料，在其四周绣上五彩花边而制成的一种特殊新币，其币每张值四十万钱。据载，白鹿皮币是专门针对王侯宗室的，即规定王侯宗室朝觐聘享时，必须用皮币作璧的垫子；当时璧的价值不过数千钱，而用作垫子的皮币却值四十万钱。可见，这种作价奇高的皮币并非货币，它既不能用作流通手段，也不能用作支付手段。因此，这种仅在王侯宗室朝觐聘享时才使用的货币，实际上就是借以敛取王侯宗室资财的一种手段。白金币同样也是一种由银、锡合铸而成的高价新币。共分三种：大者为龙文币，币值三千钱；中者为马文币，币值五百钱；小者为龟文币，币值三百钱。从史料记载看，当时一斤黄金值万钱，而官铸的龙文币一枚即标价三千钱，竟近乎于五两黄金的价格。官铸的龙文币一般重八两，假定其成色为银锡各半，则四两白银与五两黄金等价。可见，银价远远超出黄金的价值，极不合理。即使以当时的银价计算，汉代白银一斤值两千钱，而重八两的白金币（内含锡）只不过值一千钱，但却标价三千钱，比实际价高三倍。因此，改铸白金币的真实目的就是为了筹款，即向富商豪民套取钱财。尽管官府曾明令禁止私人盗铸白金币，并以死罪相威胁，但由于白金币作价奇高，加上白金币本身又是一种银、锡合铸而成的质量低劣的货币，极易仿制，因此，受私铸厚利的诱使，冒死盗铸之人仍不可胜数。结果，西汉政府不得不因“民不宝用，县官以令禁之，无益”①，而于元鼎二年（公元前 115 年）宣布废止。

其二，在铸币发行权分掌于郡国的条件下，仅靠不断更铸新币的法律、行政手段，是根本无法改变长期以来的货币混乱局面的。正如前述，就在武帝批准白鹿皮币和白金币改革方案的同时，西汉政府还采纳了张汤的另一项币制改革方案，即更铸三铢钱，文如其重，同时明令废止文帝以来的四铢“半两”旧币。其本意是借以和大额的白金币一起流通，大小相济。但由于当时社会上的盗铸之风颇为盛行，因此，富商豪民乘机私铸掺杂减重的“三铢”钱币的问题相当严重。结果，西汉政府针对“天下大氐无虑皆铸金钱”的情况，只好于元狩五年（公元前 118 年）以“有司言三铢钱轻，轻钱易作奸诈”为由，令郡国更铸五铢钱。尽管五铢钱的重量增加了，而且为了防止盗铸盗磨，于钱币正背面又都加上周郭，但出乎意料的是，本想以重钱来补救轻钱之弊的这一做法，不但没能煞住盗铸之风，反而更加猖獗。究其原因，正如当时褚大、徐偃等人在奏书中所说：“郡国铸钱，民多奸铸”。这说明，在铸币发行权分掌于郡国的

---

① 《史记》卷 30，《平准书》。

情况下，仅从法律上规定币面值与实际重量相一致，是无法消除币制的混乱现象的。于是，西汉政府又于元鼎二年（公元前115年）不得不明令废止郡国五铢钱，改由“京师铸官赤仄，一当五”，并规定“赋官用，非赤仄不得用”。所谓赤仄者，即用赤铜为郭，因此钱之轮廓为赤色，故名。由于一枚赤仄钱相当于五枚郡国五铢钱的价值，其作价过高，而且又以法律、行政手段规定民间交纳官赋、官府各项支出非赤仄钱不得用，这实际上仍是变相的减重行为。鉴于铜的名义含量与实际含量相去甚远，加上当时铸币权多分掌于地方郡国之手，因此减重的越多，其私铸之利亦就越大。果然，赤仄钱只发行了两年，就因“钱贱，民巧法用之，不便”[①] 而被废止。至此，五年来的币制改革，终以官府的屡屡受挫而宣告失败。

上任大农中丞不久的桑弘羊，在认真总结过去多次币制改革失败教训的基础上，针对地方郡国、富商豪民握有铸币权而造成社会经济动荡的严重后果，于元鼎四年（公元前113年）向武帝建议实行新的币制改革，即“悉禁郡国毋铸钱，专令上林三官铸。钱既多，而令天下非三官钱不得行，诸郡国前所铸钱，皆废销之，输入其铜三官”[②]。不难看出，桑弘羊的币制改革新举措，其主要宗旨就是：一要坚持“文如其重”的铸币原则，即坚持币面重量与实际重量相一致的原则；二要坚持“统一”、“币由上”的原则，即禁绝私铸，集权中央，实行由国家统一铸造发行的货币政策。正如桑弘羊所说：“故统一，则民不二也，币由上，则下不疑也”[③]。为此，他采取了以下具体措施：（1）将铸币权收归朝廷，决定由中央水衡都尉所属的“钟官”、“辨铜令”、“技巧令”三官组成国家的铸币机构，分别负责钱币的铸造、成色审查和技术指导工作，并宣布新铸的三官“五铢钱”为全国唯一合法的货币。（2）禁止地方郡国私自铸钱，并明令凡各地以前所铸的一切旧币（包括官、私铸币），均一律予以销毁。（3）各郡销毁旧币后所得的铸铜，必须全部押运解送中央。至此，长达近百年的货币混乱局面，终于结束了。

实践表明，重新实现了货币的统一，不仅对维护国家的统一、社会的安定以及促使工农业生产、商品经济的正常发展起了积极的推动作用，而且对缓解财政危机、沉重打击富商豪强兼并势力有明显的效果。桑弘羊的币制改革获得

---

① 《汉书》卷24下，《食货志》。

② 《汉书》卷24下，《食货志》。

③ 桓宽：《盐铁论·错币篇》。

了成功，使以后的中国封建社会出现了长达七百余年的货币大一统时代。

二、算缗告缗，剥夺富商豪强的非法钱财

汉武帝打击富商豪强兼并势力的另一项新举措——算缗告缗法令，即以加重富商大贾和高利贷者的赋税课征的法律手段，将他们长期剥削来的非法货币和财产部分地夺归官府所有。这是在白金币、三铢钱改革方案出台后的第二年，即元狩四年（公元前 119 年）冬与盐铁专卖法令同时颁布的。也就在这一法令颁布前不久，西汉朝廷抗击匈奴的第三次大战役刚刚结束。此次战役的胜利，虽彻底扭转了汉初以来的被动挨打局面，并为武帝的有为统治创造了条件，但伴随而来的却是财力、物力的极大消耗。正如史云："大将军、骠骑大出击胡，得首虏八九万级，赏赐五十万金，汉军马死者十余万匹，转漕车马之费不与焉。是时财匮，战士颇不得禄矣。"[①] 这就是说，长期征战，竟使西汉财政匮乏到连军饷都发不出来的地步了。而刚刚出台不久的币制改革方案，又由于它本身只是一种单纯向商人套取钱财的治标之举，因此，西汉政府原想借币制改革来打击富商豪强兼并势力的目的，不但没有达到，反而使商人乘机鼓铸，掺杂减重，从中捞了一把。针对这种情况，迫使西汉政府不得不采取削弱其经济实力的更为严厉的打击举措。而御史大夫张汤正是根据汉武帝的谕旨，"请造白金及五铢钱，笼天下盐铁，排富商大贾，出告缗令，锄豪强并兼之家"[②]，建议颁布算缗告缗法令的。

所谓算缉钱，就是向商贾、销售商品的手工业者以及高利贷者加重征收财产税。在武帝执政以前，西汉政府已对商贾之人开征财产税，当时称"赀算"或"算赀"。规定：凡商贾之人，不论有无市籍，均须向政府交纳财产税。纳税人财产（包括动产和非动产）在三万钱以上的，按 1.2% 的税率交纳，即以一万钱为一算，一算征税 120 钱，而商人则税较重，即一贯千钱征税 20 钱，即税率为 2%，尽管商人的税率偏高，但亦仅限于对现钱、放出债钱及货物征税，并不波及商业以外的其他财产。武帝执政以后，由于财政匮乏，难以为继，加之财或累万金的富商大贾不但不佐国家之急，反而大肆兼并农民的土地，从而导致了封建国家同破产农民之间的矛盾日趋激化。总之，形势的变化，其算缗钱的规定亦随之加以变更。根据史料记载，张汤建议实行的算缗告缗法令，具

---

① 《史记》卷 30，《平准书》。

② 《汉书》卷 59，《张汤传》。

有以下明显变化：

1. 商人及高利贷者的纳税负担比过去更为加重了

法令规定，凡商人、高利贷者以及囤积货物乘时求利者，不论有无市籍，均需据实自报资产，并将其折价计钱，每二千钱为一算，征税120钱；凡从事手工业生产并销售其商品的，则每四千钱为一算。很显然，此规定一是将生产经营者同非生产性的商贾之人开始区别对待，即手工业生产者的税率仅为商人、高利贷者的一半；一是商人、高利贷者的税率已由原来的2%（即每贯千钱征税二十）提高到6%，而其他非商人的财产，则仍维持过去1.2%的税率。由此可见，用加重商人、高利贷者纳税负担来剥夺其非法钱财的做法，恰与武帝“排富商大贾”、“锄豪强并兼之家”的旨意相吻合。

2. 除对商人、高利贷者加重征收财产税之外，还将征税范围扩大到车、船

据载，汉代课征商贾之车，始于武帝元光六年（公元前129年）冬，但那时亦只限于征商车税，即除官吏、乡三老和北边骑士之外，一般百姓有轺车（指一马驾的车）者，每乘抽税一算，即征120钱，商人的车则每乘抽税二算。但到元狩四年（公元前119年），由于富商豪强多匿财不报，故武帝下令严办，其算缗课税范围亦因此由专对商人的钱、物、车扩大到所有田宅、畜产、奴婢和船只等全部财产，并规定：对商贾之人的船只，凡在五丈以上者，则每艘抽税一算。在以往的长途贩运贸易中，车、船乃是商人的重要运输工具，因此，商人拥有的车、船数量愈多，其财产亦就愈富有。而对商人车、船采取加倍征收财产税的办法，正是对其非法经营活动及其钱财的一种法令限制与剥夺。

3. 为防止商人从事非法的土地兼并活动，明令对商人的土地征税

针对当时“并兼豪党之徒以武断于乡曲”[①] 的土地兼并之害，算缗法令规定：“贾人有市籍者，及其家属，皆无得籍名田，以便农。敢犯令，没入田僮”[②]。这是西汉政府禁止商人占有土地的一条明确法令，也是对商人兼并土地的直接限制。

尽管商人的纳税负担比过去大为加重了，而且税法亦较以前严格了许多，但由于富商豪强多匿财不报，且逃税漏税，为此法令又规定：不许商人瞒产漏税，凡隐瞒不报或自报不实者，一旦被人告发，即没收其全部财产，并罚戍边

① 《汉书》卷24下，《食货志》。

② 《史记》卷30，《平准书》。

一年；凡主动告发者，则把罚没人财产的一半作为奖励，赏予告发之人，这就是所谓的“告缗”令。元狩六年（公元前117年），武帝命杨可主持“告缗”。元鼎三年（公元前114年）十一月，武帝再次重申此令，以示决心不变。由于检举告发有赏，告举之人遍及全国，故中等以上的商贾之人大都被揭发。朝廷为了处理告缗案件，分派许多御史、廷尉、正监，赶往各地郡国予以核实查办，其结果正如史云：“得民财物以征计，奴婢以千万数，田大县数百顷，小县百余顷，宅亦如之。于是商贾中家以上大率破，民偷甘食好衣，不事畜藏之产业，而县官有盐铁缗钱之故，用益饶矣”①。可见，西汉前期以来兼并农民的商人遇到了一次前所未有的沉重打击。

通过告缗法没收来的大量钱财、土地，西汉朝廷均分别作了处理，其钱财储藏于上林苑内，并设水衡都尉主管上林；没收来的土地，一律充作国家的公田，并于水衡、少府、大农、太仆机构设置农官，其公田收入，一部分供皇室使用，由水衡、少府、太仆掌管，另一部分供军国之用，由大农负责。

总之，算缗告缗令的实施，既是增加国家财政收入的一种有效举措，又具有从政治上巩固中央集权统治的积极作用，尤其是国家利用召募大批破产的农民，从事农田劳动生产，既可使农民得到安置，也可使国家获得可观的田租收入。同时也说明，算缗告缗令的实施，确是收到了打击富商豪强兼并势力的预期效果。

当然，张汤及杨可的理财，主要是依靠法律权力，借助于行政命令，尽管其告缗令可以收效于一时，并为以后均输、平准的推行铺平了道路，但“民偷甘食好衣，不事畜藏之产业”的副作用也是显而易见的。正因为如此，在告缗令推行了五年之后，即元鼎五年（公元前112年），就由桑弘羊建议停止了。元封元年（公元前110年），桑弘羊为治粟都尉，领大农，并代孔仅管天下盐铁之事时，再次明令：“令民能入粟甘泉各有差，以复终身，不告缗”②。

三、倡行盐铁专卖政策，收夺富商盐铁之利于中央

桑弘羊倡议推行的盐铁专卖政策，其实早在元狩三年（公元前120年）秋即已被朝廷的最高决策机构——“中朝”所内定采纳，只是考虑到有关盐铁的产销是一项十分复杂而又技术性较强的专业工作，若没有丰富的实际经验，或

① 《史记》卷30，《平准书》。
② 《史记》卷30，《平准书》。

是不具备一定的组织管理才干，的确是难当此任的。何况，在正式推行盐铁专卖以前，还须作大量的准备工作，加上当时朝廷反击匈奴的又一重大战役即将随之全面展开，鉴于上述诸多因素，“中朝”决定：盐铁专卖政策的法令推迟到下一年，与算缗告缗法令同时颁布。然而，由于从任民私营改为统归国家专卖乃是西汉朝廷财经政策上的一个巨大变革，这一变化必然要触及许多人的切身经济利益，因此，从盐铁专卖法公布前的筹备阶段起，直至推行后的最初几年间，朝廷内的各种守旧、反对派势力的阻挠破坏活动一刻也没有停止过，再加上武帝用人不当，贯彻不力，致使盐铁专卖工作进展缓慢，其成效自然不尽如人意。及至武帝元封元年（公元前 110 年），桑弘羊出任治粟都尉，并代理大农令，开始主管全国财政经济工作以后，盐铁官营事业才得到了较大的发展，而汉武帝的财经改革新举措，也开始有了实质性的进展。

盐铁专卖政策是中国历代王朝对盐铁的产销实行垄断性专营的一种政策，同时也是封建国家的一项重要财政政策与经济干预政策。纵观我国数千年的文明史，盐铁专卖形式虽历经各代屡有变易，但由于它在调节经济利益分配关系、缓和阶级矛盾、增加财政收入以及促进生产力发展等方面，都曾起到过一定的历史进步作用，因而，它亦历来是封建统治阶级“治国平天下”的一个强有力的工具。如秦代商鞅实行的“专山泽之利，管山林之饶”[①] 的盐铁专卖政策，即“收山泽之税”[②] 和“重关市之赋”[③] 的经济政策，曾为秦国后来居上，并力克群雄，进而实现一统天下的霸业，起到了十分重要的历史作用。但自汉兴之日起，刘邦因迫于恢复和振兴封建地主经济的一时需要，在实施“轻徭薄赋”的重农政策的同时，又下放了盐铁山泽工商之利，取消了秦时的盐铁专卖做法。从此以后，刘邦的这一任民私营盐铁的做法，直至武帝元狩初年均始终恪守未变，这就是说，与国计民生有重大关系的盐铁两大行业，竟被富商大贾盘踞长达数十年之久。中央和地方封国虽有权向盐铁商课之以税，但盐铁山川园林租税之入，只是作为皇室以至封君个人的“私奉养”，而不列入国家的财政收入之内。而秦末汉初以来的大盐铁商，如蜀卓氏、程郑、齐地大盐商东郭咸阳、南阳大铁商孔仅等，正是乘此汉初“纵民得冶铁煮盐”[④] 的放任之机，重操旧业，非法牟利，并日渐成为财或累万金的兼并豪党之徒。武帝即位之

① 《汉书》卷 24 上，《食货志》。

② 桓宽：《盐铁论·非鞅篇》。

③ 《商君书·垦令篇》。

④ 桓宽：《盐铁论·错币篇》。

初，朝廷因连续反击匈奴而出现“财匮，战士颇不得禄”的严重危机，这些富商大贾不但不解囊相助，反而结交权贵，私门成党，“上争王者之利，下锢齐民之业”，抢掠民田，兼并无厌，甚至强霸一方，勾结地方分裂势力，谋叛中央。面对这一严峻局势，汉武帝决定采取更为强硬的措施，给这些不与朝廷合作的富商大贾以有力的打击。

元狩三年（公元前 120 年）秋，在由武帝的近臣、亲信组成的朝廷最高决策机构——“中朝”举行的一次国策论证会上，年方三十有三的桑弘羊，也以武帝亲信“侍中”的身份参与了论证、决策，并积极倡议推行盐铁专卖政策。尽管当时朝野上下各种守旧、反对派势力的斥责、沮事之议“不可胜听”，但“中朝”还是最终作出决定：元狩四年（公元前 119 年）冬，在颁布算缗告缗法令的同时，即宣布实施盐铁专卖政策法令。然而，就在盐铁专卖法公布前的筹备阶段，由于出任大农令的郑当时一再保荐齐地大盐商东郭咸阳、南阳大铁商孔仅请奏的盐铁专卖建议方案，加上御史大夫张汤又是“中朝”主管法律的重要决策者，既位尊权重又深得武帝的信赖，于是，在朝廷尚无适合得力人选的困难条件下，汉武帝只好聘请东郭咸阳、孔仅二人同任大农丞，专门负责筹备、主持盐铁专卖具体事宜。桑弘羊虽身为武帝亲信且又被委以监督盐铁专卖实施的重托，但此时的桑弘羊毕竟是官不在其位而难以谋其政。东郭咸阳、孔仅自出任大农丞以后，由于他们并不真心拥护武帝打击富商大贾的改革举措，因此，在推行盐铁专卖的过程中，亦只是奉旨行事而已，即除了在元狩四年（公元前 119 年）奉命乘车巡行天下，宣传盐铁专卖法令，并在全国盐铁产地设官之外，再也不见有新的起色。元鼎二年（公元前 115 年），即盐铁专卖法实施后的第四年，汉武帝的决策顾问、御史大夫张汤含冤自杀。为了加强对全国财经工作的统一领导，汉武帝竟又拜孔仅为大农令，位列于九卿，桑弘羊也同时升任为大农中丞，专门负责朝廷财政收支会计诸事。孔仅此时虽身为大农令，可他却始终没有放弃富商大贾的立场。此后不久，武帝鉴于孔仅敷衍搪塞的一贯消极工作表现，遂于元鼎四年（公元前 113 年）免去了其大农令一职，但仍保留其盐铁丞的职务。孔仅不但毫无悔改之意，反而与出身于大商人兼大地主的御史大夫卜式联合上书，一方面抨击汉武帝的“算商船”法令，为富商鸣不平，一方面又抓住盐铁专卖执行过程中的某些不足，在武帝面前状告“郡国多不便县官作盐铁，铁器苦恶，贾贵，或强令民卖买之”[①]，企图全盘否定盐

① 《史记》卷 30，《平准书》。

铁专卖政策。元封元年（公元前110年），武帝以卜式“不习文章”为由，将其贬秩为太子太傅，同时也把孔仅的盐铁丞一职免去。

与上述情况相比，对汉武帝盐铁专卖政策的贯彻执行真正起阻挠破坏作用的，倒是来自朝廷中的那些守旧、反对派顽固势力。例如，以董仲舒为代表的儒家反对派，就在盐铁专卖政策推行之初，借匈奴单于大败后遣使来汉谋求“和亲”之机，一面高唱“和亲”的老调，一面又以古喻今，借秦讽汉，即通过全盘否定商鞅的“盐铁之利，二十倍于古”的专卖政策，来影射攻击汉武帝现行的盐铁专卖革新举措，并妄图以“盐铁皆归于民”[①] 的主张，达到保护富国豪民盐铁厚利的目的。然而，继董仲舒风波平息后不久，朝廷又发生一起擅自变更、破坏盐铁专卖政策的重大事件。据载，元鼎初年，博士徐偃本是奉朝廷之命到郡国去举察豪党兼并之徒的，可当他抵达胶东、鲁国之后，竟以“中央命臣”的身份自居，擅自决定允许这两个诸侯国恢复任民冶铁、煮盐的放禁政策，并妄言凡今后两郡国的所有盐铁产销事宜，均一律听便私商具体办理。很明显，这种名义上由诸侯王向盐铁私商课税，实际上却尽为封君、盐铁豪民联手分赃盐铁厚利的做法，乃是对汉武帝盐铁专卖革新举措的一种明目张胆的反叛。不久，徐偃被朝廷定罪处死，然而风波的不断出现也说明，盐铁专卖政策在推行过程中并非是一帆风顺的。到了元封元年（公元前110年），桑弘羊正式掌握中央财经大权以后，不但盐铁专卖政策得到了有力的贯彻，而且随着盐铁官营事业的不断发展，武帝时代的财经面貌亦随之有了较大的改观。

《史记·平准书》记载，桑弘羊倡议推行的盐铁专卖做法是：排斥富商豪民于制盐生产之外，改由官府另招募平民煮盐，生产及生活费用由平民自己承担，但煮盐用的工具“牢盆”则由官府提供，即“募民自给费，因官器作煮盐，官与牢盆”[②]。成盐之后，官府按每盆盐的工价，将其全部收购，一则用以抵偿平民的工食费用，一则为的是国家控制、承办食盐的运销。至于铁的开采、冶炼以及生产工具的锻造，则一律由官府雇用的民工或监派服刑的囚犯承担，生产出来的铁器全部归国家所有。同时法律规定，任何人均不得私自冶铁煮盐，更不准擅自转运销卖，凡有违犯者，除处以“钛左趾”的刑罚、沦为“刑徒”并剥夺其政治权利外，还要将其生产工具没入为官，甚至有时罚去戍边。另外，为了便于统一管理，西汉朝廷又在盐、铁主要产地（包括原封国所

---

① 《汉书》卷24上，《食货志》。

② 《汉书》卷24下，《食货志》。

在的产区）设置专门的专卖机构，并派官吏主持盐铁的产销工作。

不难看出，桑弘羊的上述做法虽与管商之术是一脉相承的，但他在西汉边事吃紧、兼并为害日深以及财政严重匮乏的危难形势下，能对管商之术加以改造，兼收并蓄，其创新之举的积极作用是显而易见的。其一，盐的生产虽为民制，但制盐用的工具牢盆由官府直接控制，民制改用招募之法，排斥私商从中插手，这种间接控制民营生产食盐的方式是与反击匈奴的征战形势相吻合的。官府募民制盐，自备生产生活费用，国家可将节省下来的一部分经费投向军事征战上。其二，盐铁的运销统归官府直接操办，盐价亦由国家统一规定，并在产区设官加强监督和管理，不但有助于国家更主动地运用经济手段，即通过"寓税于价"的专卖方式，将富商的盐铁之利夺归于中央，而且也有助于在流通领域里打击哄抬物价、囤积居奇、投机倒把等不法行为。其三，铁的生产与运销之所以由官府直接加以严格控制，主要是因为铁在武帝时代已成为制造兵器和各种生产工具的重要基本材料，因此，无论从反击匈奴、防止地方分裂势力的东山再起等政治因素考虑，还是从巩固和发展封建的经济基础方面考虑，铁的产销都不宜让地方或私人来插手经办。由此可见，桑弘羊的盐铁专卖做法即民制食盐之法仿行于管仲，生产工具由官府控制却效法于商鞅的创新举措，确是对汉初财经政策所造成的种种弊害做了一次切中时弊的变革。

盐铁专卖事业在元鼎年间虽已有了一定的发展，而到桑弘羊正式取代孔仅并主掌中央财经大权以后，盐铁官营事业才真正进入了一个全新的发展阶段。元封元年（公元前110年）以后，盐铁官营事业的新发展突出表现在以下几个方面：

1. 加强了对盐铁专卖工作的统一领导，提高了办事效率

桑弘羊继任大农令后，对原来的盐铁专卖机构与官员的设置进行了必要的整顿与充实。一是将原有办事不力的平庸之辈和类似孔仅式的"富商为吏"不纯分子，坚决予以裁撤和清除；二是在原来没有设盐铁官的盐铁产地添设新的盐铁官，不产铁的地方也设小铁官，以熔化废铁作农具。规定所有在任的盐铁官，均由中央朝廷亲自委派，直属大农令统一领导，各郡县的盐铁官不但要组织管理好本地区的盐铁生产，分配和转运销卖的工作，而且还要负责当地的农业生产和其他官营工商业方面的工作。据《汉书·地理志》所载，经桑弘羊整顿充实之后，全国共设盐官36处，分布于27个郡，铁官共设49处，遍及全国40个郡。总之，盐铁专卖机构网络的形成，不但对全国盐铁官营工作的监督管理更为有利，而且还可使盐铁专卖工作收到事半功倍之效。

2. 随着官营生产规模的不断扩大，生产技术与生产工具亦随之大有改进

由于盐铁统归国家专营，生产人员和资金都相对有了保证，加上产品与价格亦由国家统一规定，这就为官营生产规模的不断扩大创造了有利条件。以冶铁业为例，在官营以前，私人在铁矿开采和冶炼生产方面的规模亦已不小，尤其是一些大铁商，由于资金雄厚，其雇用的工人往往多至千余人。自实行官营以后，不但生产规模日渐扩大，而且生产技术亦有较大改进。据载，当时全国诸铁官管辖的官吏徒卒总计达十万余人，每一铁官所管辖的工人，其平均人数在二千人以上，而在鼓风炉旁冶铁的也多至千余人。从生产技术上看，冶铁多以原煤作燃料，以石灰石作熔剂，炼铁炉亦迅速发展为鼓风竖炉结构，炉体亦逐渐加大。尤其在铸造技术上，不但广泛采用了反复加热、多次锻打、淬火处理等技术，而且还掌握了将生铁炼成熟铁或钢的新工艺。由于生产技术的不断改进和社会分工的日渐细密，铁器的质量不断提高，其种类亦日趋多样化。从考古挖掘提供的材料看，西汉中叶以来的铁制生产工具种类就有犁、耙、锄、锸、镰、锯、斧、刀、锤以及农用车上的车轴等，尤其是大型铁农具——铧犁的广泛应用，牛耕的普及以及耕作技术的改进，不但使耕地面积不断扩大，而且亦促使农业产量大为提高。总之，西汉中叶以后，铁器生产的发展，技术的改进，是从桑弘羊实行官营政策后打下坚实基础的，而中国历史上铁器生产的又一次新的大发展，亦正是从武帝时代开始的。

3. 盐铁官营事业的进一步发展，为西汉朝廷提供了甚为可观的财政收入

在桑弘羊代理大农以前，虽然盐铁官营收入亦是西汉政府的一大财源，但由于当时主管中央财权的张汤更多地依靠法律、行政手段，因此，这种单纯聚敛式的理财办法只能收效于一时，何况，白金币改革推行不久即半途而废，西汉朝廷的“财匮”状况并未得到根本上的扭转。但自桑弘羊掌握中央财权以后，由于他主要是借助于经济手段来解决财政困难的，也就是说，他把增加政府的财政收入建立在官营生产发展的基础上，所以，盐铁专卖收入逐渐成为西汉武帝政权财政收入的重要来源之一。尽管由于史料缺乏，我们无法确知盐铁专卖收益的具体数字，但从武帝四方征伐之费以亿万计以及“盐铁之利，足军旅之费，务蓄积以备乏绝，所给甚众，有益于国，无害于人”①，“及孝武时，国用饶给，而民不益赋”② 等记载看，盐铁专卖收入对于保证武帝时代的战时供给和各项事业的财政支出，无疑是发挥了重要历史作用的。

---

① 桓宽：《盐铁论·非鞅篇》。

② 《汉书》卷24下，《食货志》。

从上述分析中不难看出，盐铁专卖政策作为武帝时代财经改革的一项重大举措，它虽以增加国家财政收入为目标，但又不同于单纯的聚敛财富，它在打击富商大贾、摧抑豪强兼并势力以及延缓农民的破产过程、促进农业生产发展、调节经济利益分配关系等方面，起了应有的历史进步作用。

四、创办均输法，另辟新财源

均输法是桑弘羊于元鼎二年（公元前115年）就任大农中丞时为调节各地物资的余缺而采取的一种以贡赋为底本、从事地区间远程贩运贸易的官商做法，也是在他实施币制改革、盐铁专卖政策之后，借以打击私营贩运大批发商、另辟新财源的又一重大革新举措。从“稍稍置均输以通货物”① 的史料记载看，这是均输的试行阶段，其主要用意皆在于“蓄货长财，以佐助边费”②、“以均输调盐铁助赋”③，而处理和解决各郡“方物”的贡输问题，还仅是一项附带的任务。均输法在短短的五年试办期间，不仅扭转了西汉政府的财政困窘局面，而且为汉武帝“平两越定三边”的国家统一大业，提供了巨大财力保证。元封元年（公元前110年），桑弘羊兼领大农令且主掌中央财政大权，又将均输法大力推行于全国，并把均输工作的重点转向各地物资余缺的相互调剂这方面来。

关于举办均输的原因，桑弘羊自己事后曾有过一个简要的说明：“往者，郡国诸侯各以其方物贡输，往来繁杂，物多苦恶，或不偿其费。故郡国置输官以相给运，而便远方之贡，故曰均输”④。而司马迁在其《史记·平准书》著述中，亦曾引用孟康之语为均输作注：“谓诸当所输于官者，皆令输其土地所饶，平其所在时价，官更于他处卖之，输者既便而官有利”⑤。很显然，桑弘羊创办的均输法，乃是一种官商做法。也就是说，他试图把以往那种按行政手段办理各郡“方物”贡赋的做法，一改而为通过商品货币关系使贡赋“商品化”的经济手段，进而最终使封建官府从这些土特产品的地区间辗转贸易中获取巨额的商业利润。其具体做法是：封建官府用各地应运往京师的贡赋为底本，进行地区间的远程贩运贸易，并根据当地的正常价格，将贡物运至价贵或急需这

① 《汉书》卷24下，《食货志》。
② 桓宽：《盐铁论·本议篇》。
③ 《史记》卷30，《平准书》。
④ 桓宽：《盐铁论·本议篇》。
⑤ 《史记》卷30，《平准书》，集解注。

些物资的其他地区出售，除了一部分质优、价贵、体小轻便的贡品由均输官直接运抵京师外，其余物资均不再由各郡长途跋涉输往京城了，而一律交给各地均输官运至其他缺货地区出售。由此可见，这种官商做法不但解决了以往各郡因“方物”贡输道路远近不同而出现的劳逸不均问题，而且为封建官府省去因贡品损坏或贡物运抵京师后的得不偿失而承担的一大笔运费开支。更为重要的是，由官府直接从事地区间的辗转贸易，既可将私营贩运大批发商所长期盘踞的地区间远程贩运贸易这块“世袭领地”部分地夺归官府所有，并由此获得可观的商业利润收入，同时在客观上也有利于各地物资余缺的相互调剂和维护商品经济的正常发展。

尽管这种官营商贸做法始创于西汉武帝时代的桑弘羊，但均输作为统治阶级“齐劳逸而便贡输”[①] 的一项财政措施，却是由古代中国的“贡献”财政制度逐渐发展演变过来的。大家知道，在社会生产力低下与可供交换的剩余产品十分有限的古代中国，统治阶级除了对直接统治区的农业劳动者实行无偿的劳役剥削和农产谷物的强制征派之外，还向各诸侯国或臣属强制征取各种实物（即土特产品）贡献收入。结合《尚书·禹贡》、《周礼》等先秦文献记载看，这种凭借政权的强制力量而无偿获取的“方物”贡献收入，是各诸侯国或臣属对中央政府所承担的一种财政义务，更是各地广大人民的一种沉重赋役负担。因此，统治阶级为了维持国家机器的正常运转以及巩固政权统治，在处理和解决各地“方物”之贡输时，通常是以“任土所宜”、“负担均平”为原则的。所谓“任土所宜”，是指当地出产什么即贡献什么，但为了避免各地因“方物”贡输道路远近之别而出现畸轻畸重的劳逸不均问题，遂又规定：凡距京城较远的封国，其“方物”贡输的数量可相对少一些，而近地之封国则应相对多一些，这就是所谓的均齐劳逸、负担均平、便于贡输的原则。总之，在奴隶社会乃至封建社会初期，尽管统治阶级以强制征派农产谷物和实物贡献收入为主，但亦十分重视商业在“互通有无”交换中的重要作用，并把商业利润作为中央政府的另一主要收入来源。史实表明，商业由官府垄断经营，实行“工商食官”制度，乃是春秋时代各诸侯国立国安邦、成就霸业的一项基本国策。如齐国在管仲为相时，就曾大力兴办官营商业，即利用国家手中掌握的粮食、货币，从事地区间的远程贩运贸易，同时通过地区间的市场价格差额，巧妙地运用“轻重”之术，以牟取巨额的商业利润。实际上，管仲的这种官商做法，就

① 桓宽：《盐铁论·本议篇》。

是以多余补不足，调节市场供需矛盾，求得物价的稳定，并以“贱买贵卖”的商贸经营方式，最终达到官府既能取得盈利、又可实现供求平衡的目的。当然，管仲的这一做法与西汉桑弘羊的使贡赋“商品化”的均输法毕竟是有区别的，但管仲的早期官商理论及其实际运用，即凭借中央政权力量的支持而大力举办以赢利、增加国家财政收入为宗旨的官营方式，却为桑弘羊创办均输法提供了一个值得继承与效仿的成功范例。

进入战国中后期，随着地主制经济的基本确立和工商业生产部门多被私商所把持局面的出现，商业利润由官府垄断的状况亦随之被私商所取而代之。因此，与春秋时代相比，家累千金、多钱善贾的富商大贾已不再是凤毛麟角了。由于战国中后期正是一个从诸侯纷争逐渐走向封建大一统的变革时代，因而，国力是否雄厚亦就成为各国封建统治者生死攸关的首要问题了。但商人势力的急剧膨胀，却在客观上严重妨碍着大一统事业的进程，历史的发展亦充分表明，随着地主、商人、高利贷者三位一体剥削体制的形成，广大农民和小手工业者往往是最直接的受害者。其中，商人尤其是私营贩运大批发商，一方面以“贱买”方式榨取农民、小手工业者的剩余劳动，另一方面又以“贵卖”方式侵夺封建官府的部分商业利润，致使封建国家收入锐减。总之，春秋以来与新兴地主阶级尚能结成联盟并在商品交换中起某些促进作用的商贾之人，到战国中后期已变为商品经济正常发展的严重阻碍力量和新兴地主阶级政权的重点打击对象了。秦统一中国后，由于关梁无阻，不收关税，因而，私营贩运大批发商从事地区间的辗转贸易活动，一直没有间断过。及至汉初，海内为一，“开关梁，弛山泽之禁”，私营贩运大批发商更是“周流天下”，往来自如，他们通过各地土特产品的易地辗转非法贩运活动，不仅牟取暴利并日益成为财或累万千的“素封”显贵，甚至还“交通王侯，力过吏势，以利相倾”①，不惜用巨资扶植地方分裂割据势力，妄图反叛中央。

汉武帝即位之初，社会形势急剧变化：一是兼并豪党之徒大肆侵夺农民的土地，致使大批农民破产流亡，因而出现了严重的社会危机；二是西汉政府因发动连续不断的反击匈奴的民族自卫战争，导致国家财政支出激增。战争初起之时，西汉政府尚有文景以来的积蓄可以动用，但到后来“府库益虚”，难再维持，而当时的富商大贾，尤其是私营贩运大批发商，更是乘机非法贩卖各地土特产品，从中捞取厚利。汉初数十年的历史说明，由于西汉政府对从事地区

① 《汉书》卷24下，《食货志》。

间的远程贩运贸易始终没有插足其间，听之任之，因此，秦末汉初以来的各郡“方物”贡输之法便因种种弊端而难再推行下去了。若结合汉初的历史实际，此法的弊端，大致表现在以下三个方面：第一，贡品的输送，以往多摊于各郡国的“践更”卒身上，而一旦“践更”卒不敷使用，各郡政府还须强行征派一般民户代为运送，因而民户义务参加长途运输，担任徭役，自备运输工具，既不利于农业生产，又加重人民的负担，故使民众苦不堪言。第二，贡品在远程运输过程中，有时难免会损坏或是变质，而运抵京师后又无法供统治者享用，即或有的贡品尚可使用，但若按市价计算，很可能还不足以抵偿其僦雇车船之费用。第三，有的贡品在当地可能是至上珍品，而一旦运抵京师后，与其他同类贡品相比，则很可能变成了次品或下品。结果，郡国因苦于远道运输而付出了很大的代价，而中央政府也由于支付运费过大而蒙受巨大财政损失。

由此可见，过去的均输做法，无论对封建国家财政还是对人民，均有百害而无一利。因此，如何处理和解决以往均输工作中的诸多弊病，就已成为武帝执政以后的一项重要任务了。而长期辅佐汉武帝的理财大臣桑弘羊，在先后采取统一币制、盐铁专卖、算缗告缗等一系列打击富商大贾的革新举措之后，又针对私营贩运批发商非法贩运土特产品而牟取暴利的欺诈手段，于元鼎二年（公元前 115 年）推出这一重点打击私营贩运大批发商、另辟新财源的均输法的。应当看到，在试办均输的元鼎年间，反击匈奴的大规模战役虽已成往事，而且实行盐铁专卖以后，西汉政府的财政状况亦出现了明显的好转，但由于汉武帝在试办均输期间又投入了“平两越定三边”的国家统一大业的争战之中，因而动员了相当的人力、物力和财力，而为了最终实现统一国家的大业，仅仅依靠盐铁专卖等官营事业的财政收入的支持仍是远远不够的。因此，“蓄货长财，以佐助边费”，“以均输调盐铁助赋”，正是桑弘羊创办均输法的主要用意，而短短五年的试办均输事实亦充分证明了这一点。当时西汉政府曾动用了几十万人的兵力，“汉连出兵三岁，诛羌，灭两粤，番禺以西至蜀南者，置初郡十七”。这些新置的郡虽已归属西汉政府的直接管辖之下，并改变了以往“各以地比给初郡吏卒奉食币物，传车马被具”[①]。这就是说，上述边郡的各项费用，完全是通过试办均输法之后所获得的巨额商业利润提供的。可见，桑弘羊将贡赋“商品化”这一官商做法，不仅在弥补盐铁专卖收入之不足，增加国家财政收入以及巩固、加强中央集权多民族国家的统一事业等方面，发挥了十分突出

① 《汉书》卷 24 上，《食货志》。

的作用，而且在打击私营贩运大批发商的非法商业行为，促进商品流通和调节物资余缺等方面，也起了一定的积极作用。

由于元鼎年间的试办均输效果十分显著，所以，到武帝元封元年（公元前110年）桑弘羊兼领大农令且主掌中央财经大权时，又将均输法正式推行于全国。桑弘羊为了加强对均输工作的统一管理，便奏请汉武帝批准了将均输工作纳入中央大农管理的建议。从此，均输不仅成为中央大农的一个部门，而且由中央派出的数十人担任大农部丞，充当专使，分别主管各郡国的均输工作，同时又在各地分设一些均输官，具体负责各地物资的辗转贸易业务。但值得一提的是，在均输法创办以前，汉武帝已采取过诸如算缗、告缗、算车船等打击不法商人的举措，因此，不少商人的财产被没入充公，尤其是商人的车、船运输工具收归官府所有之后，从事地区间贩运贸易的大批发商一时消沉下来，这在客观上为官商从事辗转贸易提供了一个发展的有利条件。

全面推行均输法之后，均输官的分布更为普遍，大凡出产土特产品的地方都有均输官设置，这样就在全国形成了一个官营商业网，并为实现其“尽笼天下之货物，贵则卖之，贱则买之”① 的调剂余缺、互通有无的商业职能而充分发挥了应有作用。据载，元鼎二年（公元前115年），尽管关东、山东等地发生了水灾，但由于均输试办之初官府已将粮食物资纳入均输工作范围，因此，受灾地区“赖均输之蓄，仓廪之积，战士以奉，饥民以赈”②。

总而言之，汉武帝统治的前十余年里，其财政来源主要还是靠文景以来的积蓄，到桑弘羊主持中央财经工作以后，汉武帝的财政来源就改为以盐铁专卖、均输法等官营商业利润为大宗了。事实亦正是如此，均输法在试行一年之后，除供给武帝亲率18万骑出外巡狩所用百余万匹的帛和数以亿计的钱之外，山东漕粮余存还有百余万石，政府库存之帛多达五百余万匹。所以，就连不赞成他的司马迁也不得不承认他的理财功绩，即“民不益赋，而天下用饶”③。

五、实行平准政策，调节物资供求，平抑市场物价

平准政策是桑弘羊于元封元年（公元前110年）全面推广均输法时采取的一种与之相配套的借以调节物资供求、平抑市场物价的新经济政策。就在全面

---

① 《汉书》卷24下，《食货志》。
② 桓宽：《盐铁论·力耕篇》。
③ 《汉书》卷24下，《食货志》。

推广均输法的时候，却遇到了一些亟待解决的问题，其主要问题有二：第一，由于全面推广均输法的工作才刚刚开始，因而，各郡均输业务的开展情况极不平衡，一般说来，凡已推行均输法的地区，其成效自然比较明显，而在未实行均输法的不少地区，其“赋输或不偿其僦费”的问题依然相当严重。因此，这种因均输制度贯彻落实不力而遗留下来的老问题，需要加以改变。第二，自汉武帝实行算缗告缗、均输措施以后，西汉朝廷积累了一大笔额外钱财，因此，为了继续扩大均输成果，西汉朝廷将大量的缗钱分发给中央各个部门，以此作为从事地区间辗转贸易活动的本钱。于是，各个部门为了贩运求利，便纷纷到各地市场去争购物资，结果引起市场物价的飞涨，“诸官各自市相争，物以故腾跃”①。由此可见，桑弘羊创办均输法时，其最初目的就是为了增加财政收入，即“蓄货长财，以佐助边费”，并以均输收入来弥补盐铁专卖收入之不足，而不是以平抑物价为主。所以均输措施在解决新出现的物价上涨问题上，显得无能为力。正因为如此，桑弘羊才不得不同时奏请汉武帝批准实行与均输法相配套的平准政策。尽管汉武帝此前的币制统一为稳定物价、实行均输法提供了必要条件，但均输制度本身还不完善，再加上各郡均输官各自为政，竞相抢购，致使市场物价被人为地哄抬起来，因此，平准政策在一定程度上也是为进一步健全、完善均输制度而采取的，这样看来，平准政策是由均输措施派生出来的。

什么是平准呢？史书记载：“置平准于京师，都受天下委输，召工官治车诸器，皆仰给大农。大农诸官尽笼天下之货物，贵则卖之，贱则买之。如此，富商大贾亡所牟大利，则反本，而万物不得腾跃。故抑天下之物，名曰‘平准’。”② 桑弘羊本人事后亦作过类似的解释：“开委府于京师，以笼货物。贱则买、贵则卖。是以县官不失实，商贾无所贸利，故曰平准。”③ 显而易见，桑弘羊所说的平准，就是由封建官府垫支本钱，通过吞吐物资来平抑物价，并最终实现市场供求平衡。具体做法是：在中央大农机构领导下，于京师长安设立平准机构，由平准令、平准丞负责，各郡运送中央的贡物，大农诸官所掌握的物资，均输官由各地收购的物资直接运往京师的部分，以及官营手工业制造的器物、织物的商品部分，均储存在这个笼天下货物的总经销处——平准机构

① 《汉书》卷24下，《食货志》。

② 《汉书》卷24下，《食货志》。

③ 桓宽：《盐铁论·本议篇》。

里。与此同时，工官还制造了大批车、船等运输工具，以备随时调用，当首都长安市场上某种商品价格上涨时，平准机构就以较低的价格抛售；当某种商品价格过低时，就由平准机构收买贮存，即所谓的“贱则买、贵则卖”，使商品物价大体保持在一个比较稳定的水平上。由此可见，“抑天下之物”，保持物价稳定，乃是平准机构的主要任务，而赢利倒不是设立平准的直接目的，这也是桑弘羊举办官营商业的一个重要原则。平准设于京师，以收受储备物资、平抑物价为主，而均输是以利用地区间的商品价格差额来获取巨额商业利润为主要任务。尽管均输与平准各有自己的目的和任务，但它们却是相辅相成的：平准是专管零售市场的，均输是控制批发环节的，所以，它们又是彼此协调配套的官商措施。也就是说，平准要靠均输提供货源，而均输的利润多折成绢帛上缴于京师，且很大部分是要通过平准在京师市场上销售。当然，通过均输官征收或收购而运往京师的物资，也须交给平准予以出售。同样，平准在京师收购的物资，有时也须通过均输官运往价贵或缺货的其他地区出售。总而言之，平准机构设于京师，其主要用意是平抑物价，而通过地区间的商品价格差额来获取巨额的商业利润乃是均输的首要任务。但平准稳定京师物价任务的实现，则又必须以均输作为后盾。因此，均输与平准措施的协调配套运用，就可以使西汉中央政府掌握关系国计民生的主要商品，并给哄抬物价、操纵市场的不法商贾以有力的打击，从而最终达到“平万物而便百姓”的目的。

尽管桑弘羊始创的平准政策被认为是一种行之有效的经济政策，但平准作为一种经济概念，即封建国家运用贱买贵卖来调节市场供求从而平抑物价的理论，乃是自先秦以来久已被人们所熟悉的支配原则。这是因为在我国古代，由于商品经济的发育比西方早，程度比西方高，因而人们对价格问题的关注与认识亦比西方早而且深刻。历史表明，先秦以来的不少思想家对于市场活动决定价格的客观作用，以及政府运用商品供求的作用以间接影响市场价格的问题早有比较深刻的认识。如公元前五世纪，即春秋战国之际的计然（生卒年代不详）就曾提出按“农末俱利”原则来确定粮食涨落幅度的“平粜齐物”主张，这就是说，只要国家通过合理掌握粮食价格，以调节农商关系，就能促进生产的发展，增加国家财政收入。后来，计然的这一治国之道被越王勾践所采用，越国只用了 20 年时间，就走上了“国实民富”的道路。比计然晚数十年的法家代表人物李悝，战国时在魏国推行“尽地力之教”时，亦主张国家在粮食贱时收购、贵时抛售的“平籴”法，由于魏文侯采纳了李悝的“平籴”建议，故虽遇饥馑水旱，也能做到“籴不贵而民不散，取有余以补不足”[①]，遂使魏国富强起来。到战国中后期，《管子》的作者们则主张国家应把着力点放在对流通领域价格的控制上，即把粮食、货币这两种商品从“万物”（泛指一般商品）中单列出来，并置于十分突出的位置上，认为国家只要通过课征等手段掌握大量的粮食、货币，就可以运用钱、粮来调节其他商品价格的涨落，使市场价格“一高一下，不得常固”[②]，从而就可以达到安定天下的目的。由此可见，先秦以来的平准早期理论及其实际应用，均给桑弘羊推行平准政策提供了十分丰富而宝贵的历史经验，而桑弘羊对于先辈们的思想，既有继承更有发展与创新。比如李悝的“平籴”法，虽是封建社会初期国家控制粮食价格、调节粮食供求的一种经济措施，但它的目的是防止“谷贱伤农”，使农民有“劝耕之心”，因此，“平籴”法对价格的控制仅限于粮食；而桑弘羊的平准政策是把对价格的控制用于粮食以外的一般商品，平准法行于京师，显然是为城市居民提供服务的，而平籴法仅关注于农民。因此，“平籴”法与平准政策，无论在服务对象还是在出发点上，都有明显的区别。正因为桑弘羊的平准措施已推广到粮食以外的一般商品，所以，他的平准理论更接近于《管子》并有所发展与创新。

自元封元年（公元前110年）桑弘羊实行了与均输法相配套的平准政策起，直至太初四年（公元前101年）的十年间，由于桑弘羊已掌握了西汉朝廷的财经大权，再加上此前陆续推出的一系列财经改革举措所发挥的综合效果显著，西汉王朝的综合国力不仅大为增强了，而且也使曾对西汉政权构成最大威胁的富商豪强兼并势力遭到前所未有的沉重打击。实行均输平准政策的当年，即靠此来源，完成了关中等地的水利工程和北方防御工事。尤为明显的是，即使当时各项支用巨大，但国家库存仍很丰裕。据载，库存的布帛有五百万匹之多，山东漕粮余存亦有百余万石，而各地的粮仓如太仓、甘泉仓更是仓仓皆满。总之，大力发展官营商业，另辟新财源，既是桑弘羊实行财经改革新举措的一个明显特点，也是西汉朝廷国力大增的奠基石。张汤的算缗告缗对商人的打击虽然很大，但这种借助行政、法律手段的举措，终究是一种生效于一时的权宜之策。相比之下，桑弘羊则是更多地借助于经济手段来解决武帝时代所面临的各种复杂的社会矛盾与财政危机。事实证明，盐铁专卖、均输平准措施的

---

① 《汉书》卷24上，《食货志》。

② 《管子·轻重乙篇》。

综合配套运用，不仅达到了“民不益赋而天下用饶”的改革目的，而且也使西汉政府在与富商大贾的斗争中取得最终胜利。

六、徙民边塞，实行军、民屯垦

徙民边塞，实行军、民屯垦，是汉武帝时代为抗击匈奴、巩固边防所制定的一项具有重要战略意义的军国大计，也是西汉政府从国家财政出发使被兼并而失去土地的破产农民重新得以安置而采取的又一“重农”新举措。

徙民实边，屯垦荒闲之地的屯田做法，最早始于秦代。秦统一中国后，曾派“蒙恬将兵而攻胡，却地千里，以河为境。……然后发天下丁男以守北河。暴兵露师十有余年，……又使天下飞刍挽粟，起于黄、腄、琅邪负海之郡，转输北河，率三十钟而致一石”[①]。不久，又派蒙恬“渡河取高阙、阳山、北假中，筑亭障以逐戎人。徙谪，实之初县”[②]。由此可见，屯田的做法是与抵御匈奴、巩固边防密切相关的。至汉初文帝时，西汉政府虽然对扰民尤甚的匈奴仍继续奉行“和亲”政策，但随着社会经济的不断恢复，以及西汉国力的日渐增强，朝野上下要求主动抗击匈奴的呼声亦随之日益强烈。然而，由于边塞之地久经战火破坏早已废成一片荒原，因此，边塞驻军所需的大批军粮给养，就只能依靠中原各郡远道运输加以解决。而当时的交通条件又极不方便，其“为费甚大”与运输中的困难是不难想见的。针对这一现实问题，晁错曾向文帝提出徙民实边、屯粮塞下的建议：“陛下幸扰边境，遣将吏发卒以治塞，甚大惠也。然会远方之卒守塞，一岁而更，不知胡人之能，不如选常居者，家室田作，且以备之。……先为室屋，具田器，乃募罪人及免徒复作令居之；……不足，乃募民之欲往者。皆赐高爵，复其家。予冬夏衣、廪食，能自给为之。……上从其言”[③]。晁错认为，边防驻军采取每年轮流戍守的办法，不利于抵御匈奴，若采取移民的办法，即由国家授民田宅、农具与武器，一面耕作，一面备胡，既可因农为兵，充实边防，又可大大减少运送粮饷之费用。很显然，晁错的这一“徙民实边”的“屯垦”建议，乃是一种以政治、经济上的优厚待遇为条件，以鼓励内地人民移居边塞的“寓兵于农”做法，这在当时兼并之害尚不十分严重和对匈奴还不曾发生过大的战事的特定历史条件下，不失为一个缓急相济、

---

① 《汉书》卷64上，《主父偃传》。

② 《史记》卷6，《秦始皇本纪》。

③ 《汉书》卷49，《晁错传》。

攻守咸宜、措施周密的好建议。但鉴于当时匈奴正处于向外扩张的强盛时期，加上河套以南地区尚陷于匈奴之手，因而，晁错所指的“边塞”，亦仅限于距汉朝内郡不远或不很远的一些地方。更何况，晁错的建议只是单纯强调民屯，而不讲军屯，只注重募民实边，因民为兵，而忽视边塞驻军的轮流戍守作用，因此，其建议仍是不完整的。而最为重要的是，要想使移民能够久居边塞不毛之地，须首先由政府为移民提供各种生产、生活的必要物质条件。从当时汉初财政并不十分充裕的实际情况考虑，这笔为数巨大的移民费用开支，西汉政府何以承担得起？此后晁错的“屯垦”建议之所以未能真正付诸实施，其根本原因即在于此。

及至武帝即位以后，社会形势发生了显著变化：一是武帝凭借汉初数十年奠定的雄厚物质基础，开始对匈奴发动连续不断的大规模自卫反击战争，而随着战争的节节胜利，不仅过去的大片失地得以收复，而且由于匈奴的溃败远遁，又有不少新辟地区有待开发。二是文帝时业已存在的土地兼并现象，发展到武帝时代已达到相当严重的程度，大批农民因受兼并之害而失去土地，甚至破产流亡。如何缩小社会矛盾，并使破产流亡农民重新得以安置，无疑是武帝执政以来亟待处理和解决的又一重大问题。总之，形势的急剧变化，说明晁错的“屯垦”建议已很难再适应武帝时代的有为统治需要了。而长期辅佐汉武帝的理财大臣桑弘羊，就是在这一错综复杂的形势下，肩负起屯田守边的重建开发与不断扩展、创新的历史重任的。历史实践表明，桑弘羊不仅是中国历史上移民屯田的真正创始者，而且也是有史以来领导大规模实行军垦的第一人。现结合武帝以来的西汉历史，对桑弘羊的这一富有开拓性的军、民屯垦开发工作作扼要评述。

第一，西汉的民屯早于军屯，而民屯的大规模发展则始于武帝时代，若具体地说，是从西汉反击匈奴的第一个大战役——河南战役开始的。在桑弘羊主掌中央财政大权以前，即元朔二年（公元前 127 年），汉武帝“遣将军卫青、李息出云中，至高阙，遂西至符离，获首虏数千级，收河南地，置朔方、五原郡，……募民徙朔方十万口”[①]，此次战役之后的移民所需住居、粮食、生产工具、种子、牲畜等等，皆由大农支给。这是汉武帝民屯的开始。元狩四年（公元前 119 年）冬，因上年山东发生特大水灾，民多饥乏，武帝派人打开各地粮仓以救济，仍不足，于是决定“徙贫民于关以西，及充朔方以南新秦中，七十

① 《汉书》卷 6，《武帝纪》。

余万口，衣食皆仰给于县官”①。从元狩四年（公元前119年）起，由于西汉朝廷在与匈奴的作战中取得了决定性的胜利，因此，随着匈奴的溃败远遁和大片失地的收复，西汉政府的移民屯田规模亦随之不断扩大。元鼎年间，桑弘羊出任大农中丞后，西汉政府的屯田范围已由朔方、五原及原属西汉的边郡而逐渐扩展到新开辟的武威、张掖、敦煌等河西走廊一带，同时从内地迁去大批贫苦农民到这里安家落户，从事屯田垦殖。据载，凡刚从内地迁来的屯田户，官府均贷给他们耕牛，并供其衣食，“武帝始开三边，徙民屯田，皆与耕牛”②，而且还在各边郡设置田官，领导移民修渠灌溉。在河西以外边境的其他地区，也继续扩大民屯。民屯的田属国家的公田，官府将公田“假”与贫民耕种，官田所收之“假税”，其税率虽略高于三十税一，但不会太高，因为徙边的民户多是因灾荒无以为生或是被兼并而丧失土地的破产流民。

总而言之，在桑弘羊主掌中央财政大权以前，西汉政府的屯田开发费用主要是靠汉初几十年来的财政积蓄，到桑弘羊执掌中央财政大权以后，尽管在屯田的扩展初始阶段，国家财政面临严重危机，社会矛盾日趋尖锐，但随着币制统一、算缗告缗、盐铁专卖等一系列打击富商大贾的革新举措的陆续推行，西汉政府的财政状况亦随之明显好转，因而这就为西汉政府进一步扩大屯田规模创造了十分有利的客观条件。由此可见，桑弘羊的移民屯垦做法成效巨大且有所创新，主要原因就在于：通过实施一系列打击豪强兼并势力的财政革新举措，不仅使日益尖锐的社会矛盾在一定程度上得到缓解，而且也使被兼并而流亡破产的大批农民重新回到土地上。因此，这种既能巩固边防，又能在不加重农民负担的前提下使他们有田可耕并基本做到衣食自给，同时更为官府增加财政收入的屯田做法，是值得人们称道的。

第二，随着民屯规模的不断扩大，西汉的军屯工作开展得更加迅速，从此，民屯与军垦相结合、民兵与边塞驻军相结合的屯田制度，给西汉政府带来了更大的效果。西汉政府的军屯发展，始于武帝的元鼎年间。据载：“又数万人度河筑令居。初置张掖、酒泉郡，而上郡、朔方、西河、河西开田官，斥塞率六十万人戍田之。中国缮道馈粮，远者三千，近者千余里，皆仰给大农。”③匈奴远遁，西汉政府又“渡河自朔方以西至令居，往往通渠置田官，吏卒五六

① 《汉书》卷24下，《食货志》。
② 《汉书》卷7，《昭帝纪》，引《集解注》应劭语。
③ 《汉书》卷24下，《食货志》。

万人，稍蚕食，地接匈以北”，“而西置酒泉郡以隔绝胡与羌通之路。又西通月氏、大夏、以翁主妻乌孙王，以分匈奴西方之援国。又北益广田至眩雷为塞”①。从上述记载中，我们可以看出，西汉的军屯范围及规模都是十分巨大的。汉武帝为了防御匈奴与西羌族联络，并保障西域的通道无阻，一方面从内地徙民口达六十万之众，以充实边塞，另一方面令驻军数万人，在当地保护居民屯垦。据载，汉武帝时代的军、民屯垦范围，从今天的陕西北部、内蒙的黄河沿岸、宁夏全境，兰州以北的景泰至永登，接连河西走廊，直至酒泉，均设置了屯田官，且驻兵防守、屯垦。由于军屯工作进展得很顺利，中央大农与西北边塞各郡的联系日渐加强。一是中央大农不时派员到边塞戍所检查钱、谷、盐铁等收入情况，并随时将戍边驻军的余粮收购贮存起来，以充作中央大农的官谷。二是若内地郡县一旦遇有灾荒，大农可随时将屯田区的库存官谷及时送往灾区；同样，边郡若财用不足，或是军事给养缺乏，中央大农亦随时将钱谷调运拨送到边区，以佐助边费。由此可见，边郡与内地间的物资相互调剂，在一定程度上得益于军屯的不断开拓。此外，桑弘羊在屯田区还十分重视农田水利的兴修工作，治河凿渠，如当时的朔方、西河、河西、酒泉等边郡地区，一般都已引河川谷，用以农田灌溉，河套一带亦已渠道成网。水利工程的兴建，大大有利于农业生产的发展。

总而言之，军、民屯垦工作的大力推行，以及军屯、民屯的结合，西汉的屯田逐渐形成了一套较为完备的制度。这不仅对解决边区粮饷及其他军需物资的远道运输中的诸多困难，保证军饷供给，节省财政开支以及巩固边防，起了极为重要的历史作用，而且对缩小社会矛盾，解决农民失去土地的问题，促进边区农业生产的发展并增加政府财政收入，也具有一定的推动作用。尤其是河西郡的屯垦开发，对切断匈奴与西羌的联络，打通西域通道，加强内地与西域间的物资交流，更具有特殊的意义。

第三节 武帝时代的财经改革成效与基本评价

从武帝即位后的西汉社会实践中，人们已经看到：汉武帝及其理财大臣桑

---

① 《汉书》卷94下，《匈奴传》。

弘羊所采取的若干重大财经改革新举措，不仅在铲除地方分裂割据势力，抗击匈奴入侵势力，维护和巩固西汉中央集权“有为”政治等方面，发挥了十分重要的历史作用，而且在摧抑富商、豪强兼并势力，缓和阶级矛盾，促进农业生产发展以及增加国家财政收入等方面，也收到了明显的效果。然而，由于武帝时代的财经改革极大地触动了豪强地主、富商大贾的政治特权及其切身经济利益，因此，在武帝死后不久，桑弘羊的一套财经改革新举措便遭到了贤良文学们的恶毒攻击和强烈反对。汉昭帝元凤元年（公元前80年），亦即盐铁会议召开的第二年，年逾古稀的桑弘羊终因受其政敌霍光等人的诬陷而惨遭杀害，但他在改革实践中所坚持的一套财经制度与做法，却被以后历代勇于探索进取的理财改革家所继承并有所发展。如唐代著名的理财家刘晏，就曾公开把自己的改革举措喻之为弘羊的“重兴功利”[①]，而宋代的改革家王安石，则更是极力推崇桑弘羊，并以“榷制兼并，均济贫乏，变通天下之财，……后世唯桑弘羊、刘晏粗合此意”[②] 的赞誉之词，来表达他自己的仰慕之情。

总之，武帝时代的财经改革，归根到底就是通过调整和变革各不同利益集团间的利益分配关系，来促使社会生产关系朝着有利于社会生产力发展的方向转化，从而使上层建筑的局部调整与经济基础相适应。汉武帝及其理财大臣桑弘羊所采取的打击富商豪强兼并势力、大力发展官商事业以及增加政府财政收入且不加重农民负担的改革措施，不但完整地体现了“本末并利”的理财思想，而且为后人变革生产关系提供了极为宝贵的历史经验。

一、通过对农商关系的局部调整，使土地兼并之害受到一定的遏制，促进了生产力的发展

西汉中央集权国家与富商豪强兼并势力之间矛盾的日益加剧，主要是由于农民的被兼并以至失去土地、破产流亡而引起的。西汉前期，汉高祖面对“民失作业，而大饥馑”[③] 的严峻局势，不得不采取“轻徭薄赋”的重农政策，并把战后的大量无主荒地分配给农民，以促使封建经济恢复。由于铁器和牛耕已被广泛用于农业生产方面，因此，经汉初劳动人民几十年的辛勤耕耘，西汉社会经济得到迅速发展，到武帝即位之初，整个社会呈现出了“国强民富”的繁

① 《旧唐书》卷123，《刘晏传》。

② 《宋史纪事本末·王安石变法》。

③ 《汉书》卷24上，《食货志》。

荣景象。汉初的“轻田赋而重地租，徭役又远重于租赋”的政策，实际上只对地主经济的发展有利，并在客观上为富商大贾、豪强地主兼并土地大开了方便之门。因此，随着封建经济的不断振兴和商人、地主经济实力的增强，“商人兼并农人，农人所以流亡”的问题，亦随之日渐抬头。据载，文帝中期，同生产的发展相伴而行的土地兼并问题已开始出现。到武帝即位之初，“兼并豪党之徒，以武断于乡曲”的兼并之害已相当严重。本来，由土地兼并而造成的“富者田连阡陌，贫者亡立锥之地”的两极分化现象，乃是地主经济发展的一种必然趋势，但若任其激化，也会危及地主阶级政权的稳固。武帝针对农民被兼并而失去土地、甚至破产流亡的严峻局势，决定采取严厉打击富商豪强兼并势力的革新举措。而改革的实践亦说明，汉武帝及其理财大臣桑弘羊所实施的算缗告缗令和移民边塞屯垦的政策，对于打击富商豪强兼并势力，延缓土地兼并进程，部分地解决农民的土地问题，促进农业生产力的发展，确实发挥了重要的作用。如武帝实施的算缗告缗令，不仅从法律上限制了有市籍的商人不准在原有土地之外再以名占田，而且还通过没收商人土地的行政手段，将商人的私有土地转为国家的公田，并租给农民耕种，这实际上乃是对生产关系所作的局部调整，使被兼并而失去土地的农民部分地重新回到土地上，这对改善农民的生产生活条件，调动农民的生产积极性，无疑是有益的。相比之下，桑弘羊采取的徙民边塞屯田垦殖政策，对于减少农民流亡，缩小社会矛盾，保持边塞地区的社会稳定，促进农业生产发展，其积极作用就更为明显些。如前所述，西汉的屯田是随着对匈奴战争的胜利而陆续收复或新辟土地而开始的，这部分土地无疑属国家所有，国家通过移民边塞的政策，将公田分配给移民垦殖，这既充实了边防，又部分地解决了农民的土地问题，更为政府增加了财政收入，可谓一举三得，效果显著。据载，武帝即位以后，西汉政府的移民屯田规模是十分巨大的。如元朔二年（公元前127年），政府曾“募民徙朔方十万口”，元狩四年（公元前119年），又徙贫民于陇西、北地、西河、上郡、会稽，总计72.5万口。随着匈奴的溃败远遁以及民屯的不断扩展，军屯的范围不断扩大。据载，在上郡、朔方、西河、河西等郡设官、派驻戍卒并参加守卫、屯田的人，竟达60万之多。值得一提的是，在移民屯田的初始阶段，凡移民所需的耕牛、衣食等费用，均由政府大农提供。不仅如此，汉武帝还经常对边境地区的贫民实行救济，尤其是灾荒之年，西汉政府都要为灾民提供临时救济，以解燃眉之急。武帝时代虽兵革屡兴，军费浩繁，社会矛盾日益加剧，但基本上没有加重农民的负担，而且通过实行盐铁专卖、均输平准等大力发展官商事业的革新举措，取得了“民不益赋而天下用饶”[①] 的明显效果。如在均输试办的元鼎年间，武帝在完成“平两越定三边”的祖国统一大业之后，对两粤及西南少数民族地区新设置的 17 个初郡，不但允许保留当地的民族习惯，而且一律不征赋税，初郡的各项行政费用亦由政府提供。除此而外，武帝在打败匈奴，开拓陇西、朔方以及开通西域道路后，曾亲率数十万大军巡幸天下，一路所遇，赏布帛约百余万匹，钱以数亿万计，同时又对巡幸所经之地实行减免赋税的政策。

总之，汉武帝及其理财大臣桑弘羊在兵革屡兴、军费浩繁、社会矛盾日益加剧的严峻形势下，一方面通过将公田租给农民耕种并收其租税的办法，使生产关系的调整适应了生产力发展的需要，同时采取移民屯田的重农政策，解决部分农民的土地问题，既缓解了阶级矛盾，又有利于农业生产的发展；另一方面则又通过大力推行盐铁专卖、均输平准等官营工商业政策，严厉打击富商大贾的商业投机行为。也就是说，利用官商政策调整农商关系，收到了“国用饶给而赋敛不增”的效果。

由于生产关系的变革适应了生产力发展的需要，因此，改革后的西汉社会生产力有了较为明显的提高。这突出表现在以下几个方面：

1. 铁制生产工具的改进以及工具种类、数量的明显增加，为生产力的发展提供了重要的物质条件

春秋战国时代是我国生产力发展飞跃的一个时代，其主要标志是铁制生产工具已取代了木、石器生产工具。商鞅变法以后，秦国的铁制生产工具种类已明显增多，如当时的铁农具已有铲、锛、锄、犁、镰等品种。西汉时的农民，除了承继前代已有的铁制农具外，又发明了两种新式农具——镬、锸，前者为一种劚田之器，后者为一种起土之器。此类农具，除柄之外，皆系铁制。西汉中期以后，冶铁业收归官营，铁制农具又有了较大改进。其中，大型农具——铁铧犁的出现，对提高劳动生产率，深翻土地，以及扩大耕地面积，均有较为明显的效果。手工业工具的品种亦日渐增多，如已知的锯、铁销、锤、斧、凿、齿轮及各种车辆所需的车轴等，均已得到广泛应用。随着官营冶铁业的发展，与民众日常生活有关的铁制器具的生产有了较大的发展。如过去用的陶釜，已被铁锅所取代。此外，各种剪刀、家用刀以及铁制灯具、炉、锁等也都开始出现。本来镜是铜制的，此时也能制造铁镜了。可见，铁器的大发展，不

---

① 《史记》卷 30，《平准书》。

但提高了农业生产水平，而且对人民的生活也产生了深刻的影响。

铁兵器在西汉冶铁官营以后，更有较大发展。铁制兵器虽早在战国时代已被使用，但直至西汉文帝时仍以铜制兵器为主。武帝即位以后，冶铁业收归官府经营，由于在淬火、冶炼技术等方面的不断改进，铁制兵器在坚韧及锋利程度上均超过了青铜兵器。炼钢术的推广及应用，更使铁兵器质量有进一步提高。如西汉中期以后，各种兵刀、箭镞、铁剑、铁戟、铁矛，不但日益加重加大，而且其精良程度亦大大超过了前代。

2. 牛耕在更大范围内的推广应用，也是西汉农业生产力发展的一个重要因素

中国的牛耕，早在春秋末叶已开始用于农业生产。经战国、秦代以至西汉前期，更得到进一步的推广应用。但总的说来，牛耕仍限于中原一带。到武帝南征北伐时，由于疆域的不断拓展和移民垦殖的大力开发，牛耕已由中原扩展到边疆，尤其是西北边境一带。史载，西北一带是西汉移民屯垦的重点开发地区，因此，牛耕亦引进到西北边境。《汉书·昭帝纪》有“武帝始开三边，徙民屯田，皆与犁牛”[①] 的记载，足见当时已有牛耕。又《居延汉简》中有“积二十九人养牛”，“徐士有力牛九”以及许多“牛车”的记载，亦足证当时西北有很多的牛群。大概此种牛群，既用以拖车，也用以耕田[②]。武帝即位以后，西南地区仍是以刀耕火种的落后生产手段为主，可知，西汉的牛耕尚未普及到江南。尽管如此，牛耕在西汉一代实为一种处于支配地位的耕种方法。此外，随着武帝的内外兴革，南征北伐，耕牛有时还被征作军用。如李广利二次征伐大宛时，曾随军带去十万头牛，用以军粮运输。由此看来，牛耕在更大范围内得到推广，不仅为农业生产发展和西北农田的进一步开发创造了重要的物质条件，而且使西汉的农业生产进入一个新阶段。

3. 耕作技术的不断改进以及先进农具的出现，既有利于垦田面积的扩大，又可提高农田单位面积的产量

汉武帝晚年时，因赵过发明了两种新式农具和新的耕作技术，而将其由三辅农官提升为搜粟都尉。赵过发明的新式农具分别是耦犁、耧车。所谓耦犁，据《汉书·食货志》介绍，即以二牛三人为一组，二牛各挽一犁，三人中的二人各执一犁，一人在前牵牛引导，两犁并排并耕，犁耦而进，故曰耦犁。此种

---

① 《汉书》卷7，《昭帝纪》，“应劭曰”。

② 翦伯赞：《秦汉史》，北京大学出版社，1983年，第170页。

耕作技术的改进，每天可耕田五顷，即五百亩，平均每人每天可耕田160亩以上，这就大大超过了晁错所说的一家耕种百亩的标准。所谓耧车，据史书介绍："两柄上弯，高可三尺；两足中虚，阔合一垅。横桄四匝，中置耧斗；其所盛种粒，各下通足窍。仍傍挟两辕，可容一牛。用一人牵傍，一人执耧，且行且摇，种乃自下"①。由此可见，此车之构造已十分精巧。它的发明可将开沟与播种的工作一同完成，故当时人称："其耕耘、下种田器，皆有便巧"。赵过的另一项发明则是"代田法"。这是一种将以往整块土地的休耕轮种改为同一块土地内的中、小块土地的休耕轮种的先进技术。《汉书·食货志》介绍，其具体做法是：一块地以宽一步（相当于今人两步）、长百步的一亩平原田地为例，将地分成六等份，而每份地均宽一尺，长百步，以三份为圳，三份为垅，圳低垅高，依次间隔排列；播种时，将种播于圳中，待禾苗出土后，随着每次除草，即把垅上的土逐渐铲入圳中，培于苗根四周，及至盛夏季节，垅土铲平而苗根亦深，因而增加了农作物的耐风抗旱能力；第二年，再把圳改为垅，调换轮种。此种方法既避免了过去整块田地的休耕（实际上等于增加了播种面积），同时又做到了"深耕易耨"，保护了土壤中的养分。此法先在京城附近的公田试行，结果每亩可增产一斛至二斛，后来才又推广到边郡。由于赵过主持改良了耕耘、下种的新式农具，改进了耕作技术，提高了劳动生产率，故"民皆便代田，用力少而得谷多"②。代田法的推行，大大提高了生产效率，因而农田单位面积的产量亦比以往有较大提高。在文景时期，据晁错所说，农夫五口之家，其服役者不下二人，其能耕作者不过百亩，百亩之收不过百石，即是说，当时亩产至多达一石或一石半。但到武帝即位后，由于普遍推广了代田法，并又经过昭、宣、元几代农业生产技术的不断改进，到成帝时，每亩产量按上、中、下田计算，上田为19石，中田为13石，下田为11石。虽然晁错所说的亩制是周代百步为亩的旧制，而非汉代亩制（240步为一亩），但折算以后，以中田为例，每亩产量亦比过去增加四倍以上。

农业的发展，表现为重建了小农经济，依靠农民的力耕，全国的垦田面积亦较过去有了较大增加。垦田的开发，在战国的韩、赵、魏三国时，即已取得一定成效，尤其是当时的中原一带，经过劳动人民的大力开垦，荒地已大为减少。商鞅变法后，秦国又对关中地区的丘陵山坡草茅之地进行了大量的开发，

① 徐光启：《农政全书》卷21。

② 《汉书》卷24上，《食货志》。

并取得很大成效，以至古人有将八百里秦川喻为“天府之国”的说法。汉文帝时，因史料缺乏，其垦田开发情况难以查考，但从“以口量地，其于古犹有余”[①] 的记载看，可知当时已有垦田之举，垦田数量应不少于战国和秦代。武帝即位后，西汉的垦田面积又不断扩大。据载，经武、昭、宣、元几代劳动人民的努力开发，到平帝元始二年（公元2年），全国共垦田827万余顷，以当时全国的人口5959万、民户1223万统计[②]，则平均每人垦田13.88亩，平均每户垦田67.61亩。由此可知，武帝以后，由于采取了一系列重农措施，加上生产工具的进步与耕作技术的改进，农业生产的发展确已达到了一个新的水平。

4. 武帝改革时期大型水利工程的兴建，也是西汉农业生产发展的一个重要因素

水利是农业的命脉，大力兴修水利工程，建立排灌系统历来是中央集权国家管理社会经济的一项重要职能。秦汉以前是我国古代水利兴修的创始阶段，相传夏禹曾随土浚川，“尽力乎沟洫”，变水害为水利。春秋战国以后，国家兴建的大型水利工程日渐增多，其中著名的岷江中游都江堰，以其分水、控流、溢洪和排砂卵石之功能，溉田万顷。郑国渠则以含有大量肥沃淤泥的泾水灌田，既增加了土壤的肥力，又改良了两岸大片的盐碱地，“于是关中为沃野，无凶年，秦以富强，卒并诸侯”[③]。汉初文帝时，有蜀郡太守文翁，“穿湔江口，溉灌繁田千七百顷”[④]。汉武帝即位以后，巨大规模的水利工程兴修一时蓬勃发展起来。如孝武元光年间，武帝采纳了郑当时的建议，令齐人水工徐伯测量地形，并发卒数万人开漕渠，自昆明湖（今陕西长安县西南）至黄河，长三百里，节省漕运时间一半，并可灌溉渠下民田万余顷。又元鼎六年（公元前111年），武帝采用倪宽的建议，在郑国渠旁开六条小渠，灌溉高地，称为六渠或辅渠。桑弘羊领大农后，水利工程搞得更多了，如太始二年（公元前98年），赵中大夫白公主持修建的著名白渠。该渠“引泾水，首起谷口，尾入栎阳，注渭中，袤二百里，溉田四千五百余顷”。这是一种利用提高渠口引水灌溉下游两岸田地的方法，也可以说是当时灌溉技术上的一大壮举。此后，“朔方、西河、河西、酒泉皆引河及川谷以溉田。而关中，灵轵、成国、漳渠引诸川，汝

① 《汉书》卷6，《文帝纪》。

② 《汉书》卷28下，《地理志》。

③ 《汉书》卷29，《沟洫志》。

④ 《华阳国志》卷3，《蜀志》。

南、九江引淮，东海引钜定，泰山下引汶水，皆穿渠为溉田，各万余顷。它小渠及陂山通道者，不可胜言也”①。汉代发明了新式起土工具——锸。自冶铁业官营以后，为了保证水利工程建设的需要，汉朝大量制造铁锸及其他铁工具，为当时大规模兴修水利创造了重要的物质技术条件，同时又从另一方面有助于农业生产的发展。

总之，改革的实践证明，在能源种类少、开发能力低且以农业为主的古代中国，只有凭借中央集权国家财力的支持，才能从事如此巨大的水利工程建设。而桑弘羊通过发展官商事业、打击富商大贾的一些做法，则给铁制生产工具的改进、推广，公田的经营，大规模的军、民屯垦，通渠灌田，开发西北边境提供了巨大的财力保证。当然，在封建社会里，社会的前进，生产的发展，都是劳动人民辛勤努力的结果。桑弘羊的财经改革举措，不但打击了兼并势力，增加了政府的财政收入，而且在客观上亦给农民发展生产提供了条件。因此，这种通过农商关系的局部调整与变革以保护和促进生产力发展的做法，值得肯定。

二、改革给西汉社会带来了全面的繁荣与昌盛

如果说汉初几十年的“与民休息”政策及其“无为”政治给西汉社会带来了初步繁荣的话，那么，真正使这一繁荣局面得以持续巩固、发展并达于鼎盛阶段，应该说是在武帝统治的五十年间。前已述及，武帝时代的财经改革，在一定程度上调整了农商关系矛盾，延缓了土地兼并的进程，从而保护和促进了生产力的发展。在农业生产不断发展的基础上，西汉社会经济繁荣昌盛。

打击富商豪强兼并势力，大力发展官营工商业，是武帝时代财经改革的一大特色。武帝时代之所以要打击富商豪强兼并势力，完全是因为兼并之害既危及封建国家的经济基础，又严重阻碍商品经济的正常发展。因此，打击富商大贾，并不是为了抑制工商业的发展，而是限制私营工商业的过分膨胀，以保证封建的经济基础不被动摇。事实亦充分说明，官商也是商，它与私商一样，都从事组织商品交换，只是经营方式与资金来源不同而已。盐铁专卖、均输平准等官营工商业的大力兴办，固然是为了分割私营工商业的利润，以增加政府的财政收入，但它的利润与赋税不一样，因为官商利润主要不是通过政权的强制力量而是通过商业经营活动取得的。尽管官商在一定程度上损害了私商的利

① 《汉书》卷29，《沟洫志》。

益，并限制了私商的经营范围，但从全社会的商业活动来看，官商并没有缩小商品交换的规模和商业利润的总额，更何况发展官商并不是为了抑制商业，而是为了限制私商的过分膨胀。由于官商是依靠政权力量来经营的，具有一定的强制性，难免会带来各种弊病，但在中国这样一个个体生产者如同汪洋大海般的以农为主的国度中，依靠政权力量的支持可以使商业发展到私商不可能达到的规模和程度。桑弘羊创办均输法时，无论从商品物资调拨的规模看，还是从客观效果看，都是私商所无法做到的。而事实也表明，桑弘羊对商业的积极作用是有深刻认识的。他认为，“古之立国家者，开本末之途，通有无之用。……故工不出，则农用乏，商不出，则宝货绝。农用乏，则谷不殖；宝货绝，则财用匮”①。正因为如此，武帝时代的财经改革，不仅使农业生产得以迅速发展，而且也促进了西汉经济的全面繁荣与昌盛。

首先，在农业生产发展的基础上，武帝时代的手工业生产也有相当的发展。西汉前期，由于产品受原料产地的限制，因而生产的地方性很强，加上当时政府又对工商业采取任民私营的放禁政策，因此，凡与国计民生有重大关系的冶铁、铸钱、煮盐等工商业生产部门，大都被私营工商业者所把持。由此可知，西汉前期，私营工商业的发展是十分迅速的，而且生产规模亦很大，在生产技术、社会分工方面，也有较大改进。人们从司马迁的《史记·货殖列传》不难看出，以冶铁、铸钱、煮盐业而发迹的富商大贾，真可谓俯拾皆是，不胜枚举。武帝即位以后，为了改变“冶铸煮盐，财或累万金，而不佐国家之急，黎民重困”的严峻局面，遂大力举办官营工商业。从此，西汉的官营工商业便在原有工商业的基础上迅速发展起来。从武帝时代的政府机构中，我们可以看出，国家不仅开设宫营工场并从事盐、铁、金、铜、木、石、造船、纺织、田器等手工生产，而且还设置各种工官，予以严格管理。以盐铁业为例，政府在全国的27个郡均设有盐官，铁官设置则遍及全国40个郡。而当时的铁场、盐场，大者一家则聚众或至千余人，小者亦不少于数百名工人，足见西汉官营工商业生产规模之庞大。再从铸铜业方面看，自武帝实行统一币制政策以来，西汉政府对铸铜业的管理更为严格。武帝至元帝元始年间，政府共铸钱币280亿万余，其流通于民间者，尚不在其内。如此庞大的铸币数量，乃是以大规模的铜矿开采业为前提的，其铜矿开采规模之大自不待言。当然，铜的制造还不只表现在铸币方面，在一般日用铜器的生产制造方面也较为发达。如从西汉遗物

① 桓宽：《盐铁论·本议篇》。

中不难看出，汉代铜器的种类是很多的，除发现的各种铜制的盉、卣、壶、钟、盘、勺、锅、盆、镜及熏炉器具外，用于宗庙祭祀的各种祭器，如钟、鼎、鬲等，亦多为铜制的。这些器具不但具有较高的工艺技术，而且数量亦相当多。相对而言，西汉的纺织手工业生产是最为发达的。据史料记载，西汉纺织手工业发达地区，主要分布在四川、山东，如临淄、定陶、成都以生产丝织品著称，而生产麻布则以西蜀为上品。西汉官府生产的纺织品，除供国内消费或用于官吏的赏赐外，还大量输往外域。如汉武帝派张骞出使西域时，其所带大量丝织品均是国家纺织工场生产的。从私营纺织手工业来看，民间纺织业虽然在西汉中期以后已很普遍，但大都是作为自然经济的一种必要副业。因此，以纺织麻布、普通绢布为主，且主要是为了自给。不过，亦有以商品生产为目的的纺织大工场主。如张安世夫妇的纺织作坊，不仅拥有七百名工人的生产规模，而且其获利之富厚，竟可与大将军霍光一比高下。此外，西汉的漆器、砖瓦、造船等手工业生产也十分发达。从目前汉代遗址发掘出的漆器、砖瓦看，不但制作工艺很高，而且器物上亦有工官者的签署。如上工广、画工聿、洎工威之漆署；右钮、右军、左秦、左纪之砖瓦署，即是当时主持制造者的工官之自署[①]。由此可知，汉代有漆器、砖瓦手工场，其内部分工已十分精细。官营造船业自西汉中期以后亦有较为突出的发展。《汉书·地理志》关于庐江有楼船官之设的记载，即是明证。汉武帝征伐东南沿海及朝鲜时，皆是水陆并进，而水路进攻之工具，就是楼船。另外，从武帝颁布算商车、算车船令看，舟船在西汉已是人们经商的一种重要的交通工具了。

其次，由于农业和手工业的迅速发展，西汉的商业也更加繁荣起来，这主要表现为：(1) 商品的种类及数量较西汉前期大为增加。武帝即位以后，尤其是大力开办盐铁专卖、均输平准业务以后，西汉市场上的商品种类及数量均比西汉前期大为增加。据桓宽《盐铁论》有关篇目的描述，凡与民众生活有关的农副产品、手工业品，在市场上均可以见到，如各种粮食及食品、酒、牛、羊、猪、马、瓜果、蔬菜以及木器、车辆、皮革、竹、柳、陶器、漆器、祭品等，可以说，应有尽有。正如史云："皆中国人民所喜好，谣俗被服饮食奉生送死之具也。"[②] 不过，西汉中期市场商货的流转主要是在大中城市里进行的，其服务对象亦往往是中产以上的阶层。(2) 官营商业的发展促进了商业城市和

① 翦伯赞：《秦汉史》，北京大学出版社，1983年，第207页。
② 《史记》卷129，《货殖列传》。

经济区域的自然形成。春秋战国以至秦代，城市多是封建政治经济的统治中心，封建官吏、地主、富商等消费人口大量集中于城市。他们需要的是大量奢侈品以及中、高档消费品，而这些商品又多是依靠贩运商和城市手工业者来解决的。因此，尽管城市中的商品种类及数量比过去大为增加，但由于这些商品很少流向农村，因而就促进了以市场为中心的经济区域的自然形成。据《史记·货殖列传》和《盐铁论》的有关记载，西汉时，全国已基本形成了五大经济区域：以长安、咸阳为中心的关中经济区；以洛阳、平阳为中心的三河（指河东、河内、河南）经济区；以邯郸、蓟城为中心的燕赵经济区；以临淄、曲阜为中心的齐鲁梁宋经济区；以江陵、徐州、寿春（今安徽寿县）为中心的楚、越经济区。这五大经济区既是封建统治阶级的政治、军事、经济、文化中心，又是交通便利、物产丰富、利于商货流转的地区。汉武帝实行官商政策以后，在全国各郡设置盐铁、均输、平准官，加强管理，从而使五大经济区的商品得以交流。

西汉商业的繁荣，还突出表现在大都市的发展以及政府对城市的管理方面。以长安为例，长安城内共设有九市，其中六市在道西，三市在道东，故又称东、西市。而每个市均有260步见方，即四里之大，市内街道平整宽阔，各市四周设有围墙。在各个市区内，有各种各样的店铺，而同类商店依次排列，错落有致。当时政府对城市市场的组织与管理也较严格。由于长安东、西市规模较大，故分设“市令”一人，以负责对商贾交易的管理。同时还设有武职人员，以维持市场秩序和社会治安。当时“市令”的主要职责是：对市区营业商人进行登记注册，凡列入“市籍”的商人，均要向政府缴纳市租。此外，还对商人出售的商品进行检查，凡不符合规定的或触犯法律的，均依法治罪。

总之，西汉五大经济区域的形成以及商业城市的不断发展，政府对市场的严格管理，都足以显示武帝执政以后的商业是相当繁荣的。

最后，改革使西汉王朝的综合国力大为增强。前已述及，武帝执政以后，西汉社会经济的全面繁荣为西汉王朝打下了雄厚的物质基础，并带来可观的财政收入。而这一结果正是通过打击富商豪强兼并势力、大力举办官商事业的财经改革才得以实现的。西汉前期的“与民休息”政策及其“无为”政治，虽然给西汉带来了社会的相对稳定和经济的振兴，但汉初任民私营的放禁经济政策，却给武帝时代带来严重的社会危机。加上武帝执政的前十余年间，由于兵革屡兴，支出浩繁，文景以来的财政积蓄几乎在与匈奴的作战中被消耗殆尽。因此，变革生产关系，重点打击富商豪强兼并势力，大力举办官商事业，及时采取移民屯田、兴修水利等重农措施，才是唯一正确的选择。而改革的实践亦充分证明，桑弘羊采取的盐铁专卖、均输平准、移民屯田以及统一币制、算缗告缗等革新举措，都在一定程度上达到了发展农业生产，协调农商关系，摧抑兼并，缓和阶级矛盾，增加政府财政收入的目的。正如史云："往者财用不足，战士或不得禄，而山东被灾，齐、赵大饥，赖均输之畜，仓廪之积，战士以奉，饥民之赈。""是以先帝建铁官同赡农用，开均输以足民财。盐、铁、均输，万民所戴仰而取给者。"[①] 及孝武之世，"天下殷富，财力有余，士马强盛"[②]，"国用饶给，而民不益赋"[③]。

总而言之，武帝时代的财经改革，在顺应历史发展趋势，调整生产关系以适应生产力发展需要，以及对持续巩固、发展西汉中央集权统治诸方面，均为后世提供了十分宝贵的历史经验。

三、武帝时代财经改革成功的原因与历史评价

历史本来就是"一个十分复杂并充满矛盾但毕竟是有规律的统一过程"[④]。我们通过对武帝时代财经改革实践过程的总体考察，认为武帝时代的财经改革之所以在"有为"统治的实践中获得成功，并不是偶然的。概而言之，至少有以下几个方面的原因。

第一，改革之所以获得成功，关键在于汉武帝及其理财大臣桑弘羊能够对汉兴以来各种复杂交错的内外矛盾有十分清醒的认识和准确的判断，并把对财政分配关系的调整与变革作为解决整个社会矛盾冲突的中心环节，因而使改革顺应了历史发展的内在要求，促进了生产力的发展。

我们在本章第一节中，已对武帝即位之初的历史背景作了较为全面深入的分析，从中不难看出，武帝即位时所面临的虽仍是汉兴以来旧有的三大社会矛盾，即割据同反割据的矛盾、兼并同反兼并的矛盾以及侵扰同反侵扰的民族矛盾，但由于形势的急剧变化，致使上述各种矛盾的主次地位及其尖锐化程度亦发生明显改变。与汉初相比，其主要变化是：西汉王朝与地方分裂割据势力的矛盾与斗争虽已大为缓解，但仍有待于进一步解决；封建国家与富商豪强兼并势力的矛盾正在加剧；土地兼并之害的肆意蔓延，导致封建地主阶级与广大破

---

① 桓宽：《盐铁论·力耕篇》。

② 《汉书》卷96下，《西域传》。

③ 《汉书》卷24下，《食货志》。

④ 《列宁选集》第2卷，人民出版社，1972年，第586页。

产流亡农民之间的矛盾日趋激化；更为急迫的是，西汉王朝与匈奴入侵势力之间的民族矛盾确是到了非解决不可的时候了。由此可见，内忧外患矛盾的日益加剧正潜伏着乱源。然而，无论是割据同反割据的矛盾、兼并同反兼并的矛盾，还是侵扰同反侵扰的矛盾，其实质无不表现为上层建筑与经济基础的矛盾，生产关系与生产力的矛盾，而生产关系与生产力的矛盾又往往首先并且集中地表现为财政分配关系的矛盾。因此，要解决上述各种复杂交错的内、外矛盾，就必须紧紧抓住矛盾斗争的实质。也就是说，必须对各不同利益集团之间的利益分配关系作必要的调整与变革，从而使生产关系的变革适应生产力发展的需要。西汉前期的社会实践已充分说明，上述各种内外矛盾，之所以到武帝即位时再度呈现不断加剧之势，关键在于"轻徭薄赋"、"与民休息"的财经政策维护的只是富商豪强地主的经济利益，因此，这种旧的生产关系必然阻碍生产力的发展。比如，西汉前期的地方分裂割据势力之所以长期形成尾大不掉之势，甚至竟然发动谋叛中央的"吴楚七国之乱"，根本原因就在于汉初分封制赋予地方封国许多政治、军事、财经特权。而地方分裂割据势力最终亦是凭借其足以和中央相抗衡的财政、经济实力，才敢冒天下之大不韪的。又如，"兼并豪党之徒，以武断于乡曲"的土地兼并之害，之所以成为武帝时代的严重社会问题，其主要症结恐怕仍在于汉初制定的"轻徭薄赋"的财经政策。也就是说，这种分配政策说到底仍是为了维护豪强地主经济发展的旧有生产关系的。因此，富商豪强地主肆意兼并农民，致使大批农民破产流亡，必然导致了生产力的破坏。再如，对于扰民尤甚的匈奴入侵势力，汉初政府之所以用"和亲"的外交妥协政策相维持，固然是为了避免大的战事发生并争取在相对苟安的条件下恢复和发展封建经济，但真正迫使西汉政府采取"和亲"政策，主要还不是军事上的原因，而是财经方面的原因。由此不难看出，汉初的这种维护富商豪强地主经济利益的财税分配政策，不仅使汉兴以来固有的三大社会矛盾再度明显加剧，而且导致了落后的生产关系对生产力的极大破坏。武帝即位以后，把调整和变革各不同利益集团间的经济利益分配关系作为解决三大社会矛盾的中心环节，说明改革抓住了矛盾斗争的实质。这就使生产关系的变革顺应了历史发展的内在要求，顺应了生产力发展的需要。

改革的实践又给人以如下的启示：汉武帝及其理财大臣桑弘羊之所以能够把调整和变革各不同利益集团间的经济利益分配关系作为解决西汉整个社会矛盾冲突的中心环节，根本原因还在于他们对当时三大社会矛盾之间的复杂交错关系有十分清醒的认识和准确的判断。比如，武帝即位时，尽管兼并与反兼并的矛盾正在加剧，但西汉政权与富商豪强的斗争还没有达到公开对抗的程度，相比之下，西汉政权与匈奴入侵势力之间的民族矛盾确已到了非解决不可的时候，形势的发展变化要求西汉政府必须首先处理和解决与匈奴之间的民族矛盾。而汉武帝正是从这一实际出发，并先后用了十余年的时间，凭借文、景以来的财政积蓄这一有利条件，解决民族矛盾的。与此同时，又在汉初“削藩”的基础上，进一步从政治、经济上摧毁地方分裂割据势力，以防止其东山再起。实践证明，汉武帝的这一战略决策是完全正确的。因为要想保证民族自卫战争的胜利，就必须同时摧毁地方分裂割据势力，以防止其内外勾结。因此，解决反割据的矛盾乃是解决民族矛盾的必要先决条件。但若没有足够的财力、物力作后盾，要取得民族自卫战争的彻底胜利也是根本不可能的。文、景以来的财政积蓄，虽然在反击匈奴的民族自卫战争中发挥了十分重要的作用，但由于兵革屡兴，军费浩繁，加上此间西汉政府又大兴水利工程、实行移民屯垦，其支出费用动辄以亿计，因此，在彻底击溃匈奴入侵势力以后，西汉政府如何动员更大的财力、物力去巩固这一胜利成果，就成为武帝必须认真对待并及时加以解决的头等大事了。由此可见，反割据与反侵扰任务的完成，离不开文、景时代的财政积蓄，而如何巩固已有的胜利成果，仍离不开财政的支持。所以，当旧的矛盾解决之后，新的矛盾又向财政提出了新的要求。从表面现象上看，汉武帝发动对匈奴的民族自卫反击战争，似乎是引起西汉社会矛盾加剧和财政危机的直接原因。但从实质上看，造成封建国家财税来源枯竭并导致社会矛盾加剧的真正元凶，正是文帝中期以来的那些“上争王者之利，下锢齐民之业”且又“不佐国家之急”的富商豪强兼并势力。因此，解决西汉社会危机与财政危机的唯一出路，只有改革。也就是说，只有解决反兼并的矛盾，才能使西汉政府摆脱困境与危机。事实亦表明，兼并与反兼并的矛盾正是武帝时代整个社会矛盾冲突的焦点之所在。正因为如此，汉武帝并没有采取向农民直接加重赋役负担的单纯赋敛的做法，而是采纳了桑弘羊关于沉重打击富商豪强兼并势力，大力举办官商事业的一系列革新举措，即通过盐铁专卖、统一币制、均输平准以及算缗告缗等措施，将富商豪强的非法钱财和部分商业利润重新夺回到国家手中，以此解决军费的筹措和边费不足的财政问题。与此同时，又通过经营公田、移民屯田以及改进生产工具、推广先进生产技术等重农措施，改善农民的社会地位和生产条件，以促进农业生产的发展。所有这一切说明，反割据与反侵扰任务的相继完成，不但保证了整个国家、民族的安全与稳定，解除了西汉王朝的后顾之忧，而且更为西汉王朝集中全力解决反兼并这一关系整个社会矛盾冲突的中心任务扫清了障碍。汉武帝及其理财大臣桑弘羊对自己所处时代复杂交错的内外矛盾有十分清醒的认识和准确的判断，使改革顺应了历史发展的内在要求，促进了生产力的发展。

第二，改革之所以获得成功，还在于汉武帝及其理财大臣桑弘羊对秦代商鞅变法时的某些做法并未原封不动地照搬，而是根据西汉中期特定的历史环境与条件，在借鉴其成功经验的基础上，将其加以变通、完善，并有所创新、有所突破。

中国古代社会，上下五千年，改革史不绝书，改革成为推动中国社会走向进步与繁荣的强大动力。然而，在漫长的历史发展进程中，由于发展阶段不同，社会矛盾表现亦不尽一致，因而改革的具体措施与做法也不能不有一定的差别。比如秦代商鞅首创的“重农抑商”政策，到汉武帝时代，曾被桑弘羊所运用。但桑弘羊在改革实践中并不是把商鞅的一套具体做法原封不动地予以照搬，而是根据自己所处时代的特点，予以变通、完善，并有所创新和发展。商鞅在秦国推行变法时，曾针对秦国地处西部边陲、地旷人稀且政治、经济远落后于其他东方六国的具体国情，及时推行了以“耕战”为主的“重农抑商”政策。也就是说，在当时普遍存在“野与市争民”、“商与君争民”这一农商关系尖锐对立的形势下，商鞅在吸取其他各国改革经验的基础上，一方面从秦国地旷人稀、农业劳动人手严重不足的国情出发，用招徕人口、奖励垦荒、废井田等重农举措吸收更多的劳动人手，大力发展农业，同时针对社会上的舍本逐末之风，采取对游食、技巧、末作商贾之人严加限制的办法，以阻止其弃农经商；另一方面对商业的过分发展特别是富商大贾对农业的破坏行为实行严厉打击。由此可见，商鞅在变法中对农、工、商各经济部门分别采取有轻有重、扬抑结合的不同政策，其主要目的皆在于把更多的劳动力资源配置到农业上。这一政策较好地解决了劳动人手不足的问题，满足了秦孝公“兵出粮给而财有余”① 的战时财政需要，同时又通过对游食、技巧商贾之人数量的严格限制，把秦国工商业的发展控制到与农业发展相适应的程度，进而在很大程度上阻止了农民的弃农经商。因此，商鞅的这一抑兼并、益国用、禁末作、事本务的“重农抑商”政策，很快使秦国由贫弱转为富强，并为日后秦始皇统一天下奠定了坚实的基础。历史事实表明，商鞅的这一典型的“重农抑商”政策，即抑富商大贾之兼并以益国用，并阻止农民弃农经商以促本业的政策，在中国封建

① 《商君书》卷2，《算地第六》。

社会里是并不多见的。商鞅之后，历代统治者往往把它变质为只抑中小商人而纵容富商大贾的“抑小不抑大”的半截子政策。如秦始皇统一中国后，即宣布“上农除末”，推行“谪戍”政策，实际上是把商贾之人及其子孙贬为罪犯。汉初刘邦亦曾颁布过类似的“贱商”令，如规定商人“不得衣丝乘车”、“市井子孙亦不得仕宦为吏”以及“重租税以困辱之”等，即是明显例证。从表面上看，这些规定是为了阻止农民弃农经商，但实际上是对中小商人的一种政治歧视。对非法兼并、大搞商业投机的富商大贾，封建国家却听之任之。因此，这种“贱商”政策不但使“重农”成为一句空话，而且由于富商大贾势力的急剧膨胀，反而加剧了贫富分化，并导致封建国家赋税来源枯竭和商业的畸形发展。由此可见，秦王朝乃至西汉前期推行的“重农抑商”政策，已完全违背了商鞅的本意。其实，真正能够继承并发展这一政策的只是历代少数的改革家。如西汉武帝时代的理财大臣桑弘羊就是其中的一位。尽管他对其前辈商鞅首创的“重农抑商”政策十分推崇，但在改革实践中，桑弘羊并未原封不动地予以照搬，而是根据自己所处的时代环境与条件，把它加以变通和不断充实、完善，并在继承、借鉴的基础上，又有所创新和突破。若把桑弘羊推行的“重农抑商”政策同商鞅的政策作一比较，人们就会发现：桑弘羊不但在一些具体做法上有别于商鞅，而且其创新之处更非商鞅所能相比的。现择其要者，分述于下。

首先，桑弘羊的“抑商”对象已不是中小商贩，而是专指豪强地主和富商大贾。不仅如此，桑弘羊对富商大贾的抑制、打击，比商鞅更为严厉。他之所以如此，主要是由于西汉中期的形势远比战国中后期复杂得多。西汉中期的富商大贾、豪强地主在西汉前期放任政策的庇护下，不但腰缠万贯、“不佐国家之急”，而且还兴风作浪、肆意兼并土地，并由此导致封建国家赋税来源锐减，造成大批农民破产流亡。因此，西汉王朝要想解决“反兼并”的问题，就不能不采取更为严厉的“抑商”措施。可贵的是，桑弘羊的“抑商”政策，完全是在重商思想指导下制定出来的。尽管商鞅对商业的互通有无作用亦有较为清醒的认识，但由于当时秦国工商业远不如东方六国发达，因此商鞅在处理农商关系矛盾时，主要是从农业劳动人手不足这一核心问题而考虑的，这可以从商鞅关于“农、官、商三者，国之常食官也。农辟地，商致物，官法民”，“农少商多，贵人贫，商贫，农贫，三官贫，必削”① 的认识中得到证实。桑弘羊则

① 《商君书》卷5，《弱民第二十》；《商君书》卷1，《去强第四》。

不然，他指出："古之立国家者，开本末之途，通有无之用。……故工不出，则农用乖，商不出，则宝货绝。农用乏，则谷不殖；宝货绝，则财用匮。"① 桑弘羊的这一本末并举的理论，说明他对农商之间相互影响的辩证关系有更为深刻的认识。不仅如此，他还认识到国家财政对商业的依赖，认为"富国非一道"，"富国何必用本农，足民何必井田也"②。可见，西汉商业的发展，使桑弘羊感到商业利润已成为农业以外的又一重要富国之财源。不过，桑弘羊所说的商业并不是私商，而是主张重视和发展官营商业，即通过大力举办盐铁专卖、均输、平准等官商事业，另辟新财源，既能使封建国家获得可观的财政收入，又可减轻农民负担。由此可见，桑弘羊主张对私营大工商业主的过分膨胀以及豪强地主的不法兼并活动进行有效遏止与严厉打击，同时大力举办官营工商业，"建铁官以赡农用，开均输以足民财"③，这已不是什么单纯的抑商，而是使抑商和重商达到矛盾的统一。

其次，从桑弘羊提出的"农商交易，以利本末"④ 观点，以及"开本末之途，通有无之用"，"使农商工师各得所欲"⑤ 的主张看，确是先秦法家商鞅所未曾有过的。桑弘羊的"本末"观已不是从农、工、商各经济部门之间的一般关系上提炼而成的，而是从生产与流通的相互关系中加以概括总结的。桑弘羊的重农，乃是直接通过采取许多发展农业生产的措施来体现的；他的重商，则是坚持发展官营工商业，来供应农业生产和农民生活所需物资的。如果说，秦代商鞅是从劳动力资源配置上来处理农商关系矛盾的话，那么，桑弘羊则是从农商两者间的关系以及相互促进方面来解决农商矛盾的。韩非以后，农本工商末的观念已根深蒂固，桑弘羊却敢于把本末并举，进而把工商与"富国"联系在一起，这无疑是一种崭新的见解，当然更是对商鞅专以"务农而富国"思想的一个发展。

总之，商鞅与桑弘羊生活在不同的历史阶段，他们在思想及主张上也必然有所区别，这符合各自所处时代的需要，体现了各自的时代精神。

第三，改革之所以获得成功，又在于汉武帝及其理财大臣桑弘羊在改革实践中不但十分注重政治改革与财经改革的同步进行，还尤其重视财经改革政策

① 桓宽：《盐铁论·本议篇》。
② 桓宽：《盐铁论·力耕篇》。
③ 桓宽：《盐铁论·本议篇》。
④ 桓宽：《盐铁论·通有篇》。
⑤ 桓宽：《盐铁论·本议篇》。

之间的彼此协调与综合配套运用。

武帝时代的财经改革之所以获得成功，除上述两个重要原因之外，还有一个因素，这就是他们在改革实践中既抓财经领域里的改革，也重视对上层建筑作局部的调整。武帝死后不久，桑弘羊之所以惨遭霍光等人的毒手，他的一套财经改革举措亦被逐渐废弛，究其原因，主要是改革触犯了大地主贵族政治集团的切身利益。因此，在某种意义上说，如果财经改革没有政治改革作保证，或者说，二者若不同步推进，财经改革是难以推行下去的。而西汉中期的改革实践正好说明了这一点。比如，汉武帝削弱相权，提高皇权；实行新的选官制度——察举与征召，以扩大政权的政治基础；加强军队建设，采取严厉的“削藩”举措——实行“推恩”令、更制“左官、附益之法”，以防止地方分裂割据势力的东山再起等等，从而加强了西汉中央集权的政治统治力量。而所有这些政治上的改革举措，就为汉武帝推行一系列财经改革措施提供了可靠的保证，真正做到令行禁止。与此同时，也使西汉中央朝廷逐步形成了一支以“中朝”为最高决策机构、以各郡太守和地方县令为基础的官吏队伍。可见，政治上的强有力对于财经改革措施的顺利贯彻执行具有十分重要的作用。

任何改革的最终目的是保持社会的相对稳定，促进社会生产力的发展和经济的繁荣，以维护政治上的统治。单纯推进某一项财经改革举措，或是不注重各项改革措施之间的彼此协调配套及综合运用，而使改革取得成效是根本办不到的。比如，汉武帝在实行官营工商政策时，如果只搞盐铁专卖，或是单纯采取算缗告缗令，虽然可使封建国家一时获得较为可观的财物和商业利润，但富商大贾由于手中握有铸币权，有自己的煮盐业和冶铁业，他们照样可以制造大量劣币扰乱市场，操纵价格，照样可以在流通领域里大搞囤积居奇、贱买贵卖等非法经商活动。因此，实行币制统一、均输平准政策，就可以从市场物价、货源以及流通领域里给富商大贾以沉重打击。由此可见，把铸币发行权、盐铁经营权重新夺归于中央，不但可以使货币政策更好地为国家财政服务，而且还可以有效地分割私商的部分商业利润，达到打击富商大贾的目的。如果不是这样，即只单纯采取算缗告缗令，而不同时实行币制统一、均输平准、盐铁专卖等政策，要想大力举办官商事业，也是不可能的。实践证明，盐铁经营权、货币铸造发行权若长期被私营大工商业主所把持，不仅加速导致贫富的两极分化，社会矛盾的日趋尖锐，而且也扰乱了商品流通的正常渠道，损害了正当商人的权益，于国于民都是极为有害的。因此，要扭转这一严峻局势，就必须多管齐下，注意各项政策的彼此协调配套与综合运用，只有这样，才能使国家控制住货源，并保持市场价格的相对稳定，维护一般商人的合法权益，以及促进商品经济的正常发展。从桑弘羊推行的各项官商政策看，如专卖政策，其目的并不是抑制商业的发展，而是通过国家控制有关国计民生主要商品的经营，来分割私商的商业利润，以增加政府的财政收入。与之相配套的均输、平准政策，即由官府垫支本钱，通过吞吐物资，最终达到平抑市场物价和调节商品供求的目的，而不是单纯地追求赢利。可见官商政策的实施与彼此间协调配套运用，对改革的顺利推进是极为重要的。

总而言之，武帝时代的财经改革，在一定程度上达到了发展生产，协调农商关系矛盾，以及摧抑豪强地主，打击富商大贾，增加征收财政收入且又不加重农民负担的目的，历史进步作用是显而易见的，也是值得充分肯定的。

第三章

西汉中后期的社会危机和王莽财经改革的失败

西汉自武帝执政开始，由于坚持走以打击富商豪强兼并势力、大力发展官营经济为主的“有为”进取的财经改革之路，因而取得了富国强兵的巨大成效。但充裕的国家财政却又极大地刺激了统治者诛求无厌的贪欲，因此，随着汉武帝好大喜功个性的不断膨胀，以及他大兴土木、恣意挥霍、四处巡幸、加重赋敛之举的有增无减，统治阶级的奢侈腐败之风，亦随之日益盛行起来。武帝末期至元、成之时，又因水旱灾害频繁，农业连年不收，致使赤地数千里，“仓廪空虚，百姓饥馑，流离道路，疾疫死者以万数，人至相食，盗贼并兴，群职旷废”①。由此看来，武帝中后期以来西汉王朝“物盛而衰”的危机已经到来。汉武帝晚年虽已敏感地意识到问题的严重性，并为缓和矛盾、挽救危机而果断采取了“以明休息，思富养民”② 的调整举措，因而给日后呈现的“昭宣中兴”这一持续繁荣的局面，奠定了一时的基础，但武帝死后，尤其到元、成、哀、平之世，日益向保守腐朽转化的封建统治者，不但已与富商豪强兼并势力握手言欢，共同对广大的农民进行疯狂地兼并与掠夺，而且还成为大官僚、大地主、大商人的政治代言人。于是，随着皇权的腐败和土地兼并的再度盛行，广大农民与地主阶级之间的根本矛盾，亦随之愈演愈烈。然而，耐人寻味的是，西汉后期的皇权腐败以及由此而导致社会矛盾的全面激化，完全是由以皇后或皇太后为首的地主豪强外戚集团专擅朝政引起的。居摄三年（8 年），

① 《汉书》卷 83，《薛宣传》。
② 《汉书》卷 96，《西域传》。

外戚王莽虽然另建“新”朝且取代了刘氏政权，但为了巩固并加强自己的统治，缓和业已激化的阶级矛盾，又不得不对财政进行一番改革。历史表明，由于王莽的倒行逆施，他的一套所谓财经改革“方案”，不但没能起到摧抑兼并、缓和矛盾的作用，反而给整个社会带来了极大的危害，就连王莽本人亦最终落得个身败名裂的下场。不过，若仅就他的财经改革“方案”本身而言，王莽仍可称得上是中国历史上的一位涉及财经内容最广、推进改革速度最快而理财见解又最为独特的典型代表人物。正因为如此，若对王莽财经改革“方案”及其理财思想不细加整理、研究的话，那无疑将是中国财经改革史研究的一个严重缺漏。

第一节
西汉中后期社会矛盾的全面激化

王莽代汉连同他的一套财经改革“方案”，其实并不是什么心血来潮的偶然现象，而是自武帝开始，中经昭、宣以迄于元、成、哀、平之世，西汉百余年间社会政治、经济诸多矛盾相互作用与发展变化的必然产物。若具体而言，它是在皇权腐败，社会矛盾因土地兼并的再度盛行而全面激化，以及封建统治者因挥霍无度而造成国家财政的极大危机，统治集团内部已感到“汉历将终”，因而试图力挽狂澜的历史背景下出现的。有鉴于此，为便于深入分析王莽财经改革的具体内容及其“改制”失败的原因等问题，认清王莽“改制”前的西汉社会政治、经济等方面的基本状况，就显得尤为必要了。

一、西汉中后期“争于奢侈”世俗的形成及其严重危害

汉武帝及其理财大臣桑弘羊果断采取的专卖、均输、平准等一系列重大财经改革新举措，曾使一度激化的阶级矛盾有所缓和，且在经济上取得了“民不益赋而天下用饶”① 的显著成效。但随着国家财政的丰裕，统治阶级“争于奢侈”的腐败之风日益盛行起来。西汉后期，这种奢侈腐败的风气，竟达到一发而不可收拾的地步。据载，从武帝统治的中后期到元、成、哀、平之世，不仅皇室、贵族、豪强外戚集团过着姬妾成群、纵声酒色的荒淫无耻生活，而且朝

① 《史记》卷30，《平准书》。

廷上下的群僚百官甚至平常人家，亦竞相效仿，奢僭成俗。史云：“方今世俗奢僭罔极，靡有厌足。公卿列侯亲属近臣，四方所则，未闻修身遵礼，同心忧国者也。或乃奢侈逸豫，务广第宅，治园池，多畜奴婢，被服绮縠，设钟鼓，备女乐，车服嫁娶葬埋过制。吏民慕效，寖以成俗”①。当然，武帝中后期出现的“物盛而衰”危机征兆，其缘由固然是多方面的，但奢侈腐败之风的盛行，无疑是一个重要的原因。由此可见，在中国这样一个宗法封建专制统治的国度里，政局动荡与社会危机往往是由封建最高层统治集团的相互倾轧或奢侈腐败引起的，班彪所说的“危自上起”②，就已十分形象而准确地概括了这一历史现象。因此，为了深入分析封建统治者诛求无厌的贪欲，给整个社会造成的极大危害，我们先不妨把西汉中后期统治阶级奢僭成俗的种种表现作简要叙述。

1．治宫室，建第宅，极尽奢华雕琢堆砌装饰之能事

汉武帝是一位“雄才大略”的有为皇帝，但同时也是一位性好炫耀、挥霍无度的封建统治者。汉初宫室修建已具一定规模，其华丽程度尽管也不亚于秦代，但比之武帝以后，仍是比较俭朴的。从武帝开始，特别是盐铁专卖以后，由于财力充裕，杨可告缗后，又没收到大量钱财，于是，“宫室之修，繇此日丽”③。据载，武帝即位以来，仅大兴土木，营造离宫别馆苑囿一项，就耗费了巨大的人力、物力和财力。班固的《西京赋》记载，秦代不少阿房宫式的宏伟建筑，不但在武帝时重又装饰一新，而且其奢华富丽之程度，也是前所未有的。如当时最为宏大的长乐、未央、建章、甘泉四座宫殿，经修葺一新之后，既壮丽宏伟又极尽奢华，诚如史云：“非令壮丽亡以重威，且亡令后世有以加也”④。此外，汉武帝还为自己兴建了许多苑囿园地和专供妃嫔居住的“美人”殿。如上林苑乃是专供汉武帝打猎的一个场所，它不仅占地多达三百里，而且苑中还别建了七十余座离宫。这些建筑全部是雕纹刻镂，且饰以明珠珍宝，而苑内则以珍禽怪兽，名果异卉充满其间。在当时大兴土木、百般装饰的风潮中，一些达官显贵们亦竞相仿效。他们所建的楼阁台榭，起居寓所，大都追求高大宽敞、豪华气派，甚至不惜耗费巨资，从各地购置奇花异草、怪石珠宝，百般装饰各自的庄园。如业已专擅朝政的外戚王氏集团，在兴建自己的第宅时，更是极尽雕琢堆砌之能事，百般装饰，有如史云：“五侯群弟，争于奢侈，

---

① 《汉书》卷10，《成帝纪》。

② 赵翼：《廿二史札记》卷3引语。

③ 《汉书》卷24，《食货志》。

④ 《汉书》卷1，《高帝纪》。

……大治第室，起土山渐台，洞门高廊阁道，连属弥望”，“后又穿长安城，引内沣水注第中大陂以行船”①。王氏如此奢僭，百姓无不为之愤怒，且以民谣讥讽之，“五侯初起，曲阳最怒，坏决高都，连竟外杜，土山渐台西白虎”②。

2. 婚娶尤崇侈靡，丧葬奢僭“过制”

西汉的婚嫁聘财、嫁妆、婚宴三项花费，自武帝以后，在奢僭世俗日盛的影响下，已高到令人吃惊的程度。如皇帝聘皇后的花费，通常为“黄金万斤”。如莽女嫁为皇后事，竟一次收受皇帝聘财“黄金二万斤，为钱二万万”③。如此巨额聘财，在当时约相当于中家二千户的全部家产。尽管王莽在收受聘财时，曾一再表示“辞让”，但最后还是收受了6300万。而当时的群僚百官、富商巨豪的婚嫁费用，亦动辄数十万钱及至数百万钱。据载，蜀地巨富卓王孙嫁女卓文君时，除陪送文君“僮百人”供其使用外，还备有“钱百万，及其嫁时衣被财物”等。至于平常人家，每逢婚娶之喜，仅为筹备婚宴一事，竟至“一飨之所费，破终身之本业”④。

当时的婚嫁世俗是如此的侈靡，而在人死之后，亦往往是竞相奢侈，“过制”成风。据载，自武帝以后，厚葬之风，在当时颇为盛行，所谓“死以奢侈相高”，“厚资多藏，器用如人生”⑤ 即是明显例证。就拿耗费尤巨、经营多年且又终未建成的成帝昌陵来说，起初已选好了陵寝地点，后经陈汤、将作大匠解万年建议，决定另建昌陵，但因昌陵地势低下，结果耗时5年终未建成。成帝死后虽葬于延陵，然5年之中用于昌陵的耗费，甚为惊人，有如史云：“昌陵因卑为高，积土为山，……卒徒工庸以巨万数，……取土东山，且与谷同贾（价）。作治数年，天下遍被其劳，国家罢敝，府藏空虚，下至众庶，熬熬苦之⑥。也就是说，除用于士兵罪犯的工钱以亿作单位外，仅从东山取挑一担土的费用，竟与当时一石谷的价钱相等，其耗资之巨，可想而知。至于京师的贵戚豪富之家，每办丧葬之事，亦大多以奢侈相高，且盛行厚葬，诚如史云：“今京师贵戚，郡县豪家，生不极养，死乃崇丧，或乃刻金镂玉，檽梓楩柟，良田造茔，黄壤致藏，多埋珍宝，偶人车马，造起大冢，广种松柏，庐舍祠

① 《汉书》卷98，《元后传》。
② 《汉书》卷98，《元后传》。
③ 《汉书》卷99，《王莽传》。
④ 王符：《潜夫论·浮侈》。
⑤ 桓宽：《盐铁论·散不足》。
⑥ 《汉书·陈汤传》卷70。

堂，崇侈上僭”[①]。可见，在“大夫僭诸侯，诸侯僭天子，天子过天道”[②] 的西汉中后期，厚葬之风已使人们的孝道观念发生了严重的扭曲，似乎不奢侈就不足以尽忠孝，不厚葬就不足以称贤德。

3. 尽求衣着考究，纵恣口腹之欲

据《盐铁论·散不足》提供的资料，西汉中后期的皇室贵族，衣着华丽奢侈，大多是质地考究，做工精细且价格十分昂贵的丝绸织品或珍贵的皮毛制品。即使是一般的富豪之家，亦大都暑衣“缛绣罗纨，素绨冰锦”高档丝绸锦缎服装，寒着用貂、狐皮毛及其他珍稀野兽皮毛或鸭绒制成的袍子。此外，皇帝、官府用于赏赐的纺织品数量也十分惊人。《汉书》记载，武帝乃至昭、宣、元、成、哀、平几个皇帝，都曾有过赏赐布帛的事情，而且这类的赏赐又多是对全国所谓三老、孝弟、力田者、鳏寡孤独及年老者的普遍赏赐。如武帝在元封年间巡幸时，所过赏赐竟多达百余万匹帛。霍光死后，宣帝除所赐的缯絮甚多，还另有绣被百领，衣服五十箧。皇室贵族及富豪之家，不但尽求衣着华丽、考究，而且还十分重视口腹之欲，每食必“殽旅重叠，燔炙满案……众物杂味”[③] 俱全，此外，从有关考古资料中得知汉代在烹饪技法上已有羹、炙、炮、煎、蒸、濯、烩、脯、腊、熬等多种门类，足见当时花样复杂，吃法各异。当时的达官显贵们除追求餐桌上的丰盛佳肴外，还十分讲究四季时鲜菜肴的搭配食用，且嗜酒成癖。这种奢僭“吃喝”风，即使在民间，亦颇为盛行，凡每遇婚丧嫁娶、送礼待客之事，总要酒宴款待一番，以至日渐形成“百里之会，非酒不行”[④] 的民间陋习。

4. 大修宗庙以祭列祖，滥设祠堂以敬鬼神

与汉初相比，西汉中后期的统治阶级，无论在宗庙、园寝之设以祭列祖方面，还是在兴建各种祠堂以敬鬼神方面，均泛滥无度，且远远超过“古制”。据载，至元帝时，仅宗庙修建已达 176 所，园寝 30 所。为了祭祖，皇室每年一次竟耗费粮食 24455 石，用卫士 45129 人，祝宰乐人 12147 人[⑤]。而类似这样的祭祀活动，根据汉制规定，每年需进行“二十五”次[⑥]，若照此计算，皇室

① 王符：《潜夫论·浮侈》。
② 《汉书》卷 72，《贡禹传》。
③ 桓宽：《盐铁论·散不足》。
④ 《汉书》卷 24，《食货志》。
⑤ 《汉书》卷 73，《韦玄成传》。
⑥ 《汉书》卷 73，《韦玄成传》。

一年需要祭祖（176×25）4400次，其规模之大，耗资之巨，确实令人吃惊。王莽篡权以后，为了政治上的需要，更是假托天命，大修宗庙，于是“博征天下工匠诸画图，以望法度算，及吏民以义入钱谷助作者，骆驿道路。坏彻城西苑中建章、包阳、大台、储元宫及平乐、当路、阳禄馆，凡十余所，取其材瓦，以起九庙。是月，大雨六十余日。令民入米六百斛为郎，其郎吏增秩赐爵至附城。……太初祖庙东西南北各四十丈，高十七丈，余庙半之。为铜薄栌，饰以金银琱文，穷极百工之巧。带高增下，功费数百钜万，卒徒死者万数”①。可见，王莽这种为修宗庙而在所不惜的劳民伤财之举，较之武帝时代，更是有过之无不及。此外，滥建祠堂且以各种仪式祭祀名山大川、天地鬼神的迷信活动，自武帝执政以来，已日渐形成规模齐备的“郊社之礼”。据统计，成帝时全国已建祠堂683所，哀帝时又增至700余所，至王莽末年，自天地六宗以下至诸小鬼神之祠庙，凡千七百所②。由此可见，这种兴师动众、劳民伤财的“祭祀”活动，其耗资之巨，自不待言。

5. 贪恋声色，纵情淫乐

西汉中后期的统治阶级，在追求奢僭无度物质享受的同时，还贪恋声色，纵情于精神上的淫乐。据载，武帝时，其后宫的妃嫔美女多达数千人，且有乐女歌伎数千人，供其淫欢作乐，诚如史云：“淫纵恣之观，极驰骋之乐自若。金石丝竹不绝于耳，帷幄之私俳优侏儒之笑不乏于前”③。而当时的贵族官僚亦大都纵情声色，荒淫无度，如武安侯田蚡“堂前罗钟鼓，立曲旃，后房妇女以百数。诸奏珍物狗马玩好，不可胜数”④。武帝死后，尤其到元、成、哀、平之世，统治阶级纵情于精神上的淫乐已达到了极点，如元帝“日日撞亡秦之钟，听郑卫之乐，驰骋干戈，纵恣于野”⑤。成帝索性把朝中大权交给外戚王氏兄弟，终日让赵氏姊妹为他唱歌、跳舞，以助酒兴。哀帝较之成帝更为荒淫。据载，哀帝宠爱一个叫董贤的郎官，不但把他提升为附马都尉侍中，且与他朝夕相处，夜晚同眠，而且还诏董贤之妻进宫同住，封董贤的妹妹为昭仪，甚至不顾群臣的反对，欲将帝位“禅让”给董贤。其实，哀帝在位6年，国之权柄，均操纵在董贤和外戚之手。既然皇帝昏庸至此，且又迷恋于妃嫔艳女的裙下，

① 《汉书》卷99，《王莽传》。
② 《汉书》卷25，《郊祀志》。
③ 《汉书》卷64，《徐乐传》。
④ 《汉书》卷24，《田蚡传》。
⑤ 《华阳国志》卷5，《公孙述刘二牧志》。

那么富豪权贵们的纵情声色，淫欢作乐，自然会更加放荡无忌了。如当时已三世据权的王氏五侯，其骄奢淫逸之程度，亦足人骇人，正如史云："五侯群第，争为奢侈，赂遗珍宝，四面而至；后庭姬妾，各数十人，僮奴以千百数，罗钟磬，舞郑女，作倡优，狗马驰逐"[①]。

以上所述，仅是西汉中后期统治阶级奢僭成俗表现的几个侧面。尽管奢侈之风的盛行，也能大大刺激人们的消费欲望，并使汉代的手工技能和文化艺术达到较高的水平，甚至在一定程度上促进了当时商品经济的发展。但这种畸形的作用，与它给社会所带来的巨大破坏作用相比，显然是微不足道的。只不过当时的西汉社会尚处于汉武之后的持续全盛时期，奢侈之风的破坏作用，暂时被极盛一时的虚假繁荣局面所掩盖罢了。武帝死后，尤其到元、成之时，奢侈之风给西汉社会带来的巨大破坏作用，就暴露得愈加明显了。

首先，奢侈之风的盛行，除直接造成社会财富的巨大浪费之外，还最终使国家财政陷入"府库并虚"的严重危机之中。众所周知，在汉初，国家财政与皇室财政是各自分立的，前者属"大农"管，后者属"少府"管。桓谭《新论》记载：汉兴以来，国家财政年度收入中来自"百姓赋敛"的部分约为四十余万万，其中官俸支出占去半数。余下的一半（即二十万万）则作为"禁钱"，藏于"都内"（国库）。此外，园池作务之人每年约有十余万万，归"少府"掌管，以供皇室私用或诸赏赐之用。

由此可见，在支出少、剥削收入不多的"无为"时期，采用这种财政管理体制，国家财政自然要相对充裕一些。所以，直到武帝即位之初，仍是"京师之钱累百钜万，贯朽而不可校。太仓之粟陈陈相因，充溢露积于外，腐败不可食"[②] 的一片富庶景象。但自武帝中期开始，因出于"外攘夷狄，内兴功业"[③] 的"有为"政治需要，国家用度与日俱增，财政日渐"入不敷出"。与此同时，并兼豪党之徒，"宗室有土，公卿大夫以下争于奢侈，室庐车服僭上亡限"[④] 的奢侈腐败之风，亦迅速蔓延起来。于是，财政困乏的矛盾日益突出，特别是自元、成之世起，国家财政已陷入"府库并虚"的严重危机之中。

财政危机的出现，虽与奢侈之风的盛行有关，但其根源，却出在武帝中期以后这一极不正常的财政管理体制变化上。据载，武帝元鼎二年（公元前115

---

① 《汉书》卷98，《元后传》。
② 《汉书》卷24，《食货志》。
③ 《汉书》卷24，《食货志》。
④ 《汉书》卷24，《食货志》。

年），为解决财用不足的问题，决定设置“水衡”机构，其初衷有如史云：“初，大农筦盐铁官布多，置水衡，欲以主盐铁，及杨可告缗钱，上林财物众，乃令水衡主上林”①。这无疑是为了协助“大农”，加强对中央财政的管理。可在以后的实际执行过程中，从“告缗”中没收入官的财物以及“上林三官”统一铸币权后的所得收入，不但没有归属“大司农”掌管，反而被武帝划归到“水衡”下属的“上林”。显然，这一财政管理体制上的重大变化，实际上无异于把“水衡”钱划为皇室收入了。从《汉书·王嘉传》记载中，人们不难发现：元帝时，全国的年度财政收入总计约为八十三万万，其中“都内钱四十万万，水衡钱二十五万万，少府钱十八万万”②。由于水衡钱与少府钱均划归为皇室的岁入，从此，皇室岁入与大司农掌管的国家财政年度收入，便出现平分秋色，各占半数的格局了。大司农岁入主要来自人头税收入及盐铁、均输等官营事业的盈利，其总额尽管也有四十万万，但官俸支出却占去“一半”（即二十万万），余下的二十万万还须用来“治库兵车马”和支应日益膨胀的其他各项国家费用，这在当时不能说是捉襟见肘，但毕竟不很宽裕，而相比之下，皇室的岁入反而高达四十余万万。如此看来，自武帝元鼎二年起出现的皇室与大司农各占全国年度财政收入半数的这一极不平常的财政体制变化，确是为统治阶级的奢侈无度大开了方便之门。而史实亦正是如此，武帝以后，尤其到元、成之时，皇室的奢僭靡费已达到了惊人的程度。据载，汉代宫廷每年的膳食用费通常高达二亿，但从《汉旧仪·补遗》提供的“太官、汤官奴婢各三千人”数字看，仅为宫廷下厨做饭菜的竟达六千人之多，如果再加上专门为宫廷种植蔬菜，饲养禽、畜以至采买、运送山珍海味、果品等各类人员，其直接、间接为宫廷服务的人数当以万计，如此庞大的饮食消费人群，其每年的膳食耗费，自然要远远超过二亿。再如宫廷的服饰，据载，在京师由“东西织室”提供，京师之外，如齐郡的临淄、陈留郡的襄邑亦专设服官，负责宫廷服饰的制作。从《汉书·贡禹传》记载中，得知“东西织室”每年的用费约为“五千万”，齐三服官，作工各数千人，“一岁费数巨万”③。由此可见，宫廷每年用于服饰的费用总额，当不会少于饮食之费。又宫廷所用器物之费，据载，“蜀、广汉主金银器，岁各用五百万。三工官，官费五千万”④，这个数额仅是“少府”、

① 《史记》卷30，《平准书》。
② 《汉书》卷86，《王嘉传》。
③ 《汉书》卷72，《贡禹传》。
④ 《汉书》卷72，《贡禹传》。

“水衡”工官每年用于器物制作的花费，如果把各郡制造奢侈器物的地方官每年所需之经费亦计算在内，皇室每年的器物费开支则至少亦要1亿左右。仅上述三项用费之总额，宫廷每年就耗费达5亿之多。除此之外，再把皇室在婚娶、葬埋、车舆、宫殿陵寝园囿之设以及祭祀天地鬼神、名山大川等事项上的花费总括起来，其用度之浩繁，更是惊人。至于身处西汉末世且又专靠剥削寄生的权贵富豪之家，其骄奢淫逸、恣意挥霍之程度，往往僭于宫室。如成帝时的丞相张禹，虽政治上并无多大作为，可他却善于“货殖”，“多买田至四百顷，皆泾、渭溉灌，极膏腴上贾（价）”，且又“习知音声，内奢淫，身居大第，后堂理丝竹筦弦”[①]。而哀帝时的董贤更为荒淫。据载，他生前倍受皇帝恩宠，骄横无忌。哀帝一死，他即被没官抄产，县官变卖董氏家产时，其价值总额竟高达43亿[②]。此项巨款，若在“谷石三百余，民多饿死”[③]的灾荒之年，则可买谷1430万石，足见当时整个统治阶级奢侈腐败到何种地步。正因为皇室贵族乃至群僚百官只顾“贪财贱义，好声色，上侈靡，廉耻之节薄，淫辟之意纵”[④]，其国运衰微，伤财致穷亦势所必然。据载，从武帝中后期开始，西汉王朝就已显露出“功费愈甚，天下虚耗，人复相食”[⑤]的危机征兆。至西汉后期，则更因皇帝昏庸，外戚持权，群小日进，贤者不用，致使奢泰亡度，靡敝天下，“百姓财竭力尽，愁恨感天，灾异娄降，饥馑仍臻。流散冗食，餧死于道，以百万数。公家无一年之畜，百姓无旬日之储，上下俱匮，无以相救”[⑥]。

其次，奢侈之风的盛行严重阻碍社会物质生产的正常进行，贫富分化的加剧导致社会矛盾的全面激化。

自武帝中后期以来，由于没有大的战争消耗，加之昭、宣时期国家又及时采取了“与民休息”的政策，因而西汉社会相对稳定，人口迅速增长。有关资料统计，截至汉平帝元始二年（2年），汉代全国人口已增至近六千万。但随着统治阶级奢侈之风的盛行，其畜奴之风亦愈演愈烈。《汉书·贡禹传》及其他史料记载，元帝时，由国家占有的大量男、女“官奴婢”人数已猛增到十余万，若把一般富豪之家的私有奴婢亦一并计算，其官、私奴婢的数量就更为可

---

① 《汉书》卷81，《张禹传》。
② 《汉书》卷93，《佞幸传》。
③ 《汉书》卷24，《食货志》。
④ 《汉书》卷81，《匡衡传》。
⑤ 《汉书》卷24，《食货志》。
⑥ 《汉书》卷85，《谷永传》。

观了。为此，有的学者曾专就“官奴婢”所占汉末全国人口比例的问题，作过较为具体的测算：“当时（指元帝时）人口还不到六千万，即或是按平帝时人口数计算，假定六千万，而官奴婢数达十至十五万人，则每四百至六百人中有一个是官奴婢”①。足见官奴婢在汉代人口中的比例确是相当高的。然而，由于官奴婢多是社会地位卑贱的青壮年男、女，且又终身被幽禁在宫中园内，被迫从事诸如放牧牛羊或驯养狗马禽兽等观赏类动物的服务性劳动，以满足王宫贵族淫乐之需要。因此，官奴婢不但不能直接参与创造社会物质财富的生产性劳动，甚至连他们自己亦得靠其他劳动人民的血汗来供养，这实际上就等于官奴婢已经成了享乐集团的附属品了。可见，西汉后期大批歌童舞女、侍从仆人数量的增加，必然使本来就存在的农业劳动人手不足的矛盾更加突出。其实，统治阶级为了极尽耳目之欲，往往不惜抽调大批的能工巧匠、手工艺人，且耗费无数工时，以求得一件精美别致的“奇技淫巧”之物，正所谓“一杯棬用百人之力，一屏风就万人之功”②。不仅如此，即使是那些从事田间劳动生产的农民，亦往往会被统治阶级数以万计或数以百万计的抽去服各种繁重的徭役，如营造宫殿、陵寝等，这无疑使社会生产受到严重破坏。

统治阶级把大批的社会生产力用到非生产性的家庭奴役劳动方面，又将国家的巨额钱财耗费到奢僭无度的享乐消费方面，而很少进行生产性的投入，尤其是忽视对农田水利工程的兴建，使得社会生产在受到统治者“人为”破坏的同时，还要遭到自然灾害的无情惩罚。据载，武帝末期以来，由于国家一直没有进行过大的水利工程兴建，故从元帝开始，灾异屡降，农业连年不收，民多饥寒交迫，有如史云：“天下大水，关东郡十一尤甚。……齐地饥，……琅邪郡人相食”③。到成帝时更是“百川沸腾，江河溢决，大水泛滥郡国十五有余。比年丧稼，时过无宿麦，百姓失业流散”④。然而，统治阶级为了穷奢极欲，竟致“天下虚耗，人复相食”的灾情于不顾，反而变本加厉地对广大劳动人民进行横征暴敛，并抽调大批难民，从事繁重的徭役，因而这就使当时的贫富差距更加悬殊了，《盐铁论·散不足》里所反映的“百姓或短褐不完，而犬马衣文绣；黎民或糟糠不接，而禽兽食肉”这一真实情况，充分说明饥饿的难民已被逼上了一条绝路。西汉后期不断发生的饥饿流民的起义完全证明了这一点。

---

① 马大英：《汉代财政史》，中国财政经济出版社，1983年，第372页。

② 桓宽：《盐铁论·散不足》。

③ 《汉书》卷24，《食货志》。

④ 《汉书》卷85，《谷永传》。

奢侈之风的盛行，还严重地造成了社会道德观念的沦丧乃至整个社会风气的败坏。

大量史实表明，西汉中后期的奢侈之风，不但已严重到“吏民慕效，寖以成俗”的程度，而且它还使人们在社会道德观念的价值取向上发生严重的扭曲与逆转，正如贡禹在上元帝书里所指出的那样：“亡义而有财者显于世，欺谩而善书者尊于朝，悖逆而勇猛者贵于官。……故谓居官而置富者为雄杰，处奸而得利者为壮士，兄劝其弟，父勉其子，俗之坏败，乃至于是”①。其实，在奢僭成俗的西汉末世，社会道德观念的沦丧乃至社会风俗败坏的程度，尚远不止于此，诚如史云：方今世俗“公卿列侯亲属近臣，四方所则，未闻修身遵礼，同心忧国者”②，甚至为了贪财趋利，而败坏到“吏即少廉，民即寡耻”的地步。

二、西汉中后期外戚专权局面的出现与封建专制皇权的腐败

武帝即位之初，经数十年“休养生息”的西汉王朝，虽富国强兵，但潜伏于盛世背后的复杂交错的内外矛盾，仍对西汉的中央集权统治构成严重威胁。据载，当时危及皇权统治的主要政治势力，既有与地方诸侯王相勾结的兼并豪强势力，也有朝廷列侯、功臣等守旧实力派势力。因此，为了加强西汉的中央集权统治，汉武帝首先在文、景“削藩”政策的基础上，继续采取寓削于分的“推恩”法，同时更制定了左官之律与附益之法，进一步削夺地方诸侯王的军政、财经大权，以解除中央朝廷的后顾之忧；随后又采取了诸如削弱相权、设立“中朝”以及举荐策试等办法，提拔一批具有“内法外儒”的有为之士，并以皇帝近臣、亲信的特殊身份，参与朝廷的最高决策，进而逐渐取代崇尚黄老“无为”学说的军功守旧大臣。应当承认，汉武帝的上述系列做法，在强化中央集权，推行若干重大财经改革新举措等方面，确曾起到过十分重要的积极作用，但在汉武帝实行“外攘夷狄，内兴功业”的有为政治过程中，由于他有意识地把培植和利用外戚势力当作其维护与强化皇权统治的重要工具，因此，汉武帝的这一做法，就给西汉中后期的封建专制皇权统治带来了极为严重的后果。

众所周知，由以皇后或皇太后为首的大官僚、大地主、大商人政治集团引

① 《汉书》卷72，《贡禹传》。

② 《汉书》卷10，《成帝纪》。

起的宫廷政治，人们通常把它称作外戚政治。它作为中国宗法封建专制统治的一种特有现象，不但与两千多年来的封建社会相始终，而且还在历代宫廷的相互倾轧权力角逐中，一直扮演着极为重要的角色。而西汉又恰恰是中国历史上外戚政治表现尤为突出的时期之一。如果说汉初吕后势力的崛起只是拉开了西汉外戚政治的帷幕，吕后之乱多少带有某种历史偶然性的话，那么自武帝亲政起，尤其是从武帝临终前留下的由霍光等人辅佐“幼主”昭帝的遗诏开始，外戚专权局面的出现，便与西汉后期的皇权腐败结下了不解之缘。历史表明，武帝死后，以霍光为首的外戚集团即愈发骄侈纵横，干预朝政，并日益朝着腐朽的方向转化。自王政君为元帝皇后之时起，外戚王氏作为大官僚、大地主、大商人腐朽势力的总代表，更是充分利用他们与皇帝间的特殊姻亲关系，尤其是凭借着王氏皇后的淫威，排斥、打击异己，并成为皇权统治中的一个位尊权重的腐朽集团。至西汉后期，业已三世据权、五侯秉政的外戚王氏集团，不仅手操皇位废立之柄，挟天子以令诸侯，甚至竟假借符命，玩弄欺骗手法，在长安发动了一场宫廷政变，推翻了刘氏王朝，并以“新”朝取而代之。由此可见，王莽代汉及其“托古改制”的出现，并不是什么具有社会意义的一次改革，它充其量不过是由外戚集团的专擅朝政而引发的一场宫廷政变而已。尽管这一局面远非汉武帝所能预料得到的，可它却是武帝利用外戚加强皇权统治做法所导致的一种历史必然结果。

武帝即位时，朝、野各派守旧势力，为使自己日后处于更为有利的政治地位，便不遗余力地争着向这位年青的帝王施加影响。以武帝的祖母太皇太后窦氏为总代表的朝中元老派守旧势力，经数十年的“无为”治国，已成为西汉王朝的实际掌权者，当然希望武帝继续坚持“无为”政治，而以窦婴、田蚡为首的兼并豪党之徒在野派势力，尽管他们大多出身于“世家”，但由于对“学老子者则绌儒学”的当局早就大为不满，因此，为了使他们所一直鼓吹的“为政不得罪于巨室”、“经济放任”等儒家主张，能够有朝一日被置于“独尊”的一统地位，更是无时无刻不在窥测时机，图谋篡权。年犹未冠的当朝天子汉武帝，此时虽已“躬省万机”，开始处理一些国事，然而他自亲政的头一天起就被夹在儒老两种思想、朝野两大守旧势力的明争暗斗之中，这就使得武帝一时还很难有更多的作为。而为要尽快解决所面临的复杂交错的内外矛盾，以便从政治、经济上巩固和强化中央集权，除了合理而适度地推行秦国商鞅时的法家“有为”政治路线之外，已再没有别的选择了。

就在武帝推行“有力”政治的过程中，权势威重的丞相之位多被守旧实力派的人物所窃据，因此，要想加强皇权统治，推进“有为”政治，就必须裁抑相权。众所周知，汉兴数十年以来，因一直以黄老“无为”之术治国，故直到武帝即位之初，朝政大权仍操纵在以窦太后为首的宗室贵族、军功列侯等守旧势力派的手中。汉武帝为了实现自己的“有为”政治抱负，并将权力牢牢地掌握在自己手里，一方面通过举荐策试等办法，提拔一批出身寒微的儒家学者出任丞相，同时又以提高九卿地位的做法来牵制相权的过分跋扈。也就是说，凡位于九卿的朝廷命臣，可以不通过丞相而直接向皇帝秉奏。这样，朝廷的一切政务就全由武帝一人裁处了。另一方面任用一些近臣或亲信专门掌管朝廷的文书、奏章，并以“侍中”、“给事中”的特殊身份，直接参与军政大计的商议与决策，于是就逐渐形成了“中朝”与“外朝”的区别。“中朝”由皇帝的亲信大臣、侍从等官员组成，凡属重大的国策或决议，均由“中朝”予以公布，实际上成了权力在握的朝廷最高决策机构；而以丞相为首的公卿大夫及六百石以上官员所组成的“外朝”，则变成了只是秉承皇帝旨意办事的一般执行机构了。据载，汉武帝裁抑相权的举措，是从元朔五年（前124年）开始的。当时汉武帝任命《公羊春秋》学者公孙弘为丞相时，并未封他为列侯，而是改封为平津侯，这一变化说明以往的“丞相须为列侯”的旧制已不再适用，丞相的名位及权势显然已大不如前了。此外，汉武帝为了削弱相权，还有意识地提高御史大夫与太尉的地位。武帝亲政以前，御史大夫、太尉与丞相虽同为朝廷的最高长官，但因丞相有辅佐天子总理朝政之大权，故丞相地位最高。武帝亲政以后，由于“中朝”已是朝廷的最高决策机构，丞相又被排斥在“中朝”之外，故丞相之权日受裁抑。元狩二年（公元前121年），公孙弘去世，其丞相之位改由李蔡接任，张汤亦由廷尉晋升为御史大夫。张汤虽出任御史大夫，其名位亦只相当于“外朝”的副丞相，但实际上“汤每朝奏事，语国家用，日旰，天子忘食。丞相取充位，天下事皆决于汤”[①]。张汤因是武帝倍加“尊任”的亲信，故这位“外朝”的副丞相，不但可以照样参与“中朝”的最高决策，而且事实上他已是“中朝”决策机构里的一位核心人物了。如武帝后来于元狩三四年间推出的统一币制、算缗告缗法令以及盐铁专卖等重大财经改革新举措，可以说就是御史大夫张汤根据武帝的意图，先经“中朝”讨论决定再由“外朝”予以具体贯彻实施的。与此同时，为了抵制相权的过分跋扈，汉武帝逐渐把权力集中到由皇帝的亲信“侍中”、“给事中”等谋士组成的尚书台，专门

---

① 《汉书》卷59，《张汤传》。

负责文书、奏章等机密之事，规定：凡臣下的奏书，先要奏于尚书，再由尚书进于天子，面下丞相。由于朝廷的重大问题，皇帝都要与尚书议决于宫中，因此，尚书令实际上相当于皇帝的高级顾问。太尉自汉初以来就是分掌军事的最高长官，建元二年（公元前 139 年），亦即武帝即位的第三年，鉴于当时反击匈奴的民族自卫战争还尚未开始，加上那些闹割据搞叛乱的地方分裂势力刚刚被摧毁，故在大的战事相对不多的情况下，太尉官职暂被取消。元狩四年（公元前 119 年），形势已发生了很大变化，汉武帝为了彻底歼灭远处漠北一带的匈奴主力，决定在前两次重大战役胜利的基础上，向匈奴发起第三次反击，于是才将太尉改称为大司马，且冠以大将军之号，同时赋予大司马大将军以统领三军的大权。当然，武帝初置大司马时，已被任命为大司马大将军的卫青和大司马骠骑将军霍去病，还只是纯粹的军事长官，并不直接参与朝政，但随着西汉反击匈奴战略方针的胜利实现，尤其是卫青、霍去病在“外攘夷狄”征战中立有显赫功绩，大司马大将军的职位亦随之不断提高。到汉武之末，大司马大将军业已成为内秉国政，外掌军权，其权任高于丞相之上的显要之职了。然而需要强调的是，由于这一权要之位一直被武帝以后的新外戚人物所垄断，因此，这就给外戚势力的专断骄横，干预朝政，以及由此而引起皇权的日趋腐败大开了方便之门。

霍光字子孟，乃霍去病同父异母之弟。其父霍中儒原只是一个在平阳侯家供事的小县吏。自从卫子夫得幸于武帝且被立为皇后之日起，霍去病以皇后姊子贵幸，随后又被封为骠骑将军。霍去病富贵后不仅为其父买田宅奴婢，而且还把当时年仅十余岁的弟弟霍光带到京城长安，由为郎、为侍中，一直到为执政大臣，霍氏一家很快成了大官僚地主。去病死后，霍光即被任命为奉车都尉，光禄大夫，出入禁中二十余年，因他一向“小心谨慎，未尝有过”①，故深受武帝信任。后元二年（公元前 187 年）春，汉武帝病死于五柞宫。死前两天他曾召集亲信大臣在病榻前托孤，命大臣辅佐年仅 8 岁的昭帝执政。当时受命托孤的霍光，即被任命为大司马大将军，且领尚书事。大司马即太尉之改称，掌四方兵事；大将军乃将军之最高称谓；而领尚书事，即在皇帝左右主持尚书台的工作，负责文书、奏章等机密之事。可见，霍光已成为“中朝”官的实际领袖了。武帝死后，虽由昭帝继承皇位，但因昭帝幼小，故朝政“壹决于光”，加之霍光的外孙女又是昭帝的皇后，事实上，西汉外戚专权局面应自霍光始。

① 《汉书》卷 68，《霍光传》。

武帝晚年由于阶级矛盾日趋尖锐，为避免重蹈亡秦之覆辙，遂由进而退，改行收缩的政策，加之桑弘羊的一套财经改革新举措，触犯了大官僚、大地主、大商人的切身经济利益，因而不断遭到非议，如今武帝已死，其反对者的呼声自然更为高涨。作为向新的豪族转化的当权者霍光，急欲扩大自己的经济利益，但要一下改变武帝时的以打击富商豪强兼并势力为核心的财经政策，亦并非轻而易举之事。为此，当权后的霍光，一方面对富商豪强地主格外宽厚，“顺民所欲，从而予之”，以此换取他们对自己政治上的支持；另一方面仍拼命抓权，排斥、打击异己。昭帝始元六年（公元前81年）召开的“盐铁会议”，其实就是在霍光的主动支持下，由其心腹之臣杜延年一手策划的。“盐铁会议”名为一次总结性的会议，实际上则是以霍光为首的新老守旧派势力向以桑弘羊为代表的改革派全面发难、并试图否定武帝时代的“有为”财经政策的会议。尽管理财大臣桑弘羊在会议上据理力争、舌战群儒，但由于霍光的压力，会议最终还是以桑弘羊的部分让步、霍光当权者的得利而告结束。然而霍光并未就此罢手，会后，霍光更是“政由己出”，为了架空桑弘羊，竟专横地任命其亲信幕僚、素无功绩的杨敞为大司农，从而把财权控制在自己的人手里，随后又借“燕王旦”（即昭帝之兄长）欲废昭帝之事加害于桑弘羊，结果年已74岁的桑弘羊，就这样被霍光构陷致死。政敌既已被翦除，外戚霍光则更加唯我独尊、专横无忌了。据载，昭帝亲政时，他的几个儿子不仅都已被封为列侯，而且其子、婿、侄孙也均兵权在握。昭帝死时，他更是手操皇位废立之柄（即废昌邑王刘贺而改立宣帝刘询），挟天子以令诸侯，同时又将自己的亲生女霍成君送进宫内，立为皇后。就这样，女儿为皇后，外孙女为皇太后，自己又出任大司马大将军，领尚书事，而且还当上了国丈，其外戚专权的局面更加巩固了。霍氏家族不仅在政治上唯我独尊，专断跋扈，而且又颇善“货殖”，即以不正当的手法盈得更多的利益，以致成为大官僚、大地主、大商人的“三位一体”者。正因为假公济私，利出多门，亦官亦商在霍光当权后已越来越不受法律上的限制，故自昭帝末年起，朝廷中的公卿列侯亲属近臣们便大都兼营起“末业”来，而社会上的一些不法商贾亦在霍光外戚集团的卵翼之下，日渐恢复了元气。于是，在武帝“有为”财经政策的日渐变质、废弛以及逐“末”之风日盛的影响下，商业资本又再度急剧膨胀起来。

元平元年（公元前74年）四月，年仅23岁的汉昭帝病死在未央宫。由于大司马大将军霍光废贺立询，立有重大功劳，故权势威重。汉宣帝即位后，尽管霍光专断骄横，不可一世，但却好景不长，就在霍成君被立为皇后的当年，霍光病逝。汉宣帝是继武帝之后的又一位较为开明的君主，这位“不甚从儒术”而善“以刑名绳下”的皇帝，为使武帝时的功业重新得以恢复，遂于霍光死后的第三年，以霍禹等人试图谋反之罪名，将霍氏家族满门抄斩，自此法家思想又一度抬头。宣帝在位期间，一方面整肃吏治，任贤用能，使吏称其职，另一方面继续实行“与民休息”政策，轻徭薄赋，发展农业生产，同时为了使“谷贱伤农”的问题有所缓解，还及时采纳了大农中丞耿寿昌关于在边郡设立“常平仓”的倡议，因而使一度动摇了的西汉王朝又呈现出一时的繁荣景象，这就是所谓的“昭宣中兴”。然而宣帝一死，西汉的皇权统治即以江河日下之势向右逆转。黄龙元年（公元前 49 年）十二月，“少而好儒”的太子刘奭即位，是为汉元帝。这位生性优柔寡断、良莠不分且只知“纯任德教，用周政”[①]的皇帝，刚一上台就把朝政大权交给了出任中书令的宦官石显，而他自己却终日贪恋声色，极尽挥霍，于是宦官石显便趁机拉帮结派，专擅朝政，假公济私，大饱私囊。从此，武帝时的“内法外儒”格局被打破，经宣帝时大加整肃的吏治亦日渐为政治上的腐败所取代。而更为重要的是，武帝及宣帝时的一些“有为”财经政策，在霍光当权者及其儒学守旧势力的不断攻击下，相继被废止。如常平法、盐铁专卖政策同在元帝初元五年（公元前 44 年）被废除，即是明显例证。自王政君被封为元帝皇后之时起，外戚王氏集团，作为大官僚、大地主、大商人的朝中政治代言人，则愈发骄横跋扈，专擅朝政，其皇权政治更加腐败。竟宁元年（公元前 33 年）五月，元帝在荒淫中死去，其子刘骜即位，是为汉成帝。据载，汉成帝较之元帝更为荒淫。他即位后因内迷妖妃，无心料理朝政，遂将权柄交给了外戚王氏兄弟。其母王政君被尊为皇太后，拜王政君同母弟王凤为大司马大将军兼领尚书事。王凤的五个兄弟（王谭、王商、王立、王根、工逢时）也在同一天封侯，世谓“王氏五侯”。汉成帝在位二十六年，王凤、王音、王商、王根、王莽相继任大司马大将军，王氏家族有十人封侯，几十人封为列侯，可见，西汉政权实际上已被外戚王氏家族所控制。正因为成帝昏庸，外戚窃权，群小日进，嫉贤妒能，贪污腐化，日甚一日，所以，官僚经商日益盛行，土地兼并愈演愈烈，再加上元、成之时水、旱、虫灾的不断袭击，因此，被土地兼并吞噬的大批农民，甚至悲惨到了生者“困乏不

---

① 《汉书》卷 9，《元帝纪》。

能自存”，死者“不能自葬”① 的地步。《汉书》虽有“汉世衰于元、成”② 之说，但从成帝时的吏治情况看，实际上早已不是“衰”而是坏了。当然，自绥和二年（公元前7年）三月汉哀帝刘欣即位起，西汉吏治败坏之程度，更是可想而知了。据载，哀帝在位6年，由于他昏庸无能，贪恋声色，恣意挥霍，故国之权柄，皆由董贤与外戚所把持。大官僚、大地主、大商人的结合，已成为西汉政权的主要社会基础，而外戚的专权则又加速了皇权的腐败。因而随着官僚经商与土地兼并之风的盛行，农民与地主间的阶级矛盾亦随之日趋尖锐。对于这个腐败至极、摇摇欲坠的西汉王朝，统治集团内部已预感到“汉历将终”，气数已尽，他们希望通过改朝换代，来挽救行将倾倒的帝国大厦，而以权势威重外戚身份出现的王莽，则正是他们所依托的人。

王莽字巨君，乃元帝皇后王政君的侄子，成帝时即仰仗其外戚的权势受封为新都侯，并继他的叔父王根为大司马。哀帝即位后，因外戚丁、傅两家极有权势，王莽曾一度被罢官去职。元寿二年（公元前1年）六月，汉哀帝刘欣死，由于哀帝无子，加之两个皇后早亡，王政君遂以太皇太后之身份重揽朝政，同时颁旨封王莽为大司马，并下令：凡尚书发兵符节及京师禁卫军，悉归王莽统辖。元始元年（1年），王政君与王莽虽共立当时年仅9岁的幼主刘珩为平帝，但“太后临朝，委政于莽”③，刘珩实际上只是一个傀儡皇帝。王莽为了尽快实现其篡取刘氏天下的计划，又于元始五年（5年），借给平帝祝寿之机，用毒酒将其害死，而改立只有两岁的刘婴为帝，是为“孺子婴”，而他自称“摄皇帝”。居摄三年（8年），伪善的王莽终于废掉了孺子婴，自己当上了真皇帝，同时改国号为“新”，并取代了汉朝。

总而言之，尽管外戚王莽以“新”代汉的图谋终于得了逞，但皇权的腐败，社会的危机，却又已经到了不改革就难以存在的境地，于是，在“民有七亡而无一得”、民有七死而无一生”④ 的危难局势下，王莽的一套财经改革“方案”出台了。

三、西汉中后期的逐“末”之风与土地兼并的日益猖獗

从战国开始，由于私有制的确立和允许土地自由买卖，因而土地兼并也就

---

① 《汉书》卷10，《成帝纪》。
② 《汉书》卷93，《佞幸传》。
③ 《汉书》卷98，《元后传》。
④ 《汉书》卷72，《鲍宣传》。

成为一种必然趋势，而汉代又正处在地主制经济的上升阶段，所以社会经济越是向前发展，土地兼并活动也就愈益猖獗。大家知道，西汉王朝的财政收入与军队来源，主要出自“编户齐民”，而“编户齐民”中自耕农又占大多数，一旦大批自耕农失去土地，成为流民，或沦为奴隶，就意味着国家财政收入的锐减和阶级矛盾的日益激化。由此可见，土地兼并的日益加剧，不仅严重阻碍着社会经济的正常发展，而且直接影响了封建国家财政的筹计。

汉自高祖起，中经惠帝、吕后直至文景之世，一以贯之的“与民休息”放任财经政策使汉初的封建经济获得了长足的发展。然而事实证明，这种“抑小不抑大”的贱商法令和“轻田赋而重地租”的轻税政策，只对地主经济发展有利。广大的“编户齐民”，尤其是佃农的经济地位与生活状况，没有因此而得到多少改善，他们甚至贫困到了“卖田宅、鬻子孙”的地步，所以汉武帝即位之初“网疏而民富，役财骄溢，或至并兼豪党之徒以武断于乡曲”的土地兼并问题，已成为严重威胁西汉王朝统治地位的中心问题。汉武帝及其理财大臣桑弘羊为了维护和加强西汉的中央集权统治，及时而果断地采取了一系列旨在打击富商豪强兼并势力、大力发展官营工商业的财经改革新举措，因而在取得富国强兵的巨大成效的同时，也给富商豪强兼并势力以沉重的打击。但自武帝中后期开始，随着国家财政的日益宽裕，营造兴作、加重赋敛之举，也随之与日俱增，特别是太初年间武帝又发动对大宛的战争，前后动用了几十万兵力，耗时达4年之久，将士伤亡惨重，物资财力耗费甚巨，国力随之渐衰，而地方官吏私自加重赋敛、滥征民力的苛暴之举又层出不穷，加之此间水、旱、虫灾的不断袭击，许多农民终因失去土地而被迫流亡。南阳、楚、齐、燕、赵等地不断爆发的小规模农民起义，充分说明广大农民与地主阶级之间的矛盾正在加深。严峻的现实使武帝感到，若不改弦易辙，仍一意孤行，西汉政权随时都有被倾覆的危险。征和四年（公元前89年），汉武帝终于下诏，“深陈既往之悔”，并表示“当今务在禁苛暴，止擅赋，力本农，修马复令，以补缺，毋乏武备而已……由是不复出军”①。武帝死后，尽管昭宣时期继承了武帝时的“思富养民”政策，并使西汉社会再度呈现“吏称其职，民安其业”② 的“百姓充实”的持续繁荣局面，但自从外戚霍光当权后，尤其是桑弘羊的被迫害致死，西汉皇权便日益向腐朽的方向转化，大官僚、大地主、大商人的“三位一体”，

① 《汉书》卷96，《西域传》。
② 《汉书》卷8，《宣帝纪》。

实际上已成为这个政权的主要社会基础了。因此，随着武帝时的“有为”进取财经政策的蜕变、废弛，富商大贾的逐“末”之风也随之日渐盛行，土地兼并又再度猖獗起来。自元帝以降直至成、哀之时，土地兼并风潮已达到空前炽热的地步。广大自耕农日益丧失生产资料，或变为流民，或沦为奴婢。而西汉后期的王莽改制，可以说就是在社会矛盾因土地兼并的再度猖獗而全面激化，一个个试图限制兼并的改革方案相继破产的背景下应运而生的。

自盐铁会议之后，尤其是桑弘羊的被迫害致死，随着外戚霍光专权局面的形成和汉武帝打击富商豪强兼并势力“有为”财经政策的日渐变质、废弛，官僚、富商大贾的逐“末”之风亦随之迅速蔓延起来。据载，自昭帝末年起，新兴的不法商人即已出现，如在茂陵就有事先为昭帝囤积丧葬物品达数千万的大商人焦氏、贾氏，不久，这里又出了个赀至巨万的新富豪袁广汉。自元帝以降至成、哀之时，一些富商大贾便在吏治败坏、法令废弛的情况下，重操“商贾”旧业，东山再起，如元帝时的大酒商赵君都、贾子光等即以卖酒称霸于长安，侵渔小民，为百姓豺狼。自关中、临淄、洛阳到巴蜀，亦有一批大商人煊赫于一时，京师富人如杜陵樊嘉、茂陵挚纲，平陵如氏、苴氏、长安丹（卖丹药）王君房，豉樊少翁、王孙大卿等，“为天下高訾。樊嘉五千万，其余皆巨万矣。……此其章章尤著者也。其余郡国富民，兼并颛利，以货赂自行取重于乡里者不可胜数，故秦扬以田农而甲一州”①。这些大商人不但商业资本雄厚，而且更以放贷形式盘剥农民。如成都的罗裒，初来京师时只有数十百万，“为平陵石氏持钱（放债），其人强力”，石氏的资财仅次于如氏、苴氏，亲信罗裒，厚资遣之，令往来巴蜀，数年间致千余万。罗裒富贵后又去结交权贵曲阳侯王根和定陵侯淳于长，依仗权贵之势赊贷郡国，人莫敢负，同时他还兼擅盐井之利，一年之间“所得自倍，遂殖其货”②。而这些富商一旦发迹之后，还必然将其雄厚的商业资本转而投向对土地的收夺方面，结果使大批农民失去土地，或破产流亡，或沦为奴婢，如贡禹所云：“商贾求利，东西南北各用智巧，好衣美食，岁有十二之利，而不出租税，农夫父子暴露中野，不避寒暑，捽草杷土，手足胼胝，已奉谷租，又出稿税，乡部私求，不可胜供，故民弃本逐末，耕者不能半，贫民虽赐之田，犹贱卖以贾”③。由于武帝时的不准“食禄之

① 《汉书》卷91，《货殖列传》。

② 《汉书》卷91，《货殖列传》。

③ 《汉书》卷72，《贡禹传》。

家兼取小民之利”的禁令已废弛，加之外戚早已权柄在握，故自元帝时起，官僚经商形成风气。据载，当时朝廷自“诸曹、侍中以上”之官吏，几乎没有不从事私运贩卖的，贡禹在上元帝书中虽曾建议：不得私运贩卖，与民争利，犯者则一律“免官削爵，不得仕宦”①，但当时的官僚，却宁肯免官削爵，甚至冒“不畏死亡”之风险，也要“与民争利”。而这些早已“积钱满室”的富豪权贵们，并不以此为满足，为了贪财趋利，他们还凭借政治权力和雄厚的资本，大肆兼并土地。如元帝时曾出任丞相的匡衡，为谋私利，竟隐瞒侵占封田多达四百顷，这实际上就等于把每年本应归国家的田赋1000多石均据为己有了。至成帝时，则更出现了像丞相张禹那样的“内殖货财，家以田为业”② 的大官僚兼大地主大商人。而在土地兼并之风日益猖獗之时，豪强地主也是一支不可忽视的力量，在宣帝时，涿郡的东高氏、西高氏在郡内横行不法，故当时人们流传这样一句民谣：“宁负二千石，不负豪大家”③，其势之大可想而知。成帝时陈汤曾建议利用迁徙豪强的办法，制止豪强地主对土地的兼并。他说：“天下民不徙诸陵三十余岁矣，并东富人益众，多规良田，役使贫民，可徙初陵，以强京师，衰弱诸侯，又使中家以下得均贫富”④。陈汤此言似乎是为了强本弱枝，意在遏制兼并，其实，陈汤内心深处是看上了这块最为肥美的京师之地，即借迁徙之机，兼并更多的土地，“可得赐田宅”，为此，他曾向朝廷表示：愿偕妻子家属徙于初陵，由于成帝不知陈汤的“醉翁之意”，遂于鸿嘉二年（公元前19年）下诏：“徙郡国豪杰赀五百万以上者五千户于昌陵”⑤，然终因群臣的抵制而作罢。由此可以看出，西汉后期的土地兼并问题比西汉中期以前复杂得多。武帝前，徙富豪实关中，乃是打击豪强，抑制兼并的有效办法，但至成帝之时，竟有人利用迁徙豪强的办法，达到兼并土地的目的，而更为严重的是，迁徙豪强之举已遇到了强烈的抵制，以至成帝不得不收回成命了。

西汉中后期的土地兼并风潮，其主要兼并势力虽然仍是官僚贵族、豪强地主和大商人，但其中也有一些变化，其主要表现是官僚贵族、豪强地主和大商人三位一体的密切结合。

在武帝以前，商人在法律上受到极大限制，不许商人名田为吏，而贵族、

① 《汉书》卷72，《贡禹传》。
② 《汉书》卷81，《张禹传》。
③ 《汉书》卷90，《严延年传》。
④ 《汉书》卷70，《陈汤传》。
⑤ 《汉书》卷70，《陈汤传》。

官僚、地主也不准兼营商业。武帝以后，官僚贵族、地主、商人已结成一体，不仅商人可以名田为吏，而官僚贵族、地主也多兼营商业。如成帝时丞相张禹，就是官僚、地主、商人三位一体的典型代表。像这些一身而三任的情况，在汉武帝以前是没有的。从汉武帝时开始，大商人才钻到政府中来。有的则是官商勾结，狼狈为奸。如大官僚灌夫就勾结奸商“侵细民，家累巨万，横恣颍川”[①]。另外，从成帝下令“罢昌陵，止徙民”的情况，也说明地主、商人与官僚相结合、相勾结的威力，中央政府已无力控制地方豪强对土地的兼并。

在官僚贵族、豪强地主、大商人的勾结下，土地兼并风行一时，形成了“不耻为利者，满朝市，列田畜者，弥郡国”[②] 的形势。《盐铁论》卷 2 的《制权》描绘的情景比这更严重。书中写道：“贵人之家，……攘公法，申私利，跨山泽，擅官市，……兼并列宅，隔绝闾巷，阁道错连，足以游观，凿池曲道，足以骋骛，是以耕者释耒而不勤，百姓冰释而懈怠，何者？已为之而彼取之，僭侈相效，上升而不息，此百姓所以滋伪，而罕归本也。”上述一段议论，对问题的分析相当深刻，说明由于统治者的土地兼并，财富高度集中，对生产造成严重破坏，农民不肯生产，百姓冰释瓦解。并且指出了造成这种严重局面的根本原因，是“已为之而彼取之”。汉哀帝时的大臣师丹，根据当时“豪富吏民赀数钜万而贫者益困”的严重局面，提出了对贵族、官僚、富豪的土地、奴隶占有数量“宜略为限”的建议。哀帝接受了这个建议，并颁布诏书征求限田限奴的具体办法。其诏书曰：“诸侯王、列侯、公主、吏二千石及豪富民，多畜奴婢，田宅亡限，与民争利，百姓失职，重困不足，其议限列。”[③] 根据哀帝的诏书，师丹、孔光、何武等人共同拟定出一个限田限奴办法，规定：“诸侯王、列侯得名田国中，列侯在长安及公主名田县道，关内侯、吏民名田皆无得过三十顷，诸侯王奴婢二百人，列侯、公主百人，关内侯、吏民三十人，年六十以上，十岁以下，不在数中。贾人不得名田为吏，犯者以律论。诸名田畜奴婢过品，皆没入县官”。这个限田限奴办法公布后，对社会起了巨大的影响，使“田宅奴婢，贾（价）为减贱”。但是，就是这样一个限制不严，而又有空子可钻的限田限奴办法，也由于大官僚董贤，外戚丁明、傅喜等当权人物的反对，而没能实行。

---

① 《汉书》卷 52，《灌夫传》。

② 桓宽：《盐铁论·救匮》。

③ 《汉书》卷 11，《哀帝纪》。

西汉后期，由于盐铁、均输等财经政策的变质、废弛，加上由外戚把持朝政的皇权，已与豪强兼并势力握手言欢，同流合污，官僚、地主、商人投机放债，牟取暴利，勾结官僚，兼当地主，官僚占田“逾制”，奢僭无度，兼营商业，上争王者之利，下锢齐民之业，大大加剧了封建大土地占有制的恶性膨胀，而被兼并吞噬的个体农民不但日益贫困，甚至还要佃耕原有的土地，向地主交纳“见税什伍”的高额地租，而作为封建国家统治基础的小农经济一旦被破坏，必然使阶级矛盾大大激化，西汉后期局部地区出现的农民起义，足以说明西汉王朝行将覆灭的日子已为期不远了。

第二节
王莽财经改革“方案”的具体内容

一、王莽的土地“改革”方案

王莽的土地“改革”方案是在始建国元年（9 年）四月颁布的。他之所以提出这项“改革”方案，主要是为了解决土地兼并及农业劳动力缺乏这两个问题。其解决土地兼并的方式是“王田制”，解决农业劳动力缺乏的方式是禁止奴婢买卖。

（一）王田制

此前，已有师丹提出过限田的主张，不过并没有施行。而到了王莽时代，他却真的要付诸实施了。其实施的理由与办法大致如下：

1. 实施的理由

（1）以井田制为基础的什一税是理想的制度；

（2）秦坏井田，遂使贫富悬殊，流弊百出；

（3）汉代田租，号称三十税一，但外有更赋，更兼豪民侵陵，分田劫假，实为十分取五（即地主收十分之五的地租，而国家只向地主收三十分之一的税，农人负担奇重，国家收入甚少，余均为地主所占有，地主净得三十分之十四），结果是民不聊生。

2. 改革的办法

（1）更名天下田曰王田，不得买卖——这样可以防止兼并；

(2)“男口不盈八”的家，限田九百亩，超过之数必须分给九族——这样可以达到限田；

(3)原来无田者可以重新分得，即一夫一妇田百亩[1]。

王莽王田制的精神，只在乎抑制兼并，达到“耕者有其田”的目的，并不在乎要收土地为国有，所以他只是说，“更名天下田曰王田，更名，只是更改名义而已，又，王田制要保留井田的遗意，来表现限田的实质。实际也不是机械的恢复井田古制，而是“托古”之中有创新。但它抑制兼并，必然要损害大地主的利益，从而必然要遭到大地主的反对。况且在封建社会，土地买卖已成习惯，今强制不准买卖，必然造成犯罪，以至刑不胜刑，史载坐买卖田宅抵罪者，不可胜数[2]。

关于此点，王夫之曾加以评论。他指出，限田之法，在武帝时尚可行，在哀帝之后，便终不可行。其原因是武帝之世，去三代未远，而天下怨秦至深，极欲改制以复古，且豪强之兼并未盛，而盘据之情尚浅，故尚可行。然暂行之，而弱者不能有其田，强者不能禁其兼，故其效果也不能持久。至于哀帝以后，积习已久，强者沽之，弱者安之，必欲限之，徒以扰之而已[3]。可见王田制在王莽时代已是行不通了。

为什么王莽还要把土地收归国有？在他看来，宣布土地国有是遏止兼并和实行他的土地分配制度的先决条件。因为大地主的土地在原则上是国有的，不能自由买卖，则兼并之风自然被遏止，而土地分配即可按照他的主观愿望进行，不再受大地主集团的阻挠。这虽是他脱离当时实际条件的主观空想，但他企图通过国家所有制以遏止土地兼并这一点，却未可厚非。只要土地私有制存在，特别是在豪族大地主与土地小私有农民并存的情况下，土地兼并是必然的趋势。要消灭兼并只有消灭土地私有制本身才有可能。然而，王田制和中国历史上其他一切土地问题方案一样，都是注定要破产的，但从理论上考察，王田制从改变土地私有制和土地的商品性质着眼，其认识比其他一切土地问题方案的建议者的认识都深刻得多。

王田制关于一夫一妇授田百亩的分配方式，也绝非所谓井田制的简单恢复。如王莽的理想实现，其土地制度仍是封建地主的土地所有制与自耕农并存

---

① 《汉书》卷99,《王莽传》。

② 《汉书》卷24,《食货志》。

③ 王夫之:《读通鉴论》卷2。

的一种制度。地主家庭在“男口不盈八”条件下可以拥有九百亩土地，则原有大地主们的合法土地限额是每户九百亩。男丁在八口以上的地主家庭，其超额人口之土地如何分配倒是小问题。问题在于“男口不盈八”，可以理解为七口、六口以至于一口的大地主也可以合法地保留九百亩土地。如此，则大地主们不难以析产方式将家庭化大为小，于是人口众多的大地主家庭虽有数千亩土地也可以分解为限额以内的合法土地。他的“男口不盈八”这一灵活规定不是无意的疏忽，而是有意地作此规定以减少一部分大地主们对新政策的反抗。如此，岂非王莽的土地政策就毫无作用。不然，因为总有些大地主家庭的人口很少或人口虽多而不能及时析产，这样，就会形成许多超出法定限额的土地。更重要的是土地买卖如能禁止，它就至少可以遏止土地兼并。从这方面看来，王田制在实际上仍是另一种方式的限田制度。

王莽的土地“改革”方案存在一个很大的缺点。既然原来的地主阶级仍可能在王田制下保持相当大量的土地，则剩余下来可供分配与无地农民的土地必然不多。从当时的户口数与已垦田地亩数的比例关系说，即使没有地主阶级存在，每户只可能得60多亩，不可能使所有农户都分配百亩土地。何况占总人口极少数的地主阶级仍占有大量土地，则无地农民可能分得土地的户数决不会怎样的多①。即使王莽能毫无流弊地贯彻其土地政策，仅就土地不敷分配，不能使很多农民分到土地这一事实来看，就足以迫使其土地政策全部破产。其次就生产方式看，当时的剥削阶级不论是豪强地主或者是富商大贾，他们的剥削对象离不开农民，他们的占有对象离不开土地。在这种前提下，王莽既欲维持封建的土地占有制度，则他采取任何的政策，都无法解决当时最严重的土地问题，再次从逻辑上说，王田制的规定中并没有说明是否应给佃农分配土地。如给佃农分配土地那又似乎否定了地主土地所有制。如不给佃农分配土地，所谓一夫一妇授田百亩之说，显然又是不切实际的空谈。

王田制公布后三年（始建国四年，即公元12年）即自动取消，恢复土地自由买卖。据史书所载，王田制废除的原因是“制度又不定，吏缘为奸”，和“农商失业，食货俱废，民人至涕泣于市道，及坐卖买田宅……自诸侯卿大夫至于庶民抵罪者不可胜数”②。从这些记载中可以看出，王莽的土地政策既不符合客观实际，也不能满足农民的土地要求。至于豪强地主们的反抗，王莽已有

---

① 李宏略：《中国农民负担史》第1卷，中国财政经济出版社，1991年，第110页。

② 《汉书》卷99，《王莽传》。

力量镇压他们。在王莽取得政权之初，声势正盛，汉家诸侯王、外戚及官僚地主处境岌岌可危，在当时的情况下，他们很多人也还不敢反抗新朝政令。新莽王朝的新贵虽受封公、侯、伯、子、男、附城等爵位者共有1300余人，而王莽借口“图簿未定”，不实际以国土分封，令他们在京师按月领取薪俸。以至“诸侯皆困乏，至有庸作者”[①]，也就是说有不少王莽王朝的新贵人还来不及变成新的大地主，因而新土地政策与他们不发生多大关系。至于一般中小地主，他们的土地未必能超过最高的合法土地限额，亦无反抗新政策之必要。

王田制所遭到的阻力有以下几方面。第一是制度不定。“男口不盈八”这一灵活规定，固然可以使王莽的政权与一部分大中地主阶级妥协，但也是酿成纷乱的原因之一。执行政策的官吏在此灵活的规定下有充分的机会上下其手，营私舞弊，给政策之推行造成极大困难。第二是禁止土地买卖。废除土地买卖是王莽土地政策的基本部分。但在封建经济中，无论兼并之风如何盛行，土地小私有制仍会占相当优势。因此，土地自由买卖不仅是地主阶级的要求，也是自由农民的要求。农民阶级不断在分化，地位上升的农民固然要求能自由购进土地，而破产的农民也要求能自由出卖土地。一旦禁止土地买卖，将使迫切需要买卖土地的农民陷于法网。再加上政策颁布之初，既可能有人想通过私买以获取自己欲得的田地，私自买卖事件愈多，陷于法网者愈众。第三是抵罪者太多，至刑不胜刑。由于前两个原因，各阶级、各阶层的人犯法者“不可胜数”，使政府感到刑不胜刑，又使天下谣喙纷起，大为骚动。第四是生产停顿。犯刑者众已是影响农业生产的原因之一。更重要的是，王莽的土地政策保证了每户地主的九百亩合法土地，即使有丁男八口，也不可能耕种汉代的九百亩地，何况地主家庭不可能都有丁男八口，那就必须由佃农代地主耕种，于是广大的无地农民仍被束缚在地主阶级的所谓合法土地上，不能分得土地。这又完全失去了制定王田制以解决农民土地问题的意义。再加上实际可能用于分配给无地农民的土地又不多，其结果最多不过是在地主阶级之间进行一次土地再分配，而绝大多数无地农民只是望梅止渴，无法获得土地。在新的土地政策下，无地农民在期待、观望、失望、不满过程中，其生产情绪必然大为低落。故“农商失业，食货俱废”是必然结果，这就给新莽王朝以极大的威胁。

总之，王莽的土地政策之失败，主要不是由于豪族大地主的反对，而是它使社会各阶级和各阶层均感到不满，引起了社会纷乱和生产停顿，迫使王莽不

---

① 《汉书》卷99，《王莽传》。

得不放弃其政策，取消土地限额和恢复土地自由买卖。王莽的王田制实行的结果，证明它完全是失败的。但是王莽对王田制的采择却充分显示了他的一项重要经济思想：如果要遏止兼并现象，就要改变土地私有制，取消土地自由买卖的商品性质。但他却不懂得，当生产力发展水平还处在以分散的，单个家庭劳动的状况下时，与它相适合的也正是封建地主的土地所有制。尽管土地兼并是与这种生产力状况相适合的封建所有制下的一种必然祸害，但要改土地私有制为国有制并禁止土地自由买卖，却是违反社会发展规律的幻想。

（二）禁止自由买卖奴婢

在师丹等所提出的限制奴婢人数方案后十余年，王莽提出了另一解决办法：即更奴婢之称谓为“私属”并不得自由买卖。他认为买卖奴婢时使其与牛马同栏，任意杀害奴婢以及掠卖人之妻子为奴婢等事，均不合于“天地之性人为贵”的本义。这种看法，形式是唯心的，而内容却是很现实的。可他又认为如有违命犯法的人被没为官奴婢，则是万分应该的。至于因债务关系而出卖自身或子女为奴婢之事，是否也悖于“人为贵”的原则，他却不曾提到。

由此可知，王莽所要解决的只是私奴婢问题，与官奴婢毫不相干。他不采取限制奴婢使用人数的办法，而采取禁止奴婢买卖方式以杜绝私奴婢的来源，同他实行土地国有制的精神在理论上是一致的。这个办法如果真能切实贯彻，则若干年后必然使私奴婢绝迹，但官奴婢还可以大量存在，谈不上什么奴婢解放。

此外，从他只禁止私奴婢的买卖，以及将奴婢买卖问题与王田制并列地提出这些事实看，他有保证农村劳动力的重要经济意图。在鼓励一夫一妇受田百亩的土地小私有制情况下，如不限制破产农民的抛弃田地、卖身为奴婢，其结果会形成有田地而无人耕种以致影响农业生产的现象。

禁止买卖私奴婢的政策同王田制一样，是注定要失败的。九百亩的最高额合法土地既已有规定，原来拥有超额土地及大量奴婢之家在超额土地分出以后，自不能不出卖一部分奴婢以适应其新的剥削收入水平。农民在豪族地主、商人及高利贷的压迫下，随时均有出卖本身或子女为奴婢的可能，而个别的地主或官僚家庭亦不免有时因趋于衰败而出卖其奴婢，这又是封建社会中政治权力无法予以阻止的经济变迁。王莽既不能从经济上保证现有奴婢之家不必出卖其奴婢，又不能从经济上杜绝奴婢产生的根源，徒以一纸命令禁止买卖奴婢，其政策当然非失败不可。故他不得不于三年后，与废除王田制同时，取消禁止买卖奴婢的命令。但王莽并未因禁止奴婢买卖政策的破产而完全放弃他的主张。天凤四年（17年）王莽下令要蓄奴婢之家对每一奴婢纳口钱3600钱，亦即将奴婢口钱增加为30倍（汉高祖定国赋120钱）[①]，用财政征课方式以限制私奴婢之使用，寓禁于征。

容许官奴婢的大量存在而禁止私奴婢的自由买卖这一政策，以及后来对私奴婢使用的寓禁于征的办法，使王莽和他的政权从地主阶级中孤立起来，既未代表自己阶级的利益，也未代表劳动人民甚至奴婢的利益。因此，王莽的上述办法，只能以失败而告终。

总之，无论是以遏止土地兼并为目的的“王田制”，或是以增加农业劳动力为目的的禁止私奴婢买卖，其最终目的都是为了巩固王莽贵族大地主集团的政权。但他采取的解决矛盾的办法，却与他的政权赖以建立起来的和他自己也要努力维护的封建私有制绝不相容，这就使他在事实上触犯了豪族大地主阶级的利益，所以在稍后反王莽政权的斗争中，地主阶级的武装也参加了这一斗争。可是，他又不是一个贵族剥削阶级的“背叛者”，事实上也确实给劳动人民带来了损害。他站在自己的地主阶级立场上与农民对立，又站在自己的皇帝宝座上与豪族大地主乃至整个地主阶级对立起来。这一切都导源于他的解决现实矛盾的错误办法，王莽的悲剧也就在这里。

二、王莽的“六管”经济政策

王莽于始建国二年（10年）二月颁布六管令。所谓“六管”，是王莽对工商业经济活动的管制措施。它所涉及的范围除以工商经济活动为其主要管制对象外，关于财政税收及对人民的非生产性贷款等项也规定在六管范围之内。其具体项目系指盐、铁、酒由政府专卖；铁布铜冶由国家铸造；名山大泽由国家管理；五均赊贷由政府办理。他说：“夫盐，食肴之将；酒，百药之长，嘉会之好；𨱆，田农之本；名山大泽，饶衍之臧；五均赊贷，百姓所取平，必卬于市，虽贵数倍，不得不买。豪民富贾，即要贫弱，先圣知其然也，故斡之。”[②]

换言之，应管制的都是些与国计民生密切相关的商品或行为。这些事物非每一人家所能从事，却又是人们所必需的，其价格虽高，人们亦不能不需要。豪民富商常借此以剥削贫弱人民，故非加以管制不可。在王莽以前，倡议经济管制者虽有《管子》作者与桑弘羊，但对管制政策的必要性都不如王莽讲的

① 《汉书》卷1，《高帝纪》。

② 《汉书》卷24，《食货志》。

透彻。

六管不是事先计划好的全套经济管制政策。这是在王莽即位后次年（始建国二年，公元10年）先后公布的一系列经济措施，最后才总称之为六管。大抵盐、铁专卖是因循旧制，此外或为王莽所创行，或采取旧例而有所增损。其推行程序是货币改制在先，五均赊贷次之，盐、铁及名山大泽的管制又次之，最后羲和（新定的官名，即以前的大司农）鲁匡建议恢复酒专卖。六管行至王莽败死前一年方行废除，它是王莽的经济政策中实行最久的一种。

关于王莽的货币改制我们将专门讨论。盐、铁专卖王莽只是接承旧制，此处不再讨论。以下将分析五均赊贷，名山大泽之征课及酒专卖。

（一）五均赊贷

五均赊贷为王莽所推行的经济管制措施中最突出的一部分。他在公布五均赊贷措施时说是为了“齐公庶，抑并兼”。《周礼》泉府之官有赊贷的办法；《乐语》记有五均事，所谓五均（原意是均市贾）是“天子取诸侯之土以立五均，则市无二贾，四民常均，强者不得困弱，富者不得要贫，则公家有余，恩及小民矣”[①]。王莽将此二者结合起来并加以发展，设立五均赊贷。事实上，这就是王莽的城市经济政策。先不谈这个政策的本身怎样，仅就对城市实行广泛的经济管制措施来说，实为我国历史上的创举。

五均就是政府对工商业经营与物价所给予的统制与管理。它的执行主要集中在几个大的都市。故王莽将推行五均的大都市称之曰五均市。他曾设立了六个五均市，即长安、洛阳、邯郸、临淄、宛及成都等大都市。原有长安市令及各市的市长改称之为五均司市师。市师下面设置交易丞五人，钱府丞一人。洛阳为中市；邯郸为北市；临淄为东市；宛为南市；成都为西市；长安原有东西两市，东市改称京市，西市改称畿市。故六大城市共有七个五均市[②]。五均市推行的经济措施有以下几项[③]：

(1) 平定物价。王莽称之为“市平”。各市以四季的中月即每年的二、五、八、十一月的商品价格作为基础，按每种商品的质量定为上、中、下三种标准价格，即所谓“市平”，亦即《食货志》所称：“诸司市常以四时中月，实定所掌，为物上中下之贾，各自用为其市平，毋拘它所”。规定平价这一办

① 《汉书》卷24，《食货志》。

② 《汉书》卷24，《食货志》。

③ 以下均见《汉书·食货志》和《汉书·王莽传》。

法在王莽以前尚无人实行过。此种价格措施表明王莽已懂得从市场的客观过程中去寻找平价的根据，而不是主观地强制规定，使它具有一定时期的稳定性，又能按期自动调整。这是历史上可能发现的最早而粗具体系的价格规定。

（2）平准业务。商品价格上涨超过平价时，政府按照平价抛售商品。反之，如商品价格低于平价时，则听其自由买卖。他认为这样可以防止富商的囤积居奇。《食货志》称："万物卬（昂）贵，过平一钱，则以平贾卖与民，其贾氏贱减平者，听民自相与市，以防贵庾者。"这一措施与桑弘羊的平准及以往平粜都是贵卖贱买以稳定价格水平。王莽的办法是先规定一个标准价格，作为管理市场价格的依据。如市场价格超过标准价格，则由政府按标准价格强制收购后再行抛售。而此标准价格须每季调整一次，以适应商品生产的实际变化。王莽时代所面临的物价问题，不再是惧怕价格跌落而是如何防止其上涨。所以，在平准活动中规定在平价以下的市场价格任其自由活动。这又一次证明王莽决不是机械的抄袭前人旧法，而是以前人的理论再结合现实条件予以发展。

（3）收购滞货。关于五谷布帛丝棉等重要民用商品，他另有规定办法。他认识到这些重要民用商品如因一时滞销不能出售，必然会影响社会再生产。规定在这些重要商品滞销时，他的政府即按滞销商品的成本予以收购，不使折本。《食货志》说："众民卖买五谷布帛丝绵之物，周于民用，而不售者，均官有以考检厥实，用其本贾取之，毋令折钱。"这一措施反映出王莽不仅认识重要商品在国民经济中的重要作用，还认识到成本以及保证不亏蚀成本在商品生产与流通中的重要意义。

（4）赊贷。赊贷之说始于《周礼·泉府》，王莽将其列为五均市的经济任务之一。赊与贷是两种措施：赊是借钱与城市居民作非生产的消费之用，贷是借钱与小生产者作生产的资金。凡居民因"祭祀丧纪"而需钱者，由市钱府将工商业者缴纳的税款借给他们备用。由于这是不生产的消费，故不收取利息，故称之曰赊，意谓"赊而不取息也"。赊借的期限，"祭祀无过旬日，丧纪无过三月"即须归还。这种无息的非生产贷款的贷放对象是一些小领主贵族，一般人民是享受不到这种优惠待遇的。王莽的无息赊贷对象当然也不是普通的城市贫民，而是留居城市中的中小地主，因为只有他们才会暂时需要举债，才能定期偿还。至于生产贷款，其期限较长，而且须支付利息。他的取息方式与周礼不同。周礼的利息是以各贷款者所从事之行业应交纳的税率为利率计算的，譬如贷款万钱，以什一税税率计算利息为千钱。王莽的办法是按借款生产者的纯利润收取利息。他说："欲贷以治产业者，均受之。除其费，计其所得受息，毋过岁什一。”也就是说不论借款之多寡，其利息是除开成本以后再以不超过十分之一比率分享纯利润。照此看来，贷款利率有很大的伸缩性，以生产事业的获利能力为转移，对生产者来说，这不算高利贷，因为这在他的纯利润中最高不超过百分之十。看来贷款利息不一定很高，否则决不会推行了十几年而未出现反对此办法的呼声。

撇开利率的高低问题，我们应注意的，首先是王莽的货款取息方式。他虽然还不可能理解利息的来源是利润，却是以利润率来确定利息率了。其次，他的贷款措施是以小本经营为对象，不是贷放与大工商业者，这从“欲贷以治产者”一语可以看出，如系贷放与大工商业者，其利息的计算方式是很难实现的。王莽对成本问题非常重视，除收购滞销重要日用品时以成本为收购价格外，对生产贷款的取息也以成本为基础而在其纯利润中抽取。在王莽以前的思想家中，把成本这一概念应用到商品生产与流通方面和规定在政府政策之中的还很少见。

（二）名山大泽之征课

对名山大泽产品之征课反映了王莽鼓励生产的措施及其财政概念。就《汉书·食货志》所载看来，山泽产品之征课，绝不限于几个五均市才有此规定，各郡县也负有此项任务。此项经济措施的内容大致如下①：

第一，工商业者从事开采金银铜锡，凡能“登龟”或“取贝”者，可向市钱府申报，钱府在一定的时期予以收购，即所谓“皆自占司市钱府，顺时气而取之”。矿冶产品及可用作货币材料的龟贝等商品由政府严格管制，各从业者不能自由在市场出售，只能卖与政府许可的商人。

第二，凡在山泽从事于生产或经营鸟兽、鱼鳖、百虫、畜牧及其他产品者；家庭妇女从事桑蚕、织纴、纺绩及补缝者；从事工匠、医巫、卜祝及其他方技者；从事商贩及开设旅店者；均须向所在地的县官申报。各项事业，除其成本外，计其利润之十分之一以为“贡”。所谓贡其实就是捐税，相当于现代的所得税，这也是中国财政史上的创举。经营上述工商业不向政府申报，或申报不实而有隐瞒者，没收其商品并罚作一年的劳役。

以上各项工作，平市是由均衡物价来限制商贾；收购滞货是保护生产者的；抛售物资是保护消费者的；赊贷是由金融角度来限制高利贷，并予平民以便利；收税更是从财政角度来限制暴利与懒惰的，“又以《周官》税民：凡田不耕为不殖，出三夫之税；城郭中宅不树世者为不毛，出三无之布；民浮游无

---

① 以下均见《汉书》卷24，《食货志》。

事，出夫布一匹；其不能出布者，冗作，县官衣食之”①。上列各项，均成为“齐众庶，抑并兼”的实施政策。

王莽的工商经济措施虽过于繁细，但捐税种类的繁细，自封建政权建立以来早已成为客观存在的事实，并非创始于王莽。对山泽财富的广泛开发，以往一直未取得合法认可，王莽政权对各个行业予以征课虽说加重了人民的负担，但也公开地肯定了山泽财富生产的合法性，这是值得称许的。

（三）酒专卖

自昭帝元始六年召开盐铁会议并废除酒专卖以来，已有90年。鲁匡建议恢复酒专卖的理由是：“酒者天下之美禄，帝王所以颐养天下，享祀祈福，扶衰养疾，百礼之会，非酒不行。”“绝天下之酒，则无以行礼相养”，所以，非开酒禁不可。但是，如开放酒禁而不加限制，则“费财伤民”，故需由政府专卖，如此既能适当供应，又可稍事限制。其实质就是设酒专卖以增加封建财政收入。酒专卖的特点在于它的经营方法相当的周密细致。

其经营办法是以30万斤为一均，作为在一个规定地区出售的标准量。酒店分销以“五十酿”为限度。其价格的确定采取下述过程：每一酿须用粗米二斛及麴一斛的价格加起来以三除之，即为酒一斛的标准价格。故三斛酒的价格等于二斛粗米及一斛麴的价格之和。但每酿有成酒六斛六斗，亦即除去每酿所消耗的米成本而外，尚有三斛六斗酒的余额，此余额价格约等于二斛四斗粗米及一斛二斗麴的价格的合计，亦即为每一酿的毛利润。然后将此毛利润以十除之，以其中的三份为各种材料、燃料、工具消耗及工资开支等费用，其他七份都是盈余。就是说消耗二斛米及一斛曲即可得到相当于一斛六斗八升米及八斗四升曲的价格的纯利润，亦即84%的纯利润。至于原料以外的开支则不计入成本之内，仅按毛利润的三成提出以为支付。这样一来，产量愈少愈不利于工资的支付，产量愈多则工资部分的开支增加。由于它在产品产量与直接生产者的收入之间保持了直接的联系，因而可以大大地刺激生产，大大地提高劳动生产率。酒的价格既与米麴的价格维持固定比例而随后者的市场价格以为涨跌，则酒与米的比价亦可经常维持一定的比例。总之，从这些经营管理方法上看来，都比较的细致，不是粗枝大叶、漏洞百出的规定。

六管的主管机关是羲和。这羲和乃由王莽所取名，原名大司农。羲和为办理六管，派遣命士到各郡督察，每郡派有数人。这些命士均属大商贾出身。他

① 《汉书》卷24，《食货志》。

们不给俸禄，但实际是和地方官吏勾结，专门盘剥小工商业者与农民，攫取不义之财。可见王莽虽以“齐众庶，抑并兼”为号召，但所用非人，“每一斡为设科条防禁，犯者辠至死”。“奸吏猾民并侵，众庶各不安生”①。这便是六管的总结。五均与六管的关系如图3－1所示。

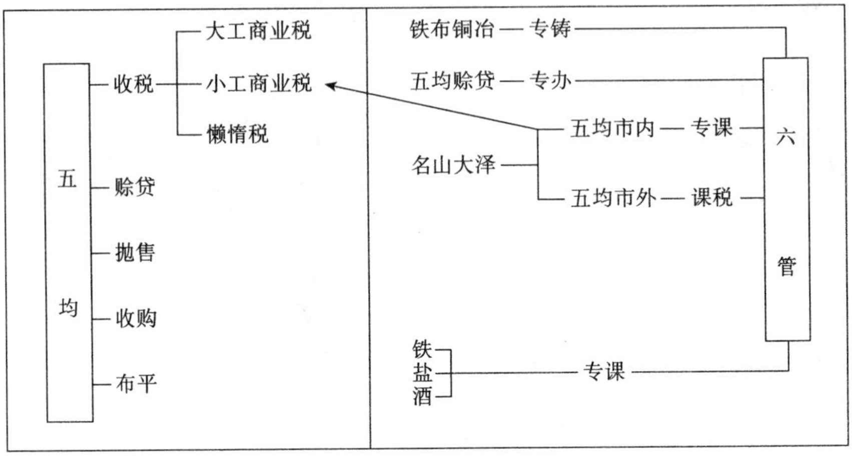

图3－1　五均与六管的关系

六管政策推行了十余年。到地皇三年（22年），因“天下溃畔，事穷计迫”才准备废除，未及正式废除，莽于次年即败死。

六管政策思想每一管都有其历史来源，但他在六管的许多具体措施上都有新的补充和发展，而且有不少还是前所未有的创举。王莽在六管政策上可以说是集以往各时代的经济管制措施之大成。当然，六管政策的阶级实质是地主阶级的政权对城市商品经济的财政榨取。但上述这些措施若与“王田制”及货币改制等相比其合理的成分可能会更多一些。

三、王莽的币制改革

在王莽的各种经济改革措施中，货币改革的次数最多，他在短短的八年中曾进行了四次币制改革。第一次币制改革是在居摄二年（7年）五月，此次改变币制系在当时流通的五铢钱之外，妄称效子母相权之意，另增三种货币，其

① 《汉书》卷24，《食货志》。

体系如下[1]：

五铢	每枚值一
大泉（重十二铢）	每枚值五十
契刀	每枚值五百
金错刀	每枚值五千

大泉的含铜量只比五铢钱大一倍多，而名义价值却为之的五十倍，只就这一点来看，显然是极不合理的货币制度。

王莽取得政权后于始建国元年（8 年）废止契刀、错刀与五铢钱。其原因是他以为刘字中有“金”、“刀”字样，而五铢钱又系汉家钱币旧制，为了抹去汉室在人们思想中的影响，故废止刀币及五铢之使用。另发行“小泉”，重一铢、每枚值一以代替五铢钱，而大泉仍旧通用，每枚值五十。此为第二次币制改革。

始建国二年（9 年）12 月第三次币制改革时所实行的是“宝货”制。宝货分为五物、六名共二十八品。所谓五物系指五种不同的币材如龟、贝、金、银、铜；所谓六名系指六种货币如黄金、银货、龟币、贝币、布与泉等。其二十八品宝货的交换比值规定如下：

（1）泉货六品：

小泉（重一铢）	每枚值一
幺泉（三铢）	每枚值一〇
幼泉（五铢）	每枚值二〇
中泉（七铢）	每枚值三〇
壮泉（九铢）	每枚值四〇
大泉（十二铢）	每枚值五〇

（2）黄金一品：

黄金	每斤值一〇〇〇〇

（3）银货二品：

普通银	每流八两值一〇〇〇
朱提银	每流八两值一五八〇

（4）龟宝四品：

子龟（五寸以上）	每个值一〇〇

① 以下均见《汉书》卷 24，《食货志》。

侯龟（七寸以上）	每个值三〇〇
公龟（九寸）	每个值五〇〇
元龟（一尺二寸）	每个值二一六〇

（5）贝货五品：

贝（不盈寸二分）	每个值三
小贝（寸二分以上）	每朋（二贝）值一〇
幺贝（二寸四分以上）	每朋（二贝）值三〇
壮贝（三寸六分以上）	每朋（二贝）值五〇
大贝（四寸八分以上）	每朋（二贝）值二一六

（6）布货十品：

小布（重十五铢）	每枚值一〇〇
幺布（十六铢）	每枚值二〇〇
幼布（十七铢）	每枚值三〇〇
厚布（十八铢）	每枚值四〇〇
差布（十九铢）	每枚值五〇〇
中布（二十铢）	每枚值六〇〇
壮布（二十一铢）	每枚值七〇〇
弟布（二十二铢）	每枚值八〇〇
次布（二十三铢）	每枚值九〇〇
大布（一两）	每枚值一〇〇〇

上列二十八品货币，只有龟币中的元龟一种，非百姓所能保有，必须入太卜受值，其余均可流通于民间。但二十八品的货币，种类繁多，比值复杂，使用起来，十分不便。故民间拒而未用，仍私用五铢钱。因此王莽下诏，排斥五铢钱："敢……挟五铢钱者为惑众，投诸四裔"。王莽又以为盗铸不禁，由于立法太轻，"乃重其法，一家铸钱，五家坐之，没入为奴婢。吏民出入，持布钱以副符传，不持者，厨传勿舍，关津苛留"。

这次货币改革是规模最大的一次，也是失败最大的一次。王莽见五铢钱排斥不了，宝货推行不下去，乃废置龟、贝、金、银等币，但行小钱值一，与大钱五十，二品并行，暂时缓和局面。

这次货币改革，在学理上说起来，还是铜本位制，一切金、银、龟、贝的货币，均折合于铜币，以表示其价值，所以这些金、银、龟、贝的货币，还属于辅币。但普通所谓辅币，均为本位币的分数币（百分制或等差制），而王莽的所谓辅币，反成为本位币的倍数币（自三钱到万钱，即为三倍到万倍），分数币的辅币，不妨为名义货币（名价≥实价），因其价值仍着落于本位币；但倍数币的辅币则不宜为名义货币；否则轻重倒置，站立不稳，老百姓孰能信之？故倍数币的龟、贝币，自始即未能行用；所谓宝货制，一开始便是半身不遂的货币制度。此外辅币的形式庞杂，光怪陆离，使人眼花缭乱，当然还是一个次要的缺点。王莽只从货币的流通方面考虑，没有从货币的价值方面着想，这是一个致命伤！

这一次货币改革的原则，据他自己说是“宝货皆重，则小用不给；皆轻，则僦载烦费；轻重大小，各有差品，则用便而民乐”。货币铸造是何等复杂的理论和实际问题，而他只注意到铸币各品种间的轻重等差。他把古代学者所谓的币值的轻重错误地理解为货币本身重之多少与大小；错误地理解子母相权之意；对货币的名义价值、实际价值毫无考虑；将久已过时的龟贝也选为币材。有人说：“中国历代币制的失败，多有别的原因，而不是制度本身的缺点。只有王莽的宝货制的失败，完全是制度的失败。”① 这是很正确的论断。

宝货制实行后，人民不接受这种不必要的繁复货币制度，它的流通发生了困难，五铢钱仍是事实上的流通手段。王莽不得已只好宣布暂停龟贝、布币的流通，专行值一的小泉与值五十的大泉两种货币。到天凤元年（14 年）又进行第四次的货币改制。此次改制还未忘情于“金银龟贝之货”的制度并增减其价值，但主要则为废除大小泉，改为货布及货泉两种：

货泉（重五铢）	值一
货布（重二十五铢）	值二五

此次改制较前几次稍有进步。第一是恢复五铢钱制度，但改其名称为“货泉”以适应人民的习惯。第二是提高了货布的含铜量，并降低其对货泉的比值。这样，两者的真实价值之比和两者的名义价值之比之间，不至于相差很悬殊。此外是大大简化了货币的品种。对于行之已久的大泉让其继续流通六年，以后即不许再流通。实际上大泉之存在绝不会等到六年，因为大泉重十二铢而规定与重五铢之货泉作一对一的比值行使，即使人民不以大泉私行改铸货布，也会将其毁销作为其他用途的。总而言之，这表明王莽对货币名义价值与实际价值的意义的了解，远远地落在西汉初期以来已出现的一些货币见解的后面。

王莽的货币改制给当时的人民带来极大的损害，也给他自己的统治带来崩

① 彭信威：《中国货币史》，上海人民出版社，1958 年，第 73 页。

溃的命运。他在全部货币改制的过程中犯了几个极其严重的错误。第一是变动频繁，从公元7年到公元14年的八年间，共进行了四次货币改制。不谈他每次改制的本身存在很多显而易见的错误，即使制度本身无错误，这样频繁的变动，也难树立起人民对新币流通的信念。第二是对旧币处理方法不适当。他不懂得货币一旦流通，即成为人民手中财富，绝不会任意废弃。他每次改变币制都是简单把旧币废弃不用，对旧币收回无善后办法。最后一次货币改革也不过准许大泉继续合作六年，至于六年以后又当如何也未加考虑。这样的措施是使持有旧币的人们，特别是工商业者的货币资本受到极大的损失。《汉书·食货志》说王莽“每一易钱，民用破业”，这是必然的结果。第三是货币制度本身的缺陷。像宝货制那样光怪陆离的货币制度，在世界货币史上也是绝无仅有的奇闻。他将货币当作一代新起封建王朝的装饰品，但求制作精美，花色繁多，忽略了货币本身还自有它独特的社会机能。最后一次改制的缺点虽已较少，但以往所留下的弊害已深，回天无力，不能不自食其果。第四是只知求助于政治权力，不懂得货币流通有它自己的客观规律。以为货币价值可以由统治者任意规定，一切货币问题均可运用封建法权予以解决。他不懂得一切经济措施，包括货币措施，如果违反了它们本身的客观规律，任何政治权力不但显得无能为力，而且还将增加纷扰。王莽的货币改制存在这样多严重的缺陷，岂能不失败。任何货币政策的失败都必然会使社会各阶层的人民普遍蒙受损失，而中下阶层人民所受的损失也必然更为惨重。

第三节
从王莽财经改革失败中得到的启示

王莽夺取政权以后，曾尽可能地改变汉代的制度，以表示他与汉王朝有所不同。但在政治方面他所进行的一系列变动，如改变官职爵位的名称等，都可以说是些毫无意义而又徒滋纷扰的举动。但他在经济方面所采取的一系列措施，不论其成效如何，大多数都是有针对性的，决非全无意义的无聊举动。仅就这一点来说，王莽特别重视经济矛盾是肯定的。至于能不能解决这些矛盾，那是另一问题。

在中国封建时代的历史上，进行经济改革的项目所牵涉到的面最广阔的要推王莽，而经济改革之推行和失败最快的也要推王莽。其他的改革家大都在社会经济领域的一个方面如农业、工商业或财政上进行改革，而王莽几乎在这些方面都接触到，特别是对农、工商业的改革更是齐头并进，这是中国历史上绝无仅有的。他以始建国元年四月到二年十二月这一年多时期内先后公布了改革土地的王田制，禁止私奴婢的买卖，实行了光怪陆离的宝货制，推行了干涉范围极广的六管政策。历史上从来没有一个经济改革家曾经在一生中采取过如此之多的经济措施。更谈不到在一年多时间内全部加以实行了。可是禁止田地及奴婢买卖的规定只在形式上维持了大约 3 年即被迫取消；宝货制一开始即未全部行通，很勉强地拖了 3 年多又不得不自行改变；只六管政策维持了 12 年多。

不谈王莽经济改革的后果如何，既有这许多具体措施，必然有据以制定这些措施的经济观点。从经济思想的角度观察，须肯定王莽对下面一些问题已有一定认识：（1）他已认识到土地私有制和土地商品化是土地兼并产生的根源，而土地兼并既是促成小农经济破产的根源，又是佃农倍受侵凌、劫掠的根源。只有宣布土地国有，禁止买卖，才能遏止兼并，从而缓和尖锐的阶级斗争，维持封建统治秩序。可是，他却不知道只要封建生产方式存在，小农经济必然无日无夜地分化，佃农必然受到地主阶级的残酷剥削，而兼并之风也不可能根本停止。（2）他认识到私有奴婢的增加和土地兼并有很密切的关系，要解决奴婢问题必须首先解决土地兼并问题。私奴婢的大量出现是农村劳动力缺乏的根本原因。（3）他认识到凡与国计民生有关的重要商品应由政府严加管制的必要性，在这一点上他的体会比前人都深切。（4）他认识到标准价格与成本的重要作用，特别是成本概念是他的许多经济政策所考虑的极重要因素之一，这些也是前人不十分注意的经济问题。当然，他对这些问题的认识也并非完全清晰、正确。（5）他似乎已意识到利息产生于利润，而利息率也决定于利润率，这又是他以前的思想家从来未接触到的问题。（6）最重要的是他非常重视社会经济矛盾。在古代社会中，尤其是封建最高统治者中，只此一点已经是很难得的。我们应该肯定王莽对当时存在的一些重要社会经济矛盾已大致有所认识，并企图全面地予以解决，虽然他解决这些矛盾的办法并不一定正确，也未收到什么效果。

王莽所面临的一些社会经济矛盾，几乎全是西汉帝国所产生的新问题。其中土地兼并及奴婢问题虽是先秦时代早已存在的客观事实，但它们成为严重而亟待解决的社会矛盾却是西汉中期以后才被提到历史日程上来的。同时，他所采用来解决问题的办法，大多数是西汉以来的学者和政治家们所采用过的办法，这些办法，有的采自前人的学说，也有的是他自己的创见。但是，他之所以要借用先人的做法，绝不是为了以一个新的生产关系代替旧的生产关系，也不是要使现存生产关系改变得更有利于生产力的发展，而是以一个新的王朝代替旧的封建王朝和为了自己政权的巩固。

总而言之，从王莽改制的全过程看，由于他的改革举措多是只凭主观意志而不顾客观规律的一意孤行，因此，在他改革措施刚一出台的同时亦就内含着失败的因素。其主要错误有：第一，地主土地私有权之建立到王莽时已有数百年之历史，根深蒂固，已成为封建经济的擎天玉柱。他在封建生产方式的上升发展时期禁止土地自由买卖，违反了历史发展规律。其结果必然酿成极大的纷乱。第二，奴隶在封建社会中本来是一种残余形态，如果处理的方法适当本可以不致发生巨大纷扰。王莽既坚持官奴婢的持续存在，又不能从经济上杜绝私奴婢的根源，贸然以一纸命令禁止私奴婢的买卖，这在实践中无疑是行不通的。第三，他推行经济改革，却不从经济上采取措施以保证其改革的实现，而是一味仰赖于封建政治权力的高压政策，使犯者抵罪，五人连坐，最后弄到犯罪者不可胜数，政府罚不胜罚。

此外，王莽的财政思想，尽管基本上是进步的，但其财政措施，却是失败的，这主要是因为：

（1）急于求成。“莽性躁扰，不能无为”。他做了皇帝（假皇帝与真皇帝）便马上托古改制，各种新政，同时并举，其结果，头绪纷繁，照顾不及，终于一项失败，项项失败。

（2）急功近利。王莽号称“齐众庶、抑并兼”，实际上是分享商贾之利，攫为己有，商贾的利益，受到损害，自然引起反感与反抗。货币改革也是这样。

（3）改良反而改恶。王莽的改革，是改良主义，并不是革命，例如推行王田制度，一方面要限田，并分配余田，但实际既未分配余田，更未触动地主土地；另一方面，地主既仍存在，而又要禁止王田与奴婢的买卖，那自然要矛盾百出，流弊丛生了。

（4）泥古不适于今。王莽“每有所兴造，必欲依古”，如行王田，必须根据“井田”；为行五均，必须根据《乐语》，上溯《周礼》；为行币制改革，必须借重龟贝，模仿刀币。但时代不同，要求殊异，古制沿用，难免发生扞格，难于施行（如龟、贝币即其显例），泥古不化，确为思想上的障碍。

（5）凭借权力而不顺乎规律。实施经济措施，必须顺乎经济规律，然后方可顺利推行。但王莽只迷信法律和权力，认为严刑峻法便可强迫推行，但其结果，刑不胜刑，还是行不通。于是只好迁就事实，废置新法，丧失威信，而在这强力推行的过程中，已埋下种种恶果，终于引起纷扰，自取灭亡。

（6）倒行逆施。物价波动与土地买卖，在地主封建社会，还有些许刺激作用，未可彻底限止；王田禁止买卖，在那时说来，与其说是进步的，毋宁说是倒退的制度。王莽货币改革时，废置旧币，并不收兑，绝不照顾持有货币者的牺牲与损失，这也是属于倒行逆施的行为。

（7）残暴成性。王莽杀戮臣下，不胜枚举。此外，又毒死平帝，迫死儿子。在推行货币改革时，严刑峻法，更是惨无人道，除上面已有引证外，兹再引《王莽传》中的一段文字，以见其残暴无道达于极点："民犯铸钱，伍人相坐，没入为官奴婢。其男子槛车，儿女子步，以铁锁琅当其颈，传诣锺官（铸钱官），以十万数。到者易其夫妇"。所以最后的结果是："天下溃畔，事穷计迫，乃议……除井田奴婢山泽六管之禁；即位以来诏令不便于民者皆收还之。"

这样陷入全盘的失败，也作出了全盘的否定，只有 15 年历史的"新"莽政权终于被轰轰烈烈的农民起义所推翻。恩格斯说："当某一个国家内部的国家政权同它的经济发展处于对立地位的时候——直到现在，几乎一切政治权力在一定的发展阶段上都是这样，——斗争每次总是以政治权力被推翻而告终。经济发展总是毫无例外地和无情地为自己开辟道路。"① 王莽政权的垮台，正是这一客观规律的生动证明。

---

① 恩格斯："反杜林论·暴力论"，《马克思恩格斯选集》（第三卷），人民出版社，1972 年，第 222—223 页。

第四章

魏晋南北朝时期的财政改革

经过东汉末年的军阀混战，出现了我国历史上长达三个半世纪的魏晋南北朝时期。期间，虽然军阀割据，战争频仍，王朝更替，但这只是一个方面。从另一个方面看，这一时期短期的统一还是有的，财政制度也进行了不少改革，而且孕育着和萌芽了一些新制度的因素，有的成为隋唐时期财政制度的开端，在中国财政发展史上产生着较深的影响。所以，这一时期的财政改革仍然值得分析研究。

第一节 魏晋南北朝时期的社会危机

魏晋南北朝时期，既然中原逐鹿，战乱不止，统治阶级为什么还要热心于财政改革呢？这是由当时的政治、经济和财政等特定原因和特定环境所决定的。

一、动荡时期的阶级矛盾与民族矛盾

魏晋南北朝时期的政治动荡，首先表现在封建割据政权的频繁更替。东汉末年，全国出现了袁绍、刘备、袁术、曹操、孙策等军阀割据的混乱局面。建安元年（196 年），曹操利用汉献帝，取得了“挟天子以令诸侯”的地位，陆续吞并了北方许多军阀，成为北方最强大的割据势力。赤壁之战后，出现了魏、蜀、吴三国鼎立的局面。至司马炎于泰始元年（265 年）建立西晋，使自初平元年（190 年）董卓之乱出现的分裂割据局面归于统一。然而，西晋的统

一也是短暂的。建兴四年（316 年），晋愍帝败降于匈奴族首领刘曜，宣告了西晋的灭亡。司马睿在南北世族地主的拥戴下在建康称帝，又建立了东晋政权。晋室南下之后，中国北方的匈奴、羯、鲜卑、氐、羌等少数民族纷纷内迁，在北方先后建立了十六个割据政权。即成汉、后凉、后秦、南燕、后燕、北燕、后赵、前燕、前秦、西凉、北凉、前赵、前凉、南凉、西秦和夏。这些割据政权，存在的时间更短，最后都被鲜卑拓跋族所消灭。经过这 135 年割据混战之后，中国并没有出现全国统一的政治局势，而是划江而治的南北朝。北朝至中大通六年（534 年）又走向分裂。相继出现了东、西魏，北齐、北周四个封建政权。至建德六年（577 年），北周武帝灭北齐，又统一了中国北部。南朝东晋政权自建武元年（317 年）成立，至永初元年（420 年），被刘裕所废，建立宋朝。在宋末内战中掌握了禁卫军的萧道成，于升明三年（474 年），废去宋朝，自立为帝，改国号为齐。中兴元年（501 年）雍州刺史萧衍带兵攻入建康，灭南齐，建立梁朝。至太平二年（557 年），陈霸先废梁朝，又建立陈朝。581 年，杨坚取代北周政权，建立隋朝，并于开皇九年（589 年）灭掉南陈，南北分裂局面才告结束。

这里之所以要叙述南北朝时期由分裂走向短暂统一，由短暂统一再出现分裂的历史，目的在于指明这一时期封建政权更替变换的频繁性和政权存在的短暂性。从三国鼎立至隋建立（220—581 年）的 361 年中，先后出现了 36 个封建政权，最长的算是东晋，存在了 107 年；其次是北魏，存在了 95 年；再次是西晋，存在了 51 年；至于其他的封建政权存在的时间就更短了。封建政权像走马灯似的更换，这在中国历史上乃至世界史上都为罕见，可谓南北朝时期政治上的一个突出的特点。这时期的历代封建政权都面临着废立的政治危机，这就决定了每个朝代的统治阶级必须从两方面去努力：一是随着政权的更替而改变国家的财政制度及其他制度，否则新建立的封建政权就不能存在。因为新的政权取代旧的政权之后，所面临的政治、经济、军事等各方面的情况与原来旧政权存在时发生了很大的变化。新的统治者为了保存其政权，就不能不对原来的制度或多或少地加以改革，以适应新的发展需要。二是新的政权建立后，统治者无一不是想世世代代的让政权长久存在。为此，统治者就不能不从长远计议，调节各种关系，加强中央集权。而财政是调节各种关系的杠杆，统治者只有从此入手才能达其目的。所以，统一下的封建政权需要财政改革，分裂状态和非常时期下的封建政权也同样需要财政改革。

在魏晋南北朝时期，政治方面的危机主要是地主阶级与农民阶级之间的矛盾的激化。在魏晋南北朝时期，因为政治动乱，战争频繁，社会经济衰败，统治阶级为了获取浩大的军费战费和其他开支，不惜用杀鸡取卵、涸泽而渔的手段对广大劳动人民进行敲骨吸髓的剥削和搜刮。因此，阶级矛盾异常尖锐激烈，农民起义此起彼伏，反抗斗争遍及各地。这一时期较大的农民起义，西晋有李特和李雄领导的六郡流民在益州的起义。起义队伍有十余万人，横扫绵竹，涪陵、梓潼、赤祖、汉德、巴西、德阳、广汉等州县，最后攻取了成都，建立了农民革命政权，使西晋王朝在巴蜀的统治宣告结束。与此同时，在长江中下游也爆发了张昌和杜弢、王如领导的起义大军。起义军拥众百万，南征北战，波及20多个州县。东晋有孙恩和徐道覆领导的农民起义，很快控制了会稽、临海、永嘉、东阳、新安、吴县、吴兴、义兴等八郡。后期，起义军又进军福建、广东、广西、湘南、江西广大地区，前后持续了12年之久。北魏有六镇兵民大起义和河北农民大起义。孝昌元年（525年），二十多万饥民在河北地区又爆发了起义，这次起义共持续了四年多。永安元年（528年），青州流民在地方豪强的欺凌下，又发动起义，"旬朔之间，众踰十万"。朱大渭先生主编的《中国农民战争史》（魏晋南北朝卷）统计，三国时期的大小农民起义共有50次，南朝67次，北朝114次，总计330次。魏晋南北朝时期（从曹魏政权出现到隋统一）共361年，平均一年多就发生一次农民起义，可知阶级矛盾激化到什么程度。阶级矛盾是因为统治阶级的残酷剥削造成的，统治者为了缓和阶级矛盾以巩固其政权，也必须对原有的财政制度加以改革。

除此之外，民族矛盾也是魏晋南北朝时期政治上一个非常突出的问题。东汉以来，我国西、北、东北边陲的许多民族陆续向内地迁移。特别是十六国时期，少数民族内迁达到高峰。史言五胡乱华，其实内迁的少数民族远远超过五种。当时，内迁的主要民族有匈奴、羯、鲜卑慕容部、鲜卑拓跋部、氐、羌、巴、賨等。这些民族随着封建化的趋势逐渐壮大，有不少在北方建立了政权。这一时期的民族矛盾来自两个方面：一方面是少数民族政权统治者对中原汉族的剥削和欺压。另一方面就是汉族政权对诸少数民族的歧视、压迫和剥削。如魏晋时，内迁的少数民族不仅被征用当兵，还要缴纳租调。西晋的户调式中有夷人"输賨布"、"输义米"、"输算钱"的规定，就是对少数民族进行剥削的记载。《晋书》卷101《刘元海载记》中写到匈奴右贤王刘宣曾怒斥："晋为无道，奴隶御我。"由此说明西晋统治者对少数民族剥削和压迫的惨重。东晋南朝历届统治者，对少数民族派遣各种徭役，强迫征收赋税，手段更酷于魏晋。如刘宋时，规定西南少数民族"一户输谷数斛"，致使"徭赋过重，蛮不堪命”。官吏的豪夺更甚于租税，如梁朝张齐镇巴西一郡，岁“得米二十万斛”。南陈时，在岭南地区，“凶魁赋敛，贪若豺狼，贼署官人，情均豀壑。租调之外，征责无已。……殊方异物，千端万绪。晨占暮行，夕求旦集，身充苦役，至死不归”。致使“民不聊生，无能自保，昼悲宵恨，行号坐泣”①。

由于矛盾尖锐，魏晋南北朝时期少数民族起义始终不断。西晋末年，参加起义斗争的有賨、蛮、氐、羌、匈奴、羯等少数民族。有的成为农民起义的首领，如西晋末年益州流民起义的首领李特与李雄，皆是賨人，在江夏起义的领袖张昌是蛮人。北魏末年六镇起义的首领破六韩拔陵是匈奴人，河北起义军首领杜洛周是鲜卑人，鲜于修礼是丁零人。关陇起义首领莫折太提是羌人，王庆云是氐人。南朝时少数民族起义也十分频繁。如宋元嘉十八年（441年），荆州天门郡蛮民反抗赋役起义；十九年（442年），雍州蛮民起义等。据有关统计，魏晋南北朝时期，少数民族起义约发生162次，其中三国两晋和十六国时期有35次，南朝有60次，北朝有67次②。“民族斗争，说到底，是一个阶级斗争问题”③。所以，南北朝时期的民族矛盾也是因统治阶级的剥削和压迫致使分配不公造成的，封建政权要消灭这一矛盾求得长治久安，也必须经过财政改革才能实现。

由上可知，魏晋南北朝时期的各封建政权无论是从国家分配上调节和缓和阶级矛盾、民族矛盾，还是从财力上保证其战争的供给，都需要进行财政改革。

二、土地兼并和人口流亡同日俱增

魏晋南北朝时期的财政改革，不仅与当时的政治矛盾有关，而且与社会经济中出现的问题更有着直接的联系。这一时期的经济问题，主要有土地兼并、人口流亡、户口隐漏等方面。

1. 有关土地方面出现的问题

魏晋南北朝时期，由于战争的摧残，地主阶级的残酷剥削，农业受到破坏，中国北方出现了严重的土地荒芜现象。如曹魏建国初期，这一问题就特别突出，当时的西京即长安与洛阳在战火中变成了废墟。《三国志》卷46的《吴书·孙坚传》记载：“旧京空虚，数百里中无烟火。”长安附近“人民饥困，

---

① 《文馆词林》卷664，隋文帝《安边诏》。

② 朱大渭：《中国农民战争史》（魏晋南北朝卷），人民出版社，1985年，第37—38页。

③ 毛泽东：《全世界人民团结起来，打败美国侵略者及其一切走狗》，人民出版社，1963年，第4页。

二年间相啖食略尽”[①]。两淮地区，土地荒芜不减北方。《三国志》卷6的《魏书·袁术传》云：“江淮间空尽，人民相食，白骨蔽野，农业益废。”总之，东汉末三国初，中国的北方和江淮地区农业衰败，土地荒芜的现象特别严重。但是，这种情况并非只发生在东汉末三国初年，而且在以后其他时期还不断出现。如西晋末年和五胡十六国时期，土地荒废，农业衰落的问题也非常突出。《晋书》卷26的《食货志》记载：永嘉之乱，“雍州以东，人多饥乏，更相鬻卖，奔逆流移，不可胜数；幽、并、司、冀、秦、雍六州大蝗，草木及牛马毛皆尽；又大疾疫，兼以饥馑，百姓又为寇贼所杀，流尸满河，白骨蔽野”。淝水之战后，北方陷入各族统治者互相残杀之中，处处荒无人烟。如“河北人相食”，“关中人皆流散，道路断绝，千里无烟”。十六国混乱局面至北魏统一后，土地荒芜的现象依然存在。北魏建都平城后，多次往畿内迁徙人口，说明北魏畿内土地的大量荒废。不仅北方存在土地荒芜的现象，江淮之间同样存在。《魏书》卷47的《卢玄传附卢昶传》记载：“自此年以来，兵革屡动，荆、扬二州，屯戍不息，钟离、义阳，师旅相继；……汝、颍之地，率户从戎，河、冀之境，连丁运输。……至使通原遥畛，田芜罕耗，连村接闬，蚕饥莫食。”可见，土地荒芜的现象在北魏前期还是较普遍的。土地的荒芜，使农业凋衰，封建政府财政的主要收入——田租无从收起。所以，土地荒废致使田租落空成为封建统治者一个很大的威胁。

在魏晋南北朝时期，关于土地问题并非仅此，同时还存在着土地兼并问题。在战争年代，大量土地抛荒而无人耕种。但只要获得短暂的统一，地主阶级又疯狂地兼并土地，造成土地占有极其不均的现象。官僚地主兼并土地在三国时期就已出现，如当时的敦煌地区因远离战场，土地兼并致使“大族田地有余，而小民无立锥之土”[②]。西晋时，土地兼并继续发展。官僚地主除通过买卖兼并外，还采取强占豪夺的手段，如《晋书》卷60的《张辅传》云，地主“割人田地，劫孤贫之业”，“为百姓所患”。由于土地兼并的发展，西晋时大土地私有制很快形成。如王戎“性好兴利，广收八方，园田水碓，周遍天下，积实聚钱，不知纪极”[③]。又如石崇，“区宅、僮牧、膏田、水碓之属，洛下无比”[④]。《晋书》卷51的《束晳传》记载汲郡豪强大族，围“良田数千顷，泞

① 《三国志》卷6，《魏书·董卓传》。
② 《三国志》卷16，《魏书·仓慈传》。
③ 《晋书》卷43，《王戎传》。
④ 《初学记》卷18，引王隐《晋书》。

水停湾，人不垦植”。北魏在均田制实行之前，“富强者并兼山泽，贫弱者望绝一尘”。北齐时，“强弱相凌，恃势侵夺，富者连畛互陌，贫无立锥之地”。“河渚山泽，有司耕垦，肥饶之处，悉是豪势，或借或请，编户之人，不得一垄”①。

东晋南朝的土地兼并又超过北朝。早在东吴时，土地兼并就已经非常普遍。如《抱朴子·吴失篇》云：“势利倾于邦君，……僮仆成军，闭门为市，牛羊掩原隰，田池布千里。”东晋南朝的士大夫，求田问舍更无止境。《世说新语·政事篇》就已指出：“自中原丧乱，民离本域，江左造创，豪族兼并。”因此，土地高度集中在官僚地主、士族豪强手中。如渤海刁逵侨居京口，“以货殖为务”，“奴客纵横，固吝山泽”，“有田万顷”。仍世宰辅的谢混，“田业十余处”，混亡后，土地又有扩大。史载：“至是九载，而室宇修整，仓廪充盈，门徒业使，不异平日，田畴垦辟，有加於旧。”进入南朝后，大土地所有者有增无减，庄园含山包水，广袤无际。如《宋书》卷54的《孔季恭传附孔灵符传》云，孔灵符在“永业立墅，周回三十二里，水陆地二百六十五顷，含带二山，又有果园九处”。《宋书》卷67的《谢灵运传》说：“灵运父祖并葬始宁县，并有故宅及墅。遂移籍会稽，……田连冈而盈畴，岭枕水而通阡。阡陌纵横，塍埒交经，导渠引流，脉散沟并。”仅这一处庄园就占地如此之广。因此，从整个南朝来看，土地占有极为不公，“盛族豪右，负势陵纵，小民穷蹙，自立无所”②。东晋南朝的官僚地主和士族豪强不仅疯狂地兼并土地，而且还占山封泽，致使贫苦农民无处渔樵。如东晋刁逵，“奴客放纵，固吞山泽，为京口之蠹”③。又如南齐竟陵王萧子良，“于宣城、临成、定陵三县界立屯，封山泽数百里，禁民樵采”④。这时封山固泽之激烈，还可以从历朝禁令诏书中得到反映。《宋书》卷2的《武帝纪》云：“晋自中兴以来，治纲大弛，……山湖川泽，皆为豪强所专，小民薪采渔钓皆责税。”宋武帝元嘉三十年（453年）诏云：“其江海田地，公家规固者，详所开弛。贵戚竞利，悉皆禁绝。”⑤梁武帝大同七年（541年）诏书也云：“又复公私传、屯、邸、冶，……乃至广加封

① 《隋书》卷24，《食货志》。
② 《宋书》卷42，《刘穆之传》。
③ 《晋书》卷69，《刁协传附刁逵传》。
④ 《梁书》卷52，《顾宪之传》。
⑤ 《宋书》卷6，《孝武帝纪》。

固，越界分断水陆采捕及以樵苏，遂至细民措手无所。”[①] 由此可知，东晋南朝占山封泽与兼并良田是同样严重的。

土地兼并造成土地占有的极大不公，不仅可以引起阶级矛盾的激化，而且严重地影响了封建国家的财政收入。因为大土地占有者都是官僚地主，或者士族豪强，他们有的具有免除赋税的特权，有的虽无特权但通过各种手段而减免，大土地占有者几乎不是国家赋税的承担者。他们占有的土地越多国家的财政收入就会越少，这仅是其一。其二是土地被官僚地主兼并去的国家编户转为大土地主的佃客后，这些人也不再承担国家的徭役赋税，官僚地主兼并土地越激烈，封建国家的财政就越空竭。对此，封建统治者为了增加国家财政收入就不能不对土地占有极为不公的现象加以制止。

2. 有关户籍方面出现的问题

在中国封建社会中，户籍的好坏与国家财政至关重要，因为它是封建统治阶级征收赋税和征发徭役的依据和凭藉，历来被看做“民之大纪，国之治端”[②]。但是，这一重要的制度在魏晋南北朝时期也日趋混乱，出现了种种问题。

其一是因人口流动出现的黄、白两种户籍。魏晋南北朝时期，由于北方战乱，大批地主以及农民百姓向江南等地迁徙。据有关统计，南迁人口达到长江流域的总数至少有七十万人，没有达到长江流域的还有二十万左右[③]。南下户口政府设侨州、郡以安置，据洪亮吉的《东晋疆城志序》所载，“侨州、郡、县之设，始於东晋。……侨州至十数，侨郡至百，侨县至数百”。侨居州郡的人口由于是临时性的，政府以白纸造册登记，与原来的正式户籍（黄籍）相区别。这样一来，就出现了黄、白两种户籍的问题，江南的土著户为黄籍，北方南渡的侨寓户为白籍。因为黄籍是土著户，因而黄籍成为国家征收赋税和征发徭役的依据。白籍因为是寄居人口，政府不收租税和征派徭役。由于登记在白籍上的侨居户享有不纳税服役的优待，这样就造成了南北之人负担不均的问题，并引起了很大的反响。东晋范宁为此上书就代表了江南土著户的强烈反对，要求改变这种负担不均的局面。作为国家来说，白籍人口在江南本来就已经不少，而且随着时间的推移又不断增加，这也给国家财政带来很大的损失，看来这种户籍制度是不能再长期存在了。

---

① 《梁书》卷3，《武帝纪下》。
② 《南齐书》卷34，《虞玩之传》。
③ 翦伯赞：《中国史纲要》（第2册），人民出版社，1979年，第82页。

其二是户口隐漏现象特别严重。南北朝时期，由于战乱和赋税徭役繁重等原因，贫苦农民依附世家大族的现象日甚一日。《晋书》卷127的《慕容德载记》云："百姓因秦晋之弊，迭相隐冒，或百室合户，或千丁共籍，……公避课役，擅为奸宄。"官僚地主也是当时荫占人口的主要渊薮，如晋武帝时，"贵势之门，动有百数"。十六国时的前燕，"王公贵戚，多占民为荫户，国之户口，少於私家，仓库空竭，用度不足。"北魏时，河东薛氏，"世为强族，同姓有三千家，聚居绛郡"[①]。《北史》卷33的《李灵传》记载，赵郡李显甫，"集诸李数千家，於殷州西山开李鱼川"居之。北魏实行均田制之前，户籍还非常混乱，史载旧无三长，唯立宗主督护，"民多荫冒，五十、三十家方为一户"[②]。可知，魏晋南北朝时期北方户口隐漏的现象一直存在。至于东晋南朝户口隐漏就更严重了，如东晋时，会稽余姚虞亮"复藏匿亡命千余人"[③]。刘宋时彭城王刘义康有私置的僮仆六千余人。私附、隐漏户人数之多使国家户口锐减，造成"所在凋敝，仓廪空虚，国用倾竭。下民侵削，流亡相属，略计户口，但咸安已来，十分去三"。可知这种现象对国家财政也带来了严重后果。

其三是户口流亡的现象长期存在。魏晋南北朝时期，国家编户除依附于地主阶级为奴婢、部曲、佃客、典计、衣食客等私属外，还有不少漂泊不定的流亡人口。这些流亡人口在战乱时期固然多，如汉末三国之初和西晋末十六国时期，流亡人口汹涌如潮。但统一时期也不少，不过没有战乱时期严重罢了。如《宋书》卷2的《武帝纪中》云："晋自中兴以来，治纲大弛，权门并兼，强弱相凌，百姓流离，不得保其业。"宋孝武帝大明二年（458年）诏云："往因师旅，多有逋亡。或连山染逆，惧致军宪，或辞役惮劳，苟免刑罚。"[④]由此可知，户口流亡是整个东晋南朝普遍存在的问题。南朝是这样，北朝也如此。如延兴二年（472年），孝文帝下诏云："流进之民，皆令还本，违者配徙边镇"[⑤]。从太延到延兴三十余年过去了，但人口流亡仍没有止息。到北魏末年，户口流亡有增无减。如延昌时孙绍上表指出："士人居职，不以为荣，兵士役苦，心不忘乱。故有竞弃本生，飘藏他土。或诡名诧养，散在人间，或亡命山薮，渔猎为命；……随逐浮游，南北东西，卜居莫定，关禁不修，任意取适。

---

① 《宋书》卷88，《薛安都传》。
② 《魏书》卷53，《李冲传》。
③ 《宋书》卷2，《武帝纪中》。
④ 《宋书》卷6，《孝武帝纪》。
⑤ 《魏书》卷7，《高祖纪上》。

如此之徒，不可胜数。”[①] 流民人数越来越多，终于导致了北魏末年河北流民的起义，流民达十余万户。由此来看，战乱时期的流民与统一时期的流民有着一定的区别，前者是为了躲避战祸，一般都是合族而迁。后者是为逃避徭赋，是分散的、无组织性的流移。北魏末年这样的流民能汇集到十余万户，实在不亚于战乱时期流民的人数与规模。大量的人口流亡，行住不定，也使国家的户口迅速减少，租赋徭役面临危境。

其四是户籍管理的混乱。魏晋南北朝时期，由于战乱和分裂、士族荫附、宗族合籍，流移寄寓等原因，使户籍管理极为混乱，并达到了“版籍为之混淆，职方所不能记”[②] 的程度。户口管理中，流弊百出：第一种，“改注籍状，诈入士流”。寒人庶族利用贿赂假冒士族以避徭役的情况，自元嘉二十七年以后尤为突出。据统计，宋明帝泰始三年（468 年）至后废帝元徽四年（476 年）八年之间，扬州等九郡黄籍，被篡改户籍的竟达七万一千余户。宋扬州所统郡共领户一十四万三千二百九十六，被篡改的户籍竟达一半[③]。第二种，氓俗巧伪，户口不实。如萧道成建元二年（480 年）诏云：“自倾氓俗巧伪，为日已久，至乃窃注爵位，盗易年月，增损三状，贸袭万端。或户存而文书已绝，或人在而反托死叛，停私而云隶役，身强而称六疾。”[④] 第三种，贿赂戍将，诈为部曲，以避公役。如《南齐书》卷 34 的《虞玩之传》云：“四镇戍将，……随其部曲，无辨勇懦，署位借给，……皆是私役。”所谓“私役”，就是私属之意。第四种，假称僧道。即虞玩之所说的“生不长发，便谓为道人。”第五种，“或抱子并居，竟不编户”，即儿子成年后与父母同居，不别立户籍。第六种，以“入勋”的名义来免除徭赋。当时真正操干戈卫社稷者“三分殆无一焉”，可知当时有三分之二的人通过假冒“入勋”逃避徭役。除以上几种主要的方式以外，其余者不再一一累赘。萧梁时，沈约对当时的弊端作了一个总结：“粗有衣食者，莫不互相因依，竞行奸货，落除卑注，更书新籍。通官荣爵，随意高下，以新换故，不过用一万许钱。昨日卑微，今日仕伍。凡此奸巧，并出愚下，不辨年号，不识官阶，或注义熙在宁康之前，或以崇（隆）安在元兴之后，此时无此府，此年无此国。元兴唯有三年，而猥称四年；又诏书甲子，不

① 《魏书》卷 78，《孙绍传》。

② 《宋书》卷 11，《志序》。

③ 许辉、蒋福亚：《六朝经济史》，江苏古籍出版社，1993 年，第 204 页。

④ 《南齐书》卷 34，《虞玩之传》。

与长历相应。如此诡谬，万绪千端。校籍诸郎，亦所不觉，不才令史，更何可言”①。户籍管理如此之混乱，也使国家的纳税户由多变少，直接影响着国家的财政收入。

3. 生产力的破坏和下降

魏晋南北朝时期，社会生产力遭到严重的破坏。其原因主要有二：一是战争的摧残，二是以良人为奴隶。关于生产力受战争的破坏在这一时期是非常突出的。如东汉末年董卓入洛阳，“纵兵钞掠，人民死者且半”②。长安被李傕攻陷后，“老少杀之悉尽，死者狼藉”。《后汉书》卷 19 的《郡国志一》记载，自灵帝至曹丕称帝（184—220 年）三十余年，“人众之损，万有一存”，由此可知三国初年生产力受破坏摧残的程度。西晋末年与十六国时期，是生产力遭受破坏的又一个严重时期。永嘉五年（311 年），石勒围攻晋将王衍之众二十余万人，“分骑围而射之，相登如山，无一免者”。石勒陷洛阳，晋兵被杀者三万余，王公百官及民众又三万余人。刘曜两陷长安，使城内居民“百无一存”。期间，仅石勒所杀的汉人就有数十万，生产力的下降可想而知。南北朝对峙交战期间，也给生产力带来很大的破坏。如侯景之乱时，围困台城，“纵兵杀掠，交尸塞路”。由于侯景军在水中置毒，城中中毒“死者大半”。《南史》卷 80 的《侯景传》云：“初，城围之日，男女十余万，贯甲者三万，至是疾疫且尽，守埤者止二、三千人，并悉羸懦，横尸满路，无人埋葬，臭气熏数里，烂汁满沟洫。”王僧辩攻克建康后，又纵兵杀掠，甚于侯景。“都下户口百遗一二，大航南岸，极目无烟。”③

这一时期生产力不仅受战争的摧残而大量下降，而且还大量地被地主阶级没为奴隶。魏晋时期，社会上的奴婢就大量存在，到南北朝时又进一步增多。如北魏时，许谦以功受“僮隶三十户”④。长孙肥因功受“奴婢数百口”⑤。姚黄眉归魏后，赐其“隶户二百”⑥。东晋刁逵“奴婢数千人”⑦。南朝刘宋时沈庆之，“奴僮千计”⑧。总之，魏晋南北朝时奴隶在社会上大量存在已成公认的事实，甚至史学界有人把这一时期划为奴隶制社会。这些奴隶的来源固然有各

① 《通典》卷 3，《食货志 · 乡党》。
② 《三国志》卷 15，《魏书 · 司马郎传》。
③ 《南史》卷 80，《侯景传》。
④ 《魏书》卷 24，《许谦传》。
⑤ 《魏书》卷 30，《王建传》。
⑥ 《北史》卷 80，《外戚姚黄眉传》。
⑦ 《晋书》卷 69，《刁协传附刁逵传》。
⑧ 《宋书》卷 77，《沈庆之传》。

种途径，但其中有许多是统治阶级人为而造成的。如通过战争掠夺俘虏做奴隶，刘宋沈庆之攻打五水蛮时，“获生口数万人”①。像这样的记载多不胜举。又如封建统治者勒令民间出奴婢户，梁大同九年（543年），梁武帝“使江州民三十家出奴婢一户，配送司州”②。再如封建政府允许地方豪强掠卖他人为奴隶，这样的事也十分普遍。南朝掠夺北方和境内的少数民族为奴，成为官府掠卖人口的主要途径，当时“蛮口”、“獠口”的不断增多就是充分的证明。大量的良人被充做奴隶后，地位极其低下，不仅没有自己的私人经济和家庭，而且完全是地主阶级的私有财产，没有自己的户籍。另外，还受着非人的待遇如被随便打骂、杀害和买卖，没有人身自由，官奴婢大都还黥面。这也是对社会生产力的一种破坏，因为他们的地位决定了其对生产劳动毫无积极性，更何况还有不少被杀害和虐待致死。生产力的破坏，不仅导致了社会经济的衰败，而且影响了国家的财政收入。

由上可见，魏晋南北朝时期社会经济中出现的各种问题，是这一时期各封建政权留意改革财政的更为重要的原因。

三、陷入困境中的国家财政

魏晋南北朝时期，由于社会经济、生产力深受破坏等原因，财政收入明显减少。但是，封建政府的战费、军费、官费及奢侈费开支浩大，给国家财政造成了严重的危机。

军费和战费是魏晋南北朝时期国家财政开支最大的一项。由于这一时期战争连年不断，封建统治者大肆攻伐，军队的数量比以往任何时候都多。如蜀国至亡时，有“户五十二万三千，吏三万二千，兵二十三万”③。其中，兵户占全国总户数的二分之一，平均两户养一兵。周伯棣先生考证，荆州大战，曹操遗孙权书中谓：“今治水军八十万众。”晋武帝平吴时，接收吴兵二十三万。蜀兵通常是十二万，“综上数字，可见三国时代的军队当在一百二十万人以上”④。这个数字相当于三国时总人口数的七分之一，每年仅军队口粮就是一个惊人的数字。西晋统一后，曾罢州郡武备，军队的数量有所下降。《文献通考》卷151《兵考三·兵制》中载：“帝惩魏氏孤立，大封同姓，大国三军，兵五千人，次

① 《宋书》卷77，《沈庆之传》。

② 《梁书》卷3，《武帝纪下》。

③ 《三国志》卷48，《吴书·三嗣主传》注引《晋阳秋》。

④ 周伯棣：《中国财政史》，上海人民出版社，1981年，第142页。

国二军，兵三千人，小国一军，兵千五百人。”那么，晋武帝泰始元年（265年），封子弟为王者二十余人，以每国平均三千兵士计算，地方军总计六万人。当时，大的封国有二万户，次国有一万户，小国有五千户，平均四户养一兵，这个比例也相当可观。如果加上中央的常备军，西晋的军队数量远远超过6万。北魏初年，全国皆兵，至太祖拓跋珪平中山，多置军府，“凡有八军，军各配兵五千，食禄主帅，军各四十六人”①。由此可知，此时北魏中央常备军有四万多人。中原平定后，“八军之兵渐割，南戍一军，兵才千余，然主帅如故，费禄不少”②。从“费禄不少”来看，尽管军队有所减少，但军费仍然是一项很大的开支。然而，这还只是考察和平时期国家常备军的费用，如果一有战争，军队的数量远不止这些，军费开支就会更多。

战费比起平时的军费要多很多，因为战争期间，一是要增加军队数量，二是大批粮帛常毁于战火。如魏与刘宋之战，“众号百万”，宋将王玄漠败退，“委弃军资、器械山积”③。魏晋南北朝时期，战争极多，著名的战争有官渡之战、赤壁之战等20余次。如此之多的战争要耗费多少粟帛器械，军费开支由此可知。所以，仅军费和战费就常常使封建国家的财政空竭。如《资治通鉴》卷131的《宋纪十三》记载：“时军旅大起，国用不足，募民上钱谷者赐以荒县、荒郡，或五品至三品散官有差。”

官俸支出在这一时期仅次于军费。魏晋南北朝时期，官吏比其他统一朝代尤多。因为在分裂政局下，政权林立，每个封建政权都设有大批的官僚阶层。如三国鼎立时，全国的官僚人数要比隋唐各朝代的官数多六倍。《三国会要》卷9的《职官上·公卿庶职》记载，魏曹芳时“郎官及司徒领吏二万余人”，蜀国官吏有4万人，吴国的官吏有32000人，三国合计6万余人。《通典》卷19的《职官一·官数》记载：“晋六千八百三十六员，宋六千一百六十四员，北齐二千三百二十二员，后周二千九百八十九员。”但这只是内官，周伯棣先生考证，“外官（州郡县官）常为内官之五、六倍”④。据此推算，晋的官数为41000余人，刘宋为36000多人，后周为17000余人，北齐为13000多人。北方这两个分裂政权各自的官数竟高于南北统一时期的隋代的全部官吏数量。也就是说，北周和北齐对峙时的北方官僚数比隋时多出一倍，官吏人数之多在历

① 《魏书》卷58，《杨播传附杨椿传》。
② 《魏书》卷58，《杨播传附杨椿传》。
③ 《资治通鉴》卷125，《宋纪七》。
④ 周伯棣：《中国财政史》，上海人民出版社，1981年，第144页。

史上是罕见的。不仅官吏人数多，而且官吏的俸禄自西晋起日渐增多，如《文献通考》卷65的《职官考·禄秩》记载，“晋制诸公及开府位从公有品秩，第一食俸日五斛，给绢春百匹，秋二百匹，绵二百斤，特进食俸日四斛，春服绢五十匹，秋绢百五十匹，绵一百五十斤”。日5斛，那么月150斛，一年为1800斛。南朝梁时，官俸分5级，一品万石，即使五品也有2000石。北齐时俸禄给绢，一品每年800匹，最低九品为24匹。后周时，以谷定禄，公为万石，卿为4000石，至士为125石。如此多的官吏，如此高的俸禄，官俸开支在国家财政中所占比例由此可知。

统治集团的奢侈之费也是国家财政一项巨大开支。如西晋武帝时，“多内宠，平吴之后，复纳孙皓宫人数千。自此掖庭殆将万人”[①]。孝文帝初政时，孝太后开府库，赐“百官负绢，任意自取，朝臣莫不称力而去”[②]，陈留侯李崇因负绢过多，致使压倒伤足。这名曰赐绢，其实是对国家财政的一次抢窃。奢侈之费中还包括迷信支出。南北朝时，统治阶级大力倡导佛教，造寺铸像，费用巨大。如北魏文成帝时于兴光元年（454年）造释迦像五所，各造石像一，高七十尺。献文帝于皇兴元年（467年）在平城建永宁寺，有七级塔，高300余尺，为天下第一。在天宫寺造释迦立像，高43尺，用铜达10万斤，金600斤，前史罕有。宣武帝在洛阳造瑶光寺，尼房500余间，塔高50丈；造景明寺，有房1000余间，七级宝塔一座，又造永明寺，有厅堂1000余间，所住仅外国沙门就达3000余人[③]。当然，这些不全是皇帝和国家出资，但大多数却是由政府出资修建的。南朝诸帝崇佛活动也极盛，梁武帝就是一个最典型的代表。统治阶级的迷信活动同生活奢侈一样加重了国家的财政负担。

仅以上所举的巨大费用，就使这一时期历代封建政府的财政出现了入不敷出的状况，甚至达到困竭的地步。史载曹操创业时期，“州郡各拥强兵，而委输不至，群僚饥乏，尚书郎以下自出采稆，或饥死墙壁间，或为兵士所杀”[④]。《三国志》卷1的《魏书·武帝操》注引《魏书》曰：建安二年（197年），“自遭荒乱，率乏粮谷。诸军并起，无终岁之计，饥则寇略，饱则弃余，瓦解流离，无敌自破者不可胜数。袁绍之在河北，军人仰食桑葚。袁术在江、淮，取给蒲蠃”。从这一段话可以了解到三国鼎立初各国的财政状况。当然，这种

① 《晋书》卷31，《武悼杨皇后传附胡贵妃传》。
② 《洛阳伽蓝记》卷4，《开善寺》。
③ 参阅《魏书》卷114，《释老志》等书。
④ 《太平广记》卷35，引王粲《英雄记》。

状况不可能在每个封建朝代始终如此，但财政空竭的情况却是经常出现的。东晋平定苏峻之后，“帑藏空竭，库中唯有练数千端，鬻之不售，而国用不给”。南朝时这种情况也同样存在，如刘宋泰始二年（466年），“时军旅大起，国用不足，……军中少食”①。可见，在魏晋南北朝时期，每个封建政权都不同程度地面临着财政危机。

综上所述，魏晋南北朝时期，不论是政治动荡，阶级矛盾和民族矛盾加剧，还是经济衰败，土地兼并、人口流亡等等，都与国家财政有着密切的关系。所以，以上各种矛盾的出现与加剧，无一不是这一时期每个封建政府财政改革的原因。

第二节
财政改革的主要内容

面对以上各方面的矛盾和危机，魏晋南北朝时期的历代封建政府为了调节利益分配，缓和社会矛盾，增加财政收入，巩固统治地位，都从各种矛盾的交会点——财政制度上进行了程度不同的改革与调整。

一、改革土地制度，调节利益分配

魏晋南北朝时期的土地制度改革分两种情况，一是实行屯田制度，避免土地大量荒芜，解决国家财政困境。二是实行占田制、均田制，限制土地兼并，调整土地占有，以发展作为财政基础的农业经济。

（一）三国时曹魏实行屯田制度

东汉时，由于地主大土地所有制和自耕农经济的发展，国家的土地占有形态中，“私有土地占绝大部分”，“它是汉代制约其他土地所有制形式的主要的土地所有制”②。所以，东汉时期的土地所有制是以私有制为主体的土地所有制。曹魏政权为了使荒田垦辟，财政有余，对东汉的土地占有制度进行了重大的改革。这一改革就是在全国范围内实行屯田制度，将东汉时期以土地私有为

① 《资治通鉴》卷131，《宋纪十三》。

② 林甘泉主编：《中国封建土地制度史》（第1卷），中国社会科学出版社，1990年，第194、218页。

主的土地制度改为以土地国有为主的土地制度。

曹魏屯田制是建安元年（196 年）颁布实行的，此年十月，“始兴屯田”。曹操颁发《置屯田令》曰：“夫定国之术，在于疆兵足食，秦人以急农兼天下，孝武以屯田定西域，此先代之良式也。”① 曹魏屯田制首先在许下（今河南许昌东）实行，“乃募民屯田许下”。许下屯田取得成功后，便在其统辖区域内广泛推广，“州郡例置田官”，“广置屯田”。范围主要有司州、豫州、冀州、兖州、雍州、凉州、幽州、并州、青州、徐州、荆州和扬州，其中司、豫、冀较多。实际上置屯田的郡县还不限于这一范围，从有关资料和碑刻来看，没有记载的屯田还有不少，屯田的范围还要更大。《三国会要》记载，曹魏辖区共有 12 州，92 郡，714 县，基本上都分布有屯田。

曹魏实行的屯田制分两种形式，即民屯和军屯。《晋书》卷 26 的《食货志》记载：“近魏武皇帝用枣祗、韩浩议，广建屯田，又于征伐之中，分带甲之士，随意开垦，故下不甚劳，而大功克举也。”枣祗和韩浩建议的“广建屯田”是指民屯，之后又在征伐之中，分带甲之士随意开垦为军屯。民屯劳动力的来源，起初是黄巾起义军被曹操镇压后的贫苦农民。《三国志》卷 16 的《魏书·任俊传》注引《魏武故事》曰：“及破黄巾定许，得贼资业，当兴立屯田。”所谓资业，主要是人力和物力。事实也确如此，初平三年（192 年），黄巾军百万被曹操战败，“受降卒三十余万，男女百余万口，收其精锐者，号为青州兵”②。其中 30 万是挑选出来的精兵，剩余的 70 余万则参加屯田。但是，这种强迫的办法不久就行不通了，由于起义农民的反抗和逃亡，曹魏政权又改用了“招募”的办法。《三国志》卷 11 的《魏书·袁涣传》记载：“是时新募民开屯田，民不乐多逃亡，涣白太祖曰：‘夫民安土重迁，不可卒变，易以顺行，难以逆动，宜顺其意，乐之者乃取，不欲勿强。’太祖从之，百姓大悦。”这一建议是屯田实行不久而提出的，可知屯田民的主要成分还是招募来的自由民。屯田由典农官来管理，典农官有典农中郎将，典农校尉、典农都尉，最低为屯田司马。典农校尉分列郡国，典农都尉分列诸县。在各郡国内，大者设典农中郎将，小者便置典农校尉。其下属办事人员有典农功曹、上计吏、学士、干佐等。管理民屯的屯田官与郡、县长官是同级的，其区别在于前者专门管理屯田，不处理郡县行政事务，后者专管编户齐民和郡县事宜。而且，二者不在

① 《三国志》卷 1，《魏书·武帝纪第一》。

② 《三国志》卷 1，《魏书·武帝纪第一》。

一起治事，互不相干。可知民屯上建立有专门的机构，也采取军事编制，屯田民耕种国有土地，在典农官的监督下进行生产。

军队屯田比民屯较晚，开始于建安十四年（209 年），因为在此之前战争较多，军队无法固定下来。自赤壁之战后，三国鼎立之势形成，于是开创军屯，作长久打算。此年，“开苟陂屯田”①。此后，逐步推广到樊城、长安、汉中、居巢、淮南、淮北等地。《三国志》卷 28 的《魏书·邓艾传》记载，邓艾迁尚书郎，主管屯田，至陈、项以东和寿春亲自考察情况，著《济河论》曰：“以为大役陈蔡之间，土下田良，可省许昌左右诸稻田，并水东下，令淮北屯二万人，淮南三万人，十二分休，常有四万人且田且守，水丰常收三倍于西”。这一计划是全面实行了的，由此可知淮河流域军屯的规模。十二分休，是采用十分之二的轮休办法，以此保证有四万人能且田且守，即十分之二的士兵从事防务，十分之八的士兵承担屯田。这是当时军屯中的形式之一，即一身而兼二任。另一种形式是将士兵分为两个相对固定的部分，一部分专门从事戍守，一部分专门从事屯田，二者分别编制，各负其责。这种专门从事屯田的士兵为屯田兵，主要分布在内地。还有一种形式是士家屯田，主要由士兵家属屯垦。因为士兵家属皆入军籍，被称为士家，随军转移，如冀州、邺城一带士家有十万多户②。《晋书》卷 26 的《食货志》云：军屯的编制是以营为单位，“五里置一营，营六十人”。军屯受两方面领导，军事上归部队系统，由司马、长使、都尉和各级将军领导。生产上则是由度支尚书派往军屯上的度支郎中、度支校尉等领导。

屯田上劳动收获的分配，根据不同的情况有不同的规定。屯田许下的初期，实行“计牛输谷，佃科以定”③，即按屯田民所使用的牛数来定租额。但实行后，有诸多不利，所以，改行枣祗所主张的“分田之术”。这种分田之术，是一种地租分成制，“旧兵持官牛者，官得六分，士得四分，自持私牛者，与官中分，施行来久，众心安之”④。可知，在分成制下，不论军屯还是民屯，都分两种形式，即四六分成和对半分成，由于广大农民从战乱中初入安定，摆脱了战乱之苦，故“百姓安之，人皆悦乐”。

曹魏政权对东汉土地私有制度的改革，是当时人口锐减，土地荒芜的客观

---

① 《晋书》卷 1，《宣帝纪》。

② 《三国志》卷 25，《魏书·辛毗传》。

③ 《三国志》卷 16，《魏书·任俊传》引《魏武故事》。

④ 《晋书》卷 47，《傅玄传》。

条件发展的结果。这些变化为曹魏及吴、蜀两国重新分配土地，建立新的土地制度创造了条件。当这些客观条件再次发生变化时，屯田制就无法继续实行了，它必定由另一种新的土地制度所代替，那就是西晋的占田制。

（二）西晋实行的占田制

西晋建立后，关于土地的占有面临两个问题，一是屯田制遭到破坏，这主要是屯田制在新的形势下，阻碍了生产力的发展，引起屯田民的反对。二是官僚地主侵夺屯田，土地兼并日益加剧，使贫苦农民无立锥之地，严重影响了国家的财政收入及社会安定。因此，西晋政府废除了原来的屯田制，建立了占田制。

屯田制是泰始二年（266 年）废除的。此年，“罢屯田以均政役，诸典农皆为太守，都尉皆为令长”①。而占田制是在全国统一的当年即太康元年（280 年）颁布的。《晋书》卷 26 的《食货志》记载占田制中有关土地占有的内容分两部分：首先是对王公官僚占田额的规定：“其官品第一至于第九各以贵贱占田，品第一者占五十顷，第二品四十五顷，第三品四十顷，第四品三十五顷，第五品三十顷，第六品二十五顷，第七品二十顷，第八品十五顷，第九品十顷”。其次是对一般百姓的占田规定：“男丁一人占田七十亩，女子三十亩，其外丁男课田五十亩，丁女二十亩，次丁男半之，女则不课。男女年十六已上至六十为正丁，十五已下至十三，六十一已上至六十五为次丁，十二已下，六十六已上为老小，不事”②。需要说明的是一般百姓占田和课田之间的关系。占田额中包括课田额，也就是说 70 亩中有 50 亩是负担国家租税的，那么一家夫妇二人共占有 100 亩土地（对于课田和占田，史学界还有一种解释，认为占田额与课田额是两回事，男子一人占田 120 亩，女子占田 50 亩，夫妇合计 170 亩）。

西晋实行占田制的主要目的，是在保护官僚士族的利益前提下，限制土地兼并的蔓延，制止官僚地主无限制地兼并土地，使一般百姓能够有土地耕种，以保证封建国家的财政收入。虽然对西晋实行占田制的目的有不同的看法，但不论怎么讲限制土地兼并这一目的是不可否认的。关于“占”字有三种含意，一当占有解，一当自报、登记和注册解，也即名田。那么第三种含意就是限制的意思。其实，这三种解释（即占田、名田、限田）都有限制的含意。如颜师

---

① 《三国志》卷 4，《魏书·陈留王传》。

② 《三国志》卷 4，《魏书·陈留王传》。

古曰："名田，占田也，各为立限，不使富者过制，则贫弱之家可足也。"① 由此说明，占田制的本意主要是对官僚贵族、士族豪强兼并土地的限制。当然，占田制也有保护官僚地主广占土地的一面，这在占田制中关于官僚占田额的规定就看得非常清楚。所谓对他们有限制的作用，不是说不让他们占有数额巨大的土地，而是说不能在国家规定的限额外再占有土地，这种限额的规定就是一种限制，如果超出了国家的规定就是违法的，国家有权对此进行干预。只要这一条有保证，一般农民就有条件占有一些土地。占田制这一目的虽然没有全面实现，但却起到了一定的效果。

（三）北魏的均田制

北魏在统一了北方十六国分裂局面的初期，存在着大量的荒田弃地，为了增加财政收入，国家实行移民政策，并"计口授田"，发展农业经济。但到了孝文帝时期，随着官僚地主和士族豪强私有经济的发展，土地兼并又日益加剧。为此，国家废除了建国初期土地占有的宽松政策，制定均田制度，限制土地兼并。如《魏书》卷53的《李安世传》记载："时民困饥流散，豪右多有占夺，安世乃上疏曰：'臣闻量地画野，经国之大式，邑地相参，致治之本。井税之兴，其来日久，田莱之数，制之以限。盖欲使土不旷功，民罔游力。雄擅之家，不独膏腴之美，单陋之夫，亦有顷亩之分，所以恤彼贫微，抑兹贪欲，同富约之不均，一齐民于编户'。"李安世在均田疏中明确指出了实行均田制的原因和理由，其中最重要的一条就是限制土地兼并的问题。关于这一点，李安世在疏中前后共提出五次，由此可知实行均田制的主要原因所在。

均田制是在孝文帝太和九年（485年）颁诏实行的，其内容据《魏书》卷110《食货志》所载，主要如下：

第一，露田。"诸男夫十五以上，受露田四十亩，妇人二十亩，奴婢从良。丁牛一头受田三十亩，限四牛。所授之田率倍之，三易之田再倍之，以供耕作及还受之盈缩。""诸有举户老小癃残无授田者，年十一已上及癃者各授以半夫田，年逾七十者还所受，寡妇守志者虽免课亦授妇田。"

第二，桑田。"诸初受田者，男夫一人给田二十亩，课莳馀，种桑五十树，枣五株，榆三根。非桑之土，夫给一亩，依法课莳榆、枣。奴各依良。限三年种毕，不毕，夺其不毕之地。於桑榆地分杂莳馀果及桑榆者不禁。""诸麻布之土，男夫及课，别给麻田十亩，妇人五亩，奴婢依良。"

---

① 《汉书》卷24，《食货志》。

第三，园宅地。“诸民有新居者，三口给地一亩，以为居室，奴婢五口给一亩。男女十五以上，因其地分口课种菜五分亩之一。”

第四，土地还授。“诸民年及课则受田，老免及身没则还田。奴婢、牛随有无以还受。”“诸应还之田，不得种桑榆枣果，种者以违令论，地入还分。”“诸远流配谪、无子孙及户绝者，墟宅桑榆尽为公田，以供授受。授受之次，给其所亲；未给之间，亦借其所亲。”“诸桑田不在还受之限，但通入倍田分。於分虽盈，没则还田，不得以充露田之数。不足者以露田充倍。”“诸桑田皆为世业，身终不还，恒从见口。有盈者无受无还，不足者受种如法。”“诸还受民田，恒以正月。若始受田而身亡，及买卖奴婢牛者，皆至明年正月乃得还受。”

第五，官吏受田。“诸宰民之官，各随地给公田，刺史十五顷，太守十顷，治中别驾各八顷，县令、郡丞六顷。更代相付，卖者坐如律。”

均田制与占田制在限制土地兼并这一点上有相同之处，都是利用限制土地兼并的蔓延来调整社会各集团对土地这一重要生产资料的占有。均田制实行后，豪强侵夺细民的行为确实受到了一定的限制。如《魏书》卷58的《杨播传》记载，杨播任华州刺史期间，因“借民田，为御史王基所劾，削除官爵”。当然，均田制并不反对大土地私有制的存在，国家在实行均田中，不是将官僚地主和世族豪强的土地都收为公有分给农民去耕种，而是不触动他们应该有的土地。而且，在均田中规定奴婢和耕牛也可以参加受田，也是对他们在土地占有上的照顾。除此，他们还可以通过借莳、借垦等方式多占有土地。但是，还有一点必须肯定，就是在国家规定之外地主豪强不能违法兼并农民的土地，他们所占有的土地也不能超过国家规定的限额，这就是均田制对土地兼并的限制。与此同时，均田制限制土地买卖。规定凡占有国家的土地一律不准买卖，“卖者坐如律”。严禁土地买卖，使土地处于相对凝固的状态，也堵塞了官僚地主和世族豪强通过买卖来兼并土地的途径。总之，国家不使豪富之家无限制地兼并土地，使农民所受之田得到一定的保护，这就是均田制限制土地兼并，调整土地分配的作用所在。

均田制有继承占田制的一面，但也对其有重大的改革，即变西晋土地私有制为土地国有制。不过，北魏实行的土地国有制，并不是像王莽所实行的“王田制”，土地完全归国家所有。而是以国有土地为主，允许私有土地并存的一种土地占有形态。所谓以国有土地为主，突出表现在国有土地所占比例大，占主导地位；私有土地所占比例小，处于附属地位。北魏对西晋土地制度的改革，也有其一定的客观条件。因为北魏在土地制度改革之前，国家还掌握有一定的无主荒田，这就使得国家在不触动地主阶级私有土地的前提下实行国有性质的均田制度，将无主荒田分授给农民去耕种。如果将大地主私有土地统统收为国有来实行均田，那么这次改革必然会陷入王莽的前辙。王莽的“王田制”之所以失败，北魏的均田制能够成功，区别正在于此。因为南北朝时期，私有土地正处于上升时期，不可能通过一道诏令完全改变土地所有制的性质，只有建立以国有土地为主的土地制度。北魏的改革是符合当时的发展趋势的，因而进行得顺利，获得了成功。

（四）东晋南朝的占山法

为了增加国家财政收入，南朝各代统治阶级针对山林湖泽占有极度失衡的情况，进行了不同程度的调整和改革。

建武元年（317 年），晋元帝司马睿首先下令“弛山泽之禁”。至晋成帝司马衍咸康二年（336 年）正式颁布了“壬辰之制”，规定：“占山护泽，强盗律论，赋一丈以上，皆弃市”①。至刘宋大明元年（457 年）正式颁布了占山法：“官品第一、第二，听占山三顷；第三、第四品，二顷五十亩；第五、第六品，二顷；第七、第八品，一顷五十亩；第九品及百姓，一顷。皆依定格，条上赀簿。若先已占山，不得更占；先占阙少，依限占足。若非前条旧业，一不得禁。有犯者水上一尺以上，并计赃，依常盗律论”②。占山法的主要精神是，凡属以前占有的和经常投资修整的及既成事实的旧业不再追夺，仍为私人所有，否则一律禁止，犯者以常盗律论处。同时，对各级官僚占有的山泽给予了明确规定，并进行登记造册，视为合法。以前已经占足的不得再占，不足者依规定占足。除国家规定的占山额和承认的旧业之外的山林湖泊一律开放，任何人不得违法占有。占山法是中国历史上第一次确认山林川泽可以为私人所占有的法令，它使官僚豪强合法地占有了国家一定数额的山泽，与汉代山泽完全归国家所有的情况相比是一个退步。但是，在当时私有制迅速发展，江南土地有待开发的现实下，也只能作出这样的规定，避免了一刀切带来的各种弊病。这一法令虽然维护了官僚世族的经济利益，但对以前无限制地占山固泽起到了一定的限制作用。如著名世族孔灵符在占山法颁布后仍然我行我素，“为有司所纠”，因“答对不实，坐以免官”③。这种限制对山泽占有的不平衡是一个调整。而

① 《宋书》卷 54，《羊玄保传附兄子希传》。

② 《宋书》卷 54，《羊玄保传附兄子希传》。

③ 《宋书》卷 54，《孔灵符传》。

且，占山法还规定一般百姓也可占有一顷山泽，这和以前“富强者兼岭而占，贫弱者薪苏无托”的情况相比无疑是一个改变。除此，所占山泽者都规定“皆依定格，条上赀薄”，便于封建政府收取“赀税”，有益于国家财政的好转。

宋刘之后的齐和梁朝，都继承和坚持了宋孝武帝时颁布的占山法。如齐高帝时，禁止诸王“营立屯村，封略山湖”。齐郁林王永明十一年（493 年），下诏：“御府诸池田邸冶，兴废沿事，本施一时，于今无用者，详所罢省，公宜权禁，一以还民”①。萧梁天监七年（508 年），武帝萧衍下诏：“薮泽山林，毓材是出，斧斤之用，比屋所资。而顷世相承，并加封固，岂所谓与民同利，惠兹黔首；凡公家诸屯戍见封熂者，可悉开常禁”②。梁武帝所开放的山泽比齐高帝时的范围进一步扩大。此时，封建政府不仅扩大开放官府所占有的山林池泽，而且对官僚富室违犯占山法的行为加以禁止。如大同七年（508 年），梁武帝批评“公私传屯邸冶，爰至僧尼，当其地界，止应依限守视；乃至广加封固，越界分断水陆采捕及以樵苏，遂致细民措手无所”。指令：“凡自今有越界禁断者，禁断之身，皆以军法从事。若是公家创内，止不得辄自立屯，与公竞作，以收私利。至百姓樵采以供烟炊者，悉不得禁，及以采捕，亦勿诃问。若不遵承，皆以死罪结正。”③ 这条诏书主要是禁止官府和私人不能“越界分断”，超过规定无限制的占有。而且公家所占有的山泽之内，不得“辄自立屯，收取私利”。另外，无论公私所占有的山泽均不得禁止百姓入内樵采渔猎。可见，调整对山泽的占有关系，东晋南朝时期（除陈朝外）是始终坚持着的，虽然效果时好时坏，不能彻底禁止官僚世族对山泽的违法封固，但却不是一道道具文，对于社会各阶层的利益分配或多或少还是起到了作用的。

二、健全租调制度，力求合理负担

魏晋南北朝时期，各代封建政府在调整土地占有的同时，也先后对租调制度进行了改革。其中，有些改革在中国历史上有着重要的地位和意义，如曹魏时期确立的租调制就是很值得称道的。另外，西晋和北魏时租调制度的改革，使租调制度进一步合理与完善。

（一）曹魏时租调制的确立

曹魏时对汉代以来赋税制的重大改革主要有两点，一是在田租的征收中改

---

① 《南齐书》卷 4，《郁林王传》。

② 《梁书》卷 2，《武帝纪中》。

③ 《梁书》卷 2，《武帝纪中》。

变汉代的以户征租为按亩征租，二是正式改汉代的口赋、算赋和更赋为户调，从而确立了行之长久的租调制度。

东汉时，田租征收以三十税一为常属，由于这种税是收益税性质，所以存在着很大的局限性。因为每年的纳税户多少不同，官吏无法逐户进行调查，这就使官僚从中作弊，造成多寡不均的现象。田租之外的口赋、算赋和更赋，也同样如此。汉代的口赋和算赋，都是以丁征收的，更赋为力役之课。这种赋课均以钱币交纳，税额甚重，使一般百姓无法承受，因而逃亡远徙，使这一制度无法继续实行。为此，曹操在建安九年（204 年）下令改革东汉的田租和口赋、算赋、更赋，确立了户调制度。《三国志》卷 1 的《魏书·武帝纪》记载："有国有家者，不患寡而患不均，不患贫而患不安。袁氏之治也，使豪强擅恣，亲戚兼并；下民贫弱，代出租赋；衒鬻家财，不足应命。……欲望百姓亲附，甲兵强盛，岂可得耶？其收田租亩四升，户出绢二匹，绵二斤而已。他不得擅兴发，郡国守相，明检察之，无令强民有所隐藏，而弱民兼赋也。"

曹魏户调制的特征主要表现在：是实物而非货币；按户而非按人；定额而非定率。所谓实物而非货币，是指汉代的口赋、算赋和更赋均以钱交纳，而改革后的租调制规定田租和户调皆交纳实物，田租交谷粟，户调出绢丝。按户而非按人，是指汉代口赋、算赋全按人丁征收，如算赋每个成人纳一百二十钱，每一未成年人纳二十三钱。曹魏的户调全按户征收，不论每户人口多少。至于定额而非定率，是指汉代田租是依据田亩之数以折算收益，然后据以课税，征收率为三十税一。而曹魏的田租完全按亩制定数额，即每亩四升，成为定额制。从此，使原来按收益征课完全变为按财产课税的性质。

曹魏租调制改革的宗旨，是要达到负担均平的目的。如曹操在建安九年改革令中明确指出："有国有家者，不患寡而患不均"。这一宗旨在政策的制定和执行中得到了贯彻，如按田亩征租，占地多者就要多交纳，反之则少，豪强广占土地，地租交纳额自然就多，从而避免了原来"豪强擅恣，亲戚兼并，下民贫弱，代出租赋"的不合理现象。户调虽然规定按户征收，每户规定是相等的，但实际征收时并不是不问贫富，使每户交纳同样的绢绵，而是贫富有别的。如《三国志》卷 9 的《魏书·曹洪传》记载，东汉末年曹操为司空时，"以已率下，每岁发调，使本县平赀"。时谯令平定曹洪财产与曹操相等，户调相同。曹操云："我家那得如子廉（曹洪字）耶？"曹操提出曹洪家财比自己多，户调不该一样，说明户调在征收中不是一刀切的，而是按赀平定。曹操为司空是建安元年至十三年（196—208 年），租调制度的改革在建安九年，这件事发生的时间不可断定，但必定在曹操任司空期间是无疑的，这种做法与建安九年改革令中“无令强民有所隐藏”及“不患寡而患不均”的宗旨是一致的，所以在新的租调制颁布后当存无废。

曹魏租调制的确立，是在东汉赋税制度变化的基础上形成的。东汉至桓、灵之际，就出现了按亩征收田租的做法。户调在东汉建武中元二年（57 年）就已出现过，不过，当时户调多属于临时征发，不占重要的位置。到东汉末，由于田租不能正常征收，户调由临时逐渐变为经常。曹魏政权根据当时的实际情况，顺应历史发展将其正式确立为国家的租赋制度，废除了东汉原来的旧制度。正因如此，曹魏的这次改革具有很大的可行性，既顺利又很成功。

曹魏田租制的确立不仅具有可行性，而且还具备了必要性，这主要表现为当时的社会环境和曹魏政权的主观需要两个方面。以当时的客观形势来说，第一，长期的战乱，使社会生产力遭到严重破坏，不仅农业生产如此，工商业也一样，随之而来的是更为突出的自然经济。在这样的社会经济条件下，如果仍然同汉代一样要求农民以钱币完纳田租以外的各种赋税，显然是不可能的，改征实物税就成为必然的了。第二，长期战乱使得原来的户口版籍荡然无存，耕地数量不实，产量不确，剩下的十分有限的人口也多流离转徙，不著本土，难于掌握。在这种情况下如果仍按老办法核评亩产量，按定率之制征收田租，同时又按人口的年龄及数量分别征收口钱算赋，自然无法进行。因此，不计产量、只按田亩多少定额征收田租，不按人头与年龄只按家庭征收户调，就成了比较切实可行的办法。第三，以实物布帛等征调，势必要求至少以户为单位，以保证布帛匹头的完整。从曹魏政权的主观需要来说，欲克平群雄，主宰中原，首先必须解决军粮供给问题，否则无敌自破。而解决军粮供给，在根本上必须发展生产。这在当时只有通过合理的租调政策，巩固当时农业与家庭手工业的结合，大力发展小农经济，抑制割据势力和豪强世族对农民的严酷剥削，使“百姓亲附，甲兵强盛”。这正是其推行田租户调制的意图。

（二）西晋租调制的改革

西晋政权建立后，继承了曹魏政权的田租户调制，但同时随着占田制的推行，对曹魏时的租调制又进行了改革。

首先，改变原来田租征收的办法，取消曹魏的按亩征收，实行按丁征收。关于西晋的田租，史学界向无定论，有些人认为西晋没有田租，只有户调。但西晋的有关资料已证明，早在泰始八年（272 年）就有了田租的征收。此年六月晋武帝“诏复陇右四郡遇寇害者田租”[①]。太康元年（280年）颁布的户调制也规定：“远夷不课田者输义米，户三斛，远者五斗”[②]。太康三年（280年），又诏：“四方水旱甚者，无出田租”（同上）。像这样的记载是不少的，证明征收田租在全国范围内普遍实行。所以，西晋仍然实行着田租制度是确真无疑的。

西晋改革后的田租是怎么样征收的？《初学记》卷27的《绢第九》引用《晋故事》：“凡民丁课田，夫五十亩，收租四斛。”由此证明，西晋田租的征收是以丁为对象的，凡一丁皆纳四斛谷粟。这种田租的特点是定额制，不再像曹魏时按土地的多少和产量的高低来征收百分之几，而是见一丁即收租谷四斛。这种定额制有利于增加农民生产积极性，若耕种得好，在定额之外农民的剩余部分可以有所增加。所以，在这种制度下，西晋的小农经济比以前有所发展。西晋在改革中之所以将田租和户调都改为以丁征收，主要是由于占田制实行后一般农民都受有同等的土地，即“丁男课田五十亩，丁女二十亩，次丁男半之”。课田是专门用来交纳四斛谷粟的土地，凡是丁男皆有之，因此在征收租调时不在去察验土地的多少，而以丁来征收。这样一来，简便了征收手续，同时还避免了土地不实、官吏作弊等缺陷。

其次，是对曹魏时户调制的改革。曹魏确立户调制时，规定每户绢二匹、绵二斤，户与户之间没有明确区别，有丁男的户和无丁男的户交纳同样的绢绵。虽然在征收中实行“平货”的办法，但久而久之，流弊日出，所以这种规定不免有不合理的地方。而且占田制中最重要的一条即所占土地不相同，户调也应随之有所区别。因此，西晋政府在这次改革中采取了分别对待的办法。《晋书》卷26的《食货志》记载太康元年（即平吴之后）所制定的户调内容：“丁男之户，岁输绢三匹，绵三斤。女及次丁男为户者半输。其诸边郡，或三分之二，远者三分之一。夷人输賨布，户一匹，远者或一丈。”所谓“丁男之户”，就是有丁男的（成年男子）户，“女及次丁男为户者”，是家庭无成年男子，妇女当户和未成年男子当户者，这类户交纳丁男之户的一半户调。沿边地区的户交纳三分之二，再远者交纳三分之一。至于在西晋政权管辖的诸少数民族每户只交纳一匹绢，再远者交一丈，区分是非常清楚的。

西晋在户调的征收中为了使每户的负担尽量做到合理，还采取了“九品相

① 《晋书》卷26，《食货志》。
② 《晋书》卷26，《食货志》。

通”的办法。《初学记》卷27的《绢第九》引用《晋故事》：“其余租及旧调绢，户三匹，绵三斤，书为公赋，九品相通，皆输于官，自如旧制。”西晋的九品是指户等的高下，即按照户等高下征收户调。李剑农先生曾对“九品相通”作过明确的解释：“户调征收时，将一地区户调总额，按区内各户财富情形，以分配各户之纳数，赀多者多出，赀少者少出”[①]。由此可证，西晋户调制规定的数额只是一个平均定额，实际执行中有些贫穷的户可能达不到这一规定，一些富有的户也可能超过户调制的规定。因为每个地区户调总额是不变的，根据贫富等差将总额分配下去，既然不是平均分配，自然富者多出，贫者少出。西晋之所以要实行“九品相通”法，除受汉、魏的影响外，更重要的是当时户口不均所决定的。西晋时，由于世家大族和地方豪强的发展以及宗族势力的加强，有的户多达上百口，史言千丁共籍，而有的贫穷农民则人丁很少，户与户之间的严重失衡决定了必须采取九品相通的办法。

（三）北魏时期的租调改革

北魏孝文帝即位后，针对北魏建国以来租调制度的极度混乱和征收额的苛重以及均田制实行后的新变化，对租调进行了全面改革。

北魏租调制的改革，主要在太和十年（486年）前后进行的，而太和十年是最大的一次改革。改革后的租调制度载于《魏书》卷110《食货志》：“十年，给事中李冲上言：‘……其民调：一夫一妇帛一匹，粟二石。民年十五以上未娶者，四人出一夫一妇之调。奴任耕，婢任绩者，八口当未娶者四。耕牛二十头当奴婢八。其麻布之乡，一夫一妇布一匹，下至牛，以此为降。……。’书奏，……高祖从之。於是遣使者行其事。”

综观北魏改革后的租调制度，与改革前相比，主要有五个方面的变动：一是改革原来租调制度的混乱局面；二是将原来的租调合一改为租调分征；三是改革原来的“九品相通”法；四是减轻租调征收额；五是使众寡有别。

1．改革租调的混乱局面

北魏统治者以落后民族入主中原，从畜牧生活进入农业生活，加之统一前五胡十六国分裂割据的动荡局面，租调制度十分混乱。既有游牧民族的色彩，又有中原租调制的成分，而且在征收实物上变化无常。有时从战争出发征收牲畜，如泰常六年（421年），“调民二十户输戎马一匹，大牛一头。……六部民

① 李剑农：《魏晋南北朝隋唐经济史稿》，华世出版社，1981年，第133页。

羊满百口，输戎马一匹”[①]。有时从供养出发征谷物，还有时征绢帛等物。而且征收的多少也无恒制，多是根据当时的需要而征派。另外，国家各级官吏没有统一制定的俸禄，政府任其征收和搜刮。这种局面从开国到孝文帝即位，一直持续了 80 余年（拓跋珪登国元年——孝文帝延兴元年）。孝文帝太和十年的租调改革彻底扭转了原来的混乱局面，使国家的租调有了明确固定的制度。

2. 实行租调分征制

北魏改革之前的租调制是租调合一的，国家有时全征收谷物（租），有时皆征收绢帛（调）。如明帝泰常三年（418 年），“诏诸州调民租，户五十石，积于定、相、冀三州”[②]。甚至在孝文帝即位后的延兴三年（473 年）仍然实行这种办法。《魏书》卷 7 的《高祖纪上》记载，此年“户收租五十石，以备军粮”。封建政府在改革前为什么只征收租而不征收调呢？关键是当时实行的是租调合一的制度，关于这一点李剑农先生已有明确的解释，他认为北魏在改革前租调征收的方法“曰调、曰租，而租调二者，又名分而实合”[③]。名分而实合，也就是租调合在一起征收，租中有调，调中含租。太和十年（486 年）租调制度改革后，正式确立了租、调分征的办法。从此，不论何时征收租调，都按规定分别征收调帛和租粟，不在统归为一种实物。这种租调分征的办法在改革前虽然也出现过，如孝文帝延兴三年（473 年），“诏河南六州之民，户收绢一匹，绵一斤，租三十石”[④]。但没有成为定制，否则不会出现如上的情况，可见成为定制是租调改革之后的事。这一改革具有实际意义，若单收谷物，耕织相辅的小农家庭是承担不起的，势必要用绢帛去购换谷物去完租，如果只收绢帛，又要用谷物去购换绢帛，由于市场上谷帛价格的不同以及物价的不稳定，使农民从中遭受经济损失，而且对国家财政的需要也不利，改革后消除了这些弊端。

3. 改革“九品相通法”

北魏财政改革之前，在户调的征收中仍然实行西晋时期的“九品相通”法。如《魏书》卷 110 的《食货志》云：“先是，天下户以九品相通。”但实际上，“九品相通”实行至此，流弊越来越突出，因为乡邑三老多属世家豪强，计赀定课的大权被他们把持，造成隐瞒包庇等不合理现象。正如苏绰所言：

---

① 《魏书》卷 2，《太宗纪》。
② 《魏书》卷 3，《太宗纪》。
③ 李剑农：《魏晋南北朝隋唐经济史稿》，华世出版社，1981 年，第 163 页。
④ 《魏书》卷 7 上，《高祖纪上》。

“租税之时，虽有大式，至於斟酌贫富，差次先后，皆事起于正长而系之於守令，若斟酌得所，则政和而民悦；若检理无方，则吏奸而民怨。”[①] 北魏租调改革前，所出现的“包藏隐漏，废公罔私”等流弊就是由于检理无方而造成的。鉴于此，北魏政府对“九品相通”的办法逐步进行了改革。早在延和三年（434 年），世祖拓跋焘就下诏“令州郡县隐括贫富以为三级，其富者租赋如常，中者复二年，下穷者复三年”[②]。可知，当时已不完全采用“九品相通”的办法了，而是把诸州民户分为富、中、贫三等来分别对待。但是，这种办法并没有把中、贫户多交纳的租调摊在富户头上，而是分别给予了免除，对富户没有伤害，国家财政却受到损失。尽管如此，这一方法的实行实际上是对“九品相通”的一次否定。至改革的前夕即显祖拓跋弘时，对这一新法进行了发展，采用了三等九品制。《魏书》卷 110 的《食货志》记载：“显祖即位，……遂因民贫富，为租输三等九品之制。千里内纳粟，千里外纳米；上三品户入京师，中三品入他州要仓，下三品入本州。”此制主要按贫富分别纳米纳粟，输纳各有远近，以此来均衡纳租户的负担。孝文帝太和十年租调制改革时，对以上逐渐形成的新办法加以确认，形成了定制，从此，三等九品制代替了“九品相通”法。此后再没有看到“九品相通”法的实施。三等九品制因为有明确的规定，避免了“九品相通”法所产生的各种流弊，显然是一个进步。

4. 减轻租调征收额

北魏租调改革之前，征收额特别大，如前所举，最高一户征收 50 石，即使在孝文帝即位初每户还征收 30 石，这个数额在中国封建社会的历代封建王朝中是没有的。虽然因为当时北方之民聚族而居，“五十、三十家方为一户”。但尽管是这样的户，一次交纳数十石也是苦于应付的。何况并不是所有的户都是这样，一般的小户更不能承受，所以在这种制度下势必家破人亡，妻离子散。如太和四年（480 年），薛虎子上疏言：“素微小户，……计其征调之费，终岁乃有七缣，去年征责不备，或有货易田宅，质妻卖子，呻吟道路，不可忍闻”[③]。因此，在太和十年的租调改革中，封建统治者从长远的利益出发，减轻了租调的征收额。规定田租每户（一夫一妇）征收粟二石[④]，调每户交帛一匹，比原来减轻了许多。这一改革主要是针对一般的农户，因为太和九年（485

① 《周书》卷 23，《苏绰传》。
② 《魏书》卷 4，《世祖纪上》。
③ 《魏书》卷 44，《薛野猪附子虎子传》。
④ 《文献通考》卷 2，《田赋二》，载粟一石。

年）实行了均田制以后，一般的农户占据了多数。世家大族虽然还存在，但他们苞荫的户数却大为减少，原来以宗族相居的农户也纷纷脱离宗主成为国家的编户。可见这一改革与均田制实行后以及三长制建立后的新情况是相符合的。

5. 租调征收实行众寡有别

改革前的租调无论从数额的制定上还是在执行过程中，对不同的户不加区别，“赋税齐等，无轻重之殊；力役同科，无众寡之别”。改革后的租调制对不同的户制定不同的数额，比起原来甚为合理。这次改革中之所以规定奴婢和耕牛也要交纳租调，主要是针对官僚地主、世家大族而制定的，因为他们占有的奴婢和耕牛最多。如果说此次规定每户出帛一匹和粟二石对富室大户有利的话，这里增加奴婢和耕牛出田租又对这一缺口进行了弥补，看来这次改革考虑得是比较周密的。

与曹魏、西晋及南朝相比，北魏太和十年的租调改革是比较全面、细致和合理的，而且是成功的，所起的作用也较大。

（四）东晋南朝时期的租调改革

东晋南朝时期，由于政权更替频繁，在租调制度上没有太大的建树。而且有关这方面的内容史书中记载甚为简略，无法进行细致的考察研究。总的来说，这一时期田租变化较大者是按亩征租逐渐改为按口征租，户调变化较大者是以资产多少征收改为以丁征收。

东晋南朝的田租，在东晋初年仍然实行的是西晋的制度，即课田制，也就是按亩征收。如晋成帝咸和五年（330 年），“始度百姓田，取十分之一，率亩税米三升”。按亩征收田租对一般农民有利而对世家大族有损，因而遭到了这些人的反对和抵制。另外，在实行过程中按亩征收田租也存在着难以解决的问题。按亩租，必须要查验每户的土地，咸和五年“度百姓田”就是指此而言。西晋时实行课田制，每丁课田五十亩，按亩征和按丁征无实际区别，无须再去清丈土地。但东晋时却情况大变，课田制和占田制名存实亡，世家大族广占田地，封山固泽，除国家占有的土地外，几乎土地皆为私有，每户占地多少差距很大，国家不亲自清丈土地是无法按亩征租的。况且，国家对各自占有的土地无法掌握，征租无地籍根据，必须采取度田收租。但是，由于官僚地主占地最多，为了自己的经济利益，各级官吏与地方大户共同作弊，隐匿不实，很难做到真正的按亩征租。在这种情况下，一般的农民反而加重了负担，国家税收日益减少。于是，在太元二年（377 年），晋孝武帝下令“废度田收租之制，王公以下，口税米三斛，唯蠲在役之身”[①] 从此，田租征收改为以丁口为对象，宋、齐、梁、陈田租制度不详，也当承袭此制。实行按口征租之后，显然对官僚地主和世家大族带来了好处，因为再不按实际占有的土地交纳田租了，对于一般农民来说，负担要比以前加重，因为剥削阶级地多丁少，而农民阶级地少丁多。正因为此，史学界对东晋这一改制多持否定态度。但是，从按亩征租制官吏作弊的情况来看，倒不如改用这一新的办法，因为国家清丈土地困难较大，而检括户口比较容易一些，世家大户也必须按照国家的规定交纳。当然，在这种制度下，世族豪强荫庇人口也是在所难免的，但只要国家对户口控制得严格，情况就有好转。另外，还应该看到，南朝特别是东晋是门阀世族统治的天下，要想使每次制度的改革做到尽善尽美是不可能的。

东晋南朝的户调制最重要的一次改革是废除按资课调，实行按丁征收。东晋时的户调制是沿袭西晋时期的办法，按资纳调。《晋书》卷 70 的《刘超传》记载：“超出补句容令，推诚於物，为百姓所怀，常年赋税，主者自四出，结评百姓家赀。至超，但作大函，村别付之，使各自书家产，投函中讫，送还县。百姓依实投上，课输所入，有逾常年。”由此证明，东晋户调征收完全按家赀评定。同时也暴露了地方官在结评百姓家赀中产生了种种弊端，为此刘超采取“推诚于物”的态度，让百姓自报，以阻止事态的发展。至宋、齐时，按赀纳调的流弊越来越突出。“乃令桑长一尺，围以为价，田进一亩，度以为钱，屋不得瓦，皆责赀实。民以此，树不敢种，土畏妄垦，栋焚榱露，不敢加泥。”[②] 由此可见，按资纳调的流弊之深，是无法再实行下去了。因此，在梁武帝天监元年（502 年）对此制度进行了彻底的改革，“始去人赀，计丁为布”[③]。从此，实行以丁口征收户调，如《隋书》卷 24《食货志》记载，梁、陈户调为：“丁男调布绢各二丈，丝三两，绵八两”。这一改革使南北朝时期的户调制发生了一个重要的变化。

与此同时，东晋南朝户调征收的物品也有所改革。魏晋时期，户调主要征收绢和绵，但晋室南迁后，由于江南丝织业落后，东晋户调改为征收布。刘宋时也同样如此。随着江南商品经济的发展，户调征布在齐武帝时又改革为征布与钱。永明四年（486 年）五月，齐武帝下诏：“扬、南徐二州今年户租

---

① 《晋书》卷 26，《食货志》。
② 《宋书》卷 82，《周朗传》。
③ 《梁书》卷 53，《良吏传序》。

(调)，三分二取见布，一分取钱。来岁以后，远近诸州输钱处，并减布直，匹准四百，依旧折半，以为永制”[①]。可知，从齐以降，户调三分之二纳布，三分之一纳钱。这一改革无疑是一种进步，因为从赋税发展史来说它是向货币阶段起步。

三、整顿税制，减少税外加税

三国两晋南北朝时期，封建国家除征收租调以外，还征收各种杂税。但由于这一时期苛捐杂税多如牛毛，使广大农民无法忍受，不仅引起政治上的不安定，而且给社会经济的发展带来严重的恶果，国家财政陷入恶性循环。针对这种情况，统治阶级对这一时期的税制也进行了部分的调整和改革。

关税。东汉时期关税颇重，曾引起非议，有人提出“重税非所之便民”的意见。三国曹丕称帝时曾对这一税制进行了改革，如《三国志》卷2的《魏书·文帝丕》记载：“庚戌令曰，关津所以通商旅，池苑所以御灾荒。设禁重税，非所以便民，其除池御之禁，轻关津之税，皆复什一”。可知，东汉的关税率高于十分之一，曹魏的改革并没有从制度上变动，只是降低税率而已。曹魏时对关税税率的改革，一直沿用到东晋，“晋自过江，……其获炭鱼薪之类过津者，并十分税一以入官”[②]。宋、齐、梁、陈四朝，关税又开始加重，期间虽然也有减轻关税的诏令颁布，但总的来看，关税仍然是加重的趋势。北朝的关税在北魏孝文帝时进行了一次改革，废除了三国西晋时征收十分之一的制度，实行了彻底开放的政策，“弛关津之禁，任其往来”，皆不征税。

市税。市税即汉代的市租，魏晋南北朝时虽然亦皆征收，但期间进行过一些改革。南宋武帝刘裕即位初年，针对东晋时“税敛既重，时甚苦之”[③]的情况，下令降低市税征收额，“以市税繁苦，优量减降”。至南齐时，将市税的征收方法进行了改革。以前，市税征收分两个方面，一是向进入市区进行贸易活动的行商每人课一钱之税；二是向市区内开设店铺的坐商分五等课税，都由国家税收机关完成。南齐时改为包税制，如《南齐书》卷40的《竟陵文宣王萧子良传》云：“司市之要，自昔所难，顷来此役，不由才举，并条其重赀，许以贾衡，前人增估求侠，后人加税请代，如此轮回，终何纪极”。从萧子良所

---

① 《南齐书》卷3，《武帝纪》。

② 《隋书》卷24，《食货志》。

③ 《隋书》卷24，《食货志》。

言可知，南齐时司市之职不是以才能而任，却是论家资多少而命，为何论其家资而不论才能？这就是包税制所造成的。因为官吏为了求得这一肥缺，以抬高上缴税额为竞争手段，国家为了保证司市的上缴数额，就以其资产为担保。所谓“前人增估求侠，后人加税请代”，就是指此而言。实践证明，这种办法是不可行的，司市为了完成上缴数额，加重了对商贾的搜刮，他们又借国家之名，横征暴敛转为己有，不仅对商业经济发展是一个很大的破坏，而且使个人私囊装饱，国家财源枯竭。北朝时的市税，自道武帝开国废除了市税至明帝孝昌初百余年间未曾有之。到孝昌二年（526 年），因镇压六镇起义，资用浩繁，“始税市，入者人一钱，其店舍又为五等收税有差”[①]。西魏废帝时，又一次废除市税，不过时间不长。北齐立国，再次废除市税，武平六年（575 年）以前不征市税。

资税。资税是一种财产税，起于南朝宋文帝元嘉时期。当时，由于军旅大起，政府借款于民，“扬、南徐、兖、江四州，富有之民，家赀满五千万，僧尼满二千万者，并四分换一，过此率讨，事息即还”[②]。这里说借，但实际上成为一种制度。资税不仅南朝推行，北朝也有，《隋书》卷 24 的《食货志》记载，北齐武平之后，判“境内六等富人，调令出钱”。赀税的改革，在南梁天监元年（502 年）进行过一次，即“始去人赀，计丁为布”[③]，杂调悉除。看来，梁高祖时，废除的不仅是赀税一项，其他杂调也多有省除。

南北朝时期的税制改革是很不彻底的。众所周知，南北朝时期苛捐杂税是非常繁多的，仅南朝境内见于记载的就多达十五六种，得到改革的只是少数。而且改革的力度很小，有些杂税是短时期废除的，不久在别的朝代又出现。如汉代以来的口钱算赋，虽然在曹魏时就废除了，但南朝宋、齐、梁、陈又继续征收。所以，南北朝时期的税制改革虽然也起到了一些作用，但总的来看还是很不够的。

四、实行专卖制度，维护国家经济利益

在中国封建社会，盐、铁、酒、茶等利是国家财政收入的重要来源之一，即使在魏晋南北朝这一政治动乱，战争频仍的时期，有一些封建统治者对此也

① 《魏书》卷 110，《食货志》。
② 《宋书》卷 95，《索虏传》。
③ 《梁书》卷 53，《良臣传序》。

极为重视，尽力实行专卖政策，把盐铁之利从富商大贾手中夺过来，收为国家财政所有。在无条件实行专卖的情况下，国家也不把厚利拱送给私人而是征收专卖税。专卖税不同于其他朝代的一般征税，这种税是很重的，是对盐、铁等专门制定的一种税制，国家通过这种税制把利润的大部分收为国有。如此看来，魏晋南北朝时期的专卖政策有两种形式：一是盐铁之利完全由国家控制，即民制官运官销，或民制官运商销。二是征收专卖税，即私制私运私销，国家征收税利。这两种制度的交替运行，可谓魏晋南北朝时期专卖政策改革中的一大特色。

1. 盐专卖

三国时，首先对盐实行专卖政策的是曹操所统治的范围之内。东汉时，盐铁基本上不实行专卖，章帝元和时曾推行过专卖政策，但时间很短，自和帝时食盐废除专卖后，就不再实行了，只是对盐铁私营者进行课税。到汉献帝建安初，由于丧乱，人口流亡，国家财政面临困境。曹操接受了荀彧的建议，对食盐实行了专卖，当时的具体措施是政府监卖食盐，也即民制官卖的专卖政策。三国鼎立的局面稳定下来后，蜀和吴两国也对盐实行了专卖。两晋时期，西晋实行了食盐专卖政策，国家不仅置司盐都尉及司盐监丞之官负责盐务，而且制定了禁止私人煮盐的法令，如晋令载："凡民不得私煮盐，犯者四岁刑，主吏二岁刑"①。东晋时，由于门阀士族占山固泽，封建政权的软弱无力，食盐专卖政策无法继续实行，这种局面一直延续到南朝未能彻底改变。直到陈文帝天嘉二年（561 年），因财政极度困难，陈文帝才接受了虞荔和孔奂等人的建议，对海盐实行专卖税政策。如《陈书》卷 3 的《世祖纪》记载："太子中庶子虞荔，御史中丞孔奂，以国用不足，奏立煮海盐赋及榷酤之科，诏并施行。""煮海盐赋"虽然不是专卖，但此税数额较大，是向生产者和销售者两方面征收，不属于一般的征收，而是专卖税的性质②。

北朝对食盐实行专卖和征收专卖税两种政策。北魏前期，对河东池盐长期实行专卖。《魏书》卷 110 的《食货志》言："旧立官司，以收税利。"吴慧先生解释"收税利"就是制盐由民（盐户），官收其税，销盐由官（官府），或由商销而税之，利润大部分入官，商民不能逃税自销，官府设有禁私的法令③，

---

① 《太平御览》卷 865，《饮食部》23《盐》。

② 吴慧：《中国古代商业史》（第 2 册），中国商业出版社，1982 年，第 330 页。

③ 吴慧：《中国古代商业史》（第 2 册），中国商业出版社，1982 年，第 332 页。

其实，仍属于专卖性质，只是形式不同而已。献文帝之后，北魏的食盐专卖政策“更罢更立。至孝明帝神龟初，又行专卖。孝昌三年（527年），改行专卖税。北魏政权分裂为西魏和东魏后，西魏实行专卖税，东魏实行专卖制度，采取官制官营的办法。北齐代替东魏后，继续实行专卖制度，主要专卖海盐。北周代替西魏后，对食盐也采取了民制官销的专卖制度。如《隋书》卷24的《食货志》云：“凡盬盐形盐，每地为之禁，百姓取之，皆税焉。”这里的“皆税焉”，从表面看是行专卖税，实际上是民制官卖的。如《隋书》卷24的《食货志》言：“开皇三年正月，帝入新官。……先是，尚依周末之弊，官置酒坊收利，盐池盐井禁百姓采用。”“先是”，就是指北周时期，国家禁百姓采盐无疑是专卖制度。从魏晋南北朝食盐专卖政策的更替变化，可见政府与富商大贾、士族豪强争夺盐利斗争之激烈，从中也反映了对盐铁制度改革的艰难程度。

2. 铁专卖

魏晋南北朝时期，政府不仅对食盐实行专卖政策，而且对铁、铜、金、银的开采也严加控制，尽量使利归国家。不过，这一时期对铁等矿产的专卖如同对食盐专卖一样，并不是历代皆然，一贯如此，而是历代各异，宽严不同，今就主要的朝代而论之。

三国鼎立后，魏、蜀、吴都先后实行了铁专卖政策。早在魏建国之前，曹操就指出：“察观先贤之论，多以盐铁之利，是赡军国之用”①。于是，在河北设置官营冶铁机构，设司金中郎将、司金都尉等官主其事。当时铁的开采和冶炼全由中央控制，铁器的销售除大部分由国家经营外，只有零星的由私商销售。官营冶铁机构基本上控制了冶铁业及铁器的流通渠道。吴国与魏国一样在武昌、梅根等产铁地区设立冶令或丞，管理采铸，铁器也由国家来经营，下令铁兵器“勿与市”。由于盐铁受到控制，史载：“铸山为铜，煮海为盐，境内富饶”②。位居西南的蜀国，对铁的专卖也极为重视，设立司金之官（司金郎将），“典作农战之器”。总之，三国时，各国都实行了铁的专卖政策，从开采到冶炼及销售全由国家经营，私人难以插手。

西晋时，对铁还继续实行专卖。但晋室南迁后，由于世家大族和豪强地主势力的发展，国家很难再控制铁的开采和冶炼了。而世族豪强封固山泽，开山

① 《三国志》卷11，《魏书·王修传》。

② 《三国志》卷54，《吴书·周瑜传》。

冶铁，政府每下令“禁断之”却效果甚微。至刘宋时，益州刺史刘道济采纳费谦之言恢复铁专卖政策，“一断私民鼓铸，而贵卖铁器”[①]，遭到世家大族的反对，史言“蜀土侨旧，翕然并反”。官府出于无奈，又重新开放私铸。可知，东晋南朝铁专卖政策已不存在，冶铁官私并行。北朝时对冶铁业基本上实行官营和专卖，特别是北周时实行得较好。

3．酒专卖

自从西汉昭帝时废除酒专卖以来，魏晋南北朝大多实行征税制。期间只有少数朝代对此法进行了改革，实行了酒专卖政策。三国时的吴国，曾对酒实行过专卖。《三国志》卷52的《吴书·顾雍传》记载：吕壹、秦博为中书，典校诸官府及州郡文书，“遂造作榷酤障管之利”。南朝陈天嘉二年（561年），也立榷酒法，改原来的征税制而实行专卖。北朝北周时，也对酒实行专卖政策，一直到隋开皇三年（583年）才被废除。如《隋书》卷24的《食货志》云：“尚依周末之弊，官置酒坊，……至是罢酒坊”，与民共之。对酒实行专卖，北周时间最长，自孝闵帝元年（557年）建国至静帝大象二年（580年）共实行了23年，可谓魏晋南北朝时期酒专卖实行得最好的一个朝代。

从上可知，魏晋南北朝时期的专卖政策实行得是不彻底的，但尽管如此，还是值得肯定的，因为它毕竟对东汉以来政府对盐铁酒实行开放，允许私人经营的政策进行了一些改革。

五、加强户口管理增加财政收入

魏晋南北朝历代政府，针对户口流亡、隐漏和户籍混乱等引起财政收入锐减的问题，进行了大规模的整顿户籍和括检户口的工作，其中对原来的制度多有改革。

东晋南朝在这一改革中，采取的措施主要有三个方面：一是实行土断，取消原来黄、白户籍之别和严格区分士、庶的标准，减少享受有经济特权的户数。二是检索世家豪强的荫附户和安置流亡人口，以增加财政的税收面。三是加强完善户口管理制度，禁止户口隐漏和流亡势态的蔓延。

1．土断与检籍

土断开始于东晋。“土断”就是把南下的侨居人户和浮浪人户断入国家户籍，同土著户一样为国家的正式编户，承担相同的赋税和徭役。东晋一朝，共

---

① 《宋书》卷45，《刘粹传附弟道济传》。

进行了四次土断。第一次土断在成帝咸和二年（327 年），史称“咸和土断”。在土断中，晋初跟随司马睿南下的一千多户侨民以及后来过江的山西、河北、山东、河南、江苏、安徽的流民，全部由原来的侨籍（白籍）断入黄籍。这次土断不仅包括一般流民百姓，而且还包括士族官吏，如陈霸先的祖先陈康被断入吴兴郡长城县人。这次土断后整理出来的户籍，全称黄籍，也称晋籍，即国家的正式户籍。而且“籍并精详，实可宝贵”，“位宦高卑，皆可依案”[①]。从咸和二年一直使用到刘宋元嘉二十七年（450 年），长达 123 年之久。第二次土断在成帝咸康七年（341 年）。当时苏峻和祖约乱于江淮，石勒又乘机南侵，这次土断就是在北方人第二次南迁高潮之后进行的。北方人侨居淮南者及淮南的本地人又大举过江，咸康土断主要是把这批南下侨户的白籍，不分士庶贵贱一律定为黄籍，以增加国家的纳税户。第三次土断是哀帝兴宁三年（361 年）实行的，史称“庚戌土断”，也是最著名的一次土断。这次土断的目的有二：一是并省众多混乱的侨郡、侨县，二是检括世族豪强荫附的南下浮浪之户。主持这次土断的桓温，由于掌握着内外军政大权，对隐藏户口的皇亲国戚和士族豪强进行了严厉的打击。《晋书》卷 37 的《彭城穆王权传》记载：“会庚戌制，不得藏户，玄匿五户，桓温表玄犯禁，收付廷尉。”可见，这次土断是比较彻底的。第四次土断发生在安帝义熙九年（413 年）。此年，掌握军政大权的北府兵首脑刘裕，上疏自桓温土断以来，“弥历年载，画一之制，渐用颓驰。杂居流寓，闾任弗修”[②]，要求准庚戌土断之科再进行一次土断。于是，刘裕主持这次土断，不仅进一步打击了世族豪强隐匿南下人户的行为，而且除徐、兖、青等州因属京城晋陵管辖免土断外，其余“诸流寓郡县，多被并省”[③]。至此，基本上澄清了江南地区因侨置郡县造成的混乱状况。东晋连续进行的四次土断，规模大，要求严，执行得彻底，通过这一途径达到了统一黄、白籍，为流寓浮浪户著籍，整顿并省侨治郡县的预期目的。

东晋之后，南朝历代政府继续贯彻土断政策。这是因为北方民众不断南迁和江南本土逃亡流寓的民户不断出现，靠一次土断是不能彻底解决问题的。南朝的土断始于宋孝武帝大明元年（457 年）七月，主要“土断雍州诸侨郡县”[④]。宋废帝元徽元年（473 年），由于“违乡寓境，渐至繁积”，再“申土

---

① 《南史》卷 59，《王僧孺传》。

② 《宋书》卷 2，《武帝纪中》。

③ 《宋书》卷 2，《武帝纪中》。

④ 《宋书》卷 6，《孝武帝纪》。

断之制”[①]。齐高帝建元三年（481 年），土断江北侨郡县[②]。梁武帝天监元年（502 年），“土断南徐州诸侨郡县”[③]。南朝最后一次土断是陈文帝元嘉元年（560 年），《陈书》卷 3 的《世祖纪》记载：“自顷丧乱，编户播迁，……其亡乡失土，逐食流移者，今年内随其适乐，来岁不问侨旧，悉令著籍，同土断之例”。这次土断与前面一样，土断的对象不仅是侨民，而且包括江南本土流移户。所以采取的政策是“不问侨旧”，凡是“逐食流移者”，随其乐居之地，全部编入国家户籍。至此，原来的白籍不复存在了，全部变成了黄籍，国家的户籍得到了统一，黄籍纳税而白籍不纳税的问题得到了解决。由此可知，东晋南朝的土断是非常成功的。

检籍发生在南朝历代，主要是针对篡改户籍的问题进行的。号称“精详”的东晋咸和二年整理出来的户籍，对士族、庶族及南北士望都有清楚的区别，故言“位高官卑，皆可依案”。但从刘宋元嘉二十七年（450 年）开始日渐混乱，大量寒人庶族通过贿赂改变户籍，假冒士族避役，开“众巧之所始”。因此南朝历代政府屡次设法严辨士、庶，整理黄籍。齐高帝萧道成即位后，以宋元嘉二十七年籍为据，更立明科，“检定簿籍”。下令让诈入士流者首悔，违抗者“依制必戮”。要求各级政府亲自检校，如发现问题，“州县同咎”。为了提高效率，政府又在各地“别置校籍官、置令史”，专门负责这一工作。由于对“却籍户”的处罚政策愈来愈严，引起了唐寓之领导的反对却籍的斗争。参加反抗者虽然有不少是以迁徙、并户等手段逃避徭役的贫苦农民，但也有大量诈入士流的庶族地主，如钱塘柯隆就是其中之一。对于反却籍的斗争，政府坚决地进行了镇压，继续开展检籍工作。又采取强硬手段，“一人被摄，十人相追，一绪裁萌，千蘖互起”，甚至使“蚕事弛而农业废，贱取庸而贵举债，应公赡私，日不假给”[④]。因此，萧赜于永明八年（490 年）下诏，规定“自宋升明以前，皆听复注。其有谪役边疆，各许还本。如后有犯，严加翦治”[⑤]。这次检籍工作就这样不了了之，永明八年以前被篡改的户籍实际上得到了官府的承认。因此，梁朝士庶混乱的局面又有发展，并达到了“巧伪既多，并称人士，百役不及，高卧私门，致令公私阙乏”的程度。为此，尚书令沈约又向梁武帝建议

---

① 《宋书》卷 9，《后废帝纪》。
② 《南齐书》卷 24，《柳世隆传》。
③ 《梁书》卷 2，《武帝纪中》。
④ 《南齐书》卷 46，《陆慧晓传》。
⑤ 《南齐书》卷 34，《虞玩之传》。

检籍，提出利用谱牒辨别士、庶，发现伪造者严加处罚。于是，诏御史中丞王僧孺改定百家谱，并设谱局专门负责检籍工作。王僧孺利用晋及宋初旧籍，参照谱书校勘户籍。王僧孺改定的百家谱，被列入其中的全是南北方的高门甲族，而没落的士族全被排斥在外。百家谱编定后，对原来户籍中的士庶不分的现象国家不再追究，齐、梁两朝区分士、庶的户籍工作至此基本上宣告结束。之后，国家只对百家谱上的士族给予优待政策，而户籍中不管什么阶层的人都不再享有特权，都要承担国家的赋役，使免赋免役户比以前大为减少。

2. 括检隐浮

东晋南朝历代政府在整顿户籍的同时，又针对“客寓流离，民籍不立”，“南北权豪，竟招游食”，“流民多庇大姓以为客”，致使“国弊家丰”的局面进行了括检隐浮户口的工作。

首先，加强里伍组织，防止流移人口的增加。东晋政府对此非常重视，提出了“明考课之科，修闾伍之法”的口号①。此时的里伍制是在秦汉旧制上进一步完善起来的。《宋书百官制》云：“五家为伍，伍长主之；二伍为什，什长主之；十什为里，里魁主之；十里为亭，亭长主之；十亭为乡，乡有乡佐、三老、有秩、啬夫、游徼各一人。”这种基层组织的主要任务之一就是纠察户口，防止农民逃亡。为此，还制定了什伍连坐法，一户逃亡，邻里判罪。如刘宋时宣城太守刘武之，“立吏民亡叛制，一人不禽，符伍里吏，送州作部，若获者赏位二阶”②。沈攸之为郢州刺史时，“将吏一人亡叛，同籍符伍充代者十余人”③。在执行这一制度中，甚至连同伍的士族也不例外，为此刘宋元嘉时，围绕士族是否连坐问题展开了一场争论。争论的结果认为士人也要受连坐法的约束，但许可以奴替主或输赎。这一制度被宋文帝认可批准后，除建康外推行全国，成为南朝的通制。不仅减少了流亡人数，而且调整了士、庶的社会地位，国家通过以奴替主和输赎制度夺取世族的奴客和财富。

其次，括检世族豪强所隐匿的流亡人口。东晋南朝的隐匿户主要是流亡农民，他们依附于世族豪强门下，被称为佃客、典计、衣食客等，这些人是不立户籍的，所谓“客皆注家籍”就是指此而言。东晋南朝虽然规定官僚贵族占有佃客，但却有一定的数量，超过者就是非法占有，政府有权对这些隐户进行检

① 《晋书》卷75，《范汪传附子甯传》。

② 《宋书》卷54，《羊玄保传》。

③ 《宋书》卷74，《沈攸之传》。

括，将其编入国家的编户，承担国家的赋役。在括检隐户中，政府与士族豪强展开了不懈的斗争。东晋时，彭城王司马玄因“匿五户”被收付廷尉。刘裕在称帝前，为了禁止“权门兼并，强弱相凌，百姓流离，不得保其业”的状态，“大示轨则，豪强肃然，远近知禁”。会稽余姚虞亮因藏匿亡命千余人，被诛杀。陈朝时，褚玠为山阴令，县民张次的、王休达等，“与诸猾吏贿赂通奸，全丁大户，类多隐没。玠乃锁次的等，具状启台。高宗手敕慰劳，并遣使助玠搜括，所出军民八百余户”①。检括隐漏户口与土断是同时进行的，东晋最后两次土断除解决户口混淆问题外，已开始了对隐匿流亡人口的豪强的打击。南朝的历次土断，更把检括隐户放在重要的地位。

最后，免奴为客和招抚流亡。东晋南朝社会上存在的大量奴隶，他们有的被官方奴役，有的为私人占有，这些人是没有户籍的。为了增加国家编户和剥夺世族豪强的占有，政府采取了释放奴隶的政策。东晋时不断“免奴为客”和“发奴为兵”，如《晋书》卷6《元帝纪》所载太兴五月庚申诏中曰“免中州良人遭难为扬州诸郡僮客者，以备征役。”刘宋时，又通过什伍连坐法夺取世族豪强所占有的奴隶。奴隶获免后，被视为良人，成为国家赋役承担者。南齐永明十一年（493年）下诏：“近北掠余口，悉充军实，……一同放遣，还复民籍”②。梁朝太清三年（549年），“北方在南为奴婢者皆免之，所免万计”③。陈朝也大量免奴为良，《陈书》卷3《世祖纪》载，天嘉六年（565年）诏曰：“侯景以来，遭乱移在建安、晋安、义安郡者，……其被略为奴婢者，释为良民。”与此同时，历代政府还采取赦免逃亡之罪和蠲免课役等办法招抚流亡人口复业。如刘宋永初元年（420年）下诏：“开亡叛赦，限内首出，蠲租布二年，先存资状，黄籍犹存在，听复本注”④。梁太清元年（547年）下诏：“所计逋叛，巧籍隐年，暗丁匿口，开恩百日，各令自着，不问往罪。流移他乡，听复宅业，蠲课五年。”⑤ 由于免罪和减轻了剥削，流亡人户中不少又归为国家编户。通过户籍制度的改革和以上所采取的措施，东晋南朝的户籍混乱和人口流亡的局面得到了改善。

北朝历代政府为了发展经济，扩大财政收入，针对原来强宗豪族“百室合

---

① 《陈书》卷34，《褚玠传》。
② 《南齐书》卷4，《郁林王纪》。
③ 《资治通鉴》卷162，梁太清三年。
④ 《宋书》卷3，《武帝纪下》。
⑤ 《梁书》卷3，《武帝纪下》。

户”、“千丁共籍”和社会上“游食之口，三分居二”的情况，也采取了相应的措施。第一，推行均田制把游食之民固着在土地上。北魏入主中原以后，就开始在平城一带“各给耕牛，计口授田”[①]。太和元年（477年），孝文帝诏：“一夫制治田四十亩，中男二十亩。无令人有余力，地无遗利”[②]。这是计口授田制下一夫授田的数额。至太和九年（485年），在全国正式推广均田制。北魏之后的东、西魏，北齐和北周都继续实行这一制度。土地是广大农民安身立业的基础，是劳动者生存和生产的基本条件，北朝政府通过授田把游浮之人和隐漏之户大量吸引固着在国家的土地上，这一措施是非常有力的，也是南朝无法办到的。第二，废除宗主督护制，建立三长制。“宗主督护”制对北魏政权是极为不利的，因为宗主是苞荫国家人口的主要对象，而且被宗主苞荫的户口一无官役，二无赋税，严重地影响了国家的财政收入。《魏书》卷110《食货志》曰：“魏初不立三长，故民多荫附，荫附者皆无官役，豪强征敛，倍于公赋。”因此，太和九年（485年），给事中李冲提出立三长制取代宗主督护制，建议：“五家立一邻长，五邻立一里长，五里立一党长，长取乡人强谨者。[③]”三长的任务，就是检察户口，督催租赋，防止豪强隐占。三长制的建议，遭到了豪强地主的反对，史言“豪富并兼者，尤弗愿也”[④]。因此在北魏统治集团内部引起了激烈的争论，文明太后认为：“立三长则课有常准，赋有恒分，苞荫之户可出，侥幸之人可止，何为而不可！”[⑤] 由于文明太后的支持，孝文帝于太和十年（下诏实行三长制，诏曰：“自昔以来，诸州户口籍贯不实，包藏隐漏，废公罔私，……今改旧从新，为里党之法”[⑥]。三长制确立后，有力地限制了地主豪强苞荫户口的行为，国家税收也大为增加。北魏以后的东、西魏和北齐、北周，继续实行三长制来限制豪强苞荫，增加国家编户。第三，括检荫户。北朝历代政府，除采取以上措施外，还实行了括检荫户的政策，开展了同地主豪强争夺劳动人手的斗争。孝文帝延兴三年（473年），“遣使者十人，循行州郡，检括户口。其有仍隐不出者，州郡县户主，并论如律”[⑦]。特别是三长制建立以后，检括隐冒工作更加细致和严厉。太和十一年（487年），下诏：“旧籍

① 《魏书》卷110，《食货志》。
② 《魏书》卷7上，《高祖纪上》。
③ 《魏书》卷110，《食货志》。
④ 《魏书》卷110，《食货志》。
⑤ 《魏书》卷53，《李冲传》。
⑥ 《魏书》卷110，《食货志》。
⑦ 《魏书》卷7上，《高祖纪上》。

杂乱，难可分简。故依局割民，阅户造籍，……勿令遗漏”[①]。太和十四年（490年），规定：“依丘井之式，遣使与州郡宣行条制，隐丁漏口，即听附实。若朋附豪势，陵抑孤弱，罪有常刑”[②]。东魏武定二年（544年），在河北各地检括无籍之民达六十余万户，其中士族豪强的苞荫户占不小比例。北周武帝时，针对沙门佛寺荫占大量国家编户的积弊，下令禁断佛道，毁灭经像，勒令沙门道士还俗。建德六年（577年）灭北齐后，又在关东地区推行这一政策。不仅使大批沙门及寺院占有的佛图户、僧祇户、奴隶等人口归为国家户籍，而且还没收了大量的土地和财产。

除此，北朝政府也采取了大量放免奴隶的措施。如北周建德初，“诏江陵所获俘虏，充官口者，悉免为民”。北周灭北齐后，又下令：“武平三年以来，河南诸州之民，伪齐被掠为奴婢者，不问官私，并宜放免”。这年十一月，又诏：“自永熙三年七月以来，去年十月以前，东土之民，被抄略在内为奴婢者，及平江陵之后良人没为奴婢者，并宜放免，所在附籍，一同民伍。”这次放免奴婢规模最大，从地域看不仅原北齐境内而且还包括北周境内，从时间来看不仅数年以前还是十多年以前没为奴婢者，一律放免。宣政年间，又将征江南武陵、南平等郡所有民庶为奴婢者悉依江陵放免。周静帝时诏放免南定、北光、衡、巴四州民被抑为奴婢者。武帝时，又曾多次放免奴婢。北朝政府在括检户口中将他们放免为良，不仅增加了国家编户，而且增加了财政收入。总之，南北朝时期对户籍的整顿和隐户流民的括检是财政改革中的重要一环。

六、压缩财政支出，禁止贪污腐败

三国两晋南北朝时期的封建政府，在财政改革中，不仅从调整利益分配，调节土地占有，整顿赋税制度等大的方面入手。同时，还从压缩财政开支着眼，实行财政紧缩政策，以改变财政亏乏的局面。具体措施主要有以下几个方面：

1．北魏孝文帝改革官吏俸禄制度

北魏在太和八年（484年）以前，官吏从中央到地方不实行俸禄制度，国家放任各级官吏搜刮抢掠。由于国家财政收入被官吏从中截取，使国家的财政日益恶化，出现了个人财货盈溢而中央财政困匮的状况。为了改变这一现象，

① 《魏书》卷7下，《高祖纪下》。

② 《魏书》卷7下，《高祖纪下》。

早在献文帝拓跋弘时，白泽曾上表建议实行俸禄制，“请依律令旧法，稽同前典，班禄酬廉，首去乱群，常刑天赦”①。但当时因各种原因仍没有确立俸禄制。至孝文帝太和八年，对以前的混乱局面进行了彻底改革，正式实行了俸禄制。《魏书》卷110的《食货志》云：“太和八年，始准古班百官之禄，以品第各有差。先是，天下户以九品混通，户调帛二匹、絮二斤、丝一斤、粟二十石；又入帛一匹二丈，委之州库，以供调外之费。至是，户增帛三匹，粟二石九斗，以为官司之禄。”

俸禄制颁布后，“赃满一匹者死”②。这一制度的实行，虽然在正常的赋调之外每户增加了帛三匹，粟二石九斗作为俸禄之费，从表面上看加重了广大农民的负担，但实际上与此相反，因为这一制度禁止了官吏大肆抢掠和贪赃，使他们不能再肆无忌惮地掠夺国家的财产。从数量来看，国家增加的租调远没有官吏掠夺的多。而且，太和九年（483年）实行均田制以后，国家又颁布了新的租调制度，原来在九品相通制度下每户增加的帛粟随即取消，官吏的俸禄也包括到国家的正式租调收入之中。所以，这一改革既保证了国家的财政收入，又减轻了农民的负担，是值得肯定的。故史言“虽有一时之炊，终克永逸之益”。

2. 裁减冗官冗兵，并省州县

魏晋南北朝时期，有些封建政府为了减少财政支出，实行了精兵简政政策。西晋平吴之后，“帝诏天下罢兵役，示海内大安。州郡悉去兵；大郡置武吏百人，小郡五十人”③。北齐初年，对冗官冗兵也进行了一些改革。仅这次精简机构就“并省三州、一百五十三郡、五百八十九县、二镇、二十六戍”④。《文献通考》卷23的《国用一》记载：“北齐武成时，用度转广，……乃减百官之禄，撤军人常廪，并省郡县镇戍之职，又制刺史守宰行兼者并不给斡，以节国用之费焉。”魏晋南北朝时，封建政府精兵简政的规模虽然不大，它对于紧缩财政开支在一定时期还是起了一些作用的。

3. 加强吏治，反对贪污腐败

魏晋南北朝时，官吏的贪污腐败是国家财政亏损的一个重要原因。为此，不少有作为的统治者都把加强吏治，严禁贪污作为财政改革中一项重要的措

① 《魏书》卷24，《张衮传附孙白泽传》。
② 《魏书》卷7上，《高祖纪上》。
③ 《晋书》卷43，《山涛传》。
④ 《北齐书》卷4，《文宣帝纪》。

施。三国时，史载曹操带头励行“节俭，不好华丽，后宫衣不锦绣，侍御殿不二采”①，以戒腐败之风。死后“敛以时服，无藏金玉珍宝”②。同时，曹魏时官吏实行薄禄制度，在其影响下，至西晋初仍然如此。晋武帝泰始三年（267年），为了防止官吏贪污，采取了增俸养廉的办法。《晋书》卷3的《武帝纪》记载：“古者以德诏爵，以庸制禄，虽下士犹食上农，外足以奉公忘私，内足以养亲施惠。今在位者，禄不代耕，非所以崇化之本也。其议增吏俸。”南朝刘裕即位后，下诏指出：“凋残之余，而不减旧，刻剥征求，不循政道。……凡租税调役，悉宜以见户为正。郡县屯、田、池、塞诸非军国所资，利入守宰者，今一切除之”③。特别是北魏孝文帝，针对北魏前期官吏大肆贪污的积弊进行了全面的吏治整顿。太和八年（484年）俸禄制规定“赃满一匹者死”。国家还加重了对贪污枉法官吏的处罚规定。“律枉法十匹，义赃二百匹大辟。至八年始班禄制，更定义赃一匹，枉法无多少皆死。”所言“义赃”，即指官吏私自接受馈赠，虽非乞取，也要计赃论罪。与此同时，又“遣使者巡行天下，纠守宰之不法，坐赃死者四十余人。食禄者跼蹐，赇谒之路殆绝”④。另外，孝文帝又对官吏实行考课制度，定期评比官吏的贪廉好坏，并以此作为迁升和罢贬的标准。如太和十八年（494年）下诏：“各令当曹，考其优劣为三等。六品已下，尚书重问，五品已上，朕将亲与公卿论其善恶。上上者迁之，下下者黜之，中中者守其本任。”⑤ 诏下之后，孝文帝亲临朝堂黜陟官吏。第二年又下诏，指出诸州牧“精品属官，考其得失，为三等之科以闻，将亲览而升降焉”⑥。西魏、北周对吏治也进行了多次的整顿。西魏大统十年（544年），魏帝以宇文泰前后所上二十四条和十二条新制，“方为中兴永式，乃命尚书苏绰更损益之，总为五卷，班於天下”⑦。在这次整顿中，“减官员，置二长”。苏绰又为六条诏书，奏施行之，“其志行善者则举之，其志行不善者则去之”⑧。整顿吏治，对禁止贪污腐败起了重要的作用。

由上可知，魏晋南北朝时期虽然政治动荡，战争频繁，但财政改革却始终

---

① 《三国志》卷1，《魏书·武帝纪第一》。
② 《三国志》卷1，《魏书·武帝纪第一》。
③ 《宋书》卷2，《武帝纪中》。
④ 《魏书》卷111，《刑罚志》。
⑤ 《魏书》卷7上，《高祖纪上》。
⑥ 《魏书》卷7上，《高祖纪上》。
⑦ 《周书》卷2，《文帝纪》。
⑧ 《周书》卷23，《苏绰传》。

没有停止，这说明国家财政要适应新的形势，取得振兴，在社会发展中起到应有的作用，就必须要走改革之路，和平时期是这样，战争年代也如此。不过，这一时期的财政改革也确实存在着不足之处，从整体看财政改革涉及各个方面，似乎颇全面完整，但具体到每个朝代考察却非如此，而是局部的，甚至是单一的，不配套的，没有达到综合治理的程度。如果和它之前的秦、汉以及之后的隋、唐、北宋等朝代相比无疑存在着差距。

第三节 财政改革的成效及其评价

魏晋南北朝时期的财政改革虽然存在着一些不足之处，但对当时国家财政状况的好转、社会经济的恢复、生产力的发展、社会矛盾的调节、封建国家由分裂走向再统一的进程等方面都不同程度地起了促进作用。

一、扭转了国家财政空匮局面

财政改革后，从各个渠道增加国家的财政收入。如当时的屯田收入就是相当可观的。曹魏时许下屯田，一岁“得谷百万斛”①。颍川枣祗屯田，岁“得谷百万斛”②。特别是两淮屯田收入更大，“计除众费，岁完五百万斛”③。林甘泉先生估计，曹魏“全部屯田收益当不下千万斛”④。与此同时，吴、蜀屯田也取得了不小收获。吴国的皖城屯田，就积蓄了大量的谷粟。《晋书》卷42的《王浑传》记载：浑遣扬州刺史应绰督淮南诸军攻皖城，“破诸别屯，焚其积谷百八十余万斛”。蜀国汉中屯田区的屯田收入也不可轻视。如建兴十一年（233年），诸葛亮使“诸军运米，集于斜谷口”，翌年春率十余万军队出斜谷，八月卒于五丈原，半年军粮约三百万斛，其中大部分是汉中屯田所得。林甘泉先生推算“汉中屯田始于建兴十年春，至十一年冬准备出征，为时两年，平均每年储备军粮不应少于一百五十万斛。蜀军主力十万之众每年食用粮约需六百万斛，与储备粮合计，为七百五十万斛。再加上种粮及其他开支，每年大约需粮

① 《三国志》卷1，《魏书·武帝纪》。
② 《三国志》卷16，《魏书·任峻传》。
③ 《三国志》卷16，《魏书·邓艾传》。
④ 林甘泉：《中国封建土地制度史》（第1卷），社会科学出版社，1990年，第462页。

八百余万斛。如果一半由军屯自给，一半由民间征发，那么汉中屯田区每年应产粮四百万斛”[①]。西晋之后，屯田虽然不再是封建国家的主要土地占有形态，但此项收入仍然是国家财政中一个主要的来源。如南朝刘宋襄阳屯田区，致使“雍部由是大丰”[②]。所言“大丰”，自然是收获甚巨。萧梁时期的竟陵屯田，使“公私便之”。由此也不难看出屯田收入对财政亏空的弥补。北梁和秦州两地屯田，使“仓廪盈实，省息边远，民吏获安”[③]。豫州屯田区，“岁收谷百余万石，以充储备，兼赡贫人，境内赖之”[④]。北朝屯田收入也是可观的，如北魏的五原屯田，每岁“收穄田百余万斛”[⑤]。刁雍在薄骨律镇屯田，“督课诸屯，以为储积”[⑥]。这里屯田每年收入多少史无记载，但“官私田四万余顷”，其中按三分之二为屯田来计，约有300万亩，每亩按1石计，每年共收入3百万石，可见收入之大。徐州屯田有十万余顷，薛虎子在此主屯田，上奏：“兴力公田，必当大获粟稻，一岁之中，且给官食。……一年之收，过于十倍之绢，暂时之耕，足充数载之食”[⑦]。这里10万余顷屯田，也按每亩产1石计，每年可收入1千万石。北齐在淮水流域的石鳖等屯田，“岁收数万石，自是淮南军防，粮廪充足”。在长城左右的营田，“岁收稻粟数十万石，北境得以周赡”[⑧]。这些都证明了屯田的可喜收获。北周的屯田确实达到了“以资军国”和“以供军实”的目的。

其他改革措施也同样起到了增加财政收入的作用。如租调制的建立使国家的赋税制度逐步达到了完善，不仅国家向农民征收赋税走上了正常化和正规化，而且偷税漏税的现象得到了制止，从而使国家的租税收入比在改革以前混乱的状况下有所增加。其中，北魏租调制的改革尤为明显。租调制实行之前，由于制度混乱，地方官吏征收的多而上解的少，等于国家的财政收入被地方截留。租调制颁布以后，全国统一征收租调，全部交纳中央，中央的财政收入自然增加了。所以，《魏书》卷110的《食货志》在记载租调制时讲到：“初，百姓咸以为不若循常，豪富并兼者尤弗顾也。事施行后，计省昔十有余倍。於

① 林甘泉：《中国封建土地制度史》（第1卷），社会科学出版社，1990年，第459页。
② 《宋书》卷51，《宗室长沙景王道怜传附义欣传》。
③ 《梁书》卷28，《裴邃传》。
④ 《梁书》卷28，《夏侯亶传附夏侯夔传》。
⑤ 《资治通鉴》卷108。
⑥ 《魏书》卷38，《刁雍传》。
⑦ 《魏书》卷44，《薛野睹传附薛虎子传》。
⑧ 《隋书》卷24，《食货志》。

是海内安之”。与此同时，户籍制度的整顿和隐漏之户的括检，也在很大程度上增加了国家的财政收入。这一制度的改革对各代封建政府都有很大的收益，如北魏，三长制确立之前，民多隐冒，使国家由于掌握的户口少而租调收入严重下降。自从三长制确立之后，这种状况得到了改变，国家租调增加是不言而喻的。又如东魏时，“神武秉政，乃命孙腾、高崇（隆）之分责无籍之户，得六十余万。於是侨居者各勒还本籍，是后租调之入有加焉”[①]。整顿户籍和括检荫户的措施对南朝诸代政府财政收入的作用就更明显了。西晋末年，南迁人口达到长江流域的总数至少有70万人，刘宋时有户籍的南迁人口约占西晋北方人口的八分之一，约占刘宋时南方人口的六分之一[②]。如此之多的侨居户口原来皆不纳租税，自户籍制度改革后，南迁之人皆改为黄籍，成为国家的纳税户口。这一措施的实行，就要使国家财政收入增加好多倍。

魏晋南北朝时期，封建国家对盐铁等物质实行专卖或征收专卖税以后，也增加了国家的财政收入。如曹魏时实行盐铁专卖后，“关中丰实”[③]。蜀国盐铁专卖后，“利入甚多，有裨国用”。北魏宣武帝时，实行盐铁专卖，“公私兼利”。东魏时，“计终岁合收盐二十万九千七百八斛四斗，军国所资，得以周赡矣”[④]。

魏晋南北朝时期，封建政府不仅尽力扩大财政收入，而且所采取的一些缩小开支的措施也起着一定的作用。由于封建国家官吏众多，军队庞大，每一次节省的数额也是不可轻视的。如《魏书》卷110的《食货志》记载，北魏正光年间，“有司奏断百官常给之酒，计一岁所省米五万三千五十四斛九升，孽谷六千九百六十斛，麹三十万五百九十九斤。……又奏内外百官及诸番客禀食及肉悉二分减一，计终岁省肉百五十九万九千八百五十六斤，米五万三千九百三十二石”。正光时有司奏省百官常供酒肉二项就节省了如此之大的费用，那么，改革中减冗官冗兵，并省州县，禁止官吏贪污所省开支就更大了。由此不难想到，魏晋南北朝时期封建政府所实行的紧缩政策为国家财政节省了不少的费用。

改革中，由于扩大财源和缩小开支并举，所以使魏晋南北朝时期不少封建政权的财政状况在一定时期内得到了好转。如三国时，曹魏“数年之中，所在

---

① 《文献通考）卷10，《户口考一》。

② 翦伯赞：《中国史纲要》（第2册），人民出版社，1979年，第82页。

③ 《文献通考》卷15，《征榷一》。

④ 《魏书》卷110，《食货志》。

积粟，仓廪皆满”[1]。东吴的财力也不亚于曹魏，史言“其财丰，其器利”[2]，“金城汤池，强富之国”[3]。东吴能与曹魏对抗七八十年，一直坚持到西晋才亡，其财力之厚可知。蜀国的财政改革，也使“仓禀实，器械利，蓄积饶”[4]。西晋太康年间，国家财政也日益好转。出现了“物流仓府，宫闱增饰，服玩相辉”[5]的局面，此时的库存至“永宁之初，洛中尚存锦帛四百万，珠宝金银百余斛”。北魏财政改革后，国家财政也得到明显的变化。史言孝文、宣武之时，“四方无事，国富民康”[6]。《洛阳伽蓝记》卷44云：“于时国家殷富，库藏盈溢，钱绢露积于廊者，不可较数。”《魏书》卷110的《食货志》也记载，太和十一年（487年）“时承平日久，府藏盈积，诏尽出御府衣服珍宝、太官杂器、太仆乘具、内库弓矢刀鉾十分之八，外府衣物缯布丝纩诸所供国用者，以其太半赉百司，下至工商皂隶，逮于六镇边戍，畿内鳏寡孤独贫癃者，皆有差”。太和十二年（488年），“自此公私丰赡，虽时有水旱，不为灾也”。直至神龟、正光之际，国家财政仍然是“府藏盈溢”。东魏孝静帝时，“自是之后，仓廪充实，虽有水旱凶饥之处，皆仰开仓以振之”[7]。北齐天保时，北兴长城之役，南有金陵之战，费用巨广，但尽管如此，军防“粮廪充足”[8]。东晋南朝时，国家财政由于改革也大为改观。如《宋书》卷2的《武帝纪》记载：“庚戌土断，以一其业。于是财阜国丰，实由于此。”刘宋元嘉时，“内充府实”，“余粮栖亩”[9]。由上可知，魏晋南北朝时期的财政改革对国家财政好转确实起了很大的作用。虽然财政好转都是阶段性的，没能保持长久，这是各种原因所造成的，并不能因此否定财政改革的作用。

二、恢复和发展了社会经济

三国时期，曹魏政权通过财政改革的各项措施，促进了黄河流域社会经济的恢复与发展，和东汉末年萧条败落的状况相比发生了极大的变化。如屯田制

---

① 《魏书》卷16，《任峻传》。
② 陆机：《辨亡论》。
③ 《三国志》卷47，《吴书·吴主传》注引《吴书》。
④ 《三国志》卷35，《蜀书·诸葛亮传》注引《袁子》。
⑤ 《魏书》卷110，《食货志》。
⑥ 《魏书》卷19，《任城王云传附元顺传》。
⑦ 《隋书》卷24，《食货志》。
⑧ 《隋书》卷24，《食货志》。
⑨ 《宋书》卷54，《孙季恭等传末史臣论》。

的实行，把大量的流亡人口安置在土地上，使黄河流域大面积的荒废土地得到了开发。特别是洛阳典农王昶，“砍开荒莱，勤劝百姓，垦田特多”[①]。与此同时，水利设施也相继得到修复。如征北将军刘靖，持节都督河北道诸军事，导高梁河，造戾陵遏，开东箱渠，水利工程规模宏大。“遏高一丈，东西长三十丈，南北广七十余步，依北岸立水门，门广四丈，立水遏长十丈，山水暴发，则乘遏东下，平流守常，则自门北入，灌田岁二千顷，凡所封地，百余万亩。至景元三年，……更制水门，限田千顷，刻地三千四百一十六顷，出给郡县，改定田五千九百三十顷。水流乘东箱渠，自蓟西北，迳昌平，东尽渔阳、潞县，凡所阔含四百五十里，所溉田万有余顷。高下孔齐，原隰底平，疏之斯溉，决之斯散，……施加于当时，敷被于后世。”[②] 这是黄河流域最大的一处水利工程，淮河流域的大型水利工程有邓艾所修的淮阳和百尺二渠。邓艾“上引河水，下通淮、颍，大治诸陂于颍南、颍北，穿渠三百余里，溉田二万顷”[③]。除以上两处著名的农田水利工程外，其他地方兴修水利工程也非常普遍。土地的垦殖，水利的兴建，农业经济很快出现了好的局面。如黄河流域“海内清定，万里一统”[④]。淮河流域，“鸡犬之声，阡陌相属”[⑤]。扬州地区，“官民有畜”[⑥]。阳平、沛郡，“比年大收”[⑦]。凉州“家家丰足，仓库盈溢”[⑧]。荆、豫一带，“广农垦殖，仓谷盈积”[⑨]。随着农业经济的发展，工商业也得到了较大程度的恢复和长进，洛阳又成了“其民异方杂居，多豪门大贾，商贾胡貌，四方天下会利之聚”[⑩] 的繁华都市。邺城“廓三市而开廛，籍平逵而九达，班列肆以兼罗，设阛阓以襟带”[⑪]，仍然是中原地区举足轻重的商业中心之一。总之，在曹魏财政改革之后，黄河流域的社会经济从汉末浩劫之后又恢复了全国领先的地位。与此同时，东吴的社会经济也不断发生新的变化。众所周知，东汉时江南地区的社会经济虽然有局部的发展，但整个社会经济仍处在落后状

① 《三国志》卷27，《魏书·王昶传》。
② 《水经注》卷14，《鲍丘水注》。
③ 《晋书》卷26，《食货志》。
④ 《三国志》卷3，《魏书·明帝纪》注引《魏略》。
⑤ 《晋书》卷26，《食货志》。
⑥ 《三国志》卷15，《魏书·刘馥传》。
⑦ 《三国志》卷16，《魏书·郑浑传》。
⑧ 《三国志》卷27，《魏书·徐邈传》。
⑨ 《三国志》卷27，《魏书·王昶传》。
⑩ 《三国志》卷21，《魏书·傅嘏传》注引《傅子》。
⑪ 《三国志》卷21，《魏书·傅嘏传》注引《傅子》。

态，“地广人稀”，“火耕水耨”，“以渔业山伐为业”的原始面貌依然存在。经过吴国广置屯田，兴修水利等措施，江南的土地得到大面积开辟。如吴国在丹阳湖区建造的圩田，规模之大称著于史。于湖、皖城、毗陵三大屯田区的兴建，极大地促进了苏皖沿江平原和长江三角洲的开发。在长江中下游和太湖流域，农业出现了“四野则畛畷无数，膏腴兼倍”[①] 的繁荣景象。工商业的发展也有很大的突破，江南许多地方由原来的地旷人稀变成了工商业都会。如汉代为丹阳郡一个小县的建业城，此时成为“开市朝而并纳，横阛阓而流溢，混物品而同廛，并都鄙而为一，士女伫眙，商贾骈坒”[②] 的大都会。因此，吴国由此而富强起来，“地方几万里，带甲将百万，其野沃，其民练”[③]。蜀国本来就号称“天府之国”，经过财政改革后，置屯田，兴水利，搞专卖，工农业更为发达。特别是都江堰水利灌区，“水旱从人，不知饥馑”。制铁业、制盐业、丝织业都闻名遐迩。蜀国都城“市廛所会，万商之渊，列隧百重，罗肆巨千，贿货山积，纤丽星繁”[④]，繁华程度不亚于孙吴之建康，曹魏之洛阳。

三国鼎立结束之后的西晋，在土地占有改革中实行了占田制，广大农民能够占有一定的土地；在租调改革中实行了定额制，农民不再因增地增收而加税；户籍改革中限制地主官僚占有人口，国家编户日益增加，促使社会经济日益好转，出现了太康年间的繁荣景象。《晋书》卷 26 的《食货志》记载，此时“河滨海岸，三丘八薮，耒耨之所不至者，人皆受焉。农祥晨正，平秩东作，荷锸赢粮，有同云布”。《晋纪·总论》也讲到这一时期，“牛马被野”。由以上两处记载，不难看出西晋太康年间社会经济的繁荣程度，不论土地开发，人口的殷众，国家财政的增加都出现了一派盛况。

北魏财政改革后，社会经济也取得了很大的发展。土地荒芜的现象通过均田制的实施得到了极大的改变，农田水利也相继加以修复和创建。农业经济不断出现好局面。《洛阳伽蓝记》卷 4 云：“百姓殷阜，年登俗乐，鳏寡不闻犬豕之食，茕独不见牛马之衣。”太和十四年（490 年），“虽王畿之内，颇为少雨，关外诸方，禾稼仍茂。苟动之以礼，绥之以和，一岁不收，未为大损”[⑤]。由此可知，农业经济已打下了相当的基础。财政不仅促进了北魏的农业经济，而且

---

① 左思：《吴都赋》。
② 左思：《吴都赋》。
③ 陆机：《辨亡论》。
④ 左思：《蜀都赋》。
⑤ 《魏书》卷 58，《杨播传》。

还促进了工商业的发展。孝文帝时的丝织业更为发达，河北定州的织物质量最高，冶铁、制盐、造酒业都普遍有所发展。当时的洛阳是全国最大的商业中心，共二百多坊，近二十万户，五方杂处，沽贩云集，店肆比邻。“天下难得之资，咸悉在焉”①。北魏分裂后，东魏、西魏、北齐和北周相继而立，这些朝代虽然短暂，但一些改革的措施仍然产生了效果。如东魏“元象、兴和之中，频岁大穰。谷斛至九钱”②。

东晋南朝的财政改革也对社会经济的发展起到了积极作用。农业的进一步发展改变了原来土旷人稀的落后状况，水利事业普遍兴立。当时三吴地区的水利事业以堰塘为特色，其中著名的有丹阳的练塘，“溉田数百顷”。新丰塘，“溉田八百余顷，每岁丰稔。建康的赤山塘，为周围堰塘之首。太湖地区的水利事业，规模大者为荻塘的修建。会稽地区的农田水利以鉴湖的兴修，海塘的修筑为重点。淮南地区著名的工程是芍陂灌区和石鳖灌区的兴建。江汉地区有六门堰工程的修复，上明三渠，襄阳长围，获湖灌区以及荆江大堤的建设。东晋南朝的农田水利是非常发达的，各地都形成了灌溉网络，使原来的荒坡沼泽变成了旱涝保收的良田。在农业发展的基础上，工商业的发达更增添了各地区经济繁荣的程度。如建康地区，“良畴美柘，畦畎相望，连宇高甍，阡陌如绣。山阴为“海内剧邑”，“商旅往来”，“征货贸粒”，是两浙绢米交易的中心。荆州所治江陵，“良皮美，商赂所聚”③。地处南朝北部的寿春，“淮南一郡之会也，地方千余里，有陂田之饶”④。位于南部的广州，“卷握之资，富兼十世”⑤。其中，荆、扬两州尤为显著，“荆城跨南楚之富，扬部有全吴之沃。鱼盐杞梓之利，充仞八方；丝绵布帛之饶，覆衣天下”⑥。江南社会经济的发展，使中国六世纪以来社会经济重心南移由此开始。

三、解放和提高了社会生产力

魏晋南北朝时期，生产力发展水平提高首先反映在国家户口的不断增加上。东汉末年，由于战乱，“人户所存，十无一二”，魏、蜀、吴鼎立之后，为

① 《洛阳伽蓝记》卷3，《城南》。
② 《隋书》卷24，《食货志》。
③ 《南齐书》卷25，《张敬儿传》。
④ 《南齐书》卷14，《州郡上》。
⑤ 《南齐书》卷14，《州郡上》。
⑥ 《宋书》卷54，《传论》。

了发展国家编户，招抚流亡，括检隐漏，使国家户口逐渐恢复和增加起来。《通典》卷7的《历代盛衰户口》记载，曹魏时发展到“户六十六万三千四百二十三，口四百四十三万二千八百八十一”。蜀国至末年，发展到“户二十八万，口九十四万，带甲将士十二万二千，吏四万”。魏平蜀之后，“通计户九十四万三千四百二十三，口五百三十七万二千八百八十一”。这是《通典》所载曹魏平蜀后的总户口，其实魏蜀两国的总户数据以上所载应为一百一十多万。东吴的户口和原来土旷人稀的情况相比发展得较快，如东汉时江南有十五郡，此时增加到二十五郡，东汉时豫章一郡二十七县，此时有六郡五十七县。特别是荆、扬两地的户口尤多，史言“荆扬户口半天下”，可知这两个地区的户口已经很稠密了。至赤乌五年（242年），距建国只20年，竟“有户五十三万，吏三万二千，兵二十三万，男女口二百三十万”。三国时，总计有户一百六十多万，虽然不能和东汉桓帝永寿时相比，但比起东汉末年“十无一二”的状况来改变了许多。西晋太康元年，全国大抵有“户二百四十五万九千八百四，口千六百一十六万三千八百六十三，此晋之极盛也。”西晋的户口比三国时总户口增加了一倍，史评“蜀刘禅炎兴元年，则魏常道乡公景元四年，岁次癸未，是岁魏灭蜀至晋武帝太康元年岁次庚子，凡一十八年，户增九十八万六千三百八十一，口增八百四十九万九百八十二”。北魏至孝文帝改革之后，“时惟全盛，户口之数比夫晋太康倍而余矣”（原注云：按晋武帝太康元年平吴后，大凡户二百四十五万九千八百，口千六百一十六万三千八百六十三，今云倍而余者，是其盛时，则户有至五百余万矣）。这是北朝国家编户最多的时期。南朝宋孝武帝大明八年（464年），“户九十万六千八百七十，口四百六十八万五千五百一”。从魏晋南北朝整个户口的发展来看，虽有起落，但基本上是逐步增加的，说明社会生产力在不断地得到发展，与东汉末年“白骨露于野，千里无鸡鸣”的情况相比发生了根本的变化。

土地亩产量的增加是这一时期社会生产力发展水平提高的又一标志。三国时期，《晋书》卷47的《傅玄传》记载：“近魏初课田，不务多其顷亩，但务修其功力，故白田收至十余斛，水田收数十斛。”曹魏时的亩产量大大超过了汉代，朱绍侯先生考证，“汉代最好的土地是亩产一钟（六斛四斗。区田的产量虽高，但争议很大，难以为准），一般土地亩产一石至三石，而曹魏屯田，白田（旱田）亩产十余斛，水田亩数十斛，其产量的增长率是相当高的”①。

① 朱绍侯：《魏晋南北朝土地制度与阶级关系》，中州古籍出版社，1988年，第33页。

东吴的水稻，在永兴地区大亩亩产米三斛[①]。如按出米率为五成计，亩产稻6斛。东晋南朝时，亩产量又有增加，如东晋水稻据吴慧先生考证，一般可达二石（折今量），比汉时和孙吴时有所增加[②]。《梁书》卷28的《夏侯亶传附夏侯夔传》记载，豫州苍陵堰，“溉田千余顷，岁收谷百余万石”，那么亩产稻谷为十石。《太平御览·田部》记载，“江之西岸有磐石，下多良田，极膏腴者，一亩二十斛”。可知，由于水利事业的发达，好的水田产量更高。不过这两处记载可能是当时最高的产量了。北魏在孝文帝改革后，由于均田制的推行和农民生产积极性的提高，粮食产量也恢复到了汉时的水平，亩产一般可达到三石[③]。由此可见，这一时期亩产量的提高幅度是相当大的。

国家财政的好转，保证了社会的安定统一，从而使科学技术得以发展，所以魏晋南北朝时期财政改革对社会生产力发展的作用还表现在科学技术的进步上。三国时，曹魏在农业中推广了区种法，农耕技术向集约化方向发展。手工业中推广了水力鼓风冶铸法，比以前的效率提高三倍，使铁的产量由此大增。纺织业的绫机得到改造，博士马钧作十二镊绫机，使大量的丝织品如绮、缣、锦驰名北方市场。蜀国盐业的生产技术也得到了改进，丝织业的生产技术更加先进。孙吴农业中出现了双季稻，即“再熟之稻”。丝织业能生产“八蚕之绵”，改变了原来江南人“衣布服葛”的落后状况。特别是造船技术尤为先进，大船上下五层，能载三千人，运货达五百石。东晋南朝时科学技术的发展更有长进。冶铁技术中发明了灌钢法，能生产出大量的优质钢，这是一项很突出的发明创造。造纸业已能达到压光和染色的程度。北朝科学技术首推农业技术。贾思勰的《齐民要术》，是我国第一部完整的农书，它就是北魏农业技术的全面总结。“起自耕农，终于醯醢，资生之业，靡不毕书”，具有很高的科学价值。丝织业技术也发展很快，史言工巧“大大尤于江东”。冶铁业技术更有突出的发展，高欢时綦毋怀文用灌钢法锻制的“宿铁刀”能“斩甲过三十札”，可知水平之高。从以上三个方面，不难看出魏晋南北朝时期生产力的发展。

四、增强了封建国家的综合实力

魏晋南北朝时期的财政改革还促进了封建政权的巩固和壮大，综合国力的

① 《三国志》卷60，《吴书·钟离牧传》。
② 吴慧：《中国古代商业史》（第1册），中国商业出版社，1983年，第249页。
③ 吴慧：《中国历代粮食亩产量研究》，农业出版社，1985年，第148页。

加强，加快了中国封建社会再度走向统一的进度。东汉末年，军阀割据，政治上出现了严重分裂的局面。具有远见的政治家曹操，为了加强自己的统治力量，首先从财政改革入手，通过屯田等各种措施，使国家的财政很快得到充实，从此开始了“摧灭群逆，克定天下”[①]的统一大业。建安五年（200年）官渡之战，全歼袁军。后来相继占领青、冀、幽、并四州，统一了中原。《三国志》卷1的《魏书·武帝纪》注引《魏书》：“所在积谷，征伐四方，无运粮之劳，遂兼灭群雄，克平天下”。上书注引《魏武故事》，明确指出：“后遂因此大田，丰足军用，摧灭群逆，克定天下”。从以上所论不难看出政治上的胜利与财政上的内在联系。

西晋通过财政改革也使国力大为增强，特别是晋武帝时的各种措施，使西晋的封建政权进一步加强。如太康元年（280年），灭掉了能与曹魏相抗衡，相继四帝历时59年的孙吴，使中国封建社会又实现了大统一，彻底改变了分裂割据的局面，这不能不显示西晋政治的强大和国力的充实。晋室南迁后，北方又出现了五胡十六国时期的大割据和大分裂。北魏道武帝拓跋珪定都平城后，开始平定中原，至太延五年（439年）灭北凉结束了十六国的混乱局面，又完成了北方的统一。北魏中期孝文帝时期的财政改革，使战后的北魏政权不仅恢复了元气，而且进入了鼎盛阶段，史称“国富民康”。从而使中央集权日益加强，北方的统一得到了巩固。这一局面存在了95年之久，这在魏晋南北朝时期是独一无二的。从整个魏晋南北朝时期的历史发展看，虽然有统一又有分裂，但总的趋势是向全国统一的方向发展的，期间曹魏对北方的统一，西晋时出现的全国统一和北魏时北方再次长时期统一的局面，无疑加速和促进了全国走向统一的速度，为隋唐时期中国封建社会统一昌盛创造了条件。之所以如此，与财政改革有着很大关系，因为封建政权的国力得不到加强，统一是无从谈起的。

五、缓解了各种社会矛盾

魏晋南北朝时期的封建政权通过财政改革，在一定时期还缓和调节了社会矛盾，而且不少时期出现了政治稳定，国泰民安的景象。如曹魏建安五年，

---

① 《三国志》卷16，《魏书·任峻传》。

“百姓竞劝乐业”[①]，“众心安之”[②]。孙吴青龙年间，天下“广开农桑之业”，“男女布野”，呈现出一派太平景象。当时的蜀国，也“殷盛丰乐”[③]。西晋太康年间，又出现了天下盛平的政治局势。《晋纪·总论》记载：“太康之中，天下书同文，车同轨，牛马被野，余粮栖亩，行旅草舍，外闾不闭，民相遇如亲，其匮乏者取资于道路，故于时有天下无穷人之谚。”《晋书》卷26的《食货志》也记载，西晋平吴之后，“韬干戈于府库，破舟船于江壑，……世属升平”，“是时天下无事，赋税平均，人咸安其业而乐其事”。这些都说明了当时政治的安定，社会的升平。东晋南朝也两度出现了盛平之世，即东晋中兴和刘宋元嘉之治。史学家曾对此作了很高的评价。《宋书》卷54的《孔季恭等传末史臣论》云：“江南之为国盛矣。……自义熙十一年（司）马休之外奔，至於元嘉末，三十有九载，兵车勿用，民不外劳，役宽务简，氓庶繁息，至余粮栖亩，户不夜扃，盖东西之极盛也。……自晋氏迁流，迄於太元之世，百许年中，无风尘之警，区域之内晏如也。乃孙恩寇乱，歼亡事极。自此以至大明之季，年踰六纪，民户繁育，将曩时一矣。地广野丰。”《宋书》卷92的《良吏传序》言：“区寓晏安，方内无事。三十年间，氓庶繁息，奉上供徭，止於岁赋。晨出暮归，自事而已。……凡百户之乡，有市之邑，歌谣舞蹈，触处成群，盖宋世之极盛也。”北魏孝文帝财政改革之后，社会矛盾也日益缓和下来，史载“於是海内安之”，“承平日久”[④]。以上这些记载，都说明了魏晋南北朝时期历代封建国家财政改革对缓和社会矛盾的作用。

当然，对于这些记载不能不加分析地对待，其中难免有封建史家的溢美之词。不过也不能因此全部否定，因为除去那些溢美成分外，它毕竟反映了魏晋南北朝时期的历代封建政府通过财政改革使社会矛盾得到一定的调节和缓和的基本历史事实。如阶级矛盾，三国时魏、蜀、吴都相继实行了屯田制，使战乱以来无地立足的贫苦农民得到了土地，过上了安定的生活。西晋的占田制，北魏的均田制，东晋南朝禁止占山固泽制度，都使各时期的土地占有得到了程度不同的调整。“雄擅之家，不独膏腴之美，单陋之夫，亦有顷亩之分”[⑤]，从而使农民的利益得到了一定的保护。租调制度的改革也多少给农民带来好处，如

① 《三国志》卷11，《魏书 国渊传》。
② 《晋书》卷47，《傅玄传》。
③ 《三国志》卷53，《蜀书·先主传》。
④ 《魏书》卷110，《食货志》。
⑤ 《魏书》卷53，《李安世传》。

曹魏将东汉以来按户征收改为按亩征收后，占地多者多交租，占地少者少交租，使贫富有别，改变了原来贫富交纳同样的租调这一不合理的现象，达到了负担均平的目的，这对广大农民是极为有利的。又如北魏租调制度的改革，割除了原来“九品相通”的弊病，减轻了租调的征收额。同时，还实行了众寡有别的政策，废除了原来“赋税齐等”给广大贫苦农民造成的危害。在财政改革中，户籍制度的整顿和括检隐漏，大大地抑制了豪强世族势力，使大批原来依附于豪强地主的贫苦农民成为国家编户，人身地位有了很大的改变。所以，财政改革缓和了当时的阶级矛盾是无可置疑的。不过，这种缓和是阶段性的，而非永久性的。从魏晋南北朝整个政治局势看，与其他时期相比，阶级斗争是比较激烈的，但阶段性的矛盾缓和还是有的，这些短期的安定局面的出现无疑与财政改革直接相关。与此同时，财政改革也使民族矛盾在一定时期和一定地区趋于缓和，如魏晋南北朝时期各族人民共同反抗统治阶级的斗争就是一个很好的证明。魏晋南北朝时期出现的政治安定局面，不仅是阶级矛盾缓和所造成的，而且也是民族矛盾缓和的结果。

从上可知，魏晋南北朝时期历代封建政府的财政改革对当时政治、经济、财政、军事等方面的作用是值得肯定的。

第五章

隋代文帝时期的财政改革

公元 581 年，隋文帝杨坚受后周静帝禅让建立了隋朝后，不仅结束了三百余年来中国分裂的局面，实现了全国统一，而且审时度势，根据新的形势，对魏晋南北朝以来不适应新形势发展需要的财政制度进行了全面的改革，以此促使封建社会生产力不断发展，社会经济日趋繁荣，国家财政迅速好转，为中国封建社会鼎盛局面的出现奠定了良好的基础。

第一节
隋初财政改革前面临的隐患

隋文帝即位不久，就开始了对国家财政的全面改革。那么，刚刚建立的隋代为什么急于进行如此宏大的改革呢？这主要是由隋代建国后的各种矛盾和隐患决定的。

社会的变化，主要是由社会内部矛盾的发展决定的，“在中国封建社会里，只有这种农民的阶级斗争，农民的起义和农民的战争，才是历史发展的真正动力。每一次较大的农民起义和农民战争，都打击了当时的封建统治”①，即冲刷了统治阶级的腐朽政治，使社会矛盾通过革命的手段得到较大程度的缓和。但是，隋代的建立是由禅让的形式演变过来的，也就是说它的建立是统治阶级本身通过一个地主阶级政权吞并其他两个地主阶级政权来实现的。这样一来，使

① 《毛泽东选集》第 1 卷，第 277 页。

南北朝以来各种尖锐而复杂的社会矛盾，特别是阶级矛盾不但没有通过农民战争得到解决或缓冲，而且全部遗留给了隋代。所以，隋代从建立那天起，就面临着重重矛盾和隐患。

一、隋文帝时潜伏的阶级矛盾

南北朝时期，由于战乱之故，统治阶级对劳动人民的剥削之沉重是历史上少见的。北魏前期，一户农民所纳租税仅粟就高达二十石。当时虽然实行“九品相通”法，但实际上都压在劳动农民的头上。而且常赋之外，还有许多往往高达户五十石的杂调、横调[①]。即使在均田制实行的后期，虽额定一夫一妇纳粟二石，但征收时却用大斗、长尺、重称、预征和一亩两税等手段，达到了“随以箕敛之重，终内十倍之征”的程度[②]，致使人民流离逃亡，“或身倚沟渠，或命悬道路，皆见弃草土，取厌乌鸢”[③]。北齐时，由于土地兼并之剧，“编户之人，不得一垄”，但无地农民还要交原定的租税，所受剥削就更加沉重。北周时，劳役上“增一月功为四十五日役”，统治阶级对劳动人民的压榨达到了“征税尽，人力殚”的绝生地步。所以，阶级矛盾十分尖锐，斗争异常激烈。北魏至孝文帝迁洛之后，农民反抗斗争彼伏此起。太和二十一年（497年），发生了以定州农民王钧为首的农民起义；二十三年（499年），发生了幽州以王惠定为首的农民起义；景明元年（500年），发生了以齐州柳世明为首的农民起义；正始三年（505年），发生了以秦州王法智为首的农民起义；永平二年（509年），发生了以泾州刘慧汪为首的农民起义；永平三年（510年），发生了以秦州刘光秀为首的农民起义和陇西羌民的起义；永平四年（511年），发生了以汾州刘龙驹为首的农民起义；延昌四年（515年），发生了以冀州法庆为首的农民起义。在宣武帝元恪统治的十五年中就发生了十次农民起义，虽然农民起义的规模不大，但次数之多确属罕见。然而，以上这些小型的农民起义，只不过是北魏末年农民大起义的序幕。正光二十四年（524年），爆发了大规模的六镇兵民大起义，起义长达一年三个月。六镇起义虽然失败了，但不久又爆发了河北农民大起义，队伍一时发展到十万余人，共持续了四年零一个月。在河北农民大起义的同时，青州二十多万流亡户在地方豪强的欺凌下，于

① 《魏书》卷3，《太宗纪》。
② 《魏书》卷11，《出帝纪》。
③ 《魏书》卷11，《出帝纪》。

永安元年（528 年）举行起义，起义队伍“旬朔之间，众踰十万”，持续时间达十个月。与此同时，关陇地区又爆发了以莫大提为首的农民起义。总之，北魏时期有史记载的各族人民起义斗争约达一百二十四次[①]，几乎每年平均一次。起义地区西起酒泉，东至山东，北至大漠，南至淮南，无处不有农民斗争的足迹。从东、西魏至北齐、北周，虽然农民起义没有北魏那么频繁和突出，但农民的反抗斗争仍然延绵不断，可知南北朝时期阶级矛盾是何等的尖锐。由于北朝时期的农民起义没有能够推翻北魏封建政权，在统治阶级的镇压下大多失败，所以长期以来所积蓄的阶级矛盾并没有得到解决与缓和，而是全部遗留给了在南北朝基础上和平过渡而建立的隋代。因而，这种尖锐的阶级矛盾在隋代不时显露。隋初，统治阶级经常提到“盗贼不止”就是阶级矛盾闪发的火星。开皇九年（589）平陈后，隋文帝要求“戎旅军器，皆宜停罢”，“人间甲仗，悉皆除毁”[②]，就是为了防患于未然。开皇十五年（524），命“收天下兵器，敢有私造者，坐之”[③]，也说明隋代阶级矛盾的存在。

阶级矛盾中，除农民阶级与封建政权的矛盾外，还有军人与统治阶级的矛盾。北朝时由于战事频仍，广大农民被强迫从军，如北周时“夏人半为兵”，全国有一半的人从军。凡是入了军籍以后，就只能世代为统治阶级打仗卖命服兵役，被称为“府户”或“兵户”，其地位类似当时的屯田户和客户，人身依附关系极强，唯能从命，毫无自由。他们不但长期受封建国家的剥削压迫和长官将帅的奴役凌辱，而且流离颠簸，不胜其苦。正如隋文帝所说的“役车岁动，未遑休息。兵士军人，权置坊府，南征北伐，居处无定。家无完堵，地罕包桑，恒为流寓之人，竟无乡里之号”[④]。所以，他们与封建统治者也形成了很深的矛盾，如北魏六镇大起义就是六镇兵户的暴动，河北大起义也有不少是封建国家的兵户。隋代在府兵制未改革之前，仍旧沿用北周专业性质的府兵制，所以兵户和封建国家的矛盾依然存在。

奴婢、部曲的反抗斗争也是隋代阶级矛盾中的一个不可忽略的方面。南北朝时期由于战乱，社会制度比较落后的诸少数民族大量内迁，使奴婢、部曲这一阶层的人在社会的数量大为增加，如北魏前期以俘虏为奴者达四十万人。北齐规定奴婢受田者，官吏每户在三百人至六十人之间，然而官僚地主和士族豪

① 《东北师大学报》1983 年第 3 期，冯君实文。
② 《隋书》卷 2，《高祖纪下》。
③ 《隋书》卷 2，《高祖纪下》。
④ 《隋书》卷 2，《高祖纪下》。

强实际拥有的奴婢数量却大大超过所规定的数字，如北周时一次就令免俘为奴婢者数千口[①]。这些人的地位在社会上是最低的，虽然比起春秋战国时期的奴隶处境有所好转，但依然和绢马一起作为财产赏赐与买卖，所受压迫和剥削又甚于一般农民。他们与封建政府、封建地主阶级之间存在着尖锐的矛盾，不断进行反抗斗争，如北魏太和五年（481），法秀“招结奴隶，谋为大逆”就是其中之一[②]。这一矛盾隋代也同样存在，因为隋代仍然存在着奴婢和部曲这一阶层。隋代的奴婢分官私两种，官奴婢主要来源于犯罪家口的籍没。隋律规定凡大逆谋反叛者，“父子兄弟皆斩，家口没官”[③]。如合川仓主典犯贪污罪，“没其家为奴婢”。私人奴婢主要来源是掠夺贫苦农民和少数民族，如蜀王秀，“多捕山獠，以充宦者”[④]。因而，隋代的奴婢、部曲也为数不少，如梁睿因平王谦之功赐“奴婢一千口”，于义“赐奴婢五百口”，郭荣“赐奴婢三百余口”，像这样的事例在隋代是举不胜举的。赐部曲的事也不乏其例，如窦荣定赐“部曲八十户”[⑤]。隋代的官私奴婢仍旧是社会的最低层，忍受着地主阶级和封建国家的奴役剥削，在社会上他们仍然等同财产。所以，在隋代仍然存在着奴婢、部曲与封建国家、地主阶级之间的矛盾斗争。

从上可见，隋代的阶级矛盾也是相当尖锐复杂的，对此隋代政府不能不认真对待，妥善处理。如何处理这一矛盾和隐患呢？最有效的办法就是从改革财政入手加以调解。因为农民与地主阶级之间的矛盾，主要是利益分配极度不公造成的，分配不公现象的出现，又是由国家的财政制度决定的，要缓解尖锐的阶级矛盾必须改革现行的财政制度。

二、隋代初年民族矛盾的尖锐

南北朝三百余年来，是中国封建社会民族大融合的过程，也是矛盾冲突的时期。在这一过程中，由于封建统治阶级对少数民族的剥削和掠夺，歧视和镇压，民族矛盾十分激烈。据有关史籍统计，北魏一朝，共有25次少数民族反抗斗争，隋代建立后也面临着这一问题。隋代的少数民族，东北有靺鞨、契丹、室韦，北面有突厥，西面有吐谷浑、党项、高昌、康国诸族，西南有蛮、

① 韩国磐：《魏晋南北朝史纲》，第481页。
② 《魏书》卷7，《高祖纪上》。
③ 《通典》卷164，《刑典》。
④ 《隋书》卷62，《元传》。
⑤ 《隋书》卷39，《窦荣定传》。

獠、俚各族，东南有百越诸族。由于这些民族与南北朝时期历代统治阶级的矛盾没有得到很好的解决，再加之有些民族的日益壮大，相互之间经常发生冲突，矛盾也亟待解决。

隋代建立之后，我国北方地区的突厥族强大起来，统东北、西域诸民族与中原隋王朝抗衡。隋代初年，突厥的侵扰连年不断，开皇元年（581 年）突厥就开始寇掠，攻陷隋临渝镇，“约诸面部落谋共南侵”，“高祖新立，由是大惧”，下令筑长城，派兵数万以备边。开皇二年（582 年），沙钵略率五可汗四十万骑兵入长城，隋命上柱国李充、贺娄子干率众拒守。十二月，沙钵略与叶护可汗又率十余万兵南侵，行军总管达奚长儒率兵抗御，转斗三日，昼夜凡十四战，军中五兵咸尽，战士死者十之八九[①]。此战之后，隋军又连吃败仗，如柱国冯昱守乙弗泊，遭突厥万骑袭击，力战累日，亡失数千人。兰州总管叱列长叉守临洮，上柱国李崇屯幽州，“皆为突厥所败”。由于隋军的失利，突厥遂向隋朝发动了全面进攻，“纵兵自木硖、石门间道人寇，武威、天水、金城、上郡、弘化、延安，六畜咸尽”[②]。开皇三年（583 年），突厥又寇幽州，总管李崇率军拒之，转战十余日，师人多死，遂保砂城，被突厥围困，军“中无食，死者略尽”[③]。“东距都斤，西越金山”（今伊犁河流域）的西突厥，也成为隋时西边塞外人多马壮的强国。开皇十八年（598 年），达头可汗犯塞，文帝命杨素率骑兵十万抵御，由于不能制止，达头又率十万劲骑来寇，代州总管韩洪被打得大败。由此可见，隋与突厥的矛盾是十分尖锐的，特别是在隋初给隋政权造成了极大的威胁。

地处中国西部地区的吐谷浑，在隋代建立之际，也号称一个强盛的国家，在周、齐时就与中原统治者存在着矛盾，“寇抄不已，缘边多被其害”。隋时威胁更甚于前，开皇初年“以兵侵弘州”，迫使隋文帝不得不以“弘州地广人梗”为由“而废之”[④]。之后又因其“寇凉州”，隋遣行军元帅元谐率“步骑数万击之，因其“寇临洮”，刺史皮之信战之”。开皇三年（583 年），因其“寇临洮”，刺史皮之信战死”。不久，吐谷浑“又寇廓州”，隋文帝只好派上大将军贺娄子干发五州兵讨击，历时达二旬之久。由于“陇上频被寇掠”，隋文帝气急之下，令陇西一带“勒民为堡”，加以防御。虽然开皇六年（586 年）吐

① 《隋书》卷 53，《达奚长孺传》。
② 《资治通鉴》卷 175。
③ 《隋书》卷 37，《李崇传》。
④ 《北史》卷 96，《吐谷浑传》。

谷浑太子嵬王诃曾谋降隋，但这并不能说明隋代来自吐谷浑的威胁已经解除，因为这件事的发生主要是吐谷浑内部动乱引起的。《隋书》卷83的《吐谷浑传》记载："太子谋泄，为吕夸所杀，复立其少子嵬王诃为太子"，"嵬王诃复惧诛，谋帅部落五千户降隋"。隋文帝深知其中的奥妙，因而没敢收纳，以防止激怒其主而加剧矛盾。可知，来自吐谷浑的边患使隋文帝常常为之担忧。

隋与西南诸族和东南百越之间的矛盾，是从南朝时开始的。刘宋时，规定西南俚、獠诸族"一户输谷数斛"，"徭赋过重，蛮不堪命"[①]。官吏的豪夺更甚于租税，如梁朝张齐"镇巴西一郡獠民，"得米二十万斛"[②]。更残暴的是掠夺贩卖少数民族，如沈庆之伐獠，共俘"生口"达二十多万人，大都被籍没出卖为奴隶。因此，南朝时民族矛盾十分激化，反抗斗争风起云涌。一百六十九年中，西南民族的反抗斗争发生了约六十余次，其中蛮族四十三次，獠族四次，俚族十八次。统治者"讨击蛮獠，身无宁岁"。隋代平陈的同时，也把这一矛盾接受了过来，与南方诸少数民族也程度不同地存在着矛盾斗争。如开皇十年（590年），番禺夷王仲宣反，"岭南首领多应之，引兵围广州"，隋文帝遣韦洸率二万兵讨伐，韦洸中流矢死，军兵不能度南岭。接着又派裴矩前往，在高冼夫人的帮助下，才平定了岭南夷族之乱，裴矩巡抚二十余州，命其诸部首领为刺史、县令，仍旧统其部，岭表遂定。不久，由于总管赵讷的贪虐，"诸俚、獠多亡叛"，隋文帝委冼夫人招慰，历十余州，"宣述上意，谕诸俚、獠，所至皆降"[③]。直至开皇中后期，还不时发生西南少数民族的反叛斗争，如开皇十六年（596年），因南宁州酋帅恃远不宾，与隋朝闹独立，隋文帝使用武力平定了南宁，因其不屈，再次派左领军将军史万岁率众击之，"破其三十余部，虏获男女二万余口"[④]。看来隋与西南诸少数民族的矛盾不是短时期能消失的，虽然对隋代政权形不成太大的威胁，但也影响着隋代全国的安定统一，同样是不可忽视的。

由上可知，隋代的民族矛盾不仅存在，而且由于魏晋南北朝时期旧矛盾的引发仍然显得复杂和严重。以上提到的隋与东、西突厥，吐谷浑和西南诸少数民族的矛盾只是其中主要的矛盾斗争，其他未提到的少数民族由于受南北朝时

① 《宋书》卷97，《夷蛮传》。
② 《梁书》卷17，《张齐传》。
③ 《资治通鉴》卷177。
④ 《资治通鉴》卷178。

期中原统治阶级的压迫和歧视，也与代替北周而起的隋代有着或多或少的矛盾。这些大大小小的矛盾，不仅对隋代政权的巩固来说都是不安的因素，而且给隋代的国家财政带来很大的影响。因为民族之间的战争需要巨大的财政开支，这样长期下去国家的财政是难以维持的。另外，民族间矛盾的产生，往往是由于中原统治阶级的赋役沉重引起的，要消除民族矛盾，减少战争，节省开支，必须从财政改革入手。

三、国家财政基础的虚弱

隋代建立后，不仅面临着阶级矛盾和民族矛盾，同时在财政和经济方面也有着不少的困难和问题。

首先，由于土地兼并的加剧，国有土地日益减少，社会各集团中土地占有极为不公。从东汉末年军阀割据到南北朝之间，战事频起，政局动荡，民人或死于战祸，或流亡异地，乡里萧条，户籍无存，为具有一定势力的世家大族和豪强地主兼并土地带来了方便。他们通过各种手段大肆掠夺土地，甚至占山封泽，使国有土地急剧减少，广大劳动民众无地可耕，生产力的发展遭到严重的阻碍和破坏。

南北朝时期，兼并之风南朝尤烈。如东晋时，勃海刁逵侨居京口，“有田万顷”①；仍世宰辅谢混，“田业十余处”，混亡后“田畴垦辟，有加於旧”。进入南朝后，大土地所有者有增无减，庄园含山包水，广袤无际。如《宋书》卷54的《孔季恭传》（附孔灵符传）云，孔灵符在“永业立墅，周回三十二里，水陆地二百六十五顷，含带二山，又有果园九处”。从整个南朝来看，土地占有极为不公，正如（宋书）卷42的《刘穆之传》所云：“晋纲宽弛，威禁不行，盛族豪右，负势陵纵，小民穷蹙，自立无所”。

西晋至北朝，虽然实行了占田制和均田制，兼并之风有所节制，但随着田制的破坏，土地兼并日益蔓延。如西晋时的大土地占有者不比东晋逊色，石崇“有别庐在河南县界金谷涧中，去城十里，或高或下，有清泉茂林，众果竹柏药草之属，金田十顷，羊二百口，鸡猪鹅鸭之类，莫不皆备。又有水碓、鱼池等②。北朝赵郡李显甫“开李鱼川方五六十里居之”③。北齐元善见，“水碾一

① 《晋书》卷69，《刁协传附孙刁逵传》。

② 石崇：《金谷诗序》。

③ 《北史》卷33，（李灵传附李显甫传》。

具，田百顷，园一所”[1]。北周陆法合“田一百顷”。北朝土地兼并的程度仅次于南朝，如北魏在均田制实行以前，“富强者并兼有余，贫弱者糊口不足”[2]。东魏时，良田皆归富室，薄瘠余留贫民。北齐时土地兼并愈烈，“富有连畛亘陌，贫无立锥之地”。隋初，大土地所有者仍然存在，如庾季才，“水田十顷，并奴婢牛羊什物等”[3]。土地兼并的不断加剧，不仅严重地阻碍了生产力的提高，而且减少着国有土地，影响农业经济的发展。隋代面临的这一问题，给国家财政带来了一个很大的危机。

其次，由于户口隐漏，国家编户急剧减少，直接影响着政府的财政收入。魏晋南北朝时期，因为战乱和赋税、徭役的频繁沉重，贫苦农民依附世家大族的现象日甚一日。加之战乱使血缘宗法关系强化，更助长了千丁共籍、百族合一的现象。如《通典》卷 2 的《田制》记载北齐时，“瀛、冀诸刘，清河张、宋，并州王氏，濮阳侯族，诸如此辈，一宗近万室，烟火连接，比屋而居”。处在分裂割据中的封建政府，为了求得世家大族的支持，长期承认这种既成的事实，这样一来造成了整个魏晋南北朝时期士家大族、豪族地主荫占户口的风气。《晋书》卷 127 的《慕容德载记》云：“百姓因秦晋之弊，迭相隐冒，或百室合户，或千丁共籍，……公避课役，擅为奸宄”。北朝也与此相同，如十六国时前燕，“王公、贵戚多占民为荫户，国之户口，少於私家，仓库空竭，用度不足”。北魏太和九年（485 年）实施均田制之前，旧无三长，唯立宗主督护，“民多荫冒，五十、三十家方为一户”[4]。在均田制实行以后，荫附户口的现象仍然存在，如北魏末东魏初，民“赋重役勤，人不堪命，多依豪室”[5]。武定三年（545 年），丞相高欢命孙腾与高隆之“分括无籍之户，得六十余万”[6]。北齐灭亡时，有户三百零三万，孙腾一次括户达六十多万，几乎占北齐亡时户口的五分之一，可见户口荫庇诈冒的严重程度。直到隋代，荫附户口的现象仍未制止，“是时，山东尚承齐俗，机巧奸伪，避役惰游者十六七，四方疲人，或诈老诈小，规避租赋”[7]。看来，荫附户口是一个长期 性的、根深蒂固的、难以根绝的大问题。国家户口隐漏，直接影响着政府的财政收入，对这

---

① 《魏书》卷 12，《孝静帝纪》。
② 《魏书》卷 110，《食货志》。
③ 《隋书》卷 78，《庾季才传》。
④ 《魏书》卷 53，《李冲传》。
⑤ 《通典》卷 7，《丁中条》。
⑥ 《隋书》卷 24，《食货志》。
⑦ 《隋书》卷 24，《食货志》。

一问题即使难度再大也不能不认真解决。

最后，由于官俸军费和贪污腐败，财政支出日增，入不敷出迫在眉睫。隋代财政支出的加大有着各种原因，但主要的原因在于官俸、军费和官吏的贪污腐败。自魏晋南北朝以来，官吏的冗滥是众所周知的，如南朝由于官吏众多，因而多立郡县，名目重叠，既有兖州、徐州、豫州，复有西兖、南兖、东徐、南徐、北豫州。甚至“一郡分为四五，一县割成两三”[①]，还有的二郡共一县，更甚者设郡竟无县。南朝袭魏晋之旧，“然而定诸卿之后，各配四时，置戎秩之官，百有余号”。梁武帝时，大增官品名号，将军以下为十品，共有名号一百二十五个，不入十品的名号十四个，又增设施于外国的将军为十品，共有名号一百零九个，又增百官九品为十八班。文武名号竟如此繁多，仍不能容纳众多的冗员，于是又将原来的二十三州分割为一百零七州，官吏冗滥的程度由此可见。北朝的情况也不例外，如北魏前期，只沃野镇镇将以下的官就多达八百余，六镇共四千余人。北齐时，“豪家大族，鸠率乡部，托迹勤王，规自署置。或外家公主，女谒内成，昧利纳财，启立州郡”，甚至“要荒之所，旧多浮伪，百室之邑，便立州名，三户之民，空张郡目”[②]。武平七年（576年），“自大丞相已下，太宰、大司马、三师、大将军、三公等官，并增员而授，或三或四，不可胜数”，造成“开府千余，仪同无数”的局面。隋代建立后，同样面临着这种状况。如《隋书》46的《杨尚希传》云：“时见天下州郡过多”，上表曰：“自秦并天下，罢侯置守。汉、魏及晋，邦邑屡改。窃见当今郡县，倍多于古，或地无百里，郡县并置；或户不满千，二郡分领。县寮以众，资费日多，吏卒又倍，租调岁减。清幹良才，百分无一，动须数万，如何可觅？所谓民少官多，十羊九牧”。官吏的冗滥，必然加大了封建政府的财政开支，正如杨尚希所言：“吏卒又倍，租调岁减”。看来，官吏冗滥不改变，国家财政就难以好转。

军费的开支从南北朝以来也不亚于官俸，因为当时的军队多是专业性质的，军费全靠国家供给。而且，由于战争之故，军队的数量又很庞大，军费成为一项重要的开支。隋代在开皇十年（540年）以前，也实行这一制度，军费的支出当然也很可观。隋文帝开皇九年（589年）伐陈，以晋王广为统帅，统兵五十一万八千人，平陈归来，犒赏之费达三百余万段。仅这一次战斗，军

---

① 《宋书》卷11，《律志序》。

② 《北齐书》卷4，《文宣帝纪》。

费、战费和赏费就不是小数，就以五十万长备军计，财政开支每年也可想而知。

除官俸和军费外，官吏队伍的贪污盗窃也是国家财政空竭的一个重要原因。南北朝以来，官吏相当腐败，如贪污方面，以北魏为著。北魏前期由于无俸，政府允许官吏大肆搜刮，贪污成风，百官"率是贪污之人"，"少能以廉白自立"。北齐时，贪污之人多不胜举，韩轨贪污一事，"左右以赃挂网者百余人[①]"。如行贿受贿方面，南北朝时，进官迁职，唯以贿赂多少而定，官吏之中，"贿赂公行"。北齐时，孙腾"纳贿不知纪极"；冯子琮"请谒公行，贿货填积，守宰除授，先定钱帛"；大行台陈元康，"溺于财利，受纳金帛，不可胜纪"。《北史》中评北齐"及平京洛，货贿渐行"，"文武在位，罕有廉洁"[②]。如大肆聚敛方面，北魏官吏，搜刮百姓，被视为"饥鹰饿虎"，故有"饿虎将军"、"饥鹰侍中"之称。《北史》卷54的《史臣语》评北齐官吏"俱不能清贞守道"，"厚敛货财，填彼溪壑"。再如卖官鬻狱方面，北魏吏部尚书元晖，"纳货用官皆有定价，……天下号曰市曹"[③]。北齐陈德信、邓长颙等参预机权，"官由财进，狱以贿成，其所以乱政害人，难以备载"[④]。南北朝这种腐败风气，也同样影响到隋代，所以隋初的官吏贪污行为也经常出现。官吏的贪污腐败，极大地消耗、瓦解和掠夺了国家的财产，更容易造成财政的空虚。由此可知，隋代财政支出的加大，成了不得不解决的大问题。

财政危机中除以上所出现的问题外，隋代还面临着财政亏乏的困蹙局面。南北朝时，由于统治阶级的奢侈靡费和战争的消耗，诸国积蓄都甚空虚。如东晋，"自侯景之乱，国用常偏，京官文武，月别惟得廪食"[⑤]。北魏自永安之后，政道陵夷，寇乱实繁，农商失业，官有征伐，皆横调於人，"犹不足以相资奉，乃令所在迭相纠发，百姓愁怨，无复聊生"。魏武西迁，连年战争，"河、洛之间，又并空竭"[⑥]。北齐时，"赐与无节，府藏之积，不足以供"。至天统中，"财用不给，乃减朝士之禄，断诸曹粮膳，……武平之后，……国用转屈，乃料境内六等富人，调令出钱"。给事黄门侍郎颜之推请立关市邸店之税，"于是

① 《北史》卷55，《张曜传》。
② 《北史》卷55，《杜弼传》。
③ 《魏书》卷15，《常山王遵传附元晖传》。
④ 《北史》卷8，《齐本纪》。
⑤ 《隋书》卷24，《食货志》。
⑥ 《隋书》卷24，《食货志》。

以其所入，以供御府声色之费，军国之用不豫焉。未几而亡”[①]。看来，北齐一朝财政几乎始终是“帑藏空竭”的。北周的财政状况虽比北齐稍好，但因长期与齐人争战，“戎车岁动”，又和亲突厥，“岁给缯絮、锦綵十万段”，积蓄也较亏缺。在这种基础上建立起来的隋代，财政状况由此可知，特别是隋代初年，既要内平叛乱，又要外制突厥，又加之“具寮以众，资费日多”，财政也陷于十分紧张的局面。

综上所述，是隋代建国后所面临着的政治、经济和财政危机，其中不论阶级矛盾还是民族矛盾以及财政和经济方面的矛盾，都与国家财政有着密切的关系。阶级矛盾产生是由于利益分配不平等的原因，地主阶级残酷地压迫和剥削劳动人民，迫使他们举行起义。民族矛盾的不断加剧不仅加大了财政开支，而且又减少了国家的收入。关于财政和经济方面的危机，不论是哪个方面的问题，更与财政密不可分。所以，要解决以上的矛盾和转变财政危机，必须进行财政改革，因为财政改革会有效地调整社会各集团的利益，调整生产关系和生产力之间不相适应的地方，使社会矛盾得到缓和，生产力得到提高，社会经济得到发展，国家财政也由此得到好转与充实。

第二节 财政改革的措施及特点

隋文帝即位以后，为了解决和消除以上的矛盾与隐患，以巩固建立在各种矛盾之上的隋代政权，首先从财政入手，进行了以下的改革。

一、改革均田制度，调整土地占有失衡

在中国封建社会，土地是生产关系的基础，土地问题得不到解决或解决不好，生产力的提高就会受到严重的阻碍和制约。因此，隋文帝一即位，就对北魏以来所实行的均田制进行了整顿、改革和完善。以调整隋代社会各阶层对土地的占有，使生产力得到充分的发挥，为财源建设打下基础。

隋代均田制是开皇元年颁布的。《隋书》卷 24 的《货志》云：“及颁新令，……自诸王以下至于都督，皆给永业田，各有差。多者至一百顷，少者至

① 《隋书》卷 24，《食货志》。

四十亩。其丁男中男永业、露田，皆遵后齐之制，并课树以桑榆及枣。其园宅三口给一亩，奴婢则五口给一亩。……京官又给职分田，一品者给田五顷，每品以五十亩为差，至五品，则为田三顷，六品二顷五十亩，其下每品以五十亩为差，至九品，为一顷。外官亦各有职分田。又给公廨田，以供公用。”

以上是隋代均田令的主要内容，其中所受土地的种类有永业田、露田、园宅地、职分田和公廨田多种。永业田，即北魏的桑田。这类土地基本上属于私有，可以世代相袭，不再收还。露田，即唐代的口分田，这类土地是属于国有性质的，其收获物主要用于交纳田租。露田必须还收，农民到六十岁不从课役和身没之后必须交还给国家。职分田，渊于两晋南朝的禄田和北魏地方官吏的公田，所有权不为官吏私有，不准买卖，与北魏官吏的公田更加接近。公廨田也属于这种性质，主要用于官府机关的办公用费，平时出租给农民耕种以收其地租，上届官吏离职时交接给下届官吏。园宅地是农民的住宅地，良人三口给一亩，非良口者如奴婢、匠户、乐户等五口给一亩，也属于私人所有。就其均田制下受田对象来看，主要有各级官吏，上自诸王下至都督。他们受田最高者达一百顷，最少者也有四十亩。一般农民是受田的主要对象，农民所受土地“皆遵后齐之制”，即“一夫受露田八十亩，妇四十亩。……又每丁给永业二十亩，为桑田”①。可知，隋代一夫受田为一百亩，其中八十亩为露田，二十亩为永业田，加上妇人受田四十亩，一夫一妇共受土地为一百四十亩。

隋文帝自均田令颁布后，为了改变土地占有以适应生产力的发展，十余年间又进行了多次改革，其主要者如下所述。

开皇元年（581 年），废除原来丁牛受田的规定。北魏、北齐时，都规定丁牛可以受田，如《魏书·食货志》云：“丁牛一头，受田三十亩，限四牛”。至北齐，丁牛受田的数量又有所增加，“丁牛一头，受田六十亩。限止四牛”②。隋代均田令一开始颁布就取消了这一规定，禁止耕牛受地。丁牛受田的废除，是调节农民对土地占有的一个重要措施，因为在中国封建社会，一般小自耕农家庭饲养的牛数量是很少的，尚有不少农户缺少耕牛，而官僚贵族和豪强地主却拥有大量的耕牛，废除丁牛受田，就使地主阶级利用耕牛多占土地受到了限制，有利于解决农民无地少地的现象。

开皇十年（590 年），增加了士兵受田。隋初的军事制度实行的是府兵制，

---

① 《隋书》卷 24，《食货志》。

② 《隋书》卷 24，《食货志》。

这一制度是西魏、北周时期创建的。府兵制原来实行的是兵农分离，即专业性质的，军人世代为兵，户口由军队管理，不入州县户籍。由于士兵是专业化的，国家统统不分配土地，后来随着全国政治的稳定，府兵制开始从兵农分离走向兵农合一。于是，隋文帝应历史发展的需要，对隋代所沿用北周的府兵制进行了改革，完成了兵农合一的发展进程。《隋书》卷24的《食货志》记载："凡是军人，可悉属州县，垦田籍帐，一与民同。"从此，军队取消了专业化的性质，府兵军士与农民完全一样，户籍隶属于州县，由地方政府统一管理。平时在家从事农业生产，即所谓的"垦田籍帐，一与民同"，当到服兵役时，才去部队里从事戍卫和守边。

府兵制与均田制结合起来后，广大军人从开皇十（590年）以后开始参加受田，因为军人大多出身于农民，军人受田扩大了农民的受田面，也就是说在社会各阶层中农民受田的人数增加了，从而改善了农民受田的比例和受田的总数量，这一改革同样促使了原来大多数农民少地缺地的现象得到改变。

开皇十四年（594年），对官府机构实行公廨田。隋代在开皇十四年以前，官府机构的办公用费是通过官营高利贷来解决的，国家财政给台、省、府、寺等部门发放公廨本钱，使其收息取给。众所周知，高利贷对农业的危害是极大的，农民因困难不得不借债，但又很难偿还高额利息，往往是卖掉仅有的土地，从而使农民的土地被豪强地主所兼并。开皇十四年，工部尚书苏孝慈提出废除此法，将公廨钱改为公廨田，避免官府与民争利，确保农民所占有的土地。《隋书》卷24的《食货志》记载："先是京官及诸州，并给公廨本钱，廻易生利，以给公用。至十四年六月，工部尚书、安平郡公苏孝慈等，以为所在官司，因循往昔，以公廨钱物，出举兴生，唯利是求，烦扰百姓，败损风俗，莫斯之甚。于是奏皆给地以营农，廻易取利，一皆禁止。"

这里只言"给地以营农"，其实是指公廨田而言，如《隋书》卷2的《高祖纪》记载此年废除公廨本钱后，"诏省、府、州、县，皆给公廨田，不得治生，与人争利"。公廨田的实施，虽然主观目的是为了让利与民，提倡兴化之道，但在客观上却保护了农民土地的稳定性，使他们的土地能够长期占有，这对维护农民土地占有比例是非常有利的。

仁寿四年（604年），取消妇女和奴婢的受田规定。在这一改革之前的均田制，妇女、奴婢和部曲皆是受田的对象，如北魏太和九年（485年）田令规定："妇人二十亩，奴婢从良"[①]。北齐河清三年（564年）田令也同样如此，"妇四十亩，奴婢依良人"[②]。隋代前期的均田令"皆遵后齐之制"，当然保持了这一内容。仁寿四年（604年），对均田令中这一规定进行了改革，"除妇人及奴婢、部曲之课"[③]。按隋代"未受地者皆不课"的规定，妇人、奴婢和部曲免除了课税，也就不再参加受田。这一改革对调整社会各集团土地占有的比例起了很大的作用，在中国封建社会，官僚地主不仅妻妾成群，而且拥有大批奴婢和部曲，如隋代扶风的豪族窦荣定一次就受赐部曲八千户，梁睿受赐奴婢一千口，于义宁受赐奴婢五百口[④]，大权贵杨素有家僮数千人[⑤]。妇人、奴婢和部曲同良人一样参加受田，势必会以此而占有大量的土地，使广大农民无地可种，更加剧了隋代土地占有的不公。改革中废除这些人受田，有利于缓和隋代土地占有不公的矛盾。

以上是隋代对均田制的一些重大改革，除此以外，对受田对象的年龄、受田的数额也作了许多调整，这些都是通过消除制度本身的弊端来解决土地占有的悬殊问题。同时，政府还通过严格均田制的执行和打击豪强兼并来解决这一问题。

开皇初年，太常卿苏威就提出了减功臣田来解决农民受田不足的问题。《隋书》卷40的《王谊传》云："太常卿苏威立议，以为户口滋多，民田不赡，欲减功臣之地以给民。王谊曰：'百官者历世勋贤，方蒙爵土，一旦削之，未见其可。如臣所虑，正恐朝臣功德不立，何患人田有不足。'上然之，竟寝威议。"这一建议虽然遭到王谊的反对没有付诸实施，但却引起了隋文帝及有关大臣的注意和重视。因为隋代大量括检士族豪强的荫户，国家户口不断增长，农民受田不足的现象也日渐突出，尤其是一些地少人众的地方。至开皇十二年（592年），为了解决这一问题，隋文帝征集各方建议，又令尚书策问四方贡士。《隋书》卷24的《食货志》记载了当时的情况："时天下户口岁增，京辅及三河，地少而人众，衣食不给，议者咸欲徙就宽乡。其年冬，帝命诸州考使议之，又令尚书以其事策问四方贡士，竟无长算。帝乃发使四出，均天下之田，其狭乡每丁才至二十亩，老小又少焉。"由于没有太理想的办法，隋文

① 《魏书》卷110，《食货志》。
② 《隋书》卷24，《食货志》。
③ 《隋书》卷24，《食货志》。
④ 《隋书》卷37，《梁睿传》。
⑤ 《隋书》卷48，《杨素传》。

帝最后决定发使四出，到各地“均天下之田”。所谓均天下之田，并不是再实行新的均田令，而是检查均田令实际实行的情况，禁止违犯均田令规定的行为。违犯田令的行为一是官僚地主和豪强士族是否额外多占土地，二是农民不能按照规定受田，即每丁至二十亩，老少又少焉的现象。这实际上就是对地主和农民所占地多少的一次调整，不致使地主占地过多而农民无地可种。像这样的均田其后还不断进行，乃至隋炀帝时仍未停止。

与此同时，隋代政府还对官僚地主限外占田和兼并土地的行为进行了严厉的打击。如官僚宇文述兼并农民土地，李圆通“判宇文述田以还民”[①]。即使权贵也不例外，杨素推荐荣毗为华州（今陕西华阴县）长史，而杨素“之田宅，多在华阴，左右放纵，毗以法绳之，无所宽贷”[②]。隋政府严厉打击兼并，而保护了农民所占有的土地，这对调整社会各集团土地占有关系是一个很大的促进，正因如此，隋代的均田制在北魏至唐各个时期中实行得是比较好的，土地占有关系的调整是有成效的。

二、完善租庸调制改善生产关系

中国封建社会的主要矛盾是农民阶级和统治阶级之间的矛盾，没有经过农民起义冲击的朝代尤其是这样，而农民税负过重又是造成这种矛盾加剧的主要原因之一，封建国家要缓和阶级矛盾，就必须要减轻赋役，利用财政手段调解社会各集团的分配关系。

隋代在缓和阶级矛盾方面就是这样做的，国家对农民采取轻税负宽税基的政策，即一方面发展国家编户，一方面减轻赋税，税负虽轻而国家赋税总量不减。因此，隋代的赋税与北朝相比是最轻的。如北魏前期租调实行九品相通，规定户“粟二十石”，重的时候有户租达三十至五十石的。直至孝文帝太和九年（485 年）实行均田制以后，赋税才有所减轻，制定“其民调一夫一妇帛一匹，粟二石，民年十五以上未娶者，四人出一夫一妇之调”[③]。北齐时赋税规定：“率人一床，调绢一匹，绵八两，凡十斤绵中，折一斤作丝，垦租二石，义租五斗。奴婢各准良人之半。牛调二尺，垦租一斗，义租五升。”[④] 北周赋

---

① 《隋书》卷 64，《李圆通传》。

② 《隋书》卷 66，《荣毗传》。

③ 《魏书》卷 110，《食货志》。

④ 《隋书》卷 24，《食货志》。

法，“有室者，岁不过绢一匹，绵八两，粟五斛”①。东晋南朝时，赋税也相当苛重，“其课，丁男调布绢各二丈，丝三两，绵八两，禄绢八尺，禄绵三两二分，租米五石，禄米二石，丁女并半之。男女年十六已上至六十为丁，男年十六，亦半课，年十八正课，六十六免课”②。而隋代的租庸调法规定：“丁男一床，租粟三石。桑土调以绢絁，麻土以布绢。絁以匹，加绵三两，布以端，加麻三斤，单丁及仆隶各半之。”③ 就以上情况相比较，北魏前期、北周、东晋的赋税都比隋代要重，即是北魏太和九年以后的赋税和北齐时的赋税，虽然从表面看比隋代轻，但实际上比隋代重。因为北朝租调法执行得极差，如北魏自孝文帝以后，正调之外，“杂调”、“横调”多如牛毛，据有关统计达二十余种。孝昌二年（526 年），除按户征收租调外，又按田亩另外收租，“税京师田租亩五升，借赁公田者亩一升”④。除此，北魏后期还通过加大度量衡来加重剥削，如延昌末年，华州“先是受调绢匹度尺特长，在事因缘，共相进退，百姓苦之”。相州“征民岁调，皆七八十尺，以邀奉公之誉，部内患之”⑤。本来，北魏规定帛长 40 尺为一匹，布长 60 尺为一匹，今以七八十尺为一匹，加长了一倍。特别是到后来，国家竟“预折天下六年租调而征之，百姓怨苦，民不堪命”⑥。北魏是这样，北齐亦然，而隋代却与此大不相同。隋代除炀帝末年以外，国家在正租之外很少有额外加征和杂捐横调，特别是隋文帝统治时期，苛捐杂税更少，而且还通过各种办法减轻正税。一是减少调绢的尺度和重量，如开皇三年（583 年），“减调绢一匹为二丈”，布亦有减。二是减少农民交纳租调的年限，如隋代均田令规定“男女三岁以下为黄，十岁以下为小，十七以下为中，十八以上为丁，丁从课役，六十为老，乃免”⑦。之后中男、丁男的年龄不断有所提高，如开皇三年（583 年）“初令军人以二十一成丁，把成丁的年龄提高了 2 岁，但受田的年龄仍然是以原来的 18 岁不变，这样一来农民可以提前 3 年受田而不交租。此外，中年的年龄也随着增加了 3 岁，即 17 岁到 21 岁为中男的年龄界限。在北朝时，中男是要交纳租调的，如北魏太和九年

---

① 《隋书》卷 24，《食货志》。
② 《隋书》卷 24，《食货志》。
③ 《隋书》卷 24，《食货志》。
④ 《魏书》卷 62，《李彪传》。
⑤ 《魏书》卷 85，《杨播传附弟津传》。
⑥ 《魏书》卷 110，《食货志》。
⑦ 《隋书》卷 24，《食货志》。

（485年）田令中规定："民年十五以上未娶者，四人出一夫一妇之调。"[①] 北齐河清三年（564年）田令中云："率以十八授田，输租调。"北周赋役法也记载："凡人自十八以至六十有四，与轻癃者，皆赋之。"[②] 而隋代的中男不输租调，只是"丁男"缴纳租税，也就是说隋代从开皇三年（583年）起凡男子21岁才交租调。三是免去妇人和奴婢的租调。北魏至北周，妇人和奴婢历代都是缴纳租调的，如北魏租调是按"一夫一妇"来征收的，北齐规定"率人一床"征收，其中已包括了一妇在内。北周的规定是"有室者"，实际也是一夫一妇。隋时"除妇人及奴婢、部曲之课"[③]，从而也就免除了这些人的租调。四是实行大面积、长时期的租税蠲免。如开皇十年（590年），"以宇内无事，益宽徭赋"。平陈之后，"帝以江表初定，给复十年。自余诸州，并免当年租赋"。开皇十二年（592年）"河北、河东今年田租三分减一，兵减半，功调全免"[④]。除了这些大规模的蠲免以外，临时性的蠲免还有许多，像隋代这样经常性的、大面积的、长时期的赋税蠲免在中国历史上是少见的。所以，就整体情况来衡量，隋代的租税与南北朝各时期相比确实是减轻了。

隋代政府在减轻赋税的同时，还减轻了广大农民的徭役负担，如兵役的减轻就是其一。北周时府兵制是专业性质的，而且世代为兵，常年服役，生活是非常艰苦的。隋代府兵改革之后，实行兵农合一，专业军人没有了，他们有了自己的土地和定居的家庭，平时过着安定的生活，每年服兵役的期限也有一定的规定，使原来众多的专业军人解脱了苦难。其二是力役的减轻。隋初的力役因袭北周，《食货志》卷24的《隋书》记载："仍依周制，役丁为十二番，匠则六番"。但这一规定很快就进行了改革，"开皇三年，帝入新宫，……减十二番为每岁二十日役"[⑤]。十二番制每丁每年服一月役，《周书》卷5的《武帝纪上》云："改八丁兵为十二丁兵，率岁一月役"。隋代改为二十日役，比北周减少了10天。而且，经过多次改革，隋代农民服徭役的年限越来越短。《隋书》卷24的《食货志》记载：北齐规定"男子十八以上，六十五以下为丁，……二十充兵，六十免力役"。北周规定"凡人自十八以至五十有九，皆任于役"。隋代规定："十八以上为丁，丁从课役，六十为老，乃免。"据上可知，北周和

① 《魏书》卷110，《食货志》。
② 《隋书》卷24，《食货志》。
③ 《隋书》卷24，《食货志》。
④ 《隋书》卷24，《食货志》。
⑤ 《隋书》卷24，《食货志》。

隋初，农民服力役的年龄大致为18岁至60岁，服力役的年限为42年，隋开皇三年（583年），令人以21岁为丁，农民一生服役的年限减到39年。如果从农民每人一生服力役的天数来看，隋代的力役更轻，北齐、北周大约是1260天，隋代是760天，比北齐、北周几乎少一半。更能说明问题的是隋代所制定的输庸代役法。开皇十年（590年），隋文帝令“百姓年五十者，输庸停防”①，百姓从50岁输庸到60岁免役，有10年的时间不去亲自服役，只要交一定的庸绢就行了，等于农民服役的年限又减少了10年。隋代每个农民一生服役年限只有32年，640天，比北朝时又减少了许多。这一重大的改革在很大程度上减轻了农民的徭役，解放和提高了生产力。可知隋代政府对赋役的减轻程度是很大的，对调解生产关系起了一定的作用。

三、大索貌阅，扩大财税征收面

隋代的赋税征收是以丁为单位的，要扩大财政收入，必须大力发展国家的齐民编户。因此，隋代政府针对南北朝以来国家户口隐漏，“机巧奸伪，避役惰游者十六、七，四方疲人，或诈老诈小，规免租赋”的现象，对户口进行了全面的整顿和检括。为了使这一工作进行得扎实顺利，隋代首先在广大乡村建立了三长制，规定“五家为保，保有长。保五为闾，闾四为族，皆有正。畿外置里正，比闾正，党长比族正，以相检查焉”②。在健全农村基层组织的基础上，于开皇三年（583年）开始了全国性的括户运动。《隋书》卷24的《食货志》记载：“高祖令州县大索貌阅，户口不实者，正长远配。而又开相纠之科，大功已下，兼令析籍，各为户头，以防容隐”。此次括户，采取了三个措施：一是大索貌阅。大索貌阅主要在“索”字上，就是要把世族豪强长期以来隐占藏匿的户口括检出来，每家每户的人口都要按照性别、年龄、相貌核实查对，看是否与户籍上所载相符。找出没有登记在案的隐漏户口，重新给予登记。二是实行纠告，鼓励检举揭发，并给予一定的奖励。凡是有户口不实的地方，保长里正判以流放之罪。纠告有赏使许多人热心于举报，从而加强了对地方官吏的监督、监视，不敢从中作弊，保证了括户的扎实深入，不流于形式。三是实行析籍，令大功以下（即堂兄弟姊妹）的已婚男子另立户头，不准与家人合为一户，这一措施是针对南北朝时“千丁共籍”而制定的。但是，析籍并不是无

① 《隋书》卷24，《食货志》。

② 《隋书》卷24，《食货志》。

限制的，按照隋代政府的规定大功以下亲族均在析户范围，大功以上亲者并不要求析籍。开皇三年（583 年），大索貌阅取得了很大的成绩，新“进四十四万三千丁，新附一百六十四万一千五百口”①。

大索貌阅之后，大臣高颎又认为长吏肆情，文账出没，遂上输籍之法，建议再一次括户。《隋书》卷 24 的《食货志》云：“高颎又以人间课输，虽有定分，年常征纳，除注恒多。长吏肆情，文账出没，复无定薄，难以推校。乃为输籍定样，请遍下诸州，每年正月五日，县令巡人，各随便近，五党三党，共为一团，依样定户上下。帝从之，自是奸无所容矣。”这次括户实行的“输籍定样”，比前次“大索貌阅”更为细致。输籍之法是按民众的资产定户等为上中下三等，并注册造籍，根据户等合理征派赋役。由于隋代国家户口的不断增加，再加上这一办法的实行，农民的负担不仅比北朝时期有所减轻，即使在当时来说，也比豪强地主所收的租役要轻得多。高颎之所以采取这一办法，目的就在于让地主豪强所隐匿的人口和佃民知道为国家编户要比在士族豪强手下租税轻，让他们自动地脱离豪强富室的依附关系，甘心为国家的齐民。与前次括户相比，如果说第一次大索貌阅是偏重于用行政手段来索取隐户浮客的话，那么这次输籍定样主要是运用经济手段来吸引游离于国家编户之外的人口，起着釜底抽薪的作用。正如杜佑在《通典》卷 7 的《食货典丁中》所说：“其时承西魏丧乱，周齐分据，暴君慢吏，赋重役勤，人不堪命，多依豪室。禁网堕紊，奸伪尤滋，高颎睹流冗之弊，建输籍之法。于是，定其名，轻其数，使人知为浮客，被强家收大半之赋；为编氓，奉公上，蒙轻减之征。”（原注：浮客，谓避公税，依强豪作佃家也。……高颎设轻税之法，浮客悉自归于编户，隋代之盛，实由于斯）这一办法不仅具有很大的吸引力，而且又防止了以前的流冗之弊，使官吏无法弄奸作伪。另外，又执行得非常认真，每年在全国范围内检查一次，县令巡人，分片包段，五党三党，共为一团，依照户籍认真查实。所以，这次括户也取得了很好的效果，从杜佑所言“浮客悉自归于编户”可以完全知晓。

隋代的括户具有针对性、经常性和长期性，加上要求得严格，开展得扎实，使国家户口大为增加，财政收入也由此迅速增长。括户可以说是隋代财政充盈的一个最根本的原因，虽然每丁的租税比前代减轻了，但纳税的人丁却比以前成倍地增加，这就是隋代轻徭薄赋而赋税收入不减而增的谜底。因此，杜

---

① 《隋书》卷 24，《食货志》。

佑认为隋代之盛实由于此。

四、健全仓廪制度，加强财政积蓄

对于仓廪制度，隋代进一步健全完善，不仅设置有常平仓，而且又新设义仓，也是财政改革的一个内容。隋代常平仓建于开皇三年（583 年），此年，“朝廷以京师仓廪尚虚，议为水旱之备，于是诏于蒲、陕、虢、熊、伊、洛、郑、怀、邵、卫、汴、许、汝等水次十三州，置募运米丁。又于卫州置黎阳仓，洛州置河阳仓，陕州置常平仓，华州置广通仓[①]。常平仓主要是解决粮食紧缺和平抑物价的，政府在丰收的年份里用高于市场的价格籴入而保存起来，等到歉收时和某些地区粮食不够用时，以低于市场的价格粜出去，以平抑各地的粮食价格，防止商贾因粮食紧缺而借机牟取暴利。如《隋书》卷 24 的《食货志》云：“运山东之粟，置常平之仓，开发仓廪，普加赈赐，少食之人，莫不丰足。”这里所说的运山东之粟，其实是政府出钱籴来的粮食，而不是租税，同样，开仓赈赐，是指政府将常平仓的粮食廉价出卖给农民。封建社会的赈赐有多种形式，有的是无偿的赐给，有的是借贷形式，廉价卖于民众也是其中的形式之一，如果是发常平仓的粮食赈赐，大多属于这种形式。常平仓的粮食一般是贱粜与人的，因为常平仓的作用不仅仅是为了救灾，更重要的是为了平抑物价。通过这种形式，不至于使关内的粮价大幅度地高涨。

义仓始于隋开皇五年（585 年），而提出建义仓在开皇三年（583 年），是由度支尚书长孙平提出来的。义仓的建置目的主要在于拯灾，如《隋书》卷 24 的《长孙平传》记载：“开皇三年，征拜度支尚书。平见天下州县，多罗水旱，百姓不给。奏令民间，每秋家出粟麦一石以下，贫富差等，储之闾巷，以备凶年，名曰义仓”。长孙平提出建义仓的建议，当年并没有立即实行，等到开皇五年才正式在全国建立义仓制度。从长孙平的建议本身看，明显是为了备水旱之灾。开皇五年（585 年），长孙平改任为工部尚书，再次建议立义仓，讲到：“去年亢阳，关内不熟，陛下哀愍黎元，甚于赤子。……少食之人，莫不丰足，鸿恩大德，前古未比。其强宗富室，家道有余者，皆竟出私财，递相赒赡。此乃风行草偃，从化而然。但经国之理，须存定式”。从长孙平第二次上奏来看，更说明了义仓是为了救灾而立的。开皇五年以前，由于关内常闹灾害，不仅国家出面拯济贫民，而且还命强宗富室将其余粮赡助于贫人。长孙平

① 《隋书》卷 24，《食货志》。

认为长期这样是不行的，从国家长远利益来讲需要有一定的制度，这个制度便是义仓积谷。此年，隋文帝下令全国推行义仓制度，“诸州百姓及军人，劝课当社，共立义仓”①。

义仓积粟本来是出于自愿的，每家最多出一石，这是指富室，一般的人多少根据自己的情况而定，贫富纳粮不等。义仓的管理起初由村社来负责，《隋书》卷24的《食货志》云：“收获之日，随其所得，劝课出粟及麦，于当社造仓窖贮之。即委社司，执账检校，每年收积，勿使损败。若时或不熟，当社有饥馑者，即以此谷赈给。自是诸州储峙委积”。但是，后来管理逐渐松弛，用非一途，致使损失严重，所以从开皇十五（595年）开始，改为国家管理，纳粟数量按照户等上下来制定。《隋书》卷24的《食货志》言：“是时义仓贮在人间，多有损费，十五年二月，诏曰：‘本置义仓，止防水旱，百姓之徒，不思久计，轻尔费损，于后乏绝。又北境诸州，异于余处，云、夏、长、灵、盐、兰、丰、鄯、凉、甘、瓜等州，所有义仓杂种，并纳本州。若人有旱俭少粮，先给杂种及远年粟’。十六年正月，又诏秦、叠、成、康、武、文、芳、宕、旭、洮、岷 、渭、纪、河、廓、幽、陇、泾、宁、原、敷、丹、延、绥、银、扶等州社仓，并于当县安置。二月，又诏社仓，准上、中、下三等税，上户不过一石，中户不过七斗，下户不过四斗。”三次下诏，对义仓进行了诸多改革。一是将许多州的义仓由民间管理改为县一级的政府来管理，即由国家统一管理，民办从此改为官办。二是将原来自愿纳粟改为按户定量纳粟，这似乎变成了广大农民额外的一种负担，但取之于民用之于民，从道理上讲是合理的。如其后山东频年霖雨，“天子遣使”，“开仓赈给”②，若不是建立义仓制度，灾年的赈济工作就不会开展得如此顺利和及时。由于存在着合理性，所以隋代改革后的义仓制度正式固定下来，成为中国封建社会一项重要的财政制度。

隋代的义仓制度在国家财政中发挥着不小的作用。首先对发展生产力有一定的好处。因为救灾搞得好，不仅可使社会经济尽快得到恢复，不致使正常的生产中止，而且还可以保护广大民众的生命安全，不会造成大批劳动力的死亡。其次是节省了国家的财政开支。义仓平时储存粮食，是一种零存整取的形式，平时在无灾害的年景下，每户交纳一些，作为农民来说还是能够承担起的。等遇到灾害时，由义仓支出，无形中节省了国家的一批支出，否则必须由

① 《隋书》卷24，《食货志》。

② 《隋书》卷24，《食货志》。

国家来负担，这种制度对国家财政是有利的。因可知义仓制度的建立，对国计民生都是有意义的。

五、开运河兴屯田，解决财政调拨

隋代财政调拨上的困难有两个：一是关外和江南大多数州县粮食向长安的转运，二是军粮向边境地区的输送。由于当时交通道路的不畅和遥远，运输工具的落后和人力的有限，使财政上出现了费用高涨的严重问题。为了解决财政调拨，隋政府采取了两条措施：一是开运河，变陆运为水运，以利于租调转输。二是大兴屯田，就地解决军粮问题。

（一）开凿运河

隋代开凿运河，始于隋文帝开皇三年（583 年）。此年，隋文帝下诏指出："朕君临区宇，兴利除害，公私之弊，情实愍之。故东发潼关，西引渭水，因藉人力，开通漕渠，量事计功，易可成就。已令工匠，巡历渠道，观地理之宜，审终久之义，一得开凿，万代无毁。可使官及私家，方舟巨舫，晨昏漕运，沿泝不停，旬日之功，堪省亿万。诚知时当炎暑，动致疲勤，然不有暂劳，安能永逸，宣告人庶，知朕意焉"①。从诏书所言，隋代开凿运河主要是解决租粮运输上的困难，所言"兴利除害，公私之弊"就是说的这个问题。经过周密的测算，"旬日之功，堪省亿万"，确实是一件费小利大，国家和私人都可受益的好事，不论在财政上还是在推动社会经济发展中都是值得肯定的。

开皇四年（584 年），隋文帝令营新都副监宇文恺挂帅，带领水工开凿大兴城至潼关的运河，本年完成。"引渭水自大兴城东至潼关，三百余里，名曰广通渠后。"② 此渠开通后，关东州县的租调可以从黄河入渭水，顺利地到达京城，省去了路运之苦。《隋书》卷 24 的《食货志》云："诸州调物，每岁河南自潼关，河北自蒲坂，达于京师。"这充分体现了广通渠的作用，不仅使运输有了便利的条件，而且节省了费用，缩短了时间。从此，广通渠"转运通利，关内赖之"，成为关内与关外的经济动脉。

（二）大兴屯田

为了解决边境驻军的粮食转运给国家财政造成的巨大费用，隋代又在沿边地区实行了屯田。开皇时，在北面沿长城一线开始屯田，如朔州（今山西朔

---

① 《隋书》卷 24，《食货志》。
② 《隋书》卷 24，《食货志》。

县）总管赵仲卿，率领广大士兵，“于长城以北，大兴屯田，以实塞下”[①]。在西面边界，也有大量的屯田。《隋书》卷24的《食货志》云：“又于河西，勒百姓立堡营田。”河西的屯田，由于面积大，除了士兵屯田外，还实行了民屯。所谓“立堡营田”，就是以军队的形式进行编制，以某军事城堡为中心，在周围地区实行屯田。当时，在这些地区经营屯田，虽然经常遭到突厥的袭击和干扰，但还是坚持不弃。如《隋书》卷53的《贺娄子榦传》云：“高祖以陇西频被寇掠，甚患之。彼俗不设村坞，勑子榦勒民为堡，营田积谷，以备不虞。”后来因突厥出没无常，子榦建议这一带的屯田由聚集式改为分散经营，高祖从之。可见，即使在突厥的干扰下，屯田还是取得了不小成绩，边地的军粮基本上得到了保证。《隋书》卷24的《食货志》讲到在河西立堡营田，“积谷京师”。“积谷京师”，并不是把边地屯田收获的粮食运到京师积存，而是说从此省去了从长安向边地长途运粮的事，把国家原来支出的军粮原封不动地积存在京师，也即节省了军费开支。总之，隋代通过开凿运河和大兴屯田，节省了大量的财政开支，国家成功地解决了财政调拨中存在的问题。

六、推行节俭政策，严禁贪污浪费

隋代政府在财政改革中，除调整社会利益分配外，还推行了财政节俭政策。国家采取了省军费、省官费等一系列措施，对财政的好转起到了一定的作用。

（一）改革府兵的供给制

隋代在开皇十年（590年）以前，由于全部实行的是北周的府兵制度，军费开支是十分浩大的。开皇十年府兵制改革后，实行了兵农合一制度。士兵由于受田，服兵役期间的费用国家不再负担，分别由每个士兵来自备。如作战用的刀、枪等兵器、衣服、粮食都由个人负责，只有一些大的设置如车、马等由国家准备。这样一来，国家财政支出的军费就大大减少。

（二）精减机构，减少官府费用

官府费用也是国家财政的一个重要支出项目。隋初，官僚机构繁多，正如《隋书》卷46的《杨尚希传》所指出的，“当今郡县，倍多于古，或地无百里，数县并置；或户不满千，二郡分领”。针对这一情况，隋文帝于开皇三年（583年），大刀阔斧地精减官府机构，“于是遂罢天下诸郡”，将原来的郡、

① 《隋书》卷24，《食货志》。

州、县三级制改为州、县两级制。在省去郡一级行政机构的同时，隋文帝又并省了不少州县，至开皇九年（589 年）平陈之后，全国才有三百个州。这在中国封建社会来说，作为专制主义中央集权，机构确实够精简的了。机构的大量并省，自然减少了官府费用的开支。

（三）减少冗官，降低官俸支出

隋初，官职沿袭北齐、北周旧制，不仅官府机构繁多，而且官吏队伍庞大和冗滥。开皇三年（583 年），隋文帝针对当时“十羊九牧”的情况，与并省州县一起，减少冗官人数。首先废除以前州郡僚佐由州县长官自己随便辟用的制度，取消了刺史、郡守署用僚佐的权力。规定地方政权机构的僚佐由中央来任免，即六品以下的官不能由刺史辟用，全由吏部任命。《通典）卷 14 的《选举典》之《历代制》记载：“当时之制，尚书举其大者，侍郎铨其小者，则六品以下官吏，咸吏部所掌。自是，海内一命以上之官，州郡无复辟署矣。”经过这些改革，隋代官吏虽然比前代大为减少，但办事效率却明显提高，国家财政支出又大大节省。

（四）推行节俭政策

隋代推行节俭政策，在中国封建社会中是比较突出的。《隋书》卷 24 的《食货志》记载：“隋文帝既平江表，天下大同，躬先俭约，以事府帑。”不仅文帝一人带头节俭，而且六宫之中亦然，“帝既躬履俭约，六宫咸服浣濯之衣，乘舆供御有故敝者，随令补用，皆不改作。非享燕之事，所食不过一肉而已。有司曾进干姜，以布袋贮之，帝用为伤费，大加谴责。后进香，复以毡袋，因笞所司，以为后诫焉。由是内外率职，府帑充实”。历史记载难免有谀美之词，但这决非乌有，有不少确实是有一定根据的。如当时身为重臣的苏威等人，睡帐上的挂钩和衣服上的纽扣等都用骨、铁，而不用金银等贵金属。《隋书·高祖纪下》云，当时“上下化之，开皇、仁寿之间，丈夫不衣绫绮，而无金玉之饰，常服率多布帛，装带不过以铜铁骨角而已”。以后陆续发掘的隋代墓葬也比较简陋，一般的官员都没有过多的随葬品，这与政府推行节俭政策是密切相关的。隋代的节俭政策主要推行在开皇年间，这一阶段时间虽然不长，但对隋代国家的财政却起到了很大的作用。因为隋文帝推行节俭政策的目的是“以事府帑”，使国家财政充实。而且实行的效果也很好，达到了“府帑充实”的目的，使得百官的禄赐及大臣的奖赏皆出于丰厚。关于这一点，顾炎武就明确地加以肯定，指出："汉隋两文帝，皆以简朴富其国"[①]。由此不难看出节俭政策对国家财政好转的重要性。

（五）惩治贪污

隋文帝在推行节俭政策的同时，又展开了打击和惩治官吏贪污腐败的运动。开皇十六年（596 年），发现合川官仓的粟少了七千石，隋文帝立即下令调查此事，查到盗窃者是主管仓库的官吏，隋文帝下令处斩此人，并"没其家为奴婢，鬻粟以填之"[②]。为了防止官吏的贪污腐败，隋文帝制定了许多严厉的制度，以期达到防患于未然的目的。《隋书》卷 24 的《刑法志》记载了许多这一方面的内容，如规定"盗边粮者，一升以上皆死，家口没官"。在官府若"盗一钱弃市"，而且不揭发者也同盗者一样处以严刑，"取一钱已上，闻见不告言者，坐至死"。对官吏贪污腐败的严厉打击，致使上下恐慌，内外震惊，由此可见惩治之严厉。隋文帝这种政策虽然有些过激，但主导思想是正确的。官吏的贪污腐败是国家财政亏空的一大原因，穷了国家，富了个人主要是由此造成的。总之，隋文帝时期为了国家财政的好转所实行的改革府兵供给制、精减官府机构、减汰冗官、推行节俭和打击贪污等措施，都从不同方面对国家财政起到了促进作用。

七、改革货币与度量衡，稳定商品市场

由于隋初货币不统一，给平抑物价带来很多困难，于是隋代政府又对货币与度量衡进行了改革。

北朝因长期分裂，割据政权自成一统，使货币极其紊乱。《隋书）卷 24 的《食货志》云：北齐神武帝时，沿用东魏的永安五铢钱，自迁邺以后，"百姓私铸，体制渐别，遂各以为名。有雍州青赤，梁州生厚、紧钱、吉钱，河阳生涩、天柱、赤牵之称。冀州之北，钱皆不行，交贸者皆以绢布"。虽然神武帝曾统一过货币，但"未几之间，渐复细薄，奸伪竞起"。文宣帝即位后，改铸常平五铢，然"至乾明、皇成之间，往往私铸。邺中用钱，有赤热、青熟、细眉、赤生之异。河南用钱，有青薄铅锡之别。青、齐、徐、兖、梁、豫州，辈类各殊。……至于齐亡，卒不能禁"。北周武帝保定年间，虽更铸布泉之钱，与五铢并行，但"梁、益之境，又杂用古钱交易。河西诸郡，或用西域金银之

① 顾炎武：《日知录集解》卷 22。

② 《隋书》卷 25，《刑法志》。

钱，而官不禁”。建德时，更铸五行大布钱，与布泉钱并行。又因私铸渐多，布泉以渐贱而人不用废之。从齐平以后，“山东之人，犹杂用齐氏旧钱”。因为各种钱大小轻重不一，精良伪劣不等，对商品交换极为不利，同时也使平抑物价难以开展，因此，隋文帝既受周禅，就开始了改革货币的工作。《隋书·食货志》记载，国家首先制定和铸造统一新币在全国颁行。隋代新铸的五铢钱，“背面肉好，皆有周郭，……而重如其文。每钱一千，重四斤二两”。新币制定后，“诏四面诸关，各付百钱为样，从关外来，勘样相似，然后得过，样不同者，即坏以为铜，入官”。诏下之后，原来的旧钱一律禁止使用，有“仍依旧不禁者，县令夺半年禄”。开皇五年（585 年），又“严其制”，“自是钱货始一，所在流布，百姓便之”。其次，严禁私铸。隋代的货币皆由国家来铸造，开皇十年（590 年）诏晋王杨广于扬州立五炉铸钱。十八年（598 年）又诏汉王杨谅于并州立五炉铸钱，因江南人间钱少，又诏晋王杨广增置十炉。同时，还诏蜀王秀于益州立五炉铸钱，全国共有二十炉。官铸外，私人铸钱严加禁止，如开皇十年（590 年），发现奸猾之徒磨滤国家五铢钱廓，取铜铸钱，文帝立即下禁私铸之令。为了杜绝私铸，“诏乃禁出锡蜡之处，并不得有采取”，这一办法保证了国家货币的质量。最后，严禁恶劣之钱入市。开皇四年（584 年），发现“私铸之钱，不可禁约”，于是“下恶钱之禁。京师及诸州邸肆之上，皆令立榜，置样为准，不中样者，不入于市”。开皇十八年（598 年），文帝再次下令有司，“括天下邸肆现钱，非官铸者，皆毁之，其铜入官。而京师以恶钱贸易，为吏所执，有死者。数年之间，私铸颇息”。隋政府禁止恶钱，不仅保证了国家货币的面值，而且又从流通渠道禁止了私铸，使国家的货币长期使用而不贬值。事实证明，隋代统一货币取得了很好的效果。

在改革货币的同时，隋代还统一了度量衡。隋初接受北朝的分裂局面，非但货币不一，而且度量衡也各异。如《隋书》卷 16 的《律历上》云：“梁法尺，实比晋前尺一尺七厘；表尺实比前尺一尺二分二厘一毫有奇。魏尺比晋前尺一尺四分七厘。晋后尺，实比晋前尺一尺六分二厘。后魏前尺，实比晋前尺一尺二寸七厘。不仅每种尺的长短不一，而且量器与衡器也如此。为了平抑物价，利于国家财税，隋文帝开皇年间对大小轻重不同的度量衡单位进行了改革，规定以古尺一尺二寸为一尺，以古斗三升为一升，以古秤三斤为一斤[1]。新的度量衡制定后，推行天下，其余的标准一律禁用。如冀州刺史赵煚，在其

---

① 《隋书》卷 76，《律历志上》。

管辖的州内，“为铜斗铁尺，置之于肆，百姓便之。上闻而喜焉，颁告天下，以为常法”①。铜斗铁尺是制作的标准器，常置于肆，可以使人人知晓，监督执行，是一个行之有效的好办法，因而受到隋文帝的嘉奖而推广于天下。隋代开皇年间的度量衡到后来仍然得到实行，如唐代的度量衡标准，就是沿隋开皇时的制度而来的。总的来看，隋代改革货币和度量衡两件事都是比较成功的，对平抑物价和稳定国家财政起到了积极的作用。

综上所述，隋文帝的财政改革是比较细致和全面的，这些改革都是以财政为手段，从不同的渠道和方面调解社会集团的利益分配关系，以此来解决隋代所存在的各种社会矛盾，使经济基础和上层建筑、生产关系和生产力更好地相适应，达到提高生产力，推动社会经济发展的目的。隋文帝时的财政改革与战国时期的财政改革不同，战国时期的财政改革是新旧制度的更替，而隋代的财政改革是一种社会制度的自我完善，所以它不像秦国财政改革那样轰轰烈烈，斗争也不尖锐。但完善一个新制度也不是件十分容易的事，同样需要深入细致地改革。因为经济基础和上层建筑、生产关系和生产力之间的矛盾不仅存在于新旧社会的交替之际，同样也存在于一种社会制度之中，仍需要不断地从财政方面加以改革和调整各种关系，促进生产力的不断发展，否则社会就无法前进。所以，不论是新旧社会交替时期的财政改革还是一种社会制度不断完善中的财政改革，都具有同等的意义。由此看来，隋代的财政改革虽然属于自我完善的性质，但仍然十分重要，尤其是它在中国封建社会中所处的承上启下的地位，使这次财政改革的意义更显得与众不同。

第三节 财政改革的成就与评说

隋代文帝时期财政改革的效果，突出反映在生产力的提高、社会经济的发展和国家财政的充盈。这些都有利于各种社会矛盾的调解与缓和。

一、社会生产力发展水平显著提高

隋代财政改革中的一系列措施，从不同的方面、不同的程度保护和提高了

---

① 《隋书》卷46，《赵煚传》。

社会生产力。如均田制的改革，使以前“强弱相凌，恃势侵夺，富有连畛亘陌，贫无立锥之地”的土地兼并得到了缓解，在土地占有上使广大农民有一定的土地从事农业生产，不至于因失去土地而成为浮客游民，从而保证了社会生产力的发展。又如赋役制度的改革，政府减轻了农民的租税负担，使广大农民焕发了劳动积极性，在原有的基础上扩大再生产，农民自身的生产能力得到加强。特别是徭役年限的减少和“输庸停防”制度的实行，减轻了封建政府对广大农民的束缚和奴役，这对生产力是一个极大的解放。这里还需要指出隋文帝长期的、大面积的和全国性的赋税蠲免，也是对社会生产力的一个有力的保护。隋代政府实行的大索貌阅，也使国家的户口空前增加。另外，仓廪制度的完善，节俭政策的推行以及开运河、兴屯田等改革措施，也对发展和提高生产力有着促进作用。因此，隋代文帝时的财政改革最显著的一条就是提高了社会生产力发展的水平。

首先，生产力的提高反映在国家户口的飞速发展。隋初有户共六百九十万左右。《通典》卷 7 的《历代盛衰户口》注云：“后周静帝末授隋禅，有户三百五十九万九千六百四。”这是北周大象中（579—580 年）的户口数，北齐的户口数不包括在内。北齐为周师所灭，“有户三百三万二千五百二十八，口二千万六千八百八十”。《资治通鉴》卷 173 记载北周灭北齐是公元 577 年，云此年北齐行台、州、镇除雍州行台傅伏和营州刺史高宝宁未受降外，“其余皆入於周。凡得州五十，郡一百六十二，县三百八十，户三百三万二千五百”。这两处记载户数基本相同，北周原有户数加上北齐的户数共为六百九十万二千一百三十二。之后，经过大索貌阅、输籍定样等历次检括，户口不断增加。开皇九年（589 年），统一全国，得南陈“户五十万”[①]，隋代户数又增加到七百四十万二千一百三十二。文献记载与这一数字大致相同，如《通典》卷 3 的《食货三》记载：“苏威奏置五百家乡正，令理人间词讼。李德林以为本废乡官判事，为其里闾亲识，剖断不平；今令乡正专理五百家，恐为害更甚。且今时吏部总选人物，天下不过数百县，於六七百万户内铨简数百县令，犹不能称材；犹欲一乡之内选一人，能理五百家者，必恐不得”。李德林在奏书中提到今天下不过数百县，六七百万户，这是隋代此年的总户数。《资治通鉴》卷 177 载此事为开皇九年内。由此可知，七百四十余万是开皇九年（589 年）的户数。另外，《新唐书》卷 4 的《高宗纪》记载，永徽三年（652 年），唐高宗问户部

① 《通典》卷 7，《历代盛衰户口》。

尚书高履行去年进户多少，履行奏称进户总十五万。高宗又问隋时有多少户，今见有多少户，履行奏曰："隋开皇中，有户八百七十万"。这一记载没有明言开皇九年，只言开皇中，开皇共二十年，开皇中当为开皇十年，也是平陈之后，可知所言也是开皇九年至十年前后的事。由此看来，隋开皇九年国家的总户数在七百至八百万左右。之后，一直保持上升的发展趋势，至隋大业五年总户数应为九百零七万五千七百九十一。

纵观隋以前历代户口的发展趋势，除两汉的总户数超过隋代以外，其余都不（历代盛衰户口）能与隋代相比。《通典》卷7的《历代盛衰户口》记载：曹魏时，"通计户九十四万三千四百二十三，口五百三十七万二千八百八十一，除平蜀所得，当时魏氏唯有户六十六万三千四百二十三，口有四百四十三万二千八百八十一"。西晋太康年间，"编户二百四十五万九千八百四，口千六百一十六万三千八百六十三，此晋之极盛。太康倍而余矣"（原注：按晋武帝太康元年平吴后，大凡户二百四十五万九千八百，口千六百一十六万三千八百六十三，今云倍而有余者，是其盛时，则户有至五百余万矣）。北齐为周师所灭，"有户三百三万二千五百二十八，口二千万六千八百八十"。后周大象中，"有户三百五十九万，口九百万九千六百四"。隋开皇中，"有户八百七十万"。

以上是三国至隋开皇时中国封建社会户口发展变化的历史轨迹，其中隋代的户口最多，它显示了隋代社会生产力发展的速度之快和水平之高。

其次，隋代生产力的提高还体现在土地开垦数量的剧增。《通典》卷2的《田制下》云："开皇九年，任垦田千九百四十万四卷千二百六十七顷。"（原注：隋开皇中，户总八百九十万七千五百三十六，按定垦数每户合垦田二顷余也）这是隋代开皇时期国家土地开垦的情况。与历代垦田数相比，隋代的垦田数量是最高的。《通典》卷1的《田制上》记载：西汉平帝元始二年（公元2年），"定垦田八百二十七万五百三十顷，盖纪汉盛时之数"（原注：元始二年，户一千二百二十三万三千，每户合得田六十七亩百四十六步有奇）。东汉顺帝建康元年（114）"定垦田六百八十九万六千二百七十一顷五十六亩九十四步"（原注：据建康元年户九百九十四万六千九百九十，每户合得田七十亩有奇）。隋以前的垦田数皆超不过隋代，隋之后唐代的垦田数也没有隋代多。如唐天宝中，"应受田一千四百三十万三千八百六十二顷十三亩"（原注：按十四年有户八百九十万余计，定垦之数每户合一顷六十余亩。至建中初，分遣黜分遣黜陟使按比垦田田数，都得百十余万顷）。由此可知，隋代的垦田数是唐以前历代垦田最高的，每户平均垦田也是最多的，这是不可否认的历史事实。

最后，从隋代手工业技术的提高也能充分说明生产力的发展。手工业技术中桥梁的建造和船舶的制造尤为古今中外所关注。如中国历史上著名的安济桥就建造于隋开皇十五年（595年）安济桥不仅是世界上现存最古的石拱桥，而且在石拱桥中是一个伟大的创新，在国内外久负盛名，在世界桥梁史上有着崇高的地位。此桥所采用的半圆扁拱，在欧洲一直到18世纪还没有达到安济桥的标准。又如大拱两侧加小拱这种结构形式，国外到19世纪中叶才正式出现，晚于安济桥一千二百余年，所以它被认为是世界敞肩拱的首创。隋代的造船技术也是非常显著的。开皇九年平陈，杨素在永安所造五牙大楼船，船上起楼五层，有百余尺之高，前后左右并高五十尺，可容战士八百人。

以上不论从隋代户口的剧增，垦田面积的扩大，还是各种手工业技术的进步，都充分说明了隋代财政改革后生产力明显的提高和发展。

二、社会经济呈现繁荣趋势

由于财政改革调整了利益分配，刺激了人们的劳动积极性，从而促进了社会经济的发展与繁荣。农业经济方面，由于广大农民的土地占有情况比北周、北齐大为好转，从而使众多的劳动力与土地紧密结合起来，积极地投入农业生产。如开皇年间的道州“男子相助耕耘，妇人相从纺绩”[①]。不仅道州州，而且陇西郡、天水郡、金城郡、上党郡、长平郡、河间郡、博陵郡、清河郡、恒山郡、赵郡、彭城郡、豫章郡、南康郡、鄱阳郡、庐陵郡、九江郡等也与此相同，人们无不勤于耕稼，土地开辟达到了地尽其力、人无遗力的程度。《隋书·地理志》云：“其邑居道路，山河沟洫，沙碛咸卤，丘陵阡陌，皆不预焉。”除此，农田水利也极为普及，其中著名的工程有：开皇二年（582年），开河渠引杜阳水於三畤原，“溉舄卤之地数千顷，民赖其利”。开皇四年（584年），以于仲文和郭衍主持开凿大兴城至潼渠，共三百余里，既能供水运，又能浇灌耕地。“关内赖之，名曰富民渠。”在蒲州修建引瀵水工程，“立堤防，开稻田千顷”。在寿州修芍陂，“更开三十六门，灌田五千余顷”。在怀州决沁水，使其东注，名曰利民渠，又引入温县，凿温润渠，“以溉舄卤，民赖其利”。由于广大农民的辛勤劳动和农业设施的改善，隋代的亩产量大为提高，据蒙文通先生《中国历代农产量的扩大》一文可知，隋代亩产量为四石，由此可知隋代农业经济发展的水平。隋代工商业经济的发展与农业经济相比更加引

① 《隋书》卷73，《公孙景茂传》。

人注目。手工业方面，不论官府手工业还是私营手工业都具有一定的规模和较高的生产技术。隋文帝即位后，就非常重视官营手工业的发展，“于时王业初基，百度伊始，征天下工匠，纤微之巧，无不毕集；（苏）孝慈总其事，世以为能”①。定州、相州、青州（今河北、山东一带）、吴中、豫章、蜀郡是民间的纺织中心。《隋书》卷29的《地理志上》记载，相州丝织品“特云精妙，士女被服，咸奢丽相高。”齐州“织作冰纨绮绣纯丽之物，号为冠带衣履天下”蜀郡、资阳等郡，“人多工巧，绫锦雕镂之妙，殆侔於上国”。河北郡的磁县和河南郡的巩县是隋代民间瓷器的重要产地，所产的青瓷和白瓷都是非常闻名的。隋代青瓷的烧造在北朝的基础上有了进一步的发展。由于选料的精细，捏练技术的提高，瓷土得到较好的溶解，使隋代的青瓷胎体较薄，可塑性和耐火性加强。尤其是白瓷的改进，是隋代制瓷业的突出成就。白瓷原料中普遍含有铁的成分，因铁的氧化物在结构上或分量上的不同而使釉色各异。隋代已掌握了如何把胎料和釉料的铁成分提炼出来，控制在一定的比例之内，从而烧成色调比较稳定的白瓷。雕版印刷的发明，更是隋代手工业发展进步的象征。明人胡应麟曾引陆深的话：“隋文帝开皇十三年十二月八日，敕废像遗经，悉令雕板，此印书之始。据斯说则印书实自隋朝始。……雕本肇自隋时，行于唐世，扩于五代，精于宋人。此余参酌诸家，确然可信者也”②。除此，隋代的造酒业、制盐业、造纸业等等都取得了辉煌的成就。

隋代与手工业相互映辉的还有商业的繁盛。西京长安城是隋代最繁华的商业中心之一。这里因“王都所在”，“华戎杂错”，王侯富商，聚集于此，商业非常繁荣。城内设有东西二市，东为都会市，西为利民市，市内人物繁众，货堆如山。居民“去农从商，争朝夕之利，游手为事，竟锥刀之末”③。东都洛阳是隋代的第二个商业中心。唐人杜宝所撰《大业杂记》记载：洛阳城周回七十三里一百五十步，城内有三个大市，东曰丰都市，南曰大同市，北曰通远市。“丰都市周八里，通门十二，其内一百二十行，三千余市，宇齐平，遥望如一，榆柳交荫，通渠相注。市四壁有四百余店，重楼延阁，互相临映，招致商旅，珍奇山积。通远市，二十门，分路入市，市东合漕渠，市周六里，其内郡国舟船，舳万计”。大同市，周四里，繁荣程度不亚于丰都市和通远市。除此，隋

① 《隋书》卷46，《苏孝慈传》。

② 《少室山房笔丛》卷4。

③ 《隋书》卷29，《地理志上》。

代地方商业也欣欣向荣，如《隋书·地理志》所载：蜀郡，“水陆所凑，货殖所萃，盖一都之会也”。太原“人物殷阜”。丹阳，“市廛列肆，埒於二京”。京口，“东通吴、会，南接江、湖，西连都邑，亦一都会也”。宣城、毗陵、吴郡、会稽、余杭、东阳，“数郡川泽沃衍，有海陆之饶，珍异所聚，故商贾并凑”。豫章，俗同吴中，“衣冠之人，多有数妇，暴面市廛，竞分铢以给其夫”。商业的繁荣不亚于宣城、余杭诸郡。南海与交趾，“各一都会也，并所处近海，……故商贾至者，多取富焉”。荆州，“四民昌阜”[①]。蔡州“商旅殷繁”[②]。处于西北边远地带的张掖，成为与诸胡商互市的中心都会，“西域诸蕃，往来相继”[③]。隋代除京城和各地区中心大都会以外县也，各州有大小不等的集市。这说明隋代的商业经济是很发达的，不仅中心区域商贾云集，地方上的市肆也人物殷阜，至于商业和贸易活动就不必多言了。由以上三个方面可知，财政改革对隋代社会经济的促进作用是很大的。

三、财政振兴达到前所未有的程度

隋代经过财政改革之后，国家财政与南北朝相比有了显著的改观。其突出之处有两个方面：一是国家财政制度由南北朝长期分离混乱之后逐步稳定和健全起来，并对唐以后封建国家财政体制的模式有较大影响。二是国家财政收入急剧增加，其殷富程度在中国封建社会实属罕见，空前绝后，成为古今中外所关注的一个热点问题。

隋代的财政体制是在南北朝战时财政制度上逐步健全起来的。魏晋南北朝时期，由于政局动荡，财政体制多属临时性质，所以多不完备。魏文帝时，置度支尚书掌军国支计。吴国有户部，晋设度支，各主算计。南朝至宋齐时，财政制度才日渐增补，在度支尚书下置度支、金部、仓部、起部四曹。北朝后魏设度支掌财政，北齐时度支下发展到六曹。隋代在财政改革中，对以前的财政制度进行整理改革，变战时财政制度为固定财政制度，建立健全了中国封建社会中古世纪的财政管理制度。隋代最高的官职是宰相，以内史省和门下省长官为之，总领军国大事。

在宰相制度下，设置财政管理机构，由六部中度支负责。度支下设度支、

---

① 《隋张寿墓志铭》，转引自王仲荦《隋唐五代史》，上海人民出版社，1988 年，第 31 页。

② 《隋段济墓志》，转引自王仲荦《隋唐五代史》，上海人民出版社，1988 年，第 31 页。

③ 《隋书）卷 24，《食货志》。

仓部、左户、右户、金部、库部六曹。度支掌计会事役粮库等事，仓部掌诸仓出入等事，左户掌天下户账、户籍等事，右户掌天下公私田亩租调等事，金部掌权衡度量及诸库藏文账等事，库部掌戎仗器用等事。除度支六部外，又设立九寺，其中与财政管理有关的有司农寺和太府寺。司农寺掌仓储委积之事，太府寺掌财货廪藏贸易之事。司农寺下设上林署、太仓署、钩盾署、导官署、太仓署、典农署、平准署、廪市署、华林署等，太府寺下设两京诸市署、左藏署、右藏署、常平署等等。司农寺诸署分别掌苑囿、园池所入，廪藏、薪炭等事；太府寺诸署分管财货交易，钱帛杂彩，金玉珠宝所藏，仓储谷粟之粜。仓储制度在隋代也有很大的发展，不仅有正仓，受纳租税，出给官禄；还有转运仓，用于全国租税的转运放存；太仓，以供皇室、诸司官厨和诸司公粮、军饷、赈贷；军仓，用于军事地区的军粮供给；常平仓，用于粮食的配籴，赊粜；义仓，用于贮存储备赈灾济荒所用谷粟。特别是义仓，是隋代的首创。从上可知，隋代财政改革之后，国家财政体制得到了巩固和健全，成为隋唐之后封建国家财政管理体制的主体模式，这是隋代财政改革促使国家财政好转的一个重要表现。

隋代财政好转的第二个方面表现为国家积蓄的异常充盈。隋代国家积蓄由亏转盈，显示于开皇五年（585 年），《隋书》卷 24 的《食货志》云："时百姓承平日久，虽数遭水旱，而户口岁增。诸州调物，每岁河南自潼关，河北自蒲坂，达于京师，相属于路，昼夜不绝者数月。"至开皇十二年（592 年），国家积蓄愈加丰裕，达到了充溢的程度。此年，"有司上言，库藏皆满。帝曰：'朕既薄赋於人，又大经赐用，何得尔也？'对曰：'用处常出，纳处常入。略计每年赐用，至数百万段，曾无减损。'於是乃更辟左藏之院，构屋以受之[①]。文帝因此下诏指出：'既富而教，方知廉耻，宁积於人，无藏府库，河北、河东今年田租，三分减一，兵减半，功调全免'"[②]。整个开皇年间，国家的仓库无不谷帛盈积，"西京太仓，东京含嘉仓、洛口仓，华州永丰仓，陕州太原仓，储米粟多者千万石，少者不减数百万石。天下义仓，又皆充满"[③]。以上诸仓中，含嘉仓是东都洛阳最大的一个粮仓，据发掘报告得知，此仓已发现的粮窖有 259 个，大窖可储存粟米一万数千石，小窖也可储粮数千石。其中一个仓内还

① 《隋书》卷 24，《食货志》。
② 《隋书》卷 24，《食货志》。
③ 《通典》卷 7，《丁中条》。

留存有炭化了的小米五十万斤，可见含嘉仓的规模之大，蓄粮之多。洛口仓也在东都洛阳附近（即河南巩县东北），此仓仓城周回二十余里，“穿三千窖，窖容八千石”。《资治通鉴》卷186载：武德元年，李密“开洛口仓散米，无防守典当者，又无文券，取之者随意多少；或离仓之后，力不能致，委弃衢路，自仓城至郭门，米厚数寸，为车马所践；群盗来就食者并家属近百万口，无瓮盎，织荆筐淘米，洛水两岸十里之间，望之皆如白沙”。《元和郡县图志》卷6的《河南道二》记载，太原仓在陕县西南四里，隋开皇二年（582年）置，“今仓实中，周回六里”。开皇五年（585年），关中连年遇旱，帝命“司农丞王亶发广通之粟三百万石，以拯关中”①。这说明广通仓所存的粟也不是小数，一次发粟之数达三百万石，可知所存之多。

不但中央仓廪积蓄如此充盈，而且地方仓库的存粮也相当可观，如河东郡积蓄。《资治通鉴》卷186记载，武德元年（618年），隋将尧君素守河东，李渊遣兵攻之。君素谓将士云：“今城池甚固，仓储丰备。”《资治通鉴》卷183云：义宁元年（617年），李世民劝李渊起兵，讲到：“且晋阳士马精强，宫监蓄积巨万，以兹举事，何患无成”。还有位于边地的朔州积蓄，《资治通鉴》卷183云：义宁元年（617年），郡人刘武周，为鹰扬府校尉，起兵反隋，宣言：“今仓粟烂积，谁能与我共取之”。洛阳至长安途中的弘农宫积蓄，《隋书》卷70的《杨玄感传》云：“宫城空虚，又多积粟”。涿州临朔宫，“城中仓库山积”。还有涿州城的积蓄，《隋书》卷65的《李景传》云：“粟帛山积”。由此可知，隋代中央和地方的财政积蓄是何等的殷实丰厚。隋开皇时的财政积蓄，尽管隋炀帝时期伐高丽，通西域，甚至大肆挥霍，但到隋代末年仍然用之不完。如贞观二年（628年），黄门侍郎王珪对唐太宗说：隋代“比至末。直到贞观十一年，天下储积可供五十年”②。隋代遗留下来的积蓄还用之不尽。《资治通鉴》卷195曰：“隋贮洛口仓而李密因之，东都积布而世充资之，西京府库亦为国家之用，至今未尽。”看来，隋人薛道衡所言隋开皇时“薄赋轻徭，务农重谷，仓廪有红腐之积，黎荫无阻饥之虑”是值得相信的。

后人对隋代的财政积蓄之多长期惊叹不已。唐人杜佑《通典》卷7的《丁中条》注云：隋氏“资储遍于天下”，其富庶程度“魏晋以降之未有”。元人马端临《文献通考》卷23的《国用考一》云：“古今称国计之富者，莫如隋，

---

① 《隋书》卷24，《食货志》。

② 《资治通鉴》卷192。

然考之史传，则未见其有以为富国之术也。盖周之时，酒有榷，盐池盐井有禁，入市有税；至开皇三年，调绢一匹者减为二丈，役丁十二番者减为二十日，……继而开皇九年，以江表初平，给复十年，自余诸州，并免当年租税。十年，以宇内无事，益宽徭役，百姓年五十者输庸代役；十二年，诏河北河东……田租三分减一，兵减半功，调全免。则其于赋税复阔略如此。”马端临认为，古今国之富者皆不如隋，但隋代罢周时酒榷、盐禁和市税，又减轻调绢和番役，国家财政收入唯仰赋税而已，而且，隋文帝时又大面积经常性地减免赋税，国家的财政为什么还能如此宽绰？是否国家的财政支出比一般朝代少？事实并不是这样。马端临又说：“文帝受禅之初，即营新都徙居之，继而平陈，又继而讨江南岭表之反侧者，则此十余年之间，营缮征伐，未尝废也。史称帝于赏赐有功并无所爱，平陈凯旋，因行庆赏，自门外夹道列布帛之积，达于南郭，以次颁给，所费三百余万段，则又未尝啬于财用也。”收入常有减免，庆赏未尝啬于财用，理应入不敷出，但却如此殷富，是什么原因呢？马端临百思不解其缘，感叹道：“夫既非苛赋敛以取财，且时有征役以糜财，而赏赐复不吝财，则宜用度之空匮也，因此，隋代而何以殷富如此，史求其说而不可得”①。

财政积蓄的殷富成为千古之谜，是后人一直探讨的课题。有人认为是隋代的重租政策造成的，但事实上隋代并没有实行过重租政策，政府对农民的课征要比南北朝轻得多。如《资治通鉴》卷175讲到隋“州县吏多称职，百姓富庶”。还有些人认为是隋文帝爱财而不恤百姓，致使财货囤积如山。但实际也非如此，隋代蠲免赋税的事情多不胜举，在封建社会历代蠲免中平均次数最多，时间最长，面积最大，赈济工作在文献中也比比皆是。那么，富庶的原因到底在哪里？就在于隋代的财政改革。财政改革解决了上层建筑和经济基础之间的矛盾，生产关系和生产力之间的矛盾，极大地提高和发展了生产力，生产力的提高是国家财政殷富的根本原因。

四、社会形势平稳安定

隋文帝时期财政改革之后，由于减轻了租调徭役，给广大劳动人民带来一定的好处。所以，阶级矛盾比起南北朝时期有了明显的缓和。《隋书》卷2的《高祖纪下》记载仁寿三年的诏书：“方今区宇一家，烟火万里，百姓乂安，四

---

① 《文献通考》卷23，《国用考一》。

夷宾服。”隋文帝所言并非自我吹嘘，这种阶级矛盾缓和，政治形势安定的局面在历史上是存在的，因而得到许多政治家和史学家的承认。唐人魏征在评价隋文帝时期的政治时说：“七德既敷，九歌已洽，要荒咸暨，尉候无警。於是躬节俭，平徭赋，仓廪实，法令行，君子咸乐其生，小人各安其业，强无陵弱，众不暴寡，人物殷阜，朝野欢娱。二十年间，天下无事，区宇之内晏如也。”① 魏征是隋末唐初之人，又是一个尊重事实的政治家，他的话是值得相信的。而且，这样的评价都有据可寻。如《隋书·地理志》所记载的各地情况，冯翊、扶风、安定、北地、上郡、陇西、天水、金城等郡，“无复寇盗也”。蜀郡、汉中等郡，“则女勤作业，而士多自闲”。江都、豫章、庐陵等郡，“俗少争论，而尚歌舞”。除此，阶级矛盾缓和的事实还从犯罪的情况得到证明。如柳俭任蓬州刺史十年，“狱无系囚”。刘旷任平乡令七年，“狱中无系囚，争论绝息，囹圄生草，庭可张罗”②。总之，不论从各郡县农民乐其生、安其业，还是从犯罪人员剧减，都说明魏征的话是可信的，隋文帝时期阶级矛盾的缓和是不可否认的。当然，隋代阶级矛盾的缓和主要指隋文帝开皇年间，而非整个隋代都是如此。隋文帝时期阶级矛盾的缓和也是相对的，而且是与南北朝时期阶级矛盾异常尖锐激化相比较而得出的结论。由于隋代封建政权是代表地主阶级根本利益的，这就决定了这次财政改革不会抛弃剥削阶级的利益。所以，阶级矛盾的缓和是有限度的，在改革的初期效果比较明显，但到后期就逐渐逊色了。所以，中国封建政府的财政改革只能缓和阶级矛盾而不能从根本上解决阶级矛盾，这是由其社会和政权性质所决定的。隋文帝时期的财政改革使阶级矛盾得到缓和，民族矛盾也发生转变。如对西南诸少数民族，隋代在财政改革中，改变了南朝原来“收其赕物，以裨国用”的制度，并禁止各级官吏对他们的横征暴敛。从此，缓和了隋与西南诸民族的矛盾，友好关系日益加深。如隋文帝派遣专人前去这些地区，“大弘恩信”，“为建城邑，开设学校”，传授医学，治疗疾病。西南蛮、俚、獠“相率归附”，仅獠人“前后归附者十余万口”。除此，其他少数民族与隋王朝的关系也得到了很大的改善。综上可知，隋文帝时期的财政改革的效果和作用是很显著的。它使隋代的生产力得到了明显的提高，社会经济有了长足的发展，国家财政极度地充实，阶级矛盾很快缓和，民族关系空前友好，因此成为南北朝以来第一个繁荣昌盛，“寰宇统一”，

① 《隋书》卷2，《高祖纪下》。
② 《隋书》卷73，《循吏传》。

“甲兵强锐”，“风行万里，威动殊俗”的封建帝国。

经过财政改革后既富且强的隋代，自隋炀帝即位以后仅十余年的时间就灭亡了。对这个问题我们要作具体的分析。隋代的灭亡，原因不在于财政改革，而在于隋炀帝时期的暴力统治。隋炀帝即位后，依仗着隋文帝时期所积蓄的雄厚财力、物力，迁京都、开运河、数下江南、征突厥、打高丽、用兵吐谷浑，徭役征派异常繁重。由此使统治阶级内部的矛盾愈来愈烈，曾经缓和的阶级矛盾又重新加剧，从而导致了隋代封建政权的崩溃。所以，隋代的速亡与隋文帝时期的财政改革是没有关系的。

第六章

唐代中叶的财政改革

唐代的财政改革主要发生在中期（即安史之乱以后的代宗、德宗至宪宗统治期间），因为这一时期是唐代政治、经济、军事等制度的转折点。唐前期百余年间，各种制度基本上沿用隋制，虽然期间也有不少改进，但却没有太大的变化，只是对隋代的各种制度进一步完善。唐代的财政改革，严格来讲是从唐中期开始的。

第一节 唐代中叶出现的各种社会问题

唐代是中国古代历史上最繁荣强盛的一个封建王朝，特别是唐代前期，政治安定，经济发展，威震四方，举世闻名，百余年间，相继出现了“贞观之治”和“开元之治”两个盛世。然而，就在这繁荣昌盛的背后，唐代的各种社会矛盾、经济危机和财政问题也不断地由小变大，日益突出起来，到唐玄宗末年全面爆发，成为唐代中叶财政改革的直接原因。

一、分配不公引起的阶级矛盾及民族矛盾

唐代中叶政治方面的各种矛盾，最大的是地主阶级与农民阶级之间的矛盾。

唐代的阶级矛盾从唐代前期就开始萌发。唐太宗时期，封建国家的赋税负担虽然比较轻，但徭役却逐渐繁重。贞观十一年（637 年），“供官徭役，道路

相继，兄去弟还，首尾不绝。远者往来五六千里，春秋冬夏，略无休息”[①]。从唐高宗和武则天时期开始，不仅徭役不减，同时又加重了农民的赋税，贫苦百姓在统治阶级的双重压迫下，“家道悉破，或至逃亡，剔屋卖田，人不为售，内顾生计，四壁皆空。重以官典侵渔，因事而起，取其髓脑，曾无心愧。修筑城池，缮造兵甲，州县役使，十倍军机。官司不矜，期之必取，枷杖之下，痛切肌肤。……人不复业，则相率为盗”[②]。由于统治阶级的剥削和压迫，农民反抗斗争长期不断，贞观初期，长江一带的农民反抗斗争影响颇大，史言“江中‘盗贼’劫掠，为商旅之弊”[③]，贞观晚年，剑南、湘州一带农民又举行武装反抗。至唐高宗永徽四年（653 年），睦州地区爆发了陈硕贞领导的农民大起义，农民踊跃参加，队伍达好几万人，相继攻克了桐庐、睦州、於潜、歙州、婺州等州县，声势浩大。琼州地区的起义斗争自乾封年间开始，历时长达一百多年之久，直到唐德宗时才被统治阶级镇压下去。永淳年间，绥州的农民起义又掀浪潮。武则天统治时期，虽然没有再爆发大型的农民起义，但农民斗争的火焰遍及各地，如今四川一带的蓬、渠、果、合、遂等州，农民和逃户“结为光火大贼，依凭林险，巢穴其中。若以甲兵捕之，则鸟散山谷，如州县怠慢，则劫杀公行。比来访问，有人说逃在其中者，攻城劫县，徒众日多”[④]。又如在岭南的始安等地，有欧阳倩所领导的起义军，“拥徒数万”。唐中宗时期，宣州爆发了钟大臣领导的起义军，各地农民纷纷前往参加，影响极远。开元天宝年间虽然出现了唐代的盛世，但广大农民受压迫和受剥削的程度却没减轻。封建政府不仅巧取，而且豪夺，利用变造、租庸脚士、浸渍折估等方法，千方百计地榨取民脂民膏。因此，在开元盛世的背后，阶级斗争并没有停止。《册府元龟》卷 385 的《立功》记载，萧子嵩起义，攻入相州；京兆权梁山起义，攻掠宫城；刘志诚起义，自醴泉进攻长安。除此，浙东还爆发了吴令光领导的较大规模的农民起义，攻占了许多沿海州县。

安史之乱后，封建政府处于非常时期，经费入不敷出，封建国家更加重了对广大劳动人民的搜刮和掠夺，“耕夫困于军旅，蚕妇病于馈饷”。统治者对南方江淮一带农民的剥削更加残酷，“靡室靡家，皆籍其谷；无衣无褐，亦调其

---

① 《贞观政要》卷 6，《论奢纵》。

② 《旧唐书》卷 89，《狄仁杰传》。

③ 《册府元龟》卷 695，《屏盗》。

④ 《陈子昂集》卷 8，《上蜀川安危事三条》。

庸”[①]，农民全家死绝，租庸都不得免除，还要让其亲邻交纳。租庸使元载，因为“江、淮虽经兵荒，其民比诸道犹有资产，乃按籍举八年租调之违负及逋逃者，计其大数而征之，择豪吏为县令而督之。不问负之有无，资之高下，查民有粟帛者，发徒围之，籍其所有而中分之，甚者什取八九，谓之白著。有不服者，严刑以威之，民有蓄谷十斛者，则重足以待命，或相聚山泽为‘群盗’，州县不能制”[②]。因此，阶级矛盾更加激化，很快在江南爆发了前所未有的农民大起义，即浙东袁晁起义与方清、陈庄的起义斗争。袁晁起义于宝应元年（726 年），不仅浙东当地的数万贫苦百姓蜂拥而至，而且江西、皖南等地的农民也起来响应，“连结郡县，积众二十万，尽有浙江之地”[③]。不久，在浙西、江西、宣歙三道交界地又爆发了以方清、陈庄为首的一支较大的农民起义军，“连陷江西州县”。除以上两次大规模的农民起义外，小型的农民起义遍布各地。由上可知，在唐代贞观之治和开元之治的繁荣盛世之下隐藏着深刻而尖锐的阶级矛盾，而且不断地激化和爆发，成为唐代政权一个很大的威胁。阶级矛盾为什么会不断地加剧和白热化？主要是因为利益分配不公。广大农民整年辛勤劳动，得到的却寥寥无几，劳动所获绝大部分被封建国家和豪强地主所掠夺与瓜分，使农民阶级和地主阶级形成了贫富悬殊的严重对立。确实如诗人杜甫所说的，“朱门酒肉臭，路有冻死骨”。要解决利益分配如此不公的现象，不从财政改革入手是无济于事的。

唐中叶的政治危机除阶级矛盾外还有民族之间的矛盾。当时处于今西藏和四川西部一带的吐蕃强盛起来，与唐政府产生了尖锐的矛盾，双方为争取西域地区展开了激烈的斗争。早在咸享元（670 年），吐蕃攻陷西域，白州等一十八州皆陷，唐政府被迫罢安西四镇。之后，双方战争不止，高宗时发生了著名的“大非川之役”和“青海之役”，唐将薛仁贵和刘审礼均为吐蕃所败，伤亡惨重。唐玄宗开元十年（722 年），吐蕃为争夺西域，与唐政权爆发了“小勃律之役”；开元十五年（727 年），吐蕃陷瓜州（今甘肃安西东南），河西节度使王战死；开元十七年（729 年），唐与吐蕃又发生了“石堡城之役”。唐玄宗时期，由于唐与吐蕃矛盾斗争始终不断，唐制定了防秋制度，调动了大量的兵力屯驻西北防线，“兵连不解，日费千金，河西陇右，由兹困敝”[④]。安史之乱爆

① 《全唐文》卷 414，《刘晏宣慰河南淮南制》。

② 《资治通鉴》卷 222，《肃宗皇帝下之下》。

③ 《旧唐书》卷 152，《王栖曜传》。

④ 《资治通鉴》卷 122，唐纪二十九。

发后，唐政府为讨安禄山，将西北边军调回内地，吐蕃“乘我间隙，日蹙边城，……堙没者数十州”[①]。破大震关，长驱直入，攻陷长安，唐代宗逃往陕州，郭子仪到商州收兵数千人，击走吐蕃，收回京城。吐蕃屯兵原、会、成、渭一带，与唐政府相峙，从此唐代河西陇右之地全为吐蕃所有。唐政府在与吐蕃斗争的同时，还与回纥、南诏等民族存在着矛盾冲突。开元年间，回纥截断安西各地通往长安的道路，安史之乱后，唐政府向其求援，回纥因相助收复两京之功，四处抢掠，横行州县。唐代宗时，回纥又与吐蕃联合，攻掠唐奉天、凤翔、同州等地，矛盾不解又加。

日益强大的南诏也与唐政府之间产生了矛盾冲突。天宝时，因云南太守张虔陀和剑南节度使鲜于修礼对南诏无礼，多有征求，成为双方矛盾斗争的导火线。天宝九载（750年），南诏起兵杀张虔陀，鲜于修礼次年率军进攻南诏，被打得大败，死者六万人。南诏还西连吐蕃抗唐，天宝十一载（752年）杨国忠继续调集天下兵马十余万伐南诏，士兵死者不计其数。天宝十二年（753年），剑南留后侍御史李宓又与南诏战于大和城北，唐全军覆没，天下骚然。两战“凡举二十万众，弃之死地，只轮不还”[②]。从此，南诏与唐政府断绝关系，臣服于吐蕃。

总之，唐中叶财政改革前夕，民族矛盾不仅长期存在，而且不时激化，特别是与突厥、吐蕃之间的矛盾尤烈。民族矛盾的加剧，不仅使唐王朝失掉了许多财税来源地，财政收入明显减少，而且又加大了财政开支，造成内外困弊的局面，进一步加重了统治者改革财政的紧迫感。

二、军事制度的变化对国家财政的影响

唐中叶军事制度方面出现的问题，一是由于府兵制的破坏，巨额军费转为中央负担；二是募兵制建立后，中央和地方的权力之争越演越烈。唐代前期，军事上承袭隋代的府兵制，府兵制的一个最大特点，是与均田制结合在一起，所征点的府兵实际上就是均田制上的农民，他们三时农耕，一时教战，完全是“兵农合一”。由于府兵都受有土地，所以凡上番服役的士兵所用武器和粮饷“皆自备”，国家财政上所开支的军费大为减少。

从唐高宗、武则天以后，府兵制度却遭到破坏。其原因主要有四个方面：

---

① 《旧唐书》卷196上，《吐蕃传上》。

② 《旧唐书》卷106，《杨国忠传》。

一是均田制的破坏。唐代均田制的破坏从高宗、武则天时就已开始，豪强兼并，农民失业，至开元天宝时期，均田制已名存实。失掉耕地的农民逃亡外出，使府兵制的兵源发生了问题，甚至“宿卫之数不给。”二是府兵兵士的负担太重。被征点的士兵，须自备粮饷器械，这对有耕地的农民来说负担已经够重了，失去土地的农民就更承担不起。府兵除服役时本人免租调外，不服役时的租调和家中其他成员的租调要照常交纳，由于广大农民无法承受沉重的负担，只好离乡背井，四处逃亡。三是府兵士兵遭受奴役和凌辱，至唐玄宗时更加严重。《新唐书》卷50的《兵志》曰：“卫佐悉以假人为僮奴，京师人耻之，至相骂辱，必曰侍官。”征戍的士兵比起宿卫的府兵来受奴役更甚，“山东戍卒，多赍缯帛自随，边将诱之，寄于府库，昼则苦役，夜絷地牢，利其死者而没入其财。故自天宝以来，山东戍卒还者十无二三”①。四是府兵戍边长期得不到代替，一去就长期被滞留，老死边境。府兵制至此已被彻底破坏。天宝八载（749年），“折冲府至无兵可交，李林甫遂请停上下鱼书。其后徒有兵额官吏，而戎器驮马锅幕糗粮并废矣”。由于兵士耗散，唐政府不得不改行募兵制。开元十一年（723年），张说建议宿卫兵士改为招募，共募得十二万人，号称“长从宿卫”。不久，边防士兵也改为招募，开元二十年（737年）规定：“自今以后，诸军镇量闲剧利害，置兵防健儿，于诸色征行人内及客中招募取丁壮，情愿充健儿长住边军者，每府兵年加常例给赐，兼给永年优复”②。府兵制改为募兵制以后，士兵的粮饷和器械及一切开支都由政府供给，这就给唐中后期国家财政提出了一个严峻的问题，面对这个问题，原来的财政制度就不能不进行变动和改革。

唐代府兵制改为募兵制以后，军队的性质发生了变化，部队成为专业性质，士兵从各色人等中招募而来，长驻边防不再更替，故宿卫士兵称“长从宿卫”，戍边士兵号“长征健儿”。士兵“家口情愿同去者，至军州，各给田地屋宅”③。自天宝以后，士兵“皆成父子之军，不习农桑之业”④。与此同时，军队将帅节度使的任命也由临时性改为长期性，由于士兵长住军中，由将帅长期统率，无复更代，所以形成了地方割据势力，这就是唐中叶的藩镇。

节度使的任务本来主要是备边，军事和政事是分开的，但由于当时边防形

① 《文献通考》卷151，《兵制》。
② 《唐六典》卷5，《尚书兵部》。
③ 《唐六典》卷5，《尚书兵部》。
④ 《唐大诏令集》卷65，《叙用勋旧武臣德音》。

势紧张，各种大权日渐集中在节度使之手。节度使驻地的军事、政治、经济、财政等都由节度使来处置，原来用于备边的军事组织变成了地方最高一级政府。到唐玄宗时期，节度使的权力更大，如安禄山“持节充平卢节度使，度支、营田、陆运、捍（押）两番渤海黑水等四府经略、处置，平卢军摄御史大夫，管内采访、处置等使”①。以后，安禄山又兼领范阳、河东、平卢三镇节度使。地方势力恶性膨胀，与中央权力形成尖锐的矛盾，至唐玄宗天宝十四载(755年)，终于爆发了历史上著名的“安史之乱”。安史之乱以后，唐中央集权的力量急剧减弱，方镇的势力愈来愈强，原来在军事上“内重外轻”的局面不复存在，新出现的是“外重内轻”。方镇控制的地盘不断扩大，“大者连州十余，小者犹兼三四”②。而且在控制的地区，“既有其土地，又有其人民，又有其甲兵，又有其财赋”③，所谓有其土地、人民、甲兵、财赋，是指方镇完全控制了所辖范围内的田亩、户口和赋税，中央政府不得插手。从此以后，方镇与中央政府的分离程度日益加大，根本不听从中央的命令和调遣，他们“各招合遗孽，治兵缮邑，部下各数万劲兵。文武将吏，擅自署置，贡赋不入于朝廷，虽称藩臣，实非王臣也”④。此时方镇的数量比原来也大为增加。唐代安史之乱以前，方镇主要设置在边郡，安史之乱后，内地也开始设置节度使。于是藩镇棋布，列镇相望，甚至长安附近的同、华二州也设置了节度使。由于方镇的数量增多，权力加大，地盘扩张，安史之乱并非是中央与地方势力斗争的终结，而是百余年双方矛盾斗争的序幕。肃、代以后，地方藩镇各自为政，不听中央诏令，相继反叛，称王称帝，中央与地方势力的矛盾斗争愈演愈烈。

中央与藩镇的斗争，不仅仅是政治权力的斗争，而且是中央财权和地方财权的激烈争夺。藩镇将自己势力范围内的土地、人口、财赋都占为己有，不上缴中央，使国家财政遭受了惨重的损失。为了改变地方财权脱离中央的局面，处理好中央财权与地方财权的关系，不改革原来的财政制度是绝对不行的。

三、社会经济变化出现的诸多问题

唐初到唐中叶百余年间，随着政治方面诸矛盾的滋长，社会经济也发生了许多变化，使得现行的财政制度无法继续执行。

---

① 姚汝能：《安禄山事迹》卷上。

② 《新唐书》卷50，《兵志》。

③ 《新唐书》卷50，《兵志》。

④ 《旧唐书》卷143，《李怀仙传》。

均田制的破坏和庄园制的形成是唐中叶社会经济的第一大变化。唐代安史之乱以前，国有性质的均田制度占主要地位，均田制是国家把无主荒田按照不同等级、年龄、身份的人授给数量不等的土地，使农民耕种以收取租税，只准耕种不准买卖。唐代均田制度下各类人受田并不是按人头平均分配，规定官人的永业田最多达一百顷，而一般农民为丁男者只能得一顷，其他的人受田更少。但就规定的一百亩来说，也只是一个最高限额，实际上很少有人达到。规定的一百亩，其中八十亩为口分田，用来交纳租税，二十亩为永业田，用来维持农民的生活。就八十亩口分田来看，农民往往也受不够，在均田制下农民受田不足的现象始终存在，特别是从高宗、武后开始至唐玄宗开元天宝年间，农民受田不足的问题越来越突出，这已在敦煌文书中得到了充分的证明。P3877号和S514号敦煌残卷所载的19户，就有17户受田不够，受田最少者为10%，一般为40%左右。

农民受田不足的原因是多方面的，但其中最重要的一条也是促使均田制彻底破坏的直接原因乃是土地兼并。如开元末年，玄宗下诏指出："天下百姓口分、永业田，频有处分，不许买卖典贴，如闻尚未能断，贫人失业，豪富兼并。宜更申明处分，切令禁止"①。天宝十一载（752年）诏书又曰："王公百官及富豪之家，比置庄田，恣行吞并，莫惧章程。借荒者皆有熟田，因之侵夺；置牧者唯指山谷，不限多少。爰及口分永业，违法卖买，或改籍书，或云典贴，致令百姓，无处安置。乃别停客户，使其佃食。既夺居人之业，实在浮惰之端，远近皆然，因循亦久。"② 禁止土地兼并的诏书，虽然只能是一纸空文，并不能解决根本的问题，但却充分说明了唐代的土地兼并到唐玄宗时的异常激烈。正如杜佑所言："开元之际，天宝以来，法令弛坏，兼并之弊，有逾于汉成、哀之间。"③

随着均田制的破坏，以私有性质为主的庄园制逐渐形成。庄园，在唐前期就已出现，不过当时的庄园还不占主导地位，只是国有土地中的一个补充部分。到唐玄宗开元天宝前后，庄园才大量出现，如唐中宗时，太平公主"田园遍于近甸膏腴"④。唐玄宗时，李憕在伊川"水陆上田，修竹茂树，自城及阙

① 《册府元龟》卷495，《田制》。
② 《册府元龟》卷495，《田制》。
③ 《册府元龟》卷495，《田制》。
④ 《旧唐书》卷183，《武承嗣传附太平公主传》。

口，别业相望"，竟与吏部侍郎李彭年被人称"皆有地癖[1]"。就连一般的地主也拥有一定的田庄，如相州王叟，"庄宅尤广"[2]。

安史之乱后，庄园经济更得到充分发展，数量和规模都远远超过以前。如在长安城南，"膏腴别墅，连疆接畛，凡数十所"[3]。所以，仅《太平广记》一书中所见到的唐代田庄就多不胜举。至此，庄园成为一种土地制度占据了主导地位，国家以国有土地为主变成了以私有土地为主。在私有土地制度下，社会各阶层土地占有情况发生了很大的变化，这就是杨炎所指出的"田亩转移，非旧额也"。原来建立在均田制这种国有土地制度之上的租税制度租庸调不能再实行了，必须根据土地占有的新变化建立一套新的租税制度。

均田制的破坏致使农民破产，逃户流民日趋严重是唐中叶社会经济第二大变化。唐代从高宗、武后时就出现了逃户流客问题。《唐会要》卷85的《逃户》记载：武后证圣年间，"天下之人，流散非一"。到武则天统治的后期，逃户问题已达到了非常严重的程度，"天下户口，亡逃过半"[4]。唐中宗即位后，由于统治集团内部的斗争，对流民逃户问题听之任之，所以到唐玄宗即位时，逃户和流客的情况更甚于前，"或因人而止，或佣力自资，怀土之思空盈，返本之途莫遂"[5]。开元九年（721年），唐玄宗命宇文融括检户口，一次就括得流客八十余万户[6]。虽然从贞观初年到天宝末年，唐代的户口是持续发展的，但并不能否定逃户流民的存在和与日俱增。因为国家所掌握的户口都是在册数字，逃户流民虽然离开了原来的州县，但官府为了征其租税并没有取消他们的户籍，而且在新的地方又以客户的名目出现。况且，地方官吏为了突出自己的政绩，往往在户口上面做文章，人去户存，虚报的现象十分普遍。特别是安史之乱以后，国家的户口逃亡现象达到了不可收拾的地步，如天宝末年有户九百余万，至肃宗乾元三年（760年）只剩一百九十三万三千一百七十四户[7]，国家户口减少了四分之三以上。损失的原因虽然与战争伤亡有关，但主要的原因还是户口逃亡。

唐代户口的流亡转死，与唐代前期的租税制度发生了无法弥补的矛盾。唐

① 《旧唐书》卷187下，《李憕传》。
② 《太平广记》卷165，《王叟》。
③ 《旧唐书》卷118，《元载传》。
④ 《唐会要》卷85，《逃户》。
⑤ 《唐大诏令集》卷111，《置劝农使安抚户口诏》。
⑥ 《通典》卷7，《历代盛衰户口》。
⑦ 《通典》卷7，《历代盛衰户口》。

代前期的租庸调制，征收租税是以人丁为本的，如《册府元龟》卷445的《邦计部》记载："每丁岁入粟二石"。唐代赋役中除租按丁征收外，庸也变成按丁征收了，唐德宗时陆贽指出租庸调"有田则有租，有家则有调，有身则有庸"[①]。这里所说的"田"其实是指"丁"，即丁男所受的田。由于唐代户口的流亡转移，作为租庸调征收对象的"人丁"发生了很大的变化，造成了唐代前期的租庸调制无法再推行的事实。

户口隐漏流移造成户籍和户等的混乱是唐中叶社会经济的第三大变化。唐代的户籍在贞观年间管理比较严格，中央要求一年一造计账，三年一造户籍。但是从高宗、武后时起，由于逃户流民日益增加，户籍制度也逐渐遭到破坏，逃走的人口户籍不削，迁来的户口不报于官府。特别是依附于地主豪强的逃户，更成为隐漏之户，国家根本无从控制，此乃其一。其二是客户增加，主户减少。杜佑在《通典》卷7《丁中条》记载隋代的"浮客"时注云："浮客，谓避公税，依强豪作佃家也。"唐代的客户与此大致相同，除少数官僚地主寄住他乡称客户外，大部分是逃亡的农民。由于逃亡户口的众多，无法使其重返原籍，政府只好承认这种既成事实，将其列为客户，从此户籍中有主户和客户之分。国家规定主户要按规定向国家交纳赋税，而客户只向佃主交纳地租，不再向国家交租调，由于主户负担加重，客户相对减轻，更促使客户数量增加。其三是不课户与课户管理的混乱。唐代规定贵族、官僚、孝子、顺孙、义夫、节妇以及鳏寡孤独、笃疾废疾为不课户，其余为课户。由于管理松弛，许多没有身份的地主富室和豪强大族为了躲避租税，运用各种手段篡改户籍，成为不课户。同时，大批破产逃亡农民荫附地主大族以后也成了不课户。随着户籍制度的破坏，课户不断减少，不课户日益增多。

《旧唐书）记载天宝十三年（754年），总户数为9619254户，其中课户为5301044户，不课户为3886504户；总人口为52880488，其中课口为7662800，不课口为45218480。又如《通典》卷7的《历代盛衰户口》记载，乾元三年（760年），国家总户数为1933174，其中课户数为758582，不课户数为1174593；总人口为16990386，其中课口为2370799，不课口为14619587。从此不难看出户口制度破坏之程度。

与此同时，户等也发生了新的变化。唐初的户分为三等，到贞观时又分为九等。户等的划分是为了征收户税和征派徭役，户等高者户税多，反之则少。

① 《新唐书》卷52，《食货志二》。

但是随着均田制的破坏，原来占有土地的户现在失去了土地，有资产的变成没有资产，原来占地少的户通过购买和兼并使土地多了起来。由于资产的变动，富者变成了穷者，而穷者也可能变成富者，豪强地主有的家道破落，一般的户可能会家道中兴，但户等却不能随之改变。特别是安史之乱后，封建政府只变动户税额，但户等却依旧不变或者不能同步改变。除此，官僚地主和富商大贾为了逃避户税，勾结官吏，行施贿赂，降低户等。又采用析产的办法，把资产化整为零，使资产总值表面减少，以达到户等下降。由于以上的原因，唐代户等自安史之乱后日趋混乱。

户籍和户等的混乱，严重地影响了国家赋税的征收。因为不课户和客户的迅速增长，使国家的租调收入减少了许多。户等的混乱不实，不仅使户税收入受到损失，而且会发生种种不合理的现象，引发出政治方面的问题来。那么要想解决这些问题，就必须废除原来那些不再与新情况相适应的财政制度。

唐代中后期社会经济中还有一个大的变化是经济重心的南移。从南北朝开始，随着北方人口的大量南迁，南方的社会经济迅速得到发展。隋朝统一全国后，也很注意发展南方的经济，特别是隋炀帝开凿大运河，对江南地区社会经济的发展更是一个很大的促进，南方社会经济发展的程度和生产力发展的程度皆远高于北方。而北方在唐代安史之乱后，北方长期处于分裂动乱状态，经济受到严重破坏，在这种情况下，从唐中后期，中国社会经济的重心已转移到了江南地区。经济重心的南移，带来了唐代封建国家财政重心的南移，唐前期每年需要漕粮不过一二十万石，到开元天宝时，每年却需要漕粮达 200 余万石，安史之乱以后，“赋之所出，江淮居多”①，封建政府的财政收入 80% 要靠江南的租赋。

财政重心南移必然带来财政调拨问题，如何将南方的财赋转运到唐代的政治中心长安和洛阳？只有通过运河漕运。在唐中后期，漕运成为中央财政的头等大事，运河成了唐中央的财政命脉。但唐代的漕运却存在着许多问题：一是风险大，特别是途经三门峡，水急路险，漕船经常翻覆。二是费时间，由于黄河、淮河、长江、钱塘江四大水系处在不同的气候和地理环境中，再加上运途遥远，从江南来的漕船起程时正是雨水多河水涨的时节，漕船多有滞留。但等进入黄河时却成了黄河枯水季节，漕船搁浅无法行进。三是费劳力，漕运租粮要调动大量的劳动力，运夫充役不但无报酬，而且沿路损耗还要他们补偿，运

① 《旧唐书》卷 123，《第五琦传》。

夫越来越难以征派。四是损失大，租粮经过长途转运，装卸无常，一石至京最多有八九斗。五是费用高，当时有用斗钱运斗米的说法，看来费用是相当高的。在经济重心南移的情况下，要保证封建国家的财政收入，就必须解决财政调拨问题，要解决财政调拨，必须改革漕运。

从上可知，唐代中叶社会经济发展变化中出现的诸问题，也给唐代封建政府的财政提出了新的要求，已到了不改不行的时候。

四、入不敷出的国家财政危机

随着政治、军事、经济诸方面矛盾的加剧，唐代封建国家财政本身的危机也相继暴露。

财政上最大的危机是中央财权和地方财权的矛盾。唐代安史之乱后，各地的节度使（即藩镇）与中央分庭抗礼，不仅政治上形成了独立，而且财政上也形成了独立。方镇的财政权力，一是对本地区屯田营田收入的控制。这些土地和赋税本来属于中央财政的一部分，直接属中央管理，地方政府是无权干涉的，但后来各地节度使多带度支、营田使职务，营田和屯田收入也完全控制在节度使手里，中央无法干预。二是对所辖地区赋税的控制。所谓赋税，除田租外，还包括庸、调、地税、户税等，凡是封建国家原来在这里征收的所有田赋税款全归方镇所有。如河北藩镇田承嗣，在本镇“计户口之众寡，而老弱事耕稼，丁壮从征役，……户版不籍于天府，税赋不入于朝[①]。成德镇李宝臣，“意在以土地传付子孙”，不禀朝旨，自补官吏，不输王赋[②]。卢龙镇节度使李怀仙，“贡赋不入于朝廷”[③]。不仅河北、山东等与中央闹独立的节度使自擅财赋，内地的节度使也同样如此，如汴州节度使李灵曜，“据汴州，公私财赋，一皆遏绝”[④]。徐州节度使李光弼，“欲收江、淮租赋以自给”[⑤]。三是方镇通过各种渠道和手段积蓄钱谷。如天宝年间，安禄山“潜遣贾胡行诸道，岁输财百万”[⑥]。淄青节度使李正已，“货市渤海名马，岁岁不绝，……最称强大”。各地方镇不仅分割中央财政中屯田、租赋等权力，而且还截留中央从江南运往长

---

① 《旧唐书》卷141，《田承嗣传》。
② 《旧唐书》卷142，《李宝臣传》。
③ 《旧唐书》卷143，《李怀仙传》。
④ 《旧唐书》卷120，《郭子仪传》。
⑤ 《旧唐书》卷110，《李光弼传》。
⑥ 《新唐书》卷225上，《安禄山传》。

安与洛阳的租赋，致使“江、淮进奏舡千余只，泊涡下，不敢过”[1]。由此观之，地方财权的势力越来越大，已达到中央无法控制的地步。

由于地方财权的扩张和膨胀，唐中后期财政上出现了地方富足而中央空虚的局面。如成德镇，“以七州自给，军用殷积”[2]。宣武节度使韩弘，“有私钱百万贯，粟三百万斛，马七千匹，兵械称足”[3]。相反，中央财源越来越少，最后只剩下江南八道上缴赋税，“每岁县赋入倚办，止于浙西、浙东、宣歙、淮南、江西、鄂岳、福建、湖南等道，合四十州，一百四十四万户，比量天宝供税之户，四分有一”[4]。中央财政收入比天宝时减少了近一半。

中央财政入不敷出日益严重。由于均田制的破坏，户口流亡，客户和不课户的增加，租庸调制的无法实行，中央财权被地方分割等原因，中央财政收入越来越少，但财政支出却日益增加。

1. 皇室费用

皇室费用从高宗、武后以降，奢侈之风越来越重。武则天当国，大兴土木，修明堂高294尺，方300尺，凡3层，“饰以珠玉，涂以丹青，铁鷟入云，金龙隐雾”，豪华壮丽至极。唐中宗时，安乐公主造昆明池，“穷天下之壮丽”，用百鸟毛织成的裙子，两条价值一千缗。特别是到了唐玄宗时，奢侈腐败之风更加盛行。其宠妾杨贵妃的姊妹韩国夫人、虢国夫人及秦国夫人，“出入宫掖，并承恩泽，势倾天下”。府第唯恐不为第一，“竞修第舍，极其壮丽，一堂之费，运输千万”。天宝十年（751年），唐玄宗命有司为安禄山在长安治第，“勅令但穷壮丽，不限财力”，府第建成后，连厨厩里的物品都是用金银做成。唐玄宗本人的生活也骄奢淫逸，挥霍无度。天宝九年（750年），贵戚们向他献食，他命宦官姚思艺为检校进食使，献上的水陆珍奇食品数千盘，一盘之费就是中人十家之产。玄宗每次出游，杨氏三家跟随，仆从车马阻塞于路。杨氏每家各一队，穿一色衣服，车上镶嵌珠玉，黄金装饰马具，耗费之大实为惊人。杨贵妃的奢侈更甚于唐玄宗，宫中专为她织锦刺绣的工匠就多达700人，为她雕镂器物的人有数百人。史载：“帝在位久，妃御服玩，脂泽之费日奢，而横与别赐不绝，于时重取于左右藏，鉷（王鉷）迎帝旨侈。岁进钱巨亿万，

① 《旧唐书》卷152，《张万福传》。
② 《旧唐书》卷142，《李宝臣传》。
③ 《旧唐书》卷165，《殷侑传》。
④ 《唐会要》卷84，《户口数杂录》。

储禁中以为岁租外物，供天子私帑。”[①] 唐肃宗时，奢风不减，每次宴饮，都要演奏龟兹、疏勒、高昌、天竺等各种乐曲。在车上施棚阁，饰彩缯，为山林之状；缚竹木造船，涂以金碧，往来宫廷内外；又出宫人舞霓裳羽衣，教舞马百匹，衔杯上寿；引犀象人场，或拜或舞，极尽享乐之事。据蔡次薛先生估计，皇室各项费用每年实际支出 100 万缗以上[②]。

2. 官俸支出

唐代贞观六年（632 年），官吏数量“凡文武定员六百四十有二而已”[③]。从武则天开始，官僚队伍迅速膨胀，《通典》卷 19 的《职官一》记载：“天授二年，凡举人无贤不肖，咸加推拜”，当时谚曰：“补阙连车载，拾遗平斗量，把追侍御史，腕脱校书郎。到神龙年间，“又置员外官二千余人”，吏部侍郎李峤，欲曲行私惠，求名悦众，冀此重居相位，“乃奏请大置员外官，多引用势家亲识，……官员倍多，府库由是减耗”。逮于景龙年间，“官纪大紊，复有斜封无坐处之诵兴焉”。当时太平、安乐、长宁、宜城诸公主，皇后陆氏妹郕国夫人，李氏妹崇国夫人，昭容上官氏与其母沛国夫人郑氏，上官柴氏、贺娄氏及陇西夫人赵氏，“皆叙用亲识，亦多猥滥，或出自臧获，或由于屠贩，多因赂货，累居荣秩，咸能别於侧门降墨敕斜封以授焉。由于“政出多门，迁除甚众，自宰相至於内外员外官及左右台御史，多者则数踰十倍，皆无厅事可以处之。故时人谓之三无坐处，谓宰相御史及员外官也”。所以，到了唐中期，唐代内外文武官员总数达“一万八千八百五员”[④]，比贞观时增加了 3 倍，官员既多，费用自大。而且唐代的官俸是很高的，“正一品，米七百石，钱六千八百；从一品，米六百石；……正九品，米五十七石，钱一千三百；从九品，米五十二石[⑤]。这是每月的俸禄，正一品至正九品平均每个官每月的禄米 84 石；每年为 1008 石；钱每月平均为 900 贯，每年为 10800 贯，唐代每年支出官俸米就要达 18955440 石，钱为 1175094000 贯。到了唐代宗大历年间，官俸又有增加，权臣月俸九千贯，刺史皆一千贯，郭子仪月俸二万缗。可知唐代的官俸支出到代、德时期更加多，从正一品俸钱六千增至九千贯来看，此间官俸总支出又增长了三分之一。

---

① 《古今图书集成》卷 242，《国用部上》。
② 蔡次薛：《隋唐五代财政史》，中国财政经济出版社，1990 年，第 147 页。
③ 《通典》卷 19，《职官一》。
④ 《通典》卷 19，《历代官制要略》。
⑤ 《通典》卷 19，《历代官制要略》。

3. 军费支出

唐代从开元时实行募兵制以后，不仅军费战费全由中央财政支出，而且军队的数量比贞观时又有所增加，开元十一年（723 年），兵部尚书张说简点京兆、蒲、同、岐、华等州长从宿卫达 20 万人，岑仲勉先生统计天宝元年各镇边兵数为 49 万[①]，全国宿卫兵加上边兵总计 69 万。因此，唐玄宗时军费开支数额巨大。《通典》卷 48 的《兵》云："开元初，每岁边费约用钱二百万贯。开元末已至一千万贯，天宝末更加四五百万矣。"安史之乱以后，由于战事频仍，军队数量又急剧增长，军费也随之增加，中央财政仅军费这一项就难筹集。《资治通鉴》卷 232 云："大省州县官员，收其禄以给战士，……怨嗟盈路。"[②]《新唐书·食货志》记载："官司所储，唯给军食，凶荒不遑赈救。"

军费为正常的财政开支，战费是军费之外的又一批巨大支出。虽然安史之乱后节度使在财政上独立，但中央调其军队作战，军粮和战费全要由中央财政支出。正如《二十二史答记》卷 20 云："诸方镇各擅土地赋税，足以养军，乃朝廷用之讨叛，则一出本境，即须朝廷给以衣粮，此国力之所以困于兵也。"事实正是如此，建中时，"凡诸道军出境，仰给于度支，谓之食出界粮，月费钱一百三十万贯"[③]。贞元九年（793 年）奏："京师经费及关内外征讨士马，月须米盐五十三万石，钱六十万贯，草三百八十三万围。"[④] 调动方镇的军队不仅要供给战费，还要酒肉劳赏钱，稍不如意，则聚兵而叛。《新唐书·食货志》云："是时，诸道讨贼，兵在外者，度支给出界粮，每军以台省官一人为粮料使，主供亿。士卒出境，则给酒肉，一卒出境，兼三人之费，将士利之，逾境而屯。"这样下去，战费开支就更加惊人了，仅供馈钱每月 130 余万贯，一年就是 1560 万贯，相当于建中初年税钱和盐利的总数。所以，府兵制变为募兵制以后，军费和战费成了中央财政难以解决的问题。

4. 赏赐支出

唐代统治者的赏赐是多种多样的，而且数字甚巨。有宴会赏赐，如天宝十三载（754 年），玄宗"御跃龙殿门张乐宴群臣，赐右相绢一千五百疋，彩罗三百疋，彩绫五百疋；左相绢三百疋，彩罗绫各五十疋，余三品八十疋，四品

① 岑仲勉：《隋唐史》（上册），中华书局，1982 年，第 238 页。

② 《资治通鉴》卷 232，唐纪四十八。

③ 《古今图书集成》卷 242，《食货典》。

④ 《古今图书集成》卷 242，《食货典》。

五品六十疋，六品七品四十疋，极欢而罢”[①]，当时京内有七千多官吏，按照品级赏赐，其所费之大是可想而知的。这种赏赐到后来形成了一种定制，德宗时下诏曰：“在京宗室，每年三节，宜集百官列宴会，若大选集，赐钱一百千，非大选集，钱三分减一”[②]。有巡幸赏赐，如唐玄宗巡幸东都，所有随从官，亲王赐物 80 匹，一品 60 匹，三品 50 匹，四品 30 匹，六品 25 匹，七品 20 匹，八品九品 10 段[③]。另外，还有劳军赏赐，典礼赏赐，登基赏赐，节日赏赐，诸司赏赐，示恩赏赐，怀柔赏赐等等，名目繁多，不胜枚举。众多的赏赐，也是唐代封建政府财政的一大包袱。

5. 迷信支出

唐代佛道盛行，寺观林立，据《长安志》所载，仅京城寺观就多达三四十座。特别是武则天时期，寺观建设达到了顶峰，大足元年（701 年）在洛阳营造白马寺，营造竟达 170 万余贯，若人给一千，可救济 17 万户。唐中宗景龙三年（709 年），“营造寺观，其数极多，皆务取宏精，兢崇环丽。大则耗费百十万，小则尚用三五十万，略计都用资财，动至千万以上”[④]。屡兴佛寺，致使公私交困，财力不支，左拾遗辛替否曾发出“十分天下之财而佛有七八，陛下何有之矣”的感叹[⑤]。唐睿宗景云年间，又大倡道教，为给金仙、玉贞二公主祈福，营造金仙、玉贞二观，使“太府之帛为殚，太仓之粟不支”。唐代宗大历二年（767 年）命在五台山建金阁寺，铸铜涂金为瓦，所费钜亿。在长安造章敬寺，穷极侈丽，致使都市木材不足为用。唐代皇室的迷信活动还有祀祭宗庙，封禅祀天，营建墓地等等，这也需要不少的费用。就以上所举来看，唐代中叶统治阶级的迷信活动是十分盛行的，所费之巨也是难以想象的。

6. 食封支出

唐代的食封制度从唐初就建立实行，实封是封建政府给予有功之臣的一种经济特权，属于官俸以外的一种开支。食封有两种形式，一是虚封，二是实封，或称食实封。虚封只是名义上的特权，没有具体的经济利益，但实封就不同了，实封不仅受封爵并领有封地，封地的租赋大都由受封者所有。食实封的封君从封户所取得的实物主要是封户交纳的租庸调，实封制规定，封户均由课

① 《旧唐书》卷 9，《玄宗纪下》。

② 《唐会要》卷 29，《节日》。

③ 《唐大诏令集》卷 19。

④ 《旧唐书》卷 88，《韦嗣立传》。

⑤ 《新唐书》卷 88，《辛否传替》。

户充当，租调分为三分，三分之一归国家，三分之二归封家，庸全归封家所有。而且，封地和封户由封家自由选择，“皆据天下上腴，一封分食数州，随土所宜，牟取利入”。唐高祖武德九年（626 年），赐实封的功臣有 43 人，实封 300 户至 1500 户不等。至唐中宗时，食实封者又比唐初增多，“封户凡五十四州”。《通典》卷 172 的《州郡二》记载，天宝初“大凡郡府三百二十有八”，那么唐中宗时食实封所占有的州，约是天宝时天下总州数的六分之一，可知这一项开支之大。

除以上各项开支外，还有建设性开支，如农田水利、交通、运输、工矿、贸易等，还有成本支出，如屯田营田，漕运租米，盐铁管理等费用，还有教育支出，如国家太学、国子学的费用，还有从中央到地方各级政府机关的办公费用等。总之，大到军费，小到纸墨笔砚，唐代国家的财政开支多种多样，与日增加。

财政收入越来越少，费用支出却愈来愈多，致使唐代国家财政自中叶开始入不敷出甚至财政空虚的现象经常出现。唐玄宗天宝末年，“大抵用物之数，常过其所入”①。安史之乱后，“朝廷府库耗竭”②。唐肃宗时期，天下“中用度不充”。唐代宗广德二年（764 年）中外艰食，……宫厨无兼时之积”③。大历初年，“流庸未复，税赋不足供费”④。如果再不进行改革，庞大的国家机器就无法维持了。

国家财政制度的混乱已无以复加。唐代至中后期，由于土地制度的变化，原来财税制度有许多无法实行，而新的制度又没有正式建立，造成财税制度极度混乱的状况。封建政府为了应付日益加重的财政困境，旧的不削继续沿用，新的名目又因时因地因事而生，造成新旧并存，名目万端。如租庸调法早在天宝年间就不能使用了，但直到唐代宗宝应元年（762 年），租庸调使元载仍在江南征收安史之乱后八年的租调，这根本不是按规定征收租税，而是利用旧名目掠夺民财。至于安史之乱后的新名目就多不胜举。

（1）率贷。唐肃宗时，“遣御史郑叔清等籍江淮、蜀汉富商右族訾蓄，十收其二，谓之率贷”⑤。关于率贷的比例，《通典》卷 11 的《杂税》记载：“豪

① 《新唐书》卷 54，《食货志四》。
② 《资治通鉴》卷 226，唐纪四十二。
③ 《资治通鉴》卷 223，唐纪三十九。
④ 《新唐书》卷 54，《食货志四》。
⑤ 《新唐书》卷 51，《食货志一》。

商富户，皆籍其家资，听有财货畜产或五分纳一”。《太平广记》卷403的《紫鞣羯》云：“乾元中，国家以克服二京，粮饷不给，监察御史康云间为江淮度支，率诸江淮商旅百姓五分之一，以补时用。”看来，五分之一比较确信。

（2）青苗钱。肃宗时由于官俸无力支出，于是诏征青苗钱，史载“以国用急，不及秋，方苗青即征之”，“天下苗一亩税钱十五”，号青苗钱。《册府元龟》卷487的《邦计部·赋税一》云：“乾元以来，属天下用兵，京师百官俸钱减耗，帝即位推恩庶僚，下议公卿，或以税亩有青苗，公私咸济，乃分遣宪官税天下地青苗钱，以充百司课料，至是得钱四百九十万贯。”青苗钱的剥削也极苛刻，有的地方官吏在征收青苗钱中层层加码，虢州亩所征高达70钱，实为惊人。

（3）地头钱。在征收青苗钱的同时，又征收地头钱，“每亩二十”。青苗钱征收的对象是禾苗，地头钱征收的是土地。

（4）除陌钱。《资治通鉴》卷228的《唐纪四十四》云：“所谓除陌钱者，公私给与及卖买，每缗官留五十钱，给它物及相贸易者，约钱为率。敢隐钱百杖六十，罚钱二千，赏告者钱十缗，其赏钱皆出坐事之家。於是愁怨之声，盈於远近。”除陌钱是对交易所得及公私给付钱物所课的税，包括三个方面：一是指交易税，在商业交易中，每一贯的交易额官方要抽取50钱，如果是以物易物，还要将物折合成钱，再依税率抽取相当的货物为税收。二是公私给与或支付，即赵赞所谓的“内外给用钱”的“抽贯”，就是说官府支出一贯，其中要抽留20钱，称为“给用钱”。三是允许官府用不足一贯的钱当作一贯在市场上流通使用，名“陌内欠钱”。市场交易由牙市管理除陌钱的征收，不通过牙市者，由店铺直接交易，则要据实缴纳。“其有隐钱百者，没入；二千，杖六十；告者赏十千，出犯人家。”①

（5）借商钱。《资治通鉴》卷227记载：“时两河用兵，月费百余万缗，府库不支数月，遂诏借商人钱，令度支条上，判度支杜佑大索长安中商贾所有货，意其不实，辄加榜棰，人不胜苦，有缢死者，长安嚣然，如被寇盗，计所得才八十余万缗。”这完全是以“借商”为名，行强征勒索之实。

（6）僦柜纳质。唐代的僦柜是收费代人保管财物的店铺，故也称柜房。这种税是非常苛重的，就营业额要交纳百分之二十五，“百姓为之罢市”。

（7）卖告身。唐肃宗时，以天下用度不充，诸道召人纳钱，给空名告身，

---

① 《文献通考》卷19，《征榷考六》、《杂赋敛》。

授官勋邑号，纳钱百千，赐明经出身①。

（8）度僧道。肃宗时不仅卖告身，而且度僧尼道士，以赡国用，诸州度道士僧尼不可胜计。及两京平，又于关辅诸州，纳钱度道士僧尼万人②。

（9）羡余。这是在正税向皇帝进献的财物。唐德宗时，“贡入之奏，皆曰臣于正税外方圆，亦曰羡余”。“每岁诸道贡献，共值钱五十万缗。”由此证明，唐中叶的税收混乱确实达到了无以复加的地步。

唐中叶的财税混乱并不至此，还有财政积蓄的混乱。唐代财政积蓄有内库和外库之分，皇帝的私人积蓄为内库，国家的财政积蓄为外库，这在唐初划分得十分明确。“唐（初）制，总制邦用，度支是司，出纳货财，太府攸职，凡是太府出纳，皆禀度支文符。”③ 那时，天下财赋，统归国家财政，由户部掌管，收入汇集于太府寺中的左藏库，太府寺将数字报于尚书，然后由刑部中的比部稽核其出入。唐玄宗时王鉷为户口色役使，为了满足唐玄宗的私人消费，除租庸调正额归入国家财政外，其余一切杂项收入完全归入皇帝的私藏大盈库，这便是唐代将国家财政收入的一大部分划归为皇帝私人财政的开始。大历时，第五琦为度支盐铁使，鉴于京师豪强任意夺取左藏库而不能止，索性把租赋金帛等所有的国家财政收入都归入皇帝的私藏，让宦官主持库存出入之事，以便天子取给。从此，天下财赋尽为人君私藏，有司不能窥其多少。“中人领其职，以五尺宦竖操邦之本，丰俭盈虚，虽大臣不得知，则无以计天下利害。”④ 在这种混乱的情况下，国家财政完全变成了皇帝私人财政，度支不知其盈虚，实为罕见。

唐中叶主持财政改革的主要成员之一杨炎在上奏改革赋税制度时对以上各种现象及原因曾作了全面的概括。他指出：“初定令式，国家有租赋庸调之法。天元中，玄宗修道德，以宽仁为理本，故不为版籍之书，人户浸溢，堤防不禁，丁口转死，非旧名矣；田亩移换，非旧额矣；贫富升降，非旧第矣。户部徒以空文总其故书，盖得非当时之实。旧制，人丁戍边者，蠲其租庸，六岁免归。玄宗方事夷狄，戍者多死不返，边将怙宠而讳，不以死申，故其贯籍之名不除。至天宝中，王鉷为户口使，方务聚敛，以丁籍且存，则丁身焉往，是隐课而不出耳。遂案旧籍，计除六年之外，积征其家三十年租庸，天下之人苦而

① 《新唐书》卷51，《食货志一》。

② 《新唐书》卷51，《食货志一》。

③ 《古今图书集成》卷242，《玉海》、《唐一》。

④ 《旧唐书》卷118，《杨炎传》。

无告，则租庸之法弊久矣。迨至德之后，天下兵起，始以兵役，因之饥疠，征求运输，百役并作，人户凋耗，版图空虚。军国之用，御给于度支、转运二使，四方征镇，又自给於节度、都团练使。赋役之司数四，而莫相统摄，於是纲目大坏，朝廷不能覆诸使，诸使不能覆诸州，四方贡献，悉入内库。权臣猾吏，因缘为奸，或公讬进献，私为赃盗者动万万计。……吏职之名，随人署置，俸给厚薄，由其增损。故科敛之名凡数百，废者不削，重者不去，新旧仍积，不知其涯。百姓受命而供之，沥膏血，鬻亲爱，旬输月送无休息。吏因其苛，蚕食于人，凡富人多丁者，率为官为僧，以色役免；贫人无所入则丁存，故课免於上，而赋增于下。是以天下残瘁，荡为浮人，乡居地著者百不四五，如是者殆三十年。”①

杨炎所言，与以上各方面的分析是完全符合的。实践证明，以上所论无一不是唐中叶财政改革的直接原因。

总之，唐代中叶，由于赋税和徭役的苛重引起了尖锐的阶级矛盾，由于府兵制破坏和方镇势力的强化，使中央财政面临着不可回避的新问题；由于均田制的破坏，户口的逃亡，户等的升降，使原来的财政制度无法继续执行；由于地方财权与中央财权的对立和民族之间的矛盾冲突，中央财政入不敷出局面的出现，财政制度的极度混乱，又使国家财政难以维持。所有这一切，把唐代财政推到了不得不改革的地步。

第二节
唐代中叶财政改革的重大举措

从唐中叶开始，随着社会政治、经济和军事等方面的变化与转折，唐代政府对实行了百余年的财政制度及其相关方面的政策进行了一系列的重大改革。

一、变均田制为庄园制，调整利益再分配

唐前期长期实行的均田制，至安史之乱后已完全崩溃，庄园制逐渐形成，在这种情况下，唐政府在财政改革中为了适应土地制度的发展形势，废除了均田制确立了庄园制，从此庄园制完全代替了均田制，成为唐中后期占统治地位

① 《旧唐书》卷118，《杨炎传》。

的一种土地制度。唐代庄园制是随着两税法的确立而确立的，当时的庄园制分四个种类：一是私人田庄，这里面包括官僚地主、世族豪强、富商大贾及一般地主和百姓。二是属于国家诸司的庄田，也称为官庄，管理官庄的称为庄宅使、宫使或宫苑使等。唐代中后期的官庄在全国各地均有，不过以长安和洛阳两都周围比较集中，政府有专门设置的长安庄宅使和东都庄宅使，官庄中九成宫使管的官庄为数尤多。这说明均田制破坏后，在私人田庄的日益发展下，国家所掌握的土地也不得不变成庄园制来经营，借此与私人田庄争夺劳动人手。由此可知，原来的公廨田、职分田以及屯田等也只能顺应形势的发展，多采用庄园形式经营了。三是皇庄。皇庄与官庄不同，皇庄的土地所有权属于皇帝个人，官庄的土地所有权属于政府，皇庄即皇帝的私有土地，设有专门的管理者，称为内庄宅使、内园使、内宫苑使等。大历十四年（779 年），“内庄宅使奏，州府没入之田。有租万四千余斛”[①]。说明皇庄的土地来源主要靠籍没，而且数量不少，土地大多肥饶。第四是寺院田庄，如大象寺“管庄大小共柒所”[②]，长山县长白山醴泉寺，“庄园十五所”[③]。从唐中后期的庄园种类之多，数量之众可知，唐中后期庄园制占据了主导地位。当然，在庄园制下仍然存在着非庄园形式的土地形态，如自耕农民的小块土地，无法形成庄园制的分散土地，但这都不是主要成分，它们只是庄园制这种土地制度中的补充，它们的存在并不能否定庄园制成为唐代中后期主要的土地占有形态的经营方式。

庄园制度的确立，使唐代的土地制度发生了根本性的变革，即由原来国有土地占主要成分的土地制度变成了以私有土地（更严格地讲是私人大土地占有制）为主要成分的土地制度。在国有土地向私有土地转变的过程中，土地占有得到了相应的调整，原来在均田制下，有的人凭借职权和地位占有上万亩的土地，广大贫苦农民却占有很少的土地甚至没有土地，这种占有的不公平，完全是统治阶级人为的，而且又规定土地不准买卖，以凝固和维护这种占有形态。而庄园制下土地可以随便进行买卖，土地进入买卖流通领域以后，从而开始了频繁的更替转移，如唐后期李德裕的平泉庄，经过三次转卖才到了李德裕之手。从天宝十四载到长庆三年（755—823 年）仅 68 年，平泉庄竟转卖了三手，平均 22 年就转卖一次，这对一个田庄来讲不能不显得频繁了。还有杜甫的田

① 《唐会要》卷 83，《租税上》。

② 《金石萃编》卷 113，《重修大像寺记》。

③ 《入唐求法巡礼记》卷 2。

庄，在他之后也被转卖了三次。

唐中后期，出卖土地的一方不仅仅是贫苦农民，而且官僚地主也是卖地的对象。如《太平广记》卷100的《屈突仲任》记载："庄在温，……资数百万，庄第甚众。……卖易且尽。"当时购买土地的一方也不限于官僚地主和权势富豪之家，一般农民也纷纷购买土，如敦煌文书第514号记载，唐大历四年（769年），沙州敦煌县悬泉乡宜禾里索思礼家，有"一十四亩买田"，安游璟家有"三亩买田"，李大娘家有"廿五亩买田"。土地通过买卖进行流通，这种转移就形成了土地占有的再分配，这种再分配不是由统治阶级主观意志所支配的，也就是说不是通过政府部门用行政手段进行的，而是通过流通领域自我调节的，也即由经济手段完成的。土地占有在自我调节的再分配中，虽然同样存在着占有不公的现象，如有的人所占有的庄园达上万亩，而有的只有几十亩乃至十几亩，地主阶级普遍地占有土地而不少农民却失去了土地，为庄园主当佃农和雇工。但这种占有不公与均田制下的占有不公却有着很大的差异，均田制下的不公是政府意志的体现，庄园制下的占有不公却是经济手段的结果。对每个人来说，钱多可以多买地，钱少只好少买地，与均田制下人为的不公相比较多少有些合理的成分。所以，唐后期政府再也不禁止买卖土地了，许多人士也认为土地是通过钱购买的，何以抑多济少？当然，这种"合理"是有限度的，所谓"合理"是在特定的环境和比较下而言的，不可与今天的合理相提并论。土地是生产力诸因素中的主要因素，生产关系中的主要成分，土地制度的改革，是对生产关系的重大调整，是对生产力的一种发展。

二、改租庸调为两税法，建立新的税收制度

唐代前期，租税制度长期实行租庸调法，这一制度是根据均田制而制定的。租庸调主要分为三大部分：一是田租，针对口分田而设；二是户调，针对永业田而设；三是庸，针对正役而设。但到唐中叶之后，由于均田制的破坏，户口的逃亡，租庸调无法再实行。至唐德宗建中元年（780年），宰相杨炎建议改革税收制度，废除租庸调，建立两税法，如《旧唐书》卷118的《杨炎传》记载："炎因奏对，恳言其弊，乃请作两税法"。

从此租税制度的改革由杨炎亲自来主持。两税法是杨炎在当时租庸调之外的地税和户税的基础上创立的，地税在贞观时即有之，规定"青苗顷亩"，亩税二升，贮于州县义仓，以备凶荒。唐高宗时，改为按户征收，"上上户五石，余各有差"。到唐玄宗开元二十五（737年）年规定："王公以下，每年户别据

所种田，亩别税粟二升，以为义仓。其商贾户若无田及不足者，上上户税五石，上中以下递减各有差。”① 唐代宗大历四年（769 年）规定：“京兆来秋税宜分作两等，上下各半，上等每亩税一斗，下等每亩税六升，其荒田如能佃者，宜准今年十月二十九日敕，一切每亩税二升。”次年又规定：“京兆府百姓，夏税上田亩税六升，下田亩税四升；秋税上田亩税五升，下田亩税三升；荒田开佃者亩率二升。”

与地税并行的户税，也在武德时就已开始，当时按三等征收，贞观时改按九等征收。《通典）卷 6 的《赋税下》记载，“天宝中，天下计帐，户约有八百九十余万，其税钱约得二百余万贯。”（原注：大约高等少下等多，今一例为八等以下户计之，其八等户税四百五十二，九等户则二百二十二，今通以二百五十为率，自七载至十四载，六七年间，与此大数或多少加减不同，所以言约，他皆类此）大历时又将王公以下各户等的税额提高，上上户 4000 钱，大体以 500 钱为差，至下户为 500 钱。王公百官以官品准相应的户等（一品准上上户，九品准下下户）纳税，商贾在所在州县按其资产三十分之一纳税。到大历四年（769 年），户税规定“上上户纳四千文，上中户三千五百文，上下户三千文；中上户二千五百文，中中户二千文，中下户一千五百文；下上户一千文，下中户七百文，下下户五百文”②。与天宝年间的户税相比又增加了许多，天宝时下下户纳税二百二十二文，今增加了一倍。

地税和户税的不断增加，反映了其地位的日益提高。唐初实行地税和户税只是租庸调法的补充税收，而在唐中叶以后租庸调法遭到破坏的情况下，地税和户税就成了唐代中央的主要财政收入，越来越占据了重要位置，因而在此基础上便形成了两税法。可知，杨炎创立的两税法是在地税和户税的基础上建立起来的，两税的内容也主要是户税和地税组成的。因此，明代思想家王夫之认为“两税之法，乃取暂时法外之法，收入于法之中”③，此说是不无道理的，但所谓“法外之法”并不是正税之外的杂税，而是当时辅助性的税种。

两税法的内容是：“凡百役之费，一钱之敛，先度其数，而赋于人，量出以制入。户无主客，以见居为簿；人无丁中，以贫富为差。不居处而行商者，在所郡县，税三十之一，度所（取）与居者均，使无侥利。居人之税，秋夏两

① 《通典》卷 12，《轻重》。
② 《唐会要》卷 83，《租税上》。
③ 王夫之：《读通鉴论》卷 4，《唐德宗》。

征之，俗有不便者正之。其租庸杂徭悉省，而丁额不废，申报出入如旧式。其田亩之税，率以大历十四年垦田之数为准，而均征之。夏税无过六月，秋税无过十一月。逾岁之后，有户增而税减轻及人散而失均者，进退长吏，而以尚书度支总统焉。”两税法的内容，从以上所载可分为六个部分。

（1）税收原则，即“凡百役之费，一钱之敛，先度其数，而赋于人，量出以制入”。这一条是两税法的总原则和总方针，可以说两税法的每个部分都是在这一精神之下制定的。“量出制入”，就是先计算每年中央政府所需支出的数额，然后把这一数额按人口、土地多少分配到各州县进行征收。这就是“量出制入”的具体做法，也即杨炎所说的“先度其数，而赋于人”。“赋于人”的做法并不是硬性摊派，而是根据各州县土地和人口以及经济发展的情况来定的，具体到每家每户，还要看其贫富程度而决定。故两税法中特别强调了“均征之”，又指出“失均者”官吏要得到处分，但是这个“均”并不能用今天的含意去理解，封建统治者所说的“均”充其量也只能是大致均等而已。杨炎在这里所说的“均”，主要是贫富有差，不是人人均等。那么，“量出制入”的总额如何来决定？杨炎在赋税制度改革中实行的是基数法，即以某年的赋税收入总额为基数，不是根据每年需要开支的多少来决定。在两税法下每年支出额制定时，选择了大历十四 年（779 年）的税额为准，“其田亩之税，率以大历十四年垦田之数为准”。为什么要选择大历十四年？史学界认为此年是安史之乱以后国家所掌握的土地和人口数最多的一年，也是赋税额最高的一年。《通志》卷 61 的《赋税》云：“况又取大历中一年科率多者，为两税定法。”《通考》卷 3 的《田赋》曰：“然取大历中科徭最多者以为数。”大历十四年的税收总额是当时情况下对农民征税的最高限额，如果超出了这一限额，就会引起阶级矛盾的又一次激化，杨炎在制定两税法时以此为界线，说明他已明确地认识到了这一点，很好地把握住了国家税收中的征收度，给统治阶级的税收制定了一个界限。即使说大历十四年是安史之乱后至建中元年之间赋税征收最多的一年，但也比没有限度好得多，从这一点讲，两税法的总原则“量出制入”以大历十四年垦田数为准也是无可非议的。

（2）租税主体，即“户无主客，以见居为簿”。这是两税法中对租税主体的确定，即征税对象所包括的范围。“户无主客”，是针对以前主户交纳租税而客户不交纳租税或交纳租税少，课户交纳租税而不课户免交租税的不合理现象而制定的。两税法出现以前，国家租税征收对象主要是主户和课户，杨炎在赋税制度改革中废除了这些规定，两税法中不再有主户和客户、课户和不课户之分了，统统以居住人为纳税人，所有的见住户都成为两税法的纳税对象。即使官僚的寄庄户也不例外，“其诸色浮客及权时寄住户等，无问有官无官，各所在为两等收税”。

对于不定居的商贾游贩如何征税？两税法也有不同的规定，即“不居处而行商者，在所郡县，税三十之一，度所（取）与居者均，使无侥利”。唐代的商人在两税之前除交纳工商税以外是不交纳田租的，所以唐前期的富商大贾除受有规定的土地外，又通过兼并等手段占有大量的土地而不纳田租。自赋税制度改革之后，情况就大不一样，在两税法下，不居处而流动的商人也成为纳税的对象，所征标准是三十之一，后来改为十分之一，商人征税的宗旨是与居住农民征收的数额大致相等，不能使其有“侥利”。

除商人以外，其他如皇亲、国戚、官僚、世族等也成为纳税的对象。如唐宣宗的舅舅郑光受赐雩县及云阳县庄园各一所，皇帝特令“府县所有两税及差科色役，并特宜放者”。但宰相认为不符合两税法的规定，使京兆尹械系郑光的庄吏，直至征到所欠租数百斛后才将其庄吏释放①。这说明经过财政改革后，所有的人户都成了两税的征收对象，纳税人大为增加，税基的扩大决定着税收的增加。

（3）收税标准，即“人无丁中，以贫富为差”。两税法之前的租庸调，征收时是以人丁为本的，财政改革之后，随着租庸调法的废除，原来征收租税的标准也彻底改变，从此再不以人丁为本，而以资产为准。正如陆贽所云，“唯以资产为宗，不以丁身为本”②。两税法以贫富为差，殷富者多交，贫穷者少交，“贫”与“富”的划分标准主要看“资产”的众寡。“资产”所包括的内容，其中主要是土地的占有，但有些学者认为“资产”不包括土地，这种观点是难以成立的，两税法是由地税和户税发展来的，其中地税主要来源于土地，地税是两税法的重要组成部分，那么土地必然是“资产”中的主要内容。《通典》卷40的《职官典》讲到在实行两税法时，“分命使臣，按地收敛”，这里首先提到了土地，土地是两税的基础，“资产”中自然包括土地。又《旧唐书》卷48的《食货志》记载推行两税法时，“如数处有田庄，亦每处税”，这种规定也显然是把土地的多少作为划分贫富标准的。

两税法由地税和户税组成。唐宣宗大中时的诏书中已明确指出：“青苗两

---

① 《唐语林》卷2，《政事下》。

② 《陆宣公集》卷22，《均节赋税恤百姓》。

税，本系田土，地既属人，税合随去。”当时的宰相也说两税法“据地出税，天下皆同”[1]。这些都明确指出了两税法中的税不仅是户税，还包括田亩税。两税法主要是依据田亩征税的。如《唐会要》卷84的《租税上》云：“如闻诸道州府长吏等，或有本任得替后，遂于当处买百姓庄园舍宅。或因替代情弊，便破定正额两税，不出差科。今后有此色，并勒依元额为定。”更具体地说，当时州县都是按境内田亩来均配两税的，如《元氏长庆集》卷38的《同州奏均田》云：同州“七县田地数内均配两税”。同州是这样，其他州县也应如此，所以贫富的标准首先要看土地的多少。

土地并不是“资产”的全部内容，除此还有其他方面内容。唐德宗时陆贽曾言两税之弊：“两税以资产为宗，不以丁身为本，资产少者税轻，多者税重。不知有藏於襟怀囊箧物贵而人莫窥者，有场圃囤仓直轻而众以为富者，有流通蕃息之货数寡而日收其赢者，有庐舍器用价高而终岁利寡者。”[2] 这是陆贽批评两税法以贫富为差而资产难以正确估定的一段话，从中可知“资产”既包括土地，同时还包括房产（即庐舍、场圃）、生产工具（即器用）、粮蓄（即囤仓）、珍宝（即襟怀囊箧之藏）、货币（即流通蕃息之货）等，其中有许多是公开的、直观的，有些是不公开的，特别是钱币货殖很难准确地掌握。但这里没必要讨论这一问题，而旨在说明以上这些内容全都包括在“资产”之中。总之，在两税法中制定每个人的收税标准时，是以贫富分等级的，贫富的划分主要看资产的多少，虽然划定中难以掌握尺度，会出现偏高偏低的问题，但还是有一定依据的，并不是想收多少就收多少。其宗旨是坚持“以贫富为差”，“资产少者税轻，多者税重”的准则。

（4）纳税时间，即“居人之税，秋夏两征之，俗有不便者正之。……夏税无过六月，秋税无过十一月”。两税法每年分两次征收，夏税征收于夏天，不得超过六月；秋税征收于秋天，不得超过十一月。一年分两次征收，是为了符合农作物的生长期，这样有利于正常的农业生产，这是两税法税收制度的的一个优点。

（5）简化税制，即“其租庸杂徭悉省，而丁额不废，申报出入如旧式”。两税法是户税和地税合二为一的一种税收制度，除此原来的租、庸及杂徭等全部省掉。《唐会要》卷83的《租税上》记载初行两税法时，“其比来征科色

① 《唐会要》卷84，《租税下》。

② 《陆宣公集》卷22，《均节赋税恤百姓》。

目，一切停罢”，“此外敛者以枉法论”。看来，两税法中所规定的并不是一纸空文，经过这一次改革，纳税项目比以前减少，纳税时间明确集中，纳税手续简便易行，使唐代的税制由繁发展为简，改变了原来“旬输月送无休息”的状况，故人言“天下便之”。但情况并非始终如一，两税法实行不久，这一规定就遭到了破坏，两税之外的杂税又纷至沓来，由此两税法遭到古今不少人的批评，有的人并据此全盘否定了两税法。其实，对于这个问题要做具体地分析，两税法之外的杂税苛捐并不在两税法之内，两税法明确规定“杂徭悉省”，二者之间没有必然的联系。两税法实行不久这些杂税之所以又陆续出现，主要是统治阶级以及地方官吏对两税法的违背和破坏，原因在于人而不在于法，不可把人为的错误推到制度本身。两税之外杂税的出现，还与当时的特殊环境有密切关系，唐德宗之后，正是中央集权大举平定藩镇的时期，中央集权经常调动大批兵力，军费战费的支出是非常浩大的，正税不足便征杂税，杂税的产生是特殊时期的特殊产物。当然，统治阶级的苛捐杂征与当时的吏治腐败也有很大关系，最高统治者皇帝为了贪图享受，尽力索求；各级官吏为了升官发财，于是羡余、供奉，花样百出。由此可见，两税法实行后苛捐杂税的出现不是两税法本身的弊端所造成的，而是统治阶级的腐败和特定的环境造成的。

（6）纳税手段，即“定税计钱，折钱纳物”。两税法创立之前，作为正税的租庸调完全交纳实物，“租出谷，庸出绢，调杂出缯纩布麻”①。除此，地税也交纳谷粟，只是户税征钱，从整体看实物为主体。经过财政改革后的两税法，基本以征钱为手段，具体办法就是“定税计钱，折钱纳物”。征收赋税时，都用钱来计算税额，不再以物来确定，用钱计定后，再折纳成实物。这就是《陆宣公奏议》中的《均节赋税恤百姓》所说的“定税之初，皆计缗钱，纳税之时，多配绫绢”。两税法征收之所以采取这一办法，是当时货币经济发展的一个反映。唐代中后期，随着工商业的发展，货币经济出现了很大的飞跃，出现了储蓄和支付钱币的柜坊，同时又出现了飞钱，它类似今天的汇票，两税法用钱币征税是唐代后期货币经济发展的结果。另外，两税法改行钱币纳税，是为了废除唐前期实物租的弊端。在租庸调下，农民各种租税加起来要向政府交纳大量的谷帛，不出产丝绢布帛的地方，也要用钱去购买以完成上缴的庸调。而且，这些谷帛都要农民送往指定的地点，有的送到州府，还有的要送往京城，给农民造成很重的负担和痛苦。两税法改行征钱，即可免除这种状况，即

① 《陆宣公集》卷22，《均节赋税恤百姓》。

使向指定的地点交纳钱币，也比运送谷物绢帛轻便得多。相比之下，两税法采取的征税手段是比较进步的，货币纳税代替实物纳税是对租税制度的一大改革。不过，应该强调的是两税法的纳税手段还没有达到货币地租的程度，只是向货币地租的过渡，因为两税法并没有完全摆脱谷粟等实物，而是“定税计钱，折钱纳物”，还处在钱物参半的程度，而且缗钱只是由实物折算而来的。“这种缗钱和实物，在本质上都是代役租，是‘折征’或‘折纳’，并非货币地租”①。所以，对两税法的征收手段既要承认它的进步性，同时还要实事求是地作全面考察。

经过财政改革，新建立的两税法与原来的租庸调制有许多不同之处。首先，租庸调制以人丁为本，而两税法以资产为准。其次，租庸调制的原则是“量入制出”，而两税法改为“量出制入”，与租庸调制的财税原则完全相反。这一财税原则在此之前是很少看到的，只有西汉初年，汉高祖刘邦曾设想“量吏禄，度官用，以赋于民”，虽然这种想法包含了“量出制入”的思想成分，但却没有形成一种固定的制度长期坚持下来。“量出制入”的财税原则可以说是唐代著名改革家杨炎首次提出来的，并作为财政制度付诸实行，一改传统的“量入为出”，使“量出制入”第一次成为封建国家的财税原则。最后，租庸调制的纳税对象主体是农民中的土著户和课户，而两税法的纳税对象包括所有的人，从皇亲国戚到贫民客户都是两税法之下的纳税户。租庸调征收的是实物地租，而两税法征收是以钱计算，折钱纳物，开始向货币地租迈进。以上是唐代前后期两种税制主要的不同之处，这些不同之处说明唐代的租税制度经过中叶的改革确实有了很大的变化与发展。

三、制定盐铁课税为盐铁专卖

作为封建国家重要财源的盐、铁、茶、酒等资源，隋时皆不实行专卖，也不对此课税，一任民众自由买卖。唐初沿袭隋制，国用所资，唯赖租调。这样的情况一直延续到唐玄宗开元初期，之间一百三十八年盐、铁、茶、酒均无税，这样的政策为富商大贾牟取暴利创造了难得的机会，相反国家财政收入大为削减。唯靠租调，致使广大农民破产流亡，财政、经济和政治诸方面的矛盾与危机接连而出。唐玄宗开元时期，随着国家财政开支的日益加大，唐代政府不能再实行这样的政策，左拾遗刘彤上书献策，第一次提出“榷天下盐铁利，

① 韩国磐：《隋唐五代史纲》，人民出版社，1979年，第312页。

纳之官，免贫民赋”的建议。刘彤的建议被唐玄宗采纳，在开元十年（722年）下令对盐首先征税，实行了食盐课税政策。在食盐课税政策下，国家对盐业的生产和运销并不设官管理，只是课税而已，而且征税之权也不在中央，全都隶属于地方。当时的盐业生产除少数官营的盐屯外，绝大多数还是私营，这种办法虽然使国家得到了一定的收入，但并不是专卖政策，对原来长期实行的盐铁开放政策没有从根本上加以改变。

安史之乱以后，国家的财政更加空虚，食盐课税的政策遭到冲击而中断，开始实行专卖政策。在安史之乱中，颜真卿为了筹集军饷抗击安史叛军，开始在河北对盐实行专卖，“收景城盐，使诸道郡相输，用度遂不乏”[①]。唐肃宗即位后，为了救国家财政之急，于乾元元年（758 年）命第五琦为盐铁、铸钱使，依照颜真卿的做法对原来的食盐课税政策进行改革，在全国范围内实行专卖，这是唐代中期对食盐课税政策的第一次改革。第五琦的做法，是在全国各地产盐的地区成立监院，由国家设官对盐业严格控制，在盐民集中的地方设立盐亭，把原来就从事盐业的人和招收的游民编为亭户。这些人有专门的户籍，与民籍脱离，并免其徭役，使其专门从事盐业生产。亭户生产的盐不能私自出售，“盗煮私市罪有差”，国家由低价把盐户生产的盐全部购买回来，然后政府加价出售。当时盐的价格为一斗百钱，国家加到一百一十钱出售给百姓。第五琦这种做法是官制官收官运官销的直接完全的专卖制，虽然同历史上管仲、商鞅、桑弘羊在食盐的专卖中同属一种类型，但在运销上第五琦排除了商人的作用，完全由“官置吏出粜”，比历史上任何时期的盐铁专卖都彻底。第五琦的做法虽然很快增加了国家的财政收入，但在实行中出现了不少弊病：其一是价格太高，农民买不起盐，致使长久淡食，民怨甚大。其二是不便于百姓，只收现钱或绢帛，不换购，不赊欠，给自然经济下的农民百姓造成很大的困难。其三是服务不周到，有的地方买不到盐，有的地方却出现滞销，食盐卖不掉就硬性摊派在每个人头上，使百姓受害。其四是官营之后，中央到各地设置机构和人员，国家的开支又因此增加，而且办事效率低，贪污现象严重，经营管理不善。其五是骚扰州县，损害百姓，一吏进门，百家供奉，敲诈勒索。其六是向农民筹集运输工具，名曰出钱“和雇”，实为强迫差配。以上问题若不解决，与食盐专卖政策能否继续进行关系重大，鉴于以上出现的问题，唐代宗永泰二年（766 年），命刘晏再次改革盐铁专卖政策。此年，刘晏以户部尚书的身份，

---

① 《新唐书》卷 153，《颜真卿传》。

出任都畿、河南、淮南、江南、湖南、荆南、山南东道盐铁使。当时除河北、山东境内海盐被方镇占据外，东南海盐和山南东道的井盐都归刘晏管理，刘晏对第五琦创立的食盐专卖政策进行了全面的改革。

刘晏的改革主要有三个突出的方面，即组织上的改革、制度上的改革和管理上的改革。

在食盐专卖的组织机构方面，刘晏针对第五琦时官多扰民、机构繁、费用多、效率低的弊病，首先大刀阔斧地精简机构，淘汰冗员，清除贪官污吏。刘晏认为盐务办得好坏关键在人而不在官多，他除了保留出盐地方原来设立的监院外，其他产盐不多或不产盐地方的监院统统撤掉，如《资治通鉴》卷266记载："但于出盐之乡置盐官，自余州县不复置官"。在保留原机构的地方，"因旧监置吏、亭户"，由国家出面继续对亭户进行管理，产盐不多的地方原机构废除后，由保留下来的各监兼管。经过精减，在唐代政府统辖内的产盐区只设立了十个盐监：即嘉兴、海陵、盐城、新亭、临平、兰亭、永嘉、大昌、候官、富都十监。其中除两监分布在西南地区分管井盐外，其余八个分布在浙、淮、闽，主管海盐。各盐监设置监官和主管制盐、收购、运输、粜卖的办事人员，盐监的职责和任务主要管理食盐的生产和收购，同时部分食盐也由盐监所在地直接出售。刘晏对盐监及其他机构的用人特别重视，尤其是主管官员，都经过严格的挑选，保障选贤举能，虽然官吏人数少了，但办事效率反而大为提高。经过他的整顿，唐代食盐专卖的机构和人员大为减少，免除了原来机构重叠、臃肿，开支浩大，扰民害政的各种弊病。以精练的机构，精干的人员，把盐务工作搞得井井有条，面貌焕然一新，为改革后的专卖政策的贯彻执行创造了必要的条件。

在食盐专卖制度方面，刘晏有三个重大的改革：

一是改变第五琦的民制官收官运官销政策为民制、官收、商运、商销的专卖政策。刘晏认为第五琦创立的专卖政策控制的太死，不利于食盐的运销，是造成供求脱节，硬性摊派，强迫差配等各种弊端的症结，因此取消了官运、官销这两个环节。在他改革后的食盐专卖政策下，食盐的生产仍保持原来的民制，由亭户生产，监官管理，亭户生产的食盐，由政府全部收购，亭户不能私自将盐售于商人及其他人。官府把亭户生产的盐收来后，再批发给商人，让商人完成运、销这两个环节，"粜商人，纵其所之"①，即购到盐后，可以任其运

① 《新唐书》卷54，《食货志四》。

销，不加限制。商运、商销这种办法，等于国家分利给商人，不全部独占。这种办法使国家既获得了重利，也提高和刺激了商人的积极性，商人运销得快，国家批发的量就大，实际上是让小利而获大利，国家收入不仅不会减少反而成倍的增加，比起第五琦完全排斥商人作用的政策具有很大的优越性。为了加大食盐的批发量，刘晏对商人还采取了鼓励和优惠的政策，原来“诸道加榷盐钱，商人舟所过有税，晏奏罢州县率税，禁堰埭邀以利者”①。这一措施得到了唐代宗的同意，令行天下，对食盐的运销是一个很大的促进。刘晏为了减少商人在购盐中缺钱、少钱和换钱的困难，规定在官场购盐可以用绢代钱，即用绢帛直接进购食盐，而且将绢价提高，用优惠的办法招徕更多的商人。《新唐书》卷54的《食货志四》记载：“商人纳绢以代盐利者，每缗加钱二百，以备将士春服。”这一措施既鼓励了商人的积极性，又减少了国家用钱购绢帛的麻烦，国家通过这一渠道拥有大量的绢帛，直接作为军用物资，对国家有利，对商人有益，从而加快了食盐专卖的流通。

二是创立就场专卖。就场专卖是变原来的直接专卖法为间接专卖法，即国家在离产盐地不远的交通要冲设置规模很大的堆栈性质的盐场，负责收纳、储存、中转和分运，商人在盐场进购食盐，通过“寓征于价”的办法实行就场征税的制度。当时的盐场主要有涟水、湖州、越州、杭州四场，其中涟水地属泗州，在唐代运河要道，这里的盐场主要接受海陵、盐城等地的淮盐，加以中转。湖州盐场主要收贮、转输嘉兴监的食盐，越州和杭州两场分别与新亭、临平及兰亭盐监对口。刘晏创置盐场目的在于加快食盐的运销，因为盐场都处在交通发达的地方，可以很快由此中转到全国各地。这样一来，大大地缩短了食盐运输的时间，避免了商人长途跋涉直接到产盐地购货，否则商人到产地批发，要费很大的人力物力，往返不仅多花费用，还会遇到不测，使食盐的供应容易断节。另外，就场专卖制度使经常有大量的积贮，保证食盐的供给，使有盐未收、有收无储、散置横溢、偷漏走私的现象不易发生。所以，就场专卖具有很大的优点，这是刘晏改革中的一大建树。

三是控制盐价的平稳。第五琦在食盐专卖中，由于是官运官销，为了扩大专卖收入，便直接在时价上加价出售。结果官售的食盐从民间的一百钱增加到一百一十钱，专卖主要靠低价收购和高价出售来获利，致使贫苦农民无钱购盐，造成很大的积怨。刘晏废除了这一做法，采取“寓税于价”的方法，官府

① 《新唐书》卷54，《食货志四》。

在盐场批发给商人的盐价之中就包括了食盐的流通税，虽然盐价较高，但商人在运销中不再交“过税”，并没有伤害商人的积极性。为了防止缺盐地区因商人不至造成盐价暴涨，刘晏还建立了常平盐仓，利用官运官销的办法来控制调节盐价。《新唐书》卷54的《食货志四》云：“江岭去盐远者，有常平盐，每商人不至，则减价以粜民。”看来，刘晏在改行官收商运商销的专卖政策后，并没有完全废除官营商业对稳定市场价格，调剂物质余缺的职能。他用官运官销的做法来弥补商运商销的不足，使二者相辅相成，互相补充，成为一个有机的整体。之所以如此，是因为商人是唯利是图的，偏远的地方路远人稀，再加上交通不便，往这些地方销盐是不合算的，由于商人趋易避难，偏远地区的食盐就会因此而抬高价格。为此，刘晏设置了常平盐，等一些地方食盐供应紧张时，官府就以平价抛售官盐。一是平抑市场上的食盐价格，二是解决偏远地区人民食盐的困难。与此同时，刘晏还在内地建有很多盐廪，如“吴、越、杨、楚盐廪至数千，积盐二万余石”①。这些为数众多的盐廪，主要是贮存余盐作为储备，以备不时之需，等遇到哪个盐场脱销时，便从盐仓加以调运补足，保证各地无缺盐之虞。盐廪的性质与常平盐是一样的，目的也在控制盐价，调节余缺。在刘晏新的食盐专卖法实行后，各地的盐价长期处于平衡状态。《大唐新语》卷10云：“永泰初，奏准天下盐斗收一百文，迄今行之。”此书作者刘肃是唐代大历末年人，距永泰初约十五年时间。十五年内各地盐价不变，说明刘晏盐政改革的成功，所创专卖政策的合理与周密。刘晏通过盐利增加国家的财政收入，不是靠克扣盐户、坑亏商人或抬高盐价进行残酷的搜括，而是通过发展盐业生产，鼓励商人加快食盐流通，增加销售量来实现的。在盐利的分配上，他既让商人得到应得的好处，又让盐户得到该有的一份，然后全归国家所有。国家得到厚利，私人也有利可图，这样公私都有积极性，从而又加快了食盐的产、运、销，形成良性循环，使盐利成倍增长，这就是刘晏运用的“官收厚利而人不知”的妙法。《大学衍义补山泽之利）提出刘晏改革盐法“自非剥削灶户，折阅商贾，何以得盐利如此之多哉”，原因就在这里。

在管理改革方面，刘晏首先把重点放在食盐的生产上，因为盐业生产是盐利的基础，盐业设备破旧，产量不高，收、运、销就成了空中楼阁。他尤其重视生产环节，使各地盐官“随时为令，遣吏晓导，倍于劝农”②。为了保护和发

① 《新唐书》卷54，《食货志四》。
② 《新唐书》卷54，《食货志四》。

展生产力，刘晏对盐户不加重剥削，使他们能够有所积累以扩大再生产，可谓有远见卓识。他扩大财政收入从生产入手，而非急功近利，竭泽而渔，是难得的一位理财家。在搞好生产管理的基础上，刘晏狠抓流通领域里的各个环节，为了提高效率减汰了许多不必要的机构和冗官，只保留下来十监，主管盐业生产和食盐收购（即收购亭户生产的食盐）。监下有四大盐场，主要负责食盐的批发和中转，使食盐尽快地通过这一枢纽流向全国各地。盐场下面设立盐仓（边远地区为常平盐），又在各地设立巡院，“自淮北置巡院十三，曰：扬州、陈许、汴州、庐州、白沙、淮西、甬桥、浙西、宋州、泗州、岭南、兖郓、郑滑”[①]，主要负责缉私，即禁止查办私人煮盐和销盐，收到很好的效果。《新唐书》卷54的《食货志四》言巡院还帮助推销官盐，“广牢盆以来商贾”，巡院的“招商官”是主要负责这一方面工作的。另外，诸道巡院还负责搜集和传递情报，以便及时了解各地虚实，加快转运，给予调剂。从此可知，刘晏对管理方面改革后，食盐流通领域环节配套，建置齐全，正如吴慧先生所说的，由监、场、仓、院，从产地到销地，从上到下，从生产、收购、储存、中转、批发到招商、出粜、缉私，一环扣一环，形成了唐代中叶一套严密的食盐专卖网络。《旧唐书》卷49的《刘晏传》评价他改革后的食盐专卖政策，“法益密，利无遗人”。刘晏主持的这次食盐专卖改革是唐中后期一次规模最大，效益最好，十分成功的一次改革，改革后盐利倍增，成为唐政府主要的财政收入。

建中元年（780年），刘晏被杀，他所创立的食盐专卖政策逐渐松弛，盐价急剧上涨，江淮盐每斗三百一十，河中盐每斗三百七十。由于盐价猛长，商贾借机大获暴利，“官收不能过半”，人民深受其害，怨声载道。因此，唐宪宗元和二年（807年），又对食盐专卖政策进行了一次整顿。兵部侍郎李巽代杜佑为盐铁转运使，恢复了刘晏的政策，革除盐政方面新的积弊，使食盐专卖又走上正常轨道，也取得了显著的效果。自李巽之后，唐宣宗大中六年（852年），裴休为诸道盐铁转运使，又改革盐政，但因政局动乱，军阀混战，收效甚微，盐利大部分被地方割据者所占有。

财政改革中，除对食盐采取专卖政策外，还对铁、酒、茶等重要物资实行了专卖政策。

《新唐书》卷54的《食货志四》记载，唐代的银、铜、铁、锡之冶共有168处，唐前期国家对铁矿不实行专卖，也不征税。至开元十五年（727年）

① 《新唐书》卷54，《食货志四》。

始对铁矿征税，唐德宗时户部侍郎韩洄又上书对铁矿实行专卖，下诏："天下山泽之利，当归王者，宜总榷盐铁使"①。从此，国家对铁矿实行专卖，山泽之利由国家垄断，归盐铁使掌管。元和时期，禁止私人采矿的法令比前更严，规定凡采银一两以上者笞二十，并逐出本界，州县官吏也按级科罪。之后，唐代政府对铁、银矿山长期实行专卖，虽或有中断，但恢复征税的办法都是短期的。

唐代前期酒也无税，至唐代宗广德二年（764年），开始恢复国家税酒政策，实行酤户法。到唐德宗建中三年（780年）对酒实行专卖，《旧唐书》卷49的《食货志下》记载："建中三年，初榷酒，天下悉令官酿，……委州县综领。醨薄私酿，罪有差。以京师王者都，特免其榷。"当时，酿酒酤卖全由国家经营，不许私人染指，违犯者要受到国家的制裁，京师因特殊原因才可例外。这种专卖制度是官制官销的性质，即生产和销售两个环节均由国家控制。贞元二年（786年）又恢复了榷酒法，从贞元十四年（798年）之后，取消了专卖制度。到唐武宗会昌时期，又实行了专卖，会昌六年敕曰："扬州等八道州府，置榷麸并置官店沽酒，代百姓纳榷酒钱，并充资助军用，各有榷许限。扬州、陈许、汴州、襄州、河东五处榷麸，浙西、浙东、鄂岳三处置官沽酒。如闻禁止私酤，过於严酷，一人违犯，连累数家，闾里之间，不免咨怨。宜从今以后，如有人私沽酒及置私麸者，但许罪止一身，并所由容纵，任据罪处分。乡井之内，如不知情，并不得追扰。其所犯之人，任用重典，兼不得没人家产。"在这一时期，国家不仅设官店沽酒，而且还扩大到榷曲，严禁百姓私酤和私自置曲。虽然鉴于以前私酿私酤者动辄处死，受到严酷的处分，甚至一人违犯，连累数家，祸及闾里的政策过于严厉，使现行的政策有所放宽，但禁止私酿私酤私置酒麸的原则是没有改变的。唐中后期百余年中，对酒的专卖并不是一贯的，有时改专卖法为榷酒法，有的时期专卖和别的办法并行。

茶叶榷税也始于唐德宗时期，贞元九年（793年）正月，初税茶②。此事是由诸道盐铁使张滂建议的，他上奏："今之国用，须有供储。伏请於出茶州县及茶山外，商人要路，委所由定三等时估，每十税一，充所放两税。其明年以后所得税外贮之，若遭诸州水旱，赋税不办，以此代之"③。根据张滂的税茶

① 《旧唐书》卷49，《食货志下》。
② 《旧唐书》卷49，《食货志下》。
③ 《旧唐书》卷49，《食货志下》。

法，当时茶户分三等定估，纳十分之一的税。以后茶税日涨，唐穆宗时，盐铁使王播请增天下茶税，在原来的基础上增加50钱，税率提高50%。税茶制一直实行到唐文宗时才正式改为专卖政策。盐铁使王涯禁止私人种茶，“令百姓移茶树就官场中栽，摘茶叶於官场中造”[①]，茶叶也实行了官种官制官销的专卖制度。但王涯在实行中操之太急，为了禁止私茶，他“表请使茶山之人，移植根本，旧有贮积，皆使焚弃”[②]。因此，专卖法实行了不久，至文宗大和九年（835年）又复税茶法。唐宣宗大中六年（852年），裴休为盐铁转运使，再次整顿茶税。宣宗下敕曰：“裴休条流茶法，事极精详，制置之初，理须画一。”[③]裴休的税茶法共十二条，主要内容是对私贩的处罚，所谓“精详”就在于此。唐后期的税茶法，税率越来越高，因而私茶禁不胜禁。总之，唐中叶的专卖政策不仅受统治者的重视，不断加以改革，而且专卖的范围较宽，这些专卖收入在唐中后期国家财政中起了非常重要的作用。

四、改革漕运，解决财政调拨危机

唐玄宗时期，鉴于国家财政开支加大，经济中心南移，漕运效率低下等原因，曾于开元二十一年（733年）命裴耀卿为黄门侍郎、同中书门下平章事，充转运使，对漕运进行第一次大的改革。

裴耀卿对唐代漕运改革的第一个方面，是解决了原来长运法费时、费力、开支大和效率低的弊病，改长运法为节级转输法。节级转输法的内容主要有两点：一是沿途设仓，这是节级转输法实行的前提。裴耀卿任转运使后，立即整顿沿途隋代的旧仓和添置新仓，漕仓大都设在高处，颇具规模，含嘉仓是其中最大的一所，全仓共蓄存二亿二千四百万斤。河阴仓位于黄河入汴水的附近，是新建的而且也是最重要的一座漕仓，并设有转输场，这里是江南漕船的终点站，又是开往长安、洛阳的起运站，起着很大的作用。沿途漕仓的作用，可使“江南之运积扬州，汴河之运积河阴，河船之运积渭口，渭船之运积太仓”。这样一来，“水通则舟行，水浅则寓于仓以待，则舟无停留，而物不耗失”[④]。二是分段运转。江南船只到河阴，即便返回，然后官自雇船，一路由洛漕送含嘉仓，另一路沿黄河经柏崖、集津、到太原仓，再溯河至永丰仓，入渭水直达长

① 《旧唐书》卷49，《食货志下》。
② 《旧唐书》卷49，《食货志下》。
③ 《旧唐书》卷49，《食货志下》。
④ 《新唐书》卷53，《食货志三》。

安。这就是裴耀卿所谓的“江南之舟不入黄河，黄河之舟不入洛口”[①]。从此，节级转输完全代替了长运法，漕运开始了一个新的阶段。

裴耀卿改革漕运的第二方面，是避三门之险，罢陆运为水。由于黄河两岸受中条山脉和殽山山脉的约束，从含嘉仓到陕州，漕路极为艰险，“水流迅急，势同三峡，破害舟船，自古所患”[②]。为避河险，开元初置八递场，相去每长十里，每递用车八百乘，分为前后交，不仅效率极低，而且靡费巨广。裴耀卿接受了前代的教训，在改革中，他“罢陕陆运”，于三门东置集津仓，西置盐仓，在两仓之间沿三门峡北岸山崖开陆道十八里，漕船至此先“输东仓”，然后陆运输西仓，再水运达长安，“以避三门水险”。此法实行后，不仅保证了漕运的畅通无阻，提高了转运效率，而且“变陆为水，则所支有余”，又使人“无车輓之助，辕下之牛，尽得归农。”更重要的是解决了汉唐漕运史上历来没有攻克的难关，改变了唐前期长期陆运的落后局面。

安史之乱后，漕运遭到很大的破坏，更加重了中央的财政困难。代宗广德二年刘晏被任命为盐铁运使，对唐代的漕运进行了第二次重大改革。

变散运为纲运，是刘晏继裴耀卿之后对漕运方法的再次改革。这主要是针对漕粮严重损耗丢失而提出来的。以前漕粮皆是散装散运，不仅途中消耗量大，而且便于沿途节度使扣留和官吏的盗窃。因此，刘晏“命囊米而载以舟”，把米装进麻袋，再上船起运。又立纲运之法，“江船二千艘，每船受千斛，十船为纲，每纲三百人，篙工五十，自扬州遣将部送至河阴”[③]。纲运法的实行，既减少了漕粮的损失，又使漕运费用大幅度降低。

变民运为官营，是刘晏改革中的重点。以前漕运事务均由地方承办，纳税户均出脚钱，“州县取富人督漕挽”，称为“船头”。他们对船工百般虐待，敲诈勒索，“人不堪命”，又从中牟利，掠取粮物。刘晏在调查中得知此乃弊端之渊薮，便一改常规，实行漕运官营。他在淮河以北列置巡院，在扬州置漕转院，由国家训练船工水手，“未十年，人人习河险”。并发给报酬，还对他们实行奖励政策，“十运无失，授优劳，官其人”[④]，极大地调动了船工水师的劳动积极性。从此，“始以官船漕”，“分吏督之”，漕务完全由中央直接管理。原来漕船多征自民间，由于农民经济贫困，船皆窄小破旧，一遇风浪，极易损

① 《新唐书》卷53，《食货志三》。

② 《水经注》卷4，《河水》。

③ 《新唐书》卷53，《食货志三》。

④ 《资治通鉴》卷226，唐纪四十二。

坏，使漕粮损失严重，刘晏废除此法，漕船均由国家制造。刘晏在扬州设立了十所国营造船厂，为了确保漕船质量，本着“凡所制置，须谋长久”的方针，“每艘给钱千缗”，保障“官船坚固”，漕粮安全。为了使漕船适应江、汴、河、渭水力不同的自然条件，刘晏建议“各随便宜，造运船”。按照刘晏的建议，分别造出两种不同类型的船只。一种是“歇艎支江船，二千艘，每船受千斛”[①]。其特点是体型肥短，平底浅仓，载装量大，适合在水流平缓的河面上航行。另一种叫“上门填阙船”，其特点是坚牢耐用，不怕碰撞，尖底小腹，灵活易变，适宜在黄河等水流湍悍，路狭礁险的河道里行走。从此，“易船以就水，……崖阔水深，而限之以少载，滩危碛浅，而强之以巨艘”[②]，给千里漕运提供了很大的方便。

变派役为雇佣，是刘晏漕运改革中的重大创举。以前漕运的性质属于强迫性的无偿劳役，充役之人，不胜其苦，不仅严重地挫伤了农民的劳动情绪，而且又容易引起矛盾激化，给漕运带来很大的不利。因此，刘晏创立了雇用法。《新唐书》卷 53 的《食货志三》云：刘晏以“盐利顾傭，分吏督之，随江、汴、河、渭所宜。”可知雇用法的内容是，国家用盐利收入，根据各地漕路不同的险夷情况，分别雇用船工进行漕运，并由国家直接管理，派官吏督察。《资治通鉴》卷 225 言：刘晏以盐利为漕傭，“自江、淮至渭桥，率万斛傭七千缗”。代宗时，“岁转粟百一十万石”，共计费用七十七万缗。此法实行于代宗广德二年（764 年），当时盐利已是唐朝中央政府的一大收入，雇佣钱只是一年收入的十七分之一，可见雇佣法是有足够的经济力量实行的。刘晏雇佣法的实行之所以是漕运改革中的一大创举，是因为他首次对漕运这一繁重的徭役的性质进行了变革，劳动者人身获得较多的自由，国家和漕运者之间原来那种超经济的强制程度减轻，雇佣和被雇佣间的经济关系加强。在雇佣制度下，被雇者大都是身强力壮、水性好、有实践经验的船工。他们充役可以得到合理报酬，一般是自愿，因而情绪高、干劲大，有利于漕运事业的发展。

刘晏对漕运的改革，成效更加显著，成功地解决了唐代安史之乱后财政调拨上存在的许多问题和困难。但是，唐代漕运中的舞弊现象非常严重，再加之刘晏死后，他所创立的漕运法逐渐遭到破坏，财政调拨又不断出现新问题。从唐文宗大和以来，每岁从江淮漕运的租粮不到 40 万石，能至渭河仓者不到十

① 《新唐书》卷 53，《食货志三》。

② 王夫之：《读通鉴论》卷 22。

分之三，每年漕运中沉没的官船不下七十余艘。唐宣宗大中五年（851 年），又命户部侍郎裴休领盐铁转运使，整顿漕运。裴休效法刘晏，对漕运进行了一些改革，如漕河所过地段，“悉令县令兼董漕事，能者奖之”等，也甚有成效。

五、划分中央与地方财权，实行分税制度

唐前期中央财政与地方财政没有划分，实行的是高度集中的统收统支的财政体制。无论租庸调，还是地税和户税，均是由中央统一征收，禁止地方长吏擅自增减。“若非法而擅赋敛，及以法赋敛而擅加益，赃重入官者，计所擅坐赃论；入私者，以枉法论，至死者加役流”[①]。不仅税收政策的制定权完全集中在中央政府，而且在财政支出方面也由中央政府来控制。如天宝中岁入布帛绵2700 万端匹屯，其中 1300 万入西京，100 万入东都，另外 1300 万“充诸道兵赐及和籴，并边远小州便充官料邮驿等费”[②]。粮食部分，地方只能按中央政府指定的用途支用。货币收入部分，“凡天下诸州税钱，各有准常。三年一大税，其率一百五十万贯，每年一小税，其率四十万贯，以供军国传驿及邮递之用。每年又别税八十万贯，以供外官之月料及公廨之用”[③]。也就是说，在三年之中，中央与地方的税钱收入是各二百三、四十万贯，大体平均。总的来说，中央控制着全面的制税权和租税减免权，地方州县负责依率计征输纳，一般不许直接留用，这与唐前期中央集权巩固的政治形势是互为因果的。但是安史之乱以后，随着藩镇政治上的独立，地方财权也相继独立，不向中央缴纳赋税，中央财权与地方财权的矛盾非常尖锐。

在这种情况下，中央不得不改变原来财权和赋税完全归中央的制度，实行了上供、送使、留州这种分税制。上供是地方直解中央的财赋，送使是地方解交诸道节度使的财赋，留州即各州所征财赋，留一部分备本州自用。也就是说，诸州要把全年财政收入的三分之一交回中央，没有节度使的州在剩余的三分之二中留下二分之一自用，二分之一送往有节度使的州，等于中央对这些州的财政支付。有节度使的州和藩镇所统州，除上交中央的三分之一外，其余三分之二全归自己支用，不存在送使问题。上供、送使、留州的财赋分两种：一种是粮食和布帛，另一种是钱币，称为送使钱。送使钱到唐宪宗元和四年

① 《唐律疏议》卷 13，《户婚律》。
② 《通典》卷 6，《赋税下》。
③ 《唐六典》卷 3，《尚书户部》。

(809 年)以后发生了变化，由原来的三式变为两式，即上供与留州。凡有节度观察使的州，皆改为留州，无节度观察使的州皆改为上供。这一变化节省了无节度观察使的州送使的手续和有节度观察使的州上供的手续。这种制度从安史之乱后一直贯彻到唐末共一百余年，是唐代中后期国家财税分配制度的一大改革。

在分税制下，中央财政收入的分配比例是这样的：中央财政每年占总收入的三分之一，地方财政占三分之二，地方收入大于中央收入。如建中初，“每岁天下共敛三千余万贯，其二千五十余万贯以供外费，九百五十余万贯供京师”[①]。《资治通鉴》所引的“元和国计簿”记载，“起至德、乾元之际，迄于永贞、元和之初，天下有观察者十，节度二十有九……天下租赋，一岁所入，总不过3500 余万，而上供之数三之一焉”[②]。可见，度支在名义上可以一总天下岁入，实际上中央政府能够掌握和支配的只有“上供”的部分，这部分只占三分之一左右，地方留用的约占总数的三分之二。不过，南方个别富庶地区的上供比例，就不止是三分之一，而是多到五分之二甚至二分之一。

唐中叶财政改革中对中央和地方财政收入的划分有着两重性。一是对地方势力的一个妥协。由于藩镇的专横跋扈，即使是带有妥协性的分税制事实上也不能很好地贯彻执行。当中央集权大于地方割据权力时，分税制还能够贯彻，而中央集权弱于地方割据势力时就被搁置。致使到唐代后期，国家财政只靠江南八道来维持，这种局面始终没有得到彻底的改变。二是对地方财权的一个限制。改革的目的就是为了增加中央的财政收入，其措施是针对方镇专擅财赋不向国家交纳的行为而制定的。有了这一制度，藩镇所统治的地方能够上交三分之一租税，要比完全不交或全部截留的情况好得多。如果换一个角度看，对于中央财政来说，地方留下来的本来就是应支付地方的那一部分，分税制执行后既保证了中央所得的份额，又减少了原来中央支付地方费用的手续，对改变中央财政状况是有一定意义的。因为这一改革是地方势力所迫造成的，中央不能把财权完全收回，只好承认地方瓜分中央财权的既成事实。所以这次改革的效果，从短期看中央的赋税在某些程度上有了保证，带来一定的好处；但从长远看，中央不仅承认了地方财权，而且又使地方财权进一步合法化，这是中央财权一次很大的丧失。还应该看到，在当时的情况下中央也不得不这样做。全面

① 《通典》卷 6，《赋税下》。

② 《旧唐书》卷 157，《王彦威传》。

中肯地讲，这次改革既给中央财政带来好处，又带来不少后患。

六、健全预算制度，实行专款专用

唐代预算制度在唐前期是颇为严密的，初为一年一造，计划层层上报，最后由户部总其成。到开元二十四年（763 年），户部尚书李林甫认为每年编造一次，事烦费多，建议把固定的税收编成书册，内容包括“租庸、丁防、和籴、春綵、税草”在内的总账目，称为《长行旨符》。以此作为征税的依据，每年都照此办理，如有临时增减项目，再单独编造，既节省人力又节省物力。安史之乱时，这种制度也受到破坏，至杨炎创立两税法提出“量出制入”的原则后才又恢复。

这一时期预算制度上有一个值得注意的改革，那就是专款项目的出现。单列专款在唐前期是不多的，这一新的制度的出现无疑是一项重要的改革，它是今日国家财政中专款专用的滥觞。《旧唐书》卷 11 的《代宗纪》记载，永泰二年（766 年）五月，“税青苗地钱，……是岁得钱四百九十万贯。自乾元已来，天下用兵，百官俸钱，乃议于天下地亩青苗上量配税钱，命御史府差使征之，以充百官俸料。每年据数均给之，岁以为常式”。由此可知，代宗时将青苗地头钱专列为百官的俸钱，从而形成了专款专用。虽然这批收入其后“随处粜货，市轻货以送上都，纳入青苗钱库”，但仍然是“以助均给百官”①，用途没有改变。到唐德宗时，专款制度进一步扩大，又将除陌钱单独贮藏，以给京官月俸。如《旧唐书》卷 13 的《德宗纪下》记载，贞元四年（788 年）正月，“李泌以京官俸薄，请取中外给用除陌钱，及阙官俸外一分职田，额内官俸，及刺史执刀司马军事等钱，令户部别库贮之，以给京官月俸，令御史中丞窦参专掌之。岁得钱三百万贯，谓之户部别处钱。”在这一时期，国家不仅列有专款专用项目，而且这批费用又设立专管。唐武宗时期，唐代国家财政中专款的项目又有所增加，除用于百官俸禄的专款项目外，又增设了备边专款。《文献通考》卷 23 的《国用考一》记载：“会昌末，置备边库，收度支户部盐铁钱物。宣宗更号延资库，初以度支郎中判之，至是以属宰相，其任益重。户部岁送钱帛二十万，度支盐铁送者三十万，诸道进奉助军钱皆输焉。”武宗和宣宗时期的专款专用制度与代、德时期比较，变化有二：一是专款不固定于某一种财政收入，而是从各项财政收入中划分一部分，如武宗时专款来自户部所掌的

① 《新唐书》卷 11，《代宗纪》。

盐铁收入，宣宗时来自户部两税、度支盐铁和诸道助军钱三方面财政收入中的一部分。二是专款的掌管级别越来越高，贞元时由御史中丞掌之，宣宗时初由度支郎中掌管，不久由宰相专管，可知政府对专款专用的重视，故史言“其任益重”。

唐代专款专用是战时财政的产物。安史之乱后，社会经济遭到严重破坏，藩镇又分割了中央的财权，国家的财政收入急剧减少。与此同时，战争频仍，各种财政费用日益增长。其情况正如司马光所概括的那样，“安史之乱数年间，天下户口什亡八九，州县多为藩镇所据，贡赋不入，朝廷府库耗竭。中国多故，戎狄每岁犯边，所在宿重兵，仰给县官，所费不赀。”在财政收入减少而支出加大的情况下，国家的财政费用必须保证重点的财政开支。在唐代后期，国家重点财政开支首先是百官的俸禄，因为官僚是封建国家机器的重要组织部分，如果官吏的俸禄无保证，国家机器就不能保证正常的运转，封建上层建筑中的核心部分就处于瘫痪状态。除此就是军队，军队对于国家的重要性无须多言，军费和战费无保证，国家的灭亡就指日可待。因此，唐中后期国家财政才将这两种开支列为专款专用的。

七、完善常平法与和籴政策

唐代调节供求，平抑物价的主要措施有常平法与和籴法。常平仓唐初就已建立，主要是调剂粮食供应，控制粮价。常平仓的本钱由国家财政支出，“其本，上州三千贯，中州二千贯，下州一千贯”①。和籴始于唐玄宗开元时，《新唐书》卷53的《食货志三》云：“贞观、开元后，边土西举高昌、龟兹、焉耆、小勃律，北抵薛延陀故地，缘边数十州戍重兵，营田及地租不足以供军，于是初有和籴。”这时和籴主要是为了解决边军的粮食供应，所以实行和籴的地区仅在缘边数十州。至开元末天宝初，关中因水旱和漕运不及连年缺粮，于是把边地和籴之法在内地推广。此时，“牛仙客为相，有彭果者，献策广关辅之籴，京师粮廪益羡，自是玄宗不复幸东都。天宝中，岁以钱六十万缗，赋诸道和籴，斗增三钱，每岁短递输京仓者，百余万斛”②。由于和籴法的推广，促使京师粮食问题很快得到解决，这一时期江南的漕粮都改为轻货运往京师。

安史之乱后，为了解决财政困难，唐代政府继续恢复了常平法与和籴法，

---

① 《唐会要》卷83，《仓及常平仓》。

② 《新唐书》卷53，《食货志三》。

并对此也进行了改革。如唐代宗时第五琦为常平使，对常平仓的管理体制进行了改革。《唐会要·仓及常平仓》记载："广德二年正月二十五日，第五琦奏，每州置常平仓及库使，自商量置本钱。"第五琦的改革是将常平仓的管理由原来以道为主的运营体制改为以州为主的运营体制。在此之前，常平仓本一向由中央拨给，诸州运营，经他改革后，常平本钱国家不再拨给，全由各州自己筹集管理。这种改革是中央财力不支形成的，但安史之乱后，各州的财政也很困难，成效并不很大，不久又不得不由中央来筹备。代宗永泰二年（766 年），刘晏兼任长平使后，又对这一制度进行了较大程度的改革。首先建置信息网络，设置专职人员（知院官、疾足）到各地调查，反映物资余缺、物价涨落和生产丰歉等情况，不等州县报奏刘晏即知。对于受灾地区，中央用粮食向灾区人民换购杂物以供官用，或转运到丰收地区销售。"自诸道巡院距京师，重价募疾足，置递相望，四方物价之上下，虽极远不四五日知，故食货之重轻，尽权在掌握，朝廷获实利而天下无甚贵甚贱之忧。"[①]其次改进收购办法。在如何确定收购的价格与数量上，过去的办法是，在收购前先由各地呈报粮价，再按所报价格确定收购额，等州县报齐后再平衡各地收购数量。但由于交通不便，公文几经周转，等批示下来后，各地粮食产量和价格多有变动，政府常常不能完成预订任务，而商人却乘机赚取了差价利润。刘晏改变了这种费时费力的办法，他令交通比较方便的产粮地区，把近数年来粮食的价格和收购的数量，分别定为五等，最高价的按最少的数量收购，以此类推，最低价的按最多的数量收购。各地根据当时的粮价，即可大体确定收购的数量，不必向上呈报请示，以免耽误时机，只需作一些补充安排即可。这样丰产价低的地区收购数量自然就比较多，而歉收价高的地区收购数量也就少了，这种办法现在看来也是很合理的。最后扩大和籴范围。他所经办的业务，已超出粮食的范围，他把其他一些重要商品也纳入自己的管理中，这就相当于"平准"了。常平之制，意在调节供求，稳定市场，刘晏理财也是坚持了这一原则，与此同时靠此途径来增加一定的收入。他把国家的部分赋税收入折成现钱，从价低的东南地区收购各种土特产转运京师、汴州或高价地区出售以调剂供求，这就使各地经济都能得到相应的发展。

经过这次改革，不仅使国家常平法更加健全，和籴的范围扩大，由单一的粮食发展到盐、绢帛以及手工业品等，而且使国家对粮食的调剂和对粮价的调

① 《旧唐书》卷 123，《刘晏传》。

节越来越严密、完善。在改革中，刘晏广泛地运用了情报网络的手段，使政府对各地的物价了如指掌，这在以前的历代改革中都是很少见的。

八、改进币制，限制通货膨胀

货币政策不仅直接关系到社会经济的正常发展与否，而且还对国家的财政有着很大的影响，为此唐中叶也对货币政策进行了改革。这期间效果显著者，为上元元年（760 年）刘晏兼任铸钱使时对货币政策的一次改革。

（1）保持货币的面值和实际重量（即价值）相一致。他把乾元钱的法定价值从原来的“以一当十”逐渐降至以“以一当三”，进而平价，最后将其法定价值降低到实际价值以下。此年六月，肃宗下诏曰：“因时立制，顷议新钱，且是从权，知非经久。如闻官炉之外，私铸颇多，吞并小钱，踰滥成弊。抵罪虽众，禁奸未绝，况物价益起，人心不安。事藉变通，期於折衷，其重稜五十价钱，宜减作三十文行用，其开元旧时钱，宜一当十文行用。……仍令京中及畿县内依此处分，诸州待进止。”七月，肃宗又下诏，“重稜五十价钱，先令畿内减至三十价行，其天下诸州，并宜准此”①。代宗即位后，“改行乾元钱，一以当二；乾元重稜小钱，亦以一当二；重稜大钱，一以当三。寻又改行乾元大小钱，并以一当一”②。这一系列诏令都是刘晏这次改革措施的真实反映，是杜绝货币贬值的根本所在，是一种符合货币经济发展规律的政策，也是一种稳健的货币政策。

（2）保证货币的质量。唐代货币制度的混乱，其中一个主要的原因是钱币恶劣，市场上恶钱、劣钱充塞，不仅影响物价的涨落，而且又排挤了好钱的流通，从而造成劣钱越来越多，好钱越来越少的局面。针对这一问题，刘晏主张大力禁止劣钱，提高货币的质量。当时，从江岭诸州上供到中央的手工业品，大都是粗劣之货，刘晏令换购原料，改铸好钱。《新唐书》卷 54 的《食货志四》记载，刘晏“以江岭诸州任土所出，皆重粗贱弱之货，输京不足以供道路之值。于是积之江淮，易铜铅薪炭，广铸钱，岁得十余万缗，输京师及荆扬二州”。在当时铜贵钱贱的情况下，刘晏运用均输的办法，既解决了上供物品质次费高的问题，又解决了铸钱所用铜料问题，保证了京师和荆、扬货币的质量，这一措施是值得称道的。

---

① 《旧唐书》卷 48，《食货志上》。

② 《旧唐书》卷 48，《食货志上》。

（3）改变钱币紧缺状况，以解决钱荒问题。刘晏在货币改革中，不仅主张铸好钱，而且还主张多铸钱，以缓解钱荒。他任铸钱使期间，大力发展铸钱业，所管的东南地区就有五十处铸钱炉。同时，刘晏通过均输的办法解决原料问题，为解决货币不足做了很大的努力，仅淮、楚地区每年就铸钱十余万缗。《新唐书》卷54的《食货志四》记载，经刘晏改革后，“自是，钱日增矣”。《旧唐书》卷149的《刘晏传》也说，刘晏“能权万货重轻，使天下无甚贵贱而物常平。”这些记载都证明了刘晏对唐代货币政策的改革是成功的，“天下无甚贵贱而物常平”就证明当时无货币贬值，钱荒问题也大为缓解，钱币的质量也普遍有所提高，否则是不会出现这样好的效果。

在刘晏死后，他的这些措施逐渐被废弃，所以唐代两税法实行以后，又出现了钱币不足的问题，致使市场上钱重货轻，不仅困扰着政府，而且影响着人民的生活。此时造成货币数量不足的主要原因，一是作为币材的铜料不足。天宝时每岁可铸钱32万多缗，每缗重6斤4两（指良币开元通宝），共需铜材约200万斤，而当时铜的年产量为60万斤，原材料严重不足。因此穆宗时每岁只能铸15万缗，宪宗时岁铸13万多缗，不少货币只能靠回收旧币改铸。二是唐中叶以后，铸币之权又被地方割据势力侵夺甚至专擅。三是常被私藏或改铸器物。由于金属货币特别是良币具有贮藏价值，而且“钱一千为铜六斤（四两），造作器物则斤值六百余，因利既厚，销铸遂多，江淮之间，钱日减耗”。为了解决货币缺少及铜料不足问题，至唐宪宗元和时期开始使用了“飞钱”，这是唐代货币政策的又一大改革，对于方便商品交换，促进贸易发展起了很大的作用。《新唐书》卷54的《食货志四》记载：“时商贾至京师，委钱诸道进奏院及诸军、诸使富家，以轻装趋四方，合券乃取之，号‘飞钱’。”当时各道地方政府一般都在京师设有办事机关，称为“进奏院”，商人到京师出售货物后，不愿携钱而回，就将货款交予本道进奏院，取得文据，分成两半，半张给付款人，半张寄回本道，商人回道合券，领回货款。这种合券文据，即是飞钱。除进奏院外，各使以及户部度支、盐铁三司也办理飞钱业务。这一改革也是为了解决货币供应不足而产生的新办法、新制度，被称之为我国纸币制度和汇兑制度的滥觞。不过唐时“飞钱”局限于京师与各道之间，而各道之间尚未实行。总之，飞钱制的出现，是唐代货币制度的一大改革。

九、节流与开源同时并举

唐中叶的财政改革，除以上重大措施外，还实行了一些削减财政开支的政策。唐德宗时，沈既济上书，陈述天下财赋损耗之大者唯有二事，一为兵，二为官俸，其余当此二事之一。大声疾呼裁减冗员，节省财政开支，所以建中三年（782 年），“复减省百官料钱以助军”。《唐会要》卷 91 的《内外官料钱上》记载：“文武百官每月料钱，一百贯以上者，三分减一；八十贯以上者，五分减一；六十贯以上者，七分减一；四十贯以上者，十分减一。”虽然李泌为宰相时，认为百官俸料不可朘削，但至唐宪宗时，“宰相李吉甫建议减之，遂为常法”[①]。

唐朝还对唐前期的食封制度进行了改革。食封制的改变是从唐玄宗时就已开始，以前受食封者直接向封地内农民征收租税，所收多归受食封者所有。此时废除了这一制度，规定不准封家到所封州县征租，其应得的租调皆输入太府寺，然后再按成给予受封家。《通典》卷 31 的《职官十三》中载：“凡诸王及受食封家，公主以下所食封邑皆以课户充，州县与国官邑官共执文帐，准其户数，收其租调，均为三分，其一入官，其二入国公，所食邑则全给焉。二十年五月敕，诸食邑封并以三丁为限，不须一分入官，其物仍令封随庸调送入京。”唐玄宗时，除减少受食封者的经济收入外，还取消了以前受食封者的世袭权力，如开元四年（716 年）三月制曰：“诸封国自始封至曾孙者，其封户三分减一。”到唐中叶的财政改革时，唐朝对食封制又进行一次根本性的改革，即彻底废除了受食封者原来所占有的封户，使二者脱离了关系，受食封者由国家赐给一定数量的物资和钱币。所以，此时的食封制与以前有了本质上的不同，再没有封地封户而言了。这一改革是与杨炎创立两税法有很大关系的，因为天宝末年，均田制破坏，租庸调瓦解，课户、课丁之名不复存在。在这种情况下建立的两税法，取消了租庸调制下的那些规定，把所有的人户都列入了国家的纳税户，这就使食封制度不能不从根本上发生变化。食封制的改革免除了王公贵族对国家财政收入的瓜分，虽然国家还要以俸料的形式赐给受食封者一定的财物，但这要比原来大批封地封户的租税全部由受食封者世世代代所占有的情况好得多。

在节流的同时，唐代政府还采取了一些开源政策。所谓开源政策，是指开辟正当的财政来源，如抓盐、铁、酒、茶的专卖，常平法、和籴法的实施。除此之外，就是屯田和招抚流民以发展农业生产。唐代的屯田在前期就已存在，安史之乱后，唐代政府仍然把屯田作为国家财政中的一项重要收入，并进行了扩大和改革。唐代前期的屯田大部分在边疆地区，主要形式是军屯，其目的是

---

① 《新唐书》卷 54，《食货志四》。

解决边地军粮供应和运输问题。在唐中叶的财政改革中，把屯田从边地扩展到了内地，如当时的寿州（今安徽寿县）、苏州和楚州（今江苏淮安）等地区都新设许多屯田区。杜佑在淮南雷陂屯田，“列营三十区，士马整饬，四邻畏之”[①]。唐前期的屯田经营，利用士兵和农民服徭役来耕种，经过唐中叶的改革，这一经营方式被废除，代之而起的是雇用和租佃的方式。到唐宪宗时，“天下营田皆雇民或借庸以耕”[②]。唐中后期租种国家屯田的不光是广大农民，而且还出现了营田大户，史称“营田户”。《资治通鉴》卷248大中三年条注云：“营田之名，盖缘边多隙地，番兵镇戍，课其播殖以助军须，谓之屯田。其后中原兵兴，民户减耗，野多闲田，而治财赋者如沿边例开置，名曰营田。行之岁久，不以兵，乃招致农民强户，谓之营田户。复有主务败阙犯法之家，没纳田宅，亦系于此。自此诸道皆有营田务。”营田户把国家的屯田租过来，然后又将租来的土地租出去，从中获利，类似后世的二地主。屯田形式由雇用和租佃取代原来的劳役制是一个很大的改革和进步。与此同时，为了发展农业生产以扩大财源，经过唐中叶的财政改革后，国家对逃亡人口和荒田弃地也采取了相应的措施，以安置流亡，耕种荒地增加收入。大历元年（766年），“诏流民还者，给复二年，田园尽，则授以逃田”[③]。像这样的措施屡见不鲜，足见政府对逃户和荒田问题的重视。这些措施既利于减少逃户流民的数量，又保证了土地不致废弃，尽量使农民固着在土地上耕地纳税，从而增加国家的财政收入。

以上是唐中叶财政改革的主要内容和重大举措，这些改革是由于唐中叶各种社会矛盾和经济、军事、财政危机而引起的，其措施也是针对新的社会变化而制定的。由于具有时效性和针对性，改革的成效是非常显著的。

第三节 唐代中叶财政改革的效果及意义

唐代中叶的财政改革，适应了社会形势发展变化的新要求，加之每项措施都是有的放矢的，对解决和缓和当时的各种社会矛盾起了一定的积极作用。

---

① 《旧唐书》卷166，《杜佑传》。

② 《新唐书》卷53，《食货志三》。

③ 《旧唐书》卷51，《食货志一》。

一、生产关系与生产力的适应

这次财政改革，由于变均田制为庄园制，变租庸调制为两税法，变府兵制为募兵制，变徭役征派为徭役雇用，因而从各个方面对唐代前期的生产关系进行了程度不同的调整。如土地制度的改革，使生产关系发生了一定的变化。庄园制下的经营方式逐渐向租佃制和雇用制发展，这不仅限于私人租佃的田庄，国有土地如屯田、营田、公廨田及职分田都是如此。新的生产关系虽然地主阶级对农民的剥削性质没有改变，但是有一点必须肯定，就是在租佃制下农民对封建国家的人身依附关系不像以前那样严重，对私人地主的人身依附关系也比较减轻，强制性的超经济剥削有所缓和。从劳动力与土地结合的方式上看，佃农与佃主的关系不像均田制下受田农民与封建政权那样凝固，而是一种契约关系，在敦煌、吐鲁番出土的许多租佃契约文书就是充分的证明。在契约关系下，佃主和承佃者双方以经济关系联系在一起，而无人身依附的承佃者脱离了佃主的控制和监视，对土地有一定的使用权，对生产获取了支配权，农民有了一定的自由。虽然双方有契约限制，但佃农和雇工也不会永久被束缚在某一佃主的土地上。因为在一定的条件下，佃农可以改佃，地主也可以撤佃，佃农在租佃关系下获得了一定程度的自由，可以到处流动，不再受法律的限制。同时，实行租佃制后，地主对佃农的剥削额不再是原来的课税制，而是采取分成制和定额制。分成制把归佃农的一部分和归佃主的一部分划分得十分清楚。在剥削率固定的前提下，农民为了提高自己的所得，可以自动地延长劳动时间和增加劳动强度，从而使佃农建立起自己的私有经济，直接感受到增产对自己的好处，这必然提高了劳动兴趣和劳动生产率。除此，分成制是根据产量来划分的，如果在灾害之年总产量有所下降，地主所得的部分也要相对减少。还有，佃农交够地主应得的部分外，不再有徭役负担和其他名目的加派。租佃制除分成外，唐代还出现了一种定额租，如在敦煌发现的索黑奴租地契中就有这样的规定①。定额租与均田制上的课税制看来相同，但实质上是有区别的，定额租是在实际土地亩数上和土地好坏的基础上制定的，并不是地主自己说了算，同样体现了经济手段而不是完全的强制手段。相比之下，租佃制是一种进步的生产关系，具有一定的优越性，对发展生产力有着很大的促进。所以，废除均田制实行庄园制对调节封建生产关系起了积极的作用。

---

① 《敦煌资料》（第1辑），中华书局，1961年，第326页。

将租庸调法改为两税法，也促进了生产关系发生变化。众所周知，人类历史上的剥削方式有循次渐进的三种形态，即力役地租、实物地租和货币地租，其中力役地租是最原始的形态，比起后两种形式是落后的。租庸调制属于实物地租，但仍然劳役地租的落后成分，如《唐六典》卷3的《户部尚书》记载，"凡赋役之制有四：一曰租，一曰调，三曰役，四曰杂徭。……凡丁岁役二旬，无事收其庸，每日三尺，有事而加役者，旬有五日免其调，三旬则租调俱免"。租庸调中四部分，其中两部分为实物地租，两部分仍是力役地租，所以租庸调制是实物与力役并重的一种地租形态。虽然统治者允许"输庸代役"，但只有那些中小地主和富裕的农民才能做到，广大贫苦农民往往是输不出庸的，照样要亲自去服力役。由于租庸调制是实物和力役并重的剥削形态，还保留着力役地租时期旧的生产关系，对生产力的发展仍然起着阻碍作用。

代之而起的两税法，比起租庸调制来具有更多的进步性。两税法完全排除了原始落后的力役地租的残余，成为完全的实物地租。如在官庄上的农民和私人田庄上的地主所交纳的两税有"诸色钱物"、"斛、"丝"、"麻"、"草"等，全部都是实物。在这种实物地租形态下，农民只管交纳应交的实物，不会过多地受封建政府的人身奴役，他们可以把精力较多地投入到自己的私人经济中，发挥自己最大的劳动热情。这样一来，对唐前期的剥削关系就进行了很大的改变，生产力得到了一次解放。另外，两税法在完成力役地租过渡到实物地租的同时，又向货币地租进行过渡，它对力役地租来说是完全的实物地租，对实物租来说它又是一种实物地租向货币地租过渡的形态。尽管两税法是向货币地租过渡阶段，但在这过渡时期内，一些新的因素和货币地租的进步成分也会逐渐地对旧的生产关系产生作用，使新的生产关系慢慢壮大。如在这一过渡阶段中，农民的人身会更加自由一点，统治阶级不管农民生产什么，只要交纳一定的货币租就行了。因此，农民在自己土地上的种植习惯就会得到改变，不可能继续种植产量低下的传统品种，而改换为高产作物或者有商品价值的经济作物诸如果林、药材等等。有的农民为增加经济收入，还可以抛弃传统的农业，把土地租佃给别人而去从事手工业和商业经济。正因如此，在唐代出现了许多农民涌入城市做佣工的潮流，如上都通化门长店，"多是车工之所居也"①。这种经营方式既改变了过去的传统，又增加了社会经济发展的活力。所以，两税法比起租庸调，具有更多的进步性，改革中通过对生产关系的调整进而达到了提

① 《太平广记》卷84，《奚乐山》。

高生产力的目的。

彻底废除府兵制，确立募兵制，对唐代后期的生产关系也是一个很大的调节，因为这一制度的改革废除了唐代前期强制性超经济的徭役（兵役）。在封建社会，徭役是生产关系中一个重要的组成部分，它是力役地租的遗留物，是统治者对广大劳动人民的压迫和奴役，是广大劳动人民地位极其低下的表现。在唐前期实行的府兵制下，劳动人民首先要为封建国家服兵役，同时还要向各级政权服力役，这种徭役不是人民自愿去完成的，而是受封建政府的强迫。当时兵役是由统治者征点的，广大农民服兵役期间，国家不给报酬，一切费用全由自己负担。服兵役的人虽规定有一定的期限，但常常超过时间长年或数年不得返回，每个人将兵役、徭役和杂役合起来，一生服役不断。这些都充分体现了徭役的强制性和劳动人民所受人身奴役的残酷性，这种生产关系对生产力的发展有着很大的阻碍。而募兵制创立以后，唐代的徭役（包括兵役和力役）全部采取招募、雇佣的方法，招募制是双方自愿的，之间不存在强制性。服兵役者不是无偿的，国家要支付一定报酬，徭役是通过经济手段完成的。这样一来，广大劳动人民就减轻了封建国家的压迫和奴役，在生产关系中的社会地位比以前有了明显的提高。

马克思指出，生产力的发展促使生产关系发生变化，生产关系的变化反过来又促使生产力的发展，唐代中叶财政改革中对生产关系调整所产生的作用就充分证明了这一理论。唐代中叶财政改革对发展社会生产力的作用首先反映在劳动力的增长上。经过安史之乱，国家在册的户口数急剧下降，唐肃宗乾元三年（760 年），国家掌握的户数仅一百九十三万三千一百七十四，口数为一千六百九十九万三百八十六，分别比天宝十四载减少 19% 和 32%，前后形成了鲜明的对比。但是，经过唐中叶的财政改革之后，这种反差开始逐渐缩小，社会劳动力在新的生产关系下得到不断的恢复和发展。如唐代宗广德二年（715 年），发展到 2933125 户，16920386 口，到唐德宗建中元年（786 年），增加到 3805076 户，至唐穆宗长庆元年（821 年）又增至 3944959 户，唐敬宗宝历年间（825—827 年）有 3978982 户，唐文宗大和时（828—835 年）有 4357575 户，开成四年（839 年）有 4996752 户。直至唐武宗会昌时期（846—847 年），唐政府在籍的户口数增长到 4955151，将近五百万[①]。然而，这些记载还不是当时的实际户口数，因为当时不在籍的户口数比较多，如流亡户、官僚地主和富

① 《唐会要》卷 84，《户口数杂录》。

商大贾的佃户、雇佣等都不在户籍之内，如果将这些人估计进去，唐中后期的户口数还要多。唐文宗开成四年的户口数是唐中后期国家户口的最高纪录，它虽然不能和天宝十四载相提并论，但从安史之乱后的情况来看户口发展的趋势基本保持着直线上升。而且，增长的速度也不算太慢，开成四年和乾元三年相比，户口增长了三倍。这是唐中叶财政改革后户口增长的总体趋势，从局部来考察，唐中后期某些地区户口数的发展有超过开元时的现象。如襄州，开元时36357户，元和时107107户，增长了2倍。郢州、唐州、苏州、鄂州与此增长速度大致相同，特别是饶州，增长了4倍。可知唐中后期的户口不仅直线上升，而且有不少州府的户口数还超过天宝极盛时期，这种现象虽然不是整体趋势，但就某些区域而言也是值得关注的。

唐中叶财政改革对生产力发展的作用除反映在劳动力增长之上外，还表现在农业生产工具的发明和改进。生产工具是生产力发展提高的标志，表示着生产力发展的水平。唐中后期，农业生产工具比以前有了明显的改进，如陆龟蒙《耒耜经》所记载的耕犁就是其中一例。这种犁曰江东犁，由十一个部件构成，“冶金而为之者曰犁镵、曰犁壁，断木而为之者曰犁底、曰压镵、曰策额、曰犁箭、曰犁辕、曰犁梢、曰犁评、曰犁建、曰犁槃，木与金凡十有一事”。一个耕犁竟有金、木制作的十多种部件构成，使用时各部件在不同的部位起着不同的作用，有的用于起土，有的用于覆土，有的可深耕，还有的可浅耕，这样的犁在前代是少见的，其科学程度可想而知。除发明了江东犁之外，还有许多新的灌溉工具，如水车由原来的人力发展到水力就是一个很大的进步。《旧唐书》卷17上的《文宗纪上》曰：大和二年（828年）三月，“内出水车样，令京兆府造水车，散给缘郑、白渠百姓，以溉水田”。这种水车是用木料曲成的轮形，轮上用木板隔成木斗，木斗从低处装满水逐渐升高至下降时倾倒出来。水车的运转不再用人力，而是用水力，是非常进步的一种灌溉工具，技术很快被传播到日本。

同农业生产技术同步提高的还有手工业技术。唐中后期的造船技术比前期有了很大的发展，民间已能制造出大型的航船，如《唐国史补》卷下载，“江湖语云：水不载万，言大船不过八九千石。然则大历、贞元间，有俞大娘航船最大，居者养生、送死、嫁娶悉在其间。开巷为圃，操驾之工数百”。不仅如此，唐后期造船技术的发展已达到了不用铁钉的程度，如曾任广州司马的刘恂说：“贾人船不用铁钉，只使桄榔须系缚，以橄榄糖泥之，糖干甚坚，入水如漆也”。另外，还发明了一种轮船（或言车船），可利用齿轮转动的机械作用代替长期划船的桨。《旧唐书》卷31的《李皋传》记载：李皋为荆南节度使时，吸收以前的造船经验，“常运巧思，为战舰，挟二轮，蹈之翔风鼓疾，若挂帆席”。这样的造船技术皆属空前，不能不说是一个奇迹。

以上是唐代中叶财政改革后对生产关系的调整带来社会生产力提高和发展的诸方面，它有力地证明了财政改革对生产力发展的巨大作用。当然，在唐中后期不论是人口的增长，还是农业、手工业技术的提高，抑或自然科学的发明，无一不是劳动人民所创造的，是他们在实践中不断努力，积累经验而完成的。但是，劳动人民的发明创造必须要有一个前提，那就是生产关系的调整，没有与之相适应的生产关系，生产力就会受到重重压抑和摧残而发展不起来，劳动人民的智慧也难以显示。而财政改革就是对生产关系的调整，从这个意义上说，生产力的发展乃是财政改革促进的结果。

二、社会经济得到恢复与发展

安史之乱中，唐代的社会经济遭到毁灭性的打击和破坏。经济素称发达的中原地区如遭洗劫，“洛阳四面数百里州县，皆为丘墟”[①]。《旧唐书》卷120的《郭子仪传》记载：东周之地，“中间畿内，不满千户，井邑榛棘，豺狼所号。既乏军储，又鲜人力。东至郑、汴，达于徐方，北自覃、怀，经于相土，人烟断绝，千里萧条”。

唐中叶财政改革后，由于促进了生产力水平的提高，社会经济也随之得到了恢复和发展。农业方面，水利灌溉首先得到恢复并有很大的长进，如丰州被破坏的陵阳渠，建中三年（782年）得到疏浚，贞元时又在此开凿了咸应和永清二渠，溉田数百顷[②]。江陵府江陵县有汉古堤，贞元时节度使李皋复修之，广“良田五千顷，亩收一钟”[③]。扬州节度使杜亚于贞元时修爱敬陂，“化硗薄为膏腴者不知几千万亩[④]。湖州长城县西湖，贞元时刺史于頔修之，溉田二千顷。由于水利的恢复和发展，农业出现了较好的局面，如《全唐文》卷410云：流民重返故土，“销遗镞为锄耜，伐蒿莱为场圃，掘腥秽为泉井”，“关内诸屯垦田渐广”，“游食之人悉归南亩，垦田之数渐复平时，神降嘉生，岁乃大熟”，“畿内麦稔”，“自关右达于海隅，溥其百谷之穰，宁止三年之积”。在农

① 《资治通鉴》卷222，《肃宗皇帝下之下》。

② 《新唐书》卷37，《地理志》。

③ 《唐会要》卷89，《疏凿利人》。

④ 《全唐文》卷519，《通爱敬陂水门记》。

业恢复发展的基础上，亩产量也随之提高，如黄河流域“玄黄豆野”，一年三熟[①]。江南稻麦轮作，“可一岁三熟”[②]。岭南推广双季稻，“收稻再度”，最好的土地“亩收十石”[③]。

唐后期的工商业，更说明了财政改革对社会经济繁荣的促进。财政改革之前，唐代纺织业的重心在河北定州一带，财政改革以后江东的纺织业也迅速发展起来，“由是越俗大化，竞添花样，绫纱妙称江左矣”[④]，其质量可与河北媲美。除丝织品外，岭南地区的棉织业更值得称道，唐文宗时岭南生产的“桂管布”闻名遐迩，“满朝皆仿效之，此布为之贵也”[⑤]。造纸业比前期更为普及，当时好多地方出名纸，“有越之剡藤苔笺，蜀之麻面、屑末、滑石、金花、长麻、鱼子、十色笺，扬之六合笺，韶之竹笺，蒲之白薄、重抄，临川之滑薄。又宋、亳间有织成界道绢素纸”[⑥]。瓷器业比唐前期 更为辉煌，其产量、产区、品种、式样都远远超过以前，瓷器已代替了金、银、漆器而成为日用品中不可缺少的部分。唐后期的制盐业、矿冶业、酿酒业等也都有新的长进。由于手工业的发展，唐后期的作坊、行会等组织明显比唐前期增多。当时大规模的作坊有扬州、洪州、宣州的军器作坊，扬州的铜灯树作坊、成都的丝织作坊等等。至于行会就更多了，据石刻资料所载，唐后期仅幽州一地就有肉行、油行、五熟行、果子行、椒笋行、炭行、磨行、染行、丝绵行、靴行、杂货行等等[⑦]。这些都说明唐代财政改革后手工业经济的繁荣昌盛。

漕运的改革和盐铁制度及常平、和籴、铸钱等方面的改革，对商业经济的促进也是非常突出和明显的。从都市繁荣的程度来看，扬州在唐后期更加富庶，“江、淮之间，广陵大镇，富甲天下”[⑧]。杭州“东南各郡，咽喉吴、越，势雄江海，骈樯二十里，开肆三万室”[⑨]。成都“扬不足以侔其半”[⑩]，可知其都市之繁华程度。广州“蛮胡贾人，舶交海中”[⑪]。都会中的夜市普遍兴起，如

---

① 《旧唐书》卷 84，《刘仁轨传》。

② 《元和郡县志》卷 29，《江南道五》。

③ 《新唐书》卷 29，《地理志》。

④ 《唐国史补》卷下。

⑤ 《太平广记》卷 165，《夏侯考》。

⑥ 《唐国史补》卷下。

⑦ 《文物》1957 年第 9 期，《北京石刻中所保存的重要史料》。

⑧ 《旧唐书》卷 182，《秦彦传》。

⑨ 《全唐文》卷 316，《杭州刺史厅壁记》。

⑩ 《全唐文》卷 744，《成都记序》。

⑪ 《韩昌黎集》卷 21，《送郑尚书序》。

扬州“夜市千灯照碧云，高楼红袖客纷纷，如今不似升平日，犹自笙歌彻晓闻”①。除这些著名的都会以外，各地州县也普遍出现了市，如唐宣宗大和时，正式规定大都督府市置令以加强管理。除这样固定的市，唐后期还出现了许多草市、墟市等。地方诸市也颇为繁华，如河东道解县，“官帑委输，商徒繁会，云连里闬，山峙资财”②，并不亚于名都大市。再看富商大贾的活跃情况，如扬州，“富商大贾，动逾百数”③。不仅内地商人活跃于市场，许多少数民族商人也处处可见，特别是长安和洛阳，活跃着大量的回纥和西域商人，他们“殖资产，开第舍，市肆美利皆归之”④。还有寿州、舒州、顾渚等地，也有少数民族商人至此易茶。唐后期的市场上，还有一个显著的特点，就是外国商人的活跃。如广州，“外国之货日至，珠香象犀玳瑁奇物，溢于中国”⑤。在明州、楚州等地，也活跃着日本、新罗等国的商人。唐后期商人也有了新的发展，出现了资本雄厚可以控制一地或数地的商品交易，如《唐国史补》卷中记载扬州有个大富商名王四舅，“匿迹货殖，厚自奉养，人不可见。扬州富商大贾，质库酒家，得四舅一字，悉奔走之”。《太平广记》卷499的《郭使君》记载江陵有富商者郭七郎，“其家资产甚殷，乃楚城富民之首，江淮河朔间，悉有贾客，仗其货买易往来者”。官商结合也越来越紧密，长安富商王酒胡竟与唐僖宗一同在寺中斋食，可知他与统治阶级的关系。也有许多商人用钱买官，“即升朝籍”。所以唐后期许多大官僚就是大商人，许多商贾也身有官职，官僚、地主、商人已完全达到了三位一体。再从商品流通来考察。《旧唐书》卷190的《齐澣传》记载：“自江淮达河洛，舟车辐凑，人庶浩繁。”《新唐书》卷149的《刘晏传》记载，当时的商品流通是“舟车既通，百货杂集，航海梯峤，可追贞观，永徽之盛”。

总之，财政改革之后，由于生产关系的调整，生产力的提高，使唐代中后期被战争破坏了的社会经济得到迅速恢复并有了进一步的发展，特别是工商业明显超过唐代前期。整个社会经济又呈现出发展向上的趋势，与安史之乱后社会经济的衰败局面形成鲜明的对照。

---

① 《王建诗集》卷9。
② 《全唐文》卷809，司空图：《解县新城碑》。
③ 《太平广记》卷290，《吕用之》。
④ 《资治通鉴》卷225，《代宗皇帝中之下》。
⑤ 《韩昌黎集》卷21，《送郑尚书序》。

三、国家财政逐步摆脱危机

在安史之乱后和财政改革之前，唐代中央财政十分紧张，史言“府库耗竭”。财政改革之后，国家财政很快发生了变化。之所以如此，除与财政改革后社会经济迅速恢复和发展有关以外，还与采取的各种举措有着直接关系。

首先，两税法的实施使安史之乱后国家赋税征收落空的局面得到了中止。租庸调制遭到破坏后，国家的主要税收实际上已经落空了，两税法建立以后，国家租税征收恢复了正常，从而保证了国家主要的财政收入。其次，两税法比租庸调扩大了税收面，使国家主要的财政收入比以前又有大幅度的增加。关于这一点是十分重要的，因为租庸调制下，有大量的人不向国家交纳租税，财政收入自然会严重减少，仅建中元年看，国家财政收入就减少一半。两税法建立后，将社会上所有的人都列为纳税对象，这样一来，国家的收入就会猛增。另外，两税法实行的是“量出制入”，这一原则保证了国家财政收入的稳定性。因此，两税法实行后，国家的财政收入明显好转，如《旧唐书》卷12的《德宗纪上》记载，“是岁，户部计帐，……赋入一千三百五万六千七十贯，盐利不在此限”，此时仅两税收入就比大历时增加了一倍。此年的财政收入，《资治通鉴》卷226记载的还要多，“税钱一千八十九万八千余缗，谷二百一十五万七千余斛”。据《通典》所载每年收入达三千余万贯。尽管历史记载各不相同，但都证明了两税法实行后国家财政收入成倍增加是毫无疑问的。

财政改革后，国家对盐、茶、酒等资源实行了专卖制度，也极大地增加了国家的财政收入。其中盐利收入，《资治通鉴》卷225记载：“及刘晏代之，法益精密，初岁入钱六十万缗，末年所入逾十倍，而人不厌苦。大历末，计一岁所入总一千二百万缗，而盐利居其太半”。刘晏代第五琦改革盐务在大历元年，大历初盐利收入为60万缗，末年超过十倍，那就是600万缗。大历一共14年，盐利能在原有的基础上增加十倍，其增长速度是非常快的。《新唐书·食货志》记载盐利收入时云：“天下之赋，盐利居半，宫闱服御、军饷、百官禄俸皆仰给焉。”由此不难看出盐利在当时国家财政收入中的重要地位，它成为两税之外重大的财源之首。茶叶专卖之后收入也相当可观，如贞元时，“每岁得钱四十万贯。然税无虚岁”[①]，这40万贯相当于刘晏初任盐铁使时一年的盐税收入。《新唐书》卷54的《食货志四》记载：“开成元年（836年），复以山泽之利归

① 《旧唐书》卷49，《食货志下》。

州县，其后诸州牟利以自殖，举天下不过七万余缗，不能当一县之茶税。”至于唐后期，随着茶税的日益加重，茶税收入也同步增长，大约每年获利一百万贯。由此可见，茶税也成为国家财政的重要收入之一，故以茶盐并称。唐政府对酒实行专卖后也取得了很大的成效，如大和八年（834 年），“凡天下榷酒为钱百五十六万余缗，而酿费居三之一，贫户逃酤不在”①，即使除去酿费 1/3，还有一百万缗的纯利。矿税收入，唐文宗时全国每年收入不过 7 万余缗，宣宗时在盐铁使裴休的整顿下，天下岁采银 25000 两，铜 565000 斤，铅 114000 斤，锡 17000 斤，铁 532000 斤。总之，盐、铁、茶、酒等重要物资的专卖，为唐代国家财政增加了不可轻视的财源，专卖收入和两税收入是当时国家财政收入中的两大支柱。

唐中叶财政改革后的屯田收入也是国家财政收入中的重要一项。唐宪宗时，宰相李绛在振武、天德地区所开屯田，四年之间，“收谷四十余万斛，岁省度支钱二十余万缗”②。文宗大和年间，“营田纳粟二十万石，以裨经费故也”③。唐宣宗时邠宁节度使毕诚在本地区所开屯田，“岁收谷三十万石，省度支钱数百万”④。上面是边地屯田的部分收入，内地屯田的收入见于记载的，如杜佑在淮南雷坡一地的屯田，“积米至五十万 斛”⑤。这些有具体记载的史料虽然只是九牛一毛，但由此不难推知唐中后期整个屯田收入的可观数额。

唐中后期和籴、常平法的实施也收到很好的效果，如代宗时，刘晏改革和籴和常平法以后，“诸州米尝储三百万斛”⑥。唐德宗贞元二年（786 年），京兆府曾“收籴粟麦五十万石，以备军仓”⑦。至唐宪宗元和七年（812 年），和籴的成效大超于唐德宗时期，此年户部奏：“诸州和籴贮粟，泽、蔡四十万石，郑、滑、易、定各一十五万石，夏州八万石，河阳一十万石，太原二十万石，灵武七万石，振武、丰、盐州各五万石，凡一百三十万石。令於时价每斗加十文，所冀人知劝农，国有常备”⑧。唐穆宗长庆四年（824 年），“诏于关内关外

① 《新唐书》卷 54，《食货志四》。
② 《资治通鉴》卷 239，文宗皇帝。
③ 《唐书》卷 161，《杨元卿传》。
④ 《旧唐书》卷 177，《毕诚传》。
⑤ 《新唐书》卷 166，《杜佑传》。
⑥ 《新唐书》卷 169，《刘晏传》。
⑦ 《唐会要》卷 90，《和籴》。
⑧ 《文献通考》卷 21，《市籴二》。

折籴、和籴一百五十万石，“以两京用备饥歉”[①]。唐敬宗宝历元年、河西大稔，委度支和籴二百万斛以备灾诊”[②]。由以上和籴的几个数字来看，唐中叶财政改革后和籴和常平等举措对国家财政也起到了重要的作用。

唐中叶对漕运的改革成效更大，除其对政治、经济方面的作用而不论，单就对国家财政上的作用就不可轻视。刘晏对漕运改革后，保证了运河的畅通无阻，使国家财政调拨能够顺利和及时地完成，史载“三江五湖，陈陈红粒，云帆挂楫，输纳帝乡，可以震耀夷夏”[③]，保证了唐代政府财政命脉的正常跳动，对于安定军心、民心和帝王之心是再重要不过了。不仅如此，漕运改革后，漕运的效果大为提高，代宗时“岁转粟百一十万石，无升斗溺者”。由于关中积粟渐多，至大历八年（773 年），“以关内丰穰，减漕十万石”[④]。在唐后期的漕运改革中，刘晏的成绩最大，其次为李巽。《新唐书》卷 54 的《食货志四》云：“自刘晏后，江淮米至渭桥寖减矣，至巽乃复如晏之多。”唐后期，地方租税只有上供部分运往京都，所以每岁所运漕粮不能与裴耀卿时相比，刘晏岁转百余万石其成效已够显著了。唐中叶对漕运改革后，不仅提高了效率，而且节省了开支，“故时转运船由润州陆运至扬子，斗米费钱十九，晏命囊米而载以舟，减钱十五；由扬州距河阴，斗米费钱百二十，晏为歇艄支江船二千艘，……米斗减钱九十。……轻货自扬子至汴州，每驮费钱二千二百，减九百，岁省十余万缗”[⑤]。因此，历史上对刘晏作了极为肯定的评价。《新唐书》卷 149 的《刘晏传》称赞说：“生人之本，食与货而已，知所以取，人不怨；知所以予，人不乏。道御之而王，权用之而霸，古今一也。刘晏因平准法，斡山海，排商贾，制万物低昂，常操天下赢赀，以佐军兴，虽挐兵数十年，敛不及民而用度足。唐中偾而振，晏有劳焉，可谓知取予矣。其经晏辟署者，皆用材显，循其法，亦能富国。”这一评价充分肯定了唐中叶财政改革中漕运、常平、和籴对国家财政的积极作用。

总之，唐中叶财政改革中的各种措施，都对国家财政的好转起了重要的作用，特别是以上几项措施的效果尤为明显。同时，再加之其他一些措施如分税制的建立以及截流、省费、开源等，使唐中后期的国家财政比起安史之乱刚结

---

① 《文献通考》卷 21，《市籴二》。
② 《文献通考》卷 21，《市籴二》。
③ 《唐会要》卷 87，《转运盐铁总叙》。
④ 《新唐书》卷 54，《食货志四》。
⑤ 《新唐书》卷 54，《食货志四》。

束时有了很大的改观。

《通典》卷6的《赋税下》记载唐德宗时，“每岁天下共敛三千余万贯”，唐宪宗时“两税纳酒斛豆盐利茶利总三千五百一十五万一千二百二十八贯石”①，改变了原来财政空竭的危机局面。

四、尖锐激烈的阶级矛盾趋于缓和

从第一节农民阶级和地主阶级之间的矛盾中已知，唐代自高宗至安史之乱刚结束的一段时期内，阶级矛盾日益加剧和激化，但通过唐中叶财政改革之后，原来日益激化的阶级矛盾得到了缓和。从大的农民起义时间来看，袁晁起义爆发于宝应元年（726年），这是唐中叶财政改革（主要以两税法为界线）前最后一次较大的农民起义，它距唐前期第一次较大的农民起义即陈硕贞起义（653—762年）有109年，距唐后期最大的一次农民起义即黄巢起义（762—874年）有112年。从这里可以看出，唐中叶财政改革之前曾发生过两次大型农民起义，特别是袁晁起义，正好处在安史之乱后不久。元气大伤的唐王朝本来在这种极其恶化的政治和经济环境下，面临着覆灭之灾，通过财政改革，阶级矛盾平缓了。如在袁晁起义至陈硕贞起义这百余年中，小型的农民起义连续不断，而在袁晁起义与黄巢起义这一百多年间，小型的农民起义见于文献的却不多，见于记载的唯有浙东裘甫起义和桂林戍卒庞勋起义，然而这两次起义实际上是黄巢起义的前奏。这一百余年间，尽管唐代政府与藩镇的战争从未间断，但并没有大规模的农民起义爆发。当时唐代的主要矛盾是专制集权与藩镇割据势力的矛盾，阶级矛盾退居了第二位，这种现象也同样证明唐中叶财政改革后阶级矛盾趋于缓和。

唐代中后期阶级矛盾之所以能缓和下来，原因主要有以下四个方面：一是广大贫苦农民对封建专制政府和对官僚地主阶级的人身依附关系减轻了，这主要是土地制度和租调制度改革的结果。二是减轻了广大贫苦农民的政治压迫。财政改革后，原来征派徭役和兵役的制度全被废除，兵役实行了募兵制，国家的力役也不再征派，而是实行了雇用制，这两种制度的实行，对广大劳动人民政治压迫的减轻是十分明显的。三是减轻了广大劳动人民的经济剥削。唐中叶财政改革之前官僚地主虽富但通过各种渠道免除租税，贫苦农民虽穷但必须交纳租税，田连阡陌的人和只有一小块土地甚至没有土地的人都要交纳相等的租

① 《资治通鉴》卷237。

额。这按人头看来似乎合理，实际上是极不合理的，在这种制度下，广大贫苦农民受封建国家的经济压迫甚重。两税法实行以后，国家征收租税不再以人丁为本，而是贯彻“人无丁中，以贫富为差”的原则，使封建租税开始走向合理负担，贫苦农民剥削的程度大为减轻。另外，两税法又扩大了纳税面，实行量出制入，这一改革也使广大贫苦农民减轻了剥削。除两税法以外，其他方面的改革，如刘晏漕运改革，减轻了关辅地区劳动人民受剥削的程度。《新唐书》卷149的《刘晏传》云：“京师三辅，苦税入之重，淮、湖粟至，可减徭赋半。”又如刘晏的常平盐免除了偏僻地区高价购盐的苦楚。常平仓改革之后，国家丰则贵籴，歉则贱粜，保持全国粮价的稳定，给广大劳动人民带来了好处。唐代中叶财政改革中对货币的改革，既保证了币值，稳定了物价，也减轻了广大劳动人民因货币变化而遭受的经济损失。四是农民流离失所的困境有所改变。安史之乱前，广大农民由于统治阶级残酷的压迫和剥削，“人不复业，则相率为盗”，特别是安史之乱的爆发，更加剧了广大农民的困境。然而唐代中叶的财政改革，从发展经济增加财政收入的观点出发，对农民流亡的问题给予了高度的重视，并采取了相应的招亡、蠲除等措施，使流民得以安定下来，重建家园，减轻了流离之苦。同时，唐中叶的财政改革还十分注意受灾地区的经济自救，由是民得安居乐业，户口蕃息。正是由于唐中叶财政改革使广大农民的人身依附关系减轻，政治压迫和经济剥削减轻，流离失所的困境得到改变，因而阶级矛盾得到了缓和，这一作用是很直接和明显的。

五、唐中期中央集权得到维护和加强

唐中后期的中央集权在重重危机之中没有灭亡，反而又继续存在了150年之久。安史之乱后，唐中央集权面临的处境十分困难，与唐前期相比一落千丈，崩溃指日可待。但经过财政改革后，气息奄奄的中央集权不仅奇迹般地复苏过来，存在下去，而且一天天好转。因为财政改革在财力上给其创造了存在的基础，解决了中央集权的财政危机，增强了实力。军事上实行募兵制以后，战斗力比天宝末明显提高。政治上由于阶级矛盾的缓和，除军阀割据战争外，并没有其他方面的动荡，可以肯定地说财政改革维护了唐代中后期中央集权的存在和延续。唐中叶财政改革对中央集权的作用不仅如此，同时还进一步促使中央集权发展和强大，出现了“元和中兴”的可喜局面。这是由于财政改革后国家的实力一步步得到加强，中央有足够的力量削平藩镇，使分裂割据的局面得到制止。“元和中兴”与其说显示了唐后期中央集权的政治力量，倒不如说是显示了财政实力。另外，唐中叶的财政改革由于土地占有和利益分配关系的调整，使统治阶级内部的矛盾也有所缓和。如士族地主和庶族地主的矛盾，在唐前期因“士庶天隔”非常激烈，唐中叶财政改革后，士族的经济特权完全被废除，在经济利益上士庶之间已不存在什么差别。如土地的占有已不像唐前期那样按品级授田，不论谁要占有更多的土地都需要通过购买，不少新起的庶族地主比老牌的士族地主占有的土地还要多。又如租税不论士族还是庶族都必须交纳。再如国家的兵役和力役全由招募和雇佣去完成，不论庶族还是士族再也没有免赋役的特权了。因此，士庶之间斗争的动力就逐渐低落下来，尖锐的矛盾也就随着时间的延长而平缓，最后走向消亡。

通过对唐中叶财政改革的研究，可知这次改革是唐代前期政治、经济、军事的发展变化所出现的矛盾所致。改革中所采取的各种措施都是针对当时的矛盾而制定的，目的在于调整利益关系，发展生产力，推动社会经济的繁荣与发展。实践证明，改革中所制定的举措是正确的，目的基本实现，因而这次财政改革是成功的。

第七章

北宋神宗时期的财政改革

北宋（960—1125 年），是中国封建社会中又一个承上启下的重要朝代。政治上，北宋结束了自五代十国以来分裂割据的混乱局面，初步实现了国家的统一，并极大地加强了中央集权的封建专制统治。经济上改变了多年战乱遗留下来的残破景象，不仅使社会经济得到较快的恢复，而且又有新的发展。但是，北宋从中叶以后，矛盾重重，危机四起，又成为中国历史上一个“积弱积贫”的封建王朝。为了扭转这种局面，神宗时从国家财政入手进行了一番改革。

第一节
北宋中叶积弱积贫程度的加深

北宋专制主义中央集权在加强统治的过程中，统治阶级逐渐腐败，官僚机构日益冗滥，国家军队急剧膨胀，赋税徭役越来越重，民族矛盾和阶级矛盾不断激化，严重地阻碍了社会生产力的发展。

一、民族矛盾导致的财政负担

在北宋中叶的社会诸矛盾中，民族矛盾居于首位。北宋中叶的民族矛盾，主要是与契丹族（即辽朝）和党项族（西夏）统治者之间的矛盾。契丹族，位于中国的东北地区。党项羌为三苗之后，西汉羌之别种。北宋建国后，虽然初步实现了中国的再次统一，但在东北和西北方面却遭到了契丹和党项的对抗。契丹族和党项族统治者为了夺取财富和土地，步步南逼，给北宋政府在政治、经济、军事上都造成了极大的威胁。虽然战争双方各有胜负，但总的趋势是契丹和党项处于优势，北宋屡遭败绩。从宋太宗雍熙之后，北宋由攻势完全变为单纯的守势，但辽却对宋朝展开了全面进攻。于是，宋辽订立了“澶渊之盟”，议定宋向辽每岁输“绢二十万匹，银一十万两，更不差使臣专往北朝，只令三司差人般送至雄州交割。沿边州军，各守疆界，两地人户，不得交侵”①。北宋以忍让妥协，割地输款换得了东北边地的暂时苟安。宋与党项族统治者矛盾斗争的结局，也和宋与契丹的结果相同。起初党项屡屡寇掠，北宋派兵反击，虽也有获胜之时，但多数败北。庆历二年（1042 年）渭州失败后，北宋更处于劣势，宋仁宗在西夏的威胁下，再无抵抗之心，表面整治军队，暗中遣知延州庞籍与西夏谈和。经两年交涉，最后于庆历四年（1044 年）达成协议：“其前日所掠将校民户，各不复还。自此有边人逃亡，亦毋得袭逐。……凡岁赐银、绮、绢、茶二十五万五千，乞如常数。”②其中银五万两，绢十三万匹，茶二万斤，除此在节日和元昊诞生之日，还要进贡银万两，银器二千两，绢帛等两万三千匹，茶一万斤。

总之，宋初统治者由于在政治上“因循不革”，虽然兵多，但战斗力极差，北宋一代，与契丹大小共八十一战，“惟张齐贤太原一战才一胜耳”③。如此败绩，只好以“钱帛”，即靠牺牲财政为代价，来换取一时的苟安。然而，妥协是解决不了矛盾的，它不仅更助长了辽与西夏的嚣张气焰，使“积弱”的程度有增无减，而且还使财政危机进一步加剧。

二、阶级矛盾对财政改革的要求

北宋中叶，国内的各种矛盾也开始日益加剧，其中地主阶级和农民阶级的矛盾最为激化。

北宋建国之初，政府虽然在名义上承袭唐代的“两税”，但并没有根据“两税法”的原则行事，又恢复了丁身税。因此在北宋的税收中，有“丁口之赋”，规定 20—60 岁的男子都要缴纳丁身钱（或米、绢）。尽管这种做法只局限在南方部分地区，但不能不说是一种倒退。除此之外，北宋政府还继承了五代十国时期几乎所有的苛捐杂税，统称为“沿纳”，又叫“杂变”。杂变，“名品烦细，其类不一，官司岁附帐籍，并缘侵扰，民以为患”④。其他如“支

① 《长编》卷 58，《十二月辛丑条注》。
② 《宋史》卷 485，《夏国传》。
③ 《后山丛谈》卷 3。
④ 《宋史》卷 174，《食货志上二》。

移”、“折变”、“和籴”、“和买”等，更是北宋统治者强加给人民的种种变相的敲诈与勒索。其中“支移”，是北宋政府在陕西、河东用兵时，因需要往边境运送粮草，就命令河北、河东、陕西各路的农民将秋税直接运到边地交纳。通过这一纸命令，北宋政府就把运送军需粮草的额外任务强加给了一般农民，如果农民不愿或承担不了这种义务，就必须向封建政府交纳一笔“地里脚钱”。后来“支移”的范围逐渐扩展，封建政府可以随心所欲地要求农民“移此输彼，移近输远”，如丰收地区的农户被迫将秋税送到歉收的地区交纳，这叫做“以有余补不足”。支移的结果，只能是“民不能堪”①。支移是对秋税，与此相对，“折变”则是对夏税的。封建政府借口“一时所需”，任意规定农民交纳夏税时现金与绸、绵、布、麦等各种定额比例，农民为了完成任务，不得不接受封建政府与大地主、大商人随意抬高与压低价格的盘剥。折变使农民“在常税之外，又五七之赋”②，对农民的盘剥由此可见一斑。至于“和籴”与“和买”，也是封建政府的一种变相的经济剥削，这里就不再详述。

除了上面沉重的赋税负担外，北宋农民还要肩负繁重的差役。北宋的差役大致可分为“职役”与“夫役”，前者是地主对封建国家所尽的差役，后者是农民向封建国家所服的劳役。《宋史·食货志》记载，“宋因前代之制，以衙前主官物，以里正、户长、乡书手课督赋税，以耆长、弓手、壮丁逐捕盗贼，以承符、人力、手力、散从官给使令；县曹司至押、录，州曹司至孔目官，下至杂职、虞侯、拣、掏等人，各以乡户等第定差”③。从这一段话中，我们不难看出，宋代的差役是根据户等来定的，当时政府根据是否占有土地把户籍分为主户与客户，而主户又根据土地的多少划分为五等。其中一、二、三等户称“上户”，是北宋的地主阶级；四、五等户称“下户”，是北宋的自耕农与半自耕农。职役由一、二、三等户充担，包括衙前、里正、户长、乡书手、耆长、弓手、壮丁，一般一等户大地主可轮流充担衙前与里正，二等户可轮流充担户长，三等户则充担耆长、弓手甚至壮丁。这些职役与其说是一种负担，还不如说是封建政府给予地主阶级欺榨农民的特权。当然，由于权力大小有别、分赃不均等原因，地主阶级内部也会有种种矛盾与争斗。除此以外，从“承符”到“掏人”，则是广大农民肩上的沉重负担。著名诗人苏辙曾说到：“熙宁（1068

---

① 《宋史》卷174，《食货志上二》。

② 漆侠：《宋代经济史》（上册），上海人民出版社，1987年，第407页。

③ 《宋史》卷177，《食货志上五》。

年）以前，散从、弓手、手力等役人常苦接送之劳，远者至四五千里，极为疲弊”①，“民被差役，如遭寇虏”②。夫役没有固定的时间规定，它与四、五等户的农忙时节发生冲突，遇上“春夫”或“急夫”，农民就不得不抛开手中的农活，一干就是好几个月，有时甚至连性命都难保。这样就影响农业的正常生产，是对农村劳动生产力的极大破坏。在北宋封建统治阶级超经济的压榨下，农民的处境十分悲惨，据当时人记载，“四民之中，惟农最苦”，尽管他们“勤极矣”，但“水旱霜雹蝗，间为之灾。幸而有成，则公私之债，交争互夺，谷未离场，帛未下机，已非己有矣。农夫蚕妇所食者糠籺而不足，所衣者绨褐而不完。直以世服田亩，不知舍此之外有何生之路耳”③。因此，北宋中叶的阶级矛盾十分尖锐，农民反抗与起义的斗争此起彼伏。这种阶级矛盾从北宋建国不久就开始暴露，如开宝六年（973年），渠州（今四川渠县）李仙聚众万人起事。宋太宗淳化四年（993年），爆发了四川青城农民王小波领导的农民起义，明确指出地主阶级和农民阶级之间的不平等，云：“吾疾贫富不均，今为汝均之。”于是，“贫民多来附者”④，“由是日盛，众至万余”。淳化五年（994年），李顺据成都，号大蜀王，改元应运，北抵剑关，南距巫峡，所向无敌，众至二十万。最后由于寡不敌众，这次农民起义在北宋政府的重重包围中被统治阶级所镇压。

矛盾得不到解决，斗争就不会完结，农民的反抗斗争至北宋中叶又掀起了高潮。宋真宗咸平三年（1000年），赵延顺等戍卒推军官都虞侯王均为领袖，并组织武装起义，从此各地农民的反抗斗争就从未间断。景德元年（1004年），逃亡士兵王长寿聚众起义；景德四年（1007年），宜州士兵在陈进的领导下举行的起义；庆历三年（1043年），王伦领导京东路驻军百余人的起义；庆历三年（1043年）九月，张海、郭邈山、党君子、范三和李宗等人领导起义；庆历四年（1044年），驻保州边地禁兵数千人因受官员虐待而举行起义；庆历七年（1047年），贝州爆发了王则领导的士兵和农民大起义等。

北宋中叶农民起义的频繁程度，次数之多，斗争之烈，正如欧阳修所言：“今盗贼一年多如一年，一火强于一火，天下祸患，岂不可忧”⑤。实践说明，

---

① 苏辙：《栾城集》卷36，《论差役五事状》。

② 苏辙：《栾城集》卷37，《再言役法札子》。

③ 《温国文正公文集》卷48，《乞省览农民封事札子》。

④ 杨仲良：《续资治通鉴长编纪事本末》卷13，《李顺之变》。

⑤ 《欧阳文忠公集》卷100，《再论置兵御贼札子》。

要缓和阶级矛盾，靠镇压是无济于事的，只有通过财政改革才能做到，因为阶级矛盾是国家财政分配不公造成的。

三、经济危机对国家财政的威胁

在北宋财政改革之前，不仅存在着尖锐的民族矛盾和阶级矛盾及其他社会矛盾，而且经济危机也同时加重。

北宋时期，是我国大土地所有制得到迅速发展并得以完全确立的时期，这既是历史发展的必然，又与北宋初年奉行的“不抑兼并”的土地政策密切相关。北宋建国后，一反过去历代王朝由政府授田的传统做法，而是招募百姓开垦荒地，规定只需要向政府“纳旧租”，所垦之地就可以变成自己的田产。不仅如此，北宋政府还鼓励掌握兵权的节度使，“释去兵权，择便好田宅市之，为子孙立永久之业”①。北宋政府的这种土地政策，深受北宋时期士大夫的赞许，“富室连我阡陌，为国守财，缓急盗贼窃发，边境骚动，兼并之财，乐于输纳，皆为我物”②。就是说富人兼并田产，实际上是为国家守护财富，一旦国家因战争等急需用财时富商大贾就会捐献给国家，他们的财富就等于国家的财富，其实完全不然。在这种政策之下，北宋大地主竞相兼并，到宋太宗雍熙三年（986 年），就形成了“富者弥望之田，贫者无立锥之地；有力者无田可种，有田者无力可耕；……富者益以多畜，贫者无能自存”的局面③。此时离北宋建国仅仅才 26 年，土地兼并达到如此程度，这在以前的封建王朝中是不多见的。随着宋真宗的上台及其腐败政治，北宋的土地兼并达到了高潮，致使“腴田悉为豪右所占，流民至无所归”④。宋仁宗继位后，针对这种十分严重的局面曾下诏限田，要求公卿以下官员不得“过三十顷”，牙前将吏“毋过十五顷”。这一限田令如一纸空文，各地官员借故拖延不办，宋仁宗也没有实行这个方案的决心，结果“任事者终以限田不便，未几即废”⑤。从这里不难看出，到了北宋中叶，封建大土地所有制已经是盘根错节，不可遏制。

北宋政府设想扶持大土地所有者“为国守财”，但结果则完全相反，这些大土地所有者依靠免税的特权，或者通过转嫁税负的方式，不仅不向封建国家

---

① 司马光：《涑水记闻》卷 1。
② 王明清：《挥尘后录余话》卷 1，《祖宗兵制名枢廷备检》。
③ 《长编》卷 27，《雍熙五年七月甲子国子博士李觉上言》。
④ 《宋史》卷 295，《谢绛传》。
⑤ 《宋史》卷 173，《食货志上一》。

上交一文，反而联合日益壮大起来的大商人，形成“兼并势力”，更加疯狂地掠夺作为封建国家赋税基础的自耕农。他们通过诱骗、伪券、高利贷甚至于强占的方式大肆夺取农民的土地，冲击封建国家的专卖收入，瓜分商税等，并把这些自耕农沦为他们的“佃客”，从而又减少封建政府对农民征收的丁税收入。最能反映这种兼并势头的，是北宋政权登记在册的土地数量的变化。据统计，宋真宗天禧五年（1021 年），北宋垦田数约为 525 万顷，达到北宋建国以来登记在册的土地数的最高额，到宋仁宗皇祐元年（1049 年），宋登记在册的垦田数仅为 215 万多顷，抛开新开垦的土地不说，净减少了 310 万顷。减少速度之快，数量之大，实属罕见。那些拥有大量土地的所谓“形势户”的土地，北宋政府是管不上也登记不到的。面对如此巨大的税收流失的“黑洞”，当时有人估计“不出租赋的田亩有十分之七”。这种局面的出现，不能不说是北宋中叶严重的经济危机的一个突出方面。

大土地私有制的确立，不仅造成国家土地、赋税的剧减，而且又激化了大土地所有者与封建国家争夺土地与劳动力的矛盾，并使大批农民破产流亡，造成土地荒芜的萧条局面。陈靖在《上太宗乞从京东西起首劝课》中讲到：“臣谨按方今天下土田，除淮海、江浙、荆湖、陇蜀、河东已外，郡邑各在远处，或废或开。……敢请指以京畿之地，南北东西环绕三二十州，连接三数千里，其田之耕稼者十才二三。……既有坐家破逃之户，又有惰农废业之夫，坐家破逃者，则奸伪日生，赋额岁减；赋额减则国用不丰。”又言：“臣常衔命出入，所见抛荒田畴，或倚枕沟渠，或比邻城郭，可以致国家红腐之粟，可以致民室巨万之资，而皆卒是污莱极目无际者。”①在大土地私有制下，这种现象的出现，是因为随着土地的兼并，广大农民无法再自食其力，不得不纷纷破产，除为大土地私有者当佃户以外，只好四处流亡。土地大量荒芜并不是无人愿意耕种，而是“有力者无田可种，有田者无力可耕”所造成的。农田荒芜和农民逃亡更加重了北宋中叶经济危机的程度，因为它很容易造成社会经济的瓦解和枯竭。

农民的生活每况愈下。《欧阳文忠公文集》卷 59 的《厚弊》中云：农民“一岁之耕，供公仅足，而民食不过数月。甚者，场功甫毕，簸糠麸而食秕稗，或采橡实，畜菜根以延冬春”。生产力遭到这样的摧残，社会经济是很难得到发展的。由上可知，北宋中叶的经济危机是十分严重的，它对国家财政是一个致命的威胁。

---

① 《宋朝诸臣奏议》卷 105，《财赋门》。

四、财政危机的发展势在必改

北宋中叶的财政危机，也是当时一个非常突出的问题。财政危机的出现，一方面是社会经济的萎缩造成的，另一方面是冗官、冗兵、僧尼道士的剧增及统治阶级的奢侈腐败造成的。宋祁《景文集》卷26的《上三冗三费疏》已明确指出：“大有三冗，小有三费，以困天下之财。”

三冗之中，冗官为最。北宋建国后，针对五代十国的分裂割据局面，宋太祖等采取一系列措施，极力加强专制主义中央集权统治。为分割宰相之权，北宋中枢文武分设，号称“二府”（政府、枢府），文职事务归中书省由宰相办理，军事政令则由枢密使执掌。宰相与枢密使分别朝奏，各不相知，以便皇帝直接控制政权与军权。同时，为防止宰相擅权，宋太祖还设置了两个副相，名曰参知政事，以图牵制。随着北宋统一战争的推进，五代十国以来的许多官位职称原封不动地继承，各国的大批旧官员也被包揽下来，同时又增设了大批的新官职，形成北宋官、职、差遣三种官员并存的独特的官制结构。官是指沿袭下来的三省、六部、二十四司、仆射、尚书、侍郎、郎中、员外等官员，他们除非奉有特别圣旨，不管本司的事务，“事之所寄，十无二三”。职指殿阁职称，如某某殿学士，他们一般只享有一些荣誉头衔或封号，并凭此领取俸禄与津贴，没有实权。差遣是北宋政府新设置的手握实权的新贵，即实际管事的官。这种情况在北宋中央官制中如此，在地方官制中也是这样。地方官中，由北宋中央政府派遣的知州、通判等官握有一方大权，原有的大量旧官职，如节度使、防御使、团练使、州刺使等等依然存在。因此，在北宋的封建国家机器中，中央官与地方官、新官与旧官、虚官与实官层层重叠，人浮于事。

如果说人浮于事的冗官是长在北宋封建政府机体上的毒瘤的话，那么封建皇帝的腐败是另外一个硕大的毒瘤。宋真宗以后，通过科举取士、恩荫授官、输粮输钱授官、卖官鬻爵等途径，官员数量越来越多，越来越滥，官僚机构也更加膨胀。其中，就恩荫授官这一途径，就足以看出北宋中叶官僚队伍膨胀的程度。《宋史·职官志》云：“荫子固朝廷惠下之典，然未有如宋代之滥者。文臣自太师及开府仪同三司，可荫子若孙及期亲、大功以下亲，并异姓亲及门客。太子太师至保和殿大学士，荫至异姓亲，无门客。中大夫至中散大夫，荫至小功以下亲，无异姓亲。武臣亦以是为差。”除规定的荫子、孙、期亲和大功以下亲以及异姓亲与门客外，凡遇郊祭、诞圣节等活动，“俱有荫补。宰相、执政荫本宗、异姓及门客，医人各一人。太子太师至谏议大夫，荫本宗一人。

寺长贰监以下至左右司谏，荫子或孙一人，余以是为差”。此外，官吏退休后也可以荫补，“曾任宰及见任三少、使相者荫三人，曾任三少（使相、执政官、见任节度使）荫二人。太中大夫及曾任尚书侍郎及右武大夫以上，并曾任谏议大夫以上及侍御史者，荫一人。余以是为差”。另外，还有遗表荫补，“曾任宰相及现任三少、使相，荫五人。曾任执政官（见任节度使），荫四人。太中大夫以上，荫一人。诸卫上将军（承宣使），四人。观察使，三人。余以是为差”。然而，以上荫官犹属定例，定例之外者还有多途，如特恩就是其一。“天圣中，诏五代时三品以上告身存者，子孙听用荫，则并及于前代矣。明道中，录故宰臣及员外郎以上致仕者子孙，授官有差，则并及于故臣矣。甚至新天子即位，监司、郡守遣亲人贺，亦得授官。”① 在这种制度下，官僚贵族的亲属以荫入官者数额惊人，如以功臣加荫者：曹彬卒，官其亲族、门客、亲校二十余人。李继隆卒，官其子，又录其门下二十余人。以优春加荫者：王旦卒，录其亲属及所亲信二十余人。以死事优恤者：郭遵战殁，官其四子，并女之为尼者，亦赐紫袍。徐禧战死，官其家十二人。宋代荫官之滥在中国封建社会实属罕见。如此，官僚的数量不能不锐增。清代史学家赵翼曾分析道：“宋开国初，设官分职，尚有定数。其后，荐辟之广，恩荫之滥，祠禄之多，日增月益，遂至不可纪极。真宗咸平四年，有司言减天下冗吏十九万五千人，所减者如此，未减者可知也。”② 宋仁宗时户部副使包拯估计：宋真宗时文武官员总共9785人，到宋仁宗时内外官僚17300余人，“其未授差遣京官、使臣及守选人不在数内，较达之先朝，才四十余年，已逾一倍多矣”。“今天下州郡三百二十，县一千二百五十，而一州一县所任之官，素有定额，大率用吏不过五六千员则有余矣。今乃三倍其多，而又三岁一开贡举，每放仅千人，复有台寺之小吏，府监之杂工，荫序之官，进纳之辈，总而计之，不止于三倍。”③ 当时就有人尖锐地批评：“自古滥官，未有如此之多。”

与北宋冗官相对应的是北宋的冗兵。北宋建国之初，宋太祖等为解决五代十国以来节度使拥兵自重、割据一方的局面，曾采取一系列措施极力削减带兵将领的兵权。第一，北宋统治者把军队的配置、调度、指挥之权完全收归皇帝。宰相、枢密院、三司使互相牵制，各不相知，甚至于临阵打仗的战阵布置

① 《宋史》卷298，《司马池传附司马旦传》。

② 赵翼：《廿二史札记》卷25，《宋冗官冗费》。

③ 《包拯集》卷1，《论冗官财用等》。

等皇帝都要亲自过问，前线将领毫无主动权。第二，实行“更戍之法”。为了打破“兵骄而将专”的局面，宋太祖将派出的禁军定期轮换，使士兵“习劳苦”，“均劳佚”，“兵不识将，将不识兵”。以后又将武职调离军职，派文臣掌兵事。北宋政府的这种做法，对于根除封建割据的隐患是起了积极作用，但同时也必须看到，北宋统治者又走到了另一极端，从而使这些政策有很大的副作用。皇帝独揽军权使前线将士完全丧失了对战争的主动性，反过来束缚了前方将士的手脚，极大地削弱了前线军队的战斗力，从而使前线长期保留大量的军队。同时，北宋政府从巩固自己统治、镇压人民反抗出发，实行“养兵政策”，更增加了军队的数量。所谓养兵政策，晁说之《嵩山文集》卷1的《元符三年应诏封事》中有一段话言及此事：“臣窃闻太祖既得天下，使赵普等二三大臣陈当今之大事可以为百代利者。……普等毕思虑，无以言，乃请于太祖。太祖为言：‘可以利百代者，唯‘养兵’也，方凶年饥岁，有叛民而无叛兵，不幸乐岁而变生，则有叛兵而无叛民。’普等顿首曰：‘此圣略，非臣下所能及。’行之至今百四十一年矣，天下有泰山之安，而无一日飞尘之惊”。可知养兵政策，就是把社会上的流亡民众收揽为士卒，以防止其聚众造反。这一政策对统治阶级来说既增加了军队数量，并不能防止农民的造反，如北宋中叶有许多地方的士兵起义就是极明显的例证，这些士兵实际上就是在养兵政策之下入伍的难民。所以，养兵政策推行了一百余年，对封建政府只有害而无利可言。宋太祖时，由于政治比较安定，经济得到恢复，养兵的数量是有限的。但至中叶以来，随着阶级矛盾的加剧，北宋政府开始全面地推行这种“养兵政策”，大量招兵，再加上军队的腐败，部队的战斗力日益下降。到北宋中叶，“冗兵”局面形成了，据统计，宋太祖开宝年间（968—975年），全国兵籍“总三十七万八千，而禁军马步十九万三千”；宋太宗至道年间（995—997年），全国兵籍“总六十六万六千，而禁军马步十九万三千”；宋真宗天禧年间（1017—1021年），全国兵籍“总九十一万二千，而禁军马步四十三万二千”；宋仁宗庆历年间（1041—1048年），全国兵籍“总一百二十五万九千，而禁军马步八十二万六千”①。从这个材料中，不难看出从968年到1041年短短73年中，北宋军队增长3.3倍，其中归北宋中央直接掌握的禁军增4.2倍。如果从宋太宗统一后算起，短短46年内，北宋军队也增长2倍，禁军增长2.2倍。这些数字无论从绝对数还是从相对数上讲，都是大得惊人，充分反映出北宋的“冗兵”到了何

① 《宋史》卷187，《兵志一》。

等严重的地步。所以，养兵之费急剧增加，如嘉祐二年（1057年），三司使程琳上疏指出："河北陕西军储数匮而招募不已，且住营一兵之费可给屯驻三兵，蓄养万兵者，今三万兵也。河北岁费刍粮千二十万，其赋入支十之三。陕西岁费千一百万，其赋入支十之五。计骑兵一指挥所给岁约费缗钱四万三千，步兵所给岁约缗钱三万二千，他给赐不预合，新旧兵所费不啻千万缗。……此国用所以日屈也"①。从当时北宋国家财政总支出来看，"养兵之费，在天下十居七八"②，这一数字实在惊人。

除了冗官和冗兵，便是统治阶级的冗费。北宋中叶的冗费来自多途，在官费和军费以外，主要是统治阶级的奢侈腐败。北宋初年的几任皇帝，比较能够励精图治，关心农桑，注意节俭，但从宋真宗后期开始，由于前期社会经济的恢复和发展，政治比较安定等原因，便忘却了居安思危的道理，一改前辈们积极进取的精神，奢侈腐化与日加重。如皇室费用，太宗时宫人惟系皂绸襜，元德皇后尝用金钱缘襜，太宗怒其奢。仁宗时，初定公主奉料，中官月有止七百钱者。至神宗时，"宫中一私身之奉，有及人十千者，嫁一公主至费七十万缗，沈贵妃料钱，月八百缗"③。又如郊祀之费，景德时一次为六百余万，皇祐时增至一千二百万，治平时更增至一千三百万，总支出约为一亿万缗以上④。另外，统治阶级大兴土木，从事崇佛活动，给辽与西夏贡奉等，导致官费和军费之外的开支相当可观的。所以，三费给北宋中叶国家财政造成了严重亏损的局面。《宋史》卷179的《食货志》（下）记载，宝元中，天章阁侍讲贾昌朝言："臣尝治畿邑，邑有禁兵三千，而留万户赋输，仅能取足，郊祀庆赏，乃出自内府。计江、淮岁运粮六百余万石，以一岁之入，仅能充期月之用，三分二在军旅，一在冗食。先所蓄聚，不盈数载，天下久无事，而财不藏于国，又不在民，倘有水旱军戎之急，计将安出"。这时期的财政，常是出大于入，如京师出入金帛，"宝元元年，入一千九百五十万，出二千一百八十五万；是岁郊祠，故出入之数视常岁为多；庆历二年，入二千九百二十九万，出二千六百一十七万，而奇数皆不顾焉"。皇祐元年（1049年），"入一亿二千六百二十五万一千九百六十四，而所出无余"。可知北宋中叶的国家财政，"年年亏短"，"支诸宿藏"，以致"百年之积，惟存空簿"。正如王禹在《上真宗论军国大政五事》

① 《文献通考》卷152，《兵四》。

② 《张载集·文集佚存 边议》。

③ 赵翼：《廿二史札记》卷26，《岁币条按语》。

④ 参阅曾巩：《元丰类稿》卷30，《议经费札子》。

中所言："冗吏耗于上，冗兵耗于下，此所以尽取山泽之利而不能足也。"①

北宋中叶的民族矛盾、阶级矛盾和经济财政危机已被愈来愈多的有识者所担忧。范仲淹在天圣五年（1027 年）的《上执政书》里说："朝廷久无忧矣，天下久太平矣，兵久弗用矣，士曾未教矣，中外方奢侈矣，百姓反困穷矣。朝廷无忧则苦言难入，天下久平则倚伏可畏，兵久弗用则武备不坚，士曾未教则贤材不充，中外奢侈则国用无度，百姓困穷则天下无恩，苦言难入则国听不聪矣，倚伏可畏则奸雄或伺其时矣，武备不坚则戎狄或乘其隙矣，贤材不充则名器或假于人矣，国用无度则民力已竭矣，天下无恩则邦本不固矣。"面对"天下弊事极多"的形势，宋王朝再也不能照老样子继续走下去了，只能正视现实，革古鼎新，走改革之路。

第二节
北宋中叶王安石主持的财政改革

治平四年（1067 年），在位仅四年的英宗去世，把危机四伏的大宋政权交给了他的儿子赵顼（即神宗）。神宗是位血气方刚的有为皇帝，此时曾一度沉寂的局面又被要求改革的呼声打破，一个个改革方案与主张相继而出，其中已独负天下盛名的王安石的改革主张，正与神宗"当今理财最为急务"的思想相吻合。于是，就在熙宁二年（1069 年），任用王安石主持这次财政改革。

王安石主持的财政改革，自熙宁二年（1069 年）开始至熙宁九年（1076 年）止，历时 7 年。熙宁二年二月，王安石被任命为参知政事，开始进行财政改革的准备工作。为了使改革能够顺利推行，他上奏神宗《乞制置三司条例》，建议设立制置三司条例司，作为改革的专门机构。三司，在北宋指掌管盐铁、度支、户部的最高财政机关，三司长官称三使，地位仅次于宰相，号称"计相"。王安石建议设立制置三司条例司是为了避开因循守旧的三司使，以利于改革工作的开展。神宗任命富弼为宰相，王安石为参知政事，以王安石主持制置三司条例司。此年，宋神宗采纳制置三司条例司的建议，实行了"均输法"、"青苗法"、"农田水利法"。熙宁三年（1070 年），实行了"差役法"；五年（1072 年），实行了"方田均税法"、"市易法"。同时，与财政改革相配套的还

① 《宋朝诸臣奏议》卷 145，《总议门》。

有裁冗等措施。

一、制定均输法，省费增效

均输法颁行于熙宁二年（1069年）七月。王安石在财政改革中的这一举措，主要是对北宋政府贡输制度的改革，以此打击“富商大贾因得乘公私之急，以擅轻重敛散之权”的行为，减轻广大农民的痛苦，增加国家的财政收入。

北宋政府的贡输制度，在改革前就已经弊病百出，亟待解决。一是费用高，这主要是贡输制度不适应商品经济发展造成的，如供应京师的粮食、丝织品和其他物资都有固定的数额，承办人员只能按章办事而不敢变通，致使“丰年便道可以多致而不敢取赢，年俭物贵难以供亿而不敢不足”，“盈亏不以相补”。所以，在年俭物贵时不得不向商贾高价购买，从而加大了开支，再加上“远方有倍蓰之输”，贡输的费用日益增加。二是加重了对广大劳动人民的剥削。因为各路“忧年计之不足”，为了应付皇帝的征取，令农民将实物税缴纳到很远的指定地点，把这批运输费转加到农民头上。除此，还让农民改交另外一些实物，并按低价折算，致使“民纳租税数至倍其数”。农民负担的加重，不仅使阶级矛盾走向激化，而且严重影响了农业经济的发展。三是在财政上造成浪费。由于主管贡输的发运司权力有限，既不了解京师诸库的物资储存情况，又不熟悉京师对各项物资的需求情况，也没有权力决定各路上供的物品，往往造成实物运输和供求之间的严重脱节。这样一来，当各地上供同类物资过剩时，就不得不低价出售，致使“中都有半价之鬻”，给国家财政造成很大的浪费。四是商贾从中牟利。封建朝廷为了得到自己所需要的物资，常常“多求于不产，责于非时”，地方官或纳税户为了完成所贡物资，只好出高价向商贾购买。不仅如此，当贡输之物数量不敷，须求助于商人时，商人就抬价出售；当贡输之物多于所需时，商人就压价收买，由此大获其利。所以贡输制度实行的结果是：民间纳税加重，朝廷财用空窘，商贾获取厚利。王安石认为像这样的贡输制度必须改革，否则就是“有财而莫理”。他之所以在变法的第一年就制定公布了均输法，就是要尽快地割除这些积弊。

均输法的方案是由吕惠卿提出的，同时吸收了发运使许元的一些新创。均输法对原来贡输制度的改革主要有以下方面：

（1）扩大发运使司的权限，使其对六路所供物资通盘筹划，灵活处理。为了做到这一点，国家在财政上“假以钱货，资其用度”，从国库中拨出五百万贯钱和上供米三百万石为本钱。凡六路的财赋和茶、盐、矾、酒等项收入全由发运使总管，使其“周知六路财赋之有无而移用之”。

（2）规定在组织采办上贡物资上，要坚持“徙贵就贱，用近易远”的原则。即上供物资尽量在产地而且在丰产价贱、路程近便的地方征收和采购，反之则少收少购，以节省开支和运费。

（3）对非产地的民户，规定可改交税款，不强征实物，以避免百姓贵买货物以贡上求，免遭富商大贾的剥削。对歉收地区的民众，规定不再令其输纳粮食和实物，可用钱折交。这些地区应该上供京师的粮食由发运使在所辖仓库中支付，然后用歉收地区折交的款项到丰收地区收购以填补库存。

（4）坚持供求原则，克服盲目发运。为此，不仅规定发运使有权了解京师各仓库的库存情况和当年支用的需要数量，以保证及时地、适量地供办物资。同时，还允许发运使在价廉的地方机动地购买一些可以“变易蓄买”的物资，适当地储备，供备京师不时之需，避免在急需之时高价向商人购买。

（5）扩大业务范围，举办商业业务。均输法规定在办好进贡物品输送京师的基础上，还可以进行地区间的贩运贸易。具体做法是在丰产、价廉、路近的地区收购物资，在京师不大需要时，可以“从便变卖”，即使原定上贡的物资也可以这样处理。对于粮食的经营，规定可以在丰贱处收购，到歉收或价贵处出售。总之，“于贵贱远近之间，既有所就，有所易，又复置官属，出缗钱，势必籴贱贩贵，与商贾周旋矣”①。这一改革，不仅限制了商贾对贡输物资的收购，而且还把地区间很多商品贩运贸易由私营变为官营。

均输法的推行，首先是打击了商人势力，抑制了商业资本的发展。反对改革的苏轼曾讲到均输法“广置官属，多出缗钱，豪商大贾皆疑而不敢动”。刘琦等也曾云均输法“假以货泉，任其变易，纵有所入，不免夺商贾之利”②。其次，增加了国家财政收入，如在粮食方面“本钱岁增，兵食有余”。王安石曾打算通过推行均输法，从富商大贾手里夺回“轻重敛散”之权；“便转输，省劳费”，免除过去的远程运输；“去重敛，宽农民”，以减轻人民负担；增加国家财政收入，使“庶几国用可足，民财不匮”。实践证明，王安石的计划都变成了现实。

二、改革青苗法，抑制私人高利贷

“青苗法”主要是针对北宋农村高利贷十分猖獗这一严峻事实而采取的限

---

① 柯昌颐：《王安石评传》。

② 《宋史》卷168，《食货志下八》。

制措施，目的是由国家信贷代替私人高利贷。北宋中叶，私人高利贷活动十分猖獗，“取倍称之息”是常事。欧阳修记载：农民“当其乏时，尝举债于主人，而后偿之息，不两倍则三倍。……偿三倍之息，尽其所得或不能足，其场功朝毕而暮乏食，则又举之。故春冬举食，则指麦于夏而偿，麦偿尽矣，夏秋则指禾于秋而偿也”①。从欧阳修的这段话中，我们不难看到，贫苦农民陷入大地主的高利贷盘剥中不能自拔，马克思指出小农经济经不起天灾人祸的打击，农村高利贷像天灾人祸一样常常是农民破产的直接原因。因此，北宋的一些地方官从稳定农业、安定社会出发，尽力采取一些措施来限制高利贷盘剥。王安石在浙江鄞县作县令时，每当青黄不接时，就把官仓里的存粮以轻息贷给农民，约定秋收后归还新粮。在这方面做得比较好的当属陕西转运使李参推行的贷钱还谷的“青苗钱”办法。这些举措尽管取得了一些成效，但范围是相当有限的，仅仅只能视为青苗法的雏形。

王安石在财政改革中，接受与完善了李参的青苗钱法，并把这个行之有效的措施推向全国，以限制甚至取缔农村的高利贷活动。王安石在请求实施“青苗法”的奏疏中写道：“人之困乏，常在新陈不接之际，兼并之家乘其急以邀倍息，而贷者常苦于不得。”为了改变这种状况，王安石主张由封建国家出面，“通一路之有无，贵发贱敛，以广积蓄、平物价，使农人有以赴时趋事，而兼并不得乘其急”。王安石的奏疏得到了宋神宗的赞同，宋神宗遂发布诏令，正式在全国实行青苗法。

青苗法的主要内容和具体做法是：

（1）以常平、广惠仓中的粮食与钱作为政府贷款的本钱，于夏秋不接之际贷给百姓。其中粮食价格按“酌中物价”来计算，即按当年前十年内的各种粮食的最低价格平均计算，即不偏高，也不过低。这一酌中价格就是本年政府向农民借贷的标准价格，即“预支例价”，按照这一价格出告示让民户自愿请贷。

（2）现钱的贷放，要按折合标准换算成实物斗斛数，到期按折算数量归还粮食。如果到期粮食价格贵昂时也可以归还现钱，请贷粮食的愿归还钱也可。总之“皆从其便”，“务在优民”，以不得亏官本为宗旨。

（3）贷款一年进行两次，一次在正月三十日以前，称“夏科”，一次在五月三十日以前，称“秋科”。发放数量每次为全年贷款额的一半，农民所贷粮款分别随夏秋两税偿还。

---

① （宋）欧阳修：《原弊》。

（4）贷款利息一般为十分之二，十分之三的息虽偶有发生，但一般很少，即使按每期贷款半年还，合年利十分之四计也要低于私人高利贷。对兴修水利的贷款更为优惠。《宋会要辑稿·食货一》记载："常平钱谷限二年两科输足，岁出息一分。"又云农田水利所贷的青苗钱"作两限或三限送纳，只令出息二分"。凡兴修农田水利所请贷的款项，利息最高为二分，最低是一分，归还的期限有二限，一限为半年，两限为一年，最长可达一年半。

（5）农村请贷，规定"五户以上为一保，约钱数多少"，保内人相互监督，防止"浮浪之人"混入或人户逃亡。而且每保还要有第三等以上户的"有物力人"充当甲头，以保证不亏官本。客户贷款要由主户担保，"量所保主户物力多少支借"。

（6）每户借钱多少由户等高低来定，第五等户（并客户）每户不得超过一贯五百文，第四等户每户不得过三贯，第三等户每户不得过六贯，第二等户每户不得过十贯，第一等户每户不得过十五贯，但最低每户须贷给一贯以上。县令在发放贷款时要严格检查核实，按各户财产多少借予，严防多借、冒借等事发生。

（7）每次发放贷款若有剩余，可由本县在规定数额之外贷给第三等以上人户，也可按青苗例支借给"坊郭有抵当人户"，以五家为保，进行抵押放款，但借款数额不得超过所抵押财产价值的半数。这种贷款实际上是强户富户借贷交息，与一般农民"不愿请者，不得抑配"的原则有所不同，不过这不是青苗法的主要部分。

总之，青苗法既抑制了富商大贾对广大农民的盘剥，又发展了农业生产，是值得充分肯定的。

三、推广农田水利法，巩固农税来源

农业是国民经济的基础，水利是农业的命脉，这一点在古代社会尤其如此。王安石从"因天下之力生天下之财"这一观点出发，认为解决财政困难的根本出路在于发展生产，开辟财源，有鉴于此，王安石十分重视农业生产及农业水利工程，他主持财政改革后不久即遣人到各地察看农田、水利与赋役。熙宁二年（1069 年）十一月，王安石在宋神宗的支持下，制置三司条例司颁布实施农田水利法，即《农田利害条约》。

条约指出："凡有能知土地所宜种植之法，及修复陂湖河港，或原无陂塘、圩埠、堤堰、沟洫而可以创修；或水利可及众而为人所擅有；或田去河港不远

为地界所隔，可以均济流通者；县有废旧旷土，可纠合兴修；大川沟渎浅塞荒秽，合行浚导，及陂塘堰埭可以取水灌溉，若废坏可兴治者，各述所见，编为图籍，上之有司。其土田迫在川数经水害，或地势污下雨潦所钟，要在修筑圩埠、堤防之类，以障水涝；或疏导沟洫、畎浍，以泄积水。县不能办，州为遣官，事关数州，具奏取指。”①这些是农田水利法的主要内容，主要包括两个方面：一是农田的开辟和种植，二是农田水利工程的兴修。农田水利工程所涉及的范围，首先是修复原有的河塘渠坝；其次是修建新的水利设施，凡是可以修建的和去田不远可以均济通流的地方都要求兴修陂塘堤堰，而且以此为重点；最后是解决水利本可以济众却被私人所专擅的水利工程，“或水利可及众而为人所擅有”。在兴修农田水利的具体做法上，规定大的工程涉及数县决非一县人力物力所能完成的，由政府出面协调和支持。关于经费问题，规定凡是“民力不能给者”，均以“青苗法”由官府贷款，同时还指定富户予以借款。

为了很好地贯彻新的农田水利法，国家把兴修农田水利的好坏作为考核官吏政绩，提拔升迁的重要标准之一。如法律规定：知县、县令“能用新法偿修本县农田水利，已见次第……朝廷量功绩大小与转官或迁任，减年磨勘、资循”。对于一般百姓，国家也实行奖励的政策，规定“随功利大小酬奖，其兴利至大者，当议量财录用”。

农田水利法颁布后，在全国范围内得到推行，黄河、汴河、广济河、洛水等大型河流都得到了治理。五代以来，藩镇割据，黄河下游长期得不到治理，由于黄河水中有大量的泥沙，使黄河下游的河床高于地面，经常决口，对人们的生命财产造成很大的威胁。而且，黄河又不断改道，北宋时先是从大名改向北流，经恩州、翼州至乾宁军（今河北青县）入于海，后因在大名、恩州之间决口，派生出一股流向德州，经沧州至无棣县入海，从此黄河分北流和东流两股，决溢之患不断。要发展黄河下游的农业经济，治理黄河势在必行，当时有人提出把黄河再回到向东流的故道上，开浚东流所派生出来的二股河，引导河水东流。王安石等完全赞同这一方案，于熙宁二年（1069 年）开年始疏浚二股河，将北流堵塞，把河水引向东流。为了根治黄河，王安石认为必须要清理河道，使“水由地中行”，不能使其高过地面。当时，李义公献铁龙爪扬泥车法以浚河淘沙，得到王安石的重视，“令怀信、公义同议增损，乃别制浚川耙。熙宁五年（1072 年），在王安石的支持下，开始由宦官黄怀信浚治二股河。熙

① 《宋史》卷 95，《河渠志五》。

宁六年（1073 年），在开封专门设立了“疏浚黄河司”，由李公义主管，专门负责疏浚黄河的事，计划从卫州开始疏浚一直到海口，使整个黄河下游的水道低于地面。把大名到海口这一段完成后，就立即收到了很好的效果，“退滩内所出民田数万顷，尽成膏腴”。其成效正如王安石所料，“昨修二股河，所用夫功、物料，比北流所费不多，又出公私田土为北流所占者极众，向时潟卤，今皆沃壤，河北自此必丰富如京东，其功利非细也”。

汴河是北宋时转运各地赋税粟帛的主要河流，因水浅涩，常阻运漕，给财政调拨造成很大的困难。在王安石主持的财政改革期间，对此河也进行了很大程度的治理，熙宁四年（1071 年），“创开訾家口”，使水流畅通。王安石又采纳应舜臣的建议，筑斗门，“水大则泄以斗门，水小则为辅渠於下流以益之”。熙宁五年（1072 年），为了长久之计，“疏浚汴河，自南京至泗州，概深三尺至五尺”。熙宁九年（1076 年），又勘察汴河浅深，用浚川耙清理泥沙，“功利灼然”。

洛水贯穿西京，多暴涨，漂坏桥梁。熙宁四年（1071 年），以三班借职杨琰为主持，在洛水上增设上下霸牐，蓄水以备浅涸，又修固土岸。熙宁九年（1076 年），都水监於顺天门外签直河身，至于染院后签入护龙河，至咸丰门南复入京、索河，“实为长利”。广济河，岁漕上供米六十二万石，也是北宋重要的运河。熙宁七年（1074 年），因河浅废运，致使物贱伤农，诏张士澄、杨琰修治。於通津门汴河岸东城里三十步内开河，下通广济，以便行运。次年，又因汴河置渗水塘，自孙贾斗门置虚堤八，渗水入西贾陂，由减水河注雾泽陂，皆为河之上源。修坝闸，为启闭之节，“一举两利”。实践证明，农田水利法贯彻得是非常有成效的。

四、颁布免役法，减轻农民负担

“免役法”又称“募役法”，是针对北宋中叶以来繁重的差役而制定的，其内容主要是出钱免役，再由政府用钱雇役。如前所述，北宋的差役十分沉重，就是农村一等户负担的衙前役也是苦不堪言。因而对差役的改革很早就有议论，并且为王安石改革作了一些思想准备。王安石改革开始后，对这一重大问题采取了“缓而图之”的极为慎重的态度，一方面，宋神宗、王安石继续鼓励对这一问题进行深入讨论，同时又进行了一些试点工作。熙宁二年（1069 年），制置三司条例司根据讨论的结果起草了“计产定赋，募民代役”的草案，王安石同时派若干官员携带草案到各地同州县官磋商，听取他们对这个方案的意见，然后任命吕惠卿主持起草役法条例，并先在一、二州内试行。在这个基础上，判司农寺邓绾、曾布又制定了一个针对开封府的方案，其办法是根据各家拥有财产的程度，将全国人户定为十等，其中农村上户五等，中户三等，下户二等，城郭十等。方案规定："乡户自四等、坊户自六等以下勿输"，其余人户均须"岁以夏秋随等输钱"。国家得到这些钱后，用钱募"三等以上税户代役"，根据差役的轻重予以报酬。方案实施后，开封县（今河南黄龙寺）22600户，一年输钱12900缗，从中用10200缗来雇人代役，剩余2700缗"以备凶荒欠缺"。于是"他县仿此"，经过反复讨论与试点工作，免役法逐渐成熟，在开封"揭示一月，民无异词"。可以想象免役法出台前准备之周密。

熙宁四年（1071年）十月一日，宋神宗正式颁布免役法，以"天下土俗不同，役重轻不一，民贫富不等"，要求各地"从所便为法"，即根据实际情况予以实施。免役法涉及封建国家与各阶层人们的劳役分配关系，因而成为王安石财政改革的一项重要的举措。其主要内容有：第一，承担各种差役的民户，不再服役，改向官府交钱，随夏秋两税交纳，称为"免役钱"。免役钱按家产多少分等，上等户分五等，中等户分三等，下户分二等，乡村四等以下不纳钱，城市六等以下不纳钱。第二，各路、州、县依当地差役事务繁简，自定额数，供当地费用。定额之外，可以"率其数增取二分，以备水旱欠阙，称为"免役宽剩钱"。第三，城市六等以上户，原来不负担差役的官户、女户、寺观、未成丁，也要按定额的半数交纳役钱，称为"助役钱"。

免役法的顺利实施意义重大。其一，免役法以钱代役，减轻劳役程度，解放了原本需要服差役的农民，真正是"释天下之农，归于畎亩"。劳役制的减轻，是符合人类历史发展方向的，农民有更多的时间从事农业生产，有利于农业经济的发展。其二，免役法免去了乡村四等户以下民户的差役与役钱，使原来不服差役的官户等承担了义务。关于这一点，王安石曾表白道："论理财以农事为急，农以去疾苦、抑兼并、便趣农为急。此臣所以汲汲于差役之法也"①。

五、贯彻方田均税法，实现税负公平

"方田均税法"的目的在于清丈土地，整顿田赋，以防止和杜绝偷税漏赋，使各类户的赋税达到合理负担。这一新法的出现，主要是针对北宋中叶土地不

---

① 《长编》卷220，《熙宁四年二月庚午记事》。

实、赋税不均的情况提出来的。北宋自开国以来，对于土地的占有长期实行“不抑兼并”的政策，富强之家占地多而纳税少，有的大户甚至“请占公田而不输税”，国家赋税全都压在中下户头上。而中下层和比较富裕的自耕农民为了逃避繁重的赋敛和差役，伪立契券，纷纷托庇于官绅形势户和豪强之家，假称将土地卖给大户官绅，自己冒充他们的佃户，仍在原有的田地上耕作，把收获的一部分作为租课交给托庇之家，从此免除了向国家所交纳的赋税，这就是所谓的“诡寄户”。有的贫穷户由于受不了分摊的田赋，索性弃地逃亡，流离他乡，但尽管如此，他们仍要负担原来土地上的赋税，即所谓“产去税存”。因此，北宋中叶，土地不实，田赋不均，收入锐减，成为亟待解决的问题。如《文献通考》卷4的《田赋考》云：“自祖宗承五代之乱，……而又田制不立，田亩转易，丁口隐漏，兼并伪冒者未尝考按，故赋入之利视古为薄。”

由于这种情况严重地危及到了北宋的国家财政，所以在王安石主持的财政改革之前就有不少人提出要改变这种现象。如庆历中，宋仁宗下诏曰：“税籍有伪书逃徙，或因推割，用幸走移，若请占公田而不输税。如此之类，县令、佐能究见其弊，以增赋入，量数议赏”。谏官王素言：“天下田赋轻重不等，请均定。”欧阳修也上奏：“秘书丞孙琳尝往洺州肥乡县，与大理寺丞郭谘以千步方田法括定民田，愿诏二人者任之。”但是，由于“州县多逃田，未可尽括”，这一举动“遂罢”，更加重要的是朝臣因惧怕官僚豪强，无人再敢议方田之事。如苏轼的《较赋税》记载：“今之法本不至什一而税，然天下嗷嗷以赋敛为重者，岂其岁久而奸生，偏重而不均，以至于此欤？今欲案行其地之广狭瘠腴，亦将一切出其意之喜怒，而其患益深，是故士大夫畏之而不敢议。”王安石却不像一般士大夫那样对大官僚豪强“畏之而不敢议”，而是完全赞同大理寺丞郭谘“以千步方田法括定民田”的办法，并在此基础上加以完善补充，正式制定了方田均税法，于熙宁五年（1072年）八月颁布。首先在一部分地区实行，总结经验和利弊，再进一步在全国范围内推广。

方田法的内容如《宋史》卷174的《食货志上二》所载：“神宗患田赋不均，熙宁五年，重修定方田法，司农以《方田均税条约并式》，颁之天下。以东西南北各千步，当四十一顷六十六亩一百六十步为一方。岁以九月，县委令、佐分地计量，随陂原平泽而定其地，因赤淤黑垆而辨其色。方量毕，以地及色参定肥瘠而分五等，以定税则。至明年三月毕，揭以示民，一季无讼，即书户帖，连庄帐付之，以为地符。”

方田法的规定可分为以下几点：一是根据制定的尺度丈量所有的土地，丈量时以一方为单位。据吴慧先生研究，宋一尺长 31.68 公分，五尺为步，240 步为亩，一宋亩合今 0.9 市亩，以此为丈量的单位①。二是根据土地的肥瘠、质量、色别及陂原之差分为五等。至熙宁六年（1073 年）三月底丈量完毕，将结果公布于民。三是限期一季度之内，若居民没有意见即书户帖，连庄帐付之，以为地符。户帖，即户口登记卡；庄帐，即各村的花名册；地符，即对土地拥有所有权的凭证。也就是说，在民众没有意见的情况下，将丈量的结果（即亩数、等级）登记造册，发给各户，作为今后收税的凭据。除此，还规定“若瘠卤不毛，及众所食利山林、陂塘、路沟、坟墓，为了明确，皆不立税”②。为了明确每户土地的范围，还规定“凡田方之角，立土为峰，植其野之所宜木以封表之”③。这一措施，是防止以后在收税过程中发生地界纠纷，以利于均税的实行。关于土地的买卖、分析等问题，方田法规定“其分烟析生、典卖、割移，官给契，县置簿，皆以今所方之田为正”④。方田之后的土地，“有方帐、有庄帐、有甲贴、有户帖”，手续非常健全，而且十分明确，大大改变了原来土地不清的状况。

均税法的内容如《文献通考》卷 4 的《田赋考》所载：“县各以其祖额税数为限，旧尝取蹙零，如米不及十合而收为升，绢不满十分而收为寸之类，今不得用其数均摊增展，致溢旧额，凡越额增数皆禁之。”均税法规定各县征收的数额仍以最初的定额为限，原来数额的零头（诸如米不够十合收为升，绢不满十分收为寸）不能扩展为整数，致使超过旧额，凡超越旧额的行为一律禁止。这是均税的总要求，均税的具体办法就是按照方田之后的土地等级和数额规定税额，即地分五等，以定税制。土地质量好等级高和数量多的户多交纳，反之少交，使税收趋于合理，这就是所谓的均税法，并不是平均分担。除此，还有一些具体的规定，如“荒地以现佃为主”，归耕者交税，“勿究冒佃之因”。这里说的佃荒田者是指耕种国有荒地者，而不是大土地私有者的佃户，这样的人户要向政府交税，不可冒充私人佃户之名而免税。又如“丝绵绸绢”的征收，“不以桑柘有无，止以田亩为定”，预告乡民勿信浮言而斩伐桑柘。以前诡名挟佃者，将方田察出后，一律改正，不得再犯。

以上是熙宁五年方田均税法的内容和规定，由于在实行过程中又发现了不

① 吴慧：《中国古代六大经济改革家》，上海人民出版社，1984 年，387 页。
② 《宋史》卷 174，《食货志上二》。
③ 《宋史》卷 174，《食货志上二》。
④ 《宋史》卷 174，《食货志上二》。

少具体问题，需要分别对待，王安石等人在熙宁六年（1073 年）又对方田均税法作了修订。《宋史·食货志上二》所载有以下几条：

1. 土色等级是否分为五等不必拘泥，根据各地土地情况可增设等级，尽量使赋税制定的均当。《宋史·食货志》云："六年，诏土色分五等，疑未尽，下郡县物其土宜，多为等以期均当，勿拘以五。"

2. 方丈土地要公开化，官府与各户当面丈量，以防作弊。"每方差大甲头二人、小甲头三人，同集方户，令各认步亩，方田官验地色，更勒甲头、方户同定。"每方大甲头以本方上户充当，会同官员与方内民户共同进行这一工作。

3. 有灾害的地区暂停方田。《文献通考》卷 4 的《田赋四》记载："诏灾伤路分权罢，司农寺言，乞下诸路及开封府界除秋田灾伤三分以上县权罢外，余候农隙。河北西路提举司言乞通一县灾伤不及一分勿罢。"

方田均税制度颁布后，以济州钜野尉王曼为指教官，先在东京路实行，后来推行到京东、陕西、河北、秦凤、鹿延五路，范围几乎包括了整个黄河流域。在推行方田均税法的过程中，王安石等人防止了一哄而上的现象，而是慎重和有选择的。规定凡所管不满五县的州，每年内只选择取税最不均的一县先行；五县以上的州，每年也只能在两个县内实行。丈量均定后，如发生大量词讼，上诉不实不均等情况，规定重新丈量核实，执行得比较认真。至元丰八年（1085 年）停止丈量时，这一工作共进行了十三年之久，"天下之田已方而见于籍者，至是二百四十八万四千三百四十有九顷"①。

六、推行市易法，打破商贾垄断

王安石主持财政改革中的市易法，来源于西汉桑弘羊的平准法。王安石在《上五事札子》中明确指出："市易之法，起于周之司市，汉之平准。"② 其目的主要是把富商大贾利用操纵物资价格而牟取的暴利收为国有，把都城开封和全国各大城市中市场物资的"开阖敛散"之权收为国有，以此稳定物价，免除中小商贩受富商大贾的压榨欺凌，夺取富商大贾在商业经济中独霸的一部分利益，以增加国家的财政收入。王安石在《上五事札子》中言："市易之法成，则货贿通流而国用饶矣。"如果说方田均税法是针对北宋大官僚地主在农村大肆兼并土地却免税、漏税、少交税甚至不纳税的现象制定的，那么市易法则是

① 《宋史》卷 174，《食货志上二》。

② 《临川先生文集》卷 41，《上五事札子》。

针对北宋中叶城市中富商大贾操纵物价，盘剥市民，独揽商业利润的情况制定的。北宋开国以来，不仅对土地实行“不抑兼并”的政策，而且对富商大贾也自由放任，随着商业经济的发展繁荣，商人的势力迅速形成，大商人在城市开设邸店，把持行业，垄断了各类物资的交易。在他们的操纵下，利用抬价和压价残酷地剥削中小商人和城市居民，同时还兼营高利贷，以增加其商业资本。对这种情况，魏继宗熙宁五年（1072 年）在上书中讲得非常清楚：“京师百货所居，市无常价，贵贱相倾，或倍本数。富人大姓皆得乘伺缓急，擅开阖敛散之权，当其商旅并至而物来于非时，则明抑其价使极贱，而后争出私蓄以收之；及舟车不继而京师物少，民有所必取，则往往闭塞蓄藏，待其价昂贵而后售，至取数倍之息。以此，外之商旅无所牟利，而不愿行于途；内之小民日益朘削，而不得聊其生。财既偏聚而不泄，则国家之用亦尝患其窘迫矣。”①对于这种情况，魏继宗认为不能置之不理，国家应该采取相应的措施，指出：“富能夺，贫能与，乃可以为天下”。他向宋神宗建议：“则当此之时，岂可无术以均之也？况今榷货务自近岁以来，钱货实多余积，而典领之官但拘常制，不务以变易平均为事。宜假钱别置常平市易司，择通财之官以任其责，仍求良贾为之辅。使审知市物之贵贱，贱则少增价取之，令不至伤商；贵则少损价出之，令不至害民。出入失其平，因得取余息以给公上，则市物不至于腾踊，而开阖敛散之权不移于富民，商旅以通，黎民以遂，国用以足矣。”②

富商大贾独揽“开阖敛散之权”的情况王安石也十分清楚，并且早有改革之意。他认为：“古通有无，权贵贱以平物价，所以抑兼并也。去古既远，上无法以制之，而富商大室得以乘时射利，出纳敛散之权一切不归公上。今若不革，其弊将深。”③所以，王安石对魏继宗的建议非常赞同。熙宁三年（1072 年），秦凤经略司主管机宜文字的王韶在西北边境所行市易法的成功更坚定了王安石推行市易法的信心。此年，王韶看到秦凤路（今青海、甘肃和陕西省的各一部分）少数民族与汉族贸易频繁，每年贸易额“不知几百千万”，“商旅之利尽归民间”。他把这一情况上报给政府，建议“于本路置市易司，借官钱为本，稍笼商贾之利。即一岁之入，亦不下一二十万贯。”这一建议得到了主持财政改革者王安石的大力支持，许其在蕃、汉交通孔道陇西古渭寨（今甘肃

① 《长编》卷 231，《熙宁五年三月丙午记》。

② 《长编》卷 231，《熙宁五年三月丙午记》。

③ 《长编》卷 231，《熙宁五年三月丙午记》。

陇西县境）设置一所市易务，把这一地区蕃、汉贸易之权收为国家所有。这种市易法虽然与以后推行的市易法的宗旨有所不同，但毕竟是政府推行市易法的一个成功的开端，为市易法的正式公布实行奠定了良好的基础。

在此基础上，王安石等人决定首先在开封设置市易务，制定市易法的条款，并于熙宁五年三月完成，以皇帝诏令的形式宣示天下。诏书曰："天下商旅物货至京，多为兼并之家所困，往往折阅失业。至于行铺稗贩，亦为较固取利，致多穷窘。宜出内藏库钱帛，选官于京师置市易务，商旅物货滞于民而不售者官为收买，随抵当物力多少，均分赊请，立限纳钱出息。其条约，委三司本司官详定以闻。"①诏令的颁布，宣告了市易法的正式实行。

据《宋史·食货志·市易》和《长编》卷231所载，市易法的内容有以下几方面。

1. 市易务的职官及职责

（1）"置市易务，监官二，提举官一，勾当公事官一。"提举官由政府派遣，属于国家正式官员；监官和勾当公事官则挑选中肯守法，愿为政府办事的大商人担任。监官和勾当官要在提举官的领导和监督下开展活动。

（2）"并于市易计置，许召在京诸行铺牙人充本务行人、牙人。"招募铺户和行人充当市易务的行人与牙人，担任货物买卖的具体工作。

（3）市易务的监官和勾当官除了自己的具体工作外，也可以从事货物买卖活动。

2. 批发和零售业务方面的规定

（1）参加市易务工作的行人甚至监官和勾当公事官，必须"以地产为抵，官贷之钱"。也就是说凡是向市易务赊购物品者，要以地产作抵押，或把自己所有的以及向别人借来的产业金银作抵押，并由五人以上作保。

（2）市易务向各行人赊出的货物数量是按照各行人抵当的产业多少来决定，即"以抵当物力多少，许令均分赊请。"

（3）向市易务赊购货物，酌加一定的利润，任各行人出售。物款规定在半年至一年内偿还，"若半年纳，即出息一分；一年纳，即出息二分"，将货款交还。过期不还者，每月另加百分之二十的罚款。

3. 贸迁物资方面的规定

（1）"遇有客人物货出卖不行，愿卖入官者，许至务中投卖，勾行人、牙

① 《长编》卷231，《熙宁五年三月丙午记》。

人与客人平其价，据行人所要物数，先支官钱买之。如愿折博官物者，亦听。”有外来商人货物愿意卖给政府者，可到市易务联系，勾行人、牙人与客商共同定价，官出钱买之。若愿意与官府交换货物者，也可折合价钱给予交换。

（2）若外来商贩运来的货物非当地各行现时所需，但实际上可以收蓄转卖的，市易务也可作价收买或以他物进行交换，到市场需要时以时价出售，但不得过多收取利息。“若非行人见要物而实可以收蓄变转，亦委官司折博收买，随时估出卖，不得过取利息。”

（3）民间滞销的货物，可以平价收进，一年给对方出息二分，但要取其自愿。如《长编》卷231熙宁五年三月丙午记事中记载，“货之滞于民者，为平价以收之。一年出息二分，皆取其愿”。

（4）三司诸司库务所需的物资，“若此在外科买省官私烦费”，由市易务统一在京就近收购，原采办宫廷所需物品的杂买务，现由市易务代替。从此，“其诸司科配，州县官私烦扰，民被其害者，悉罢之”。

（5）在贸迁货物和市易务的批发及行人零售中一律采取自愿，“并不得抑勒”。

除此，市易法还规定：“兼并之家，较固取利，有害新法，令市易务觉察按置”。对富商大贾的不法行为和对市易务的工作进行抵抗和破坏活动，要严厉打击，加以取缔。宋神宗怕与富商大贾的矛盾激化，取消了此条，在诏令中没有出现①。

以上是市易法的具体内容，其中有三大要点：“市易法有三：结保贷请，一也；契要金银为抵，二也；贸迁物货，三也”②。

市易法也是首先在京都开封实行，后来推广到杭州、黔州、成都、楚州、凤翔、大名、真定、永兴、安肃军、秦州、瀛州、定州、越州、真州、广州、岷州、通远军、熙州、河州，兰州等地。市易法从熙宁六年（1073年）开始，此年“改提举在京市易务为都提举市易司，诸州市易务皆隶焉”③，可知开封市易务是推广市易法的首脑机关，统领各州市易务。在市易法的实行中，市易务的业务范围逐渐扩大，不限于重要的物资，还涉及瓜果等细碎之物。如枢密使文彦博言：“臣近因赴相国寺行香，见市易务于御街东廓置叉子数十间，前后

① 《宋史》卷186，《食货志下八》言“帝削去之”。
② 《宋史》卷168，《食货志下八》。
③ 《宋史》卷168，《食货志下八》。

积累果实，逐日差官就彼监卖，分取牙利。”[①]文彦博的上疏虽怀有攻击市易法的用意，但市易务经营瓜果却是事实。关于此事，宋神宗询问王安石。《宋史》卷187的《食货志下八》记载：“上以谕安石，请宣示事实，帝以鬻冰、市梳朴等数事语之，安石皆辩解。后帝复言：‘市易鬻果太烦碎，罢之如何？’安石谓：‘立法当论有害于人与否？不当以烦碎废也。’自是诸簾席黄芦之类六十色悉令计直，从民愿鬻者市之以给用。”由此可知，市易法在实行当中，由于情况复杂，可能会出现一些问题，但这都不是主要的，关键在于王安石所言，看有害于民与否。只要有利于民，市易法的立意和主流就是好的，与国与民都有益，这一点是值得肯定的。市易法的实施遭到大官僚、大地主和大商贾的激烈反对，其中“结保贷请”、“契要金银为抵”、“贸迁物货”等在这些人的攻击下实行的时间长短不一，其中“惟保贷法行之久”。

七、减冗省费，缓解财政危机

北宋中叶王安石主持的财政改革有一个最大的特点，就是以扩大财政来源为重点，充分体现了他生天下之财供天下之用的改革思想，但是在省费方面并不是全无改革，削减冗兵就是一个重要的内容。

面对北宋中叶的冗兵给国家财政带来的危害，在王安石主持财政改革之前，就有不少人建议裁军。宋仁宗时，枢密使庞籍奏：“世养兵务而不精，请与中书议拣汰之法”，并建议“汰其罢老者，时论纷然”。嘉祐七年（1062年），宰相韩琦上言，建议“诏枢密院同三司量河北、陕西、河东及三司榷货务，岁入金帛之数可赡京师及三路兵马几何？然后以可赡之数立为定额，额足罢募，缺卯增补，额外数已尽，而营数畸零则省并之。”[②]由于群臣的呼吁，仁宗时虽然对军队有所裁减，但裁减的数量不多，每次裁军不过“数万人”而已。嘉祐七年（1062年），宰相韩琦建议被采纳，并省的人数也有限，史言：“自是稍加裁判，以为定额”。可知在宋仁宗即位40余年中，冗兵的问题并没有得到解决，因此王安石在财政改革中，极力主张彻底减裁冗兵，“帝尝言节财用，安石对以减兵最急”[③]。但是，对于裁冗兵，也有不少人提出异议，如吕公弼上言：“以为即使之去本土，又减其常廪，於人情未安，且事体甚大，难

① 《文潞公文集》卷20，《言市易疏》。

② 《文献通考》卷152，《兵四》。

③ 《文献通考》卷152，《兵四》。

遽行也”[①]。司马光也言其不便，曰：“在京禁军及其家属，率皆生长京师，亲姻联布，安居乐业，衣食县官日久。……一旦别无罪负，削廪远徒，是横遭降配也。沙汰既多，人情惶惶，大致愁怨”[②]。尽管有不少人反对，王安石还是力主裁军。《宋史》卷187的《兵一》记载：“神宗奋然更制，於是联比其民以为保甲，部分诸路以隶将兵，虽不能尽拯其弊，而亦足以作一时之气。时其所任者，王安石也。”

王安石在财政改革中裁冗兵的措施有以下几个方面：

（1）裁减兵员。裁减兵员主要针对老弱兵士而言，规定年四十五以上体弱者和五十岁以上年老者一律裁掉。神宗下诏“谏诸路半分年四十五以下胜甲者升为大分，五十以上愿为民者听之。旧制兵至六十一始免，犹不即许也，至是免为民者甚众，冗兵由是大省”[③]。

（2）定编定额。北宋初年，每军每营都有定额，至皇祐时，规定马军满四百，步军满五百人为一营。其后兵制松弛，多少不一，“额存而兵缺，马一营或至数十，骑兵一营或不满二百，既不成部分。而将校猥多，赐予廪给十倍士卒，递迁如额，不敢少损”[④]。编制紊乱，造成财政上的大量耗费，一营数十人仍然领取四百人的费用。一营数十人但对外言额满，国家新招来的士兵只好重编新营，使部队的数量越来越多，所费也随之日增。为此，王安石在改革中采取了定编定额的办法，熙宁三年（1070年），“诏殿前虎翼除水军一指挥外，六十指挥各依五百人为额，总三万四百人。在京增广勇五指挥共二千人，开封府府界定六万二千人，京东五万一千二百人，两浙四千人，江东四千二百人，江西六千八百人，湖南八千三百人，湖北万二千人，福建六千八百人，广南东西千二百人，川陕三路四千四百人为额”[⑤]。定编定额之后，多余的编制皆可省去，对裁减冗兵是很有力的。

（3）并省军营。初议并营，大臣皆以为兵骄已久，并之必召乱，“帝不听，独王安石赞帝力行之。自熙宁至元丰岁有废并甚众”[⑥]。并省军营，实开始于熙宁二年（1069年）。《文献通考》卷153的《兵五》云：“二年，诏并废诸军

---

① 《文献通考》卷152，《兵四》。

② 《文献通考》卷152，《兵四》。

③ 《文献通考》卷153，《兵五》。

④ 《文献通考》卷153，《兵五》。

⑤ 《文献通考》卷153，《兵五》。

⑥ 《文献通考》卷153，《兵五》。

营。陕西马步军营三百二十七并为二百七十。马军额以三百人，步军以四百人，其后总兵之拨并者，马步军五百四十五营并为三百五十五。而京师之兵类皆拨并，畿甸诸路及厢军皆会总畸零，各定以常额。"① 由此来看，并省的程度还是很大的，仅陕西马步军营就省去一百个，全国各地所并省的数额可以想见。

（4）实行保甲法。保甲法实行于熙宁三年（1070年），此年十二月，"诏行保甲法，畿内之民，十家为一保，选户主有干力者一人为保长。五十家为一大保，选一人为大保长，十大保为一都保，选为众所服者为都保正，又以人为之副。应主客户两丁以上选一人为保丁，附保两丁以上有余力丁壮勇者亦附之内。家赀最厚材力过人者亦充保丁，兵器弊禁者听习，每一大保夜轮五人警盗。……遂推之五路以遍於天下"②。王安石主张推行保甲法，主要目的是以民兵代替原来的募兵，节省国家的军费。因为北宋长期以来实行募兵制，招募的军士全要由国家负担，保甲法由各地农民充当，以维持当地的治安，农民在农闲时练兵习武，农忙时从事生产，这样农事与兵事皆不误，类似隋唐时期的府兵。这样就省去了国家的开支，对国家财政是十分有利的。关于这一点，在宋神宗与王安石的对话中就可以得到证实。《文献通考》卷153的《兵五》记载："王安石欲变募兵而行保甲，帝从其意。"帝举河北、陕西兵数，虑募兵太少。安石曰："精训练募，兵而鼓舞，三路之民习兵则兵可省。臣屡言河北旧为武人割据，内抗朝廷，外敌四邻，……兵储不外求而足。今河北户口蕃息，又举天下财物奉之常苦不足，当一面之夷狄，其施设乃不如武人割据时，此无他，惟能专用其民故也。臣以为倘不能理兵，稍复古制，则中国无富强之理。陛下若欲去数百年募兵之弊，则宜果断立法制。……大抵世人习见募兵而不见民兵之事故，一闻此议则不能无骇。然募兵之法不变乃实可忧也。"帝曰："募兵专于战守，故可恃，至民兵则兵农其业相半，可恃战守乎？"安石曰："唐以前未有募兵，然亦可以战守，臣以为募兵与民兵无异。"可知，保甲法既不会减弱军队战斗力，又能节省财政开支，不失为一种可行的措施。

八、实行保马法，变官养为民养

此法是变军马官养为民营，目的是为了省去冗费。北宋以来，国家所需马

---

① 《文献通考》卷153，《兵五》。
② 《文献通考》卷153，《兵五》。

匹都由政府饲养，既浪费耕地，又消耗财力，成为冗费的一个重要方面。早在宋真宗天禧时，宰相向敏中就提出改革马政，“言国马倍于先朝，广费刍粟”。宋神宗时，枢密院言：“河南北十二监，起熙宁二年至五年，岁出马一千六百四十匹，可给骑兵者二百六十四，余仅足配邮传。而两监牧吏卒杂费及所占地租，为缗钱五十三万九千有奇，计所出马为钱三万六千四百余缗而已。今九监见马三万，若不更制，则日就损耗”[①]。宋仁宗于熙宁四年（1071 年），开始对马政试行改革，废淇水、单镇、安阳、洛阳、原武诸监，惟存东平，沙苑二监。对此，曾布叙其事曰：“元祐中，复置监牧，两厢所养马止万三千匹，而不堪者过半。今既以租钱置蕃落十指挥於陕西，养马三千五百。又人户愿养者亦数千，而所存两监各可牧万马。马数多于旧监，而所省官吏之费非一，近世良法，未之能及”[②]。可见，废牧监，变官养为民养是可取的，既不占地又省费。所以，随着保甲法的推行，次年正式实行了保甲养马法。《宋史》卷 198 的《兵十二》云：“保甲养马者，自熙宁五年始。先是，中书省、枢密院议其事於上前，文彦博、吴充言：‘国马宜不可阙。今法，马死者责偿，恐非民愿’。安石以为令下而京畿投牒者已千五百户，决非出於驱迫，持论益坚。”

保甲养马法，由曾布制定有关条约，具体规定为：“凡五路义勇保甲愿养马者，户一疋，物力高愿养二疋者听。皆以监牧见马给之，或官与其值令自市，毋或疆与。府界毋过三千匹，五路毋过五千匹。……在府界者，免体量草二百五十束，加给以钱布，在五路者，岁免折变缘纳钱。三等以上，十户为一保；四等以下，十户为一社，以待病毙逋偿者。保户马毙，保户独偿之；社户马毙，社户半偿之。岁一阅其肥瘠，禁苛留者。凡十四条，先从府界颁焉，五路委监司、经略司、州县更度之。於是保甲养马行于诸路矣”[③]。此法行后，省费甚众，时中书言：“官养一马，以中价率之，为钱二十七千。募民牧养，可省杂费八万余缗，……公私两使”[④]。一马所费可省八万余缗，按保甲养马法所言五路勿过五千匹而言，可省万亿缗，足见此法对消除冗费的作用。

以上是王安石历时七年主持财政改革的主要内容，这些改革每一项都是很重要的，具有很大的影响。在改革中，虽然遭到不少保守派的非议和反对，但改革还是完成了，所定新法基本上都得到了实施。

---

① 《宋史》卷 198，《兵十二》。
② 《宋史》卷 198，《兵十二》
③ 《宋史》卷 198，《兵十二》。
④ 《宋史》卷 198，《兵十二》。

第三节
财政改革的作用与局限

北宋中叶，王安石主持的财政改革是中国封建社会规模大、震动大和影响大的一次改革，不仅对前代的财政制度和体制给予了革新，而且有所创建，为后世财政改革所仿效。除此，对北宋中叶所存在的各种矛盾和危机都有一定的缓和，虽然这次财政改革中制定的新法在保守派的攻击和反对下没有长期实行下去，但在财政改革和新法实行期间是起了一定的积极作用的，对此不能因新法的罢止而否定。

王安石主持的北宋中叶财政改革的积极作用，主要反映在提高了社会生产力，推动了农业经济的发展，解决了国家的财政危机，打击了大官僚大地主的兼并势力，缓和了尖锐的阶级矛盾等方面。

一、生产关系和生产力之间的矛盾得到调整

王安石主持的财政改革所制定的许多新制度，都在不同程度上改善和调整了原来生产关系和生产力不适应的地方。如青苗法，在此之前，广大劳动人民受尽了兼并之家的高利贷剥削，农民借债，“岁偿不逮，即平入田产”，常常被逼得家破人亡。青苗法实行后，严重打击了兼并之家的高利贷活动，农民可以在青黄不接和有特别困难的时候低息向政府借款。青苗法向农民贷款目的在于发展生产，摧抑兼并，而不是为了赢利，所以利息较低。青苗法一般发放现钱，“愿预借者给之”，有时虽然也借实物，但属个别情况，即使实物也要折价作估来计算。实物折价的原则是不得亏官本，也不得亏贷者，因此实物贷还以“时价”作估，不以现价为据。因为现价低于时价时，农民就要多交粮，现价高于时价时政府就要少收粮，可知青苗法制定以“时价”作估是比较公平的。政府所贷现钱，农民归还时要折合实物交纳，原因是官府保存实物不仅可防灾荒平物价，而且可保持本钱的实际价值。对农民来说，在新粮上市时粮价一般都低，若还现钱就要多抛售粮食，是极为不利的。如果归还时粮价高，愿意还钱者也可，即便是归还现钱，也不能让借户按较高的市场价出售粮，再按原来所借的现钱数二分计息偿还，而是以原定应归还的实物数量为基数，“量减市价纳钱，未有约定实数”，“相度量减时价送纳”。这样规定，折钱单价比市价

要低，由此算出归还的现钱数，使官府和借户两不亏。因为对于借户来说，按市价出售粮食所得的现钱归还本息后还有剩余；对官府来讲，则可减少甚至完全弥补因粮价上涨的损失。为避免按原定利率（20%）计息，收回的现钱连本带息按较贵的市价计算，尚不足以换回原先贷出的实物数量以及百分之二十的利息（实物）收入，官府还可以对以现钱纳还者提高利率（比百分之二十高）。有的地方还规定："若情愿纳钱"，"不得过三分之息"，若还现钱，该户应还本为一贯，那么连息不得过一贯三百文。若物价抵平，"即有合纳本色，不收其钱，只收二分息"①。青苗法避免了广大劳动人民深受高利贷之害，方田均税法和免役法减轻了贫下户的赋税和徭役，均输法与市易法也使广大贫苦农民免除了富商大贾的盘剥和欺诈。这些都从不同方面调整了北宋中期的生产关系。

财政改革以后，社会生产力比改革以前政治、经济危机严重时期有了明显的提高，其表现如下：

首先是国家人口的增长。在中国封建社会，人口是最直接的生产力。斯大林指出："人是社会物质生活条件的必要因素，没有一定的最低限度的人口，就不可能有任何社会物质生活。"② 宋代自建国至宋神宗元丰年间，财政改革时期的人口最多各时期的户口例举如表 7－1 所示③。

表 7－1　　北宋历代户口数

年　代	户　数
宋太祖开宝九年（976 年）	3090504
宋太宗至道三年（997 年）	4132576
宋真宗天禧五年（1021 年）	8677677
宋仁宗庆历八年（1048 年）	10723695
宋仁宗嘉佑八年（1063 年）	12462317
宋英宗治平三年（1066 年）	12917221
宋神宗熙宁八年（1075 年）	15684529
宋神宗元丰六年（1083 年）	17211713

① 详阅吴慧：《中国古代六大经济改革家》第 336 页，上海人民出版社 1984 年。

② 斯大林："论辩证唯物主义和历史唯物主义"，转自《马克思、恩格斯、列宁、斯大林论历史科学》，人民出版社，1984 年，第 81 页。

③ 漆侠：《宋代经济史》，上海人民出版社，1987 年，第 45 页、58 页、59 页。

由此可见，财政改革时期的户口增长速度是很快的。熙宁八年的户数是建国初户数的5倍，元丰六年的户数是建国初年户数的5倍多。改革前后相比，熙宁八年比治平三年增加了2767308户，元丰六年比治平三年增加了4294492户。户口能如此迅速的增长，主要是生产关系的调整为其创造了条件，因为生产关系的调整，在一定程度上减轻了劳动人民的租税和徭役，使其生活比较安定和获有一定的保证。同时，由于税负的减轻，原来荫附和诡寄在官僚形势户下的人口也有所减少，隐匿在大户门下的佃农和浮客，用主家牛而自出力耕田者，要把收获的五成至七、八成交给佃主，遇荒年乏食时，举债于主人要偿还二倍至三倍的利息。国家租税减轻后，这些人自然投向国家编户，这就使国家的户口很快发展起来。

其次是垦田面积的扩大。在王安石主持的财政改革之前，土地荒芜的现象日渐严重，财政改革后，由于广大贫苦农民能够安居乐业，不再逃匿，劳动兴趣也比以前提高，使耕地面积比前大为增加。据漆侠先生统计①，北宋的耕田面积从开国到财政改革之间，历代皇帝时的田亩数宋神宗时最多，如表7-2所示。

表7-2　　北宋历代垦田数

年代	垦田数（亩）	增长指数
宋太祖开宝九年（976年）	295332060	100
宋太宗至道三年（997年）	312525125	105
宋真宗天禧五年（1021年）	524758432	178
宋仁宗皇佑三年（1051年）	228000000	77
宋英宗治平三年（1066年）	440000000	149
宋神宗元丰六年（1083年）	461455000	156

从表7-2可知，财政改革后垦田面积的增长指数高达156，垦田面积比太宗时增长了1倍多，比宋仁宗时增长了2倍。财政改革后的垦田面积之所以能增长如此之快，主要是因为生产力的提高，人口的增长是推动垦田面积扩大的一个根本因素。还有就是方田法推行中清查出来的隐匿之田。关于清丈的土地数，漆侠先生研究认为，如果从户口和垦田的比例计算，“宋神宗元丰六年的户数是一千七百二十一万一千七百一十三，垦田当在十亿亩以上，这种计算似

① 漆侠：《宋代经济史》，上海人民出版社，1987年，第45页、58页、59页。

乎是偏高了。现在不妨采用如下的办法计算：开始于熙宁五年的方田均税是用来清丈隐田的，到元丰八年废止之日，共清丈了三万四千九百亩，而在此以前，元丰五年登录的垦田为一亿一千八百八十七万四千二百三亩，清丈出了一亿二千九百五十六万六百九十七亩隐田。隐田漏税是宋代普遍存在的问题，根据以上清丈结果，采用下面的算式，五路原有垦田一亿一千八百八十七万四千二百三亩：五路清丈垦田二亿四千八百四十三万四千九百亩 = 全国原有垦田四亿六千一百六十五万五千六百亩：全国实际垦田……当为八亿多亩，折今七亿二千万亩以上①。由于生产关系的调整，农民开山造田的积极性特别高，不仅平原丘陵得到开发，而且向高山要田，向大海要田，所以北宋时除一般耕田外，还出现了海田、涂田、圩田、葑田、塘田、畲田等多种形式，可见提高生产力的作用之大。

最后是农业亩产量的提高。由于生产关系的调整，使农民的劳动积极性提高，财政改革期间的亩产量有所增长。《范忠宣全集·政府奏议》卷 1 的《条列陕西利害》言：宋神宗熙宁二年（1069 年），陕西同州亩产二石。《宋会要辑稿·食货一之二九》记载：宋神宗熙宁三年（1070 年），秦州地区亩产三硕。熙宁四年（1071 年），济、濮等州亩产高达五硕左右。《范太史集》卷 42 的《吕希道墓志铭》云：宋神宗年间，和州麻湖一带亩产约四、五斛。这些亩产量均超过了财政改革以前的亩产量，据《通考·田赋考·屯田》所载，宋太宗至道三年（997 年），陈、许、邓、寿、春等州，亩产量为三斛，最少的在一石左右。《续资治通鉴长编》卷 44 记载宋真宗咸平二年（999 年），汝州稻田务每亩产量为一石。《乐全集》卷 14 的《税赋》云：宋仁宗时，开封府畿中田亩产一石。《宋会要辑稿·食货六三之四四》言：宋英宗治平三年（1066 年），河北屯田一亩约一石。当然，地区不同，土地等级不一，亩产量自然高低有异，又限于史料，难以比较。但是，从总体上看，财政改革时期亩产量比以前呈现出增长的趋势是无疑的。从以上三个方面，足以证明北宋中叶的财政改革对社会生产力的提高起了很大的作用。

二、农业经济的快速发展

王安石主持的财政改革，有力地推动了当时社会经济的发展，其中以农业最为显著，农业经济中又以农田水利占首位。王安石在财政改革中，始终贯彻

① 漆侠：《宋代经济史》，上海人民出版社，1987 年，第 45 页、58 页、59 页。

“理财以农事为先”的方针，可以说这是他财政改革的主导思想之一。王安石在财政改革中之所以以农事为先，主要是因为农业经济是国家的主要财源，国家每年的财政收入大部分是来自土地上的赋税，要保证农业经济，发展农业水利是关键，不改变生产条件农业经济是发展不起来的。因此，他对农田水利特别重视，在《本朝百年无事札子》中讲到水利问题时指出：“农民坏于徭役，而未尝特见救恤，又不为之设官，以修其水土之利”①。入朝参知政事后，就立即派程颢、刘彝等八人分路到各地了解农田水利和农业状况，后来在财政改革中，不少新法为农田水利创造了方便，如规定：“民修水利，许贷常平钱谷给用”②。青苗法中规定对兴修水利贷款取低息，归还日期放长。免役法的实现把劳动人民从国家的徭役下解脱出来，能够专心从事生产，也为农业经济的发展和兴修农田水利创造了条件和保证。至于农田水利法对农业经济和农田水利的作用就更大了。

农田水利法贯彻执行后，把北宋中叶的农田水利事业推向了一个高潮。据《宋史河渠志》等书所载，王安石主持的北宋中叶财政改革期间农田水利的修建取得了显著的成绩。

（1）引水灌田。王安石主持财政改革期间，除治理了许多大型河流外，还大规模地引水灌田，获利甚众。如神宗熙宁元年（1068 年），都水监上言畿内沟河至多，诸县各役人开淘，十才二三。令府界提点司选官，与县官计功度料，合各地民夫，依年开淘。熙宁三年（1070 年），遣殿中丞陈世修去陈、颍州八丈沟故迹察看，此沟或断或续，由颍及寿绵亘三百五十余里，未能浇灌。于是“量加浚治，兴复大江、次河、射虎、流龙、百尺等陂塘，导水行沟中，棋布灌溉，俾数百里复为稻田，则其利百倍”③。熙宁四年（1071 年），接受知襄州光禄卿史炤建议，“开修古淳河一百六里，灌田六千六百余顷，修治陂堰，民已获利”④。熙宁五年（1072 年），“时人人争言水利”，提举京西常平陈世修于“唐州引淮水入东西邵渠，灌注九子等十五陂，溉田二百里”。熙宁六年（1073 年），在程昉的建议下，疏导旧河槽入三渡河，灌西垅稻田。时程昉主持兴修水利，“得良田万顷，又淤四千余顷”，又修治四河，“尚有溉淤及退田

① 《临川先生文集》卷 41，《本朝百年无事札子》。
② 《宋史》卷 95，《河渠志五》。
③ 《宋史》卷 95，《河渠志五》。
④ 《宋史》卷 95，《河渠志五》。

四万余顷，自秦以来，水利之功，未有及此”[①]。熙宁八年（1075年），江宁府上元县主薄韩宗厚，“引水溉田二千七百余顷，迁光禄寺丞”。太原府草泽史守一，“修晋祠水利，溉田六百余顷”。

（2）兴建渠堰。关中三白渠，是自秦汉以来当地的主要水利设施，由于年久失修，水量流失，“溉田不足，民颇艰食”。熙宁五年（1072年），陕西提举常平杨蟠议修郑、白渠，“自石门堰泾水开新渠，至三限口以合白渠。王安石请捐常平息钱，助民兴作”[②]。至元丰四年（1081年），游师雄又发动当地居民，引泾水治白渠溉田万余顷[③]。熙宁二年（1069年），以秘书丞侯叔献和著作郎杨汲同为提举，修渠引汴水溉田。《宋史》卷95的《河渠志五》记载："汴岸沃野千里，而夹河公私废田略计二万余顷，多用牧马。计马而牧，不过用地之半，则是万有余顷常为不耕之地。观其地势，利於行水，欲於汴河两岸置斗门，泄其余水，分为支渠，及引京、索河并三十六陂，以灌溉田。”这一水利工程就是因此而兴举的。熙宁五年（1072年），御史张商英上言献议，“请开邓州穰县永固渠，引湍河水灌溉民田”。诏京西路复实，以程昉领其事衔，“刬河去流土，筑为巨堰”。程昉提举陕西常平后，又“复京兆府武功县古迹六门堰，於石渠南二百步傍为土洞，以木为门，回改河流，溉田三百四十里”。熙宁六年（1073年），赞善大夫蔡朦修永兴军白渠。熙宁八年（1075年），诏提点秦凤等路刑狱郑民宪经度，募京西、江南陂匠，“於熙州南关以南开渠堰，堰引洮水并东山直北通下至北关，并自通远军熟羊砦导渭河至军溉田”[④]。在江南水乡，兴建渠堰数量更多。如熙宁元年（1068年），从提举两浙开修河渠胡淮之请，诏：“杭之长安，秀之杉青，常之望亭三堰，监护使臣‘管斡河塘’系衔，常同所属令佐，巡视修固，以时启闭。”[⑤]熙宁六年（1073年），杭州於潜县令郏亶言：“苏州环湖地卑多水，沿海地高多旱，故名人治水之迹，纵则有浦，横则有塘，又有门堰，泾沥而棋布之，今总二百六十余所。欲略循古人之法，七里为一纵浦，十里为一横塘，又因出土，以为堤岸，度用夫二十万。水治高田，旱治下泽，不过三年，苏之田毕治矣”[⑥]。于是命郏亶皆

① 《宋史》卷95，《河渠志五》。
② 《宋史》卷95，《河渠志五》。
③ 张舜民：《游师雄墓志铭》，载于王昶：《金石萃编》。
④ 《宋史》卷95，《河渠志五》。
⑤ 《宋史》卷96，《河渠志六》。
⑥ 《宋史》卷96，《河渠志六》。

修复之。舒州近城有大泽，注北门外，暴水漂居民，知州杨希元“筑捍水堤千一百五十丈，置拽水斗门二，遂免淫潦入城之患”。在兴修水利的高潮中，宋神宗曾下诏，“今来创新修渠堰，引水溉田，种到粳稻，并令只依旧管税，更不增添水税名额”①。这一诏令更推动了各地兴建渠堰事业。

（3）整顿塘陂。熙宁元年（1068 年），“复汾州西河泺”。泺旧在城东，围四十里，岁旱以溉民田，雨以潴水，又有蒲鱼、茭芡之利，可给贫民。前转运使王沿废为田，人不为便，至此令知杂御史刘述复之，又遣程昉谕边臣营治诸泺。熙宁七年（1074 年），河北沿边安抚司上《制置沿边浚陂塘筑堤道条式图》，付边郡屯田司察视行之。熙宁九年（1076 年），信安、乾宁塘泺因独流河决口而干涸，命河北东、西路分遣监司，视广狭浅深，具图本上。次年，重新修整，诏曰：“比修筑河北破缺塘堤，收匮水势，其信安军等处因塘水减涸，退出田土，已召人耕佃者复取之”②。在京城开封一带，也修建了不少塘陂以灌田。如熙宁八年（1075 年），因开封、陈留、咸平三县种稻，於陈留界旧汴河下口，“因新旧二堤之间修筑水塘”，取汴河清水入塘灌溉。修建塘陂最多的还数江南地区，如熙宁六年（1073 年），在刘瑾的建议下，兴置了高邮县陈公塘等湖，天长县白马塘和沛塘，山阳县渡塘沟及龙兴浦，淮阴县青州涧，寿州安丰县芍陂等。在一些边远的地区，修建塘陂也很普遍，如福建路，熙宁八年（1075 年），侯官李宏应在木兰山下造陂，陂“共阔三十五丈，深二丈五尺有奇”，“陂立水中，儿若冈阜”，“上障诸溪，下障海潮”，“分溉南洋田万有余顷，岁输军储三万七千斛”③。在财政改革期间，政府对兴修陂塘是非常关心和支持的，如熙宁元年（1068 年），诏诸路监司：“比岁所在陂塘堙没，濒江圩埠浸坏，沃壤不得耕，宜访其可兴者，劝民兴之”④。上有政府的支持，下有民众的热情，社会生产力就会发挥巨大的作用，如淮东转运副使蒋子奇，“修三十六陂，用工至百万，溉田九千顷”⑤。又如高赋在唐州任职时，募民，“作堰四十四”，田增辟三万一千三百余顷，户增万一千三百八十，岁益税二万二千二百五十七”⑥。像这样的事例并非仅此一二，而是很普遍的。

---

① 《宋会要辑稿·食货》7 之 20－21。

② 《宋史》卷 95，《河渠志五》。

③ 《兴化府莆田县志》卷 2，《舆地志·水利·陂塘》，转自漆侠：《宋代经济史》，上海人民出版社，1987 年，第 97 页。

④ 《宋史》卷 95，《河渠志五》。

⑤ 《宋史》卷 343，《蒋子奇传》。

⑥ 《宋史》卷 426，《高赋传》。

（4）以水淤田。以水淤田是财政改革时期农田水利事业中的一个重要方面，这是利用决放河流的办法，使河水中的淤泥流入田中，将硗瘠之地变为良畴。以水淤田在北宋中叶财政改革之前即有之，如参加财政改革的程师孟，财政改革之前曾在河东路九州二十六县实行过淤田法，曾淤灌过一万八千多顷土地，使亩产量从过去的五七斗提高到二三[①]。王安石对他的经验非常重视，决定大力推行此法，并在开封设置了“总领淤田司”。宦官程昉颇懂水利，领淤田事，受到王安石的重视和重用。当时许多人反对淤田，指出“淤田无益，谓其薄如饼”，王安石坚决抵制，云：“就令簿，固可再淤，厚而后止”。在王安石的力主下，淤田大规模开展。

黄河中下游的淤田搞得尤为出色。熙宁六年（1069 年），都水监侯叔献引汴水淤府界闲田。阳武县民众三百余户上言田沙碱瘠薄，乞淤溉，淤深一尺，计亩输钱，以助兴修，下诏“兴淤溉，勿输钱”。熙宁八年（1075 年），从管辖京东淤田李孝宽之请，利用矾山涨水，引以淤田，权罢漕运再旬。提举张景温引黄河、汴河淤溉陈留等八县卤地。熙宁十年（1077 年）“引河水淤京东、西沿汴田九千余顷”。前权提点开封府界刘淑奏“淤田八千七百余顷”。元丰元年（1078 年），都大提举淤田司上言：“京东、西淤官私瘠地五千八百余顷”。程师孟在总结黄河下游的淤田时讲到：“窃见累岁淤变京东西碱卤之地，尽成膏腴，为利极大[②]。对此，宋神宗也给予了充分的肯定。《宋书》卷 95 的《河渠志五》记载：“二府奏事，语及淤田之利。帝曰：‘大河源深流长，皆山川膏腴渗漉，故灌溉民田，可以变斥卤而为肥沃。朕取淤土亲尝，极为润腻。”除这一地区外，河北与河东路也大兴淤田，如惠民河流经的中牟县，民众在河上修建水埭淤溉沿岸民田一千余顷[③]。程昉在沧州修西流河堤，“引黄河水淤田种稻，增灌塘泊，并深州开引滹沱水淤田”，共“四千余顷”。又引漳河与洺河，“淤地凡二千四百余顷”[④]。当时，河北淤田的情况在沈括的《梦溪笔谈》中有所记载：“深、翼、沧、瀛间，惟大河、滹沱、漳水所淤，方为美田，淤淀不至处，悉为斥卤，不可种艺。异日惟是聚集游民，刮硷煮盐，颇干盐禁，时为寇盗，自为潴泺，奸盐遂少，而鱼蟹菰苇之利，人亦赖之”。河东地区的淤田成绩也相当可观。程师孟云：“河东多土山高下，旁有川谷，每春夏大雨，众

① 《长编》卷 277，熙宁九年七月庚戌记事。

② 《长编》卷 236，熙宁五年闰七月辛亥记事。

③ 《宋史》卷 95，《河渠志五》。

④ 《宋史》卷 95，《河渠志五》。

水合流，浊如黄河礬山水，俗谓之天河水，可以淤田。绛州正平县南董村旁有马壁谷水，尝诱民置地开渠，淤瘠田五百余顷。……凡九州二十六县，新旧之田，皆为沃壤。”①

（5）垦海造田。在北方地区开展淤田的同时，沿海地区展开了垦海造田。如福建在财政改革之间，造海田一千二百三十顷有奇。垦海造田，即围海造田。《淳熙三山志》卷12的《版籍类·海田》云：海田“卤入盖不可种，暴雨作，辄涨损”。为此，“田家率因地势筑埕，功联数一（十）百丈，御巨寖以为堤塍，又砌石以为斗门，以泄暴水，工力费甚”。为了支持沿海地区垦海造田，政府特颁诏：“自今沿海泥淤之处，不限寺观形势民庶之家，与筑埕为田，资纳二税”。在江浙地区，也有采用这种办法围湖造田的，规模也很可观。

总之，北宋中叶财政改革中农田水利的发展非常之快。《宋会要辑稿·食货》六一至六八记载，从熙宁二年（1070年）至九年（1076年），总共兴建水利工程有一万七百九十三处，受益民田达三千六百一十七万七千八百八十八亩，官田一十九万一千五百三十亩。这一成绩，非但在两宋三百年间是突出的，即使在整个中国封建时代也属罕见。由此可知，财政改革对发展农业经济的效果之大，而农业经济的发展为财政收入创造了广阔而丰厚的来源。

三、阶级矛盾由激化变为缓和

北宋中叶王安石主持的财政改革，有一个明确的主导思想就是摧抑兼并，减轻农民的疾苦，即“农以去疾苦，抑兼并，便趣农为急”。这是从调整生产关系入手，提高生产力，以增加国家的财政收入，而不是单纯的财政观点。在财政改革中所创立的新法，都程度不同地贯穿了这一思想，如青苗法实行后，农民再也不受私人高利贷的剥削，青苗法被称做“富民之利”的高利贷。特别是免役法和方田均税法，给广大劳动人民带来了好处。免役法实行以后，劳动人民受统治者的奴役之苦大为减轻，衙前等各种差役均由国家募人充当，农民不再亲自去服役。募役用费虽然由每户交纳，但官绅形势户交得多，属于下等户的贫苦农民都交得少。所以，等开封府罢免衙前数百人时，民情喜悦，“欢呼散去”，可知免役法是深受民众拥护的。如果说免役法的实行减轻了广大劳动人民被统治阶级奴役和压迫的话，

① 《宋史》卷95，《河渠志五》。

那么方田均税法则减轻了统治阶级对广大劳动人民的剥削。方田均税法实行后那些大土地私有者占地多纳税少的现象不存在了，官僚地主免税的特权不存在了，寄托在形势户下的土地不纳税的现象不存在了，国家征收的赋税由所有的土地占有者来负担，改革了方田均税法实行以前“贫弱地薄而税重”的不合理局面。

财政改革减轻了对广大劳动人民的压迫和剥削，分配关系有了调整，必然使阶级矛盾比改革前有所缓和，这从农民起义的发展变化来看就能充分证明这一点。从北宋建国至王安石主持财政改革开始（960—1069 年）108 年当中，大型的农民起义共有 9 次，平均 12 年爆发一次。宋太祖统治时期，正是北宋建国之初，统治阶级还有向上进取的精神，阶级矛盾不算尖锐，所以到宋太宗淳化三年（992 年）才发生了王小波、李顺起义。如果以这次农民起义为北宋农民大起义的序幕的话，那么从淳化三年到王安石主持财政改革那年（992—1069 年）77 年之间，平均八年多发生一次农民起义。特别是宋仁宗庆历年间，农民起义更加频繁，共发生了四次大的农民起义，庆历一共八年，平均二年有一次农民起义，这确实是少见的。所以，在王安石主持北宋中叶财政改革之前，是北宋农民起义的高潮，的确是“一年多如一年，一伙强于一伙”。财政改革开始到宋徽宗宣和二年（1069—1120 年）方腊起义，40 年间没有爆发大型的农民起义。虽然元丰七年（1084 年）在河北发生过保甲起义，但都是局部的，只涉及魏州和澶州两地，其规模和声势都不能和财政改革以前的农民起义相比。由此可知，王安石主持的财政改革把改革前就即将爆发的农民大起义推迟了 40 年，这不能不说是阶级矛盾缓和的例证。

四、积弱积贫的国家财政日益好转

北宋中叶王安石主持的财政改革除以上三方面的效果外，还有一个突出的方面就是扭转了国家的财政亏空。

财政改革之所以能在短期内扭转国家财政亏乏的局面，主要有两方面的原因：一是财政改革中推行的新法，都有利于国家的财政。二是扩大了国家财政来源，如青苗法的实施，既对广大劳动人民有益，也绝非“公家无所利入”之事。因为青苗法规定的贷款，是本着“不得亏损官本”的原则进行的，所谓农民减轻了剥削，是和原来向私人高利贷借款相比较而言的，并不是国家亏本实行这一新法。虽然青苗法向农民贷款利息较低，但由于贷款人数的众多，国家还是可以从中得到不少收入。熙宁六年（1073 年），国家收利达二百九十二万贯[①]。免役法中，规定诸路州县根据当地差事繁简，分别预计一年所支用雇值若干，在雇值之外，又增取二分，称为“免役宽剩钱”。这一部分钱虽保留下来备凶荒欠阙，或募人兴修水利，赈救食力之农，但也是国家的一笔收入。当时政府所收回的助役钱和免役及宽剩钱也相当可观，如熙宁九年（1076 年），诸路上司农寺岁收免役钱一千四十一万四千五百五十三贯、石、匹、两，支出六百四十八万七千六百八十八贯、石、匹、两，应在二百六十九万三千二十贯、匹、石、两，见在八十七万九千二百六十七贯、石、匹、两[②]。方田均税法的实行，清丈出大量的隐田，又杜绝了原来偷税漏税、地多少交、有地不交税的现象，同时还取消了官僚地主等各色人的免税权，更扩大和充实了国家的财政收入。《文献通考》卷 4 的《田赋四》记载：国家赋税收入，景德中六百八十二万九千七百石，皇祐中三十三万八千四百五十七石，治平中一千二百二十九万八千七百石，而熙宁十年（1077 年）两税额增加到五千二百二十九万八千七百石，一万一千二十九贯、石、匹、斤、两。可知，实行方田均税法后，国家租税大幅度增长。均输法的实行，使富商大贾所把持的厚利一部分归为国家所有，这些巨额利润全成为政府的财政收入，正因为此，制置三司条例司上言“庶几国用可足，民财不匮”。市易法对增加国家财政收入也具有很大的作用。熙宁五年（1072 年）至九年（1076 年），仅开封都市易司收到的息钱和市利钱就相当可观。《文献通考》卷 20 的《均输市易和买》记载：“九年中书言市易息钱并市利钱总收百三十三万二千缗有奇。……自后凡二年一较，十年上界本钱以七百万缗为额。”后来由于市易务经营的扩大，一年内收息钱一百四十三万三百五十余万贯，市利钱九万八千贯[③]。市易法收入之大，正如王安石《上五事札子》所说的，“货贿通流而国用饶”。

对国家财政起作用更大的还在于农田水利法，因为这一改革是从根本上扭转国家财政空匮的措施，只有社会经济的发展，才能使国家财政得到根本的好转。当然，经济的好转得要有个过程，不如均输法和市易法使财政收入来得快，但从长远看其作用却远远超过其他新法。即使在推行农田水利法的过程中，它对国家财政的作用已经显示了出来。如熙宁四年（1071 年），由于修复

① 《长编纪事本末》卷 29，《青苗法下》。

② 《宋史》卷 177，《食货志上五》。

③ 《宋会要辑稿·食货》37。

了济州的南李堰和濮州的马陵泊工程，新得良田四千二百多顷，这些土地当年就收得了二百多万石小麦和豆子[①]。又如高赋在唐州修堰治塘，“岁益税二万二千二百五十七”。再如程师孟在河东淤田有一万八千多顷，使原来亩产五斗变为亩产三石，新增租税五十四万石。如果将得到灌溉的土地和新开辟的土地合起来，租税的增加就更惊人了。王安石在北宋中叶的财政改革中所制定的理财方针是“因天下之力以生天下之财”，而实施这一方针时又“以农事为急”，也进一步说明社会经济的发展是国家财政好转的根本原因。

由于新法的实行和社会经济的发展，北宋中叶财政积贫的局面得到了较快的扭转，国家除用于“增吏禄”、“兴水利”、“支军费”等支出外，从中央到地方都积储了大量的钱币谷粟。元祐元年（1086年），毕仲游在《上门下侍郎司马温公书》中云：“今诸路常平、免役、坊场、河渡、户绝庄产之钱粟，无虑数十百巨万。如一归地官以为经费，可以支二十年之用。则三司岁入之常，半为赢余”。中央的财政积蓄可支二十年，实在是变化巨大，毕仲游虽是在元祐时讲这番话，但所言毫无疑问是财政改革的结果。除此之外，国家还积蓄了大量的战备物资，准备伐辽与西夏，改国家积弱的局面。《宋宰辅编年录》卷7的《官制旧典》记载：“王安石为相，自著《周礼义》以符合新法，故持家掌邦计之说，谓宰相当主财计，遂与三司分权，凡赋税、常贡、征榷之利，方归三司；摘山、煮海、坑冶、榷货、户绝、没纳之财，悉归朝廷。其立法，举常平、免役、坊场、河渡，禁军阙额，地利之资，皆号朝廷封桩。又有岁科上供之数，尽运入京师，别创库以贮之，三司不预焉。”朝廷封桩和别库所贮是战备物资，封桩和别库也十分充盈。陆佃的《陶山集》中的《神宗皇帝实录》一文对这类储备库作过详细的叙述：“（神宗）常愤惋敌人倔强，久据蓟燕，慨然有恢复之志。聚金帛内帑，自制四言诗，……每库以诗一字揭之。既而储积丘山，屋溢不能容，又别令置库增广之，赋诗二十字，分揭其上。……适元丰间，年谷屡登，积粟塞上盖数千万石，而四方常平之钱不可胜计。余财羡泽，至今蒙利。”从“余财羡泽，至今蒙利”可知积蓄是非常之多的，以致遗利于后世。元丰年间，封桩和别库积蓄比熙宁时有增无减，因为熙宁年间属于财政改革时期，新法实行不久，效果还不特别明显，到元丰时效果才显示出来。陈均《皇宋编年备要》中的《置元丰库》记载：“法行既久，储积赢羡。是年，于司农寺南创元丰库贮之，三司不与焉。……自熙宁以前，诸道榷酤、坊场、

① 《宋史》卷355，《杨汲传》。

率以酬衙前之陪备官费者。至熙宁行（免）役法，乃收酒场，听民增直以售，取其价以给衙前。时则有坊场钱，至元丰初，司农请岁发坊场百万缗输东都，至是遂置库储之。”陈均所言和陆佃记述基本上是一致的，都说明元丰年间的战备物资又多于熙宁时期。

除中央财政丰盈外，地方财政也十分充实。《宋史》卷328的《安焘传》记载，建中靖国元年（1101年），知枢密院事安焘追述曰：“熙宁、元丰之间，中外府库，无不充衍，小邑所积钱米，亦不减二十万”。《长编》卷384记载，元祐元年八月丁亥记事：户部尚书李常云：“伏见现今常平、坊场、免役积剩钱共五千余万贯，散在天下州县，贯朽不用，利不及物”。可知，元祐初年，地方财政是非常丰厚的，以达“贯朽不用”的程度。陈瓘的《进国用须知疏》也曰：“神考理财之政，……故天下诸路，州州县县，各有蓄积。”总之，北宋中叶的财政改革所起作用是不小的，不仅提高了社会生产力，促进了农业经济的发展，缓冲了农民大起义的爆发，而且扭转了国家财政空匮的局面，以前“积贫”的状况大有改观。北宋中叶王安石主持的财政改革的效果是值得肯定的。

以上是北宋中叶王安石主持的财政改革所起的进步作用，但是还存在着一定的局限性。

冗费问题在这次财政改革中解决得不彻底。王安石认为国家财政贫乏关键不在于费多，而在于不会理财。他对宋神宗说：“今所以未举事者，凡以财不足故，故臣以理财方为今先急。”[①]而王安石的“理财”，主要指生财之道。他在其《与马运判书》中明确讲到：“尝以为方今之所以穷空，不独费出之无节，又失所以生财之道故也。”又云：“富其家者资之国，富其国者资之天下，欲富天下则资之天地。……今阖门而与其子市，而门之外莫入焉，虽尽得子之财，犹不富也。”他认为家要富，得资于国；国要富，要靠天下的财富；天下要富，必靠天地之财，不出门外广求财源，而在家门之内与其子交易，即使把儿子的财产全得完也不能富。王安石强调去“门外”求财，就是他的“生财之道”，他以为只要有生财之道，即使费出无节，也不会穷困。因此，他指出：“臣于财利固未尝学，然窃观前世治财之大略矣。盖因天下之力以生天下之财，取天下之财以供天下之费，自古治世未尝以不足为天下之公患也，患在治财无其道耳”。王安石主张广开财源，聚天下之财以供天下之费，那么，他指的天下之

① 《长编》卷220，熙宁四年二月庚午记事。

费是什么？除了用于农业生产之外，就是北宋中叶财政上最突出的三费。由于王安石理财重点不在于省费，决定了在财政改革中对三费解决的很不彻底，除了裁减老残士兵省了一部分军费外，其他两费即官俸和统治阶级的奢侈之费不但没有减少，反而有所增加，如“熙宁中，又诏县令、录事等官，三石者增至四石，两石者增至三石”，“元丰官制行，俸钱稍有增减。其在京官司供给之数，皆并为职钱，如大夫为郎官者，既请大夫俸，又给郎官职钱，视国初之数已优”。官僚除俸钱、职钱之外，又有公用钱，公用钱之外，又有职田之制，衣粮之外，又有茶、酒、厨料之给，官僚的待遇有增无减，是与王安石以天下之财供天下之费的理财思想有着密切的关系。

财政改革中除增加官僚俸禄外，又增加吏的俸禄。北宋时的吏是官府中的办事人员，即无名位，也不人流品，这批人的数量是很多的。在王安石主持的财政改革之前，只有少部分吏有禄，如《宋史》卷171的《职官志》所言，官僚俸钱、职钱之外，“又有元随、傔人衣粮。宰相、枢密使，各七十人；参知政事至尚书左右丞，各五十人；节度使百人；留后及观察使五十人，其下以是为差”。其中所谓的元随、傔人，就是官僚手下的承差者，即吏的一部分。国家规定的元随和傔人既有衣粮，还有餐钱，但这部分人只是少数，而大部分的吏是没有俸禄的，他们都靠贪赃枉法、敲诈勒索为生。王安石在财政改革中，对“天下吏人”统统实行禄制，并提出“天下吏禄恐须当尽增，令优足”。关于此事，宋神宗提出：“如此岂不善，但患缺钱耳”。王安石曰：“此极多不过费百万缗，然吏禄足则政事举，政事举则所收放散之利亦必不少。……若将来诸路收酒坊剩钱，必然可足吏禄有余也。”于是，天下吏人皆给禄，每年支出浩大。沈括在《梦溪笔谈》中记载：“天下吏人素无常禄，唯以受赇为生，往往有致富者。熙宁三年始制天下吏禄，而设重法以绝请托之弊。是岁京师诸司岁支吏禄钱三千八百三十四贯二百五十四，岁岁增广，至熙宁八年予为三司使日，岁支三十七万一千五百五十三贯一百七十八。自后增损不常，皆不过此数。”到熙宁六年（1073年），天下吏人按月取禄，“时内自政府百司，外及监司、诸州，胥吏皆赋以禄，谓之‘仓法’。京师岁增吏禄四十一万三千四百余缗，监司诸州六十八万九千八百余缗”①。可知，财政改革中三冗之中的官俸吏禄是有增无减的。王安石虽然认为“吏禄足则政事举”，并用此法杜绝吏贪赃枉法，但事实上却非尽然。这里不否认有些吏在这种政策下会守法自廉，但作

① 《长编》卷231，熙宁六年十二月壬申记事。

为剥削阶级的一部分来说其本性大多是贪多无厌的，这就决定了他们是不会奉公守法，增吏禄和增官俸既加剧了国家的财政开支，又不一定能起到好的效果。

官吏的费用都毫无损减，那么统治集团的奢侈之费王安石更不提出限制了。他曾对宋神宗说只要能理财，何患宫廷人主之费不足。至于僧道方面的所费在财政改革中也没见到有大的举措，这方面的费用自当无减。可知，“三费”问题在财政改革中基本上是没有大的变化，这虽然与王安石的理财思想有关，但与当时改革的复杂情况也分不开。当时，封建官僚当中诸如司马光、文彦博等人极力反对王安石主持的财政改革，特别是新法中对官僚豪强、富商大贾利益的伤害引发了他们的猛烈攻击。在这种情况下，如果再减汰官员，减少官吏的俸禄及待遇，财政改革会遭到更大的阻力，甚至使改革无法进行。王安石在改革中不减冗官冗费，可说是从大局着眼的，其中也有他的苦衷。再说，他也是统治阶级中的一员，阶级的局限性也会在他身上起着一定的作用。

总而言之，对于王安石主持的北宋中叶的财政改革，要以实事求是的态度进行评价，财政改革所起的巨大作用要给予充分的肯定，但其中所存在的局限性也不可否认。

第八章

明代隆庆、万历初年的财政改革

明代是我国封建社会发展史上继汉、唐之后的第三个鼎盛时期，但同时又是中国封建社会由缓慢发展走向衰落的转变阶段。从中国封建社会的发展来看，历代封建王朝的盛衰无不与财政状况息息相关，因为政治、经济、军事等各种矛盾和问题都最终集中到财政上面。明代中叶以后，各种社会矛盾日益突出，至隆庆、万历初，统治阶级为了巩固封建政权，发展社会经济、缓和阶级矛盾，振兴国家财政，对财政进行了一次重大的改革。

第一节 洪武至隆庆间的政治经济变化

公元1368年，曾参加过反元农民起义的朱元璋，建立了明朝以后，锐意励精图治，巩固政权。他曾对土地占有关系、分配关系、人身依附关系作了一系列的调整，使社会经济得到了发展，资本主义萌芽得以生长，政治安定，国势强盛。之后的明成祖及明宣宗也留意国家的治理，继续贯彻明太祖时期的方针政策。因而，明前期实现了洪武至宣德时期的“百年之治”。但从隆庆年间开始，社会政治、经济等方面发生了很大的变化，鼎盛的势头日益减退，长期积累的各种社会问题不断爆发。如政治上阶级矛盾的尖锐，市民和手工业者反抗斗争的迭起，民族矛盾的激化，统治阶级的腐败；经济上土地兼并的加剧，国家户口的隐漏，社会生产力的破坏；财政上，收入明显减少，开支无限膨胀，库存日趋空亏。凡此种种都促使明中叶的财政改革势在必行。

一、阶级矛盾、民族矛盾和统治阶级的腐败

（一）阶级矛盾日益加剧

阶级矛盾的日益加剧是明代中叶政治上的首要问题。明代自明太祖后期就开始加重对广大劳动人民的负担，陈眉公在《藏书十三种见闻录》中指出：当时“豪横之剥削无已，官府之征求无艺”，致使公民“衣食不给”。之后国家的赋税日渐加重，原来陕西、河北、河南、山东、北京、凤阳、淮安、扬州、庐州等处的农民开垦出来的荒地规定“永不起科”，但至景泰时已全部征收赋税。不仅如此，而且剥削成倍加重。正统元年（1436年），明朝政府把诸省的田赋大部分折收成银，时称“金花银”，规定米麦每石折价二钱五分，成化时又增加为一两，将农民的负担加重了三倍。特别是明世宗时，于南畿、浙江等州县，增加赋120万两，有些地区如嘉、湖、顺天等处，竟有亩科一石者。国家的官田租给农民耕种，太祖时规定：“凡官田亩税五升三合，民田减二升，重租田八升五合”。但之后也越来越重，一般者要缴纳三五斗，有的农民亩产七斗要向官府缴六斗，产一石者要缴纳八斗。农民忍受不了政府的重税，将田卖掉，但即使这样，也不能免去租税，“产去税存”的现象普遍存在①。当时，民间流传着这样一首歌谣，即“一亩官田七斗收，先将六斗送皇州，自留一斗完婚嫁，愁得人来好白头”。② 由此可以清楚地看到明中叶农民的租税负担是何等沉重。与此同时，农民的徭役负担也与日俱增。明太祖时的差役负担分里甲（户役）、均摇（丁役）和杂泛（杂役）三种，征派方法上按照“丁口多寡，事产厚薄，以均适其力”。但在实际执行的过程中，农民的负担并不轻不均。时人解缙在上太祖的万言书中指陈：“今日之土地，无前日之生植，而今日之征家，有前日之税粮；或卖产以供税，产去而税存，或赔办以当役，役重而民困。”③“至于民稀州县，人相应役不给，丁丁当差，男丁有故，役及妇人。”④至英宗时，差役日多于前。武宗时，徭役更加沉重。《武宗实录》卷72记载，四川地区的百姓“役无虚日，或运粮饷，或载军器，一夫出力，举家出钱，卖田鬻产，供输无度”。加之官吏营私舞弊，以“飞洒”、“诡寄”等手段使豪门势家隐瞒丁口，躲避徭役，把国家的差役负担转嫁到中下户贫民身上。成化

① 《日知录集释》卷10，《苏松二府田赋之重》。

② 《广治平略》卷3，《舆地篇》。

③ 《明史》卷14，《解缙传》。

④ 《明经世文编》卷12。

时，有人曾指出当时的徭役“孤寡老幼皆不免差，空闲人户亦令出银，故一里之中，甲无一户之闲，十年之内，人无一岁之息。甚至一家当三五役，一户遍三四处。”① 从正德以后，政府又把各项差役改为征银，但银差之外又征力役，再加之繁重的兵役，民众的差役负担已达到了无以复加的地步。

沉重的剥削和繁重的徭役，使阶级矛盾日益激化，农民斗争持续不断。早在明太祖洪武元年（1368 年），就发生了以浙江方国珍旧部为主的农民起义。洪武 30 年间，农民起义次数之多在历史上是少见的，《明太祖实录》记载约有 120 多次，朱国祯《皇明大政记》提到的约有 60 余次，谈迁《国榷》一书记载的约达 90 余次。林金树先生指出，洪武一朝全国各地农民起义的次数至少在 190 次以上，平均每年达 6 次之多。以《明太祖实录》记载的农民起义为例，最少每年 4 次，最多者一年约 60 次，平均每年 6 次；洪武十一年至二十年（1378—1387 年）40 余次，平均每年 4 次；洪武二十一年至三十年（1388—1397 年）共 20 多次，平均每年两次②。起义所涉及的范围有浙江、福建、广东、广西、湖南、江西、四川、云南、贵州、山东、河南、山西、河北、陕西、甘肃等地，几乎遍及全国各地。明初农民起义的规模虽然都不大，而且很快被统治阶级“讨平之”，但却反映了这一时期阶级矛盾的积累和发展。在明代初期农民起义就如此之多是很值得重视的。统治阶级依靠镇压的手段是不能够消除阶级矛盾的，所以农民起义虽然在洪武时期被一次次镇压下去，但在以后的时期里仍然不断爆发。《明实录》记载永乐七年（1409 年），发生了阶州（甘肃武都）农民田九成为首的起义；永乐十八年（1420 年），在山东蒲台发生林三妻、唐赛儿等人领导的农民起义。明英宗正统年间（1436—1449 年），农民起义又不断增加，主要有正统九年（1444 年），宁波叶宗留率众起义；十二年（1448 年），福建沙县贫民邓茂七领导农民起义③。宪宗成化年间，河南、荆襄、四川各地都有农民起义爆发，其中较大的有刘千斤为首的荆襄农民起义和四川德阳赵泽为首的起义。特别是明武宗之后，阶级矛盾进一步加剧，农民的起义斗争更多于前，规模更加扩大，史言“两广、江西、湖广、陕西、四川并盗起”。“自畿辅迄江、淮、楚、蜀，盗贼杀官吏，山东尤甚，至破九十余城，道路梗绝”④。这一时期农民起义主以要有正德五年（1510 年），在两湖、

① 《明宪宗成化实录》卷 33，成化二年八月。

② 《中国农民战争史论丛》（第五辑），河北人民出版社，1982 年，第 430 页。

③ 《明史》卷 12，《英宗本纪》。

④ 《明史》卷 16，《武宗本纪》。

四川爆发的杨清、方四、曹甫、廖惠、蓝廷瑞、鄢本恕等人为首的农民起义，众至十余万，置四十八总管。正德六年，文安（今河北省）刘宠（即刘六）、刘宏（即刘七）、杨虎、齐彦名等人领导的农民起义军，人数达13万，曾三度攻入畿辅地区，使京城的统治者恐慌万状。起义军进入山东、河南、湖广、江西、山西等省，纵横数千里，破邑百数。同年，在江西有抚州王玉五、徐仰三等人率领的"东乡军"农民起义。南昌汪澄二、王浩八等为首的"桃源"军起义，瑞罗光权、陈福一等为首的"华林"军起义，赣州何积钦等为首的"大帽山"军起义。起义军彼此相应，规模巨大，史载"江西、广东、湖广之交，千余里皆乱"。明世宗嘉靖年间，农民起义仍然不断，如嘉靖三十二年（1543年），以师尚诏为首的河南农民起义军攻占归德、柘城与鹿邑；三十九年（1560年）闽广农民起义军进入江西；四十三年（1564年），福建起义军攻占漳平；广东农民暴动，处死守备贺铎和指挥蔡允元。穆宗隆庆三年（1568年），爆发了以曾一本为首的农民起义，围攻广州，杀诛官吏。由此可知，农民起义，历时200余年几乎没有停止过，表明明中叶阶级矛盾的尖锐和激烈。

在农民阶级与封建统治者的矛盾日益上升的同时，明中叶工商业者及市民与封建政府的矛盾也逐步激化明中叶以来工商业比以前有了一定的发展，封建政府为了满足日益庞大的费用，又加重了对城市工商业的掠夺。如关市之征，明初尚务简明，但其后征税日重，"行赍居鬻，所过所止各有税。其名物件析，榜于官署，按而征之。惟农具、书籍及他不鬻于市者勿算。应征而藏匿者没其半。买卖田宅头匹必投税，契本别纳纸价。凡纳税地置店，契书所止商氏名物数，官司有都税，有宣课；有司有分局，有分司，有抽分局，有河泊所；所收税课有本色，有折色。税课司局，京城诸门及各府州县市集多有之，凡四百余所"①。"凡税课，征商估物；抽分，科竹木柴薪；河泊，取鱼课。又有门摊课钞，领于有司。"② 当时，除农具和书籍外，凡在市场上买卖的东西不论大小轻重都要纳税，征税名目达百余种。商税税率不断增加，如洪武时规定："三十而税一，过者以违令论。"但宣德四年，"以钞法不通，同商居货不税，由是于京省肆门摊税课，增旧凡五倍"③。而且，两京蔬果不论官私种而鬻者，塌房、库房、店舍居货者，骡驴车受雇装载者，悉令纳钞。其倚势隐匿不报者，物尽

① 《明史》卷81，《食货志五》。
② 《明史》卷81，《食货志五》。
③ 《明史》卷81，《食货志五》。

没官，仍罪之[①]。工商业者在封建政府的盘剥下，苦不堪言。世宗时，布帛什尺课税，只减零畸。甚至京城诸行以监收税，"每行增至十余人，轮收钱钞，竞为朘削，行旅苦之"[②]。穆宗以后，"凡桥梁、道路、关隘，当时私擅抽税，罔利病民"[③]。至神宗时，"于是所在搜括，日增岁滥；上取一，下取二；官取一，群奸人取二。利则归下，怨则归上"[④]。特别是中央的大批税监，每到一地，急征暴敛，别说是一般工商业者，即使地方官吏也无不受其折磨，这激起了广大城市居民与工商业者的愤怒和不满。因此，都市居民和工商业者的反抗斗争也开始出现。正统五年（1444 年），宁波人叶宗留和丽水人陈鉴明在福建聚众私开宝丰、福安诸银矿，官府派人前去捕捉，他们杀死前往捉拿的官吏，举行起义。弘治十七年（1504 年），广东归善县请开铁冶，"有司课外索赂，唐大宾因作乱"，都御史刘大夏讨平之[⑤]。当时，统治者所言"矿贼"，就是指的广大矿工与小手工业者在矿税的重负和税监的压榨下的反抗斗争。

（二）民族矛盾的日益加深

除阶级矛盾的激化以外，民族矛盾也日渐加深。明中叶民族矛盾的加深也主要是赋税和徭役的繁重而造成的。如生活在云贵地区的苗、瑶、黎、侗各族，在自然环境恶劣和生产力低下的情况下，还要承受封建政府和地方土司的剥削和压迫。明代初期在这些地区设立土司，这些土司都身任明廷的宣慰使、安抚使、土知府、土知州、土知县等官职，他们凭权势大肆侵占土地，奴役佃户。英宗天顺年间，贵州彝族封建主杨辉有庄田 145 顷，茶园二十处，蜡崖 28 处，猎场 11 处，渔场 13 处，奴役佃户以千百计[⑥]。王世贞《弇州山人史料后集》卷 36 记载：世宗嘉靖时，贵州姓安的一土司，积累的钱财达 50 万金以上，成为全国的第一等富人。土司和封建主的财富无一不是剥削和掠夺广大少数民族的血汗。由于明朝中央政府与地方土司经常发生矛盾，至明成祖永乐时在贵州设置布政使司，派遣汉官前往任职。汉族官僚对西南少数民族同样采取剥削和压迫政策，除纳赋税外，还百般勒索。每有战争，派征差役、马夫、粮饷，致使云贵地区米粮艰难，人多死亡。因此，民族矛盾一触即发，起义斗争

① 《明史》卷 81，《食货志五》。
② 《明实录》卷 50，《世宗嘉靖实录》。
③ 参见《明实录》，与《神宗万历实录》。
④ 《续文献通考》卷 18，《征榷考序》。
⑤ 《明史》卷 81，《食货志五》。
⑥ 何乔新：《勘处播州军情录》，载《纪录汇编》本。

不断涌现。英宗正统十四年（1449 年），苗族农民首先在邛水举行武装起义，几个月队伍发展到二十万人，先后攻下思州、思南等州，历时两年之久。及至景泰、天顺、成化时，广西大滕峡的僮族和瑶族掀起了更大规模的起义斗争，以对抗衣食租税的汉族地主和卫所军官①，起义军所到之处，"堕城杀吏"，"劫库放囚"，横扫两广诸州②。明中叶的少数民族起义不只限于云贵地区，而且遍及各地。孝宗时，贵州"黑苗"起义，古田僮民起义，琼岛黎民起义，其中最大的有弘治十二年（1499 年）普安苗族妇人米鲁领导的起义。米鲁自称"无敌天王"，率众攻克普安、安南、卫城，并断绝盘江道路。明廷大将焦俊、吴远、刘福、李宗武等多人战中被俘处斩，最后明廷调集川、桂、滇、鄂、湘八万军队才将起义镇压下去。明中叶，少数民族不仅自己起来反抗政府的剥削和奴役，而且还经常与汉族民众一起举行起义斗争。英宗天顺年间，在湘北麻城爆发了李添保联合苗汉人民的大起义。在两广汉瑶人民也联合起义，声势浩大。特别是罗刘宁领导的湘州义军，纵贯各地，屡败明军③。从各族农民起义的声势规模和斗争的卓绝艰苦，不难看出明中叶封建政府由于赋役繁重所造成的民族矛盾的激烈程度。

（三）统治阶级的腐败

明代中叶，在政治上与国家财政直接有关的问题不仅是阶级矛盾和民族矛盾的日益激化，而且还有一个严重的问题就是官僚阶层的贪污腐败。

明代初年，明太祖虽然对吏治进行过整顿，但随着封建官僚政治的腐败，上自皇室贵戚，下至地方官吏，劣迹不胜枚举。如皇族诸王于外郡"侵公税"，"劫财江湖间，有司不敢问"。特别是神宗子潞王就封，竟奏请："江都至太平沿江荻州，四川盐井榷茶银。又请淮盐千三百引，设店洛阳售卖，至为禁食河东盐以听鬻卖"④。赵翼在《廿二史札记·明分封宗藩之制》中曰："盖亲王初封爵出藩，皆帝王爱子；故岁禄外，有些别给。其后嫡子孙袭亲王爵者，即世其产，则以富厚如此。"皇族诸王分窃国财以致富，必然使国家财政日竭，这种化公为私更甚于贪污盗窃。朝中官吏的贪污也使人震惊，其中尤以宦官为烈。英宗时王振当权，升迁官职，"不问何品官，能具礼者多至千金，少则百，悉得达，门尽夜不得合。福建参政宋彰与中官多亲旧，尝窃官银以万计贿振，

① 田汝成：《炎徼纪闻》卷 2，《大藤峡论》。

② 《明史》卷 178，《韩雍传》。

③ 见《明实录》、《英宗天顺实录》。

④ 赵翼：《廿二史札记》中，《明分封宗藩之制》。

得左布政使”。王振由贪污成为巨富，“宅当京城内外凡数处，重堂邃阁，拟于宸居。器服倚丽上方不逮，玉盘一十面，珊瑚树高六七尺，金银以库计者亦十有余”①。景泰时，管工太监黎贤“盗用官木等料万计”，而代宗竟“诏姑不问”②。成化时，东厂太监尚铭“独擅权势，卖官鬻狱，且罗致富室，索贿亡算。籍其家，得资数万，辇关内府者，累日不绝”③。太监梁芳“假名进贡买办，侵盗府藏殆尽，家资山积”④。《皇明世说新语》卷 80 云：弘治时，大宦官李广死后，搜其家，得纳贿簿籍一帙，中云：某送黄米几百石，送白米几千石，通计数百万石。上询左右：“广所食几何？乃受许多米!”对曰：“黄米即金，白米即银。”始悟广赃滥。李广金银以石计，竟至百万，可知贪污腐败之剧。《继世纪闻》卷 2 言：正德时宦官刘瑾，每奏下诸司赴京朝觐，“瑾令官皆贷于京师巨家，及回任，括敛民财倍偿之，上下交征，莫有纪极”。刘瑾用事，贿赂公行，凡有干谒者，云馈一干，即一千之谓；云一方，即一万之谓。后渐增至几十万方，世道益颓。后抄没刘瑾货财，其中金 24 万锭又 57800 两，元宝百万锭，银 800 万又 1583600 两，宝石 2 斗，金钟 2 个，金钓 3000 个，金奶汤盅 500 只，加上玉器蟒衣等物，“以上金共一千二百五万七千八百两，银共二万五千九百五十八万三千八百万”。嘉靖时，太监于喜“侵盗官库，克减军储”。《明大政纂要》卷 56—62 记载，太监杜泰提督光禄寺，“所干没内帑银以巨万计”。太监李彬，“侵盗内府钱粮以数十万计”，后“没入其货银凡四十万有奇，金珠宝玉不可胜计”。官府内臣史暨盛，“捏报被焚香料至十万八千余斤”，又私纵家人及其兄史暨忠等出入库中，盗鬻香料等物”。隆庆时，“内官监钱有如各库厂及房租、地租一切糜费，动以御前使用为名，阴入私囊”。万历时，司礼太监冯保，家有“金银百余万两，珠宝瑰异以万计”⑤。由此可知，明代至中叶朝廷上下贪污腐败的惊人程度。然而，以上所举仅限于宦官，朝官几乎也无官不贪。如《明太宗实录》卷 64 云：永乐时，已是“贪官污吏，遍布内外，剥削及于骨髓”。又如嘉靖时权臣严高，受贿军粮，“诸边军粮百万，强半贿嵩”⑥，致使边防大坏。严嵩擅权期间，贪污吞并官府财产也不计其数。

① 焦闳：《国朝献征录》卷 117，《王振本末》。
② 王世贞：《弇山堂别集·中官考二》。
③ 谭希思：《明大政纂要》卷 33。
④ 谭希思：《明大政纂要》卷 33。
⑤ 尹守衡：《明史窃》卷 71，《张居正传》。
⑥ 《明史》卷 204，《丁汝夔传》。

上行下效，地方官吏因天高皇帝远，贪污盗窃之行为更是肆无忌惮。黄宗羲在《明夷待访录胥吏篇》中云："吏胥之害天下，不可枚举。而大要有四：其一，今之胥吏，以徒隶为之，所谓皇皇求利者。而当可以为利之处，则亦何所不至？创为文网，以济其私。"此言并不过分，地方官吏的贪污之事确实不胜枚举。如《明宣宗实录》卷29云："宣宗时，河南右参政李寿乘督运税粮之机，强借河南内县人民花绒布匹等"展转贸易，肆为侵渔。"甚至在京畿一带的官吏，也大肆侵吞赋入，以致"公家所用十不二三，民间费耗常十数倍"。所谓"三年清知府，十万雪花银"，就足以说明明中叶地方官吏的贪污腐败了。

明代中叶封建政府由于对广大民众无限制地加重负担，加之各级官吏缙绅的横征暴敛，激起激烈的阶级矛盾与民族矛盾；统治集团的贪污腐败的加剧，严重地影响了国家政权的稳定。这些虽然都是属于政治方面的危机，但与财政有着密切的关系，要解决这些危机不能不以财政改革入手。

二、土地兼并、人口流亡和农业经济的萎缩

明代中叶，随着政治危机的日益紧迫，社会经济也危机重重，其中最严重的问题是土地兼并、户口流亡和农业经济的萎缩。

（一）土地兼并激烈

明初，有相当数量的农民获得了小块土地，但自耕农的位置是极不稳定的，在官僚、地主和商人的巧取豪夺下，农民纷纷破产，土地兼并很快蔓延起来。据统计，早在洪武三十年（1397年），全国各地就出现了"田连数万亩"的大土地主。明太祖之后，土地兼并日益激烈，从皇帝到地方官吏都成了大大小小的庄主，皇庄、王庄、私人田庄，"连州跨邑"，遍及各地。其中，皇庄出现于洪熙年间，之后迅速发展。弘治二年（1489年），京畿内皇庄有5处，占地12800余顷。明武宗即位仅一个月，就建皇庄达7处。此时皇庄增至36处，占地共37500余顷[①]。管理皇庄的宦官军校每处就多达三四十人，他们一到庄地就"占土地，敛财物"，广大农民"产业既失，税粮犹存，徭役苦于并充，粮草困于重出，饥寒愁苦"[②]。对于皇庄邻近的土地，他们也"展转移筑封堆，包打界至，见亩征银"，皇庄周围的农民也陷入破产失地的忧患。至于王府的庄田发展就更快了，藩王采取"请乞"、掠夺、买卖等手法，疯狂地兼并公私

① 《皇明经世文编》卷202，夏言《查勘报皇庄疏》。
② 《皇明经世文编》卷202，夏言《查勘报皇庄疏》。

土地。如吉王请田 3800 顷，但实际占有土地却超过几倍。如《明宪宗成化实录》卷 204 记载："比之原额，已过数倍。"诸王在兼吞民田时，"即奉天子命为己有，乃辄遂白夺其田也。夷其坟墓，毁其房屋，伐其树木。于是百年土著之民，荡产失业，抛弃父母妻子，千里之内，举骚然不宁"①。黄冕堂先生统计，明代洪武至隆庆年间，诸王和公主的田庄，不仅数量多而且占地面积广。如正统时庆王占地 1000 顷；正德时荣王占田 2000 顷，山场 820 里；宁王宸濠夺民田以亿万计②。明中叶的宦官在兼并土地上，比王公贵戚有过之而无不及。《英宗实录》记载，正统元年（1436 年），太监王贵在陕西夺占土地 100 顷。正统二年，中官伙同外戚在南京夺占民田 623 顷。正统六年（1441 年），已故太监刘顺在蓟州有 26 处庄田，其中 10 庄竟占地 468 顷。天顺元年（1457 年），太监曹吉祥在饶阳县占夺民田 1000 顷。孝宗弘治三年（1490 年），太监刘永诚侵夺民田 300 顷。弘治八年，太监傅直等人侵夺甘、凉二州屯田 300 顷。《明史》卷 186 的《张泰传》记载，弘治年间，太监及京卫将校在蓟州占夺民田达 930 顷。《武宗实录》卷 67 曰，正德五年（1510 年），太监刘瑾所侵占的土地有几千区。《世宗实录》卷 4 言，嘉靖十六年，刘瑾又通过投献手段占取天津民田 1000 顷。《明史》卷 194 的《林俊传》记载，太监谷大用，有田 10000 余顷，其中抢夺之田占绝大部分。官僚贵族兼并的土地数额也不亚于宦官，如严嵩在北京附近有庄田 150 余所，而且又"广置良田美宅于南京、扬州无虑数十所"③。除权臣严嵩外，其他官僚兼并土地的事例也多不胜举，如《宣宗实录》卷 76 记载，永乐四年（1406 年），隆平侯张信占夺江阴、丹阳民田 70 顷，湖 80 里。宣德六年（1406 年），宁阳侯陈懋占夺公私田顷。正统九年（1444 年），都司指挥田礼等占夺大宁都司田 4127 顷。十三年（1448 年），卫指挥扬陛等占夺国家屯田 3445 顷。景泰二年（1451 年），汪泉占夺武清县还官田 16320 顷。天顺三年（1452 年），忠国公石亨占夺怀来县田 1700 顷④。弘治十七年（1504 年），建昌侯张延龄在北直隶占田 16705 顷⑤，嘉靖二年（1523 年）庆阳伯夏臣等通过投献占地 13800 顷⑥。隆庆初，沐朝弼、沐朝祚占夺云

① 《皇明经世文编》卷 138。

② 见黄冕堂：《明史管见》，齐鲁书社，1985 年，第 160—174 页。

③ 《明史》卷 210，《邹应龙传》。

④ 以上见《英宗实录》卷 123、卷 178、卷 204、卷 309。

⑤ 《孝宗实录》卷 210。

⑥ 《世宗实录》卷 23。

南土地8050顷又174所[①]。地方官吏和豪强缙绅也在各地侵夺公私田产。宣德五年（1430年），大同豪右占夺国家屯田2000顷[②]。《英宗实录》卷80记载，正统六年（1441年），官豪占夺国家贵州屯田9576顷。《宪宗实录》卷156云，成化十三年（1477年），豪强占夺大同、宣府等处土地合数十万顷。《孝宗实录》卷10云，成化二十三年（1487年），官豪占夺自九江至镇江的芦地二千余里。《武宗实录》卷67言，正德五年（1510年）大同镇守备等占夺公私田900余顷。《孝宗实录》卷28统计，弘治二年（1489年），勋戚太监的庄田共330有处。顺天府的各项庄田共计332座，占地33000余顷。到正德十六年（1521年），北直隶的庄田已达200900余顷[③]。除皇帝、王公贵戚、官僚地方、豪右缙绅大肆兼并土地以外，各地佛寺也兼并了大量的土地。《宣宗实录》卷26、卷100记载，宣德二年（1427年），寺院占夺土地数百顷。宣德八年（1433年），广东、浙江、江西寺院侵民顷亩千计。《宪宗实录》卷210云，成化六年（1470年），福建寺观占夺民田100顷。《世宗实录》卷25言，嘉靖二年（1525年），隆福等三寺在宣府占夺土地达1300顷。由此足以证明，明中叶土地兼并的激烈程度，超过以往任何朝代。所以，国家耕地面积锐减剧下，到弘治十五年（1502年），全国垦田数额从明初的850余万顷降为422万余顷，减少幅度为50%，其中官田只占598456顷[④]。这些众多的皇庄、王府庄、勋戚庄，均不缴纳租赋，宦官、权贵、大小官僚及豪强的田庄也通过各种手段很少向国家纳税。这样一来，国家的田赋收入就减少了一半，可知土地兼并给国家财政带来的危机之严重。

（二）人口流亡

土地兼并的恶性发展，使广大自耕农民纷纷流于破产。《明大政纂要》卷25记载，景泰三年，南京锦衣卫抚司军丁华敏在上言中指出："盖造佛寺，费用无算，以一己之私，破万众之产"。官僚"广置田庄，不纳粮刍，寄户府县，不当差额，彼则田连阡陌，民无立锥"。正德元年（1503年），大学士刘健讲到管理皇庄的内官"假托威势，逼勒小民，科索必逾常额，所领官校甚为民害，致荡家鬻产，怨声动地，逃移满路"[⑤]。因失去土地而破产的农户，成为流

① 《穆宗实录》卷37、卷45。
② 《明史》卷157，《柴车传》。
③ 分见《明孝宗弘治实录》卷28，李毓疏；《皇明经世文编》卷88，林俊疏。
④ 《明会要》卷53，《食货一·田制》。
⑤ 《国朝典记》卷19，《庄园》。

移道路、无衣无食的流民。《明经世文论》卷46记载，正统时，“荆州、襄阳、河南、南阳、西安、汉中、夔州七郡所属州邑，在山谷中者十三，介山地间者十四”。仅从山西流亡到南阳的人不下十余万。天顺、成化间，流民数量约100万至200万户。有的地方人口“逃亡过半”，甚至“十者只存其一”。武宗时，随着土地兼并的加剧，社会上流民益增，仅荆襄一地汇集的流民就近200万。因此，国家户口急剧下降，明初全国户口数额为1600多万，永乐年间增至2000万，但到了弘治四年（1491年），只剩了余万户，不足永乐时的一半，即使和明代初年相比，也只有一半多。大批流亡的农民，携幼扶老，露宿荒野，妻啼子叫，辗转风雨之中，以树皮野草充饥，受尽饥寒之折磨。他们或到城市和海外谋生，或沦为地主的佃户和雇工，再者就是卖身为奴婢，社会生产力遭到严重的摧残。

（三）农业经济萎缩

由于大量的自耕农民失去土地，无法再从事正常的农业生产，即使沦落为官僚地主的佃户，自己也没有土地和劳动工具，完全依附官僚地主维持生存，他们要把每年劳动所得的大部分缴给地主，不仅扩大再生产没有可能，就连简单再生产也维持不住。因此，农业经济出现了严重的萎缩局面，社会再生产遭到严重的抑制。当时，在不少地方出现了土地抛荒的现象，如《明英宗正统实录》卷52记载，正统年间，所抛荒的土地“少者千百余亩，多者一二万亩”。农村中因为赋税“摊逃”，“丁逃而累及于户，户逃而累及于甲，人不得不尽甲而逃”，萧条程度不难想到。顾炎武在《天下郡国利病书》中说，明代中晚期农村“十室九空，流移日甚，见今田野之间，环堵萧然”。逃亡的农民在深山老林之中，重新过起刀耕火种的原始生活，如梁材在《议处郧阳流逋疏》中云：湖广的荆襄、河南，陕西汉中、商州等处，“万山之中，三省之界，实为流逋渊薮。岁丰则火耕水种以避差”。这样一来，社会生产力的水平不仅不能提高，反而一步步下降。正由于此，对自然灾害的抵抗力明显减退，明代中叶自“正德以来，水旱相仍，斗米百钱者相望”①。自然灾害频繁，使社会经济雪上加霜，陷入恶性循环。所以，明代中叶财政改革之前，社会经济除太祖时有所恢复和宣宗时出现过“闾阎乐业”的发展趋势之外，长期处于停滞萎缩的状态，从根本上动摇和瓦解了明代中叶国家财政的基础。

---

① 《天下郡国利病书》第2册，引自《大名府志》。

三、赋税锐减支出日增，财政危机的加重

明代中叶财政改革之前，由于统治阶级的贪污腐败，土地兼并和广大农民的破产流亡，农业经济的萎缩衰退等原因，财政收入日益减少。但财政开支却与日俱增，特别是从正德以后，“出多入少，国用尽不支”[①] 的局面更加突出，财政危机日甚一日。

（一）财政支出不断增加

明代中叶的财政支出中最大的项目为俸饷，关于这一点前人已有明确的认识。如《明史》卷 82 的《食货志六》，俸饷中的第一句话就讲到：“国家经费，莫大于禄饷”。明初，官吏以田代俸，侯 1500—1000 石，伯 1000—2500 石。洪武十三年（1380 年），重定内外文武官岁给禄米、俸钞之制，正从一二三四品官，1000—300 石，每阶递减 100 石皆给俸钞 300 贯。至洪武二十五年（1392 年），制定一品月俸米 87 石，从一品至正三品，递减 13—35 石，从三品 26 石，正四品 24 石，从四品 21 石，正五品 16 石，从五品 14 石，正六品 10 石，从六品 8 石，自正七品至从九品递减 5 斗，至 5 石而止，“自后为永制”[②] 俸饷支出除以上的米以外，还按照品级给一定数量的绵、纻丝、纱罗、绢、布、绵、盐、茶等物，可说应有尽有。明正德以来，亲王三十，郡王二百十五，镇国将军至中尉二千七百，文职二万四百余员，武职十万余员，卫所七百七十二，旗军八十九万六千余名，廪膳生员三万五千八百二十名，吏五万千余名，“各项俸粮约数千万”[③]。

明代俸饷开支除官吏俸禄外，还有藩王的食禄。明太祖时，大封亲藩，之后子孙繁衍，食口众多。至正德，“亲王三十，郡王二百十五”，诸王不仅世世皆食岁禄，而禄又丰厚。《明史》卷 82 的《食货志六》记载，洪武九年（1376 年），规定诸王公主岁供之数，亲王米五万石，钞二万五千贯，锦四十匹，纻丝三百匹，纱、罗各一百匹，绢一百匹，冬夏布各千匹，绵二千两；已受封侯爵赐庄一所，岁收粮千五百石、钞二千贯。新王子未受封，视公主；女未受封者半之。子已受封郡王、米六千石，钞二千八百贯，锦十匹，纻丝五十匹，纱、罗减纻丝之半，绢、冬夏布各百匹，绵五百两，盐五十引，茶三百千，马

① 《续文献通考》卷 30，《国用考》。

② 《明史》卷 82，《食货志六》。

③ 《古今图书集成食货典》卷 254，《军用部》。

料草十四。女已受封及已嫁，米千石，钞千四百贯。皇太子之次嫡子并庶子，既封郡王，必俟出阁然后岁赐，与亲王子已封郡王同，女俟及嫁，与亲王女已嫁者同。凡亲王子，与已封郡王同。郡王嫡长子袭封已受封者，明太祖令诸王世世岁禄。可知这一制度是行之不变的。弘治年间，礼部尚书倪岳“条请节减，以宽民力”，但未见改动。至嘉靖四十一年（1562 年），御史林润言：“天下之事，极弊而大可虑者，其甚于亲藩禄廪。天下岁供京师粮四百万石，而诸府禄米凡八百五十三万石。是二省（山西、河南）之粮，借令全输不足供禄米之半”①。由此可知，国家财政费用中诸王俸禄又是一个巨大的开支，二省之粮竟然才能供应一半。嘉靖四十四年（1565 年）对藩王的俸禄有所降少，但多者仍有二千石，少者也有五百石，每年开支仍很可观。

俸饷之外，军饷也是一个巨大的开支项目。明代的军队实行卫所制，大抵 5600 人为一卫，1120 人为一千户所，112 人为一百户所。卫所遍布全国各地，卫所称为军，并有专门的军籍，子孙世袭，与民分治。卫所内户皆由国家分配土地，令其屯田自养，军饷由屯田收入支给。明初，“一军之田，足以赡一军之用，卫所官吏俸粮皆取给焉”②。只是在特殊情况下如遇有边事或屯田收入减少才由政府运用“开中”法增收盐税给以补贴。不过，国家对军饷补贴不大，洪武中，天下卫所军士月粮，“令京外卫军月支米二石，步军总旗一石五斗，小旗一石二斗，军一石，城守者如数给，屯田者半之。民匠充军者八斗，牧马千户所一石，民丁编军籍练者一石，江阴横海水军稍班、碇手一石五斗。得病军给丧黄一石，在营病故者半之，籍没免死充军者谓三恩军，家四口以上一石，三口以下六斗，无家口者四斗”③。但到明代中叶，卫所制逐渐遭到破坏。一是卫所屯田被官僚地主大肆兼并，一军之田不足以赡一军之用。二是原来与卫所相表里的屯粮、盐引等制度废弛，“屯粮、盐粮多废”④。三是卫所制日坏，主兵严重不足，不得不大量募兵，募兵不够，又招客兵。这就是《明史》卷 82 的《食货六》所指出的：“初，各镇主兵足守其地，后渐不足，增以募兵，募兵不足，增以客兵。兵愈多，坐食愈众，而军例亦日增。”这样一来，明中叶的军队数额越来越大，明初军队约有二百七十余万⑤，这是天下卫所的

---

① 《明史》卷 82，《食货志六》。

② 《明史》卷 82，《食货志六》。

③ 《明史》卷 82，《食货志六》。

④ 《明史》卷 82，《食货志六》。

⑤ 《明史》卷 91，《兵志三》。

兵额，除此还有京兵、留都兵、腹内卫所三种。洪武四年（1371 年），京兵有二十万七千八百余人[①]，边兵增加到四十万[②]。正德以后，军队数量继续增加，“卫所七百七十二旗军八十九万六千余名”[③]。国家财政每年的军饷开支急剧增加，《明史》卷 82 的《食货六》记载：诸边及近京畿兵饷，宣府主兵，屯粮十三万二千余石，折色银二万二千余两。宣府兵饷在诸边、镇中仍属中等，有些边、镇的兵饷比宣府更多。如甘肃屯粮二十三万二千余石，固原屯粮料三十一万九千余石。以正统时实行的年例总额来看，弘治、正德年间，尚不过银四十三万两，但到嘉靖年间，增加到六倍多，总共为银三百八十万两[④]。这有力地说明了明中叶兵饷开支之大和增加速度之快。

明代中叶的军事费用中除兵饷外，还有边饷、辽饷、剿饷等开支。边饷主要用于沿边战争。明代军镇莫过于九边，即辽东、大同、宣府、延绥、宁夏、甘肃、蓟州、山西、固原。这些军镇都是为了防御外来侵掠的，而且战事频繁。蒙古诸部不断向开平、兴和、宁夏、甘肃、大宁、辽东等蒙汉交接地区进扰。因永乐七年（1409 年）明廷北征军全军覆没，第二年，明成祖挂帅亲征，率兵五十万。仅这次出征，就“用武刚车三万辆约运粮二百万石”。永乐十二年（1414 年），明成祖又“亲征瓦剌”；二十年，“亲征阿鲁台”；二十二年（1424 年），第五次“亲征”。英宗时期，蒙古鞑靼又分四路进攻明朝，英宗率 50 万军队随王振亲征，结果在土木堡被击败，英宗被掳，全军死伤数十万。至明宪宗时期，东北女真族又开始向明朝攻掠，至武宗时，除鞑靼、女真外，还有西南和东北一些部落和民族如西番、土蛮等也和明朝政权不断发生武力冲突。除内患外，外患也接踵而来。嘉靖三十二年（1553 年），倭寇从南沙（江苏常熟西北）突入，蔓延至浙东西、江南北沿海沿江各地，杀人放火，肆行剽掠，明朝政府耗费了大量的人力物力和财力剿倭。除日本外，葡萄牙、西班牙等国家的商船也先后进入广州、福建等沿海地区进行经济掠夺，明政府为“讨灭海贼”、“海寇”也需大量的开支。所以，明中叶的边饷支出是非常浩大的。如嘉靖中，因“掩答入寇，户部侍郎孙应奎已议加派，自北方诸府及广西、贵州外，增银一百十五万”[⑤]。嘉靖中剿饷是用于镇压各地农民起义的费用，练饷

---

① 《明史》卷 89，《兵志一》。

② 《古今图书集成·食货典》卷 249，《国用部》。

③ 《古今图书集成·食货典》卷 254，《国用部》。

④ 《古今图书集成·食货典》卷 256，《国用部》。

⑤ 赵翼：《廿二史札记·明末辽饷练饷》。

是训练民兵增补正规军队的费用，这两种开支虽然没有边饷突出，但在财政改革前也是不可小看的。因为明中叶各地农民起义、少数民族起义、矿工商人武装斗争很频繁，封建政府不花费一定财力是难以镇压下去的，况且剿倭寇、剿海寇也是剿饷中的重要部分。总之，明代中叶军费开支中有兵饷、边饷、辽饷、剿饷和练饷等，各种名目十分繁多，国家财政有关军队和军事方面的开支是巨大的。

除以上费用外，明中叶封建国家的开支还有多途，如营造费、航海费等等。营造费用中主要有治理黄河。明中叶黄河多次决口泛滥，如洪武八年（1375 年），河决开封，发民夫 3 万人堵塞。永乐八年（1410 年），黄河又在开封决口，发民夫 10 万人治之。弘治三年（1490 年），发民夫 25 万筑阳武长堤。嘉靖时，役夫 14 万浚庙道口。黄河经常决口给国家财政造成很大的负担，工部尚书潘季驯讲到："役夫三十万，旷日持久，骚动三省，工费数百万"[①]。除此还有营造都城。明初建都南京，宫城规模宏大。明成祖永乐十八年（1375 年），又建都北京，规模超过南京，有皇极殿、中极殿、建极殿等大型宫殿 36 所，有乾清宫、坤宁宫等四十八所，有文渊阁等 23 所，有曲池馆、玉食馆等 22 所，其余的斋、堂、轩、台等建筑不可胜数。这些庞大的建筑不知要花费多少开支，仅乾清宫的修建就用了 2000 余万两白银，役匠 3000 余人，岁支工食米 13000 余石[②]。永乐年间，遣工部侍郎到湖广、贵州采办大木，仅湖广一省，费用就达 390 万余两[③]。正德九年（1514 年），乾清宫遭火，为重营建，"庄材鸠工，计直白金百万两"。航海费，明成祖时，命郑和下西洋，所造海船长 40 余丈，宽 18 丈。第一次率大船 62 艘，载士卒二万七千五百多人，前后七次下西洋，到达 30 余国和地区，虽然"取无名宝物不可胜计，而中国耗废亦不赀"[④]。可见明中叶有关建设性的费用在财政上的开支也是不小的。

统治阶级的奢侈费用也非常可观。封建皇帝是最大的奢费者，生前不仅修筑宏大的宫殿，死后还要享用豪华的坟墓。明代在凤阳修建祖陵和皇陵，在南京修建孝陵，在北京修建十三陵，每座陵墓都要花费巨额款项。如神宗定陵，费银至八百余万两，一座陵墓的陵户就多达三万三千四百二十二[⑤]。明中叶皇

① 《明史》卷 83，《河渠志一》。

② 《续文献通考》卷 30，《国用考》。

③ 《明史》卷 82，《食货志六》。

④ 《明史》卷 304，《郑和传》。

⑤ 《明会要》卷 17，《礼志十二》。

室费用不仅浩大，而且不断增加，如英宗时，所用尽管“多所撙节”，但“上用膳食器具三十万七千有奇”[①]。宪宗时，“岁额银撙节至十三万两，中年复增至四十万，额派不足，借支太仓，太仓又不足，乃令原供司府依然增派”[②]。实物供应，如天顺八年（1464 年），果品物料凡 1268000 余斤，比过去增加了四分之一。正统年间，鸡鹅羊豕岁费三四万，至天顺时增加了四倍[③]。皇帝的奢侈品是皇室费用的重要部分，宪宗时，“购书采花之使，搜取珍玩，靡有孑遗，抑卖盐引，私采禽鸟，靡官帑，纳私赂，动以巨万计。太岳、太和山降真诸香，通三岁用七千斤，至是倍之。内府物料，有至五六倍者”。至世宗时，皇室奢侈达到了登峰造极的程度。《明史》卷 82 的《食货六》记载：“（世宗）中年以后，营建斋醮，采木采香，采珠玉宝石，吏民奔命不暇，用黄白蜡至三十余万斤。又有召买，有折色，视正数三倍。沉香、降香、海漆诸香至十余万斤。太仓之银，颇取入承运库，办金宝珍珠。无所不购。”穆宗承之，“购珠宝益事”，给事中李已和陈吾德疏谏，已下狱，吾德削籍，“自是供亿寖多矣”。如此浩大的费用，使明中叶国家的财政开支远远超过了财政收入。

（二）财政亏空日益加重

由于财政支出的巨大，国家财政亏空长期存在并不断增长。明代的财政亏空出现于英宗以后，《续文献通考》卷 30 的《国用一》记载：“至孝宗弘治时，内府供应繁多，每收太仓银入内库，又置南京钱库。武宗正德时，内承运库中官言内府财用不足，请支太仓银。”王折言：“先是内帑之积金凡十窖，每窖凡若千万。盖历朝储之以备边虞者。景泰末年赏赐甚侈，颇多浪费。迨成化时，十窖俱罄矣。”孝宗弘治十五年（1502 年），户部上奏今岁国家费出盈缩之数：“每岁天下税粮各项俱有常额，比岁有遇事故停减，而岁入不及原额者。有逐年加添而支过于原额者（原注：如官军折俸，景泰六年，一季支二万三千三十余两；弘治十四年，一季支十三万九千九十余两，多十二万七千两之类），在内古有然矣，在外官用不足（原注：如河南岁存税粮二百二万七千二百四十余石，而诸司及各王府岁支一百一十六万五千二百九十余石，少十四万余石之类）。民财尽耗，皆以常人之赋或停减而不足常用之数。又加添而过多，则知在内在外一岁所入俱不足供一岁所出，况灾伤迭见，供饷频繁乎……正统以

① 《明史》卷 82，《食货志六》。
② 《续文献通考》卷 30，《国用考》。
③ 《明史》卷 82，《食货志六》。

前，国用减省，民之输纳，额外加增……今太仓无数年之积。而冗食日加于前，内帑缺见年之用，而给旨日加于后。郡县旱潦之不时，边防请给之不已，万一漕运迟误，边郡有警，则京储求岁人三百七十万之数，边饷须四百万两之银，亦已难矣，倘不幸复加，数千里之水旱，十万之军旅，又将何所取给哉！”① 从户部所奏，可以清楚地看到弘治后期国家收不抵支的情况日渐严重。明武宗正德时，户部侍郎陈清等提出“国用不足，当亟筹经制之宜”。尚书韩文等议：“京库岁人一百四十九万两有奇，岁用给边折及内府成造宝册之类为一百万两余，皆贮之太仓，或多至四百万，少亦半之。近岁则一年所用乃五百余万矣，海内虚耗。”王圻也言：“自正德后，出多入少，国用尽不支矣。”②世宗时，户部上理财事宜，言嘉靖二十八年（1549 年）以前，“岁支不过二百万，少仅七八十万，及二十九年，备御边警，饷额倍增。三十四五年间，宣大被寇，募军赈恤诸费取给内帑，岁无纪极。所入二百万之额不能充所出之半……至三十七年二月，会大同告警，发银二十六万有奇，民运至太仓者银仅七万，帑储不及十万”③。《明史》卷 78 的《食货二》记载：“是时天下财赋，岁入太仓者二百万两有奇，旧制以七分经费，而三分备兵歉，以为常。世宗中年，边供费多，加以土木、祷祀，月无虚日，帑藏匮竭，司农百计生财，甚至变卖寺田，收赎军罪，犹不能给。嗣后，京边岁用，多者过五百万，少者亦三百余万，岁入不能充岁出之半。”穆宗隆庆元年（1567 年）“所存仅足三月，计今岁尚亏九月有奇，边军百万悉无所需”。尚书马森奏太仓“见存银一百三十五万四千六百五十二两，岁支官军俸银一百三十五万有奇，边储二百三十六万有奇，补发年例一百八十二万有奇，通计所出五百五十三万有奇。以今数抵算，仅足三月。京仓见存粮六百七十八万三千一百五十一石，岁支官库月粮二百六十二万一千五百余石，遇闰又加二十二万余石，以今数抵算，仅足二年。……后边庭多事，支费渐繁，一变而有客兵年例，再变而有主兵年例……所费几倍于岁。在太仓则输纳不益于前，而所出几倍于旧”④。户部尚书刘体乾在上疏中也讲到：“计天下钱谷一岁所入仅二百三十万有奇，而中多积逋灾免奏留者，一岁所出，京师百万余，而边饷至二百八十余万，其额外请乞者不与焉。二年用四百四十余万，三年则三百七十九万，此其最少者，而也已倍于入

① 《续文献通考》卷 30，《国用考》。
② 《续文献通考》卷 30，《国用考》。
③ 《续文献通考》卷 30，《国用考》。
④ 《续文献通考》卷 30，《国用考》。

矣。近者遣四御史括天下府藏，二百年所积者尽归之太仓，然自老库百万之外，止二百十万有奇，不足九边一年之用。自嘉靖十八年，被兵以来，边臣日请增兵，本兵日请给饷自五十九万增至二百八十余万。”①《续文献通考·国用考》记载：至万历二十八年（1600年），国家岁收仅四百万，而每岁开支四百五十万，居恒无事，已称出浮于人。之后多次用兵，加上其他非常开支，每年费用高达二千六百余万。《明史》卷78的《食货二》总结到明代因“大工营缮，祠官祝厘，资用繁溢”等故，“迨至中叶，倭寇交内讧，仍岁河决，国用耗殚”。这一结论是符合事实的。

明中叶严重的政治、经济和财政危机，把明代政府推上了改革之路。正德、嘉靖年间，改革的呼声日益高升，以至达到了“时之所在，势不容于不变”的程度。面对人民的反抗和王朝的腐败，一些着眼于地主阶级长远利益的有识之士，以财政改革为核心，开始推行一些改革措施。针对江南赋重问题，周忱对当地赋役制度进行了一些改革，主要内容包括：第一，将原来要由税户费时费力送往南京交纳的马草，改为在当地折银征收；第二，减轻人民运送漕粮的负担；第三，立仓赈济灾民或春耕有困难者；第四，将一部分官田田赋转嫁到民田上征收。周忱的改革因触犯豪强地主利益，遭到这些人的反对而时停时续。嘉靖十六年（1537年），礼部尚书顾鼎臣、江南巡抚欧阳铎、苏州知府王仪发动了改革江南赋役科则的运动，在一些地区彻底统一了官田、民田的科则。以后，江南诸地陆续仿行，到隆庆年间，最终完成了江南七府官田、民田科则不同的状况。这就是历史上的所谓“隆庆扒平”。

针对“小民税存而户去，大户有田而无粮”的混乱状况，嘉靖九年（1530年），大学士桂萼提出了整顿徭役制度的“一条鞭”法。其主要内容是打破里甲界限，在州、府，甚至省的范围内“斟酌繁简，通融科派”②。嘉靖十六年（1537年），松江知府黄润推行名为“一条鞭”的新役法，主要是按照拥有土地的多少，“凡大小差役总计其徭役数目，一条鞭征充”。《国攉》卷68记载，嘉靖十八年（1539年），应天巡抚欧阳铎实行“征一法”：“总征银米之数，而计亩均输”。嘉靖四十年（1561年），广东巡抚潘季驯实行“匀平里甲法”，以钱代役。嘉靖末期，庞尚鹏等人在东南一带实行将田赋、徭役悉并为一的“一条鞭”法。著名的清官海瑞在嘉靖年间任江西兴国县知府时，也推行了“一

① 《续文献通考》卷30，《国用考》。

② 《明史》卷213，《张居正传》。

条鞭"法。万历初山东东阳县推行"将阖县钱粮，俱照丁地起科"的办法。

这一系列局部改革，说明明代中叶的财政改革势在必行。但局部的改革解决不了统治阶级所面临着的各种危机，必须进行一次全国性的改革。因此，在隆庆、万历初期，明代政府在张居正主持下对国家财政进行了一番全面的改革。

第二节 以"一条鞭"法为核心的财政改革

隆庆六年（1572 年），年仅十岁的朱翊钧（神宗）即位，改元万历。万历登基之始，就经历了一场首辅与权宦的斗争。结果是首辅高拱被逐，而与权宦相友善，深得慈圣太后信任的张居正成为内阁首辅。十岁的小皇帝"虚已委居正"，这为"慷然以天下为己任"，早就有志于改革弊政的张居正提供了很有利的机会。

早在隆庆二年（1658 年）八月，张居正就向皇帝上了《陈六事疏》，提出了六项改革弊政的急务。六事者，一为"省议论"，二为"振纲纪"，三为"重诏令"，四为"核名实"，五为"固邦本"，六为"饬武备"。这六者涉及政治、经济、军事诸方面，是一个较全面的改革计划。不过当时张居正尚未掌权柄，难以猝然推行。在登上首辅的位置，实际上掌握了国家最高权力以后，张居正抓住诸多弊政的焦点财政问题，推行了一系列改革措施。

一、严格考成整顿吏治

无论要进行哪一方面的改革，在封建社会中，首先要整肃吏治、提高官僚机构的行政效率。因此，万历元年（1573 年），张居正首先推出了针对政治腐败的考成法。所谓考成，即"立限考事"，"以事责人"。也就是事前有布置、事后有检查，责任落实到人，官吏升降有具体考查指标。

张居正在《请稽查章奏随事考成以修实政疏》中说："请自今伊始，申明旧章。凡六部、都察院遇各章奏，或题奉旨，或复奏钦依，转行各衙门，俱先酌量道里远近，事情缓急，立定程期，置立文簿存照。每月终注销，除通行章奏不必查考者照常开具手本外，其有转行复勘，提问议处，催督查核等项，另造文册二本，备注紧关略节及原立程限，一本送科注销，一本送内阁查考。该科照册内前件，逐一附簿候查，下月陆续完销，每于上下半年缴本，类查簿内事件，有无违限未销。如有停阁稽迟，即末列具题候旨下各衙门诘问，责令对状，次年春夏季终缴本仍通查上半年未守，如有规避重情，指实参奏。秋冬二季，亦照此行。以明年仍复挨查，必俟完销乃已。若各该无按官奏行事理，有稽迟延阁者，该部举之。各部院注销文册有容隐欺蔽者，科臣举之；六科缴本具有容隐欺蔽者，臣等举之。如此，月有考，岁有稽，不惟使名必中实，事可责成，而参验综核之法严，即建言立法亦将虑其终之罔效，而不敢不慎其始矣。"①

概而言之，考成法的主要内容是：六部和都察院等衙门应对本衙官员拟办之事进行登记，另抄两份副本，分送内阁和六部。已办之事，即可注销，有未完者要如实申报。六科按时检查六部所列事情的完成情况，内阁也根据登记簿稽查六科，如有欺隐，即行查处。

在张居正推行考成法之前，明王朝对官吏的考察也有制度规定。如对京官每六年考察一次，叫做"京察"。这种考察办法，一是间隔太远，二是空泛而不具体。有关部门如何能说清每一官员六年来的成绩和过失？明中叶以后，皇帝昏庸疏懒，吏治败坏，宦官和朝臣相互勾结，党同伐异，贿赂公行，考察早已流于形式。

考成法一行，明王朝腐败的吏治大为好转。明中叶以来官场上因循怠玩、姑息放任的风气为之一变。"自是，一切不敢饰非，政体为肃。"当时朝廷政令下达，"虽万里外，朝下而夕奉行"②。当时有人评价说："考成之法一立，数十年废弛丛积之政，渐次修举。"推行考成法的目的，不仅在于整饬武备，黜陟官吏，而且更重要的是解决多年赋税拖欠问题。明中叶以前，赋税拖欠非常严重，特别是豪强地主通过各种方式拒不纳赋，地方官吏"纵而不敢问"。因此，地方政府便把拖欠的赋税分摊在农民身上，"责令包赔"。农民交不出租，便卖地逃赋，或献地免科，结果随着地方豪强兼并土地的增加赋税拖欠问题愈益严重。如当时"豪家田至七万顷，粮至二万，又不以时纳"，但"自嘉靖以来，当国者政以贿成，吏朘民膏以媚权门，而继秉国者又务一切姑息之政，为逋负渊薮，以成兼并之私。私家日富，公室日贫，国匮民穷，病实在此"③。张

---

① 《明会典》卷20，《清稽查章奏随事考成以修实政疏》。

② 《明史》卷213，《张居正传》。

③ 《张文忠公全集》卷7，《答应天巡抚论大政大典》。

居正对这些情况深有了解且非常气愤，他在《答应天巡抚宋阳山论均粮足民》中讲到：“侵欺拖欠”，“使人扼腕”[①]。为此，张居正决心在这次财政改革中“查刷宿弊，清理逋欠”，考成法就是要“砭姑息之政”，求“足国”之方，通过对各级官吏的严格要求，把拖欠的赋税征收回来。考成法规定“有司以征解为殿最”，以催科成绩为考成的优劣标准，催征不力，征赋不足额的，巡抚和巡按御史听纠，府州县官听调。在征收拖欠中，这次改革并不是全部限期征回，而是有征有免，这种做法从隆庆时就已开始。隆庆六年（1572年），神宗即位，由张居正建议，下诏：隆庆元年（1567年）以前的积欠，一概豁免。五年以前的积欠免三征七[②]。隆庆五年（1571年）的积欠一概追缴，同时还要补缴隆庆二年至四年（1568—1570年）这三年的七成积欠。追缴时是分期分批来完成的，各地在新完税额以外，过去的拖欠每年“带征”三成。除此，还规定地方整理回收的田赋，除去规定留作地方经费者以外，一概呈报中央，由户部统筹支配，地方不能像以前那样擅自截留。

在财政方面，推行考成法的成果十分显著。隆庆五年（1571年），穆宗就曾下诏规定：“征赋不及八分，有司停俸”[③]。当时张居正虽不是首辅，但也是内阁决策人之一。考成法公布后，张居正信心十足地说：“考成一事，行之数年，自可不加赋而上用足”。他建议神宗下诏规定：“有司以征解为殿最”，即按赋税收入定额完成情况为考成标准之一。万历四年（1576年），改征赋以九分为及格。万历六年（1578年），直隶州县卫年官员二十余人中，未完铺粮在七分以上者，降二级；二分以上者住俸，并被责令在限定时间内追征完解。

事实果然如此。万历五年（1577年），全国钱粮岁入折银435万两，比隆庆时包括铺粮、盐课等在内的总岁入250余万两之数，增长了74%；而同年支出为349万两，比隆庆时岁出400余万减少了约13%。仅一年扭转了长期以来财政入不抵出的局面。

张居正实行考成法的另一目的是加强中央集权，提高内阁在官僚体系中的地位。由于考成法规定以六科监督部、院，内阁监督六科，这一目的基本上是达到了。中央集权的加强和吏治的改善，为张居正以后的一系列改革提供了

---

① 《张文忠公全集》卷6，《答应天循抚宋阳山论均粮足民》。

② 《明史》卷227，《萧彦传》。

③ 《明史》卷227，《萧彦传》。

保证。

二、清丈田亩，堵塞偷漏

考成法提高了官吏征收赋税的责任感，解决了田赋拖欠的现象，但还不能解决地主瞒田匿产，偷漏赋税的问题。

垦田数额事关赋税收入，明初原有一套严格的管理办法。明太祖时，就编制了“鱼鳞图册”和赋役黄册，对全国土地、人口进行了详细、全面的登记。鱼鳞图册登记田亩，凡土地的面积、方圆四至，以及土质优劣，均用文字和图形登记，据以征收田赋。赋役黄册登记人户的乡贯、姓名、年龄、丁口、田宅、资产，据以征调徭役。明政府每年审定一次，每十年根据累计情况重新造册一次。全国户口分为军、民、匠、灶四种，又分为上、中、下三等。对作弊者严加惩罚，如《明神宗实录》卷 32 记载，洪武二十四年（1391 年），明王朝规定凡有地方官吏“通同人户隐瞒作弊，及将原报在官田地不行明白推收过割，一概影射减除粮额者，一律处死。隐瞒人户，家长处死，人口迁发化外”。

时久弊生。随着封建官僚机器的腐朽，赋役管理逐渐混乱起来，以至弊端丛生。地方官吏荒于政事，黄册、鱼鳞图册久不更造。豪绅地主买通官吏不报或少报田产，结果是人亡册在，产去籍存，出现了“有地无立锥而田逾顷亩者，有田连阡陌而版籍无担石者”的现象①。农民“所最苦者，无田之粮，无米之丁，产鬻富室，产去粮在，而犹输丁赋”②。于是像滚雪球一样，越来越多的农民“抛荒田产，避移四方”③。

为解决大户隐瞒田产的问题，堵塞偷漏赋税之门，更为彻底改革赋役制度，张居正决定在此前一些地方清丈田亩的基础上，在全国推行清丈。

万历六年（1578 年），为在局部地区取得经验，张居正首先支持耿楚相在福建试行清丈。他清醒地认识到，不法豪强一定会抵抗这种旨在均平赋役的活动，但他以“苟利社稷，死生以之”的无畏精神，坚决支持福建清丈。张居正以朝廷名义下令：“以福建田粮不均，偏累小民，命抚按着实清丈”④。在张居正的支持下，福建清丈于万历八年（1580 年）九月完成。取得经验后，张居正毅然请神宗批准在全国范围内进行清丈。

① 《张太岳文集》卷 33。
② 《万历邸抄》万历九年夏四月。
③ 《万历邸抄》万历九年夏四月。
④ 《张太岳文集》卷 33。

万历八年（1580 年）十一月，明廷正式颁布《清丈条例》，下令在全国范围内实行。《明神宗实录》卷 106 记载，《清丈条例》共八条："（1）明清丈之例。谓额失者丈，全者免。（2）议应委之官。以各布政使总领之，分守兵备分领之，府州县官则专管本境。（3）复坐派之额。谓田有官、民、屯数等，粮有上、中、下数则，宜逐一量勘，使不得诡混。（4）复本征之粮。如民种屯地者即纳屯粮，军种民地者即纳民粮。（5）严欺隐之律。有自首历年诡占及开垦未报者，免罪；首报不实者，连坐。豪右隐占者，发遣重处。（6）定清丈之期。（7）行丈量磨算之法。（8）处纸札供应之费。"

综观上列八款，可知这次财政改革，对清丈的要求十分明确且极为严格，但又注意了减少阻力，区别对待。

《条例》对清丈对象、负责官员作了明确规定。"额失者丈，全者免"，即田粮比原额降低的要清丈，原额未失的可免。其实，由于豪强隐占，各地赋税均有流失，已无可保持田粮原额者。条例规定"全者免"，在宣传上造成清丈运动规模有限的印象，以求避免反对派的过分注意。清丈的负责官员在省一级为布政使，分守兵备协助分领，府、州、县官各自负责辖区的清丈事务。这样的规定，使各级地方主管官都要亲自负责，不能推诿逃避。

对于清丈的内容，《条例》规定，通过清丈要分别确切掌握官田、民田、屯田的具体数字，恢复原来的田亩等级，按田亩的实际类别征收赋税，不得混淆。

所谓区别对待，表现为《条例》所规定的：对原有隐占行为，但能自首的，免于惩处；首报不实者连坐，豪强隐占不报者，从重处罚。这样可以分化那些隐田漏税者。

为防止地方官草草了事，张居正在这次财政改革中反复申明清丈的意义和艰巨性。他指出："清丈事，实百年旷举，宜及仆在位，务为一了百当。若但草草了事，可惜此时徒为虚文耳。"又说："清丈之议，在小民实被其惠，而于宦豪之家，殊为未便。"[①]同时，张居正通知有关部、科，为保证地方官"详审精核"，清丈一事可放宽考成期限。他赞成清丈事"只宜论当否，不必论速迟"的说法，力主时间服从质量。

为了使清丈土地顺利地在全国推行，张居正请求按照清丈条例，首先清查自己家的隐漏田亩。万历九年（1581 年），他要求在江陵老家的儿子张嗣修，

① 《张文忠公全集》卷 13，《答山东巡抚何来山》。

严格清查自己家的田产和赋役状况。经清查发现，张家原有田粮七十余石，而该县赋役册中注明："内阁张优免六百四十余石"，他人诡寄多达570余石。其中"有族人倚借名号，一体优免者；有家僮混将私田概行优免者；有奸豪贿赂该吏，窜名户下巧为规避者；有子孙族仆私庇亲故，公行寄受而逸者。是以十分之中，论本宅仅得其一，余皆他人包免。"张居正除将诡寄于张家的田粮清理上交外，还表示愿将"本宅田粮七十四石例得优免者与小民一体当差"。张居正认为只有"正己"才能"肃下"，为了封建国家的长治久安，勇于以身作则。

因为有"正己"的勇气，张居正才能雷厉风行地"肃下"。山东在清丈田亩时，遇到"靖难之役"的功臣阳奉侯薛禄后裔的土地是否应予优免的难题。当巡抚杨俊民向张居正询问此事时，张居正指出："查律，功臣家除拨赐公田外，但有田地，尽数报官，纳粮当差"。此外神宗皇帝对清丈也是支持的，明宗室镇国中尉廷和奉国将军俊桲等反对清丈，神宗下诏废俊桲为庶人，削夺其他人宗禄。同时下诏"各该巡抚丈田均粮，但有执违阻挠，不分宗室、官宦、军民，报法奏来重处。"清丈中，获嘉知县张一心以旧额假充清丈数字上报，被发现后受到降两级的处分。用同样手法企图蒙混的河南巡抚褚铁和巡按赵楫受"住俸严勘"的处分。所以，史称"豪猾不得欺隐，里甲免赔累，而小民无虚粮"[①]。

万历十年，保定、大同、蓟辽、山西、广西、应天、宣府、浙江、贵州、湖广、四川等地清丈事竣。十一年，宁夏、甘肃、云南宣告清丈事竣。历时两年多的清丈田亩基本结束。

在清丈过程中，某些地方官为了邀功取宠，在丈地时改规定的大弓为小弓，虚增田亩溢额，增加了当地人民的负担。但清丈的主流是好的，达到了均平赋役的目的。

清丈之后，各地的田赋总额一般不变，而承担田粮的土地面积却有不同程度的增加，这样就减轻了农民的负担。如《明神宗实录》卷116记载，山东丈出隐漏田地365755顷，但全省"粮悉照旧，往日荒地包赔者，以余地均减"。

有关统计，通过万历清丈，新增地亩总额为"一百八十二万八千五百四十二顷"[②]。《明史·食货志》记载，清丈以后"总计田数七百一万三千九百七十

① 《明史》卷77，《食货志一》。

② 张海瀛：《张居正改革与山西万历清丈年研究》，山西人民出版社。

六顷，视弘治时赢三百万顷”。总之，清丈后新增的田亩数字是很大的。

三、改革赋役制度，推行“一条鞭”法

“一条鞭”法最早是嘉靖年间提出的，嘉靖、隆庆以来，不断起着在局部解救时弊的作用。这次财政改革，在清丈土地的基础上，又改革赋税制度，推行了著名的“一条鞭”法。

“一条鞭”法，在这次财政改革之前在局部地区就开始实行，但看法不一，有“称其不便者”，朝中也引起争论，户部尚书葛守礼就提出反对。万历四年（1576 年），张居正开始推行这一制度，首先让湖广巡抚在他的故乡推行“一条鞭”法。经过一年的试验，张居正认为：“条编之法，连旨已尽事理，其中言不便，十之一二耳。法当宜民，政以人举，民苟宜之，何分南北”①。所以，到万历九年（1581 年）正月，张居正以诏旨通行全国。当时，广东、山东、浙江、北直隶、河南等地陆续推行了“一条鞭”法，全国出现了“天下不得不条鞭之势”。至万历十六年（1588 年），全国南北直隶和十三布政司都实行了这一新的赋役制度。

“一条鞭”法的内容来源于《明史·食货志》的记载：“总括一州县之赋役，量地计丁，丁粮毕输于官。一岁之役，官为佥募。力差，则计其工食之费，量为增减；银差，则计共交纳之费，加以增耗。凡额办、派办京库岁需与库留、供亿诸费，以及土贡方物，悉并为一条，计亩征粮，折办于官，故谓之‘一条鞭’”。

《万历会典》卷 20 的《户部七》赋役记载：隆庆“四年题准，江西布政司所属府州县各项差役，逐一较量轻重，系力差者则计其代当工食之费，量为增减；系银差者则计其扛解交纳之费，加以增耗。开载各户由贴，立限征收。共往年编某为某役，某为头户、睡户者，尽行查革。如有丁无粮者，编为下户，仍纳丁银。有丁有粮者，编为中户。及粮多丁少与丁粮俱多者，编为上户。但照丁粮并纳，著为定例。”

根据上述记载并参照其他史料研究，“一条鞭”法的主要内容可以表述如下：

（1）合并赋役和传统的土贡。赋、役分别征派，是自古以来的传统制度。这一制度是征税对象既有人身，也有土地资产，其中役一项长期要由人丁亲往

① 《张文忠公全集》卷 9，《答总宪李渐菴言驿递条编任怨》。

承担，即征发活劳动，是自然经济的产物，唐宋以来，才有代役金的出现。而土贡则是在赋役之外，官府额外索要的一些土特产品。

“一条鞭”法将夏税、秋粮、里甲、均徭、杂役和土贡合并在一起，编成总数来征收，这首先有利于国家财政的统一管理，杜塞各级官吏的舞弊，在某种程度上减轻了农民的负担。

赋役合并的总精神是“役归于地”，计亩征收，这是唐代两税法“唯以资产为宗，不以丁身为本”的赋税原则的发展和继续。“一条鞭”法基本上按土地多少征税，但户丁仍有负担，有的地方是丁六粮四，有的地方是丁粮各半，也有的地方是丁居四分之一，粮居四分之三。将役摊入田亩征收，反映了封建社会晚期土地集中、无地和少地农民大量增加的现实，也反映了商品经济发展，劳动者要求摆脱人身束缚的要求。

（2）赋税直接交官，简化了征收手续。明初，设粮长征解税粮，里长协助官府管理户籍、催督赋税。粮长、里长往往与胥吏勾结，将豪强应纳的田粮转嫁给贫弱税户。当然，也有粮长因受官府或豪强欺榨而致赔累者。再有官吏往往通过改变税粮交纳地点，缩短交纳期限来敲榨贫苦农民。“一条鞭”法规定赋税的收解由政府派官担任，不再通过粮长、里长。“官收官解”代替了“民收民解”制度后减少了层次，简化了征收手续，同时还加强了国家对财税征收的管理。

（3）赋役改为征银。过去田赋虽然有押交银两的（即金花银、折色银），差役也有交银的（如银差），但都是局部的。这次改革，规定“概以银征收”，赋税中除漕粮和白粮外，其他一切物税都改为征银。差役中的力差也全部改为交纳代役银，政府收银后自行雇役。从此，雇役制完全代替了差役制。

（4）赋役按田亩和人丁计算，不再依据过去三等九则的户等制了。这样一来，既减少了编审户对的工作，又杜绝了官吏舞弊的途径。

（5）实行“一条鞭”法后，赋役银征收以县为单位，具体办法是将全部赋役银统筹分配于一县的田亩和丁口上，使原来徭役按里平摊，人多田多的里负担轻、人少田少的里负担则重的现象得到改变。

“一条鞭”法虽不是张居正首创的，但不可否认，是他将这一制度加以完善，并在全国范围内推行。“一条鞭”法是张居正改革的核心内容，它的历史作用与影响，远远超出了张居正的预料。

四、节约开支，厚农资商

明王朝的财政危机一方面表现为财政收入的萎缩，另一方面表现为支出的高速膨胀。当时人称之为“赋入则日损，支费则日加”①。

面对这种形势，这次财政改革，坚决主张“捐无用不急之费，并其财力，以抚养战斗之士”②。

1. 整顿混乱不堪、费用高昂的驿递

明廷为加强对全国的控制，迅速沟通中央与地方的联系，建立了以京师为中心，通往全国各地的驿递系统。凡使用驿站的各类人员，必须持有主管部门发给的“勘合”。明中叶以后，随着吏治的腐败，驿递制度已经混乱不堪，官员不仅凭勘合滥用驿站人力财物，而且将勘合转借给他人使用，甚至有几十人混用一张堪合的。这些行为，使驿站开支猛增，而驿站的人力和财物都要向沿途人民索取，这就使驿递成了一项暴政。

张居正狠抓驿递整顿，无论亲疏，违者必究。万历三年（1575 年）六月，他下令：“今后官员人等，非奉公差，不许借行勘合；非系军务，不许擅用金鼓旗号。虽系公差人员，若轿夫马过溢本数，不问是何衙门，俱不许应付”③。甚至他的儿子回江陵应试，他也吩咐不许惊扰驿站，只能自己雇车。张府的一个仆人外出，擅自向驿站索用马匹，张居正得知此事后，立即将此人捕送锦衣卫，责杖一百，连同行者一律发回原籍重处。即使是高级官员违犯了驿递制度，张居正均严惩不贷。如万历八年（1580 年）六月，因违例驰驿，江西布政使吕鸣珂、浙江按察使李承式，各降二级。经过严格整顿，滥用驿递的现象基本消失，各地驿站费用下降，人民负担减轻，畿辅附近，“小民欢歌诵，则不啻管弦之沸溢”④。

2. 压缩皇室支出

万历五年（1557 年），内宫传旨重修慈庆、慈宁两宫。张居正以为这是不急之务，乃上《请停止内工疏》谏止。疏文言词肯切：“方今天下，民穷财尽，国用屡空，加意撙节，犹恐不足，若浪费无已，后将何以继之，……今事在可已，因此，省一分，则百姓受一分之赐。”⑤最后，皇帝和太后接受了张居正的意见。

特别值得注意的是万历七年（1579 年），张居正反对铸钱供内库使用。当

① 《明史·食货志》。
② 《明经世文编》卷 324。
③ 《明神宗实录》卷 29。
④ 《张太岳文集》卷 28。
⑤ 《明史纪事本末》卷 61。

神宗提出这一要求后，张居正立即上《请停止输钱内库供赏疏》表示反对。疏中说："臣等持得，先朝铸造制钱，原以通币便民，用一代之制，铸成之后，量进少许呈样，非以供上用者也……今若以常用缺钱，径行铸造进用，则是以外府之储，取充内库，大失旧制矣……待二三年后，如果民间钱少，再行铸造，亦未为晚。"神宗不得不收回铸钱以供赏赐的要求。这件事，实际上是张居正制止了以铸钱为敛财之门，以增发货币挹注财政的企图。

3. 减汰冗员

《明史》卷82的《食货志六》讲到："国家经费，莫大于禄饷。"这次改革把减汰冗员作为节省禄饷的主要措施。主持改革的张居正，下令黜退"有司贪酷及老疾者"。吏部按照这一政策，对"西京大小九卿及各府，有滥者裁之"，而且要求"即署以缺少，需次者辄不得补"①。通过这次减汰，原来的冗员被汰掉"什二三"，国家财政支出得到了很大程度的节省。为了减少供应廪生的开支，在减汰冗员的同时，还"清庠序"，淘生员，规定"大府不得过二十人，大州、县不得过十五人，如地方乏才，即四五名也不为少"。这一措施，也减少了国家一大笔财政开支。

4. 缓和周边关系，减少军费支出

明中叶的兵饷和军费用也是巨大的。在这次财政改革中，为了减少这方面的开支，张居正改变了原来的民族政策。其重点放在选用优秀的将帅，制定正确的方略，处理好与民族的关系，从而周边无事以达到节省开支的目的。民族和好后，由于无战事，所以可减少兵额和饷粮。《太师张文公行实》记载："决策款虏，减客兵，清糗粮，有宿饱之士，无脱巾之忧，岁所省凡得数十百万。"

解决财政危机，减少开支只能是治标，要想治本，必须发展社会经济，加强财政基础，扩大财政来源。因此，在这次财政改革中，不仅实行了节省开支的措施，而且还制定了促进社会经济发展的政策，即厚农资商。

张居正在《赠水部周汉浦榷峻还朝序》一文中写道："古之为国者，使商通有无，农力本穑。商不得通有无以利农则农病，农不得力本穑则商病。"又说："余以为欲物力不屈，则莫若省征发以厚农而资商；欲民用不困，则莫若轻关市以厚商而利农。"这种农商并重的思想是对中国传统的"重农抑商"思想和政策的修正，"一条鞭"法将丁税部分摊入田亩征收，即使商人受益匪浅。

在催征赋税、清丈土地的过程中，张居正也注意根据实际，蠲免赋役以减

① 《明史》卷213，《张居正传》。

轻民困。

因灾蠲免者，如万历七年（1579年）七月，苏松水灾，“先行振济，随赐蠲免；八月，以频年河患，免泗州、宝应、盐城等地田租”。

蠲免积欠者，如万历四年（1576年）七月，“蠲天下历年逋赋有差”。万历六年（1578年）四月免湖广、四川逋赋和七年（1579年）三月免淮扬各年逋欠，而且很有成绩。小户纳新税外，还要补交旧欠，颇感困难。张居正将追欠与蠲免相结合，一张一弛，很有章法。万历十年（1582年）二月，张居正上《请蠲积逋以安民生疏》说：“夫百姓财力有限，即一岁丰收，一年之所人，仅足以供当年之为数，不幸岁歉，现年钱粮尚不能办，岂复有余力完累岁之积逋哉？有司规避罪则，往往将现年所征，作带征之数，名为完旧欠，实则减新收也。今岁之所减，即为明年之拖欠，现在之所欠，又是将来之带征。如此连年，诛求无已，民不堪命矣……乞逾户部，核万历七年以前积欠，悉行蠲免，目将现年正供之数，责令尽数完纳，有仍前拖欠者，将管粮官员比旧例倍加降罚。以当年之所入，守当年之所供，在百姓易办，在有司易征，是官民两利也”。神宗从之，“诏下，中外大悦”。这些举措，对发展明中叶社会经济，特别是改变农业的衰颓局面有一定的作用。

五、力通互市，疏河通漕

明朝长期与蒙古处于敌对状态，到张居正从政时，蒙古诸部以鞑靼最强。蒙古军的骚扰，既直接威胁人民的生命财产安全，又加重了人民的赋役负担，也使明王朝军备负担加重。

为此，张居正对明军组织混乱，战斗力差，边防工事败坏的状况进行了大力整顿，改变了明与蒙古之间军事力量的对比。同时，积极寻求改变双方关系的途径，最终使久为边患的俺答上表请求“封贡通市”，愿意和睦相处。

对于通贡互市，朝廷内部有不少大臣群起反对，认为这样一来，俺答“拥兵压境，恃强求市，以款段驽罢，索我数倍之利”，不仅财力上得不到好处，而且还会给国家安全带来危险。主持财政改革的张居正力主互市，指出反对者们心胸狭隘、目光短浅，“计目前之害，充久远之利，逆欲摇乱而诅坏之。国家……畜养此辈，真犬马之不如也”[1]。他策划让宣大总督王崇古和大同巡抚方逢时上报贡市法，由他提出延议此事，经过张居正的支持，穆宗的裁决，并在

① 《张文忠公全集》卷2，《与王鉴川议坚封贡之事》。

隆庆五年（1571年）正式通过。互市法的主要内容是：开市之初，由官府直接与鞑靼交易，使者不许入城，只许在边堡逗留。同时加强“外示羁縻，内修守备”。

互市法首先在大同、宣大沿边实行，不久“河西亦请如约”。经王崇古奏准，“三镇悉开贡市”，到万历时，互市法仍然贯彻执行，并应俺答之请，在甘州立大市，于庄浪立小市。

“朝贡通市”后，蒙古人民用马匹、牛羊、毛皮、木材换取内地的茶叶、布帛、农具、粮食、锅釜等。万历《宣府镇志》卷70记载，万全等地开市之日，“贾店鳞比，各有名称”，“南京罗缎铺、苏杭绸缎铺、潞州绸铺、泽州帕铺，临清布帛铺、绒线辅、杂货铺，各得交易，铺沿长四五里许”。蒙汉两族和睦相处，有利于双方的人民生命财产安全，也有利于各自的经济发展。史载实行贡市法以来，“九边生齿日繁，守备日固，田野日辟，商贾日通，边民始知有生之乐”，这足以说明互通贡市的意义了。

当时，除边患问题外，黄、淮水患也是朝廷大费财力的问题。对此，张居正深以为忧，在这次财政改革中整治黄、淮，以减少因黄河经常决口改道所造成的巨大费用和损失，保证漕粮顺利航运。

这次整治黄、淮，张居正选定了治河专家潘季训。潘季训在嘉靖、隆庆年间就曾总理河道，很有成绩，因与其他官员不合被免职闲居。张居正推荐潘季训任右都御史兼左侍郎总理河漕，并拨专项款物八十余万金由潘独立使用，不加干涉。潘季训总结实践经验，提出“筑堤束水，以水攻沙”的治理原则，并明确指出：“淮清河浊，淮弱河强，河水一斗，沙居其六，伏秋则居其八，非极湍急，必至停滞。当借淮之清以刷河之浊，筑高堰束淮入河口，以敌河之强，使二水并流，则海口自没”①。

在潘季训指导下，水工历尽千辛万苦，筑成遥堤、月堤、缕堤三道防线，并在洪泽湖筑高家堰，提高淮水水位，以蓄水刷黄，使河水不会倒灌入淮，二水并驱入海。

万历七年（1579年）冬两河修竣，不但运河畅通无阻，且泛区庐舍耕桑得以恢复，在以后的一段时间里，“河道无大患”。工程实际用银不过50余万，节余银24万两。

以上是明中叶财政改革的主要内容。这次改革，在明代乃至整个中国封建

① 《明史》卷223，《潘季训传》。

社会经济史上都占有重要地位。不能因为这次改革未能挽救明王朝的衰落，改革措施在张居正去世以后大部分未能继续下去而忽视其作用。

第三节
财政改革的成败与意义

明中叶，由张居正主持推行的、以“一条鞭”法为核心的财政改革，张在世时，轰轰烈烈，成效显著，张去世后，改革措施多被废除，是封建社会中“人存政举，人亡政息”现象最典型的一例。那么，对这场改革运动的成败及其历史地位究竟应当如何认识呢？

一、缓和社会矛盾，改善财政状况，整肃吏治，巩固边防

由于土地兼并，赋役不均，在张居正改革前已出现了农民大量逃亡，反抗斗争此起彼伏，明廷财政几近崩溃的局面。这次财政改革，有效地抑制了原来存在的各种弊端，如清丈土地使“豪猾不得欺隐，里甲免赔累，而小民无虚粮”①。清查出豪强通过诡寄、飞洒等手段隐占的土地，即扩大纳税面，减轻了小民的负担。“一条鞭”法将赋役合并，统一征银，既松弛了人民与封建国家的人身依附关系，使人民可以有更多的时间投入生产，又简化了征解手续，减少了胥吏上下其手、贪污舞弊的机会。而尤其重要的是“一条鞭”法将部分丁银并入田粮征收，减轻了无地少地人民的负担，做到了“既不减额，亦不增赋，民之困以纾，而豪民之兼并不得逞”②。这些都在一定程度上缓解了社会矛盾，为生产的发展提供了可能。

通过张居正改革，改变了明中叶以来财政入不敷出，太仓常常一贫如洗的状况，转而出现了“公私积贮，颇有盈余”的局面。史载：“自正嘉虚耗之后，至万历十年间，最称富庶。”③ 当时任户部尚书的张学颜深有感触地说：“自国初至今，未有积贮如是充裕者。”④《明史纪事本末》记载万历十年的财政状况时说：“太仓粟可支十年，冏寺积金，至四百余万。”《明通鉴》卷67云：“是

---

① 《明史》卷77，《食货志一》。

② 《神庙留中奏疏会要》吏部卷1。

③ 《明史》卷214，《靳学颜传》。

④ 《恭进万历会计录刊行疏》，转引自邓之诚：《桑园读书记》，第110页。

时帑藏充盈，国最充富。”

通过考成法的推行，张居正加强了内阁的权力，严格了对各部门、各地方官吏的监督。他自己也保持了正己肃下、信赏必罚的工作作风。于是，明显改变了明中叶以来“纪纲不肃，法度不得”，“政以贿成，官以赂授”，“上下务为姑息，百事悉从委徇”的腐败习气，提高了封建官僚机器的工作效率。《明通鉴》记载：“起衰振隳，纲纪修明，海内殷阜，居正之力也。”比较清明的政治，是成功地推行各项改革措施的保证，也使人民少受盘剥之苦。

边防状况的改善，使人民得以安全地生产、生活，并通过降低军备费用而改善封建王朝的财政状况，更可以改善民族关系，巩固多民族的统一国家。

隆庆年间，张居正即力主在整饬边防的基础上，改善同蒙古诸部的关系。神宗即位，他升任内阁首辅后，继续坚持了“封贡通市”的方针，与蒙古诸部和睦修好。《明通鉴》卷 67 记载，在和平的条件下，“九边生齿日繁，守备日固，田野日辟，商贾日通，边民始知有生之乐”。《圣武记》卷 12 指出：“高拱、张居正、王崇古、张弛驾驭，因势推移，不独明塞息五十年之烽燧，且为本朝开二百年之太平。”

总之，通过这次一系列改革措施的推行，在很短的时间里，明廷的财政经济、政治军事诸方面都有明显起色。人称张居正柄政“治绩炳然”，是很公允的。这次改革如同一支强心剂，推迟了明王朝的衰亡。

张居正主持的明中叶的财政改革，不仅具有缓和社会矛盾，改善财政状况的积极作用，而且对中国封建经济的发展具有一定的意义。

首先，改革促进了商品经济的发展。实行“一条鞭”法以后，“贾贩之流，权千金之资无垅亩之田者，征求不及焉”①。因此，“富商大贾不置土田”②。这样，除了大商人、大地主、大官僚三位一体的现象仍存在外，一般商人就不见得要遵守“以末致富，以本守之”的古训，甚至有的地主“缩资以趋末”，卖掉土地去经商。工商业利润减少向地租转化，势将推动工商业的发展。

地主阶级政权实行财政改革的目的是解决自身的财政危机，但在客观上促进了商品经济的发展，为封建社会内部资本主义萌芽的成长创造了条件。新的赋役制度实行后，封建王朝必将用新的方式来限制工商业发展，这是它的阶级本性决定的。但无论如何，阶级关系和阶级力量的对比必然要发生深刻变化，

① 《天下郡国利病书》卷 38。

② 吕坤：《实政录》卷 4。

阶级斗争的形式与内容也必然发生变化。万历年间，市民反对矿监、税使的斗争就是明证。

其次，改革使实物税变为货币税。由实物税向货币税转化，更是历史的进步。明初，经济处于恢复时期，自给自足的色彩浓重。朱元璋曾下令："禁民间不得以金银物货交易，违者罪之，以金银易钞者听"①，甚至认为银矿也不可开。永乐、宣德年间也多次重申"交易用金银之禁"。但是，随着经济的恢复，商品经济逐渐活跃起来，明政府发行的钱钞不得流通，"民间交易，惟用金银"。英宗在位期间，开始"弛用银之禁。朝野率皆用银，其小者乃用钱"②。从此，白银正式成为通用货币。

最后，改革使农业单一制走向多种经营。如在适于植桑养蚕的湖州，"富者田连阡陌，桑麻万顷"③。庄元臣（曼衍斋草）记载，这些具有经营地主色彩的"富者"，雇工经营农田。"桑田二十亩，每年雇长工三人，每人工银二两二钱"，四季另发食银八两。养蚕缫丝专雇短工，"养蚕之人，后高为善，以筐计，凡二十筐，佣金一两。看缫丝之工，南浔为善，以日计，每日佣金四分，或一日六分。"这些产品都是为市场生产的。

经济作物的种植大大发展，如在洞庭，富者"大概以桔柚等果品为主，多至千数，贫家亦无不种"④。还有的种楮树，"浙江皮造纸，用之甚广"，"种三亩，岁砍十亩，每年三遍，岁收绢百匹"⑤。种烟，其利更可"一亩之收，敌田十亩"⑥。

二、明中叶财政改革的意义与局限

万历十年（1582年）六月，张居正病故。在居正病中，神宗皇帝还"频颁敕谕问疾，大出金帛为医药资"，并且仅让次辅张四维等"理阁中细务，大事即家令居正平章"⑦。可就在半年以后，形势骤变，张居正成为官僚们的攻击对象。神宗也一转张居正在世时的态度，废除了加给张氏的"文忠"两字的谥号。到了万历十二年四月，神宗更下令抄了张居正的家。

---

① 《明史》卷81，《食货志五》。

② 《明史》卷81，《食货志五》。

③ 《续说郛》第150册，谢肇：《西关枝乘》。

④ 《肇域志》江南8，《苏州府》。

⑤ 《六圃全书》卷1。

⑥ 杨士聪：《玉堂荟记》卷4。

⑦ 《明史》卷213，《张居正传》。

为什么会出现这种情况？旧史多强调个人原因：或曰神宗受到张居正的管束、教训，产生了报复心理；或曰神宗贪张门之财；或曰张居正专横招嫉。

个人原因确实是有的，如张居正与太监冯保联手，玩弄权术，驱逐顾命大臣高拱，占居首辅之位。又如以权势强占辽王府第，并以私仇治辽王死罪，还有谋取私利，勾结朋党等。旧史所言也并非全无道理，但是除个人原因之外，张居正的悲剧下场还有更深刻的社会原因。

第一，中国封建社会发展到明代，已进入了晚期，封建制度日益成为社会生产力发展的桎梏。地主阶级早已不是初入封建社会时的那种生气勃勃、奋发向上的力量，而成为腐朽、没落的势力。为了维持日薄西山的封建制度，地主阶级特别是它的上层一官僚豪强地主本能地反对任何哪怕是极其微弱的社会改革。

明代地主阶级中占主导地位的正是官僚豪强地主，明王朝则不过是他们的政治代表。地主政权的赋税是集中化的地租，也就是说地主政权与地主之间存在着分割地租之争。在官僚豪强地主势力恶性膨胀的明朝，顺应历史发展潮流，力图维护地主阶级长远利益的改革，必然会有侵害官僚豪强地主利益、提高明廷在地租分割中所占份额的内容。明中叶以“一条鞭”法为核心的财政改革也是如此，这就是官僚豪强地主群起反对，必欲废之而后快的原因。

万历五年，张居正领导清丈田亩，目的是核实人户实有田亩，杜绝隐占田亩，偷漏赋税。虽然，条例规定明廷赏赐给宗室贵族的土地依然免税，可已使“官豪之家，殊为未便”。清丈的诏谕一下，王孙们就“遮道而噪”，勋贵们纷纷上书表示反对，他们攻击张居正“掊克”。宗室镇国中尉廷和奉国将军俊楟就是反清丈的代表。当时，一首讽刺诗，就集中反映了官僚豪强地主对清丈的仇视。诗曰：“量尽山田与水田，只余碧海共青天。世间哪得闲沙渚，寄语沙鸥莫浪眠。”

在张居正能够左右皇帝的意志，牢牢掌握权力的时候，官僚豪强地主虽然反对改革，可还无可奈何。一旦张居正去世，明神宗流露出对张居正的忌恨与厌恶的时候，这些人便卷土重来，对张居正群起而攻之，否定了明中叶的改革。改革中创行的考成法被取消，官员不得任意使用驿站的禁例被废止，张居正重用的官员被罢黜，改革中被裁撤的官员被重新起用。“一条鞭”法名义上还在推行，但“鞭外有鞭”，杂税和差役再次出现，有的地方杂税杂差之名竟多达十余种，甚至二十余种。

面对这样腐朽、顽固的势力，同属地主阶级的改革派势力就只有自叹回天乏力了。

第二，中国封建社会中，占统治地位的剥削方式是地租制，与这种生产关系相适应的是高度集权的君主专制制度，也就是专制主义中央集权。这种政体也有它逐步强化的发展过程。到了明代，与封建社会进入晚期相适应，专制主义中央集权制度发展到前所未有的高度，这一发展的标志之一是丞相职务最终被取消。回顾中国封建社会的政治制度史，丞相名为皇帝之辅佐，但皇权与相权的斗争从未中止，到唐代丞相已是三省长官的办公会议，不集相权于一身。明初，朱元璋为保证君主的绝对权力，明令废除丞相一职，并告诫子孙永不再设。

权力集中于皇帝一身，不免使之不胜烦劳。于是从朱元璋开始，选文人担任华盖殿、武英殿、文渊阁、东阁大学士，协助批阅奏章、草拟文书，并备顾问。以后，这一设置成为一个新的机构一内阁。随着昏君迭出，内阁的权力渐重，内阁首辅越来越像丞相。但需要注意的是，内阁与六部及其官署的法定关系，终究不同于丞相与属官之的关系，在名义上，内阁仍只是皇帝的顾问、秘书班子。

张居正推行考成法，目的是提高封建国家机器的效率，为清丈、推行“一条鞭”法等提供行政保证。但以六科监督六部，内阁监督六科，无疑改变了内阁与六部、特别是六科的隶属关系。此前，六科是不受内阁管辖的，六部在名义上也直属皇帝。这种集权，实际上是向内阁集中。而内阁首铺，也就成为事实上的宰相。万历初年，神宗只是一个冲龄幼童，张居正不但是内阁首辅，也是他的严师，小皇帝的生活起居、读书学习都由张居正和“大伴”冯保一手安排。所谓批阅奏章，对于一个幼童来说不过是用“朱笔”临摹“票拟”。小皇帝将一切大权都交付给了母后信任的“元辅张先生”，张居正不但取得了相权，还在相当大的程度上兼并了皇权。在短时间内，这对推行改革，排除顽固守旧官僚的干扰，无疑是有利的。这是明中叶财政改革得天独厚的机遇。

太祖皇帝关于“后世有言更祖制者，以奸臣论”[①] 和“以后嗣君并不许立丞相，臣下敢有奏请设立者，文武群臣即时劾奏，处以重刑”的祖训，像达摩克利斯之剑，悬在实际恢复相权，并进而越俎代庖，侵蚀皇权的张居正头上。

比冥冥中的幽灵更具威胁性的是现实生活中的神宗皇帝。他不可能永远是个幼童，不会永远以按照“元辅张先生”的“票拟”临摹“知道了”之类的

① 《明史》卷3，《太祖本纪》

简单词句为乐事。儒家的正统教育，使他逐步了解了君权的神圣。而神圣的体现者应该是自己，而不是别的什么人。从而，他开始对“威柄震主”的张居正感到不满。张居正的严格管教，对他享乐的控制，也刺激了他的逆反心理。

虽然张居正具有“苟利社稷，死生以之”的献身精神，改革的实践也确实有利于明王朝，但改革却是以强化相权、侵蚀皇权的方式完成的。这种方式本身就是君主专制制度所不能容忍的。故而，早在神宗皇帝不得不同意张居正的举措，并对张氏封官进爵、优礼有加的时候，已经是“心厌之”，并派宦官张诚“密调（冯）保及居正”①。到清算张居正时，张诚举发了张居正和冯保“交结恣横”的“罪状”。

面对封建社会晚期的经济状况和阶级斗争的新形势，加强君主专制制度，是封建地主阶级的必然选择。明中叶的财政改革，实际上是逆此潮流而动的，因此必然被君主专制制度所不容。张居正在这次改革中，成由恢复相权，兼并皇权，败何尝不由此。可见在高度君主专制的情况下，改革必须是君主的自觉行动。

第三，明中叶，以“一条鞭”法为核心的财政改革，不能挽救明王朝的颓势。病入膏肓的明王朝，已是多症并发，非一针一石可起死回生。地主阶级的腐朽、没落，官僚豪强地主仇视和反对任何革新，在明、清两代是毫无二致的。那么，为什么清代“摊丁入亩”的改革，要比“一条鞭”法的改革顺利呢？这正是因封建王朝腐朽或强大而异。封建王朝作为地主阶级的政治代表，从根本上讲，是代表地主阶级的利益的，但它也有相对独立的利益。因此，封建政权与地主阶级争夺土地、劳动人手和地租的斗争，史不绝书。官僚豪强地主势力恶性膨胀，是封建社会晚期一般趋势，但能否为地主阶级的长远利益在一定程度上遏制这一阶层的贪欲，还要看封建王朝的调控能力，看它是衰朽还是强盛。

明王朝的早期，即洪武、永乐、洪熙、宣德数代，政治较清平，经济实力也称强大。虽然农民反抗时有发生，但王朝尚无倾覆之虞。英宗时明朝已渐式微。此后，皇帝昏庸，挥霍无度，宦官专制，特务横行，官吏贪暴，军队涣散。通过张居正的改革，明王朝的吏治一度好转。但张居正去世后，一切渐复原状。

神宗皇帝可说是腐朽、没落的化身。在张居正主持的财政改革期间，他尚

① 《明史》卷213，《张居正传》。

无施展机会，亲政以后，原形毕露。正是他早早地给自己选择了墓地，历时五年，耗银八百万两，修建自己的长眠之地一寿宫定陵；广采民女充掖后宫，酒色之外，晚年还沾染吸毒的恶习；派宦官为“矿监”、“税使”，四出掳掠，对工商业和一般居民进行敲骨吸髓式的剥削，借口辽东作战之需，开明末“三饷”加派之先河；荒疏朝政，奏章不批，缺官不补，使整个国家处于半瘫痪状态。

上行下效，皇帝如此，官吏的情况可想而知。史载万历时的明廷内部“事务停搁”，“职业尽弛，上下解体”。政以贿成，朋党争执不休，官官相护，苟且偷安，有令不行，有禁不止的状况死灰复燃，且比前代有过之而无不及。当时有人说：“方今仕途如市，入仕者如往市中贸易，计美恶，计大小、计贫富，计迟速。”[①] 清朝修成的《明史》说：“明之亡，实亡于神宗。”清高宗在为明长陵神功圣德碑撰写的碑文中，也同样认为：“明之亡，非亡于流寇，而亡于神宗之荒唐”。总之，明代是处于中国封建社会晚期的开端，也是一千余年中国封建社会发展中的转变期。封建统治走向腐败，封建生产关系不适应生产力的发展是社会发展的必然。张居正对明中叶的财政改革虽然在一定程度上适应社会进步的要求，如“一条鞭”法使赋役制向租税制转化，对人的课税向对物（资产）的课税转变，实物税向货币税转变，使封建的徭役制逐渐走向消失等，都具有进步的意义。但中国封建社会晚期政治上的腐败，使明中叶的财政改革无法完全改变封建的上层建筑和生产关系以适应生产力发展的要求，所以，也就无法改变中国封建社会开始进入衰败的历史命运。

① 《周忠介公烬余集》卷2。

第九章

清代雍正时期的财政改革

清朝（1644—1911 年）是我国历史上的最后一个封建王朝。从 16 年康熙平定“三藩”之乱、收复台湾以后，由于基本上结束了明末清初以来长期分裂割据的混乱局面，实现了多民族的国家统一，并采取了一系列有利于恢复、发展经济的“与民休息”政策，中国又走上了社会稳定，经济繁荣，人民安居乐业的发展之路，这种状况直至乾隆末年，前后持续达一个世纪之久，即历史上所谓的“康乾盛世”。然而，社会的发展进程并非总是平直的。纵观这段历史，人们不难发现，清朝从康熙末年起即已显露出衰微的迹象。康熙皇帝因受“功成名就”思想的严重束缚，不仅对政务开始厌倦，而且对本应绳之以法的贪劣朝臣亦常以宽厚、容忍为怀，听之任之，于是文武百官更加腐化堕落，其贪赃受贿、侵欺冒领等颓废风气亦日趋盛行起来。在农村，享有特权的豪绅富民则与官府相互勾结，一方面以隐匿户口、土地等手段，肆意逃税，把自己应当承担的赋役转嫁到农民身上；另一方面向农民进行疯狂的兼并与掠夺，并从事“见税什伍”的苛重地租剥削，致使农民生活更加贫困，阶级矛盾日趋激化。西北连年用兵，军费开支甚巨，国家财政亦陷入了“库帑亏绌，日不暇给”的严重危机之中。总之，隐患丛生，危机四伏的清王朝，确已到了非改革不可的紧要关头了。

公元 1722 年 12 月 20 日，六十九岁的康熙皇帝在其寝宫病逝，皇四子胤禛奉诏即位，是为雍正皇帝，时年四十五岁。雍正皇帝在位虽只有短短的十三年，但他及时、果断采取了一系列强有力的财政改革新举措，使积重难返的清王朝又恢复了勃勃生机。因此，可以这样认为，如果没有雍正皇帝力矫康熙晚年各种积弊的一系列革新举措，此后的乾隆“盛世”局面是不会出现的，当然亦就谈不上什么持续“繁荣”与“发展”了。

第一节
雍正即位时所面临的诸多社会矛盾

一、康、雍之际的政治危机

康熙末年因各种社会矛盾的不断激化而导致的钱粮亏空、库帑日细问题，对于刚刚继登帝位并深知皇权来之不易的雍正来说，无疑是一个致命的威胁。尽管由来已久的财政严重亏绌问题，与有清一代各项财政经济制度的未趋完善直接相关，但康、雍之际的严峻局势却说明，统治阶级的腐化堕落以及吏治的日趋腐败，乃是造成财政亏绌的一个重要原因。众所周知，吏治民风，从来就是封建统治者驾驭全局的一个首要政治前提，这就是说，吏治的状况如何，不仅是衡量社会是否稳定的重要标志，而且它更关乎王朝统治的兴败与存亡。诚然，官吏的贪赃纳贿乃是封建社会的一种难以治愈的顽症，即使是在较为清廉的康熙初年，亦常有此类贪贿案例的发生，但封建统治者若采取"听其流而不止"的姑息迁就态度，其官吏的贪贿之风势必愈演愈烈，以至最终招来既亏国帑、又累民生的严重后果。雍正即位时，清王朝之所以出现"库帑亏绌，日不暇给"的困难局面，其主要原因正在于康熙晚年的官吏贪贿陋习。

清自康熙中期以来，政治比较稳定，经济日益繁荣，但由于受清初长期战乱的影响，各项财经制度仍是极不健全的，这就在客观上给贪劣朝臣以可乘之机，加之康熙皇帝出于政治上的需要，始终以"宽仁"为尚，对日益严重的贪风亦逐渐由姑息、容忍演变为妥协，于是，不肖官员更加有恃无恐，吏治随之日趋腐败。至康熙末年，亏空婪赃之案已堆积如山，不可胜数。据有关资料统计，截止到雍正三年（1725 年），各地题报的官吏贪污纳贿大小案件竟有一百多起，其中，尤以康熙四十九年（1710 年）至康熙五十八年（1719 年）十年间所发生的案件最多，即达 30 余件，平均每年 3 件①。各地贪贿案件及侵吞银两数额如表 9－1 所示。

---

① 薛瑞录："清代养廉银制度简论"，《清史论丛》第 5 辑，中华书局，1984 年。

表 9－1 清朝雍正三年（1725 年）贪贿案银两数额

省份	案件数（起）	侵吞银两数额（两）
直隶	14	941787
山东	11	126093
山西	32	5115688
陕西	17	419565
广西	8	87696
广东	2	6842
江苏	9	47671
江西	3	25532
浙江	5	128032
湖北	4	351490
湖南	4	4083
福建	4	181651
安徽	5	53572
贵州	1	1121
云南	3	41460
四川	1	100000
甘肃	3	251349
顺天府	2	10000
合计	128	7893272

资料来源：《平准学刊》（总第一辑）；刘桂林：《清世宗清理钱粮亏空浅论》，中国商业出版社，1985 年。

尽管上述所列各省钱粮亏空案件，只是稽查在案中的部分案例，但它说明了这样几个问题：

1. 累计各省钱粮亏空数额万余两，其数额之巨，甚是惊人。王先谦《东华录》记载，康熙六十一年（1722 年）全国田赋岁入为 2947 万余两，到雍正年元年（1723 年），全国田赋岁入亦不过 3022 万余两，但累计的部分案件钱粮亏空数已占全国田赋岁入的 26% 以上，说明康熙末年的吏治腐败到了非常严重的地步了。

2. 从其他有关资料的印证里，我们不难发现，有些亏空案例具有上下勾结，通同作弊，集团犯法的显著特征。如康熙四十九年（1710 年）御史参劾户部堂官希福纳侵吞户部内仓银六十四万余两一案，经查参与此次贪污的官员竟达一百数十人之多。对于如此严重的贪污案件，康熙皇帝却以“宽仁”为怀，认为“若将伊等审问，获罪之人甚多矣”①。结果除将希福纳革职，并勒限其余贪官如数退出赃款外，就再未多加追究。

3. 结合有关资料分析，康熙末年的大小官吏，既侵占钱粮、工饷，又贪冒军饷，侵蚀库银，其贪劣之举已到了无所顾忌、无所不贪的程度。如康熙四十六年（1707 年），康熙巡幸江浙时，曾特颁谕旨，令江浙督抚疏浚杭嘉湖河港，同时修建闸座，既便于通航，又有益于灌溉，但督抚诸臣却将此工饷，或挪作他用，或窃为己有，结果靡费帝金二十余万两。又康熙四十九年（1710 年）四月查处的湖广提督俞益谟等贪污一案，即属侵冒军饷性质②。康熙五十三年（1714 年）查处的都统朱麻喇等贪污案，则为侵蚀库银案例③。

更令人惊异的则是诸皇子的肆意侵冒国帑之举，不仅给国家财政造成了难以估量的严重后果，而且还导致吏治的日趋腐败。据载，康熙诸子分封时，即各得钱粮二十三万两。但康熙晚年对吏治采取“姑且包涵，望其徐徐感化”④的态度，加之精力渐衰，诸子储位之争又使他伤透脑筋，于是不问朝政，结果一些不知自爱的皇子，便肆行无忌，其侵蚀国帑之举，日甚一日。如廉亲王允祀即侵盗库银十万两，而允禟名下应赔公项银亦多达十三万两，身为大将军的允禵，更是假借军需之名，任意冒销库银，各部院的大臣为了迎合他，竟任其滥支，以致领兵承办各员效尤无忌，据载，仅允禟、允禵诸皇子名下所侵冒之库银即达九百万两之巨，朝臣及各部侵蚀万两库银三百五十万两⑤。

清初以来的“部费”本是下属呈送中央各部的各项公务费用。但自贪风盛行之后，“部费”亦就成为各部勒索受贿的一个重要手段了。如各省奏销钱粮若无部费可送，虽属应奏销的项目，亦往往被各部借口驳回，不予结案。1694 年，江苏省的旧欠芦课银两，该省巡抚请求豁免，由于屡被驳回，致使此案拖延了二十八年未能了结⑥。而下属靡费了二十八年未能了结的百万钱粮，部员为了中饱，亦一应奏销，结果仅“部费”一项，就使国帑亏绌成千累万。职掌

① 《圣祖实录》卷 242。

② 《圣祖实录》卷 241。

③ 《圣祖实录》卷 259。

④ 《清世宗圣训》卷 7。

⑤ 刘桂林：《清世宗清理钱粮亏空浅论》，《平准学刊》（总第一辑）。

⑥ 《上谕内阁》，雍正元年二月二十一日上谕。

"度支"的户部，据雍正估计，亏空的钱粮约达数百万两之多。清朝中央各部之腐败，由此可见一斑。"天子脚下"的官场既然如此颓败，则被派往外省的钦差大臣，便更会因"天高皇帝远"而为所欲为了。且不说钦差所到之处，沿途地方馈赠行贿者接连不断，单就钦差事毕回朝之后而言，地方督抚往往借钦差之威并以公费之名向下属开单分派，而州县官员亦同样转派至乡里。总之，钦差外出，所到之处，馈送、行贿、宴请等靡费，动辄数百金不等。可见，官场贪风日盛，虽使各级封建官吏上下相安，勒索中饱，但带给广大农民的却是沉重的负担和无穷的纷扰。

中央的勒索、贪贿日甚一日，加之地方官吏侵吞所管钱粮已成陋习，导致上下互为欺瞒，前后相因，地方财政亏空问题亦日益严重。如原山西巡抚苏克济亏空侵蚀库银达四百五十万两，父子二人虽共认赔了一百万两，但却将万余金转藏私寄于他处。其贪污数额之巨，甚为惊人。此外，地方官所征之落地税银，历来交公甚少，其盈余几乎皆入私囊。如广西梧州一年约收税银四、五万两不等，然上解正项银却只有一万一千八百两，浔州一年收税银二万两，其上解正项银仅四千六百两[①]。而地方官吏为了尽吞国夔州府帑、窃为己用，竟隐匿税银不报，如四川夔州府知府乔铎一次隐匿关税银达十余万两之多。康熙五十一年（1712 年）四月查处的两江总督噶礼一次贪污火耗银就达四十余万两[②]。更有甚者，有些地方官吏竟连户部下拨的老民老妇之赏银，亦恣意冒销侵扣，如安徽霍邱、太湖等县知县冒开老妇名数，冒销官府赏给老妇的银两，仅太湖一县即冒开老妇两千余名。而此类案件在山西、山东等省亦曾出现过多次。

总而言之，吏治如此败坏，国帑焉能不亏。因此，要解决库帑日绌的问题，就必须把清理钱粮亏空的工作，纳入到整肃吏治、狠刹贪风的议事日程上来。

二、康、雍之际的阶级矛盾

清朝统治者入关以后，为了适应生产力发展的需要，缓和民族、阶级矛盾，曾在废除明末"三饷"加派的基础上，先后采取了一系列"与民休息"的财经政策。据史料所载，从顺治初年至康熙末年，清政府采取的主要措施

① 《清世宗圣训》卷 23。
② 《清世祖实录》卷 249。

有：禁革“圈地”令、实行“更名田”并减税、改进田赋催征办法以及颁布“滋生人丁，永不加赋”的诏令等。但与此同时，由于受长期战乱等因素的影响，明末清初以来的各地人口生死、迁徙及土地占有状况均发生了很大变化，加之明中后期“一条鞭”法的实行并未从根本上解决赋役不均的矛盾，因此，随着封建地主经济的不断恢复与发展，以及封建剥削的日渐苛重，有清以来的赋役制度亦随之出现了许多新流弊，若概而言之，其流弊有二：一是明中后期以来的许多额外加派被清政府沿袭下来，有些地方出现不断加重的趋势。二是税额与实有人丁数的不相符引起新的赋役不均问题，即“地亩生息有常，户口贫富不等。富者田连千亩，竟少丁差，贫民无地立锥，反多徭役”[①]。而一些乡绅豪富竟与官府勾结，无视法令，抗税不缴，反而将其所逃税额转嫁到小民身上，致使小民不堪，只好逃亡，清政府为了保证徭役的供应，则把逃亡人丁的丁银摊派到现有人丁身上，因而加重了人民的负担。由此可见，因滥征加派的有增无减和赋役摊派不均而引发的尖锐阶级矛盾，已成为康、雍之际的又一致命社会问题。

前已述及，雍正即位时，清王朝之所以出现入不敷出、库帑日绌的财政困窘局面，其主要原因即在于吏治的腐败。但除此之外，各地滥征加派的日趋严重也是其中的一个重要因素：明末清初之际，清政府为了筹集军费，曾屡次下达裁扣地方存留银的命令，致使地方财政日益困窘，加之清初为了节省开支，曾实行低俸禄制度，因此，地方官员为了解决地方开支问题和满足自身的奢华生活欲望，遂额外加派于民。所谓“火耗[②]，乃是明末清初以来的一种田赋附加税，即税户向官府上缴税银时，须额外加成，一归州县官吏私用，一留作向上馈送。《清实录》记载，清顺治年间，“火耗”加派，已达每银一两加耗至五钱之重。康熙于1678年曾下诏予以禁止，规定：凡私自加征及徇情不报者，皆一律革职查办。但随着康熙末年的吏治败坏，尤其是官员贪风的日益严重，各地“火耗”加征的现象亦随之愈演愈烈。如康熙年间，“粮米征收，每石加耗一斗，乃普天通例”[③]。而陕西各地的火耗，则“每两有加二三钱者，有加四五钱者”[④]，“山东火耗，每两加八钱，民不聊生，河南亦然”[⑤]。除此之外，各

① 《世宗实录》卷24。

② 包括雀耗、鼠耗、脚耗。

③ 蓝鼎元：《鹿州全集》卷上。

④ 蒋良骐：《东华录》卷24。

⑤ 汪景祺：《读书堂西征随笔》，《西安吏治》。

种名目的加派也层出不穷。湖南巡抚赵申乔曾痛指加耗私派之害，他说："横征私派之弊，其祸尤烈！如收解钱粮，私加羡余火耗；解费杂徭，每浮额数，以致公私一切费用皆取给于里民。若日用之米蔬供应，新任之器具案衣，衙署之兴修盖造，宴会之席面酒肴，上司之铺设供奉，使客之小饭下程，提事之打发差钱，戚友之抽丰供给，节序之贺庆礼仪，衙役之帮贴工食，簿书之纸札心红，水陆之人夫答应，官马之喂养走差，与夫保甲牌籍，刊恻由单，报查灾荒，编审丈量等项，皆有使费陋规，难以更仆枚举。总之，无事不私派民间，无项不苛敛里甲。而且用一派十，用十派千，以饱赃官婪蠹之贪腹。嗟乎小民，膏血有几？而能满此漏卮巨壑哉"[①]。此种流弊，造成"正供之外，辄加三倍、四倍、五六倍，以至十倍不止"[②]。若从全国范围看，江苏、湖南、山西、山东、河南几省的火耗加征率，约为正额钱粮的三四成，具体情况如表 9－2 所示。

表 9－2　　清顺治康熙时火耗率

地区	火耗率	资料出处
江苏	5－10	沈德潜《妇愚诗钞》卷 5《百一诗》
湖南	10－30	《清圣祖实录》卷 266，五十四年十一月庚子条
山西	30－40	《朱批御旨·高成龄奏折》，三年二月初八日折 《清圣祖实录》卷 121，二十六年六月辛卯条
陕西	20－50	《清圣祖实录》卷 299，六十一年九月戊子条
山东	80	汪景祺《读书堂西征随笔·西安吏治》
河南	80	同上

火耗的滥征加派是地方官员之所为，更是整个官僚阶层对于田赋附加税的再分配。从地方州县到中央各衙门，大小官员无不分享婪赃，"总督巡抚皆系倚任重臣，……反以馈送礼物为常例，称某州县上等，某州县下等，按定数目，公然收受；州县官员，俱自民间派取"[③]。这种流弊，连康熙皇帝也十分清楚，他说："地方官吏谄媚上官，苛派百姓，总督、巡抚、司道，又转而馈送在京大臣"[④]。可见，"火耗"的滥征加派，不仅严重影响到国家赋税正额的征

① 《皇朝经世文编》卷 20，赵申乔：《禁绝火耗私派以苏民困示》。
② 《皇请奏议》卷 23，李发甲：《澄清吏治疏》。
③ 《清康熙实录》卷 71。
④ 《清康熙实录》卷 299。

收，而且它还腐蚀着整个官僚机构，而吏治的腐败与人民负担的加重，无疑使阶级矛盾更加激化。

清初的赋役制度，大多仿袭明代旧制，仍继续实行将人丁移入地亩，并一律折征银两的“一条鞭”法，但经过明末的社会动乱，各地的人口生死、迁徙及土地占有状况均发生了较大变化，加之明后期的许多加派、差徭、杂办等，不但被清政府承袭并固定在“一条鞭”法之中，而且有些地方的额外加派反而相当严重，针对这种形势，清朝统治者为了解决日益庞大的军费开支，增加国家财政收入，除了颁布一系列有关安定生产、招徕流亡人丁的政策外，还对“一条鞭”法加以必要调整，即重新编审户籍人口，并规定增审人丁的考成办法，以尽可能地增加在册人丁数额，增加赋役收入。但在实际执行过程中，许多官吏却不顾实际情况，一味追求增审人丁，结果便出现了税额与现有人丁数的严重不实问题，致使户丁的编审成为贫苦农民的一项沉重负担。据康熙初年编审情况调查表明，“每遇编审，有司务博户口加增之名，不顾民之疾痛，必求溢于前额，故应删者不删，不应增者而增，甚则人已亡而不肯开除，子初生而责其登籍，沟中之瘠犹是册上之丁，黄口之儿已是进呼之檄，始而包赔，既而逃亡，势所必然”①。这种虚增人丁的编审情况，可以说在各地相当普遍。

如河南，“六十以上国所养者昔无丁而今有丁，十六以下国所长者昔无丁而今有丁，甚至无子之寡妇亦。在山西无丁而有丁”②。在山西交城县，官吏在编审时亦往往是“计丁口征税，减一丁则一丁之税无出，故但可增而必不可减”③。

更为严重的是，一些地方士绅为了逃避编审丁役，竟与官府勾结，通同作弊，放富差贫，坑害农民，如陕西朝邑县，“三等九则则操纵于长吏笔端之上下”，他们“上其所欲，上一丁而供数丁之。而在山东役；下其所欲，下数丁而无一丁之费”④。而在山东曹县，每逢编审户丁时，“豪强尽行花诡，得逃上则；下户穷民置数十亩之地，从实开报，反蒙升户”，而“其间家无寸土，糊口不足，叫号吁天者，皆册中所载中等户则也”⑤。至康熙末年，由于编审户丁工作中的各种流弊相因已久，所以，许多地方便出现了“有地之家，田连阡

---

① 陆陇其：《三鱼堂外集》卷1。

② 《皇清奏议》卷3，王应元：《请详蠲免款疏》。

③ 乾隆：《同州府志》卷16，《编审碑》。

④ 赵吉士：《万青阁自订文集》卷2，《志里甲小序》。

⑤ 光绪：《曹县志》卷3，《赋役志》。

陌，所输丁银无几；贫民粮仅升合，所输丁银独多”[①] 的赋役苦乐不均现象。大批贫苦农民因无力承担繁重的丁银，则只好再次逃亡，以躲避户丁的编审，如不少地区出现人丁“逃亡过半”的情况，个别地方甚至“逃亡者十之九”[②]。

康熙年间，随着社会经济的恢复与发展，社会秩序的相对稳定，人口与土地的开垦均应高于清初的水平，如康熙二十四年（1685 年）全国共有 2034 万余人，全国垦田面积万为 607 万余顷，康熙五十年（1711 年），全国人口一下增至 2462 万余人，而全国垦田面积亦增至 693 万余顷[③]，但由于人口增长速度（21.04%）远远超过垦田面积的增长速度（0.24%），因而人均土地反而越来越少，即由人丁平均 30 亩，下降为人丁平均 25 亩，加之地方官府因虚增丁额而给贫苦农民带来的沉重赋役负担，因此，造成了无地贫民的大批逃亡。鉴于社会不稳定因素的与日俱增，清政府为了稳定人丁不再逃亡，保证国家的赋税来源，改变以往编审虚应不实的状况，遂于康熙五十一年（1712 年）颁布“盛世滋生人丁永不加赋”的诏令：“今海宇承平已久，户口日繁，若按见在人丁加征钱粮，实有不可。人丁虽增，地亩并未加广。应令直省督抚，将见今钱粮册内有名丁数，勿增勿减，永为定额。其自后所生人丁，不必征收钱粮”[④]。此诏令从康熙五十二年（1713 年）起全国实施。规定以康熙五十年（1711 年）全国人丁数 24621324 为准，所征丁银 335 万余两[⑤]，此后新增人丁不再承担丁役。虽然这一做法可以使贫苦农民所承担的丁银负担不再增加，同时也为以后全面推行摊丁入地创造了较为有利的条件，但“滋生人丁永不加赋”规定的实施，也同其他赋役改革一样，难以得到切实的贯彻。因此，地方转嫁丁银的现象依然存在，赋役摊派不均的矛盾亦不可能得到真正的解决。无地贫苦农民数量的增加，并非只是由人口增长速度远远超过土地开垦速度造成的，事实上，疯狂的土地兼并以及地主对农民进行“见税什伍”的苛重地租剥削，才是无地贫民数量不断增加并被迫逃亡的真正原因。据载，康熙时的土地集中情况已相当严重，“一邑之中，有田者什一，无田者什九”，“旧时有田之人，今俱为佃耕之户”，则正是当时的真实写照。

总之，在地主转嫁以及苛重地租剥削之下，承担丁役人口的减少，正意味

① 乾隆：《直隶商州志》卷 6；嘉庆：《湖北通志》卷 18《户口》。

② 李蕃：《雪鸿堂文集》卷 1，《编审均徭序》。

③ 《清史论丛》第一辑，中华书局 1979 年版，引孙毓棠、张寄谦：《清代的垦田与丁口的记录》。

④ 《圣祖实录》卷 249。

⑤ 《清康熙实录》卷 248。

着破产流民队伍的扩大，所以，到康、雍之际，一些地方的贫苦农民不断举行各种形式的反抗斗争。如康熙五十年（1711 年），福建永春、德化数千农民，因饥寒交迫，抢夺食物，逃亡山中[①]，康熙五十二年（1713 年）江西兴国数千农民起而抗租[②]。康熙六十年（1721 年），又在山东曲阜发生农民、盐民的联合抗暴斗争[③]。可见，康熙"盛世"之下隐伏着的阶级矛盾，已对继承帝位的雍正王朝的统治，构成了严重的威胁，因而，有清以来赋役制度的各种流弊，已到了非解决不可的程度了！

三、康、雍之际的财政危机

康熙初年，清朝统治者尽管在军事上已控制了中国的广大地区，但伴随着清军入关后的长期血腥屠杀与疯狂劫掠，以及为满足满洲贵族需要而实行的野蛮圈地政策，中国的社会经济不仅遭到严重摧残，而且社会动乱时有发生，在"田园鞠为茂草，郊原尽属丘墟"[④] 的客观现实面前，清朝统治者感到，要巩固新政权，单靠军事镇压和横征暴敛是绝对行不通的，必须采取有利于缓和民族、阶级矛盾和促进社会生产发展、增加政府财政收入的财政措施。事实表明，自清圣祖八年（1669 年）起，由于康熙皇帝先后采取了一系列"与民休息"的财政政策，加之此间在政治上比较清廉，皇室及官俸支出亦较为节俭，因此，到康熙末年，全国便出现了政治相对稳定，经济日益繁荣的富庶景象。如康熙五十年（1711 年），全国耕地面积已达 693 万余顷[⑤]，相当于明万历六年（1578 年）全国耕地 701 万余顷的 98.8%[⑥]，财政收入亦日渐充裕起来。据载，到康熙中后期，清政府的财政状况已是"出入相抵，有盈无绌，户部库存者，恒不下数千万"[⑦]。由此可见，在康熙统治前期，统治者采取的财政政策在客观上起到了调节各种社会矛盾和促进社会经济发展的积极作用，然而，从康熙末年起，尤其到雍正即位之初，清朝的统治却由于各种社会矛盾的不断激化而出现了衰落的趋势。值得人们深思的是，无论是康、雍之际的吏治腐败问

① 《圣祖实录》卷 246。

② 陈捐宁：《南游日记》，同治《兴国县志》卷 461 杂记。

③ 《孔府档案》，转自《康雍乾时期城乡人民反抗斗争资料》，中华书局，1979 年，第 602—603 页。

④ 《明清史料》[丙编]，第 653 页。

⑤ 《圣祖实录》卷 248。

⑥ 万历《明会典》卷 17。

⑦ 萧一山：《清代通史》卷 2，第 353—354 页。

题，还是封建地主与广大劳动人民之间的尖锐阶级矛盾问题，为什么都集中体现到财政的严重亏绌问题上？从康熙统治中后期的社会发展变化看，上述这些矛盾之所以呈不断加剧之势，其主要原因即在于统治者逐渐改变了原有的“与民休息”的财政政策，也就是说，经广大劳动人民辛勤努力而创造出来的巨大社会财富，本应用于扩大社会的再生产，但大量事实说明，这笔数量可观的社会财富，竟被上至皇帝下至文武百官为满足其奢靡无厌的贪欲而挥霍殆尽。正因为财政政策是为封建统治集团服务的，因此，它加速了统治阶级的腐朽、没落，并使曾一度缓和下来的民族、阶级矛盾又再度尖锐起来，而各种社会矛盾的不断激化，又必然转而加剧了清政府的财政危机。

雍正即位之时，清政府面临的一个亟待解决的问题就是财政严重亏绌问题。据载，康熙全盛时期的库存白银曾高达 3000 万两，但到康熙去世时，国库存银却只有 800 万两，仅为 3000 万辆的 26.67%①。康、雍之际为什么会出现“内外仓库，不无亏空”② 的状况？若结合当时的历史实际，其主要原因是：

1. 康熙以来的各项支出增长迅猛

自康熙统治以来，国家财政收入虽较清初有所增加，如康熙二十四年（1685 年）财政收入已增至 3190 万两，较顺治八年（1651 年）2438 万两，增加了 30.85%，较明代财政收入 2038.8 万两增加了 56.47%③。但与此同时，清政府的财政支出增长更为迅猛，以军费支出为例，清入关后，鉴于八旗兵力少，不足以控制全国，遂收编一些降将及地主武装组成“绿营”，受各地总督、巡抚统率，顺治初建绿营有六十六万，康熙时各省经制马步兵五十九万余人。如此庞大的军队，清政府每年用于养兵的军饷开支自然是惊人的。如顺治十三年（1656 年）以后，清政府的岁入已增至 1960 万两（存留不计），而岁出增加更巨，光是军饷支出即达 2400 万两，即使将全部岁入抵充军饷，仍然缺少 400 万余两④。及至康熙初年，国家岁入虽已增至 2500 万余两，但军费开支竟占总支出的 80%，诚如薛福成所说：旗、绿等经制之兵，在未裁减之前，岁饷用银约二千万两，几乎耗费了清代前期的岁入之半⑤，加之康熙中期以后又因清政府不断用兵而耗费了大量的人力、物力和财力。据估计，康熙继 1683

① 韦庆远：《明清史辨析》，中国社会科学出版社，1989 年，第 188 页。
② 《上谕内阁》康熙六十一年十一月二十四日谕总理事务及大臣等。
③ 姜守鹏：《明清社会经济结构》，东北师大出版社，1992 年，第 278—279 页。
④ 《皇朝经世文编》卷 29，《户政》。
⑤ 《清朝续文献通考》卷 203，《兵考二》。

年平定“三藩”之乱、收复台湾以后，又在1683—1689年间多次用兵击溃入侵我国东北的沙俄侵略者，1690—1697年还三次出兵西北击败准噶尔部的叛乱。尽管以上战争对维护国家领土主权的完整和巩固边疆是必要的，但连续进行如此规模巨大的战争，却是正常赋税收入所难以承担的，因此，在收不抵支的情况下，清政府除以增捐加税等方法进行筹集外，还用“报捐”、“报效”的手段，以济燃眉之急。此外，自康熙中后期以来，随着封建统治的不断强化与剥削收入的增加，官僚机构日益庞大，官吏数额大为增加，故官俸支出亦随之不断扩大。清初由于经济凋敝，剥削收入少，加之战事不断，军费开支大，故清政府不得不实行低俸禄制度。如明代正一品的官俸银就比清正一品约高出3.87倍，明正九品的官俸银亦相当于清正九品的1.3倍[①]。据载，清初官俸支出每年仅为200余万两，约占总支出的六分之一，而皇室的开支亦较为节省，如康熙二十九年（1690年），光禄寺内所用各项钱粮为3万余两，它只相当于明末的1/3[②]。及至康熙中后期，由于统治阶级的奢侈之风日渐盛行，加之官吏人数与日俱增，因而官俸支出亦大大超过清初，且成为仅次于军费开支的又一项巨额支出。而皇室的用度亦愈益奢靡，如康熙五十二年（1713年），皇帝六旬寿庆，赐宴在京的满、汉、蒙官员及八旗年老妇人竟多达六千八百人，仅此一项耗费，其数额之巨确是惊人。正因为统治阶级不知节俭，妄事奢靡，故朝廷为了满足满洲贵族及其八旗官兵的无厌贪欲，除每年拨给丰厚的俸禄外，另有皇帝的恩赏。据史书记载，雍正即位之初，朝廷曾两次拨给满洲贵族赏银1196万两[③]，此次恩赏虽发生在雍正初年，但因清朝历来有此恩赏惯例，何况又是康熙去世后不久的又一次赏赐。可见，恩赏自康熙中后期以来，其耗费之巨大，实与正俸不相上下。康熙皇帝执政时，曾六下江南巡游，沿途所过，铺张备至，这不仅给沿途的百姓带来劳民之苦，而且其所耗之财力，更是难以估计的。

总之，由于财政支出多被用于统治阶级的妄事奢靡的挥霍方面，故财政支出的迅猛增长，不仅加速了吏治的腐败，大大激化了阶级矛盾。

2. 康熙中后期因各地赋税逋欠严重而造成中央财政收入的锐减

明末清初之际，在中央赋税不多的困难条件下，清政府为了筹集军费，一

---

① 薛瑞录：“清代养廉银制度简论”，《清史论丛》第5辑，中华书局，1984年。

② 《清朝文献通考》卷39，《国用考一》。

③ 《清朝文献通考》卷39，《国用考一》。

方面采取“与民休息”的财政政策，恢复发展生产，以培养“税源”，另一方面则对地方财政存留采取任意裁扣的办法。顺治初，清政府曾屡屡下达裁扣地方存留银的命令，“应裁直省每年存留……以济国用”，“将所裁钱粮于紧要处养赡满洲兵丁，似可有裨于国计矣”[①]。事实表明，这种做法在客观上就造成了地方财政日益困窘的局面。如直隶灵寿县，原有地方存留 6323 余两，经中央多次裁扣之后，到康熙二方存留银十年（1681 年），仅剩下 1700 余两，中央竟裁扣地方存留银原额的四分之三[②]。又如山西省平阳府，赋税总额为 130 万余两，经清初的历次裁扣，到康熙初年，只剩下 9 万余两，还不到赋税总额的百分之七[③]。总之，类似的情况，在其他地方亦普遍存在。本来地方存留银是十分有限的，而当时无论中央，还是地方，都有较大的财政困难，但由于中央屡屡裁扣地方财政存留，致使地方财政更加困窘。顺治年间，因中央军需急迫，不少地方官员由于不能如数筹措中央所需之军费而被迫自杀。由此可见，中央裁扣地方存留银的做法所产生的严重后果。尽管清世祖于顺治十四年（1657 年）八月为此专门下了一道谕旨：“近见州县官有自尽者，动称为此苦累，或实缘钱粮不足，供应不能及额……有司疲于奔命，勒索过当，除自尽之外，几无良策”[④]，但由于这种做法，行之已久，致使地方财政愈益困窘。加之清初实行低俸禄制，因此，为了解决地方财政开支问题和满足自身奢华生活之需要，地方官员的滥征加派、贪赃纳贿、侵冒钱粮等腐败陋习，亦随之愈演愈烈。正如史云：“自存留钱粮尽截充饷以后，州县有司省无可省，积无所积，非百事俱废，势必问之鸠形鹄面之民”，“存留名目节次裁减，州县之事束手无策，势不得不私派之民”[⑤]。从前述中不难看出，康熙以来，各种流弊之所以日益严重，皆与中央任意裁扣地方存留银的做法直接相关，而各种流弊的滋生蔓延，不仅反过来加速了吏治的腐败，影响到中央与地方的财政，而且还激起了人民的反抗。康熙末年以来，各地赋税逋欠已相当严重，仅江苏一省就逋欠赋额 1165 万两[⑥]，由此亦造成国家财政收入的锐减。据有关文献记载，当时不但各省亏空甚多，中央户部库存银亦亏空 250 余万两，真可谓“内外仓库，不无亏

---

① 《清顺治实录》卷 84、卷 103。
② 康熙：《灵寿县志》卷 4，《田赋志》。
③ 《古今图书集成》，《职方典》，《山西平阳府部》。
④ 《清顺治实录》卷 110。
⑤ 康熙：《灵寿县志》卷 4，《田赋志》。
⑥ 王庆云：《石渠余纪》卷 1，纪蠲免。

空”。康熙去世时，国库存银猛跌至800万两，其中一个原因就是各地赋税逋欠严重。因此，清查亏空、整顿吏治也就成为雍正即位后亟待解决的首要任务了。

第二节
雍正时期财政改革的几项有力措施

雍正即位后，采取了一系列强有力的财政改革新举措，力矫了康熙末年的种种积弊，使积重难返的清王朝再度走上了持续发展之路，并为乾隆鼎盛时期的到来创造了条件。

一、结合吏治整顿，严查钱粮亏空

康熙末年，因过分强调“以宽为本”，放任官吏贪贿，致使吏治日趋腐败，“亏空婪脏之案，不可胜数”。雍正居藩邸时，对此情况即已了如指掌。他说：“历年户部库银亏空数百万两，朕在藩邸，知之甚悉。”① 这是讲的中央财政状况。至于地方，“近日道府州县亏空钱粮者正复不少”②，“藩库钱粮亏空，近来或多至数十万”③。作为新登皇位的一代帝王，雍正深深懂得“经国之道，量入为出”的原则。一个封建大国，“上自郊庙，社稷祭祀大典，下至百官之俸，吏役之需；外而兵丁之粮饷，河防之修筑，何事不取资于国帑”？如果“经画不周，以致国用不敷，必反致于重累百姓。此失算之甚苦”④。国家的财政状况，直接影响着政治的稳定，更关系着封建帝王的统治基础。所以，“储军国之需，当治平无事之日，必使仓库充足，斯可有备无患”⑤。面对政局的需要，财政的拮据，雍正一方面以有力手腕打击政敌，消除朋党，整顿吏治；另一方面则在经济上发展生产，扩大财源，改革赋税制度。其中尤其以政治和经济相结合，把整理财政、清查钱粮亏空放在特别重要的地位。

雍正初登大位，即以宏大的政治气魄，严令稽查钱粮亏空，据载，在雍正

---

① 《上谕内阁》，雍正二年十一月十三日谕。
② 《上谕内阁》，康熙六十一年十二月十三日谕。
③ 《清世宗诗文集》卷1，《谕巡抚》。
④ 《上谕八旗》，雍正二年十一月十五日谕。
⑤ 《上谕内阁》，康熙六十一年十二月十三日谕。

元年至三年的时间内，他连续发出有关清查钱粮亏空的上谕竟多达三十道左右，足见他对彻底清查钱粮亏空和以法理财的决心是很大的，为了防止亏空官员毁赃灭迹，雍正在他即位一个月之时，即十二月十三日，便给户部下达了一道谕令：立即传谕各省督抚，除陕西省外，限三年将所属钱粮严行稽查，“凡有亏空，无论已经参出或未经参出者，三年之内务期如数补足”，“如限满不完，定行从重治罪。三年补完之后，若再有亏空者，决不宽贷”[①]，在雍正看来，各地钱粮亏空，倘非上司勒索，便是自身侵渔，均属违法。而在明确规定了清理钱粮的大政方针的同时，为了杜绝以往钱粮奏销之弊，雍正又于元年（1723 年）正月十四日，发出在中央设立会考府的上谕，即决定以后一应钱粮奏销之事，无论哪个部门，均须交新设立的会考府清厘“出入之数”，由怡亲王允祥、隆科多、大学士白潢、尚书朱轼会同办理[②]。会考府的成立及运转，堵塞了各部院自行奏销、自行营私舞弊的漏洞，在不到三年的时间里，办理部院钱两奏销事件五百五十起，其中驳回改正的有九十六起，占所办事件的17%[③]。户部库银，经允祥查出亏空 250 万两，雍正责命户部历任堂司、部吏赔偿 150 万两，余者万两由户部逐年弥补[④]。清查中涉及的贵族与高级官僚，决不宽贷。履郡王允祹曾管内务府事务，追索其亏空，迫其出卖家产以便赔偿。敦郡王允，赔数万金不足，家产被查抄[⑤]。内务官员李英贵、张鼎鼐等冒支正项钱粮百余万两，不肯清还，被处决后查抄家产[⑥]。因厉行清补，人们责怪主持其事的允祥“过于苛刻”，“过于搜求”，雍正说这不是他的事，是为“清弊窦”，饬令著追[⑦]，自己承担了指责。

在清查地方亏空案件中，为防止差往之员怠玩从事，并与地方督抚互相推诿，雍正还将官员预定考成。对亏空钱粮较多的重要省份，还派员前往，协助清查。然而亏空钱粮的官员大多都未能如期完纳，被雍正予以严厉制裁。被革职查封家产的有：湖广布政使张圣弼，粮储道许大完，湖南按察使张安世，广西按察使李继谟，原直隶巡道宋师曾，江苏巡抚吴存礼，布政使李世仁，江安

① 《上谕内阁》，康熙六十一年十二月十三日谕。
② 《上谕内阁》，雍正元年正月十四日谕。
③ 《上谕内阁》，雍正三年八月十三日谕。
④ 《雍正朝起居注》，二年十一月十三日条，（上谕内阁）雍正八年五月初十日谕。
⑤ 《雍正朝起居注》，二年十月十七日条。
⑥ 《雍正朝起居注》，五年六月十九日条。
⑦ 《上谕内阁》，雍正八年五月初十日谕。

粮道王舜，前江南粮道李玉堂等诸多大员[①]。雍正元年（1723 年）六月山西前任巡抚苏克济被潞州知府加璋告发，亏空各府州县银四百五十万两。苏克济随即被逮捕下狱，籍没家产，以偿亏空，其子孙入辛者库当差，并责令家人赵七赔偿二十万两[②]。原河道总督赵世显克扣治河工料、侵蚀钱粮，下刑部狱，籍没家产充公，本人毙于狱中[③]。

雍正在经济上责令官员赔补亏空，抓得很紧，毫不放松。为追补钱粮亏空，他规定了很多措施，千方百计令亏空官员完纳赔补，并规定了各省在籍在旗亏空之员的赔补办法。各省亏空赔补之员，如该员在任所未完，则于本籍本旗追变，并仍令交解该员任所之省，以补原亏之项。该员交纳之时，在籍者，即于本省布政司衙门具呈交纳，逐层上报，最后由户部再行文知照应解省份。在旗者，即于该旗具呈，由该都统咨送户部，再由户部行文知照应解省份，因各省藩库均属国家公帑，并无区别。如此赔补钱粮，官员就近完纳，可免运送之繁。

为追还赃银入库充公，对被参贪赃的官员，主要是采取抄家的办法。元年八月，通政司右通政钱以垲提出追补办法："凡亏空官员题参时，一面严搜衙署，一面行文原籍官员，封其家产追变，庶不致隐匿寄顿"[④]。官衙与原籍同时抄检，避免隐藏，可以较多地完纳亏空，勒出脏钱，雍正采纳了这项建议，大多数犯官的清偿都照此进行，这个对付脏官行之有效的办法，自然地引起一些不满，雍正义正词严地为此辩护："若听其以贪婪横取之赀财，肥身家以长子孙，则国法何在，而人心何以示儆？况犯法之人，原有籍没家产之例，是以朕将奇贪极酷之吏，抄没其家资，以备公事赏赉之用"[⑤]。在清查钱粮亏空的过程中，雍正一改乃父宽大为怀，不忍施之以法的做法，而以"猛、严"治国理财，他认为："若明知其顽劣贪鄙将为人心风俗忧，而尤故示宽纵，以博仁厚之名，姑息之害将无所底止"，"严治贪婪，清厘帑项，概不得免。而追呼牵扰亦有所不恤者"[⑥]。陕西高陵知县吴绍龙亏空钱粮，从康熙末年追赔，至雍正元年，十几年只完银二十余两，雍正斥其"情殊可恶"，下令"将伊妻子俱着发往乌拉"[⑦]。江宁织造曹頫钱粮亏空，雍正准允分三年带完。曹頫曾声称："只

---

① 肖奭：《永宪录》卷 2 下，第 137 页。

② 《永宪录》卷 2 上，第 124 页。

③ 《永宪录》卷 2 下，第 150 页。

④ 《永宪录》卷 2 下，第 137 页。

⑤ 《上谕内阁》，雍正四年七月十七日谕。

⑥ 《宫中上谕》8，中国第一历史档案馆藏。

⑦ 档案《内阁起居注册》引，中国第一历史档案馆藏。

知清补钱粮为重，其余家口妻孥，虽至饥寒迫切，奴才一切置之度外，在所不顾。凡有可以省得一分，即补一分亏欠。务期于三年之内，清补全完”①。随后，他不但未将亏空银两补完，却将家中财产暗移他处，企图隐蔽。雍正五年（1727年）十二月谕令江南总督范时绎，将曹頫家中财物固封看守，并立即拿下重要家人。

与抄家籍没同时采用的手段是罢官。凡贪官，一经告发即革职离任，不许再像以往那样留任以弥补亏空。雍正元年（1723年）二月，雍正谕吏部：“亏空钱粮各官，若革职留任催迫，必致遗累百姓”，不可复留原任；若已清还完毕，尚可为官的，由大吏奏请②。雍正看到，若允许留任清补，必然要以新的贪污补偿旧项，所谓“不取于民，将从何出”③。严厉执行打击贪官的方针，被罢掉官职的很多。雍正三年（1725年），湖南巡抚魏廷珍奏称，该省官员“参劾已大半”，表示再查出舞弊，继续纠参④。雍正十年（1723年），直隶总督李卫说，通省府厅州县官，在任三年以上的寥寥无几，官员的频繁更换，主要原因是被撤职的人多⑤。

在清查钱粮亏空的过程中，亏空官员有的拖欠不补，有的畏罪潜逃，有的暗地将家产转移或藏匿他处，还有的妄图开销亏空而故借开垦之名，甚至反求水旱灾害，希图赈济。为保证亏欠归还国库，严惩巧匿潜藏、百计迁延不补亏欠的贪官，雍正还采取了许多措施：

挪移之罚，先于侵欺。挪移多是因公，常有不得已的情况；侵欺则是损公肥己，是贪污。两种都是亏空，性质不同，故而分别处置。一般惩治，先抓贪污，后及挪移。官僚遂因之取巧，将侵欺报作挪移，避重就轻，希图免罪。雍正深察此中情弊，他说贪赃官员“借挪移之名，以掩其侵欺之实，至于万难掩饰，则以多者为挪移，少者为侵欺，为之脱其重罪，似此相习成风，以致劣员无所畏惧，平时任意欺侵，预料将来被参，亦不过以挪移结案，不至伤及性命，皆视国法为具文，而亏空因之日多矣”⑥。为此，雍正改变成例，在挪移和侵欺两项追赔中，一律“将挪移轻罪之项令其先完，侵欺重罪之项令其后完，

① 《关于江宁织造曹家档案史料》，第157页。
② 《上谕内阁》，元年二月二十九日谕。
③ 《朱批谕旨·杨宗仁奏折》，元年三月初九日折朱批。
④ 《雍正朝起居注》，三年四月二十一日条。
⑤ 《上谕内阁》，十年十月初八日谕。
⑥ 《上谕内阁》，五年三月十二日谕。

使捏饰挪移希避重罪之人无所施其伎俩”[①]。这种办法，虽不合理，却行之有效，雍正打破成规，在特殊情况下极而行之，使得清理亏空得以顺利完成。其后就恢复了以前先完侵欺，后完挪移的办法。

禁止代赔。以往追赃，有以地方官和百姓代为清偿的，雍正概不准行。元年五月，新任直隶巡抚李维钧奏请由该省官员帮助前任总督赵弘燮清补亏，雍正说纵使州县官有富裕，只可为地方兴利，不可令为他人补漏[②]。雍正二年（1724 年）四月，雍正说合州县代赔之事，弊病很多，可能是不肖绅衿与贪官勾结，利用题留复任，也可能是下吏借机科敛，因此不准通行[③]。

对畏罪自杀官员加重处理。雍正四年（1726 年），广东巡抚李文乾奏参肇高罗道李滨亏空钱粮，李即自杀。闽浙总督高其倬，福建巡抚毛文铨参革兴泉道陶范，未及审理，陶也自尽。雍正说：这是犯官“料必以官职家财既不能保，不若以一死抵赖，留赀财为子孙之计”。为使其狡计落空，令督抚将犯官“嫡亲子弟并家人等”严加审讯，“所有赃款着落追赔”[④]。

命亲戚帮助赔偿。雍正说有的犯官把赃银寄藏在宗族亲友家，这些人有时也分用赃物，此时应帮他清偿，所以往往同时抄没这些人的家产。因触及人多，株连太广，不得人心，实行四年后，即行停止[⑤]。

使用这些办法，清查了三年，取得了一定成效。各省清偿了一部分亏空。但雍正并不满足，他深知有些封疆大吏没有很好地执行他的政策，开始纠参属员时很严厉，审结时则从宽开脱[⑥]，以使属员怀恩感畏，以致“在各该员名下追出者不及十分之一二”[⑦]。所以雍正下令展限三年，务期达到目的。他说：“凡各省亏空未经补完者，再限三年，宽至雍正七年（1729 年），务须一一清楚，如届期再不全完，定将该督抚从重治罪。如有实在不能依限之处，著该督抚奏闻请旨。”[⑧] 表明了他搞不彻底，决不罢休的决心。

在整个清查过程中，有的由督抚积极开展，有的由雍正派员前往审理。

在河南，巡抚田文镜及其前任石文焯经过努力，雍正二年（1724 年）就

① 《上谕内阁》，三年三月十九日谕。

② 《朱批谕旨·李维钧奏折》，元年五月初六日折朱批。

③ 《上谕内阁》，二年闰四月十二日谕。

④ 《上谕内阁》，五年二月初三日谕。

⑤ 《雍正朝起居注》，三年二月二十七日条。

⑥ 《上谕内阁》，六年三月十四日谕。

⑦ 档案《内阁杂册》18，中国第一历史档案馆藏。

⑧ 《上谕内阁》，四年八月初四日谕。

把欠在藩库的亏空补清，欠在州县的三四十万两也严催急补[①]。到雍正十年(1732年)，河南布政司库存耗羡银七十多万两[②]，表明河南绝无亏空现象。雍正对田文镜的雷厉风行很赞赏，将其与推行改土归流的鄂尔泰同成为“模范督抚”。

雍正五年（1727年），广东巡抚杨文乾和许容作为钦差前往福建，清查该省仓谷亏空。特发上谕告诫福建人民：因清查即将进行，可能有赃官闻风先借富民的粮食暂充库存，以图隐瞒，如若有人出借，该物即成官物，发觉后不再归还；已拣选候补府州县官多员随同钦差赴闽，“现任府州县内之钱粮稍有不清者，即令更换”[③]。如此一来，成效显著。

雍正有计划地清查亏空的同时，遇有新的贪赃，严惩不贷。雍正五年(1727年)，原山西学政、礼科给事中陈沂震退职后回原籍江南吴江县，被人告发放考时收钱，时其家乡正修吴淞江，雍正即命地方强迫他出资二十万两助修水利[④]。同年，原淮徐道潘尚智被参，家产抄没，充作浙江海塘工程费用[⑤]。同年，原翰林侍讲，江西乡试主考廖庚漠被告发贪赃受贿，雍正命他出银八万两疏浚苏淞河道，另出银二万两送直隶正定府助修城墙[⑥]。雍正十年（1732年)，河南学政俞鸿图被告“纳贿营私”，资财累万，被处斩刑[⑦]。

尽管雍正在清理钱粮亏空的过程中，多以“严”、“猛”为手段，但亦不乏宽仁之例，“凡各省清正任事之督抚，倘有应赔属员亏空之项，免其赔补”[⑧]。如湖南巡抚赵申乔居官操守清廉，实心任事，不徇私情，其属员亏空国帑被劾，虽赔补未完，雍正仍谕令不必于赵申乔名下追补。倘他名下再有些等应赔之项，亦照此例免其赔补。此外，雍正还常以“行武出身，未曾读书”，或“当看其人材技勇，或曾效力行间”为由，对某些亏空钱粮官员予以宽免。如雍正曾动支内府收贮银九十四万余两，为在西北用兵中拖欠亏空钱粮的满汉蒙古官兵清还应追之项[⑨]。总之，施之严猛亦罢，加以恩赏亦罢，虽手法不同，

① 沈日富：《沈端恪公年谱》。
② 雍正：《河南通志》卷1，《圣制》。
③ 《上谕内阁》，五年六月初八日，六年五月二十日谕。
④ 《上谕内阁》，五年闰三月十七日谕。
⑤ 《上谕内阁》，五年四月十五日谕。
⑥ 《上谕内阁》，五年十月十七日谕。
⑦ 《清世宗实录》，卷135，十一年九月庚辰条。
⑧ 《上谕内阁》，雍正元年三月初五日谕。
⑨ 档案《宫中上谕》6，中国第一历史档案馆藏。

但目的只有一个，即维护和巩固自己的统治地位，若用雍正自己的话说，则是“用严用猛与加赏加恩，论事之迹虽殊，而曲成之意不二”①。

二、实行耗羡归公、养廉银制度

耗羡归公，乃是雍正对清代赋役制度的又一改革，而设置养廉银则是清政府的一项独特的财政制度。由于这两项制度有着密不可分的内在联系，故而合并论之。

清理亏空钱粮，着落于赃官及其亲友，另一个途径则是用耗羡银来弥补。如前所述，火耗之重本已是十分突出的社会问题，还要用它来清欠，雍正对它极为重视，决心要解决它的弊端。

火耗以及与它相联系的差役和滥征滥派，雍正早已深察，他在雍正元年元旦谕布政司的文告中说：“今钱粮火耗，日渐加增，重者每两加至四五钱，民脂民膏，朘削何堪。至州县差徭，巧立名色，恣其苛派，竭小民衣食之资，供官司奴隶之用”②。又说，在康熙时，有人请加火耗以补亏空，先帝未允，如今耗羡断不能加③。耗羡部分为公，康熙时即有人提出，因未得皇帝批准，未能实行。雍正元年五月，湖广总督杨宗仁再次提出。他说，地方上的公事开销，都是地方官勒派百姓供应，不如令州县官在原有耗羡银内节省出二成，交到布政司库房，“以充一切公事之费，此外丝毫不许派捐”。耗羡本来是地方官私征私用，如康熙所说是地方官的私事，杨宗仁要他们拿出一小部分归省里，作为公用，实际上是提出了具有耗羡归公意义的建议。雍正见到他的奏折，说他“所言全是，一无暇疵，勉之”④，予以支持，鼓励他好好实行。同年，山西巡抚诺岷因该省耗羡问题比较严重，要求将山西各州县全年所得耗羡银，全部上交布政司库，一部分用作抵补无着落的亏空，另一部分给各官作养廉之用⑤。这是全面实行火耗归公的办法。雍正准他在山西实行。雍正二年（1724 年）初，河南巡抚石文焯折奏：该省共有耗羡银四十万两，给全省各官养廉银若干，各项杂用公费若干，下余十五六万两解存藩库，弥补亏空，因此办公费用都出自耗羡银内，不再议捐朘民。这也是一项提解耗羡的建议。雍正大为赞

---

① 档案《官中上谕》8，中国第一历史档案馆藏。

② 《清世宗诗文集》卷1，《谕布政司》。

③ 《清世宗诗文集》卷1，《谕知州知县》。

④ 《朱批谕旨·杨宗仁奏折》，元年五月十五日折朱批。

⑤ 《满汉名臣传》卷44，《诺岷传》。

赏，朱批道："此奏才见著实，非从前泛泛浮词可比，封疆大吏，原应如此通盘合算，如何抵项，如何补苴，若干作为养廉，若干作为公用，说得通、行得去，人心既服，事亦不误，朕自然批个是字"①。在雍正支持下，山西、河南首先实行耗羡改革。

比较以上三种方案，雍正倾向于诺岷的办法，因此命九卿会议具奏。官员多不赞成，内阁作出请禁提解火耗的条奏。他们认为：耗羡是州县应得之物，上司不得提解；"提解火耗，定限每两若干，不能寓'抚'字于催科"，意思是将正税附加的火耗作为正税征收，给人以增加赋税的感觉；"公取分拨，非大臣鼓励属员之道"，即督抚公开允许州县官征收耗羡，使火耗之私征合法，这是允许属员贪婪②。这个奏议发出之后，山西布政使高成龄表示不能同意，缮写奏折，一一与辩。他说州县官私征火耗，以补官俸不足，但其上司没有火耗，又不能枵腹办公，就要接受州县官的节礼，这也是出在火耗项上，倒不如全省征收，给各官养廉银。这样，上司不再勒索属员，州县官也没有借口苛征里甲。而且，耗羡归公，不是增加火耗，而是比原来征收的成数要少，况且耗羡为公后，多征也不属地方，谁还滥加成数？而且大臣受节礼，收贿赂，更不是教导属员的办法，倒不如公开分养廉银，共受皇上恩赐。他的结论是："耗羡非州县之己资，应听分拨于大吏；提解乃万全之善策，实非为厉于属员"③。他针对当时滥征耗羡的实际情况，讲解了耗羡归公的好处。至于九卿所奏，所谓既不增加百姓负担，又让州县官满意，看似有理，光明正大，其实是说得好听，沽名钓誉，只能是听任地方狂征滥派，不讲官吏法规，不顾百姓死活，维持旧日弊端。高成龄的反驳很有力，但他是站在疆吏的立场上，更多着重于大吏与属员在此问题上的关系，对实行耗羡提解的全部意义还没有透彻认识。

雍正很重视他的意见，把它交给总理事务五大臣及九卿翰詹科道各官讨论，并要求他们"平心静气，虚公执正，确议具奏。若有怀狭私意以及任性尚气，淆乱是非者，则于此一事，必有一二获罪之人也"④。明确表示了支持高成龄的态度并对反对者有所威胁。但此事不仅涉及内外官员的利益，也涉及人们的政治观点，所以仍有许多人反对。吏部右侍郎沈近思认为耗羡归公使火耗与额征无异，不是善法。他说："今日则正项之外更添正项，他日必至耗羡之外

① 《朱批谕旨·石文焯奏折》，二年正月二十二日折朱批。
② 《朱批谕旨·高成龄奏折》，二年六月初八日折。
③ 《朱批谕旨·高成龄奏折》，二年六月初八日折。
④ 《朱批谕旨·高成龄奏折》，二年六月初八日折。

更添耗羡。”太原知府也认为：“从来财在上不如财在下，州县为亲民之官，宁使留其有余。”① 左都御史、吏部尚书朱轼，山西籍御史刘灿，也都以不便于民为由表示反对。看到讨论无法取得一致意见，雍正在雍正二年（1724 年）七月初六日作出了实行耗羡提解政策的决断。他发布上谕，首先批评官员见识短浅，不懂得火耗归公的必要。他说：“今观尔等所议，亦属平心静气，但所见浅小，与朕意未合。州县火耗，原非应有之项，因通省公费及各官养廉，有不得不取给于此者，然非可以公言也。朕非不愿天下州县丝毫不取于民，而其势有所不能，且历下州县丝毫不取于民，而其势有所不能，且历来火耗，皆在州县，而加派横征，侵蚀国帑、亏空之数，不下数百余万，原其所由，州县征收火耗，分送上司，各上司日用之资取给于州县，以致耗羡之外，种种馈送，各色繁多，故州县有所藉口而肆其贪婪，上司有所瞻徇而不肯查参，此从来之积弊所当剔除者也。与其州县存火耗以养上司，何如上司提火耗以养州县乎?!”雍正将耗羡积弊与吏治不清结合起来，实行耗羡归公，无疑有利于吏治澄清。归公事属草创，办法还不完善，有的州县官在起解钱粮时，擅自多留地方公用的火耗银。对此，雍正要求州县将耗羡银尽数提交藩库，他说：“（九卿）奏称提解火耗，将州县应得之项，听其如数扣存，不必解而复拨等语。现今州县征收钱粮，皆百姓自封投柜，其拆封起解时，同城官公同验看，分毫不能入己，州县皆知重耗无益于己，孰肯额外多征乎……若将州应得之数扣存于下，势必额外加增。私收巧取，浮于应得之数，累及小民。况属之督抚，显然有据，属之州县，难保贪廉，此州县羡余之不可扣存者也”②。可见雍正对全数提解与扣留备用之较的利弊，了然于胸。针对有人提出应在山西先试行，再看效果推广，雍正说：“此言甚非，天下事，惟有可行与不可行两端耳，如以为可行，则可通之于天下，如以为不可行，则亦不当试之于山西”③。表明了他全面推行耗羡归公的决心。

这次讨论，使疆吏看到了雍正的态度，遂继晋豫二省迅速仿行，并在实际中解决耗羡重和养廉银等问题。

雍正对于耗羡和耗羡率，只许减少，不许增加。“倘地方官员于应取之外，稍有加重者，朕必访闻。重治其罪”④ 自耗羡提解归公，各省火耗率均有变动。

① 《小仓山房文集》卷 3，《广西巡抚金公神道碑》。
② 《雍正朝起居注》，二年七月丁未条；《上谕内阁》，二年七月初六日谕。
③ 《雍正朝起居注》，二年七月丁未条；《上谕内阁》，二年七月初六日谕。
④ 《雍正朝起居注》，四年十月十四日条。

从表9－3可以看出，在多数地区，耗羡率皆有不同程度下降，而且有的地区，如山西、山东随时间推移在递减，在火耗高达正赋八成的河南、山东，降低幅度更大。尽管有的地区有所上升，但总的看来耗羡率比康熙后期大大降低了，基本上扭转了以前那种地方官狂征滥派的严重情况。

表9－3　　雍正时期耗羡归公后各省火耗率简表

省区	时间	火耗率（%）	原率（%）	说明	资料出处
山西	元年（1723年）	20	30—40		《朱批谕旨·高成龄奏折》三年二月初八日折
山西	四年（1726年）	13			《朱批谕旨·伊都立奏折》四年九月二十三日折
直隶	二年（1724年）	15		钱粮219万两火耗23万两	《朱批谕旨·李维钧奏折》二年八月初六日折
湖广	元年（1723年）	10			《朱批谕旨·赵城奏折》六年十月十一日折
湖广	九年（1731年）	14—15		加坐平等项	《朱批谕旨·王士俊奏折》
湖南		10			《朱批谕旨·王国栋奏折》
江苏	六年以后（1728年）	10	5—10		王氏《东华录》雍正十三年十一月癸未条
江苏	七年（1729年）	9		钱粮372万两火耗34万两	《朱批谕旨·王玑奏折》
浙江	二年（1724年）	5—6	不及10		《朱批谕旨·石火焯奏折》二年十月十五日折
浙江	五年（1727年）	6			《上谕内阁》，五年七月二十七日谕
河南	二年（1724年）	13	80		《朱批谕旨·石火焯奏折》二年正月二十二日折；《朱批谕旨·田文镜奏折》七年八月初三日折
山东	六年以前（1728年）	16	80		《朱批谕旨·田文镜奏折》七年八月初三日折
山东	六年以后（1728年）	30			同上

续表

省区	时间	火耗率（%）	原率（%）	说明	资料出处
四川	五年（1727年）	10			《上谕内阁》，五年十月二十七日谕
广东	元年（1723年）		20以上		《上谕内阁》，七年十二月初三日谕

耗羡归公后，雍正规定了它的主要用途：一是给官员的养廉银；二是弥补地方亏空；三是留作地方公用。用以清补亏空，主要是雍正初年的事。如雍正元年（1723年），山西实收耗羡银四十三万两，用作补偿亏空二十万两，占总数的47%，各官养廉十一万两，占26%，给各州县用作杂费二万一千两，通省公费七万一千两，计九万二千两，占21%，尚余二万一千两①。各省亏空弥补完毕或基本清楚，作为清欠的这笔费用就转用到官员的养廉上。所谓“养廉银”，是给官员生活、办公补助费，使他们具有合乎身份的经济力量，以此来防止贪污，保持廉洁奉公。耗羡归公前，州县官的私征是没有法律规定但又是合法的。归公后，征收耗羡完全合法化。然而收入不归地方而属藩库，这样州县官就失去了主要财路，势必会在已成正项赋税的耗羡之外再去横征暴敛，为防止新的贪赃枉法现象出现，雍正决定从中给州县官员一部分生活、办公补助费，过去州县官可以自行支配耗羡银，可以拿出部分钱财馈赠上司，行贿求便。归公后，实际上也绝了督抚司道的财路，于是也给他们以补助。这就形成了地方上各级官员的养廉银。为弄清它所以必不可少的原因，我们必须了解官僚体制和俸禄制度。

在清代，实行低俸制度，在京文武官员的每年俸银，一品180两，二品150两，三品130两，四品105两，五品80两，六品60两，七品45两，八品40两，正九品33两1钱，从九品31两5钱。另按俸银每两给禄米一斛。在外文官俸银同于在京官员，但没有禄米，武官俸银只及在京武官的一半②。依此，作为封疆大吏的总督，年俸180两，巡抚，布政使150两，按察使、盐运使130两，道员、知府105两，同知、知州80两，道判、州同60两，县令、府学教授45两，县丞、教谕、训导40两，主簿33两1钱，典使、巡检31两5钱。吏役钱粮更加微薄，斋夫12两，铺兵8两，门子、皂隶、马无、库事、

① 《朱批谕旨·高成龄奏折》，三年二月初八日折。

② 《清朝文献通考》卷42，《国用》。

斗级、轿伞扇夫、禁卒约6两。靠这样菲薄的薪俸，知县吏役养活自身家口都很困难，州县官更不能花数以百计的礼金来聘请必须具备的幕僚丁。至于打点上司、送往迎来的费用，即使拿出全部俸银也不够零头。而出仕的官员，或来自科举、恩荫，或来自捐纳，他们出仕的重要目的便是赚钱，当然不会满足于微薄的薪俸，更不会有人贴钱做官。这种低俸制度与封建官僚体制结合，必然会产生官员的贪赃营私。他们贪污的途径很多，诉讼中收受贿赂，历来是官吏主要财源之一，但这在任何情况下都是违法的；而耗羡私征，作为官吏的另一项重要的额外财源，则是半合法的。

实行耗羡提解归公，等于断绝了地方官的一个财路，皇帝若不给他们增加薪俸，另辟财源，他们是不可能廉洁奉公的。雍正很清楚这一点。他说做督抚的，应该"取所当取而不伤乎廉，用所当用而不涉乎滥，固不可削以困民，亦不必矫激以钓誉，若一切公用犒赏之需，至于拮据窘乏，殊失封疆之体，非朕意也"[①]。希望他们在一定限度内维持大吏的体面。因此在耗羡提解的同时，"恐各官无以养廉，以致苛索于百姓，故于耗羡中的酌定数目，以为日用之资"[②]，即从耗羡银中提取一部分，发给从总督巡抚到知县巡检各级官员以一定的银两做养廉费用。

养廉银的数目，主要视官职高低来确定，各省之间，由于政务繁简及赋税多少的不同，也有若干区别。随着各地钱粮亏空弥补清楚，养廉银不断增加，到雍正十二年（1734年），各省官员的养廉银如表9－4所示[③]。地方上各级官员的养廉银数额，从数百两到三万两，相差悬殊。各官所得养廉银同他们的俸禄相比，高出十几倍、几十倍乃至上百倍。养廉银较俸禄优厚得多。

地方官员的问题解决了，京官的俸禄之低就更突出了，不予解决，他们仍会索贿、受贿，仍然要有地方官送礼。雍正顾虑及此，乃于六年（1728年）下令，给吏、户、兵、刑、工五部尚书、侍郎发双俸，新增的这一份叫"恩俸"。兼管部务的大学士也得双份俸银禄米。汉人中的低职京官，原来每年支领俸米十二石，大多不够家属口食，三年时雍正即令按汉官俸银数目给米，以免他们到市场上高价购买，后又命给他们加俸银俸米。

① 《朱批谕旨·杨名时奏折》，元年七月初六日折朱批。

② 《雍正朝起居注》，四年十月十四日条。

③ 《清朝文献通考》卷42，《国用》。

表 9－4　　雍正十二年（1734年）各省官员的养廉银

地区	总督	巡抚	布政使	按察使	学政	道员	首府	府	直隶州	同知	通判	散州	县
直隶	15000		9000	8000	4000	2000	2600	2000		700/1000	600/700		600/1200
江南	30000												
江苏		12000		8000	4000	1500/6000	3000	2500	2000	500	400	1200/1500	1000/1800
苏州			9000										
江宁			8000										
安徽		10000	8000	6000	4000	2000/3000	2000	2000	1000	500	400	800	600/1000
江西		10000	8000	6000	2400	2600/3800		1600	1400	600/900	600		800/1900
浙江		10000	7000	4000	2500	2000/6000		1200/2400		400/1500	400	800	500/1800

耗羡银的另一个用途是作地方上的办公经费。此项在山西初行时就有所明确。高成龄说提解的耗羡银除用于养廉银外，“通省遇有不得已之费，即可支应”①。杨宗仁提解火耗，也把“充一切公事之费”作为目的之一②。雍正批准耗羡归公，对耗羡银的用途，概括为“将经年费用之款项，衙门事务之繁简，议定公费，派给养廉，俾公事私用，咸足取资”③。把地方政权的办公经费，列为重要开支，并以此为原则进行改革实践。杨宗仁在湖广，开始是提取耗羡银的百分之二十作衙门的办公费用④，后来增加，改提百分之三十⑤。山东巡抚以正税的百分之一作地方经费数字，把这笔银从耗羡银中提出，“以为公费之用”，田文镜在河南也依此实行。河南每年实征钱粮银达三百一十四万余两，按百分之一计算，为银三万一千多两，从耗羡银中提出这个数目的银两，按官职分给各官作办公费用，如直隶州知州三百两，大州县二百四十两，中州县二百四十两，小州县一百八十两，巡检八十两⑥。河南信阳州衙门，除知州有公费银二百四十两外，还有地丁、黄暗、河银、漕粮等项解费银⑦。关于实行提

① 《清世宗实录》卷21，二年六月乙酉条。
② 《朱批谕旨·杨宗仁奏折》，元年五月十五日折。
③ 《清世宗实录》卷157，十三年六月乙亥条。
④ 《朱批谕旨·杨宗仁奏折》，元年五月十五日折。
⑤ 《朱批谕旨·赵城奏折》，六年十月十一日折。
⑥ 《朱批谕旨·田文镜奏折》，七年六月十五日折。
⑦ 乾隆：《信阳州志》卷3，《食货》。

解火耗，《清朝文献通考》写道："有司之养廉于此酌拨，地方之公用于此动支"[①]，总结性地指出了耗羡银作为养廉和地方公费的事实。

耗羡银按地丁税的一定比例征收，地丁银基本上是固定的，耗羡银因而也是固定的。官员的养廉银和衙门的办公用银，是根据该地方事务的繁简状况确定的，即依照需要确定的，一般不再变化，若需调整，也不是为个别人进行，而是全省统一实行。这就是说，地方政府除去上交国库的钱粮，自行的收入和使用都是固定化了的，基本上保持收支平衡，这就含有近代政府财政预算、决算的意思。近代史家孟森先生已注意到了这点，他说："养廉自督抚至杂职，旨有定额，因公办有差务，作正开销，火耗不敷，别支国库，自前代以来漫无稽考之赡官吏、办差徭，作一结束。虽未能入预算决算财政公开轨道，而较之前代，则清之雍乾可谓尽心吏治矣"[②]。

养廉银制度实行之前，地方官中的下属对上司，按规定馈送礼金，若上司身兼数任，就奉送多份礼物[③]，故而陋规流行，情节极为严重。雍正元年（1723 年），山东巡抚黄炳报告说他主管的衙门，以前每年收规定礼银十一万两，其中节礼、寿礼银六万两，丁、地规礼银一万余两，两司羡余银三万两，驿道、粮道规礼银各二千两，盐道及盐商规礼银各三千两。黄炳曾任按察使六年，收盐商规礼银三万两[④]。巡抚一年所受规礼银要比后来实行的养廉银多好几倍，按察使所接受的盐商规礼一项，就占到养廉银的二分之一以上。雍正即位后，注意革除这一弊端，元年发出上谕，禁止钦差接受地方官馈赠，督抚也不得以此向州县摊派[⑤]。在实行耗羡提解的同时，就大力取缔陋规。这方面，河南做得比较突出。石火焯在计划耗羡归公时，考虑到如果规礼不除，州县官还会在耗羡外再行加派，以奉献上司，为防止它的出现，就将巡抚衙门"所有司道规例，府州县节礼及通省上下各衙门一切节寿规礼，尽行革除"[⑥]。田文镜继任巡抚，更是严于律己，不收规礼，"家人吏役约束颇严，门包小费一概谢绝"[⑦]。他深知"欲禁州县之加耗加派，必先禁上司，欲先禁上司，必先革陋

---

① 《清朝文献通考》，卷 3，《田赋》。
② 孟森：《明清史讲义》（下册），中华书局，1981 年，第 486 页。
③ 《上谕内阁》，十三年六月二十三日谕。
④ 《朱批谕旨 · 黄炳奏折》，元年十一月二十三日折。
⑤ 《雍正朝起居注》，元年七月十五日条。
⑥ 《朱批谕旨 · 石文焯奏折》，二年正月二十二日折。
⑦ 《朱批谕旨 · 王国栋奏折》。

规"①，因此采取严厉整饬的态度。河南各府州县有很多土特产，上司强令该地方官交纳，成为土例，田文镜一概拒收并严禁地方官交送②。

有些官员贪恋规礼不愿放弃，一经发觉，雍正严加处置。雍正五年（1727年），巡察御史博济到江南，勒索驿站规礼，被总督范时绎参奏，雍正将其革职，交当地大员严审具奏③。山东蒲台知县朱成元在任多年，一直给巡抚、布按两司各官送礼，并有册簿登记。雍正六年，被人揭发，雍正即命田文镜及署山东巡抚岳浚对朱成元及接受礼物的前巡抚黄炳等人进行审讯④。雍正又通令全国，严禁接受规礼，"倘再有私受规礼者，将该员置之重典，其该管之督抚，亦从重治罪"⑤。

在犁剔地方陋规的同时，雍正加强对中央官员的约束。原来地方官向户部交纳钱粮，每一千两税银，加送余平银二十五两，饭银七两⑥。雍正初即位，就下令减掉余平的十分之一⑦。耗羡提解实行后，总理户部三库事务的允祥建议，取消收纳钱粮时的加平银和加包银，不许地方解送官员短交或以潮银抵充足色纹银，不许库官通同作弊，侵蚀私分，得到雍正的批准⑧）。雍正八年（1730年），雍正明确规定，平余银、饭银均减半收纳⑨）。其他衙门也有部费，如题奏事件若无部费就不能了结，甚至新设立的会考府，本来是清理银粮的，也有地方大吏作比部费加倍的银钱进行打点。雍正于雍正二年（1724年）十月廿三日谕告各省督抚和提督、总兵，严加禁止。

耗羡归公和养廉银制度的实行，本意就是取缔陋规，禁止加派，以图整顿财政收支和清澄吏治，但一些官僚仍不想放弃这项敛取私财的财源，力图维持。所以反对陋规仍是一场斗争。

三、丈田亩，清积欠，均平负担

耗羡归公，包含着解决绅衿与平民耗羡负担不合理的问题，有人曾就此论

---

① 《朱批谕旨·田文镜奏折》，六年九月初八日折朱批。
② 《抚豫宣化录》卷4，《再行严禁索取土产以苏民困事》。
③ 上谕内阁》，五年八月二十六日谕。
④ 上谕内阁》，六年七月二十六日、八月十九日谕。
⑤ 《朱批谕旨·王士俊奏折》，九年十二月初六日折引六年七月上谕。
⑥ 《户部平余案略》，见《清经世文编》卷27。
⑦ 《朱批谕旨·杨宗仁奏折》，元年五月十五日折引上谕。
⑧ 《清世宗实录》卷16，二年二月戊申条。
⑨ 《户部平余案略》，见《清经世文编》卷27。

道："康熙年间之耗羡，州县私征，往往乡愚多输，而缙绅士大夫以及胥吏豪强听其自便，输纳之数较少于齐民"①，有些地方官不按田粮向绅富征收火耗，而是将这部分耗羡银转摊到贫民身上，"征收钱粮，滥加火耗，绅衿上役，下令与民一体完纳，任其减轻，而取偿于百姓小户"②。这种不合理，是官吏在施政过程中给予绅衿的一种不成文的特权。这些人还享有法定的和其他的不成文特权。清朝入关之初，依照官员品级优免该户一定量的丁役，免除士人本身的差役和一切杂办。地方官在征发赋役时，将官员和士人称作"官户"、"儒户"、"宦户"③，尽管"绅监衿吏户名，朝改暮迁"④，一般来说，秀才称"儒户"，监生称"宦户"。这些人都享有法定的免役权。

这些人还自行抢夺权力。雍正说，"荡检逾闲不顾名节"的士人，"或出入官署，包揽词讼；或武断乡曲，欺压平民；或抗违钱粮，藐视国法；或代民纳课，私润身家。种种卑污下贱之事，难以悉数"⑤。不法绅衿的行为，同封建政府的职能和权力发生了冲突，他们占夺一部分行政权力，勾结官吏，包揽词讼，横行闾里，欺压小民，不仅是造成吏治败坏的一个重要因素，而且激化着贫民与维护绅衿特权的封建政府之间的固有矛盾；同时，他们或替政府向本宗族、本乡小民征收钱粮时，与胥吏勾结，侵吞国赋，或本身抗欠应纳的丁赋，或将宗族、姻亲田户挂在名下使他们也享有特权，名除杂役负担而自己从中渔利。这在一定程度上影响着国课的收入。要使封建国家机器正常运转，就必须解决贫民与绅衿在赋役上的不均问题，缓解社会矛盾；还要严厉打击绅衿的不法行为，抑制它对官僚队伍和国家财政所造成的损害。

雍正分析了政府、绅衿与平民之间的矛盾，认为肇端在于不法绅衿，果断地将矛头对准了这批人，希图剥夺和限制他们的非法特权。雍正二年（1724年）二月，他下令革除儒户、宦户名目，不许监生包揽同姓钱粮，不准他们本身拖欠钱粮，如有抗顽，即行重处。因地方官易与绅衿勾结，特意告知他们认真落实，"倘有瞻顾，不力革此弊者，或科道官能劾，或被旁人告发，查出必治以重罪"⑥。过了两年，雍正再次严禁绅衿规避丁粮差役，重申只免其本身一

① 钱陈群：《香树斋文集》卷4，《条陈耗羡奏疏》。

② 《抚豫宣化录》卷3下，《为再行条约事》。

③ 《上谕内阁》，二年二月十四日谕。

④ 曹一士：《四焉斋文集》卷8，《先考行状》。

⑤ 《上谕内阁》，四年九月二十七日谕。

⑥ 《上谕内阁》，二年二月十四日谕。

丁差徭，“其子孙族户滥冒及私立儒户、宦户，包揽诡寄者，查出治罪”①。为适应这项方针，雍正政府施行了一些具体政策。士民一体当差政策。雍正元年（1723 年），河南巩县知县张可标发布告示，令“生员与百姓一体当差”，引起监生不满，遂有人寻隙控告张有贪婪不法行为，实际是反对他执行士民一体当差政策。雍正令巡抚石文焯调查，同时将闹事的衿监重绳以法②)。雍正二年（1724 年），河南封邱令唐绥祖因黄河堤防需用民工，规定“每田百亩出一夫，计工受值”，绅衿也不例外，这也是“绅衿里民一例当差”在河工上的体现。田文镜进一步规定：在大堤一二百里范围内有田的地主，照佃户多少，认夫几名，俟防汛工程需要，随传随到③。经过上下共同努力，这一政策得以贯彻。

严禁绅衿包纳钱粮和抗粮。雍正四年（1726 年），贡生张鹏生包揽钱粮案发。刑部议，将张枷号三月，责四十板。雍正命加重处理。枷责之外，发遣黑龙江，并令大臣重议监生包揽钱粮的治罪法④。次年，批准朝臣建议：凡贡监生员包揽钱粮而有拖欠的，不论多少，一律革去功名；包揽拖欠至八十两的，以赃、以枉法论处，并照所纳之数，追罚一半入官；百姓听人揽纳，照不应重律治罪；失查官员，罚俸一年⑤。当年，直隶东光知县郑三才奏称该县“地棍绅衿把持包揽，挟制官府，拖累平民，弊端种种”。雍正命严行查处⑥。

加强管理绅衿本身纳粮，严惩拖欠粮赋。雍正六年（1728 年）规定，凡系绅衿钱粮，在税收印簿和串票内注明绅衿姓名，按限催比，奏销时按所欠分数逐户开列，另册详报，照绅衿抗粮例治罪，若州县隐匿不报，照徇兹例议处。雍正八年（1730 年）进一步规定，州县官要将文武生员应纳钱粮造册送学官钤印颁发，每完若干，照数注明，按季申送查核⑦。还规定，每年底，监生要五人互保无抗粮包讼事，完纳赋粮后方准应试⑧。雍正从多方面促使绅衿交纳税课。雍正五年（1727 年），甘肃阶州绅衿抗粮，有人以知州陈舜裔激变士民为名，题请将其革职，雍正说：“催办国课，并非私派苦累民间，若因此将伊革职，则实心办事之人必退缩不前，而无赖生事之人皆以挟制官长为得计

① 《清世宗实录》卷 43，四年四月戊子条。

② 《朱批谕旨·石文焯奏折》，附班第奏折及朱批。

③ 《抚豫宣化录》卷 1，《题为钦差上谕事》。

④ 《雍正朝起居注》，四年十一月十六日条。

⑤ 《大清会典事例》卷 172，《户部·田赋·催科禁令》。

⑥ 《上谕内阁》，五年四月初九日谕。

⑦ 光绪：《大清会典事例》卷 172，《户部·田赋·催科禁令》。

⑧ 《清高宗实录》卷 21，乾隆元年六月庚寅条。

矣”。不允所请，并指示将抗粮不法之人严讯[①]。湖广地区不断发生士民抗粮事件，雍正九年（1731年），安陆县士民约会抗粮，雍正指示：“此等刁恶风习，自当一一执法惩究，尤贵平日不时访查化导于早也”[②]。山东绅衿拖欠钱粮成风，有“不欠钱粮，不算好汉”的俗语。雍正九年（1731年），进士、举人、秀才、监生等因欠粮应褫革的有一千四百九十七人，本应加罪，后因张廷玉以当地荒欠，奏准宽限三年完清[③]。至于官员催征逋赋不力的，雍正以因徇庇护严加治罪，雍正十二年（1734年）为此将甘肃顺庆知府潘祥等人革职[④]。

雍正用这些办法，保障了政府权力的实施，并以剥夺绅衿的非法特权，平均赋役的措施，使平民、绅衿、清朝政府三者间的矛盾得到有效的缓和。

清理亏空是与清理积欠连在一起的，前者与整顿吏治相连，主要是针对国家财政的库藏短绌和吏治腐败；而后者则重点指向民间，尤其是在江南地区，它又与“移风易俗”联系在一起。

清顺治十八年（1661年），清政府曾对田赋征收进行过整顿，史称“江南逋赋案”。有论者认为：“从表面看，这与田赋沿用明制所采取的其他新措施虽也相似，而实质迥异”，“是借整顿田赋之名对江南人民作进一步的政治报复和打击”[⑤]。我们不否认这一点，然而，到雍正年间，逋赋最重的仍是江南，可见并非偶然。也无法单纯由政治背景上去论述。

按江苏每年赋银约三百五十万两，在十八个直省中名列前茅，而赋额多的又是苏州、松江、常州三府。雍正五年，江苏巡抚张楷奏称，自康熙五十一年（1712年）到雍正元年（1723年），积欠赋银达八百八十一万两[⑥]，苏、松、常三府和太仓州各欠一百四十万至一百八十万两之间[⑦]。他请求将积欠分十年带征，雍正表示同意，但实行不通。雍正认为“江苏吏治民风颓蔽已极”[⑧]，决心予以整饬。雍正六年底决定，派侍郎王玑、彭维新率候选、候补州县官四十余员前往，分赴各州县清查。这些人到任后，一面清查，一面追索逋欠。因系多年积欠，要在短期内征收补齐，叫做“汇追”。凡完纳清楚的民户，官吏于

① 《雍正朝起居注》，五年九月初三四条。
② 《朱批谕旨·迈柱奏折》，九年四月初一日折朱批。
③ 张廷玉：《澄怀园语》卷2。
④ 《上谕内阁》，十二年六月十七日谕。
⑤ 《中国农民负担史》（第1卷），中国财政经济出版社，1991年，第689—691页。
⑥ 《清朝文献通考》卷3，《田赋》。
⑦ 《上谕内阁》，雍正六年十一月三十日谕。
⑧ 《朱批谕旨·尹继善奏折》，六年九月二十六日折朱批。

门首用红笔写明“清查”二字[①]。不能补清的就投进监狱追比，一时间“狴犴累累，无容囚处”，仅苏州府就关押了一千多人[②]。这样造成人心惶恐和社会的不安定。雍正知此情形，下令暂停征收逋赋，要求先查明积欠中哪些是官员侵占，哪些属胥吏或包揽人侵蚀的，哪些是民间拖欠，然后分别处理[③]。至雍正九年（1731 年）清查完毕，自康熙五十年（1711 年）至雍正四年（1726 年），积欠一千零十一万两，其中官吏侵蚀、豪民包揽为四百七十二万两，民欠五百三十九万两。雍正命将侵蚀的分十年带征，民欠分二十年带征，又示开恩，若民户将本年带征之数完纳若干，即照所完之数蠲免下年应纳钱粮的数目。吸收清查亏空的经验，规定凡官吏侵蚀的，只在本人名下追赔，不得株连，民户所欠，也只由该户完纳，不得波及兄弟亲戚[④]。清理其他地区的积欠。在浙江，将钱粮查核清楚后，分年带征逋欠。雍正五、六两年（1727—1728 年），每年带征五十万两，至雍正七年（1729 年）已将未完赋银带征四十余万两，余者也可在规定期限内完成，雍正表示满意，特命将七年赋银蠲免十分之二，即六十万两[⑤]，此数约与清欠所得相当。福建民欠三十三万多两，雍正六年（1728 年），雍正因福建歉收，命蠲免，不再带征[⑥]。

从各地清理积欠的实际情况看，它的对象包括侵占钱粮的官员，包揽钱粮的胥吏绅衿，拖欠赋税的有田民户。对此，雍正指示要分清侵欺、包揽、民欠三种类型，以便区别对待，并说清理积欠是因“地方贪官污吏及不法衿棍借民欠之名，恣意侵蚀，蠹国累民，为害甚巨，不得不清厘惩治”[⑦]。事实上，各地逋欠的一半以上属于民欠，雍正把清欠抓得那么紧，就是以平民为重点对象，追索民间积欠。

在实行分年带征积欠政策时，雍正搞了一些蠲免，用带征来的税银蠲去当年应征的部分款项，表示他清欠不是为了敛钱，而是要扫除官吏、绅衿和平民的不法行为，“移风易俗”，希望形成优良的吏治和士风、民俗。但增加财政收入和移风易俗两方面的目的是兼有的，并取得了同样效果，只是有意隐讳而已。他强调经济要清，在实践上有重要意义，各方面先清补，使违法者知道警

① 黄印：《锡金识小录》卷 1，《追汇》。
② 《小仓山房文集》卷 7，《苏州府知府童公传》。
③ 《上谕内阁》，七年十月二十三日谕。
④ 《清朝通志》卷 83，《食货》。
⑤ 《上谕内阁》，七年二月二十六日谕。
⑥ 《上谕内阁》，五年六月初八日、六年五月二十日、十一月初六日谕。
⑦ 《上谕内阁》，八年八月十七日谕。

诫，避免以后再犯。补交了欠赋，然后又得到免交一部分赋税的恩惠，这也便于历年带征的顺利进行。

清理逋赋，实行汇追，使一部分绅士和富人受到政治和经济上的打击，有人被迫出卖田产清偿积欠，而此后要按时交纳钱粮并承担丁银，感到田地负担重，因而对土地兼并的热情有所衰减。尤其是清欠严重的江南地区，人们争相抛售土地，价格显著下降。在清代前期，田价没有直线上升，尤其雍正统治时期放慢了土地兼并的速率[①]，这与当时的赋税政策有很大关系。

作为逃避赋税的另外一种办法，就是隐瞒田产。为此，雍正于二年，批准田文镜提出的自首隐田政策，在河南推行。

田文镜的办法是，允许民间自首，隐田交纳当年钱粮，以往所隐所欠，不再追征；对于官吏失于查考，亦不究参，以便他们安心承办首隐事务。这一政策的实行，当年就清出隐地二千五百多顷，应征钱粮六千四百余两，实收四千四百多两[②]。同时，对执行不力的官员严厉惩处，如唐县有官隐地五百七十余顷，知县陈某不行造报，田文镜遂将其揭参[③]。与河南相比，其他地区则开展不力。雍正为推进这一事业，于雍正五年（1727 年）下令：一年之内，许人民自首隐田，免治隐匿之罪。届期因进展不理想，又展限半年[④]。他执行得很认真，如江西监生周作孚被查出隐田二百二十七亩，雍正将其隐田没收，同时按年追征钱粮[⑤]。

雍正令人民自觉呈报的同时，在一些地区采用清丈的办法，以期查出隐匿的垦田。他重点抓了四川省。清朝初年，四川地广人稀，赋税较少，雍正五年（1727 年），巡抚马会伯、宪德先后奏称该省垦田随人口增多、隐匿太甚，而且民间诉讼因田土纠纷引起的也太多，要求清丈，以解决这两个问题。雍正六年，雍正采纳他们的建议，派给事中高维新等前往办理。清丈结果，“于民生风俗大有裨益”[⑥]。在清丈过程中，有的官员大肆勒索，受贿放卖；而许多豪绅不愿清丈，借机反对。在垫江、万县等地有千余人拉起旗帜，不许丈量[⑦]，而且矛头直指雍正，称“祸冤起于雍正年（1728 年）奉旨钦命丈民田”[⑧]。考虑

---

① 《薇园丛话》卷 1，《田价》。
② 《朱批谕旨 · 田文镜奏折》，三年九月十一日折。
③ 《朱批谕旨 · 田文镜奏折》，二年十一月二十日折。
④ 《上谕内阁》，六年七月十五日谕。
⑤ 《上谕内阁》，六年十月二十一日谕。
⑥ 《上谕内阁》，八年四月初六日、七年三月初十日谕。
⑦ 《朱批谕旨 · 赵弘恩奏折》，七年十一月初七日折。
⑧ 《上谕内阁》，八年四月初六日、七年三月初十日谕。

到清丈中出现的问题，雍正采取补救措施，于雍正九年（1731 年）命令四川减少额粮较重的州县的田赋[①]。雍正五年（1727 年），福建官员预备赴台湾清丈，许多人弃产逃亡，台湾道沈起元怕于首隐不利，建议只查新垦土地，对新查出的按下则起科，而不宜于清丈，于是按他的主意办理[②]。

清丈的事情涉及所有与土地占有权有关系的人，触动的利益太多，历来难于实行，一般统治者也不敢这样做，只有在大规模变革时期，如王安石变法、张居正改革，才比较有成效地进行了清丈。雍正对此并无确定主意。四川清丈以前，他说："清丈乃系必不可行之事，视乎其人，因乎其地，斟酌万妥，然后举行一二处"[③]。贵州布政使鄂弥达请求清丈，雍正说："清丈之说万不可轻举"，指责他过于猛浪，然而又说："丈量之说，朕言其不可轻举，未言其必不可行也"，"况四川通省现俱清丈，行之得宜，何妨乎"[④]。可见他是相当迟疑的。四川清丈中出现的社会动荡不安，使他顾虑很大，没有在全国实行普遍清丈，只在个别地区实行了。

雍正搞汇追、首隐和清丈，主要的目标是保证政府税收，对象是绅衿、中小地主和农民等主要纳税人；至于他宣称的整顿民风，严肃税收纪律，不过是一种虚饰。然而，通过他的努力，可以说，两个效果都达到了。

四、摊丁入地，改革赋役制度

摊丁入地，又叫摊丁入亩，丁随地起，丁归田粮，地丁合一。它是封建社会的丁税银，摊人田亩（或田赋）统一征收。这是清政府在赋役制度上的一项重大改革。这项制度改革全面推行于雍正朝，原因主要是：它是中国封建社会赋役改革趋势发展的必然结果，是自明末以来各地试行赋役改革的经验总结。中国封建社会的赋役制度在不断演变，有两个趋势一是从人（丁）地分征，逐渐将人（丁）税移入地亩，向一切地税都从地亩所出发展；二是由实物赋税逐渐向货币赋税发展。而这两种趋势都完成于摊丁入地。从唐代两税法到明代的"一条鞭"法，应该说是向摊丁入地迈了一大步，在一定程度上减轻了劳动人民的负担，缓和了阶级矛盾，促进了社会经济的发展，但"一条鞭"法的实行，并未能从根本上解决赋役不均的矛盾。康、雍之际，全国各地"富豪之

① 《上谕内阁》，九年十月十九日谕。
② 《小仓山房文集》卷 8，《光禄寺卿沈公行状》。
③ 《上谕内阁》，六年十月初七日谕。
④ 《朱批谕旨·鄂弥达奏折》，七年四月十五日折及朱批。

家，田连阡陌，不应差徭”[①]，而“贫民无地立锥，反多徭役”[②] 的赋役不均矛盾，仍是十分尖锐的。关于赋役合并征收问题，自明末实行“一条鞭”法以来，颇多争论。清初，由于户丁编审的矛盾日益突出，这种争论更趋激烈。康熙十三年（1674 年）慕天颜曾建议实行“以一邑田地，均摊各里，每里每甲，田数齐平，粮则相等，差役划一，不许此盈彼缩，田多役少。五年一举，推收户田，汇总办课”的“均田均役”法[③]。于成龙于康熙二十年（1681 年）又进一步提出“富户正供之外，所增无几，而贫者永得息肩”的“均田均丁”法[④]。康熙五十三年（1714 年），御史董之燧上疏道：“确查各县地亩若干，统计地丁，人丁之银数若干，按亩均派”[⑤]。此项建议实际上已提出“摊丁入亩”的办法。尽管他的建议得到部分朝臣的支持，认为这是解决当时赋役不均矛盾的最好办法，“诚救时之急务”[⑥]，但当时朝廷意见颇多，终遭户部否决。针对这种情况，康熙皇帝为了支持这一做法，一方面让户部再议，以“不便更张为止”，另一方面却默许在“广东、四川两省先行之”[⑦]。康熙五十五年（1716 年），清政府“准广东所属丁银就各州县地亩摊征，每地银一亩，摊丁银一钱六厘四毫不等”[⑧]。在四川，“田载丁而输纳，丁随田而买卖，公私称便”[⑨]。其实，除四川、广东两省外，康熙末年实行摊丁入地的尚有浙江的常山县[⑩]和河南太康等十一个州县[⑪]。雍正即位后，一方面加紧对吏治和钱粮的整顿，另一方面又根据各地提出的关于实行摊丁入地的要求，审慎对待。雍正元年（1723 年）六月，山东巡抚黄炳奏请将山东省丁银按照浙江省之例，摊入地亩输纳，并请“通饬五省一体遵行”[⑫]。同年七月，直隶巡抚李维钧又奏请“摊丁入地”，雍正皇帝很快批准了李维钧的奏请，九月，经户部议复同意后，雍正决定自二年（1724 年）起，直隶正式推行“摊丁入亩”。

---

① 《清康熙朝实录》卷 146。
② 《清雍正朝实录》卷 79。
③ 乾隆：《沙头里志》卷 1。
④ 嘉庆：《乐亭县志》卷 4。
⑤ 乾隆：《江南通志》卷 68。
⑥ 《皇朝经世文编》卷 30。
⑦ 吴振棫：《养吉斋余录》卷 1。
⑧ 王庆云：《石渠余记》卷 3，《纪丁随地起》。
⑨ 王庆云：《石渠余记》卷 3，《纪丁随地起》。
⑩ 嘉庆：《松江府志》卷 58。
⑪ 雍正：《河南通志》卷 21。
⑫ 《雍正朱批谕旨》，雍正元年六月初八日，黄炳折。

直隶推行“摊丁入亩”后，各省纷纷仿效。至雍正十三年（1735 年），直隶、福建、山东、河南、浙江、陕西、甘肃、云南、江苏、安徽、江西、湖南、广西、湖北等 14 省基本上实行了摊丁入亩的改革，山西、贵州两省稍晚，直到乾隆年间才开始推行，唯有东北的盛京、吉林等个别地区，因“户籍无定”，直至清末光绪年间才实行摊丁入亩。根据近年学术界的研究，自康熙末年以来各省实行“摊丁入亩”的大致情况如表 9－5 所示①。

表 9－5　全国各省（区）摊丁入亩表

次序	省名	时间	倡议者	每田赋银一两均摊丁银	特点	备考	资料来源
1	广东	康熙五十五年（1716 年）		1.064 钱		“丁随地起，见于文明者，自广东始”	《熙朝纪政》卷 3《纪丁随地起》条
2	直隶	雍正元年（1723 年）	李维钧	2.07026819 钱	通省计摊	“雍正六年，又以长芦灶丁摊入地亩”	同上
3	福建	雍正二年（1724 年）	黄国材	0.527—3.12 钱		屯田摊入（每田银一两摊入 0.083—1.448 钱）	（1）同上 （2）《九朝东华录》乾二称：1—2 钱不等
4	山东	雍正二年（1724 年）	陈世馆	1.15 钱；其永利各场灶丁，于乾隆二年摊入，庙摊 0.014 钱		关于实行年代，《清世宗实录》和《会典实例》作三年，《山东通志》	
5	河南	雍正四年（1726 年）	田文镜	0.117—2.07 钱	各州县计摊	《清史稿》卷 81 本传称：“五年为始”	（1）《熙朝纪政》卷3 （2）《清世宗实录》51 （3）《抚豫宣化录》卷 2

① 彭云鹤：“全国各省（区）摊丁入亩表”，《北京师院学报》，1979 年第 3 期，第 42—43 页。

续表

次序	省名	时间	倡议者	每田赋银一两均摊丁银	特点	备考	资料来源
6	浙江	雍正四年（1726年）	李卫	1.045钱		《会典事例》称2.045钱	(1)《熙朝纪政》卷3 (2)《浙江通志》
7	陕西	雍正四年（1726年）	岳钟琪	1.53钱（遇闰加0.04钱）		《清史稿》卷83本传称："五年始"	(1)《熙朝纪政》卷3 (2)《清史稿》卷83
8	甘肃	雍正四年（1726年）	李元英	河东1.593钱 河西0.106钱	通省计摊	《清史稿》卷83称：逾年（五年）疏言："河东粮轻丁多，河西粮多丁少，故河东丁随粮办，河西粮照丁摊"	同上
9	四川	雍正四年（1726年）		每粮0.052石至1.96石不等算一丁，征6升	以粮石计摊	《会典事例》作"六合"	同上
10	云南	雍正四年（1726年）	杨名时	科则缺；其屯军丁银一万五千两，每丁征2.8—6.2钱			(1)同上 (2)《清史稿》卷77《杨名时传》 (3)王鸣盛：《汤氏全书》序
11	江苏	雍正五年（1727年）		以亩计摊	"匠班银三千余两亦摊"		《熙朝纪政》卷3
12	安徽	雍正五年（1727年）		同上			同上

续表

次序	省名	时间	倡议者	每田赋银一两均摊丁银	特点	备考	资料来源
13	江西	雍正五年（1727 年）	万柱				(1)《熙朝纪政》卷 3 (2)《清史稿》卷 77 称："三年"
14	湖南	雍正六年（1728 年）	万柱	地粮一石			同上（2）称："七年"
15	广西	雍正六年（1728 年）		田银一两摊入			同上
16	湖北	雍正七年（1729 年）		田银一两摊入 1.296 钱			同上
17	山西	乾隆元年（1736 年）		缺		"山西丁归地粮，自是年始，散见于赋役全书各属下。直至道光十七年渐次全摊"	同上
18	台湾	乾隆十二年（1747 年）		缺			(1) 同上 (2)《会典事例》
19	贵州	乾隆四十二年（1777 年）		亩摊丁银 0.054 钱有奇	以亩计摊		同上

从表 9-5 可以看出，自雍正元年（1723 年）全国正式"摊丁入亩"以来，不但各地的进展速度很不一致，而且在具体做法上亦不完全相同。摊丁入地，从康熙年间辩论是否实施起，到雍正决策全国推行，经乾隆年间在全国推广、实现，最后到光绪二十九年（1883 年）。吉林才完成了"摊丁入亩"的改革，可以说，前后经历了一个半世纪，而这一过程的完成，显然又是通过不懈斗争才得以实现的。"摊丁入亩"之所以不能顺利实施，除了因部分官僚、地主舞弊和反对之外，其中最主要的是某些地区的丁银负担过重，全部摊入地亩，百姓一时难以承受。如福建宁洋县，因为"丁多地少，不能概匀"，地方官员只好先采取"以一半匀入地亩征收，一半仍存丁纳"的办法，逐步推行。又如陕西省因"地瘠丁重"，一时难以匀摊，雍正五年（1727 年）朝廷特许减

免该省民丁银78051两，“摊丁入亩”才得以顺利进行[①]。又如岢岚州，嘉庆二十四年（1819年）豁免丁徭银1508亩，光绪六年（1880年）又豁免895两，最后以实存540丁，银600两，匀入地粮[②]。

各地“摊丁入亩”的办法亦不尽相同，前已述及，“摊丁入亩”的征收办法，多数地区是以府县为单位，把康熙五十年（1711年）的丁银总数，按亩分摊到田赋中，即“以各邑丁粮均派入各邑地粮之内，无论绅衿富户，不分等则，一例输将”[③]。但在实际执行过程中，各地办法却各不相同，据史料分析，在具体做法上，大致可分为以下两种情况。一是将一州县的丁银平均摊入地粮，即原纳田赋银若干，再加纳平均摊入的丁银若干，由土地所有人统一完纳。如河南确山县，按每地粮银一两，摊派丁银一分八厘多[④]，再如直隶州县，每地税一两，摊入丁银二钱七厘[⑤]。这种办法着眼于田赋，田粮多的，摊入的丁银就多。另一种是把一州县的丁银平均摊入田亩之中，如安徽祁门县每亩土地摊入丁银一分六厘多[⑥]，霍邱县则每亩摊入九厘多[⑦]。这种办法是着眼于田亩，土地多的，摊入的就多。侧重田粮和田亩有所不同，田亩有肥瘠的区别，田粮是根据土地等级确定的，所以摊入田粮较为合理，多数地区采取了这种办法。各州县因丁银数量不同，田粮应负担的丁银也就不一样，大致说，每地粮一两，摊入丁银二钱左右[⑧]。政府征收时，不再地丁分征，而统一收纳。若原交田粮银一两，至此要交一两二钱。政府只找田粮承担者要丁税，而不再找人丁要丁银。

摊丁入地，使有土地的人增加了赋税，而“贫者免役”[⑨]，“贫民无厘毫之费”[⑩]，这是益贫损富的政策。雍正对此有清楚说明：“丁银摊入地亩一事，于穷民有益，而于绅衿富户不便”[⑪]。可见，雍正君臣实行这项政策，是有意识地压抑富户，扶植贫民，改变过去丁役不均，放富差贫的情况。但更重要的是丁

---

① 嘉庆：《大清会典事例》卷133《户部丁银摊征》。
② 光绪：《岢岚州志》卷5，《赋役志》。
③ 吴振棫：《养吉斋余录》卷1。
④ 乾隆：《确山县志》卷2，《户口》。
⑤ 《清朝通典》卷17，《食货》。
⑥ 同治：《祁门县志》卷13，《户口》。
⑦ 同治九年《霍邱县志》卷3，《食货》。
⑧ 李元英：《请拨粮均丁疏》，见《清经世文编》，卷30。
⑨ 同治：《建昌府志》卷3，《赋役》。
⑩ 乾隆：《苏州府志》卷8，《田赋》。
⑪ 《上谕内阁》，四年七月初二日谕。

银合并征收，清政府的丁银有了保证，因为纳粮人完成丁银的能力，远远超过无地的农民。保障丁银的征收，才是雍正的真实目的。

并丁入粮后，清人有人说从此“无丁赋矣”①。还有人说“生斯世者，几不识丁徭之名”②。现代有人讲是取消了人口税。丁银并入田赋，从清政府讲仍收取人头税，只是收税途径变了，而不能说没有丁徭，取消了人口税。但就具体人而言，并不因个人的存在而交人头税，有些无地农民确实解除了这一负担，从这个意义上，是由无条件的普遍征收而变为有条件的区别征收，从而政府对人民的封建控制有所减弱。

摊丁入地，是我国封建赋役制度的重大改革，对清代社会发展产生了不可忽视的影响。

首先，摊丁入地的实行，结束了清初以来赋役制度的混乱，“至此始归划一”③，保证了清政府的钱粮收入。正如萧奭在《永宪录》中所说，“自摊丁之法立，穷民免累、国赋无亏”④。以田赋征收数额为例，康熙二十四年（1685年）共收田赋银 24449724 两，粮 4731400 石。嘉庆十七年（1812 年）共收田赋银 32845474 两，粮 4356382 石⑤。以每石粮折银 1 两计，则后者较前者增收之田赋额达 24.49%。

其次，在一定程度上减轻了劳动人民的负担。无地贫丁不交纳丁银，地少丁多的贫困丁户也相对减轻了负担。下面以直隶获鹿县摊丁入地前后各农户每丁负担的变化为例进行说明（见表 9－6）⑥。

表 9－6　　直隶获鹿县摊丁入地前后农户每丁负担情况

	100 亩以上	60—100 亩	30—60 亩	10—30 亩	10 亩以下
摊丁前	0.2244	0.3100	0.2163	0.1337	0.1014
摊丁后	1.8574	0.4123	0.2242	0.1008	0.0280
负担变化（%）	727.7	33	3.7	－24.6	－72.4

从表 9－6 我们可以看出，30 亩以下的自耕农，每丁负担银两在摊丁入地后均有减少，而 30 亩以上的田户每丁负担的丁银均有增加，百亩以上的大户

① 道光：《阜阳县志》卷 4，《田赋》。
② 朱云锦：《户口说》，《清经世文编》卷 30。
③ 乾隆：《济宁直隶州志》卷 5。
④ 肖奭：《永宪录》卷 1。
⑤ 王庆云：《石渠余纪》卷 3，历朝田额粮赋总目。
⑥ 史志宏：“关于摊丁入地评价的几个问题”，《中国社会科学院研究生院学报》，1986 年第 4 期。

增加六倍。因此有人说，摊丁入地“独利于贫民，而不利于富室”①。

最后，摊丁入地后，劳动人民和封建国家间的人身依附关系有一定松弛。由于把丁银摊入地亩，使丁税和地税合一，“民纳地丁之外，别无徭役矣”②。对无地农民和手工业者而言，人头税取消，“民间不复知有丁赋一事”③。长期束缚劳动人民的封建国家的户丁编审也渐放松，至乾隆三十七年（1772 年），清政府下令永行停止编审之例。广大农民不再因有徭役的束缚而被固定在某地，即所谓“民轻去他乡，五方杂处，逋逃如数”④。这就为劳动力的流动创造了条件。同时，这一政策客观上也促进了我国人口的迅速发展，雍正元年人口为 1.2 亿多，至道光十四年（1834 年），全国人口已突破 4 亿⑤。

第三节
雍正时期的财政改革成效与
其在清代历史上的地位

雍正在其短短的十三年帝王生涯中，惟日孜孜，励精图治，锐意进取，他即位后不久便着力推行的饬吏治、查亏空，提耗羡、设养廉，丈田亩、清积欠与“摊丁入亩”这几项重要的革新举措，乍看起来似乎是为了解决朝廷所面临的财政危机，然而实际上却起到了促使不适应经济基础的上层建筑进行局部性的调整，并通过生产关系的变革，顺应社会生产力发展的客观需要的积极作用。因此，他的上述做法，不但扭转了清王朝“内外仓库，不无亏空”的财政窘迫状况，而且在整肃吏治、狠刹贪风、缓和民族、阶级矛盾与促进日后乾隆盛世的继续发展等方面，也都收到了比较明显的成效。

一、实现了整肃吏治的政治目的

在前述的康、雍之际的时代背景中，人们已经看到，清代已在康熙末年出现了各种衰败的迹象，尽管当时的社会矛盾错综复杂且潜伏着致乱之源，但若

① 戴兆佳：《天台治略》卷 6。
② （清史稿）卷 121，食货二。
③ 民国《阳江县志》卷 13。
④ 冯桂芬：《显志堂稿》卷 11，《稽户口议》。
⑤ 孙毓棠、张寄谦：《清代的垦田与丁口的记录》，《清史论丛》第一辑，中华书局，1979 年。

从矛盾斗争的实质分析，都不过是利益分配关系的得、失和取、予之间的矛盾。雍正即位时，清政府的致命要害问题之所以集中反映到“库帑亏绌，日不暇给”的财政问题上，就足以说明国家财政乃是一切社会矛盾冲突的焦点所在和最终具体体现。可见，要解决业已激化的各种社会矛盾与堵塞致乱之源，就必须首先从对财政利益分配关系的改革入手。虽然社会的经济状况是产生财政政策、法令、制度的现实基础，但在上层建筑的诸多因素中，由于财政政策、法令、制度的实施，往往对整个社会的经济发展产生更为直接的重要而深远的影响，因而它历来也是封建统治者“治国平天下”的最为有效的一种调节手段。实践表明，正是因为雍正皇帝把对财政利益分配关系的调整与变革，作为解决康熙末年各种社会矛盾冲突的强有力工具，所以，他的上述做法，符合了时代发展的客观要求。比如，雍正刚即位时，清政府的库存白银竟会由康熙全盛时期的3000万两一下猛跌至仅存800万两。用雍正的话说，国家钱粮亏空完全是“居官之人不守官箴”造成的严重恶果。然而，康熙末年之所以出现吏治腐败与贪贿陋习，究其根源，却在于清初采取的财政分配政策完全是为少数统治者的经济利益服务的。早在顺、康之时，满洲贵族统治者鉴于战后经济残破、剥削收入少的客观现实，不得不采取“与民休息”的财政分配政策，但经广大劳动人民数十年的辛勤努力之后，社会经济不但有了长足的发展，而且也为国家积累了相当可观的社会财富，依照经济规律，这笔可观的社会财富本应用于扩大社会再生产方面，可事实上，它却被满洲贵族及其统治集团为满足其无厌的贪欲、享乐而白白挥霍掉了。可见，清初制定的“与民休息”财政分配政策，说到底无非是企图通过给劳动人民“改善”一些生产、生活条件，让他们能够忍受剥削，用所谓的“无为而治”，达到缓和民族、阶级矛盾，消除人民反抗斗争意识的“有为”政治目的。而一旦社会经济有了发展、政权日渐巩固起来以后，面对日益尖锐的民族、阶级矛盾，统治者一方面大兴干戈，穷兵黩武，镇压人民的反抗，另一方面又极尽奢侈挥霍之能事，于是，吏治日趋腐败，贪贿之风随之迅速蔓延起来。步入晚年的康熙皇帝，对其不肖贪贿之朝臣，竟以“宽仁”相待，甚至宠遇如初，而贪劣官员则反以宠遇、宽仁为恃，更加肆行无忌，为所欲为，致使吏治更加败坏，国帑愈益亏空。显而易见，这种只为少数统治者经济利益服务的财政分配政策，完全代表了一种旧有的生产关系，它必然加速统治阶级的腐朽、没落，大大激化阶级矛盾、社会危机，并最终严重阻碍社会生产力的发展和资本主义萌芽的成长。雍正亲政伊始，即诏令清查钱粮亏空，表示对“肆将国帑侵克隐瞒以益私囊”之不肖官员，绝不宽容，这实际上就是对旧有生产关系所作的局部性调整，即通过对财政利益分配关系的调整与变革，使化公为私的国帑、钱粮重新收归国有。实践表明，这场大张旗鼓的清理、整顿，既沉重打击了亏空钱粮的贪贿朝臣，又使弥漫于康熙末年的官场腐败陋习有所遏制，正如雍正所云："各省吏治虽未必能彻底澄清，而公然贪赃犯法及侵盗钱粮者亦觉甚少"①。

二、各地私自滥征加派之弊得到有效遏制

雍正亲政伊始，中央以至地方之所以出现"内外仓库，不无亏空"的财政窘迫状况，除与康熙末年的吏治腐败与官员的贪贿陋习有关之外，还与各地的私自滥征加派之弊密切相关。康熙末年的社会实践表明，不肖官员的贪贿陋习与各地的私自滥征加派之弊，虽是清初的两大社会弊端，但由于它们互为因果，彼此影响，密不可分，因此，若不同时对各地的私自滥征加派之弊采取强硬举措，不仅难以扭转清政府所面临的财政困窘状况，而且也无法达到狠刹贪风、整肃吏治的政治目的。更为严重的是，若任其蔓延，它还会直接引起人民的反抗斗争，并最终影响到封建政权的统治。众所周知，清初统治者在社会经济条件十分有限的情况下，不得不实行低俸禄制，但与此同时，为了满足地方官吏的诛求无厌贪欲和解决地方财政经费之不足，又采取允许地方额外加征"火耗"及名目繁多的附加税政策。事实表明，这种以非法的耗羡银两作为地方官弥补经费不足的分配政策，加速了吏治的日趋腐败，并导致中央与地方财政关系的"干弱枝强"的严重后果，而且地方的私自滥征加派，无疑又大大激化了阶级矛盾。雍正针对私自滥征加派之弊而果断采取"提耗羡、设养廉"的举措，目的在于通过对中央与地方财政分配关系的必要调整，促使生产关系的变革，顺应社会生产力发展的客观需要。所谓提耗羡，就是中央把以往各省的私自滥征"火耗"，由自行暗取改为有固定限额的明收，并将各地所收之耗羡银两统归于中央的户部管理、支配；所谓养廉银，就是从各省已归公的耗羡收入中拨出一部分用于地方官吏的私人生活和衙内各项公务的开支。可见，其财源已是归公之后的耗羡了，既名之曰养廉，当然是针对贪渎而言的。若用雍正的话说，"恐各官无以养廉，以致苛索于百姓，故于耗羡中酌定数目，以为日用之资"②。事实证明，耗羡归公，就意味着中央已把一向归地方支配的耗羡财

① 《世宗实录》卷91。

② 《雍正起居注》，雍正四年十月十四日条。

政分配管理权重新牢牢地控制在自己手里，从此，耗羡收入一律以中央的名义拨付，或用于地方官之养廉，或用于地方的办公用费，或用于赔补亏空。耗羡的使用管理权收归国家所有，因而，也就加强了中央对地方的控制，并在一定程度上扭转了“干弱枝强”的不利局面。同时，耗羡归公，也使康熙末年以来的财政亏空渐有弥补。史料记载，自从实行耗羡归公之后，各地的滥征加派之弊已大为减少，各地的养廉银及各项公务费用，不但能够做到按时拨付，而且还略有结余。如山西巡抚诺岷，即用结余的耗羡赔补亏空 20 万两①。此外，耗羡归公，在一定程度上也减轻了人民的负担，在耗羡归公前，由于各地的滥征加派，致使民众不堪重负，而耗羡归公后，因耗羡额一般固定在 10% 左右，各地所收耗羡量均比以往州县私征时减轻了许多，如山东地区，“从前所收加二五加三不等”②，甚至“每两加八钱”，但实行耗羡归公后，“每正银一两，加耗一钱八分”③。陕西、山西各省亦大体如此。对此，高成龄曾称：“止以加二为率”，“较之昔日减大半”④。正是因为实行耗羡归公后，各地用费既有了保证，又略有结余，所以雍正才决定对上述几省的部分正项实行免征，以结余的耗羡抵补，这实际上也就等于减轻了这些地方的农民负担。总之，耗羡归公后，由于中央把各省的征收耗羡银数量与养廉银额，从过去的暗取改为明收，并使之固定化，不得再私自加派，因而康熙末年以来的贪贿之风受到一定的遏制，吏治有所好转，正如御史柴潮生所云：“康熙间，法制宽略，州县于地丁外，私征火耗，其陋规匿税，亦未见厘剔。自耗羡归公，一切弊窦，悉涤而清之，是为大利”⑤。

三、封建国家财政日渐充裕

雍正即位后，由于果断采取了严查亏空、耗羡归公的有力措施，因此，随着吏治的逐渐好转和各地私征火耗的大力减少，国家的财政充裕起来。现以中央财政为例，贪风日盛之时，由于不肖有司的冒支虚给，窃匿侵挪，竟使国家库银亏空至 250 余万两，但自清查起，仅一年多时间，便初见成效，“银库奏

---

① 《清史稿》卷 294，《诺岷传》。

② 《上谕内阁》，雍正元年七月十日黄炳奏折。

③ 《上谕内阁》，雍正八年四月十一日孙国玺奏折。

④ 《朱批谕旨》，雍正二年九月十四日高成龄奏折。

⑤ 《清史稿·柴潮生传》卷 306。

销于收贮正项之外，盈出余平银二十四万两，饭银十万两”[①]，到雍正末年，仅贮存在内阁东封桩库里的各种赃款羡余银两，即多达到3000余万两[②]。至于地方各省库藏，经一再清查之后，亦日渐充盈，帑藏足用。如两淮盐政历来亏空甚多，但自清查以来，历年商欠、正项赢余亏空俱一一完纳，并公捐银二十四万两备交运库[③]。除此之外，在“国家经费既敷”的前提下，中央还专门拨出帑金数百万为地方兴修工程。总之，“直省一切正杂钱粮除实在存留并各封贮数十万两以备公用外，其余悉于春秋二季按数拨解。从此，各省不敢有虚收虚报之弊，是以亏项渐清，帑藏充裕”[④]。加上雍正的严查，各地的亏空问题很快得到解决。到雍正末年，国家库存银亦由康熙末年的800万两增加到6000多万两[⑤]，对于康雍乾三朝的财政状况，魏源认为“康熙朝六十载之休养，何以部帑止存八百余万两”，其中一个主要原因就是“耗羡未归公”，而乾隆朝财政充裕，虽有乾隆五十年一年（1786年）的南巡、用兵、蠲免诸事，但户部仍库存7000万两，究其原因，“皆雍正十余载清厘清饬之功”[⑥]。

四、促进了生产力的发展和社会经济的繁荣

清初统治者采取的取消明末“三饷”加派、实行“更名田”并减税等一系列旨在缓和民族、阶级矛盾的“与民休息”财政分配政策，对社会经济的发展虽曾起到过一定的促进作用。但康、雍之际的严酷现实告诉我们，由于清代已处于中国封建社会后期的衰落阶段，加之清王朝是由少数满洲贵族统治者建立的封建王朝，因此，面对新的因素资本主义萌芽的成长，以封建专制为特征的国家政权，必然极力强化其反动的政治职能，并残酷地压榨直接生产者广大贫苦的农民。如满洲贵族统治者在推行极为野蛮的“圈地”过程中，一方面疯狂地兼并土地并血腥屠杀大量无辜的民众，另一方面却又赋予满洲贵族圈占“旗地”、“公田”与免除赋役等一系列特权。一些地主、乡绅还依仗权势，串通官府，以隐匿户口、土地等手段，将自己应承担的赋役转嫁到劳动人民身上，同时又对农民进行“见税什伍”的苛重地租剥削。康熙末年虽然颁布了

① 档案《宫中上谕》5，中央第一历史档案馆。
② 昭梿：《啸亭杂录》卷1。
③ 《上谕内阁》，雍正四年正月十二日上谕。
④ 《清世宗圣训》卷23。
⑤ 魏源：《圣武记》卷11。
⑥ 魏源：《圣武记》卷11。

“滋生人丁，永不加赋”的诏令，但各地丁役银的畸轻畸重现象依旧存在，这种生产关系与生产力之间的尖锐矛盾，即“富者少丁差，贫者多徭役”、“人亡丁存，追逼输纳依旧”的赋役摊派不均问题，之所以在清初即普遍存在，就足以说明“与民休息”财政分配政策，维护的只是一种旧有的生产关系。广大劳动人民的生产、生活条件并没有因此得到多少改善，他们在苛重的地租剥削与地主转嫁赋役负担的种种压榨下，面临着饥饿与死亡的威胁。雍正亲政伊始，为了改变这种“丁额无定，丁银难收”的状况，使之“尽一均平”，同时也为了缓和业已激化的阶级矛盾并增加政府的财政收入，不得不对明末清初以来的旧有赋役制度予以厘革与变通。但需要说明的是，由于时代、条件的巨变，雍正在变革赋役制度的一些具体做法上，也不能不与以往历代的做法有所不同。从前述的分析中可知，雍正所处的时代正是中国封建社会进入其后期的没落、衰朽阶段，封建国家政权的反动职能，不但比以往任何时候都表现得更加明显，而且官僚、地主、商人的势力也十分强大，因此，在地主制经济业已根深蒂固的形势下，再按过去那种单纯靠抑制兼并、缓和阶级矛盾，并给封建制度予以不断补充、修订、完善的做法，显然已难再实施了。由于清代已是“不抑兼并”和“官商合流”的时代，雍正除了采取丈田亩、清积欠、“摊丁入地”这几项措施之外，已再没有什么更好的选择了。虽然雍正的上述几项措施，在改革的力度与内容方面，已无法与封建社会初期（如秦汉）、中期（如唐代以至北宋）的改革相提并论，但均平负担、缓和阶级矛盾、削弱封建人身依附关系与增加政府财政收入等方面仍能展示出它与以往历代都不同的鲜明时代特色。加之雍正在康熙的基础上继续采取奖励垦荒、兴修水利、大力推广水田种植和“通商裕国”等举措，因此，他的改革成效也是十分明显的。首先，实行“摊丁入地”，使长期以来的地丁分征、赋役负担不均的状况得到比较彻底的改观。由于丁银摊入田亩、丁额固定，从而体现了赋役负担大体均平、合理的原则，加之它与丈田亩、清积欠等措施相互协调配套运用，不但大大减轻了无地贫民的丁银负担，而且也在一定程度上削弱了农民与地主之间的人身依附关系，客观上对调动劳动者的生产积极性和促进社会经济的进一步发展是十分有利的。其次，上述几项措施的配套实施，使正在不断激化的阶级矛盾得到一定程度的缓解。如通过丈田亩、清积欠，既加强了对不法地主、乡绅的管理，使之无法再行逃税，又可使地主、乡绅以赋役转嫁形式欺压农民的非法之举得到一定的遏制。而佃农与地主的矛盾，国家则通过地租再分配的办法，削弱地主对佃农的人身控制。劳动者身份、地位的提高，说明封建人身依附关系的进一步削弱。所有这些，都在一定程度上使农民与封建国家，农民与地主、乡绅之间的矛盾得以缓解。最后，经过丈田亩、清积欠、“摊丁入地”等办法，不仅结束了明末清初以来赋役制度的混乱状况，而且也保证了清政府的财政收入。由于坚持丈量土地、编审户丁，政府对全国的田亩及人口情况有了比较准确的统计，加之推行“摊丁入地”，实行合理负担原则，清政府的财政收入有了较大增长。以田赋收入为例，如康熙二十四年（1685 年）全国共收田赋银二千四百余万两，粮四百七十三万石；实行“摊丁入地”以后，到乾隆十八年（1753 年），田赋银便增加至二千九百余万两，粮增至八百四十万石。清初，顺治时田赋银收入仅二千万两左右，康熙时增为二千五六百万两，然自乾隆以至清末则一直保持在三千三百万两以上，占全国田赋银收入的 75% 以上。

由于雍正时期的财政改革使封建人身依附关系大为削弱，因而，改革后的清代社会生产力水平有了较为明显的提高，整个社会呈现出一派繁荣、昌盛的富裕景象，主要表现在以下几个方面。

（一）耕地面积广为增加

农业生产是封建社会存在的支柱，它不仅供应着最重要的口粮，而且也是工商业进一步发展的基础。因此，对于建之于明末战争废墟之上的清王朝来说，能否尽快恢复农业生产，并实现富国强兵，无疑是一个生死攸关的大问题。康熙初年，清政府曾针对战后存在大量荒地的现实，实行奖励垦荒的政策，即将田分为新荒、积荒、极荒三等，并规定新荒者三年起科，积荒者五年起科，极荒者永不起科，解决了顺治朝的“科差太急”的矛盾，调动了垦荒者的积极性，接着又于康熙八年（1669 年）正式下达停止圈地的命令，规定“自后圈占民间房地，永行停止”[①]，凡当年所圈占的土地，“悉令还给民间”[②]。国内战争结束后，为了尽快恢复生产，加快开荒步伐，清政府分别于康熙二十二年（1683 年）、康熙二十九年（1690 年）、康熙三十二年（1693 年），接连颁布了一系列奖励垦荒的条例及规定。由于这些举措使大批无地的农民通过垦荒又重新得到土地，因而全国的耕地面积不断扩大。据载，顺治十八年（1661 年）全国耕地面积为 526 万顷，到康熙二十四年（1685 年）不过 589 万顷，但到了康熙六十一年（1722 年），全国耕地面积即猛增至 851 万顷[③]，六十年间，

① 《清圣祖实录》卷 30。

② 《皇朝政典类纂》卷 12，《田赋》。

③ 《清世祖实录》卷 2。

耕地面积增长了320多万顷。然而，随着农业生产的发展和耕地面积的不断扩大，由于人口增长速度远远超过垦田面积的增长速度，加之随着土地兼并的日益加剧，因此，人均土地占有量的日趋减少，就意味着无地贫民数量的不断增加。针对这种状况，雍正皇帝一方面加强“重农力穑为先”的宣传，另一方面继续坚持贯彻奖励垦荒的政策，遂于雍正元年（1723年）颁布诏令：“嗣后各省凡有可垦之处，听民相度地宜，自垦自报，地方官不得勒索，胥吏亦不得阻挠”①。对于安插赴川的贫民，他决定“酌动存公银谷，确查借给，以为牛、种、口粮②，以资开垦，同时又把垦田起科的时间固定下来，“开垦水田，以六年起科；旱田以十年起科，永著为是”③。除此之外，组织军队实行屯田。雍正初年，鉴于乌蒙地区地广田多，批准了云贵广西总督鄂尔泰的建议，“将无业田地，每兵赏给三十亩；或有丁余，准其倍给，并量与牛、种、银两，劝令开垦”④。雍正七年（1729年），他又决定增设巡农御史，即每年派御史一员，于二月农事时进行巡视，以司劝课，于九、十月回京复旨。由于采取以上措施，雍正期间的耕地面积又有了较大的增长。《清实录》记载，截止到雍正十二年（1734年），全国的田、地、山、荡、畦地计有“八百九十万一千三百八十七顷二十四亩有奇”⑤，较之康熙六十年（1721年）“七百三十五万六千四百五十顷五十亩有奇”⑥，增加了一百五十四万四千九百三十六顷七十七亩，即增加了21%。总之，在“地少人多”矛盾日益突出的康、雍之际，能够使垦田面积有如此的增长幅度，这无疑与雍正推行的财政改革举措有密切关系。

（二）粮食产量大幅度上升

如前所述，康熙年间，随着农业生产的恢复与发展，社会的相对稳定，清代的人口与土地的开垦都有了较快的增长，如康熙二十四年（1685年）全国人口为2034万多，自实行“永不加赋”措施后，全国人口增至2462万多，仅二十余年时间，全国人口即增加了21.04%。当然，人口的增长，乃是社会经济发展与国势昌盛的重要标志，加之人又是生产力中最活跃的因素，其数量的大量增加，也就意味着生产力的发展。但在康、雍之际，由于人口增长速度远

① 《雍正朝正训》卷25。
② 《世宗实录》卷80。
③ 光绪：《大清会典事例》卷166。
④ 《世宗实录》卷98。
⑤ 《世宗实录》卷150。
⑥ 《世宗实录》卷295。

远超过耕地面积的增长速度，加之土地兼并日益加剧，因此，如何解决“地少人多”的矛盾，已成为雍正执政时必须认真考虑的一个关键问题。针对这种情况，雍正认为，要解决“户口日繁，而土地止有此数”所带来的粮食不足问题，只能靠改进生产技术，大力推广水田种植，提高粮食单位面积产量等办法。为此，雍正首先对富有经验的老农，优其奖赏，以示鼓励，决定于每年岁末在各个州县选出一名勤劳耕作且有明显成就的老农，给以“八品顶带”的殊荣，使“农民知勤，而惰者可化为勤”①。除此之外，鉴于水田产量较之旱田产量为高的情况，雍正决定把水田种植普遍推广到北方，命怡亲王（胤祥）“总理其事”②，为了传授水田种植技术，特从浙江招募有经验的老农到北方传授水田“种植之法”及“浚疏圩岸以及潴水、节水、引水、戽水之法”。而种植水田所需之农具、水车，也雇用浙江工匠专门制作，并组织当地人学习。经过三年的努力，到雍正七年（1729 年），即已修成水田 6000 余顷③。由于雍正把精耕细作、改进生产技术、推广水田种植和提高单位面积产量作为解决粮食不足的有效手段，所以，到雍正十二年（1734 年），各地的农业产量均有不同程度的提高，如在湖南镇的苗族地区，所种“之山田水地，黍稷稻粱，盈畴遍野，及至秋成则皆双穗、三穗、四、五、六穗不等”④。而川、陕地区所种“小麦、青稞、粟谷、糜子等项，计下种一斗，收至一石三、四斗不等，其余各色种植亦皆丰厚”⑤。

（三）大力兴修水利工程，为农业生产与水上运输的发展创造条件

在以农为本、靠天吃饭的封建时代，水害的频繁发生，不仅给农业生产及人民的财产、生命带来难以估量的损失，而且它还直接影响到社会的稳定乃至统治阶级的根本利益。因此，历代有识之君无不把治河治水作为国家管理社会经济的一项重要职能。清代顺康之时，由于争战不息，加之黄淮失修，运河堵塞，故水害连续不断。这种严峻形势，不能不引起清朝统治者的极大关注。康熙执政后不久，就对水利兴修十分重视。如康熙十五年（1676 年），他派尚书冀如锡等视察黄河，并指示“河工经费浩繁，迄无成效，沿河百姓皆受其困。今命尔等前往，须实心相视，将河上利害情形体勘详明，各处堤岸应如何修

---

① 《雍正朝正训》卷 25。
② 《清史稿》卷 129，《河渠四》。
③ 《清史稿》卷 60，《河渠四》。
④ 《清雍正朝实录》卷 88。
⑤ 《康熙朝圣训》卷 33。

筑，务为一劳永逸之计，勿得苟且塞责”①。史料记载，在此后约二十余年间，清政府为了浚深河道，修筑堤坝，开凿新河，曾投入了大量的人力、物力和财力。及至雍正即位，清政府的水利工程建设，又有了新的进展。尽管当时朝廷面临财政危机，但雍正认为，水利事业“关系民生，必须一劳永逸，务要工程坚固，不得吝惜钱粮”②，雍正三年（1725 年），正逢直隶大水，雍正立即派怡亲王胤祥和大学士朱轼前去治理，浚治了卫河、淀河、子牙河、永定诸河。雍正四年（1723 年），又设水利营田府，命胤祥总理此事。据载，在治水治河中，雍正不但亲自过问，而且知人善任。如雍正元年（1723 年），黄河曾三次决口，由于稽曾筠治理有功，遂不断委以重任。起初他被任命为左佥都御史，署河南巡抚，又迁兵部侍郎；雍正二年（1724 年），又因他建议在黄河两岸修筑长堤而出任河南副总河；雍正五年（1725 年），他又兼管山东黄河堤工之事；直至雍正十一年（1733 年），被授予文华殿大学士兼吏部尚书，并署江南河道总督。更为重要的是，雍正在水利工程建设上，只要工程需要，即使耗资甚巨，他都能果断地从国库中予以拨付。如雍正十一年（1733 年），他命内大臣海望、直督李卫赴浙江查勘海塘时，指示：“如果工程永固，可保民生，即费帑千万，不必惜”③。又雍正七年（1729 年），为了给淮河加固高堰，以防水患，雍正曾一次拨付帑银百万，命“将堤身卑薄倾地处拆砌，务令一律坚实”④。此外，与康熙时代相比，雍正更注重对水利事业的管理。如雍正八年（1730 年），为了保证运河的安全，他决定自此以后“始设黄运两岸守堤堡夫。每二里一堡，堡设夫二、住堤巡守，远近互为声援”⑤。

总之，雍正在治理黄河、运河、永定河、卫河、淀河、子牙河及修筑浙江海塘工程等方面，都取得了明显的成果。这对农田灌溉、粮食增产大有好处。河道通畅，又促进了水上交通运输业的发达，并推动了城市及工商业的发展与繁荣。

（四）与康熙朝相比，国内的工、商业与对外贸易不仅有了较大的发展，而且也促进了社会的全面繁荣与昌盛

清入关以后，由于受社会动乱与经济落后等因素的制约，清政府对采矿、制盐等手工业生产大多采取严加限制的政策。但自 1683 年起，随着政权的不

---

① 《清雍正朝实录》卷 88。

② 《浙江通志》卷 64。

③ 《清史稿》卷 128，《河渠四》。

④ 《清史稿》卷 128，《河渠三》。

⑤ 《清史稿》卷 127，《河渠二》。

断巩固与社会经济的日渐恢复，这种政策不但严重影响了国家的财政收入，而且不利于加强“边陲武备”。因此，为了扭转这一状况，清政府便逐渐放松了对手工业生产的限制，加之雍正即位后，由于普遍推行了将匠银摊入地亩的办法，相对减轻了手工业工匠的赋役负担，因此，清代的手工业生产有了较大的发展，以采矿业为例，广东、四川、江西、湖南、陕西等地的铁矿采炼，自康熙中后期实行有条件地准许民间采矿的放禁政策以来，无论在规模上还是在技术上，都比以往有所进步。据载，因广东地下蕴藏丰富，且便于开采，故广东的冶铁业较之其他各省发展得更快一些。雍正十二年（1734 年），广东总督鄂弥达曾在一份奏折中证实：仅广东一省的炼铁炉即不下五六十座，且煤山、木山开挖亦多，其佣工者不下数万人[①]。值得一提的是，广东的冶铁场多设于矿山附近，这既可减轻运输负担，又能节省大量的人力、物力和财力。另外，云南是我国的主要产铜地之一，鉴于铜是国家铸钱的不可缺少的原料，清政府对铜的开采一向十分重视，尤其是政策放宽以后，云南铜矿的开采亦迅速发展起来。有关资料统计，康熙四十四年（1705 年），云南采铜厂为 17 家，至雍正二年（1724 年），增加到 21 家，雍正十三年（1735 年）又发展到 35 家。可见，在雍正二年至雍正十三年的十一年间，云南的采铜厂竟比康熙朝增加了 18 家[②]，由于铜矿开采发展迅速，因此产量不断增加。现以清初两大铸币厂——宝泉局、宝源局所耗铜之数量为例。宝泉局设于京师东四牌楼之北，后又增设东、西、南、北四厂，共置铸炉五十座，称为“正炉”。不久又于东、南、西三厂各置“勤炉”三座，北厂一座，共十座[③]宝源局设于朝阳门内西南。雍正六年（1728 年）又于崇文门内增设一厂，旧厂置炉十二座，新厂有炉十三座，共有“正炉”二十五座，旧厂有“勤炉”六座。总之，宝泉、宝源两局共有“正炉”七十五座，“勤炉”十六座。据康熙二十三年（1684 年）七月掌管钱法刑部左侍郎佛伦的报告，宝源局每月鼓铸二卯，一卯即耗铜五万斤，半年则耗铜六十余万斤，一年即用铜一百三十多万斤[④]。这个数字只限于旧厂，若把新厂耗铜数一并计算在内，恐怕每年所耗铜之数量当在两百余万斤以上，而宝泉局鼓铸一卯即耗铜七万二千斤[⑤]，其产铜量之大，可见一斑。由于铸币的工

① 《皇朝名臣奏议》卷 32。
② 阮元：《云南通志》卷 74、卷 75。
③ 《清朝文献通考》卷 14，《钱币考》。
④ 《清康熙朝实录》卷 116。
⑤ 《清朝文献通考》卷 14，《钱币考》。

艺技术要求十分严格，因此，它也反映出当时清代已有很高的铸币工艺水平了。当然，清代在金、银、锡、铅、煤等矿业的开采与冶炼方面，也都有不同程度的发展。至于制盐业的生产，由于雍正在康熙放宽政策的基础上，又采取了“画一盐课章程”等举措，从此，盐业生产重又获得生机。据载，雍正时的两淮、长芦海盐，四川的井盐，北方的池盐均有较大发展。如四川富顺县自雍正八年（1730 年），有上井五十八眼，上锅一百零三口，中井二十眼，中锅三十一口，下井二百零五眼，设锅三百三十九口①，仅富顺一地便有如此之多的盐井，足见当时四川的盐业生产是十分兴旺的。又云南省也是全国著名的产盐区，康熙年间该地区已有八大井和四十余子井，至雍正时，又增至二十大井和九十多子井，较康熙时增加了一倍多，由于盐业生产兴旺，故国家盐税收入大为增加，以云南黑井、白井、琅井、云龙井、安宁年井等十五井为例，康熙元年（1662 年），盐税正课额为 14.48 万余两；至雍正二年（1724 年）便增加到 22.49 万余两；雍正十年（1732 年），不但盐税正课额升到 27.8 万余两，而且还出现正课盈余 4.7 万余两和额外盈余 2.5 万余两②。除矿业、盐业生产发展较快之外，在纺织、制瓷、棉花和商品粮等生产方面，也有所发展。如在一些地区的棉纺织业中，以往曾普遍使用的那种既劳动强度大且速度慢的织布“腰机”，已被新型而先进的布机所取代，生产过程也按轧花、纺纱、织布、染、踹等不同工序进行，而染、踹工序的专门化，又使之发展为与纺织业相分离的独立行业。又如制瓷业，景德镇的瓷器，自宋代起就已成为畅销国内外的精美工艺品了，进入清代以后，景德镇的制瓷业，无论在生产规模、专业化程度、瓷器种类方面，还是在工艺技术水平方面，都较宋、元、明各代有了长足的发展，始创于明代宣德年间的“五彩”瓷，经康熙时加以继承后，在工艺技术上又有了新的起步，即把彩瓷中的原有青色改成釉上的蓝彩，故使烧成后的“五彩”瓷色调更为浓艳。至雍正时，又在此基础上制成一种色调极为精美的“粉彩”瓷，即在原五彩所用的各种色釉里再加入一种铅粉，使之改变了原有色料的性能。而棉花的种植，在康雍之际已遍及南北各地，其中江苏、浙江、河北、河南、湖北、山东等地，已成为全国商品棉的主要产地，江苏的松江、太仓、通州一带，其种棉的商品化程度更为突出，正如史云：“务本种稻者不过

---

① 吕上珍：《富顺县志》卷 30。

② 郭蕴静：《清代经济史简编》，河南人民出版社，1984 年，第 95 页。

十之二三，图利种棉者则十之七八”[①]。此外，清代粮食生产的商品化程度也相应提高，以往的“苏湖熟，天下足”已被“湖广熟，天下足”[②] 所取代，即充分说明随着农村商品经济的不断发展，全国商品粮的供应也由过去的江、浙一带逐步扩大到湖南、江西、湖北、广州等广大地区。

农业和手工业的不断发展，要求商业尽快繁荣起来，以满足全国各地物资交流的迫切需要。但自清入关以来，各地关卡林立、胥吏肆意勒索的苦累商民的现象十分严重。雍正即位后，曾针对这种状况一再申令：“国家之设关税，所以通商，而非以累商，所以便民，而非以病民也”。他要求各地关榷机构，不得多方勒索，以饱其欲，凡“经理关榷者，务期奉公守法，遴委得人，知商旅之艰苦，绝箕纹之弊窦”[③]。雍正五年（1727 年），为了稳定市场，防止商人囤积粮食，清政府又下令：川陕地方，凡米船出省，严禁地方官勒索稽留，否则“督抚可指名提参”[④]。除此之外，针对各地牙行滥设，奸牙乘机勒索商民之弊，清政府决定加强对市场的严格管理。雍正谕令内阁，“各省商牙杂税，额设牙贴，俱由藩司衙门颁发，不许州县滥给，所以防增添之弊，不使贻累于商民也。……饬令各该藩司，因地制宜，著为定额，报部存案，不许有司任意增添。嗣后止将额内退贴顶补之处，查明换给。再有新开集场，应设牙行者，酌定名数给发，亦报部存案”[⑤]。雍正采取的“通商裕国”的扶植政策，推动了商业贸易的迅速发展。值得一提的是，雍正五年（1727 年）清政府正式废除关于南海贸易的禁令，并于次年与俄国签订《中俄恰克图条约》以后，中国的对外边境贸易便进入了一个异常活跃的时期。中国与越南、缅甸、菲律宾等东南亚各国的民间贸易往来尤为活跃。据载，这个时期仅开往马尼拉的中国民间商船，平均每年就达三十至五十艘，其出口商品多为丝绸、瓷器、珠宝和漆器，而这些商品有的又经西班牙商人收购并转运至欧洲[⑥]。在对外贸易的推动下，沿海一些城市如广州、厦门等也随之呈现一片繁荣的景象，正如史云：“人民商贾，番船辏集，等诸郡县。市井繁华，乡村绣错，不减通都大邑之风”[⑦]。

---

① 《皇朝经世文编》卷 37。
② 《雍正朱批谕旨》，雍正四年七月二十日鄂尔泰奏。
③ 《世宗实录》卷 16。
④ 《清雍正朝实录》卷 62。
⑤ 《世宗实录》卷 136。
⑥ 周一良：《中外文化交流史》，河南人民出版社，1987 年。
⑦ 周凯：《厦门志》卷 15。

总之，农业和手工业的发展，促进了商业的兴旺与城市的繁荣，而城市与商业的发展，又推动了资本主义萌芽的成长。

综上所述，在西北连年用兵、社会矛盾日益尖锐以及国家财政十分窘迫的危难形势下，雍正皇帝勇于进取，果断采取一系列财政改革新举措，在一定程度上适应了生产力发展的客观要求，促成了吏治的相对澄清，并使日渐衰落的清王朝重又恢复了勃勃生机。雍正在位虽然只有短短的十三年，但在清代中的历史地位却不容忽视。也就是说，康熙后期之弊，若非雍正大力整饬，清朝可能会很快衰落下去，而雍正朝一系列行之久远的政策，又为乾隆朝兴旺发达和清朝长远统治创造了条件。近年中外学者对此多有肯定。日本学者佐伯富说："谚云，王朝基础多奠定于第三代，雍正帝正为清入关后第三代君主，有清二百数十年之基盘，即为其所奠定。"[①] 冯尔康先生同样从对清朝的影响出发，全面、高度评价了雍正的历史活动，认为他的改革思想及行动，对清代"康熙盛世"是个有力推动，并将其列为应肯定的中国历史上为数不多的杰出封建帝王之一。雍正的改革，不仅给清代，也给后世带来了较大影响，留下了诸多无形的财富。

① 《雍正帝及其密折制度研究·佐伯富序》。

附录一

中国古代财政改革研究

基于现实财政体制改革理论与实践的需要，本文对中国古代财政改革进行了提纲挈领式的研究。文章认为，财政分配决定于当时的生产力发展水平及生产关系状况，但财政分配又是社会经济利益分配关系中占主导地位的分配关系，因而是各种社会矛盾的集中反映。财政改革就是国家运用政权力量，对社会经济利益分配格局的调整，也就是对上层建筑及生产关系的变革和完善，其最终目的就是发展生产力。本文将古代财政划分为几个不同的历史时期，在每个历史发展阶段，选择各具时代特征的财政改革，分析当时的社会主要矛盾是如何集中反映到财政上来的，财政改革又是如何解决这些矛盾，并促进社会经济发展的。在探讨古代财政改革规律的同时，勾勒出财政在历史上发展的主要线索。本文最后总结出几条历史的经验与启示：一是历次财政改革，都处在整个社会改革的核心位置；二是古代财政制度改革与政策运用是封建政府借以推动生产力发展，促进生产关系变革，加强中央集权的主要手段；三是古代财政改革往往都是与社会其他方面特别是经济方面的改革同时进行；四是历次改革都很重视总结既往改革的历史经验，发扬先驱者锐意改革的精神，并对前人的言行有所突破和创新。

一、历次古代财政改革

（一）春秋战国时新的财政征收方式——土地租税制度的实行与生产关系的重大变革

中国历史发展到春秋时已进入封建领主制的盛期。封建领主占有着生产资料——分封、赏赐来的土地，也部分地占有着劳动者。其生产方式就是把大部分土地作为份地，分给各家各户耕作，收获归己，同时令耕者在所谓“公田”上劳作，收获物归领主所有，先治公田，后治份地。这是一种典型的劳役地租。领主拿出公田收入中的一部分上供给最高统治者——先是周天子后来便是各诸侯国国君——作为称臣的象征。贡赋的交纳以各地所产及距离王畿远近而定，所谓“任土作贡”是也。这时的国家财政还处于初级阶段。

随着铁器逐渐广泛用作农业生产工具，牛耕普遍推广，劳动生产率有了较大提高，劳动者的生产积极性在份地和公田上的差别越来越明显，在份地上用心经营，在公田上应付了事的现象很普遍。于是各诸侯国的领主便纷纷采取把土地全部租给农民耕种按一定比例收取地租的办法。公元前685年，管仲在齐国率先打破公田与私田的界线，按劳动力把耕地平均分配给农户去耕种，实行一家一户的个体生产，在此基础上实行按产量分成征收的实物地租制。这是对当时生产关系的重大变革。生产关系领域的这一变化，必然导致财税制度的改革。管仲的相应做法是“赋禄以粟，案田而税，二岁而税一。上年什取三，中年什取二，下年什取一，岁饥不税”（《管子·大匡》）。公元前359—公元前338年，商鞅在秦国进行更彻底的变法。首先，他从整顿户籍入手，按什伍制编造户籍，把国内的人口直接控制在国君手里，为向他们直接课税创造了条件。然后，废井田，革除领主土地所有制，宣布旧的经界无效，土地收归国君所有，加上鼓励垦荒新增加的耕地，国君掌握了大量的土地，然后按军功大小重新分配给地主，按户籍分配给农民，从而建立了新的地主土地所有制。而国君通过分配土地，将地主和农民都纳入自己的课税范围。商鞅改革比中原各国晚许多，但比中原各国更全面，对旧的封建领主势力、旧的生产关系摧毁更彻底，从而成为春秋战国时最有影响的一次财政改革。这就使得秦国迅速崛起，闯入战国七雄之列，并为秦最后完成统一大业奠定了基础。

与分成制的实物地租相联系，国君的财政征收方式由定额的贡纳改为按一定比例对耕地的课税。规范的赋税制度的建立，表明国家财政建设由此向前跨了一大步。而对土地课税，就意味着对土地私有化的承认，从而促进了私有制的大为扩张。新兴的地主阶级迅速发展，登上了历史的舞台，中国社会进入了封建地主制时代。

（二）秦汉时期财政管理体制的改革与封建主义中央集权制的加强

周代实行分封制的国家政治管理体制，与此相适应，财政上实行地方领主分权的二级管理体制。分田制禄，既是一种统治方式，也是一种分配体制。天子授民授疆土，把全国的土地分封于大小诸侯领主，让他们各制其地、各征所产，各封君列侯则定期向天子缴纳一部分，作为向天子称臣的象征，并构成了中央王朝——周天子的部分财政收入；周天子拥有自己的领地，即王畿内的土地、人口及相应的租税，这些构成周天子的主要财政收入。因而，这时期的国家财政（或者说是中央财政），实际上是一种王室财政。春秋战国时诸侯列国国君取代了周天子的地位，但在财政分配体制上仍呈相应的特征。

随着封建地主土地所有制的确立，世官世禄的封建领主不仅失去了经济上的特权，也逐渐失去了政治上统治地方的权力，作为封建社会基础政权的组织形式的郡县制由此而出现。这是上层建筑适应经济基础的变化而进行的变革。郡县百官由中央任免，百官俸禄自然要由中央政府来解决，这就要求在财政上实行中央集权的管理体制。在封建主义中央集权制中，皇帝是最高统治者，其地位是至尊无上的，皇帝本人及皇室的消费又是巨大而特殊的。皇帝又有别于中央政府，皇帝的权力还是受到制度与礼仪的一定限制的。那么在财政上是如何解决这一特殊矛盾的呢？那就是使皇权成为财政分配主体之一，从而在国家财政（中央财政）之外形成了皇室财政。秦朝时的财政，已基本上分为两个系统，西汉确立了中央财政与皇室财政分立的体制，在管理机构上，由少府负责皇室财政，由治粟内史（后改称大司农）负责国家财政。皇室财政支出的每一项费用的弹性都很大，俭约与奢靡之间出入甚巨。因而，在国家政治体制尚不很健全，皇帝权力得不到合理约束的情况下，在财政体制上面，将皇室财政独立于国家财政之外，自成一定的收支系统，是有一定的必要性的。这既是对皇权的一种约束，也是对皇权的一种保障，同时有利于国家财政的正常发展，从而有利于中央集权制的加强和完善。因此，这种分立格局，一直沿续到清朝，只是越到后来，皇室财政越受制于国家财政。

（三）北朝隋唐时期租调制的实行，是封建政府与世族地主争夺赋役权益的重要手段

北魏建国统一北方的过程，也是在中原汉族封建制度影响下的封建化过程，由游牧经济向农业经济的进化过程。至孝文帝时，实行一系列的汉化就是封建化的改革措施，公元485年推出均田制的同时，实行田租户调制。租调制规定一夫一妇为一床，以床为单位缴纳相应的帛和粟。农民因其负担比在世家地主门下有所减轻，纷纷脱离私家的束缚而转向官府。因均田农民增加，北魏政府的财政收入也大为增加。农民有了一定数量的土地，生产积极性也有所提高，这对恢复和发展中原地区的社会经济无疑具有积极的促进作用。租调制虽然也照顾到地主阶级的利益，但也对世族地主势力予以打击，不仅从他们手中夺取了大量的人口和土地，也对他们仍然合法拥有的土地和人口进行课税，较好地解决了封建政府与世族地主经济利益上的矛盾。均田的主要目的在于推行与它配套的田租户调制，而不是完全重新分配土地，但基于当时中原地区无主荒地的大量存在，均田制得以在较大的范围内、在一定程度上付诸实践，因而也得到后续王朝的继承。田租户调制在隋唐时期发展为租庸调制，盛行三百年后，才为两税法所取代。

租庸调制的实行，也是以均田制为基础的，但封建政府把课税落到农民身上而不是土地之上。如租庸调规定田租的缴纳以“床”或“丁”为单位，而不是以田亩为单位，调和庸更是如此，所以我们说均田制下财税制度最核心的特征便是身丁为本。不仅隋唐是这样，西晋占田制下有所谓“课田”，但课税对象、缴纳单位是“丁”。南朝时则迳称田租为“丁租”。这些都说明，至唐中叶为止，中国封建社会前期财政征收制度是以身丁为本的。这也正是封建政府与地主阶级经济利益的斗争集中在争夺劳动人手方面的根本原因所在。而赋税以身丁为本，是与定意义上的土地国有、政府分配相联系的。我国封建社会的前期，土地的私有是有一定的限度的，不严格的。

（四）唐中叶两税法的实行与封建社会后期财政征课对象的转变

隋唐时逐渐兴起并取而代替世族地主的庶族地主，不再享有政治特权，也不再以荫庇大量人口为主要任务，而以广占田地为目标。严格意义上的地主土地私有制广为发展，土地兼并以新的方式再度出现。在这种社会经济条件下，国家赋税若仍以身丁为本，广有田产的地主依法只负担按丁征收的部分，这对他们来说微不足道，而失去土地的破产农民又无力缴纳只问身丁不问财产的赋税。于是，唐王朝的财政发生了深刻的危机，唐中叶的战乱又加剧了这个矛盾。至唐德宗时，宰相杨炎推出两税法。两税法的主要特点就是不再只按丁征税，改按土地和财产多少征税（户等还要考虑到丁口状况），这种办法是与土地集中的情况相适应的。拥有大量田产的地主赋税负担加重了，封建政府从而征收到了大量的财政收入。从经济学来看，只有当社会经济发展到一定水平，有足够多稳定而集中的社会财富，财产才能据以作为财政课征的对象。也就是说，赋税由以身丁为本转变为以财产为本，是社会生产力发展到一定阶段的产物。在古代尚未有累积的财产作为课税对象的情况下，最直接的课税对象只能是人口。到后来，财产增加了而分配又趋不公，再按人口征税就不公平了，理应转向对财产的课税。我们有理由认为，唐中叶的两税法标志着封建社会经济进入了后期发展阶段。

（五）北宋中叶的财经改革与封建地主土地私有制的最终确立

北宋建国未经过农民战争的洗礼，对地主阶级的利益格外优容，不立田制不抑兼并，仁宗时达官贵人占田已达天下田畴之半，却又大量隐田漏税。神宗时被迫起用力主改革的王安石为相进行变法。王安石理财思想的核心在于开源，他认为“善理财者，民不加赋而国用饶”，主张依靠发展农业生产来增加社会财富。这是前人所没有明确意识到更没有极力主张的。在这种思想的指导下，最早推出的两个新法便是青苗法和农田水利法。青苗法是指政府在每年青黄不接时向主户（有田产的户）贷给钱粮，以救农民燃眉之急，夏秋收获后随两税加二分利息归还。农田水利法是指由政府贷款或按户等不同集资大兴水土之利，通过国家财政信用，直接组织农业生产，促进社会经济的发展。针对大地主隐田漏税的情况，王安石推出了方田均税法，即清丈各县土地，核实土地所有者，由政府发给地符，然后将一县田赋摊派给土地所有者。在封建社会的后期，土地私有制在深层次上得到了扩展，土地的私有权比较完整，国家不能随意没收地主的土地。这样，摧抑兼并的任务、方法就有所不同。在前期，主要是反对豪强隐占户口，焦点为争夺劳动人手（赋源与役源）。在后期，主要是制止地主的瞒田匿税，焦点为争夺土地租税。王安石的方田均税法，就是想堵塞大土地所有者的瞒田匿税之门，而不是触动地主的土地所有权。在封建社会的后期，“私家日富，公室日贫”，财政矛盾集中在统治阶级内部经济利益的分配上，解决起来比先前更困难。针对官户免役、上等主户避役的情况，王安石推出了募役法，把原来按户等轮充差役的办法改由官府出钱募人应役，原来承担差役的主户按户等出“免役钱”，原来不承担差役的官户要出“助役钱”，这样既保证了劳动力从事农业生产，也限制了那些不服差役者的特权。这是减轻人身力役负担的一个重要改革措施，为明清时人头税的最终取消奠定了基础。募役法也是王安石自己认为最重要的一项改革，是他的心血所在，他去职后对新法其他内容的废除尚能镇静对待，唯对此法的废除愕然失声叹道：“此法终不可罢”（朱熹《三朝名臣言行录》）。

王安石仅执政七年，他被挤出政界后不久，新法亦逐渐被废弃，为什么他的这些符合当时国家财政需要的措施未能长久贯彻下去呢？从表层来看，立新法的每一步都需要得到皇帝的认可和支持，而神宗的态度始终不够坚决，且保守派的头面人物仍身居要职，这正出自神宗的安排，意在牵制王安石。王安石为相两上两下，说明这次改革举步维艰。从深层来看，新法虽然没有触动地主土地私有制，但各项改革措施矛头都直指大地主阶级。而当时的大官僚、大地主、大商人豪强势力，占有社会经济力量的十之六七，在朝中盘根错节，在社会上枝蔓株连，是变法派的强大反对势力。这种力量对比，决定了变法的基本命运。

（六）明清时期赋役合并及其货币化与商品经济的发展

明初役之轻重原则上按丁粮资产的多寡而定，中叶以降，役法渐乱。因为役的对象是丁口和资产，其生老病死增减盛衰，比之土地更难稽察。万历九年（1581 年），首辅张居正总结了前朝东南地区一些地方官吏实行的“一条鞭”法，向全国予以推广。其方法是“总括一州县之赋役，量地计丁，丁粮毕输于官……一岁之役，官为佥募（雇募）……悉并为一条，皆计亩征银”（《明史·食货志》），结束了历史上的三征，即粟米之征、力役之征、布帛之征。此法的核心内容是役归于地，差役转由地亩承担。此法上承北宋王安石的募役法，但募役法的代役钱与田赋是分开的，而此法的役银与田赋是合并在一起的。“一条鞭”法下启清朝的“摊丁入地”制。清朝康熙年间，人口迅速增加，不易清查，编审不实。康熙 51 年（1711 年）清政府决定，以康熙 50 年人口为常额，此后“滋生人丁永不加赋”（《清史稿·食货志》）。人口固定，丁银自然固定，造成了地丁合一的条件，至雍正时（1723—1735 年）便实行“摊丁入地”。力役之征从唐代两税法部分地以钱代替开始，到清前期摊入地亩彻底退出历史舞台，经历了一个漫长而曲折的过程。

田赋一律折收银两，确定了货币财政的主导地位。货币是商品经济发展的产物，对财政来说，货币又是收支的工具和计量标准、单位，财政的货币化就是财政的进化、发展、完善过程。我国货币很早就已产生，但初期多用于商品交换，很少用于财政收支。汉代尚可，吏俸一度钱谷各半。三国以后，商品经济萎缩，钱币不行。唐时商品经济再度活跃，钱纳也就进入正税。宋代盛行折变，钱纳增加，神宗时货币收入已占总收入的一半左右，货币财政初具规模。明英宗正统时的金花银法，规定以折色银入正赋，但“本色”还是夏税秋粮。“一条鞭”法则规定田赋以银征收（江南产米区例外），在法定意义上规定了白银在赋税征收中的主导地位，从而确立了金属货币财政的主导地位。“一条鞭”法，首先在商品经济比较发达的东南地区实行，是商品经济发展的产物。它的推广，反过来对明后期及清代的商品经济的活跃起了重要的促进作用。摊役银于田亩后，一般的商人不再恪守“以末致财，以本守之”的信条，经营工商业同样可以获得丰厚的利益，这就为明清时期资本主义的萌芽创造了良好的条件。这一点恐怕是张居正等改革家始料未及的。

二、古代财政改革的经验与启示

（一）社会生产方式也即生产力与生产关系的矛盾，在任何时候都是决定社会性质、社会发展的矛盾

社会生产力的不断发展，对当时的生产关系提出变革的要求，而生产关系，首先表现为经济利益的分配关系，财政分配又是占主导地位的经济利益分配关系。这样，财政分配的合理与否，制约着生产关系能否改善，从而对生产力起着促进或阻碍作用。因此，财政改革的实质亦或最终目的就是解放生产力，发展生产力。历史实践表明，尽管在不同的历史发展阶段，社会主要矛盾表现不同但无论是生产力与生产关系的矛盾，还是经济基础与上层建筑的矛盾，或是其他社会矛盾，往往首先并且集中地反映到财政上来，对财政提出改革的要求。封建政府也都把财政作为解决上述各种矛盾，管理社会经济，调节利益分配关系，特别是发展社会生产力的主要手段。历次改革或变法，无不以财政改革为中心内容，财政改革始终处在整个社会改革的核心位置。财政改革是国家运用政权力量对社会经济利益分配格局的调整，关系各阶级各阶层的政治权力和经济权益，因而成为社会关注的焦点。财政改革往往就是非常关键而又敏感、曲折的，改革过程中的斗争又是非常激烈的。财政改革的成功与失败，主要取决于是否符合当时的社会经济条件，能否根本解决当时的社会政治经济矛盾，而不仅仅是能否克服当时的财政困难。历代有所成就的财政改革家，往往都是视野开阔、具有远见卓识和非凡胆略的政治改革家、经济改革家，而不仅仅是理财家。

（二）财政在经济基础与上层建筑的辩证关系中占据特殊而又重要的地位，因而对经济基础的能动作用是直接而巨大的

在生产力水平较低，商品经济不发达，社会经济结构较简单，国家的职能较简约的古代社会，货币的、价格的职能手段还很不成熟，与现今相对而言财政的作用范围广泛得多，调节手段重要得多。这样，财政就成为国家借以推动生产力发展，促进生产关系变革，缓和阶级矛盾，加强中央集权的主要手段。运用财政手段发展小农生产，尤为突出的是北宋王安石推行的青苗法和农田水利法，通过财政信用政策发展农业生产，通过发展农业生产来增加财政收入，这是对以农立国的古代社会中经济和财政关系的深刻认识和把握。在改善生产关系方面，典型的是唐后期开始的徭役货币化和归于田地的改革。徭役负担的

减轻和取消，弱化了农民的人身依附关系，是对劳动力的解放。而通过财政手段夺取豪强兼并势力的部分经济利益，是缓和阶级矛盾，加强中央集权的有效措施。中央集权型财政体制的建立和完善，又是使封建主义制度得到长期延续和高度发展的一个重要因素。

（三）财政改革不能单兵突进，需要社会其他方面的配套改革

财政是各种社会矛盾的集中反映，财政改革牵涉社会各方面的利益，需要社会其他方面的配套改革，不能单兵突进，否则难以取得实质性进展。因此，古代成功的财政改革，往往都是与社会其他方面特别是经济方面的改革同时进行的，亦或是寓财政改革于其他改革之中。土地制度是封建社会的经济基础，因而古代财政改革无不以土地制度的改革为基础并与之同时进行。废井田与土地租税制度的建立，均田制与租庸调制的实行，地主土地私有制的确立与两税法的实施，均是如此。古代财政改革家，一般都是宰相或副宰相一级的高级官员，这种角色和地位，使他们容易权衡各方面的利益，协调各部门的关系，使改革能够整体推进下去，财政改革也就能够取得事半功倍的效果。在古代国家管理社会经济的职能部门分工不很明确的时候是这样，在今天的职能部门分工比较明确的情况下更应注意这条历史经验。

（四）古代历次财政改革表现出一定的时代特色，改革家也表现出各自的个性

古代历次财政改革，都很重视总结既往改革的历史经验，重视汲取先驱者的有益思想为我所用。但对前代有所作为的改革家的言行，后来者并不是照搬，而是顺应历史的发展趋势，根据自己所处的社会经济条件，在借鉴和吸取的同时予以变通和完善，并有所突破和有所创新。改革家之所以为改革家，原因正在于此。历代改革家们善于审时度势，勇于探索进取，以他们的毕生精力和心血从事改革业举，不惜自己仕途的断送和生命的完结同反对派进行斗争。这种锐意改革的精神是一脉相承的，令后人肃然起敬和为之鼓舞。汉代桑弘羊极力推崇先秦时期的管仲和商鞅，且对“管商之术”予以发展；唐代刘晏和杨炎两位改革家私仇积怨颇深，但杨炎除掉刘晏其人而未改刘晏之制，并在刘晏之制的基础上总结推创出两税法；王安石深受商鞅、桑弘羊、刘晏的影响，王安石也曾咏诗以表自己的景仰之心；王安石身后备遭歪曲，但张居正勇敢地继承了他的未竟事业，在封建社会后期树立了一个成功的改革典范。这就是一部中国古代财政改革史留给我们宝贵的精神财富，我们要继承这份思想文化遗产，使其在今天的改革事业中再放光辉。

财政部财政科学研究所《中国古代财政改革研究》课题组

课题指导：叶振鹏

课题负责：黄文模

课题执笔：刘德雄

课题组其他成员：隆武华、王晓光、刘翠微

1994 年 12 月

附录二

财政政策在中国历代改革中的地位与作用

本报告所研究的问题，既是中国古代宏观经济管理学和中国财政史学的一项富有开拓性的课题，也是现实财政经济体制改革理论与实践所必须了解和认真思考的问题。报告从纷繁复杂、内容丰富的史料中，选出了中国历代财政改革的六大财政政策——“重农抑商”政策、专卖政策、平准政策、税收政策、财政信用政策与货币政策，旨在通过对它们以及与之相关的社会经济状况、生产力水平的综合分析来说明：在中国古代，财政的作用范围与调节手段比现在要广泛得多、重要得多；财政改革始终处在整个社会改革的中心位置；财政政策是国家管理社会经济与调节利益分配关系的重要手段。

中国古代社会，上下五千年，改革史不绝书，改革成为推动中国社会走向进步、繁荣的强大动力。由于财政政策的制定、实施与变革，对整个社会政治、经济发展变化的影响更为直接，因此历代改革大都首先从财政改革入手。财政改革始终处在整个社会改革的中心位置，它在社会的上层建筑与经济基础的相互作用中，占有举足轻重的地位。出于这种认识，我们拟对历代财政改革中的几个比较重要的政策加以剖析，作为当今改革开放中财政改革之殷鉴。这些政策依次是：“重农抑商”政策、专卖政策、平准政策、税收政策、财政信用政策与货币政策。严格地说，财政政策只有专卖政策、税收政策与财政信用政策。但在我国古代，货币经济不发达，价格杠杆、货币手段是不独立的，也就是说财政的作用范围与调节手段比现在广泛得多、重要得多，价格政策（平准政策）、货币政策是从属于财政政策的，并且是由理财家加以具体运用的。因此，我们把它们归之于财政政策。需要指出的是，在实际执行当中，这些政策并不是孤立的，而是相互配套的，有时甚至你中有我，我中有你。只是为了叙述方便，我们予以分别介绍。

一、“重农抑商”政策

“重农抑商”（又称“重本抑末”）政策是中国古代国家的一项重要经济政策，从现代经济学的观点看，它更带有利益分配与要素分配的财政分配性质，故我们将其视为历代财政改革的首要政策。

“重农抑商”政策是一定历史阶段的产物。它作为一项完整的政策被明确提出来，并在实践中真正得到贯彻执行，是在秦国商鞅变法的战国中后期。此时，铁制工具的出现使生产力有了很大发展，在农业与商业获得很大发展的同时，又出现了商业与国家争夺劳动力、大商人与封建国家争夺商业利润的问题。这样就要求封建国家出面加以解决，以协调农商关系。商鞅首先适应了这种需要，他十分重视农业，把农业的稳定发展与否，作为国家是否强盛的根本标志。同时，商鞅对商业的积极作用是有深刻认识的，并给予商业在国民经济中以应有的位置。当然，商鞅也清楚地看到了商业与农业争夺劳动力、富商大贾掠夺农民危及封建经济基础的严酷事实。他认为，农民“用力最苦而赢利少，不如商贾技巧之人”，生产要素（主要指劳动力）容易流向回报率高的商业，从而造成“怠于农战”的严重情况。为此，商鞅主张由国家采取强有力的措施，“殴民归心于农”，使“商贾、技巧之人无繁”，也就是说把更多的劳动力配置在农业上。为了做到这一点，商鞅在变法过程中采取一系列政策措施，诸如用免除徭役来奖赏努力耕织增加粮食、棉花产量的人，用罚作奴隶去惩办非法经商的人，同时减轻对农业的课税，重征商税，提高粮食收购价格，统制粮食贸易等。商鞅的这些措施对于稳定农业劳动力起到了很好的作用，它使秦国从一个落后国家一跃而成为强大的国家，为秦国以后兼并六国统一中国创造了条件。

商鞅之后，历代改革家接过“重农抑商”的武器，并把它作为摧抑兼并的手段。西汉中期的改革家桑弘羊，十分看重商业的互通有无、调剂余缺的客观功能，强调“农工商师各得其欲”。但他针对西汉前期富商大贾腰缠万贯，“不佐国家之急”，并兴风作浪使普通老百姓贫困破产的情况，实行严厉的“重农抑商”政策。公元前119年，桑弘羊对中等以上商人发起了一场揭发检举隐瞒财产偷漏税的“告缗”运动，没收了中等以上不法商人数以亿计的财产和数以千计万计的奴婢以及大量的土地，收到了抑制豪强、打击不法商人的效果。北宋王安石则是从“制商贾者恶其盛，盛则人去本者众；又恶其衰，衰则货不通”这一重商又抑商的原则出发，来理解“重农抑商”政策的。他是中国历史上把摧抑兼并的口号叫得最响亮的改革家，表示要以摧抑兼并为己任。他推崇商鞅、桑弘羊、刘晏，说商鞅能“令政必行”，“摧制兼并，均济贫乏，后世唯桑弘羊刘晏粗合此意”。王安石变法中的青苗法、均输法、市易法等等，其主要意图就是要摧抑兼并。总之，“重农抑商”政策，是历代改革家提出并在改革实践中予以大力推行的一个政策。这个政策强调农业在古代社会中的基础性的地位，要求采取一系列措施把更多的劳动力配置到农业当中去，这是符合古代中国农业因生产力水平低下而必须投入更多的劳动力这一基本国情的。同时，这个政策并不否认商业在国民经济中占有独特的地位，它只是限制商业的过分膨胀，以保证封建的经济基础不被动摇。正因为这样，“重农抑商”政策的推行，对于稳定农业生产，理顺农商关系以及摧抑兼并起了很好的作用。

二、国家专卖政策

专卖政策又称为禁榷政策，它是指国家凭借政权的力量对关系国计民生的某些重要商品实行垄断性专营的一种政策。在中国古代，专卖政策多被历代改革家作为一项重大改革举措而加以实施，专卖的重要商品主要有盐、铁、酒、茶以及自然资源等。

我国的专卖政策起源甚早。据载，春秋时期，齐国改革家管仲根据盐铁两项商品在古代经济中的独特地位，向齐桓公提出了“官山海”的主张。管仲认为，增税等措施会加重人民负担，不如盐铁专卖，因为盐铁是生活和生产的必需品，不可或缺。如果国家对这两种必需商品实行专卖，就会“百倍归于上”。这样，管仲就从增加国家财政收入的角度提出了盐铁专卖的问题。管仲主张盐、铁的生产仍维持以民制为主，国家只在运销环节上严加控制，统一收购、统一销售。这样就可以调动人民冶铁的积极性，又可以增加国家收入，应该说是适应时代发展需要的。

进入战国时期，秦国商鞅继承“官山海”政策，主张“专山泽之利，管山林之饶”。与管仲侧重增加国家财政收入相比，商鞅的专卖政策更侧重于为实现他的农战理论服务，即由国家掌握山林川泽之利，实行盐铁专卖。一是堵塞富商大贾由经营山林川泽（主要是盐铁）而牟大利的门路；一是限制人们向山林川泽奔忙，使“民归心于农”。在具体做法上，商鞅也有所不同于管仲，更多地采用“寓征于禁”，“收山泽之税”及“重关市之赋”的办法。

西汉中期，改革家桑弘羊针对西汉初年诸侯王尽据盐铁之利危害西汉中央政权，在汉武帝的支持下，“塞天财，禁关市”，严厉打击盐铁商人，挖掉诸侯王割据一方搞独立王国的物质基础。桑弘羊决定由官府另募平民制盐，并提供制盐的锅，再由官府全部收购，从而形成西汉独特的民制、官收、官运、官销的食盐专卖制度。在铁的生产上，桑弘羊认为铁是铸造兵器的原料，易成奸伪之业，必须由国家严格控制与掌握。同时，大规模的生产比一家一户的小生产更经济，更有利于推广与普及新式的铁制生产工具。这样就把铁的生产、销售大权完全掌握在政府手中。桑弘羊的这些措施不仅增加了西汉中央的财政收入，而且严厉打击了割据势力，巩固了西汉中央集权制度。

西汉末年，王莽在理论上对国家实行专卖政策的必要性作了全面的阐述。王莽认为，盐、铁、酒、山林川泽等是关系国计民生的重要商品，而且具有天然垄断性，不是一般老百姓所能生产或制作的，必须依赖商品交换。如果国家不去专卖，富商大贾就掌握这些商品，并进而操纵国民经济，影响国计民生。关于国家必须掌握垄断性行业的问题，西方经济学到近代晚些时候才作出明确说明，而2000多年前的王莽，能达到这样的认识水平，确实难能可贵。

东汉以后，封建国家对盐铁的控制大不如前，专卖制度松弛。这种情况持续到唐中叶以后，有时甚至免征盐铁税。到了唐中后期，著名的改革家、理财家刘晏着手整顿盐政。他鉴于秦汉之际民制、官收、官运、官销的直接专卖制，已不适应唐代商品经济已长足发展的实际情况，采用了民制、官收、商运、商销的就场专卖制度。具体办法是：盐户在政府官员的监督之下制盐，官府收买盐户所煮之盐，再转卖给商人，并任其贩卖。同时，为便于官府控制流通，刘晏在偏远乏盐之地设常平盐以稳定价格，调剂余缺；在交通要冲设四大盐场储盐，防止盐商损民牟利。这样，刘晏就成功地运用商业经营原则达到了改造、完善专卖制度的目的，做到了“官获其利而民不乏盐”。在铁的冶炼上，刘晏仍沿袭征税制度，没有实行专卖。随着商品经济的发展，历代改革家所强调的专卖制度的重要性也日渐减少，北宋王安石就认为“榷法不宜太多”，明代改革家张居正（1525—1582年）更是不再主张“榷利”，甚至于对专卖政策提出了批评。

总之，国家专卖政策作为历代财政改革的又一重大政策，以增加国家财政收入为目标，又不同于单纯的聚敛财富；以打击富商大贾操纵影响国计民生的商品为目的，又不完全排挤商业的作用，并注意利用商业经营原则来充实专卖。这种做法，无论是在古代，还是在现代，都有一般适应性，值得好好总结。

三、国家平准政策

国家平准政策是指封建国家调节市场供求从而平抑物价的一种经济政策。在我国古代，由于商品经济的发育比西方早，程度比西方高，因而对价格问题的关注及认识就比西方早而且深刻。战国中后期，《管子》的作者们就专门把重点放在流通领域的价格调控上。他们把粮食、货币这两种商品从“万物”中单列出来，主张国家运用粮食、货币来调节其他商品价格的下落与上升，使市场价格“一高一下，不得常固”，从而达到安定天下的目的。

公元前100年，桑弘羊在西汉京师长安创立平准机构，正式将上述理论付诸实践。所谓平准，就是由官府来吞吐重要物资以平抑物价。具体做法是：在中央管理农业的大农机构中设立平准机构，掌握重要的物资。当首都长安市场上某种商品价格上涨时，平准机构就以较低价格抛售；当某种商品价格过低时，就由平准机构收买贮存。这就是史书所记载的“贵则卖之，贱则买之”。平准机构的设立，使西汉中央政府掌握了关系国计民生的主要商品，有力地打击了富商大贾哄抬物价、操纵市场的不法行为，达到了“平万物而便百姓”的目的。

东汉以后，历代统治者把桑弘羊的平准政策看作“高不可攀”的政策，逐渐放弃了平准措施。唐中后期的刘晏继承了这种政策，他扩大西汉耿寿昌创立的常平仓业务，又在边远地区设立常平盐，“每商人（盐商）不至，则减价以粜民，官收厚利而人不知贵”。同时，为了与之相配套，还建立一个巨大的商情动态情报网，据此采取相应措施，做到“天下无甚贵贱之忧”。刘晏的做法不能不说有其独到之处，难怪他在“安史之乱”的混乱局面下能有所作为，有所振作。

北宋王安石，不顾顽固势力对平准法的攻击，在宋神宗的支持下，在京师开封设立市易务，实行市易法。当市场上商品滞销时，市易务出资购进；当市场上急需时，各行商贩以金银、地契、货物等产业作抵押，五人结保，向市易务赊购货物以进行贩卖，年息二分。市易法对活跃市场，便利商品供应，限制大商人垄断市场，稳定物价和调节市场的需求等起到了积极作用。同时，由于市易务“细大并举”，专买专卖，中小商人和小商贩也受到限制与影响，这又与商品经济比较发达的情况相冲突。

总之，平准政策作为历代财政改革的一项重要措施，与古代西方利用行政、法律手段的限价措施是不同的，它更注重利用经济手段，运用价值规律。

平准政策的推行，对平抑物价、打击富商大贾操纵市场起了十分积极的作用。同时，平准政策得以施行，主要依赖于国家手中能掌握足以影响国计民生的主要商品，“手中有粮，心中不慌”。这一点，可为现在控制物价之借鉴。

四、税收政策

税收政策历来是国家调节经济的重要杠杆。我国古代的财政改革家十分重视税收对社会经济的调节作用。“相地而衰征”，是春秋前期齐国改革家管仲推出的一项变革农业生产关系的重大举措，它要求按土地的肥瘠分等征税，使税收负担适合土地生产能力。这不能不说是利用税收调节生产、公平税负的一个突出例子。秦国的商鞅主张“重关市之赋”，要求“不农之征必多，市利之租必重”，并对农业税的征收简化手续。商鞅的这种做法，实际上就是利用税收手段调节生产要素（主要是劳动力）在农业与商业两大部门之间的分配比例。《管子》的作者们也十分重视税收的作用，主张轻税，要求统治阶级“取于民有度，用之有止”。王莽把税收作为惩罚不事农者及游惰者的手段，规定田荒不耕者，一人出三人之税等。

进入唐宋，由于受商品经济较大发展的冲击，专卖、平准等政策措施的作用日渐减少，税收的作用再次被封建改革家所重视。唐代中后期的刘晏主张选择人民迫切需要的日用商品而课税，从而使税源既丰富又稳定。稍后的理财家杨炎更重视税收的作用，认为“财赋者，邦国大本，而生人之喉命，天下治乱重轻系焉”。他推行两税法，以资产多少为征税标准，“资产少者则其税少，资产多者则其税多”，体现了公平税负的原则，这不能不说是中国税收制度史上的一大进步。北宋王安石认为兼并是当时国贫民穷的主要原因，因此主张把财政、税收作为抑制兼并的工具。王安石说：“有财而不理，则阡陌闾巷之贱人，皆能私取予之势，擅万物之利，以与人主争黔首而放其无穷之欲。”

明清时期，商品经济进一步发展，地租货币化倾向加强，人头税逐渐失去其存在的条件，从张居正的“一条鞭”法，到康熙的“滋生人口，永不加赋”，再到雍正皇帝的“摊丁入地”，维持两千多年的人头税终于得以废除。土地作为收税的唯一依据，对改变赋役不均的严重情况，起了很好的作用。

总之，历代财政改革家在改革过程中，始终强调税收对促进生产、调节分配的重要作用，注意利用税收手段达到“重农”，摧抑兼并，不加重农民负担以及增加国家收入的目标。

五、财政信用政策

财政信用即国家信用，是指以国家为主体运用信用手段进行财政分配的特殊形式。在我国古代，财政信用是比较发达的，主要表现在历代财政改革家运用信贷的方式发展生产，并与高利贷作斗争等方面。因此，我们把财政信用政策作为历代财政的一项政策措施来加以对待。

我国的财政信用出现甚早。早在西周时期，就有了专门从事财政信用的官方机构——“泉府”。战国时代，高利贷活动十分猖獗，《管子》的作者们就提出以国家信贷取代私人借贷来对社会经济进行调节的主张。他们建议国家设立一种“环乘之币”，其中一部分贷给种优等土地的农民，作为预购谷物之用，待农作物收获后，国家以低价收购粮食，抵还贷款。对于贫苦农民，国家则采取实物信贷的方式，贷给他们诸如种子、口袋、筐、竹器、绳索等器械，以便他们能按时生产。

比较成功地运用财政信用政策为生产服务的改革家当推王莽。史料记载，王莽对小本经营者实行过生产信贷。王莽规定，凡是想贷款从事生产的，均应受到批准，并且借款期限较长，年利息不得超过生产者所得利润的10%。这样低的利息与当时高利贷利率最少30%相比，真可谓天壤之别。正因为这样，王莽的这个措施能在他统治的时期内得以推行，而很少听到反对声音。

如果说王莽是从发展生产的角度来运用财政信用的话，那么北宋的王安石则主要从摧抑兼并的角度来实施其财政信用政策。1069年（宋神宗熙宁二年），王安石推行“青苗法”，规定北宋政府每年阴历正月和五月青黄不接时，由州县官拨款贷给农户。其中一等户15贯，二等户10贯，依次递减，利息2分，随夏秋税时归还。若遇灾年，还允许延期归还。青苗法使一些农民或其他急于用钱的人户可免遭高利贷的盘剥，起到了“广蓄积，平物价，使农人有以赴时趋事，而兼并不得乘其急”的作用。尤为引人注目的是，青苗法对富人（如一、二、三等）也实行强制性贷款，称为“抑配”，目的是让他们出利息，以备荒年之用。另外，王安石还贷款给乡村兴修水利，利息10%，以缓解农村资金紧张的问题。

总之，财政信用政策作为历代财政改革的政策之一，其运用的时间不算长，面不算广，但它在促进生产发展、防止农民遭受高利贷盘剥以及打击豪强兼并势力等方面所起的作用却不可低估。

六、货币政策

货币政策在近现代银行制度下是一个与财政政策相对应的经济政策，但古代社会在没有银行制度的情况下，货币政策是从属于财政政策的，也是由财政改革家加以具体执行的。因此，我们把货币政策作为历代财政改革的一个政策。

在我国古代货币理论中，《管子》作者们的货币政策主张有着独特的地位，他们认为货币与谷物一样是足以影响国计民生的重要工具，国君操谷币才能定天下。因此，他们主张国家必须通过货币的发行以直接控制主要商品价格并间接影响一般价格的水平。

第一个将《管子》货币主张付诸实践的是西汉改革家桑弘羊。他针对西汉初年各诸侯国及富商大贾握有铸币权而造成社会经济动荡的情况，坚决主张币制的统一以及将铸造权收归中央。在这种思想指导下，桑弘羊辅佐汉武帝实行币制改革，推广五铢钱，做到适量发行。同时，桑弘羊还坚决主张货币的币面值和实际重量相一致，即“文如其重”。能做到这些，就可以从根本上堵住货币政策所导致的通货膨胀的道路。因此，桑弘羊的这个举措，收到显著效果，打击了豪强兼并势力和分裂割据势力，治理了汉初以来货币混乱的局面，从经济上巩固了中央集权制国家的统一，促进当时封建社会内部商品经济的正常发展。正因为桑弘羊的货币政策很成功，他的一套做法才为中国的货币制度树立了榜样。

通过以上的分析，我们对财政政策具有以下认识：

（1）财政政策是历代改革家进行财政改革，实现财政改革目标的强有力的手段。历代改革家无论是采取重农抑商或专卖、平准、税收以及财政信用或货币等政策措施，还是综合使用这些政策，都在一定程度上达到了他们发展生产，协调农商关系，以及摧抑兼并，缓和社会矛盾，增加财政收入的目的。

（2）财政政策虽然是主观的，但它决不是随意的。生产力的水平，社会经济状况是产生财政政策的现实基础。历代改革家之所以选择这个政策或者以这个政策为主，以其他政策为辅进行改革，是因为他们深刻分析了当时的社会矛盾与社会需要。

（3）财政政策固然对社会的稳定和生产的发展有着不可低估的作用，但在剥削阶级社会里，这种作用毕竟是有限的。因此，它只能缓和阶级矛盾，而不可能从根本上解决矛盾，何况财政改革不可避免地触动统治阶级部分当权者的利益，改革的阻力是相当大的，斗争也是十分尖锐的。因此，一些行之有效的财政政策也就往往因改革家本人的不幸遭遇而被废止。

（4）古代价格政策（平准政策）、货币政策是从属于财政政策的，并且是由历代理财改革家具体运用的。因此，在历代改革实践中，这些改革人物就自然而然地要考虑到它们之间的协调配套问题。如今，价格政策、货币政策已经成为与财政政策相对应的独立的经济政策，这就要求我们在制定、实施财政政策时，应主动处理好这几个政策的相互协调与配套的问题。

财政部财政科学研究所《中国古代财政改革研究》课题组

课题指导：叶振鹏

课题负责人：黄文模

课题组成员：隆武华、刘德雄、王晓光、刘翠微

课题执笔人：黄文模、隆武华

1994 年 12 月

后 记...

《中国历代财政改革研究》一书，从创意构思、讨论大纲、组织开展专项课题研究直至总纂小组对全书初稿作较大调整、改写并四易其稿，前后历时六年，今天终于与广大读者见面。

党的十一届三中全会以来，随着我国改革开放事业的不断发展，叶振鹏教授有意主编一部以中国古代重大财政改革事件为主要内容的财政史专著。他认为，在我国五千年的优秀文化遗产中，财政改革史是一个重要组成部分。尽管史学界在中国财政史研究领域里已取得了可喜的成果，但以往的研究大多局限在对财政制度、财政思想或理财人物的研究上，从社会各种矛盾的发展变化与财政的关系这一更广阔的视野来研究财政改革的非常稀少。因此，从历史为现实服务，尤其是从为财政改革提供借鉴的角度看，始终缺乏全面系统的总结与研究。为了适应我国改革开放形势的需要，同时为了弥补这方面的不足，叶振鹏教授于1991年7月主持召开了一个小型座谈会，就编写《中国历代财政改革研究》一书的创意构思、研究方法、篇章结构以及具体写作的有关要求，详细谈了自己的意见。他提出，当前组织编写这样一部有关中国古代财政改革的财政专史，通过对中国历代重大财政改革事件深入系统的分析和研究，认真总结历史上财政改革是在什么社会背景产生的，由什么样的矛盾引发和推动的，其成败得失对当时的社会、政治、经济、军事、文化诸方面究竟起到了什么样的作用，进而深入研究财政作为国家宏观管理的一个重要职能手段，在中国古代各个不同历史时期的自身演变过程及其发展规律，乃至最终如何评价财政改革在中国历史发展进程中的地位与作用等，不仅是中国财政史学研究领域里的一次富有开拓性的有益尝试，而且是一项对我国改革开放事业颇有意义的工作。这些观点得到了与会专家、学者的赞同和支持，无疑增强了我们的信心，并促使我们以更审慎的态度、更严谨的作风对待此项工作。

1991年底，我们开始组织编写《中国历代财政改革研究》。这是一项系统工程，有关财政改革的古籍文献资料浩如烟海，需要进行大量的搜集、整理工作。为了打好基础，叶振鹏教授认为先以中国历代财政改革为主线开展相关专题研究。于是，从1992年初起，财政部财政科学研究所财政史研究室的全体研究人员在室主任黄文模副研究员的组织下，开展相关的专项课题研究，于1994年底完成了《中国古代财政改革研究》和《财政政策在中国历代改革中的地位与作用》两篇研究报告。同时，财政部财政科学研究所财政史研究室黄文模、赵云旗、王晓光、刘德雄、刘翠微等同志和中国财政经济出版社副编审洪钢同志，按照事先的写作分工，在广泛搜集、整理资料和借鉴、吸收有关研究成果的基础上，分别承担各章书稿的撰写任务。到1995年，《中国历代财政改革研究》一书的初稿撰写任务基本完成。1995年4月，叶振鹏教授在江西组织召开了初稿审稿会，并决定成立由黄文模副研究员、赵云旗副研究员、洪钢副编审组成的总纂小组。小组成员根据叶振鹏教授的意见，对本书的总体框架结构、编写纲目作了调整，对每章进行了修改。会后，总纂小组又经过一年多的努力，对全书再次进行了不同程度的改写，同时增补了大量史料。1996年5月，叶振鹏主编与总纂小组成员又在北京对改写后的书稿作最后的审核，经讨论、修改后正式定稿。

《中国历代财政改革研究》一书共分导论、正文九章、附录和后记四大部分，全书约42万字。叶振鹏教授除对全书予以审核外，还负责“导论”的撰写工作；第二、三、九章的改写和“后记”的撰写由黄文模副研究员完成；第一、四、五、六、七章的撰写和修改由赵云旗副研究员完成；第八章的改写由赵云旗副研究员和洪钢副编审完成。

在本书整个撰写、改写及总纂工作期间，我们得到财政部有关部门，许多地方财政部门与有关财经院校专家、学者的大力支持与帮助。相关单位或部门有：财政部干部培训中心、中国财政经济出版社、北京市财政局财政科学研究所、中南财经大学财金系、厦门大学历史研究所、天津南开大学历史系、财政部科研所图书馆、江西吉安地区行政公署、北京市财政局怀柔财政干部培训中心等。在此，我们表示衷心的感谢！

《中国历代财政改革研究》出版后，得到财政界和学术界的高度关注，对现实的财政改革起到了积极的作用，因此获得中国财政学会优秀成果特别奖。自出版至今，国内外不少专家学者前来索取，尤其是海外的一些专家特地进行访问，希望看到此书。但由于当时印量有限，在各地书店和图书馆难以见到，我们手头也仅有一二。为了满足社会上的需求，使此书进一步发挥借鉴与启示作用，在中国财政经济出版社社长贾杰、财政分社社长李洪波的支持下，本书经过整理修订再次出版，我们在此深表谢意！

在本书的撰写和修改过程中，我们选用了大量的历史文献资料，并借鉴、吸收了有关方面的研究成果。对于前人的研究成果，书中有的注明出处直接引用，有的则是在借鉴、吸收的前提下，又作了一些补订、考据工作，没有直接注明，望请谅解。由于财政史是一门历史学与财政学交叉的边缘学科，加之我们的研究水平有限，错漏、不妥之处在所难免，恳请有关专家、学者批评指正！

总纂组

2013 年 5 月